Kurt Mautz
Georg Heym

Handschriftlicher Entwurf des Gedichts *Umbra Vitae*.

Kurt Mautz

Georg Heym
Mythologie und Gesellschaft
im Expressionismus

CIP-Kurztitelaufnahme der Deutschen Bibliothek
Mautz, Kurt:
Georg Heym: Mythologie u. Gesellschaft im Expressionismus / Kurt
Mautz. — 3. unveränd. Aufl.
— Frankfurt am Main: Athenäum, 1987.
   ISBN 3-610-08929-6

3. unveränderte Auflage 1987
© 1961 by Athenäum Verlag GmbH, Frankfurt am Main
Alle Rechte vorbehalten
Motiv: Georg Heym. Radierung von Ernst Ludwig Kirchner, 1923.
Gesamtherstellung: Caro Druck GmbH, Frankfurt am Main
Printed in Germany
ISBN 3-610 - 08929-6

Inhalt

I. Problem der dichterischen Mythologie Heyms und ihrer Interpretation

Mit Georg Heyms ersten Gedichtbänden setzt die deutsche expressionistische Lyrik ein. Was bei Else Lasker-Schüler, van Hoddis, Blass, Benn und Werfel etwa gleichzeitig als expressiver Stil sich ankündigt, kristallisiert sich in ,Der Ewige Tag' (1911) und ,Umbra Vitae' (1912) zu einem neuen, in sich geschlossenen Form- und Sinngefüge von Dichtung aus. Franz Pfemfert macht in der 1918 von ihm herausgegebenen Gedichtsammlung ,Weltende' Jakob van Hoddis' die Anmerkung, daß dessen gleichnamiges Gedicht, das im ersten Jahrgang der Zeitschrift ,Die Aktion' erschien und mit dem die Anthologie ,Menschheitsdämmerung' (1920) beginnt, die expressionistische Lyrik einleitete[1].

WELTENDE

Dem Bürger fliegt vom spitzen Kopf der Hut,
In allen Lüften hallt es wie Geschrei.
Dachdecker stürzen ab und gehn entzwei,
Und an den Küsten — liest man — steigt die Flut.

Der Sturm ist da, die wilden Meere hupfen
An Land, um dicke Dämme zu zerdrücken.
Die meisten Menschen haben einen Schnupfen.
Die Eisenbahnen fallen von den Brücken.

In der Tat enthält das kleine Gedicht im Keim bereits wesentliche Elemente, die sich in der Lyrik des nächsten Jahrzehnts entfalten sollten: die Thematik des „Jüngsten Tags", die Attitüde des Epatez le bourgeois, das Moment des Grotesken, das Verfahren des sprunghaften Aneinanderreihens von Bildern[2]. Auch gaben die Gedichte van Hoddis' — die Sammlung von 1918 enthält nicht mehr als sechzehn — das unverkennbare Muster für die lyri-

---

1 Jakob van Hoddis, Weltende, Berlin 1918, Bd. 19 der Bücherei ,Der rote Hahn', hrsg. v. Franz Pfemfert, — S. 5 Anmerkung Pfemferts zu van Hoddis' Gedicht ,Weltende': „Dieses Gedicht des genialen Jakob van Hoddis leitete, im Januar 1911, die AKTIONS-LYRIK ein, die jetzt das Schlagwort ,expressionistische' Lyrik nennt. Ohne Jakob van Hoddis wäre unser Alfred Lichtenstein, wären die meisten ,fortschrittlichen' Lyriker undenkbar."
2 Ausführlichere Interpretation und Vergleich mit Heyms „Weltend"-Gedicht ,Umbra Vitae' s. u. S. 225 ff.

schen Grotesken und Satiren von Ernst Blass[3] und Alfred Lichtenstein[4], und auch in den Sarkasmen der frühen Lyrik Benns klingt van Hoddis an.[5] Heym stand zu van Hoddis in Beziehung, beide gehörten dem Berliner literarischen Zirkel ,Der neue Club' an, der die Losung „Neues Pathos" (,Neopathetisches Cabaret') ausgegeben hatte, die das bezeichnete, was man später Expression nannte. In seinem Tagebuch reflektiert Heym über das „Problem Heym — van Hoddis", kommt aber zu dem Schluß: „Hoddis kann ja gar nichts."[6] Das absprechende Urteil kann nicht über die Wirkung van Hoddisscher Gedichte auf Heym hinwegtäuschen, denn das Tagebuch äußert sich ähnlich schroff über Stefan George[7], dessen zeitweiliger Einfluß besonders auf die Sprachform Heyms nicht zu bezweifeln ist. Wenn aber auch van Hoddis' ,Weltende' Heym den Anstoß gab zur Behandlung desselben Motivs in ,Der Gott der Stadt', ,Umbra Vitae', ,Der Krieg' usw., so entstanden Gebilde, in denen die dichterische Imagination weit stärker und des sprachlichen Ausdrucks mächtiger ist und die von einer intensiveren, ausdauernderen Spannung erfüllt und strenger komponiert sind. Daß die Dichtung Heyms in der nachfolgenden expressionistischen Lyrik Schule machte[8], deren Thematik und dichterische Verfahrensweise bestimmte, lag jedoch vor allem daran, daß ihre visionäre Bilderwelt — Heym selbst nennt einen seiner Gedichtzyklen „Visionen"[9] — sich zu einer einheitlichen dichterischen Mythologie zusammenschließt, in der sich bestimmte Grundmotive der expressionistischen Dichtung exemplarisch ausprägen. Sie kommt zustande durch die Verwendung und Verwandlung eines antikisierenden mythologischen Apparats, durch das Verfahren der Personifikation und besonders durch eine die gegenständliche Wirklichkeit verwandelnde, sie dämonisierende Metaphernsprache. Eine Hauptrolle in ihr spielen die apokalyptische Vorstellung

---

3 Ernst Blass, Die Straßen komme ich entlang geweht, Heidelberg 1912.
4 Alfred Lichtenstein, Die Dämmerung, Berlin 1913, dann in ,Gedichte und Geschichten', München 1919; vgl. hier S. 4 die Anmerkung Lichtensteins über sein Verhältnis zu van Hoddis: „Ich glaube also, daß van Hoddis das Verdienst hat, diesen ,Stil' gefunden zu haben, Li. (Lichtenstein) das geringere, ihn ausgebildet, bereichert, zur Geltung gebracht zu haben."
5 Vgl. z. B. in Gottfried Benn, Frühe Lyrik und Dramen, Wiesbaden 1953, S. 86 den Gedichtanfang: „Fürst Kraft ist — *liest man* — gestorben" mit dem Vers bei van Hoddis: „Und an den Küsten — *liest man* — steigt die Flut".
6 T 155 (T = Georg Heym, Dichtungen u. Schriften, Bd. 3, Tagebücher, Träume, Briefe, Hamburg u. München: Ellermann 1960).
7 T 139.
8 S. a. Ferdinand Josef Schneider, Der expressive Mensch und die deutsche Lyrik der Gegenwart, Stuttgart 1927, S. 95, 115 f., ferner S. 30, 54, 85 f, 128, 146 u. a. a. O.
9 D 65—69 Schwarze Visionen (im folgenden D = Georg Heym, Dichtungen, München 1922: Kurt Wolff Verlag. — Bei sich häufenden Zitaten nur die Seitenziffern dieser Ausgabe. Die Ziffern nach dem Komma bezeichnen die Strophen, vom Seitenanfang an gezählt.)

eines „Weltuntergangs" und das Motiv der Toten. Aus der Einsicht in Ursprung, Funktion und Bedeutung des Mythischen in der Dichtung Heyms lassen sich objektive Kriterien zur Beurteilung dessen gewinnen, was Georg Lukacs kritisch die „neue Mythologie" des Expressionismus nannte[10].

Versuche, das Problem Mythos und Dichtung, wie es sich einer Phänomenologie[11] der expressionistischen Lyrik stellt, zu klären, kamen bisher zu keinem befriedigenden Ergebnis, weil sie von zwei einander entgegengesetzten Standpunkten mit ihnen entsprechenden Wertungen und Methoden ausgingen. Einerseits hat eine von der Lebensphilosophie und der Tiefenpsychologie inspirierte Literaturbetrachtung, indem sie vom Mythischen überhaupt als einem überzeitlichen Bereich, einem absoluten Sein oder Werden, einer invarianten Seelenschicht sprach, die dichterischen Phänomene irrationalistisch umgedeutet. Andererseits haben literatursoziologische Untersuchungen die Mythologeme und das mythologisierende Verfahren der expressionistischen Dichtung als ideologischen Ausdruck bestimmter gesellschaftlicher und politischer Verhältnisse entlarven wollen.

Die erste Richtung vertritt Ferdinand Josef Schneiders Buch ‚Der expressive Mensch und die deutsche Lyrik der Gegenwart' (1927), das seinerzeit einen ersten Gesamtüberblick über die Lyrik des Expressionismus gab und deren Stilprinzipien durch Analysen motivgleicher Gedichte zu bestimmen suchte. Der Irrationalismus der Lebensphilosophie äußert sich in folgenden Hauptthesen F. J. Schneiders. Die Kunst des Expressionismus entspringe einem expressiven Lebensgefühl[12], das sich außer im Expressionismus auch in Gotik, Barock, Sturm und Drang manifestiere[13], dessen Träger also ein gleichsam zeitloser Typus: *der* expressive Mensch sei. In ekstatisch-visionärer Schau offenbare sich ihm das Wesen der Dinge in Urbildern[14]. In einer „kosmischen Entgrenzung der Persönlichkeit" suche er die unio mystica von Ich und All[15]. Das Hauptmerkmal der expressionistischen Dichtung sei daher ihre Dynamik, ihr Verfahren, die Grenzen empirischer Raum-Zeit-Verhältnisse zu sprengen, die naturgesetzliche Ordnung der materiellen Welt zu durchbrechen und in diese die „ungehemmte Bewegung" eines ekstatischen Lebensgefühls zu projizieren[16]. Im Mittelpunkt der Darstellung F. J. Schnei-

---

10 Georg Lukacs, „Größe und Verfall" des Expressionismus, in: Schicksalswende, Berlin 1948, S. 228.
11 „Phänomenologie" heiße hier die Analyse und Deutung der dichterischen Phänomene.
12 F. J. Schneider, a. a. O., S. 17.
13 ebd. S. 8.
14 ebd. S. 11, s. a. S. 6 „expressionistische Wesensschau".
15 ebd. S. 62.
16 ebd. S. 64.

ders steht die Dichtung Heyms, deren Bedeutung für die Entwicklung der expressionistischen Lyrik häufig hervorgehoben wird[17]. Am Modell ihrer Bilderwelt erörtert Schneider auch das Problem der dichterischen Mythologie des Expressionismus: „Auf der Suche nach solch bildhaften Ausdruckshilfen drängt den Expressionisten sein Naturgefühl, das die Umwelt aus ihrer Erstarrung löst und mit gewaltiger Dynamik erfüllt, instinktiv auf den Weg der Personifikation, die zugleich Grund und Eckstein alles allegorischen Gestaltens ist ... Es entsteht so *ein neuer Mythos,* den der Expressionist mit stärkerer oder schwächerer Anlehnung an antike oder orientalische Vorstellungsweisen, aber letzten Endes doch aus der Fülle eigener Gesichte in allegorische Bildlichkeit umsetzt."[18] Die Bilderwelt dieses „neuen Mythos" bringt F. J. Schneider in direkte Beziehung zu Ludwig Klages' „Welt der Bilder"[19] und zum Intuitionismus Henri Bergsons[20]. Im Verfahren der Personifikation sieht er eine Erneuerung der barocken Allegorie, aber „auf der Grundlage visionärer Schau"[21]. — Welche Verzeichnungen und Entstellungen aus Schneiders lebensphilosophisch-irrationalistischer Position sich bei seinen Analysen, die mehr Beschreibungen als Interpretationen sind, ergeben, wird sich im Gang unserer Untersuchung zeigen und meist indirekt von selbst erledigen. Hier seien nur die wesentlichsten Gesichtspunkte bezeichnet, unter denen seine Hauptthesen eine Korrektur oder Widerlegung verlangen. Die Annahme eines expressiven Lebensgefühls, dessen Träger der Typus *des* expressiven Menschen sei und das sich auch in anderen Epochen, besonders im Barock, bekunde, kann die Frage nach Ursprung und Sinn der neuen Stilphänomene und Inhalte der expressionistischen Dichtung nicht beantworten. Sie hat dafür nur die relativistische Auskunft, wie jeder Stil habe sich der expressive aus einem anderen „wie nach einem biologischen Gesetz" aus einem „Ablösungsbedürfnis" entwickelt, sei es aus einer „Ermüdung", sei es aus dem „Verlangen nach einer Ergänzung"[22]. Die Verwandtschaft des Expressionismus mit Gotik, Barock, Sturm und Drang usw. würde sich demnach daraus erklären, daß die zeitliche Folge der Epochenstile nichts weiter als eine Pendelbewegung zwischen einigen Stiltypen wäre. Schneiders entsprechende Vergleiche und Analogien laufen denn auch auf nicht viel mehr als die Weisheit hinaus: „Man sieht: Alles schon dagewesen!"[23] — Als höchst problematisch werden sich die Begriffe der „Entgrenzung" und des „Dynamischen" erweisen, die F. J. Schneider zur wesentlichen Charakterisierung der expressiven Stilprinzipien ver-

17 ebd. besonders S. 86, 95, 115 f.
18 ebd. S. 85 f. (Hervorhebung K. M.).
19 ebd. S. 85, Anmerkung 2.
20 ebd. S. 13 f., 76 f., 80, 85 u. a.

21 ebd. S. 90.
22 ebd. S. 2.
23 ebd. S. 124.

wendet. Dem Begriff der Entgrenzung gibt er in Anlehnung an Klages[24] den positiven Sinn eines ekstatischen „Aufschwungs"[25]. Er übersieht dabei, daß von einer „Entgrenzung der Persönlichkeit" in der expressionistischen Dichtung, vor allem bei Heym, Trakl und Benn im durchaus negativen Sinn der Depersonalisation, der Bedrohung und Auflösung der Individualität, gesprochen werden muß. Das dynamische Moment in den Entgrenzungs- phänomenen der expressionistischen Lyrik hat vorwiegend einen anderen Charakter als den der „ungehemmten Bewegung" eines Aufschwungs, denn sein Komplement ist ein statisierendes Stilprinzip, wie z. B. die Technik des „Nebeneinanders" und die expressive Metaphorik der Erstarrung und Versteinerung zeigen[26], von denen bei Schneider nirgends die Rede ist. — Problematisch ist die Grundvoraussetzung all dieser Thesen: die enge Be- ziehung, in die Schneider die expressionistische Lyrik zur Lebensphilosophie, insbesondere Bergsons, bringt. Zwar hat die Philosophie Bergsons in ihrer frühen Phase, in den psychologischen Analysen des Zeitbewußtseins[27], wie der Expressionismus den Aspekt des Widerstandes gegen ein nur auf Natur- beherrschung gerichtetes Denken und gegen die von ihm bestimmten Lebens- formen der Industriegesellschaft, und die Programmatik des Expressionis- mus hat sich z. T. ihrer Begriffe bedient[28]. Aber die Metaphysik des élan vital, zu der dann Bergson seine Konzeption der gelebten Zeit (durée) er- weiterte, wird man in der Lyrik Trakls oder Heyms, dessen dichterische Mythologie „als erster Lösungsversuch des expressionistischen Problems" für F. J. Schneider doch „von prinzipieller Bedeutung" ist[29], vergebens suchen. Die Analyse des Zeitbewußtseins, das sich in bestimmten Phäno- menen der Dichtung Heyms dokumentiert, wird das erweisen[30]. — Ferner ist für das Verständnis der dichterischen Mythologie Heyms mit ihrem bloßen Lobpreis als visionärer Schau intuitiv erfaßter Wesensinhalte und mit dem Hinweis auf das der barocken Allegorie verwandte Verfahren der Personifi- kation nicht viel getan. Den bestimmten geschichtlichen Ursprung, Sinn und Wahrheitsgehalt ihrer Inhalte und Ausdrucksformen muß F. J. Schneider verfehlen, weil er den ahistorischen Typus *des* expressiven Menschen kon-

24 ebd. S. 11 u. S. 85.
25 ebd. S. 58.
26 S. u. S. 116 f., 148 ff., 158 ff., 188 ff., 195 f., 212 ff., 238 ff., 246 f.
27 Henri Bergson, Essai sur les données immédiates de la conscience, Paris 1889 (Deutsch: Zeit und Freiheit, Jena 1911) und Matiere et Mémoire, Paris 1896 (Deutsch: Materie und Gedächtnis, Leipzig 1909).
28 Siehe z. B. in Herwarth Waldens Zeitschrift ‚Der Sturm', 9. Jg., Berlin 1918/19, H. 9, S. 120 ff. u. H. 10, S. 132 f. den Aufsatz von Fritz Hoeber, Das Erlebnis der Zeit und die Willensfreiheit.
29 F. J. Schneider, a. a. O., S. 86.
30 S. u. S. 185 ff. u. Kap. IV, S. 224—247.

struiert und mit den metaphysischen, ebenfalls geschichtsfremden Postulaten und Begriffen des lebensphilosophischen Irrationalismus operiert.

In vitalistischem Sinn deutet auch Hermann Pongs die Bilderwelt Heyms, wenn er von ihrer „kosmischen Dynamik" spricht[31]. F. J. Schneiders Anschauungen und Formulierungen finden sich in einer Reihe späterer Arbeiten wieder, die alle dazu beitrugen, daß der Impuls der expressionistischen Dichtung grundsätzlich mit den irrationalistischen Tendenzen in der Philosophie und Psychologie des beginnenden 20. Jahrhunderts identifiziert wurde. So charakterisiert z. B. Werner Rittich die „Weltanschauung" des Expressionismus: „Man sieht die Menschheit als Allgemeinheit in den ‚Kosmos' eingeordnet; als kosmische Kräfte sieht man die Triebe wirksam; mithin räumt man ihnen im Leben stärkste Beeinflussung ein; demgemäß ist das Handeln ekstatisch triebhaft."[32] Die Auslegung einer aus der Dichtung des Expressionismus herausgezogenen, vielmehr in sie hineingelegten „Weltanschauung" im Sinne einer geschichtsfremden Metaphysik des Unbewußten verabsolutiert die Mythologeme dieser Dichtung zu einem Mythos, der mit den alten und ältesten vorgeschichtlichen Mythen in einer zeitlosen Schicht des Mythischen überhaupt kommunizieren soll, wie es C. G. Jungs Lehre von den Archetypen, von den „archaischen Elementen im modernen Seelenleben"[33] entspräche, wonach der Dichter „bisweilen etwas von jener psychischen Welt erschaut, die der Schrecken und zugleich die Hoffnung der Primitiven ist"[34]. Aus solch archaischer Angst tauche in der Dichtung Heyms ein präreligiöses Weltbild wieder auf, nehme in ihr die rational unfaßbare Wirklichkeit des Dämonischen wieder Gestalt an, führt Helmut Greulich in seiner Heym-Monographie aus: „Heym waren jene kosmischen Gefühle, jene Ur-Gefühle vertraut, deren Wirksamkeit infolge der jahrhundertelangen Zivilisation und des Überwiegens der ratio allmählich zurückgedrängt und unterdrückt worden ist."[35] Nach Wilhelmina Stuyver erneuern sich bei

---

31 Hermann Pongs, Das Bild in der Dichtung, Marburg 1927, Bd. 1, S. 234 u. 382.

32 Werner Rittich, Kunsttheorie, Wortkunsttheorie und lyrische Wortkunst im ‚Sturm', Greifswald 1933, S. 92.

33 C. G. Jung und Karl Kerenyi, Einführung in das Wesen der Mythologie, Amsterdam—Leipzig 1941, S. 89.

34 C. G. Jung, Psychologie und Dichtung, in: Gestaltungen des Unbewußten, Zürich 1950, S. 20 (zuerst ersch. in E. Ermatinger: Philosophie der Literaturwissenschaft, 1930, S. 315 ff.).

35 Helmut Greulich, Georg Heym, Germanische Studien, Heft 108, Berlin 1931, S. 38, s. a. S. 75. Greulich lehnt sich fast wörtlich an Wilhelm Worringers ‚Abstraktion und Einfühlung' (München 1908) an. Zu seinen Formulierungen vgl. den Satz Worringers: „Die rationalistische Entwicklung der Menschheit drängte jene instinktive, durch die verlorene Stellung des Menschen innerhalb des Weltganzen bedingte, Angst zurück." (Zit. nach dem Neudruck der Schrift Worringers, München 1948, S. 28.) Zu „Angst" vgl. „Ur-Angst" auch bei Greulich a. a. O. S. 27 u. 75.

Heym in den mythologischen Motiven des Totenzugs und des Totenreichs animistische Seelenwanderungsmythen[36]. Karl Ludwig Schneider spricht vom „animistischen Welterlebnis" Heyms[37]. Nach Fritz Martini handelt es sich beim Verschwinden des „Ich" im lyrischen Ausdruck Heyms um eine „Auflösung des Zeitlich-Menschlichen in ein letztes ursprunghaftes Sein"[38].

Die vom lebensphilosophischen Irrationalismus und von der Tiefenpsychologie inspirierte Literaturbetrachtung hat aus der expressionistischen Dichtung das gemacht, als was sie Georg Lukacs in seiner Studie „,Größe und Verfall' des Expressionismus"[39] entlarven wollte. Seine Methode und seine Wertungen sind denen F. J. Schneiders und der von ihm vertretenen Richtung genau entgegengesetzt. Der Begriff Mythologie ist für ihn gleichbedeutend mit Ideologie, „falschem Bewußtsein". Seine soziologische Analyse geht darauf aus, den deutschen Expressionismus als eine kleinbürgerliche ideologische Fluchtbewegung[40], dem politischen Programm der USP verwandte „Ablenkungsideologie"[41] zu enthüllen. Der in der ästhetischen Theorie und dichterischen Praxis sich äußernde Protest des Expressionismus gegen die gesellschaftlichen und politischen Mechanismen im Zeitalter des Imperialismus sei ein Scheinprotest[42], die expressionistische Dichtung folge der in dieser Phase in Wissenschaft und Kunst herrschenden Tendenz zu einem mystischen Irrationalismus[43], zum Mystifizieren und Mythologisieren[44], denn sie gestalte nicht „die Widersprüche der objektiven Wirklichkeit", sondern „den Widerspruch zwischen Subjekt und Wirklichkeit"[45]. Lukacs' Grundthese lautet: „Der Expressionismus als schriftstellerische Ausdrucksform des entwickelten Imperialismus beruht auf einer irrationalistischen, mythologischen Grundlage; seine schöpferische Methode geht in die Richtung des pathetisch-leeren, deklamatorischen Manifestes, der Proklamierung eines Scheinaktivismus."[46]

Lukacs' Abhandlung hat mehr den Charakter eines Pamphlets als den einer in die Problematik ihres Gegenstandes eindringenden und aus ihr ent-

---

36 Wilhelmina Stuyver, Die deutsche expressionistische Dichtung im Lichte der Philosophie der Gegenwart, Amsterdam 1939, S. 40 f. u. 245.
37 Karl Ludwig Schneider, Der bildhafte Ausdruck in den Dichtungen Georg Heyms, Georg Trakls und Ernst Stadlers, Heidelberg 1954, S. 43, 57, 63, 76.
38 Fritz Martini, Was war Expressionismus?, Urach 1948, S. 125.
39 in: Georg Lukacs, Schicksalswende, Berlin 1948, S. 180—235.
40 ebd. S. 200, 202.
41 ebd. S. 204 f.
42 ebd. S. 197 u. 203.
43 ebd. S. 187.
44 ebd. S. 189.
45 ebd. S. 224.
46 ebd. S. 234.

wickelten Kritik. Das Problem der dichterischen Mythologie des Expressionismus und des mythologisierenden Verfahrens seiner „schöpferischen Methode" vermag sie vor allem deshalb nicht zu klären, weil Lukacs auf die hierfür allein zuständigen ästhetischen Phänomene gar nicht oder nur sehr flüchtig, in schematisierenden Verallgemeinerungen, eingeht. Statt dessen hält er sich an die sogenannte Theorie, die verworrene und widerspruchsvolle Programmatik der expressionistischen „Bewegung"[47], wobei er sich auf Wilhelm Worringer, Kurt Hiller, Kurt Pinthus und Max Picard bezieht, während er eine wirklich wichtige Programmschrift wie die Kandinskys „Über das Geistige in der Kunst" (1912) nicht erwähnt. Das Schwergewicht der expressionistischen Dichtung lag nicht zufällig auf dem Gebiet der Lyrik, aber das Werk Heyms, Trakls, Benns und Stramms scheint für Lukacs nicht zu existieren. Nur seines programmatischen Inhalts wegen, der in die ideologiekritische Diagnose hereinpaßt, zitiert er hie und da einen Vers von Otten, Schickele, Werfel, Ehrenstein. Selbst wenn Lukacs' Charakterisierung der expressionistischen „Weltanschauung" und Programmatik als einer „Apologetik vermittels einer mystifizierenden Kritik der Gegenwart"[48] zuträfe, scheint er bei diesem Verfahren hier zu vergessen, was er andernorts betont: daß die weltanschaulichen und programmatischen Äußerungen eines Künstlers noch nichts über den ästhetischen Rang und den Sozialcharakter seiner Werke besagen[49] — abgesehen davon, daß die von Lukacs herangezogenen Autoren nicht selbst Künstler waren. — Lukacs verwirft die von ihm an der Programmatik, nicht an den Werken demonstrierte „schöpferische Methode" des Expressionismus, weil sie nicht „die Widersprüche der objektiven Wirklichkeit", sondern „den Widerspruch von Subjekt und Wirklichkeit" gestalte. Daß der dichterischen Verfahrensweise und Mythologie des Expressionismus der Widerspruch zwischen Subjekt und Wirklichkeit zugrundeliegt, trifft zu. Wieso aber im Ausdruck dieses Widerspruchs sich nicht die Widersprüche der objektiven Wirklichkeit sollen ausdrücken können, bleibt unerfindlich. Denn die von Lukacs als die Totalität des gesellschaftlichen Seins verstandene objektive Wirklichkeit stellt ja nichts anderes dar als die Gesamtheit der Subjekte und der Verhältnisse, in denen sie zueinander stehen, und die Widersprüche im Ganzen müssen sich deshalb im Widerspruch des einzelnen Subjekts zum Ganzen reflektieren. Indem das dichterische Subjekt der Erfahrung dieses Widerspruchs unmittelbar, spontan Sprache verleiht, spiegelt es die Spannungen in der Verfassung der

47 ebd. S. 182.
48 ebd. S. 190.
49 Georg Lukacs, Balzac und der Französische Realismus, Berlin 1952, S. 13 und ders. Thomas Mann, Berlin 1949, S. 34.

objektiven Realität wahrer, als wenn es sie vom Standpunkt einer abgeschlossenen Theorie aus mit dem Anspruch darzustellen versuchte, daß ihm
die Struktur und die Tendenzen der objektiven Realität völlig durchsichtig
seien. Daher der Niveauunterschied zwischen den bedeutendsten Leistungen
der expressionistischen Lyrik und der realistischen politischen Gebrauchs-
lyrik, die Joh. R. Becher schrieb, nachdem er, wie Lukacs lobend bemerkt,
„mit dem Gepäck der expressionistischen Ideologie auch die schöpferische
Methode des Expressionismus weggeworfen" hatte[50]. — Wo Lukacs sich von
fern auf die dichterische Verfahrensweise des Expressionismus einläßt[51],
treffen seine Feststellungen nur die epigonale, manieristische Produktion.
„Der Simultaneismus ist etwa ein solches leeres und formales äußerliches
Mittel, den fehlenden inneren allseitigen Zusammenhang durch ein äußerliches Nebeneinander von assoziativ zusammengefaßten Wörtern zu ersetzen."[52] Das gilt für die Nachahmungen der Lyrik August Stramms, die in
Herwarth Waldens ‚Sturm' die „absolute Wortkunst" als literarische Mode-
ware propagieren sollten[53], aber nicht für Heym, Trakl, Benn und Stramm
selbst, in deren Gedichten der innere Zusammenhang sprunghaft nebenein-
andergereihter, scheinbar zusammenhangsloser Bilder und Worte sich einer
eingehenderen Analyse erschließt. — Das Phantom von Expressionismus,
das Lukacs bekämpft, kommt nicht nur dadurch zustande, daß er statt ästhetischer Phänomene Weltanschauungsmanifeste, Kunstprogramme und allenfalls Programmkunst analysiert, sondern auch dadurch, daß er bei der Perio-
disierung dieser Kunstrichtung die Akzente falsch setzt, indem er die Ent-
wicklungsphase zwischen 1916 und 1920 für ihre „Blütezeit"[54] ausgibt, während sie künstlerisch bereits zahlreiche Symptome epigonaler Verflachung
zeigt und in Wirklichkeit die gewöhnlich als Frühexpressionismus oder Vor-
kriegsexpressionismus bezeichnete Phase zwischen 1910 und 1916 mit dem
Werk Heyms, Trakls, Stramms und des frühen Benn der künstlerischen Leistung nach den Höhepunkt der expressionistischen Dichtung darstellt[55]. Nur

50 Lukacs, Schicksalswende, a. a. O., S. 182 u. 231.
51 ebd. S. 218—231.
52 ebd. S. 230.
53 Siehe etwa die Gedichte von Kurt Liebmann, ‚Roter Tanz Kreuz Bären Ich' und ‚Du
   Mich Ich Dich Wir All' in: ‚Der Sturm', a. a. O., S.72 ff. u. 107 ff.
54 Lukacs, a. a. O., S. 230, 232.
55 Schon 1918 schrieben die Dadaisten in ihren Manifesten, der Expressionismus sei
   historisch geworden. S. das Sammelwerk ‚DADA', The Documents of Modern Art,
   Bd. 8: The Dada Painters and Poets, ed. by Rob. Motherwell, New York 1951. — S. a.
   K. L. Schneider, a. a. O., S. 12 u. Werner Kohlschmidt, Der dt. Frühexpressionismus im
   Werke G. Heyms u. G. Trakls, in: Orbis litterarum, IX, 1, S. 17, auch Fr. Martinis
   Interpretation des Gedichts ‚Der Krieg,' von Georg Heym in: Die dt. Lyrik, Düsseldorf
   1956, S. 431 u. 441; ferner Walter Jens, Statt einer Literaturgeschichte, Pfullingen 1957,
   S. 82—85, bes. S. 84.

durch diese Akzentverlagerung ist es Lukacs möglich, vom „überwiegend programmatischen Charakter der Werke" zu sprechen[56], aus der erst während und nach dem ersten Weltkrieg anschwellenden programmatischen Literatur, die sich lebensphilosophischer Begriffe wie Wesensschau, Intuition usw. bedient, den „mystischen Irrationalismus" einer expressionistischen Weltanschauung herzuleiten, diese mit der Ideologie der 1917 entstandenen USP zu identifizieren und schließlich als „präfaschistisch" zu deklarieren. Um dieselbe Zeit, als der Faschismus in Deutschland die Kampagne gegen die „entartete Kunst" inszenierte, nennt Lukacs genau wie dieser die expressionistische Kunst „dekadent-parasitär"[57], „wurzellos und zersetzt"[58].

Lukacs' Hauptthese, der literarische Expressionismus sei die künstlerische Erscheinungsform einer nihilistischen Flucht- und Ablenkungsideologie, eines „mystischen Irrationalismus", der schließlich in die Ideologie des Faschismus einmünde, kehrt bei M. F. E. van Bruggen[59] wieder. Wie Lukacs trägt van Bruggen bestimmte Wertungsprinzipien von außen an die expressionistische Dichtung heran. Statt verfestigter soziologischer Kategorien sind es bei ihm die „großen westlichen Ideen der Aufklärung und der Demokratie", die „humanistischen Prinzipien der Freiheit, des Fortschritts, der internationalen Solidarität"[60] und moralische Postulate, die sich auf „absolute, transzendente Instanzen und Maßstäbe"[61] berufen, von denen aus das summarische Verdikt über die sogenannte Weltanschauung des Expressionismus ergeht. Im Unterschied zu Lukacs sucht van Bruggen die Nihilismus-These durch eine Menge von Zitaten aus der expressionistischen Lyrik zu belegen. Mit dem Auge eines Scharfrichters spießt er einzelne, aus dem Zusammenhang eines Gedichtganzen herausgerissene Stellen auf, deren stofflich-inhaltliche Elemente seine These zu bewahrheiten scheinen; auch wo er ganze Gedichte zitiert, geht er weder an deren immanente Analyse und Interpretation heran noch versucht er, den Sinn ihrer inhaltlichen Aussagen und ihrer Ausdrucksformen aus dem Form- und Sinngefüge des Gesamtwerks eines Autors zu erschließen. Von der expressionistischen Lyrik gibt er im ganzen das Zerrbild eines Mosaiks aus mißverstandenen Bruchstücken. Als literaturwissenschaftliche Arbeit ist seine Studie trotz ihrer Zitatenfülle

---

56 Lukacs, a. a. O., S. 218.
57 ebd. S. 197.
58 ebd. S. 230, 231.
59 M. F. E. van Bruggen, Im Schatten des Nihilismus. Die expressionistische Lyrik im Rahmen und als Ausdruck der geistigen Situation Deutschlands. Amsterdam 1946. — Vgl. dazu auch die Besprechung K. L. Schneiders in Euphorion, Bd. 47, H. 1, Heidelberg 1953, S. 101 f.
60 van Bruggen, a. a. O., S. 13.
61 ebd. S. 34.

genauso indiskutabel wie die von Lukacs, da ihre Methode dem Gegenstand transzendent bleibt. Während van Bruggen in einem einleitenden Kapitel die Hauptsache des Nihilismus darin sieht, daß Historismus, Soziologie und Psychologie des 19. und 20. Jahrhunderts alle geistigen Gebilde unter „Ideologieverdacht" stellten, verfährt er selbst nicht anders, indem er die Ausdrucksformen der expressionistischen Dichtung auf psychologische Verhaltensweisen reduziert, sie als Äußerungsformen eines nihilistischen Zerstörungswillens auslegt, als „Projektion der eigenen Untergangsgefühle", als „Rache an der Welt", als „emotionale Füllung der geistigen Leere" usw.[62] Die ästhetischen Phänomene werden nicht auf ihre Funktion und Bedeutung im dichterischen Gebilde selbst befragt, sondern psychologisch aus „Gefühlen", in diesem Fall angeblich pervertierten, zu „erklären" versucht: Die Einbeziehung des Häßlichen und Grauenhaften in die dichterische Gestaltung, die bereits in der Lyrik Baudelaires und Rimbauds, nicht erst in der expressionistischen begegnet, sei nichts weiter als „grauenvolles Phantasieren", das Phänomen des Grausig-Grotesken bei Heym nichts weiter als zynischer „makabrer Spaß"[63] u.dgl.m. Nur darauf aus, den stofflichen Inhalt isolierter Verse, Strophen und einzelner Gedichte in ein psychologisches Schema von Spielarten des Nihilismus zu pressen, verliert van Bruggen wie Lukacs den Blick sowohl für ästhetische Niveau-Unterschiede wie für Phasen der literarischen Entwicklung. Heym, Trakl und Benn rangieren in einer Reihe mit dem häufigst zitierten Joh. R. Becher, mit Lichtenstein, Heynicke, Ehrenstein und mit den Produzenten der epigonalen literarischen Tagesware, die an der Oberfläche jeder Kunstströmung schwimmt und auch in den expressionistischen Zeitschriften und Anthologien zu finden ist. Die „bedeutendste Gestalt" der expressionistischen Lyrik ist für van Bruggen Werfel, weil er sich „von der vitalistischen Einstellung zur ethisch betonten, geistigen Haltung und zur Metaphysik durchgerungen" habe[64]. Daß gerade die sogenannte religiöse Wendung bei Werfel, Sorge, Schreyer, Heynicke u. a. die Substanz und Formensprache der expressionistischen Dichtung aufweicht, daß insbesondere Werfel damit bereits den Weg beschreitet, der ihn später zum pseudoreligiösen Kolportageroman führt, entgeht van Bruggen. Um die nihilistische Gefühls- und Geisteslage, die sich in der expressionistischen Dichtung bekunde, als wegbereitend für die faschistische Ideologie ausgeben zu können, verwischt er ferner die Grenzen zwischen verschiedenen litera-

---

62 ebd. S. 108.
63 van Bruggen, a. a. O., S. 109—116 über Heyms „grauenvolles Phantasieren", S. 111:
„kalte, perverse Fantasie von ausgesprochener Boshaftigkeit", S. 124 ff. über Heyms
„makabre Witze", ferner über Heym: S. 55 f., 64 f., 72 f., 76 f., 119 f., 135 ff., 144 f., 218.
64 ebd. S. 176.

rischen Richtungen, bringt er Expressionismus, Arbeiterdichtung, Futurismus, Dadaismus, Neue Sachlichkeit und Blut- und Bodenliteratur auf den gemeinsamen Nenner von Nihilismus und Vitalismus, rückt Lissauer, Lersch, Bröger, Winckler und Vesper an die expressionistische Lyrik heran[65] und schlägt über deren Vaterländerei eine Brücke vom Expressionismus zum Nationalsozialismus. Die horrenden Fehlurteile van Bruggens entspringen samt und sonders einer Methode, die nicht immanent verfährt, nicht in die Intentionen und die Struktur der ästhetischen Phänomene selbst eindringt, nicht aus ihnen selbst die Kriterien ihrer Beurteilung gewinnt, sondern dichterische Gebilde als Demonstrationsmaterial für außerästhetische Absichten ausschlachtet. Statt nach ihrem eigenen Formgesetz wird die Dichtung nach vorgegebenen weltanschaulichen, moralischen und politischen Wertmaßstäben beurteilt. Die Gewaltsamkeit dieses Verfahrens zeigt sich vor allem darin, daß es keine ästhetischen Qualitätsunterschiede kennt, die bedeutendsten Leistungen der expressionistischen Lyrik, in denen sich neue dichterische Ausdrucksformen herausbilden, gar nicht wahrnimmt, sie mit der Pseudoproduktion des Literaturmarktes zusammenwirft, diese zu seiner Hauptquelle macht und die verschiedensten literarischen Richtungen vermengt, um aus der Angleichung des Bedeutenden ans Unbedeutende und dessen, was sich der Grundthese widersetzt, an das ihr Entsprechende den Schein von Evidenz zu erzeugen. Wie Lukacs macht van Bruggen sich die Grundthese F. J. Schneiders vom Irrationalismus der expressionistischen Dichtung zu eigen, nur bewerten sie beide diesen Irrationalismus im Gegensatz zu Schneider negativ. Was bei diesem als „Lichtseite" des Expressionismus erscheint, wird bei jenen zu seiner „Nachtseite", zum „Nihilismus". Die Analyse und Interpretation der Dichtung Heyms, an der wie an keiner anderen die Ursprungsgeschichte der expressionistischen Lyrik sich erhellt, hat daher vor allem an den dichterischen Phänomenen selbst zu prüfen, was es mit diesem Irrationalismus auf sich hat. Er wird sich als eine Legende erweisen, die der moderne lebensphilosophische Irrationalismus und sein Widerpart selber um diese Dichtung herumgesponnen haben.

Die Frage nach Ursprung und Sinn der dichterischen Mythologie des Expressionismus kann weder die durch F. J. Schneider noch die durch Lukacs vertretene Richtung der Literaturbetrachtung beantworten, weil beide gleichermaßen vom vorgefaßten Standpunkt — hier einer vitalistischen Metaphysik, dort einer politisch-soziologischen Doktrin — das Problem simplifizieren. Hier wird jene Mythologie einfach als eine Bilderwelt „von visionärer Urkraft", als Ausdruck eines ekstatisch-mystischen Lebensgefühls

---

65 S. 183 Will Vesper als „Spät-Expressionist"!

hingenommen und die Frage nach ihrem geschichtlichen Ursprung und Sinn nicht ernsthaft gestellt — dort wird sie summarisch aus der politisch-sozialen Situation hergeleitet und als Ideologie abgestempelt. Der Gegensatz der standpunkthaften Wertungen ist zugleich einer der Methoden. Die von der modernen irrationalistischen Metaphysik beeinflußte Literaturbetrachtung verfährt immanent, geht auf die ästhetischen Phänomene selbst ein, indem sie sammelnd und vergleichend Stilkategorien zu erarbeiten sucht. Aber wegen ihrer bei F. J. Schneider offenkundigen, oft aber auch beschwiegenen metaphysischen Wertungsprinzipien nimmt sie bestimmte Seiten an ihrem Gegenstand gar nicht wahr, gelangt daher zu einseitigen Bestimmungen — wie z. B. F. J. Schneiders Überbetonung des dynamischen Moments im expressiven Stil — und fragt nicht nach dem Sinn der festgestellten und klassifizierten Ausdrucksformen oder verfehlt ihn, wie z. B. mit der Bedeutung, in der F. J. Schneider den Begriff der „Entgrenzung" als Stilkategorie einführte[66], oder mit Klassifikationsmerkmalen wie K. L. Schneiders „peiorisierender" und „zynischer" Metapher[67]. Lukacs' pauschale soziologische Reduktion der Inhalte und Formen der expressionistischen Literatur auf eine Flucht- und Ablenkungsideologie hingegen verfährt nach einer Methode, die ihrem Gegenstand transzendent bleibt, ihn „von außen", statt „von innen" betrachtet[68]. Die ästhetischen Phänomene der Dichtung werden, auch wo von der „schöpferischen Methode" des Expressionismus die Rede ist[69], weder analysiert noch gedeutet, und soweit sie von der Ideologiekritik getroffen werden mögen, handelt es sich um die Pseudoproduktion der Auflösungsphase dieser Literaturbewegung. Lukacs' Methode will das dialektische Verhältnis von Sein und Bewußtsein, Sozialem und Geistigem in den Tendenzen der expressionistischen Kunst bestimmen, aber während nach Hegel wie nach Marx die Dialektik nichts anderes ist als das Entfaltungsgesetz der „Sache selbst", das heißt hier des Kunstwerks, kommt dieses als sich entfaltendes und organisiertes geistiges Gebilde in Lukacs' Analyse gar nicht vor. Sein Verfahren ist das einer dogmatisierten Dialektik, einer ihrem Gegenstand äußerlichen, ihn manipulierenden Methode, d. h. undialektisch.

Das Versagen einer literatursoziologischen Methode, die an die ästhetischen Phänomene, soweit sie auf diese eingeht, präfabrizierte Begriffsschemata heranträgt, lehrt, daß Ursprung und Sinn des — wie Lukacs sagt — „mythologisierenden" Verfahrens der expressionistischen Dichtung sich

---

66 Zur Kritik s. u. S. 118 u. 129 f.
67 s. u. S. 28—36 u. 231 ff.
68 Zur Unterscheidung von Innen- und Außenbetrachtung, immanenter und transzendenter Methode vgl. a. Karl Mannheim, Ideologische und soziologische Interpretation der geistigen Gebilde, in: Jahrbuch für Soziologie, 2. Bd., Karlsruhe 1926, S. 439.
69 Lukacs, a. a. O., S. 218—231.

nur der beharrlichen immanenten Analyse der dichterischen Gebilde selbst erschließen können. Lukacs' Studie hat immerhin das Verdienst, die geschichtsphilosophische Frage nach dem konkreten Ursprung und gesellschaftlichen Gehalt, nach dem Verhältnis des ästhetischen Subjekts zur Objektivität, in der Sprache Hegels: des „Besonderen" zum „Allgemeinen", überhaupt gestellt zu haben. Denn daß auch die werkgetreueste, vorgefaßter Wertungsprinzipien sich enthaltende immanente Analyse dieser Frage nicht ausweichen kann, wenn sie nicht beim Sammeln und Klassifizieren von Stoff- und Formelementen stehen bleiben, sondern verstehen will, welche Funktion sie im Ganzen des ästhetischen Gebildes haben, wie sie sich in ihm zu einer ideellen Einheit integrieren, lehrt andererseits das Versagen auch der rein immanenten Analyse vor jener Aufgabe, sofern sie sich darauf beschränkt, das anschauliche „Material", die inhaltlichen, sprachlichen, bildhaften Bestandteile einer Dichtung oder eines dichterischen Gesamtwerks wie „Bausteine" zu sammeln und zu gruppieren, und auf diese Weise Kriterien für seine Interpretation gewinnen will. Nach Kant sind Begriffe ohne Anschauung leer, Anschauungen aber ohne Begriffe blind.

Den Weg „von unten"[70], der induktiven Untersuchung von Stoff- und Formelementen geht unter den neueren Arbeiten die von Karl Ludwig Schneider über den bildhaften Ausdruck in den Dichtungen Heyms, Trakls und Stadlers. Sie beabsichtigt eine genetische Analyse des metaphorischen Charakters, den das dichterische Bild in der expressionistischen Lyrik hat, und versucht auch den Bedeutungsgehalt der Bilder zu erschließen. Zu diesem Zweck ordnet sie, im Querschnitt durch das Gesamtwerk, gleichartige Bildelemente einmal nach ihrem stofflich-gegenständlichen Motiv in „Bildkreise" und dann nach ihrem metaphorischen Ausdruckscharakter in „Bildtypen". Außer der Bereitstellung einer nach bestimmten Gesichtspunkten schon geordneten Fülle von Belegen haben K. L. Schneiders Untersuchungen das Verdienst, durch Vergleich eine strukturelle Übereinstimmung der sprachlich-bildhaften Ausdrucksformen Heyms, Trakls und Stadlers erwiesen und damit erhärtet zu haben, daß sich in ihnen ein *Zeitstil* ausprägt. Von besonderer Bedeutung für die Charakterisierung der dichterischen Mythologie Heyms ist Schneiders Nachweis, welche Rolle die verschiedenen Formen der „dynamisierenden" sowie der „dämonisierenden" Metapher im dichterischen Verfahren Heyms spielen[71]. Freilich zeigen gerade Schneiders Metaphernanalysen, daß auch die rein induktive Methode, schon indem sie Formelemente

---

70 K. L. Schneider, a. a. O. (s. Anmerkung 37), S. 11, u.
71 K. L. Schneider, a. a. O., S. 71—81.

durch ein „Netz"[72] von Ordnungsbegriffen typologisch zu erfassen sucht, stillschweigend Kriterien der Deutung und Beurteilung einführt und dabei vor Fehlgriffen nicht gesichert ist. Denn wenn auch diese Begriffe aus der Anschauung des „Materials" gewonnen sind, so hängt von ihrer Zahl und Art doch der Umfang und die typologische Charakterisierung der unter sie subsumierten Elemente ab. So fällt z. B. in K. L. Schneiders Metapherntypologie der Typus der statisierenden Metapher vollkommen aus, obwohl die Metaphorik von Bildern der Erstarrung und Versteinerung in den Dichtungen Heyms und Trakls eine ebenso große, ja bedeutendere Rolle spielt als der Typus der dynamisierenden Metapher. Und zwar deshalb, weil K. L. Schneider die expressionistische Dichtung als Ausdruck eines „hochdynamischen Lebensgefühls"[73] verstanden haben will, dessen Träger — analog F. J. Schneiders expressivem Menschen — „der expressionistische Mensch" sei[74]. Noch mehr als durch den Wegfall eines sehr umfangreichen, stilistisch und gehaltlich höchst bedeutsamen Metaphernkreises wird der Charakter der metaphorischen Bilderwelt Heyms verfehlt, wenn K. L. Schneider einen Metapherntypus als „peiorisierend"[75], einen weiteren gar als „zynisch"[76] bezeichnet. Bei der typologischen Bestimmung dieser Metapherngruppen zeigt sich, wie fragwürdig der methodische Ansatz bei den isolierten, aus der Ganzheit des ästhetischen Gebildes herausgelösten Elementen ist. Peiorisieren heißt ja, etwas schlechter oder schlimmer erscheinen lassen als es ist, d. h. soviel wie „schlechtmachen". Das tue die „peiorisierende Metapher", indem sie ihren „Bezugsgegenstand" zu einem Bild in Beziehung bringe, durch das er „auf ein stimmungsmäßig niedrigeres Niveau heruntergezogen" werde.[77]. Dieses metaphorische Verfahren sei eine „Technik der desillusionierenden Umwertung"[78].

> Tief in dem Wald ein See, der *purpurrot*
> *Wie eines Toten dunkles Auge glast.*
>
> (Heym, Der Wald D 177,4)

Im Vergleich des Sees mit dem Auge eines Toten soll nach K. L. Schneider das Vergleichsbild (Totenauge) seinen „Bezugsgegenstand" (See) besonders auffallend peiorisieren, „herabstimmen"[79], desillusionierend „umwerten".

---

72 ebd. S. 18.
73 ebd. S. 78.
74 ebd. S. 12.
75 ebd. S. 65—67.
76 ebd. S. 67—71.
77 ebd. S. 67.
78 ebd. S. 66.
79 ebd. S. 67.

Bei seinen Analysen der Metapherntypen Heyms geht K. L. Schneider grundsätzlich von dem Verhältnis des Vergleichsbildes zur „Bezugssache" aus und macht dabei die Voraussetzung, daß es sich bei dieser um einen real wahrgenommenen Gegenstand handle. So auch hier. Danach hätte man sich unter dem See einen beliebigen Waldsee vorzustellen. Die beiden isolierten Verse lassen eine solche Annahme zu, und der Vergleich mag dann befremdlich erscheinen. Aber selbst unter dieser — wie sich zeigen wird: falschen — Voraussetzung könnte man ihn nicht als „peiorisierend" bezeichnen, sonst müßte man auch folgende Beschreibung eines in der Dreiländerecke Österreich—Böhmen—Bayern real wahrgenommenen Waldsees in Stifters Erzählung ‚Der Hochwald' so nennen.

Da in diesem Becken buchstäblich nie ein Wind weht, so ruht *das Wasser* unbeweglich, und der Wald und die grauen Felsen und der Himmel schauen aus seiner Tiefe heraus, wie aus einem *ungeheuern schwarzen Glasspiegel.* Über ihm steht ein Fleckchen der tiefen, eintönigen Himmelsbläue. Man kann hier tagelang weilen und sinnen und kein Laut stört die durch das Gemüt sinkenden Gedanken, als etwa der Fall einer Tannenfrucht oder der kurze Schrei eines Geiers. Oft entstieg mir ein und derselbe Gedanke, wenn ich an diesem Gestade saß: — als sei es *ein unheimlich Naturauge*, das mich hier ansehe — tiefschwarz — überragt von der Stirn und Braue der Felsen, gesäumt von der Wimper dunkler Tannen — drin *das Wasser* regungslos, *wie ein versteinerte Träne.*[80])

Stifters Vergleiche des Plöckensteiner Sees mit einem „ungeheuern schwarzen Glasspiegel", einem „unheimlichen Naturauge" und einer „versteinerten Träne" stimmen in ihrem Ausdruckscharakter und sogar inhaltlich mit Heyms Vergleichsbildern für den Waldsee *(glast, eines Toten dunkles Auge)* überein. Auch Stifters Metaphorik läßt den Waldsee zu einem riesigen Totenauge erstarren (s. a. *Stirn und Braue der Felsen* und vorher den Vergleich der Seelandschaft mit einem *dunklen Totenbett*, von Granitkugeln mit *bleichen Schädeln* usw., I, 208). Der „Bezugsgegenstand" See, und zwar ein real wahrgenommener, wird also im selben Sinne umgeformt wie bei Heym. Dadurch wird er jedoch keineswegs negativ „umgewertet", „peiorisiert". Denn im Sinnzusammenhang der Erzählung ist der Waldsee, so realistisch er auch wiedergegeben scheint, nicht mehr lediglich ein Stück real-gegenständlicher Wirklichkeit, sondern vorausdeutendes Naturbild, das metaphorisch für das unergründlich unglückliche Schicksal der Hauptgestalten der

---

80 Adalbert Stifter, ‚Der Hochwald', in Ges. Werke Bd. 1, S. 209 f., Wiesbaden 1959 (Hervorhebungen K. M.).

Erzählung steht. Das ganze Bild ist weder eine bloße Naturbeschreibung noch ein subjektives Stimmungsbild, es gibt vielmehr den Schauplatz des Erzählvorgangs, den „Ort", wo „die Personen dieser Geschichte lebten und handelten" (I, 207) und in ihm die Vorahnung ihres Geschicks. Diesen objektiven, im Erzählzusammenhang selbst angelegten Sinn, und nicht den subjektiven einer peiorisierenden „Umwertung", hat Stifters metaphorische Umformung des „Bezugsgegenstandes" See zu einem Totenauge. — Noch weniger trifft für Heyms analogen Vergleich die Grundvoraussetzung K. L. Schneiders zu, daß es sich beim „Bezugsgegenstand" um einen real-gegenständlichen Waldsee handle, der metaphorisch umgeformt und umgewertet, „herabgestimmt" werde. Was der Waldsee darstellt und welchen Sinn sein Vergleich mit dem Auge eines Toten hat, ist nur aus dem Bild- und Sinnzusammenhang des Gedichtganzen einzusehen, aus dem es herausgelöst wurde[81].

DER WALD

Ein stiller Wald. Ein blasses Königreich
Mit grünen Schluchten voll und Dorngerank.
Ein Wasser singt. Am Himmel fein und schlank
Wie eine Kerze brennt die Sonne bleich.

Der Abend aber geht mit dunklem Kopf
Und dunkler Mantelschleppe in dem Forst.
Aus hohen Eichen nickt mit schwarzem Schopf
Der Greife Volk aus ihrem roten Horst,

Und Waldgetier mit wunderlichem Prunk
Uralter Schnäbel krächzt im Baume grell
Und fliegt heraus, im wilden Winde schnell
Mit Schwingen groß in graue Dämmerung.

Tief in dem Wald ein See, der purpurrot
Wie eines Toten dunkles Auge glast.
In seinem wilden Schlunde tost und rast
Ein Wetter unten auf, wo Flamme loht.

[81] Wir zitieren das Gedicht nach der Ausgabe von Carl Seelig, weil diese eine Korrektur nach der Handschrift vorgenommen hat: S 145 (im folgenden S = Georg Heym, Gesammelte Dichtungen, hrsg. v. Carl Seelig, Zürich 1947).

Der Wald dieses Gedichtes ist kein Stück „Wirklichkeit" im Sinne K. L. Schneiders, kein real-gegenständlich wahrgenommener oder wahrnehmbarer Wald wie bei Stifter, sondern selbst bereits Bild, Metapher, nämlich Phantasmagorie eines Zauberreichs, erstellt aus Bildern magisierter, verwunschener Natur. Schon im Eingangsvers heißt er metaphorisch „ein blasses Königreich". Über ihm brennt „fein und schlank wie eine Kerze" das gleichsam künstliche Licht einer „bleichen" Sonne. Als König dieses Zauberreichs erscheint eine mythologische Figur, der personifizierte Abend, der „mit dunklem Kopf und dunkler Mantelschleppe" geht, wie es einem Zauberer ansteht. Den Wald bevölkern F a b e l t i e r e : „Greife" und Getier „mit wunderlichem Prunk uralter Schnäbel". Sowohl das Bild der Greife wie die heraldische Metapher „wunderlicher Prunk" machen augenfällig, daß dieser Wald nicht „Wirklichkeit" darstellt, nicht die real-gegenständliche, sondern eine imaginierte, eine bereits metaphorisch verwandelte, hieroglyphisch verfremdete Natur. Bei dem fraglichen Vergleich des Sees, als eines Elementes dieser metaphorischen Waldlandschaft, mit dem Auge eines Toten kann also von einer Umformung und peiorisierenden Umwertung der „Wirklichkeit" gar nicht die Rede sein. Der „Bezugsgegenstand", auf den sich die Metapher bezieht, ist selber eine Metapher, nichts Real-Gegenständliches, keine empirisch wahrgenommene oder wahrnehmbare Wirklichkeit. — Welchen Sinn aber hat der metaphorische Vergleich des Waldsees mit dem Auge eines Toten innerhalb des Bild- und Sinnzusammenhanges des ganzen Gedichts? Das Gesamtbild der metaphorischen Waldlandschaft ist aus Bildelementen — Bildern, Vergleichen, Metaphern — komponiert, die dem Bereich des deutschen Symbolismus, des literarischen Jugendstils, nicht nur angehören, sondern zugleich das Verhältnis des ästhetischen Subjekts zur objektiven Realität in diesem Stil, seine subjektiven Attitüden widerspiegeln: der „stille Wald" die Abgeschiedenheit, Weltferne, d. h. Distanz zum Betrieb der gesellschaftlichen Sphäre; das „blasse Königreich" und die an Algabals Purpurschleppe gemahnende „dunkle Mantelschleppe" die sogenannte aristokratische Haltung; das gleichsam künstliche Licht der „bleichen", einer „feinen und schlanken Kerze" verglichenen Sonne die abgeblendete Scheinwelt des auf seine Innerlichkeit zurückgeworfenen Subjekts; die mythologischen „Greife" und der „wunderliche Prunk uralter Schnäbel" die archaisierende Tendenz und den Hang zum Ornament. Diese ganze, durch das Königreich des Zauberwaldes versinnbildlichte Traumwelt des Jugendstils kann so nur widergespiegelt werden, weil sie durchschaut ist und ihr Anspruch auf Wahrheit abgewiesen werden soll. Von der ersten bis zur letzten Zeile wird sie als eine makabre, verfallende und bedrohte Scheinwelt dargestellt: das Königreich ist ein „blasses", sein Licht „bleich", sein Herr der personifizierte Abend, d. h. Über- und Untergang, „mit dunklem Kopf"; die sonst als mythologische Zwitter zwischen Adler und Löwe Macht und Kraft symbolisierenden Greife „nicken" nur, das andere „uralte" Waldgetier „krächzt grell"; die Gesamtatmosphäre wird durch die Epitheta *blaß, bleich, dunkel, schwarz* gekennzeichnet; der diesem — anfangs „stillen" — Zauberreich drohende Untergang kündigt sich im „wilden Winde" an, der die prunkvollen Fabeltiere aus dem blassen Traumreich in „graue Dämmerung" hinausscheucht. All diese sich steigernden Untergangsbilder zielen auf ein Schlußbild ab, das den endgültigen Untergang dieses Zauberreichs heraufbeschwört: den See als dessen geheimstes, verborgenstes Innere („tief in dem Wald"), aus dem die tote Seele dieser in allen ihren Zügen bereits vom Tod gekennzeichneten Traumwelt starrt. D a s ist der Sinn des aus dem inneren Vorgang des Gedichts sich notwendig ergebenden Vergleichs des Sees mit dem Auge eines Toten. Die Metapher wertet nicht um, peiorisiert nicht, sondern zieht in der pointierenden Schlußstrophe nur die Konsequenz des Ganzen. Aus derselben inneren Notwendigkeit kann sie im allerletzten Bild noch hyperbolisch überboten werden durch die Weltuntergangs-Metapher des im „wilden Schlunde" des Sees selbst aufstürmenden Wetters mit dem doppelten Oxymoron, daß der verglaste, totenhaft erstarrte See gleichzeitig ein „wilder Schlund" ist, in dem das Wetter „tost und rast", und daß in seinem verglasten Wasser, d. h. in Eis, „Flamme loht". Indem die Weltuntergangsmetaphorik der Schlußstrophe im Unterschied zum hintergründig parodistischen Charakter der vorausgegangenen Bilder das drohende Ende der Traumwelt des Jugendstils ernst nimmt, sie aus sich selbst heraus untergehen läßt, drückt sich in ihr die objektive geschichtliche Tendenz aus, die den Ausbruch aus jener Welt erzwang. Während die Bilder und Metaphern der ersten drei Strophen noch selber vom Jugendstil geprägt sind, obwohl sie ihn auf verkappte Weise parodieren, wird im Übergang von der dritten zur letzten Strophe und in dieser selbst der sprachlich-bildhafte Ausdruck mit Epitheta wie „grell", dem wiederholten „wild", mit der verbalen Erstarrungsmetapher „glast", mit den dynamisierenden Verbalmetaphern „tosen" und „rasen" und mit der Hyperbolik der Weltuntergangsmetaphern expressiv. So ist an dem Gedicht die Genesis der expressionistischen Bilder- und Formensprache aus der symbolistischen selbst abzulesen.[81a] Es gehört in die Reihe Heymscher Gedichte, die den Symbolismus mit dessen eigenen Ausdrucksformen parodieren[82], und steht in dem Nachlaßband ‚Der Himmel Trauerspiel' neben dem Gedicht ‚Der Park' (D 176),

---

81a Über das Verhältnis Heyms zum Jugendstil und Symbolismus s. a. K. Mautz in Euphorion NF, Bd. 38, H. 3, Stuttgart 1937, S. 325 u. 337 ff.
82 Vgl. a. Werner Kohlschmidt, a. a. O., S. 12 f.

einer Travestie des symbolistischen Park-Motivs[83]. Die Reihe solcher Jugendstilparodien setzt erst mit Heyms zweitem Gedichtband ‚Umbra Vitae' ein,
während viele Stücke aus dem ersten und auch einige aus dem Nachlaß, von
denen sich fragt, wann sie entstanden sind (‚Der sterbende Faun', ‚Tod des
Pierrots' u. a.), ungebrochen symbolistisch sind. Zu jener Reihe gehören
außer ‚Der Wald' und ‚Der Park' auch ‚Die Somnambulen', ‚Die Pflanzenesser', ‚Die Städte im Walde', ‚Luna', ‚Ein Herbst-Abend' und ‚Auf einmal
kommt ein großes Sterben'[84]. Vor allem aber ‚Das infernalische Abendmahl'[85]. Mit einer Fülle geradezu klassischer Jugendstilmetaphern parodiert
dieses Gedicht die Jünger-Meister-Ideologie des George-Kreises in Gestalt
eines Abendmahls, an dessen Ende der Mund eines falschen Gottes die
Jünger küßt „wie kalter Gräber Wind ... Wie Meltau giftig, gelb wie Hyazinth"[86]. Eine Strophe dieses Gedichts sagt von dem Gott:

> Sein Leid trägt eines Schattenwaldes Duft,
> Wo großer Sümpfe Trauervögel ziehn,
> Ein König, der durch seiner Ahnen Gruft
> Nachdenklich geht in weißem Hermelin. (D 120,4)

Diese Bilder und Metaphern decken sich mit denen der zweiten Strophe
von ‚Der Wald':

> Der Abend aber geht mit dunklem Kopf
> Und dunkler Mantelschleppe in dem Forst.
> Aus hohen Eichen nickt mit schwarzem Schopf
> Der Greife Volk aus ihrem roten Horst.

Der Schattenwald dort ist hier der abendliche Forst; der König geht dort
„nachdenklich", der Abend hier „mit dunklem Kopf", jener in „Hermelin",
dieser mit „Mantelschleppe"; die „Trauervögel" dort sind hier „nickende"
Greife mit „schwarzem Schopf" und in der dritten Strophe „krächzendes"

---

83 Genauer: einer Parodie des Gedichts ‚Wir schreiten auf und ab im reichen flitter ...'
aus Stefan Georges ‚Jahr der Seele' (Gesamtausg. Bd. 4, Berlin 1929, S. 15). Es seien
hier nur die auffallendsten, bis ins Wörtliche gehenden Übereinstimmungen hervorgehoben (röm. Ziffern = Strophen):

George	Heym
Wir schreiten auf und ab ... (I)	sieht man oft ... vorübergehn (III)
zum tore ... vom gitter (I)	Gittertor (III)
fremde stimmen (II)	Fremdes Wort (III)
brausen / Von wipfeln (III)	Hohe Bäume ... mit Gesause (II)

Auch in den Herbst-Motiven, ferner in dem trochäischen Rhythmus und in der Drei-
strophigkeit bezieht sich ‚Der Park' auf das Gedicht Georges. Ein näherer Vergleich
hätte auf die gleichzeitigen Abwandlungen der Bilder Georges durch Heym und die
Intention dieser Abwandlungen einzugehen.

84 Mit ‚Die Somnambulen' beginnend: D 103, D 158 f., D 151, D 156, D 160 f., D 191 f.

85 D 118—121.

86 D 121.

Waldgetier. Im übrigen kehren wieder: der „Schattenwald" als ‚Der Wald', der „König" in „Königreich", die „Sümpfe" als „See", die „Ahnen" in der heraldischen Metapher „wunderlicher Prunk uralter Schnäbel", auch in „Greifen", die ja zugleich Wappentiere sind. Gleichartige Bilder und Metaphern aus dem ‚Infernalischen Abendmahl' und ‚Der Wald' tauchen ferner auch in ‚Die Städte im Walde'[87] wieder auf: Schattenwald und abendlicher Wald als „große Wälder" mit „ewig blauem Dunkel", Sümpfe und See als „grüner Meere Flut", König in Hermelin und Abend mit Mantelschleppe als „Fürsten" in „fließendem Gewand", die „feine und schlanke Kerze" aus ‚Der Wald' als „stiller Kerzen Brand", dem hier sogar die Fürsten selber verglichen werden, der wilde Wind und das tosende, rasende Wetter als „Wetterschein" und „Sturm". All diese Übereinstimmungen und Analogien, zu denen gleichartige Gedichte weitere liefern könnten, bestätigen, was die immanente Analyse und Interpretation von ‚Der Wald' ergab, und damit auch die Sinndeutung jener Metapher, die den Waldsee mit dem Auge eines Toten vergleicht. Sie bezieht sich auf keine „Wirklichkeit" im Sinne K. L. Schneiders und „peiorisiert" auch nicht. Desillusionierend ist sie allerdings, m u ß sie sein, da der ganze innere Vorgang des Gedichts ein fortschreitender Desillusionierungsprozeß ist. Eine Desillusionierung aber, die — wie dies hier der Fall ist — einen trügerischen Schein zerstört, das Negative an ihm enthüllt, ist ihrer Intention nach nicht selber negativ, sondern positiv, kann also nicht „peiorisierend" genannt werden.

Die eingehendere Interpretation eines ganzen Gedichts war geboten, da nur sie die Probe machen kann auf die Angemessenheit der typologischen Begriffe K. L. Schneiders an die Sache selbst, die ästhetischen Phänomene. Die Begriffe „peiorisierende" und „zynische" Metapher bestehen sie nicht mit einem einzigen der aus dem Zusammenhang des jeweiligen Gedichtganzen herausgelösten und unter ihnen zusammengefaßten Belege. Bei manchen Zitaten braucht man diese Probe gar nicht zu machen:

> *Ein hoher Korb* mit rissigem Geflecht
> Blieb von der Ernte noch im Ackerfeld.
> *Weißbärtig, ein Soldat,* der nach Gefecht
> Und heißem Tag der *Toten Wache hält.*[88]

Eine Strophe aus Heyms Gedicht ‚Der Winter' (D 47) in der Sammlung ‚Der Ewige Tag'. „Weißbärtig" wird dort der Korb genannt, weil sein Geflecht mit Schnee bedeckt ist. Diese und die an sie anknüpfende Metapher „ein Soldat, der nach Gefecht / Und heißem Tag der Toten Wache hält" sollen ihren „Be-

---

87 D 151.
88 D 47,4 — Hervorhebungen von K. L. Schneider.

zugsgegenstand" — K. L. Schneider denkt wieder an einen real-gegenständlich wahrgenommenen Korb — peiorisieren, „desillusionierend umwerten". Zunächst: Was gibt es an einem Korb mit „rissigem" Geflecht noch zu peiorisieren, desillusionierend umzuwerten? Weiter: Eine Metapher, die einen rissigen Korb, der nicht mehr brauchbar ist, aber seine Schuldigkeit getan hat, einem Soldaten vergleicht, der trotz Gefecht und heißem Tag noch Totenwache hält, läßt ihm Ehre widerfahren, sie peiorisiert ihn nicht, sondern heroisiert ihn. Auch der Stellenwert, den sie innerhalb des Bild- und Sinnzusammenhanges des ganzen Gedichts hat, wird das erweisen[89]. Ferner darf auch hier der „Bezugsgegenstand" nicht einem Stück wahrgenommener oder wahrzunehmender gegenständlicher Wirklichkeit gleichgesetzt werden. Im Zusammenhang des Gedichtganzen ist der einsame, in einer unendlich weiten Ebene stehende „hohe" Korb selber bereits — analog dem See in ‚Der Wald', wenn auch mit anderer Bedeutung — ein metaphorisches Bild, und zwar eine Metapher für Einsamkeit, Verlorenheit, aber auch für Standhalten und Widerstand in solcher Einsamkeit.

Nicht Heyms Metaphern „werten um", sondern K. L. Schneider wertet Heyms Metaphern um und gelangt dann zu dem Ergebnis, daß es sich bei Heyms sogenannter metaphorischer Umwertung der Wirklichkeit „um eine systematische Zersetzung der lyrischen Werte" handle[90].

In noch höherem Maße als der Begriff einer „peiorisierenden Metapher" entstellt und verfehlt der einer „zynischen Metapher" das, was er bezeichnen soll. Zynisch heißt wörtlich „hündisch" und bezeichnet im übertragenen Sinn die boshaft-bissige, hämische Verspottung und Herabwürdigung von etwas an und für sich Wertzuschätzendem, Würdigem. Die „zynische Metapher" wäre demnach eine noch desillusionierender umwertende, intensiver „peiorisierende" Metapher. Nach K. L. Schneider zieht sie ihren „Bezugsgegenstand" auf ein noch niedrigeres „Stimmungs-" oder „Wert"-Niveau als jene herab, indem sie eine Beziehung zwischen „Sachsphären" und „Bildsphären" herstellt, „die im ästhetischen und ethischen Sinne gänzlich unvereinbar sind"[91]. — Für den Typus „zynische Metapher" gilt prinzipiell, was schon gegen den Typus „peiorisierende Metapher" einzuwenden war, denn er ist nur dessen Komparativ. Auch er kommt nur dadurch zustande, daß Bilder, Vergleiche und Metaphern aus ihrem Funktionszusammenhang innerhalb eines Gedichtganzen herausgerissen, durch ihre Isolierung für ihre typologische Einordnung präpariert werden und daß der sogenannte Bezugsgegenstand des metaphorischen Vergleichsbildes einer

---

89 S. u. S. 148.
90 K. L. Schneider, a. a. O., S. 67.
91 ebd. S. 67.

wahrgenommenen oder wahrnehmbaren Wirklichkeit gleichgesetzt wird, ohne zu fragen, ob er nicht selbst bereits Bild, Metapher ist. Auch hier wäre die Probe auf die Angemessenheit des typologischen Schemas an die Phänomene, die es zu erfassen meint, durch die Bestimmung ihres Stellenwerts innerhalb des jeweiligen Bild- und Sinnzusammenhanges eines Gedichts zu machen. Sie soll später, bei der Interpretation von Heyms Gedicht ‚Umbra Vitae‘ gegeben werden, in dem solche „zynischen Metaphern" vorkommen. Hier sei nur an einem exemplarischen Fall gezeigt, wie diese Begriffsbildung den Sinn der unter sie subsumierten Vergleichsbilder entstellt, ja in sein Gegenteil verkehrt.

> Man treibt sie ein, *wie Schafe zu der Schur.*
> *Die grauen Rücken drängen in den Stall.* (D 14,4)

Die beiden Verse stehen in der Schlußstrophe von Heyms Gedicht ‚Die Gefangenen II‘. Mit den Schafen sind die Gefangenen gemeint. Der Vergleich von Gefangenen mit Schafen ist nach K. L. Schneider eine „zynische Metapher"[91a], weil er zwei „im ästhetischen und ethischen Sinne gänzlich unvereinbare Wertsphären" verknüpfe, Menschen zu Tieren herabwürdige. Der Dichter setze sich „über den Ernst und die Tragik des Sachverhaltes einfach hinweg"[92]. — Welchen Sachverhaltes? Daß es Gefängnisse gibt? Daß Menschen in Gefängnissen leiden? Daß es auch unmenschliche Gefängnisse gab? Daß Menschen keine Tiere sind, aber in unmenschlichen Gefängnissen wie Tiere behandelt wurden? Über den Ernst und die Tragik welchen Sachverhaltes der Dichter sich einfach hinwegsetze, bleibt unklar. — Wie steht es mit der Herabwürdigung von Menschen zu Tieren. Will der Vergleich die Gefangenen herabwürdigen, ist er also zynisch? Oder will er im Gegenteil sagen, daß sie herabgewürdigt werden, also den Zynismus ihrer Herabwürdigung zur Schau stellen, aufdecken? Auch wenn man von der — wie sich wieder zeigen wird: sehr einzuschränkenden — Voraussetzung ausgeht, daß es sich bei den Gefangenen dieses Gedichts um ein Stück real-gegenständlicher Wirklichkeit, um empirisch wahrgenommene oder wahrnehmbare Gefangene handle, ist nicht einzusehen, weshalb das Vergleichsbild zynisch sein soll. Das Gedicht läßt vollkommen offen, um was für Gefangene es sich handelt, läßt also die Annahme zu, es seien Gefangene, die wirklich, nicht bildlich, wie Schafe behandelt werden. Daß es politische und soziale Systeme gab, denen unter Umständen mehr daran lag, das Leben eines Schafs als das eines Menschen zu erhalten, und die deshalb Gefangene wie Schafe, ja schlechter behandelten, ist eine Erfahrungstatsache, wahrgenommene Wirk-

---

91a ebd.
92 K. L. Schneider, a. a. O., S. 68.

lichkeit. Das Vergleichsbild wäre in diesem Fall gar keine Metapher, sondern gäbe nur die Wirklichkeit wieder wie sie ist. Nicht das Bild, sondern die von ihm wiedergegebene Realität, in der es einen solchen „Bezugsgegenstand" wie unmenschlich behandelte Gefangene gibt, wäre zynisch, die Enthüllung dieses Zynismus aber das Gegenteil. Wenn etwa Heyms Gedicht ‚Rußland' (D 188), in dem das Motiv der Gefangenen wiederkehrt, von den Sträflingen sagt, daß sie nach der Arbeit im Bergwerk „zur Hürde wanken", was dem Vergleich mit Schafen entspricht, so ist auch dieses Bild, an Dostojewskis wirklichkeitsgetreuen Schilderungen des sibirischen Sträflingslebens gemessen, keine zynisch „umwertende" Metapher, sondern enthüllt den Zynismus der Realität. Daß der Vergleich mit Schafen nicht zynisch ist, daß der Dichter sich über das Leiden der Gefangenen nicht „einfach hinwegsetzt", sondern sich mit ihm identifiziert, geht auch aus dem Gedicht selbst hervor. Gleich anfangs heißt es:

> Ihr Blick schweift hin und her im kahlen Raum.
> Er sucht nach einem Feld, nach einem Baum,
> Und prallt zurück von kahler Mauern Weiß.

Und in der dritten Strophe:

> Sie schaun betrübt die graue Wand empor . . .

Die Voraussetzung, daß die Gefangenen in Heyms Gedicht — zu dem übrigens van Goghs bekanntes Bild ‚Gefängnishof'[93] Modell gestanden hat — „Bezugsgegenstand" im Sinne eines Stücks empirischer Wirklichkeit seien, trifft jedoch nicht uneingeschränkt zu. Wiederum ist der sogenannte Bezugsgegenstand selbst bereits ein Bild mit metaphorischem Bedeutungsgehalt. Es gehört zu einem ganzen Komplex Heymscher Themata, Bilder, Vergleiche und Metaphern, denen sämtlich das Motiv des Gefangenseins überhaupt, der Welt als Gefängnis, des Kosmos als Kerker zugrundeliegt. Als thematischer Gegenstand begegnen d i e Gefangenen außer in ‚Rußland' und ‚Die Gefangenen I/II' auch in ‚Die gefangenen Tiere', ‚Der Affe I/II', ‚Simson', ‚Die Irren I/II/III', ‚Der Blinde', ‚Die blinden Frauen', ‚Die Tauben' usw. Eine Interpretation des Gedichts ‚Die Gefangenen I/II', als Voraussetzung für die Sinndeutung der in ihm vorkommenden Vergleichsbilder, hätte also von der Bedeutung auszugehen, die das Grundmotiv des Gefangenseins bei Heym überhaupt hat. Hier kann vorgreifend nur angedeutet werden, daß der allen Variationen dieses Motivs zugrundeliegende Bildtypus des Gefangenen Metapher ist für Leben, das sich entfalten will und dem Entfal-

---

93 Vgl. Julius Meier-Graefe, ‚Vincent', Bd. 2, Tafel 17, München 1922.

tung versagt ist. Der die Gesamtverfassung der objektiven Wirklichkeit widerspiegelnde gesellschaftliche Gehalt solcher Gedichte liegt nicht so sehr in ihren stofflich-gegenständlichen Elementen — etwa darin, daß Heym das Gefängniswesen oder absolutistische Strafmethoden anprangern will — sondern darin, daß sie das Motiv des Gefangenseins überhaupt behandeln, daß es eine so große Rolle in der expressionistischen Lyrik spielt, nicht nur bei Heym, auch bei Trakl, Wolfenstein, Toller, Werfel u. a. Bei Heyms Gedicht ‚Die Gefangenen‘ folgt also schon die Wahl des stofflichen Motivs (Sujets), die im einzelnen die inhaltlichen Elemente — K. L. Schneiders „Bezugsgegenstände" — bestimmt, einer metaphorischen Intention. Die Gefangenen sind selbst bereits Bild, Metapher, genau wie der Korb in ‘Der Winter‘ und der See in ‚Der Wald‘.

Auch in diesem Fall stellt sich heraus, daß Heyms Metaphern nicht die Wirklichkeit umwerten, sondern K. L. Schneider Heyms Metaphern umwertet. Der Zynismus, den er ihnen unterstellt, ist in Wahrheit der Zynismus der Realität, den sie aufdecken. Auch die groteskesten, scheinbar zynischsten Metaphern haben diese, allerdings nur aus dem Bild- und Sinnzusammenhang der Gedichte klar hervortretende Intention. Ihr Movens ist gerade das Pathos des Protests gegen die Herabwürdigung des Menschen in der Gesamtverfassung einer Wirklichkeit, die ihm die Realisierung seiner Bestimmung, die Entfaltung seines menschlichen Wesens versagt, ihn zur Sache macht, verstümmelt. Die sogenannte zynische Metapher ist eine anti-zynische. Nur durch ihre Herauslösung aus der integralen Einheit der dichterischen Gebilde, durch Blindheit für ihre Funktion, ihren Stellenwert im Ganzen eines Bild- und Sinngefüges, durch die Fixierung des analytischen Blicks auf isolierte Elemente und an ihnen auf das Verhältnis von Vergleichsbildern zu „Bezugsgegenständen", die eine real-gegenständliche Wirklichkeit präsentieren sollen, während sie meist selbst schon Bilder, Metaphern, von der künstlerischen Intention bereits geprägte, verwandelte Elemente der Wirklichkeit sind — nur so kommt der diesen Vergleichen und Metaphern zugeschriebene „zynische Effekt"[94] zustande.

Da K. L. Schneider mit dieser positivistischen Methode, die das integrale Ganze eines geistigen Gebildes in handfeste Elemente zerlegt, den o b j e k t i v e n Sinn der ästhetischen Phänomene verfehlt, sucht er die „Umwertung der Wirklichkeit"[95], die sowohl die „peiorisierende" wie die „zynische" Metapher vollzögen, psychologisch — wie van Bruggen[95a] — aus der s u b j e k -

---

94 K. L. Schneider, a. a. O., S. 68.
95 ebd. S. 64.
95a s. o. S. 17.

t i v e n „Gestimmtheit"[96], „extremen Ichbezogenheit"[97], „geistig-seelischen Befindlichkeit"[98] der individuellen Persönlichkeit des Dichters zu erklären. Vom bildhaften Ausdruck, von den Metapherntypen, von der Art, wie die Vergleichsbilder ihre als real-gegenständliche Elemente der Wirklichkeit aufgefaßten Bezugsgegenstände „umwerten", will er einen „Rückschluß"[99] ziehen auf die „Seelenhaltung"[100], das „Lebensgefühl"[101], die „irrationale Gesamtstimmung eines Dichters"[102], auf eine „allgemeine seelische Verfassung, ein grundsätzliches Weltverhältnis des erlebenden Subjekts"[103]. Bei Heym schließt er auf eine „Blindheit für die positiven und beruhigenden Seiten des Lebens"[104], auf „wenig Sinn für den ruhigen und gleichmäßigen Rhythmus des Naturgeschehens"[105], auf eine „gewisse zynische Lust" am Krankhaften, eine „gewiß nicht zufällige Vorliebe" dafür[106], auf eine Tendenz, „die Schattenseiten des Lebens in den Vordergrund zu rücken"[107]. Aus einer solchen seelischen Verfassung, einem solchen „Lebensgefühl" komme es zu einseitigen Übertreibungen[108] und Vergröberungen[109] negativer Züge der Wirklichkeit in Heyms Metaphernsprache, kurz, zur „verkehrten Welt der Heymschen Dichtung"[110].

Bei der Analyse der Metapherntypen Heyms behandelt K. L. Schneider die „peiorisierende" und „zynische" Metapher an erster Stelle. In der Untersuchung der Metaphorik Trakls hingegen rangiert die „peiorisierende" Metapher an dritter Stelle, obwohl sie „das Zentrum des dichterischen Bilddenkens bei Trakl" bilde[111], und der Typus der „zynischen Metapher" fällt für Trakl ganz aus:

> Von den beiden Formen des abwertenden Bildes, die wir bei Heym kennengelernt haben, findet sich bei Trakl nur die peiorisierende Metapher wieder. *Die zynische Metapher ist eine Sonderform Heyms.* Es ist für den Wesensunterschied der beiden Dichter charakteristisch, daß Trakl das System der

96 ebd. S. 66.
97 ebd. S. 61.
98 ebd. S. 167.
99 ebd. S. 13, 16.
100 ebd. S. 13.
101 ebd. S. 16.
102 ebd. S. 15.
103 ebd. S. 173.
104 ebd. S. 70.
105 ebd. S. 47.
106 ebd. S. 21 u. 28.
107 ebd. S. 28.
108 ebd. S. 38 u. 140.
109 ebd. S. 22, 25, 70.
110 ebd. S. 70.
111 ebd. S. 142.

Werte nicht provokatorisch auf den Kopf stellt und durcheinanderschüttelt
wie Heym. Er deutet lediglich durch die Peiorisierung die Erschütterung und
Gefährdung der Werte an. Es fehlt der Dichtung Trakls der aggressive Einschlag, das Pathos der Illusionslosigkeit, das bei Heym häufig durchbricht.[112]

K. L. Schneider scheint zu übersehen, daß es auch bei Trakl Bilder und
Metaphern gibt, deren Charakter sich von dem der sog. zynischen Metaphern Heyms in nichts unterscheidet:

> Aus grauen Zimmern treten *Engel mit kotgefleckten Flügeln.*
> *Würmer tropfen von ihren vergilbten Lidern.*[113]

Von solchen befremdlich auffälligen Bildern und ihrer metaphorischen Bedeutung ist bei Schneider nicht einmal in der Zusammenstellung der „peiorisierenden" Metaphern Trakls die Rede. Worin sollen sie sich „wesentlich"
von Bildern Heyms wie den folgenden unterscheiden, die Schneider als
„zynische Metaphern" bezeichnet[113a]?

> Und *der Verwesung* blauer *Glorienschein*
> Entzündet sich auf unserm Angesicht.   (Die Morgue, D 80,4)

> Und das Gewürm, das einen Leib zerstört
> *Und eine letzte Trauermesse hält . . .*   (Luna, D 156,3)

Wenn man solche Metaphern bei Heym „zynisch" nennt, kann man sie bei
Trakl nicht anders nennen oder gar über sie hinwegsehen. Aber weder bei
Heym noch bei Trakl erweisen sie sich im Sinnzusammenhang des Gedichts
als „zynisch".

K. L. Schneider behandelt die „peiorisierenden" und „zynischen" Metaphern Heyms an erster Stelle, weil sie „das Grundprinzip des Heymschen
Schaffens" charakterisieren sollen[114]. Vor allem gelte das für die „zynische
Metapher". Mit der desillusionierenden Umwertung der Wirklichkeit, die
sie vollziehe, stelle der Dichter — wörtlich so — „die Würde und den Wert
des menschlichen Lebens grundsätzlich in Frage"[115] und setze „das gesamte

---

112 ebd. S. 140 (Sperrung K. M.). Von einer „Sonderform Heyms" kann schon darum
   nicht gesprochen werden, weil derartige Metaphern nicht nur auch bei Trakl, sondern
   in Hülle und Fülle auch bei van Hoddis, Benn, J. R. Becher, Lichtenstein und anderen
   expressionistischen Lyrikern begegnen. Über ihren jeweiligen Ausdruckscharakter ent-
   scheidet ihre Sinnfunktion innerhalb eines Gedichtganzen. Sie generell als „zynisch"
   bezeichnen, hieße über sie aburteilen, nicht urteilen.
113 S 65 (auch im folgenden S = Georg Trakl, Die Dichtungen, Salzburg 1938, Otto
   Müller Verlag).
113a K. L. Schneider, a. a. O., S. 69 f.
114 ebd. S. 67 u. 70.
115 ebd. S. 68.

Wertsystem außer Kraft"[116]. Daß das Gegenteil der ersten Behauptung der Fall ist, zeigte sich bereits und wird die spätere Analyse von ,Umbra Vitae' und ,Luna' bestätigen. Die zweite Behauptung läßt völlig im Dunkel, was „das" gesamte „Wertsystem" sein soll. Nehmen wir aber an, die Dichtung Heyms stelle irgendwelche „Werte" in Frage, so fragt es sich, was für „Werte", es fragt sich, ob das, was sich als „Wert" ausgibt, nicht in Frage gestellt zu werden verdient. Das Gedicht ,Der Wald' etwa stellt den „Wert" des Jugendstils, ,Das infernalische Abendmahl' den „Wert" der Führerideologie des George-Kreises, das Gedicht ,Rußland' den „Wert" absolutistischer Zwangsmethoden in Frage. Es läge bei K. L. Schneider, solche „Werte" vor ihrer Infragestellung durch die Dichtung Heyms zu retten, ehe er von Heyms „systematischer Zersetzung der Werte"[117] spräche. Wenn seine Analysen der Metaphernformen Heyms schließlich zu dem Endergebnis führen, „das Grundprinzip des Heymschen Schaffens", wie es im „engbegrenzten Bereich der zynischen Metaphern mit größter Klarheit" hervortrete, sei — gesperrt gedruckt —: „Infragestellung und Entwertung der gesicherten Werte; Hervorhebung und Neubewertung der negativen Lebenswerte"[118], so verkehrt dieses mit ungeeigneten Methoden gewonnene, auf falschen Prämissen beruhende Resultat den Sinn der Dichtung Heyms in sein genaues Gegenteil und setzt sie den gröbsten Fehldeutungen aus, die einer Dichtung je widerfahren sind. Das Resultat ist falsch, weil der Inhalt der postulierten „Werte" gar nicht sichtbar wird, weil die „Gesichertheit" dieser nebulosen „Werte" erst zu erweisen wäre, weil die „Werte", die Heym in Frage stellt, es verdienten und dazu herausforderten, in Frage gestellt zu werden, weil der Vorwurf des Nihilismus, den die sprachliche Mißbildung einer „Neubewertung der negativen Lebenswerte" enthält — wie können „negative Werte" in diesem Zusammenhang überhaupt noch „Werte" heißen und wie können „Werte", die keine sind, „neubewertet", „aufgewertet"[119] werden? — die Dichtung Heyms nicht trifft, den Sinn ihrer Phänomene entstellt und verfehlt. K. L. Schneiders Operieren mit dem Wertbegriff, und zwar einem nicht näher bestimmten, sozusagen schon entwerteten Wertbegriff, und sogar „Wertsystem"[120] erzeugt einen begrifflichen Inflationstaumel, bei dem man vergeblich nach der verheißenen festen geistigen Valuta Ausschau hält, wenn man sie nicht in der bloßen Versicherung sehen will, daß es „gesicherte Werte", ja ein ganzes gesichertes Wertsystem einschließlich ge-

---

116 ebd. S. 69.
117 ebd. S. 67 u. 69.
118 ebd. S. 70.
119 ebd. S. 69.
120 ebd. S. 69 u. 140.

sicherter „lyrischer Werte"[121] g e b e , denn die Tatsache des Daseins an sich, des bloßen Lebens des Menschen oder der Natur, die K. L. Schneider dafür in Anspruch nimmt, kann nicht dafür gelten. „Der Mensch fällt eben um keinen Preis zusammen mit dem bloßen Leben des Menschen, so wenig mit dem bloßen Leben in ihm wie mit irgendwelchen anderen seiner Zustände und Eigenschaften, ja nicht einmal mit der Einzigkeit seiner leiblichen Person. So heilig der Mensch ist (oder auch dasjenige Leben in ihm, welches identisch in Erdenleben, Tod und Fortleben liegt), so wenig sind es seine Zustände, so wenig ist es sein leibliches, durch Mitmenschen verletzliches Leben. Was unterscheidet es denn wesentlich von dem der Tiere und Pflanzen? Und selbst wenn diese heilig wären, könnten sie es doch nicht um ihres bloßen Lebens willen, nicht in ihm sein."[122] Nihilistisch ist nicht die Dichtung Heyms, die aus der Sorge um die Rettung der Menschenwürde nach dem Sinn des menschlichen Lebens in einer bestimmten geschichtlichen Wirklichkeit fragt, in der es seine Würde und seinen Sinn zu verlieren droht, und nicht nach dem Sinn des Lebens überhaupt, nihilistisch ist nicht eine Dichtung, die aus dieser Sorge heraus auch nach der Wahrheit dessen fragt, was sich jeweils als „Wert" ausgibt, und seinen trügerischen Schein zerstört, wenn es die Frage nach dem Sinn des menschlichen Lebens heute und hier nur beschwichtigt, ihr die Wahrheit vorenthält — nihilistisch aber ist das Pochen auf „gesicherte Werte" und ganze „Wertsysteme", deren konkreter Inhalt unsichtbar bleibt oder nur in dem falschen Grundsatz vom „Wert" des Daseins an sich, des bloßen Lebens überhaupt zum Vorschein kommt und die ernste Frage nach Sinn und Würde des Menschenlebens in einem bestimmten geschichtlichen Zustand mit dem Hinweis auf „die positiven und beruhigenden Seiten d e s Lebens"[123] oder den „ruhigen und gleichmäßigen Rhythmus des Naturgeschehens"[124] beschwichtigen möchte.

Nachdem K. L. Schneider den Begriff einer „zynischen Metapher" gebildet hat, der den objektiven Sinn der unter ihm befaßten Ausdrucksformen als „zynisch" bezeichnet, nachdem er behauptet hat, daß der Zynismus dieser Metaphern den Wert des menschlichen Lebens „grundsätzlich" in Frage stelle, nachdem er gerade an den „zynischen Metaphern" das „Grundprinzip des Heymschen Schaffens" als nihilistisch charakterisierte, von einer „systematischen Zersetzung der lyrischen Werte", von einem Außerkraftsetzen des „gesamten Wertsystems" usw. sprach — möchte er alles, was er glaubte

121 ebd. S. 67.
122 Walter Benjamin, Zur Kritik der Gewalt, in: Schriften, Bd. I, S. 28, Frankfurt am Main 1955.
123 K. L. Schneider, a. a. O., S. 70.
124 ebd. S. 47.

o b j e k t i v aus der Sache selbst, den dichterischen Phänomenen, erschlossen zu haben, durch eine s u b j e k t i v e Reflexion einschränken, ja zurücknehmen und sagt, daß wir Heyms sog. zynische Metaphern „nicht für das nehmen dürfen, als was sie äußerlich erscheinen, nämlich als Ausdruck einer nihilistischen Gefühlskälte und eines abgründigen Zynismus, der sich an dem komischen Aspekt der Tragödie des Menschen belustigt. Das Gegenteil ist der Fall. Hinter dieser Ausdrucksform steht ein von der Entwertung der Werte zutiefst betroffener und erschütterter Mensch, der seine Umwelt auf die eindringlichste Weise auf die Defekte des Lebens hinweisen will."[125] Die zynische Metapher nötige den Leser, „den vom Dichter in Frage gestellten Wert sozusagen vor dem Dichter" — also d o c h vor der objektiv zynischen Intention seiner Ausdrucksformen! — „zu retten, was so viel heißt, als sich dieses Wertes aktiv anzunehmen."[126] Man sei berechtigt zu glauben, „daß sich hinter der zynischen Ausdrucksform ein Moralist verbirgt"[127]. Wie aus der Gegenüberstellung hervorgeht, stehen diese nachträglichen Ausführungen in eklatantem Widerspruch zu K. L. Schneiders tatsächlichen Untersuchungsergebnissen. Der Selbstwiderspruch ist im einzelnen sogar ein wörtlicher: Bei der Charakterisierung der ersten Unterart der „zynischen Metapher" — Schneider unterscheidet drei — hieß es, daß mit deren Intention „sich der Dichter ... über den Ernst und die Tragik des Sachverhaltes einfach hinwegsetzt"[128] — jetzt heißt es, daß hinter dieser Ausdrucksform ein „zutiefst betroffener und erschütterter Mensch" stehe; bei der Charakterisierung der zweiten Unterart hieß es, daß der Dichter bei diesem Typus „den Ernst und die Tragik des Sachverhaltes ... ins Auge faßt, ... jedoch bewußt komisch auslegt"[129] — jetzt heißt es, die zynische Metapher dürfe nicht als Ausdruck eines Zynismus verstanden werden, „der sich an dem komischen Aspekt der Tragödie des Menschen belustigt". Die den Untersuchungsergebnissen angehängte und zu ihnen in krassem Widerspruch stehende Kautel kann die sinnentstellende und -verkehrende Auslegung der Metaphernsprache Heyms, zu der die Begriffsbildungen einer „peiorisierenden" und einer „zynischen" Metapher führten, nachträglich weder rektifizieren noch rückgängig machen. Gelten kann nur das, was an den dichterischen Phänomenen selbst aufgezeigt, in diesem Fall ihnen abgezwungen, unterstellt wurde.

Den objektiven Sinn der dichterischen Ausdrucksformen kann also auch

125 ebd. S. 71.
126 ebd.
127 ebd.
128 ebd. S. 69.
129 ebd.

die immanente Methode verfehlen, wenn sie sich auf die Analyse isolierter Stoff- und Formelemente beschränkt, nicht nach deren Bedeutung sowohl im Funktionszusammenhang eines Gedichtganzen wie in der Struktur des Gesamtwerks eines Dichters fragt. Das methodische Korrelat zum Positivismus einer solchen Elementaranalyse ist der Psychologismus. Da sie nur feststellen kann, daß Elemente der real-gegenständlichen Wirklichkeit im dichterischen Ausdruck nach bestimmten Verfahrensweisen umgeformt werden, den Sinn dieser Umformung aber nicht aus der Gesamtintention, der ideellen Einheit der ästhetischen Gebilde erschließt, bleibt ihr als Deutungsmöglichkeit nur der „Rückschluß" auf die individuelle Psyche des dichterischen Subjekts übrig. Die Umformung der Wirklichkeit im metaphorischen Verfahren ist dann nichts weiter als eine subjektive Veranstaltung, die sich nach einem „Umwertungsschema"[130] vollzieht, das der „irrationalen Gesamtstimmung eines Dichters", seiner „seelischen Verfassung"[131], seinem „Lebensgefühl" entspricht. „Heyms Bilder sind nicht dingbezogen, sie dienen nicht der Veranschaulichung des Gegenständlichen, sondern allein dem Stimmungsausdruck des Dichters. Sie sind extrem i c h b e z o g e n."[132] Der Rückschluß auf das individuelle Subjekt des Dichters, die psychologische Relativierung der dichterischen Ausdrucksformen zu Äußerungsformen einer „Seelenhaltung", eines „Lebensgefühls", einer irrationalen „Stimmung" — auch wenn diese gelegentlich in existentialistischer Terminologie „Gestimmtheit"[133], „geistig-seelische Befindlichkeit"[134] genannt wird — nimmt die Dichtung im Grunde nicht mehr ernst. Denn wenn deren Inhalte und Formen nur Ausdruck individueller „Seelenhaltungen", subjektiver Stimmungen, Gefühle, Affekte usw. sein sollen, so ist nicht einzusehen, daß ihnen mehr Bedeutung zukomme als irgendwelchen willkürlichen Phantasiegebilden und Phantasmen. In deren Nähe rückt denn auch die Bilderwelt Heyms, wenn K. L. Schneider von Heyms „Gespenster schaffender Phantasie"[135] und von „seinem" — wie es auch bei anderen Interpreten bisweilen heißt — „dämonisch-animistischen Weltbild", von „seinem animistischen Welterlebnis"[136] spricht, wobei der Begriff „animistisch" der dichterischen Mythologie Heyms ihren aktuellen Sinn nimmt und sie der Vorstellungswelt von Steinzeitmenschen gleichsetzt. Die psychologische Reduktion dichterischer Phänomene auf Stimmungen, Gefühle und Affekte des individuellen

130 ebd. S. 70.
131 ebd. S. 170.
132 ebd. S. 61.
133 ebd. S. 124, Anmerkung 1.
134 ebd. S. 124.
135 ebd. S. 43.
136 ebd. S. 63 u. 76.

Subjekts bringt sie um ihren Anspruch auf Wahrheit und objektive Gültigkeit. Sie verkennt, daß in der Kunst — die Hegel deshalb in die Sphäre des „objektiven Geistes" einbezog — sich im Medium des subjektiven Ausdrucks „Allgemeines", nämlich das allgemeine Verhältnis von subjektivem und objektivem Sein in der Gesamtverfassung einer bestimmten Wirklichkeit niederschlägt. Der Rang einer Dichtung bestimmt sich gerade danach, inwieweit der in der Realität selbst anhängige Prozeß zwischen subjektivem und objektivem Sein sich in ihr widerspiegelt und wie er in ihr ausgetragen wird. Die Subjektivierung der dichterischen Ausdrucksformen, die K. L. Schneider offenbar meint, wenn er von ihrer „extremen Ichbezogenheit" spricht, kann nicht als eine willkürlich subjektive Umformung und Umwertung der Wirklichkeit aufgefaßt werden, die im Zerrspiegel eines abnormen individuellen Bewußtseins die Welt, wie sie ist, auf den Kopf stelle[137] und das Bild einer „verkehrten Welt"[138] erscheinen lasse. Die in der modernen Dichtung, in Deutschland seit der Literatur-Revolution von Arno Holz, in Frankreich schon seit Rimbaud, fortschreitende Subjektivierung des künstlerischen Ausdrucks ist selber ein objektiver historischer Prozeß, der in der Sphäre der Kunst das anwachsende Spannungsverhältnis von subjektivem und objektivem Sein in der Sphäre der Realität, im Gesamtprozeß der gesellschaftlichen Entwicklung, anzeigt. Die auch von K. L. Schneider festgestellte Übereinstimmung der sprachlich-bildhaften Ausdrucksformen verschiedener Dichter, die sich nicht lediglich auf literarische Einflüsse zurückführen läßt, weil dieselben Grundmotive, Inhalte und Formen oft gleichzeitig, unabhängig voneinander auftreten[139], erweist ja auch, daß es sich bei ihnen nicht um willkürlich subjektive Umformungsschemata handelt, in denen sich nur die „Gestimmtheit" und „Seelenhaltung" eines je individuellen Bewußtseins äußert. Wenn sie also übereinstimmend das Bild einer „verkehrten Welt" entwerfen sollten, so kann es nicht das Produkt einer pervertierten je individuellen „Phantasie" sein, sondern nur das wahre Gegenbild einer Welt, die selber eine „verkehrte" ist. — Wie die Sinnverkehrung der dichterischen Phänomene in einer Analyse, die sie als „Elemente" isoliert, bei K. L. Schneider von selber das Bedürfnis nach einer Korrektur hervorrief, die jedoch an den Untersuchungsergebnissen nichts ändern konnte, weil sie subjektive Reflexion blieb und in Widerspruch zu ihnen stand, so auch ihre Sinnverkehrung durch psychologische Relativierung. Während es hieß, daß Heyms Bilder „nicht dingbezogen" seien, „allein dem Stimmungsausdruck

137 ebd. S. 140.
138 ebd. S. 70: „die verkehrte Welt der Heymschen Dichtung".
139 Siehe hierzu auch Gottfried Benn in seiner Einleitung zu der Anthologie ‚Lyrik des expressionistischen Jahrzehnts', Wiesbaden 1955, S. 8.

des Dichters" dienten, „extrem i c h b e z o g e n" seien, heißt es bald darauf:

> In einem tieferen als dem äußerlichen und formalen Sinn sind Heyms Bilder sogar ausgeprägt dingbezogen, insofern sie nämlich die Lebensbezüge des Dichters zu den Phänomenen der Außenwelt und den elementaren menschlichen Erfahrungen ausdrücken. Heyms Metaphern wollen nicht die objektive Beschaffenheit und den objektiven Wert der Wirklichkeit möglichst genau erfassen, vielmehr sind sie Mittel und Kennzeichen einer umfassenden Bemühung, den L e b e n s w e r t d e r U m w e l t w i r k l i c h k e i t zu ermitteln und neu festzulegen. Aus einer existentiellen Erschütterung heraus setzt der Dichter zu einer rigorosen Revision aller Werte an. Der Mensch, in der Nacktheit der Angst, wird zum Beziehungspunkt aller Dinge und Erfahrungen gemacht, und aus dem in die Enge getriebenen Leben heraus wird die Neubewertung vorgenommen[140].

In der Verklausulierung einer zum Jargon gewordenen existenz-philosophischen Terminologie deutet hier K. L. Schneider selber auf die Notwendigkeit hin, die Bilder- und Metaphernwelt Heyms auf ihren objektiven Sinn, auf ihren gesellschaftlichen Gehalt zu befragen[141]. Wiederum aber bleibt das — diesmal der Analyse vorangestellte — Korrektiv nur eine subjektive Reflexion, eine unverbindliche wohlmeinende Erklärung, denn es steht im Widerspruch zur Hauptthese von der „extremen Ichbezogenheit" der Ausdrucksformen Heyms, und wiederum vermag es diese nicht richtigzustellen oder zurückzunehmen, weil es — und dies ist das Entscheidende — in striktem Widerspruch steht zu den tatsächlichen Ergebnissen der Metaphernanalysen, die Heyms bildhafte Ausdrucksformen samt und sonders als „extrem ichbezogene" subjektive Umwertungsschemata, als Ausdruck subjektiver Stimmungen, Gefühle, Affekte und Verhaltensweisen deuten. Beidemal nötigt die Sache selbst, der wahre Sinn der Phänomene, K. L. Schneider das Eingeständnis ab, daß seine Analysen und Begriffsbildungen „äußerlich und formal" sind, d. h. daß sie die Phänomene oberflächlich betrachten, nicht in sie eindringen: Von der „zynischen Metapher" heißt es in der Revokation, daß sie nur „äußerlich" als zynisch erscheine, und von den „extrem ichbezogenen" Bildern Heyms, daß sie nur in einem „äußerlichen und formalen Sinn" so bezeichnet werden könnten.

Für das Versagen einer ihrem Gegenstand transzendenten Methode, die den gesellschaftlichen Gehalt der ästhetischen Phänomene, ohne diese zu

---

140 K. L. Schneider, a. a. O., S. 64.
141 Ähnlich auch ebd. S. 70, wo es von der „verkehrten Welt der Heymschen Dichtung" heißt, daß sie „indes der tatsächlich eingetretenen Entwicklung weitgehend entspricht und als ihre dichterische Vorwegnahme angesehen werden darf . . .".

analysieren, durch von außen herangetragene soziologische Kategorien glaubt bestimmen zu können, und für das Versagen einer immanenten Methode, die sich auf die positivistische Zerlegung der ästhetischen Gebilde in Stoff- und Formelemente beschränkt und sie durch psychologische Relativierung um ihren objektiven Sinn bringt, ist es schließlich bezeichnend, daß beide Methoden zu Resultaten, vielmehr Wertungen gelangen, die sich sehr ähnlich sehen. Lukacs charakterisierte die expressionistische Dichtung als dekadent, wurzellos und zersetzend; K. L. Schneider spricht von der „systematischen Zersetzung der lyrischen Werte" bei Heym, von einem Außerkraftsetzen, d. h. Zersetzen des „gesamten Wertsystems" und charakterisiert gerade im Anschluß an die Analyse der „zynischen" Metaphern das „Grundprinzip des Heymschen Schaffens" als nihilistisch. Nach Lukacs ist die „schöpferische Methode" der expressionistischen Dichtung Ausdruck einer „irrationalistischen" Fluchtideologie; nach K. L. Schneider ist sie Ausdruck einer „irrationalen" Gesamtstimmung und Verhaltensweise des individuellen dichterischen Subjekts. Les extrêmes se touchent.

Der Grundfehler eines scheinbar immanenten Verfahrens, wie es die typologischen Analysen K. L. Schneiders vertreten, liegt darin, daß es aus dem Ganzen eines jeden ästhetischen Gebildes „Elemente" wie Bausteine herauslöst und dadurch von vornherein ihre wahre Bedeutung verfehlt, die sich nur aus ihrer Funktion innerhalb des Ganzen erschließen läßt. Wären die „peiorisierenden" und „zynischen" Metaphern aus ihrer Relation zu den übrigen Elementen eines Gedichtganzen und aus ihrer Proportion zur Idee dieses Ganzen gedeutet worden, so hätte sich herausgestellt, daß es peiorisierende und vor allem zynische Metaphern bei Heym überhaupt nicht gibt. Der Zynismus, den man Heym objektiv unterstellt, ist ein Zynismus gegenüber seiner Dichtung. S c h e i n b a r immanent ist dieses Verfahren deshalb, weil die Ordnungsbegriffe an einem bereits p r ä p a r i e r t e n „Material" gewonnen sind. Aber auch dies nur scheinbar. Denn K. L. Schneiders Vorstellungen von „Werten", „lyrischen Werten", einem ganzen „Wertsystem" usw. sind es, die seine Begriffsbildungen „peiorisierend" und „zynisch" bestimmen, die ja beide „abwertend", „negativ umwertend" bedeuten. Das induktive Verfahren wird in Wahrheit von vorgefaßten, d. h. dem „Material" transzendenten Wertvorstellungen gesteuert. Die Analysen holen aus dem „Material" heraus, was in es hineingelegt wurde. Die typologische Begriffsbildung sowie die Zahl und Reihenfolge der Ordnungsbegriffe wird von vornherein stillschweigend durch jene Wertvorstellungen bestimmt.

Daß aber auch die immanente Analyse des ästhetischen Gebildes als eines unteilbaren Ganzen fehlgehen kann, wenn sie mit Erwartungen und Maßstäben an es herangeht, denen zu entsprechen gar nicht in dessen Absichten liegt, wenn sie also nicht in spontaner Rezeptivität auf es eingeht, zeigt Johannes Pfeiffers Interpretation des Gedichts ‚Der Krieg' von Heym[142]. Wenn es Aufgabe einer Interpretation ist, ein ästhetisches Gebilde nach seinem eigenen Formgesetz zu beurteilen und das, was sich in ihm objektiviert hat, an der Idee, der Intention des Ganzen selbst zu messen, dann ist diese Interpretation keine. Denn der kritische Maßstab, den Pfeiffer an dieses Gedicht anlegt und der von ihm nichts übrigläßt als einen Trümmerhaufen von Sprach- und Bildelementen, der die künstlerische Unzulänglichkeit des Ganzen erweisen soll, besteht in ästhetischen Normen, denen es gar nicht entsprechen will, die es seinem ganzen Ausdruckscharakter nach sogar aufkündigt.

DER KRIEG

Aufgestanden ist er, welcher lange schlief,
Aufgestanden unten aus Gewölben tief.
In der Dämmrung steht er, groß und unbekannt,
Und den Mond zerdrückt er in der schwarzen Hand.

In den Abendlärm der Städte fällt es weit,
Frost und Schatten einer fremden Dunkelheit.
Und der Märkte runder Wirbel stockt zu Eis.
Es wird still. Sie sehn sich um. Und keiner weiß.

In den Gassen faßt es ihre Schulter leicht.
Eine Frage. Keine Antwort. Ein Gesicht erbleicht.
In der Ferne zittert ein Geläute dünn,
Und die Bärte zittern um ihr spitzes Kinn.

Auf den Bergen hebt er schon zu tanzen an,
Und er schreit: Ihr Krieger alle, auf und an!
Und es schallet, wenn das schwarze Haupt er schwenkt,
Drum von tausend Schädeln laute Kette hängt.

Einem Turm gleich tritt er aus die letzte Glut,
Wo der Tag flieht, sind die Ströme schon voll Blut.
Zahllos sind die Leichen schon im Schilf gestreckt,
Von des Todes starken Vögeln weiß bedeckt.

In die Nacht er jagt das Feuer querfeldein,
Einen roten Hund mit wilder Mäuler Schrein.
Aus dem Dunkel springt der Nächte schwarze Welt,
Von Vulkanen furchtbar ist ihr Rand erhellt.

142 Johannes Pfeiffer, Über Georg Heyms Gedicht ‚Der Krieg', in: Über das Dichterische und den Dichter, Beiträge zum Verständnis deutscher Dichtung, Hamburg: R. Meiner, 1956, S. 118—121.

Und mit tausend hohen Zipfelmützen weit
Sind die finstren Ebnen flackend überstreut,
Und was unten auf den Straßen wimmelnd flieht,
Stößt er in die Feuerwälder, wo die Flamme brausend zieht.

Und die Flammen fressen brennend Wald um Wald,
Gelbe Fledermäuse, zackig in das Laub gekrallt,
Seine Stange haut er wie ein Köhlerknecht
In die Bäume, daß das Feuer brause recht.

Eine große Stadt versank in gelbem Rauch,
Warf sich lautlos in des Abgrunds Bauch.
Aber riesig über glühnden Trümmern steht,
Der in wilde Himmel dreimal seine Fackel dreht

Über sturmzerfetzter Wolken Widerschein,
In des toten Dunkels kalten Wüstenein,
Daß er mit dem Brande weit die Nacht verdorr,
Pech und Feuer träufet unten auf Gomorrh.

Zunächst trifft Joh. Pfeiffers Annahme nicht zu, die Gesamtintention dieses
Gedichtes sei es, eine prophetisch-mythische Vision des Krieges in dem Sinne
zu geben, als wolle es „eine gewissermaßen in der Luft liegende Katastrophe
in beschwörender Ahnung vorwegnehmen"[143]. Heym war kein politischer
Wetterprophet. Seine Vision des Krieges variiert das Grundmotiv des „Weltendes", das thematisch in einer ganzen Reihe von Gedichten begegnet, in
einem zweiten gleichen Titels[144], in ‚Der Gott der Stadt', ‚Die Dämonen
der Städte', ‚Umbra Vitae', ‚Die Nacht'[145] usw., ferner in einem ganzen
Komplex von Bildern und Metaphern, die in thematisch verschiedenen Gedichten auftauchen, aber alle denselben Bedeutungsgehalt haben wie das
Gesamtbild des Krieges in ‚Der Krieg'. Nur im Zusammenhang mit diesem
Motiv- und Bildkomplex kann die Gesamtintention des Gedichtes verstanden werden[146]. Desgleichen die archaisierende Verkörperung des Krieges
als Dämon, die alles andere als eine „kosmische Urmacht"[147] repräsentiert,
keine mythische Vorwelt Urständ feiern, sondern einerseits die katastrophische Tendenz eines Fortschritts Gestalt annehmen läßt, der die Welt mit
lebenerstickenden, entmenschlichenden Zwangsmechanismen überzieht, andererseits den buchstäblich flammenden Protest gegen eine solche Welt: daher die Ambivalenz von Grauen und berauschender Faszination in der Dar-

---

143 ebd. S. 119.
144 D 195.
145 D 194.
146 s. u. IV. Kap., S. 224—247.
147 Joh. Pfeiffer, a. a. O., S. 119, 121.

stellung ihres Untergangs. Diese Gesamtintention bestimmt auch die sprachlich-bildhaften Ausdrucksformen des Gedichts, und da Pfeiffer jene nicht mit-
vollzieht, kann er auch diesen nicht gerecht werden. Er mißt sie — ähnlich wie
K. L. Schneider — an einem Kanon lyrischer „Werte", den Begriffe wie Erlebnis, Gemüt, Stimmung, Harmonie, Anschaulichkeit umschreiben und dessen
konventioneller Inhalt mit Hilfe Heideggerscher Termini wie Dasein, Sein,
Gestimmtheit, Stimmungshabe, Daseinserhellung, Wesenheit, Ursprung usw.
zu einer Art ontologischer Poetik aufgewertet wird. Wenn nach solchen Kriterien, besonders denen der „Anschaulichkeit" und der harmonischen „Stimmung", im sprachlich-bildhaften Ausdruck Brüche, Widersprüche, Unstim-
migkeiten und Mißklänge festgestellt werden, so beweist dies nur die
Unangemessenheit der Kriterien an die Sache. Denn die angeblichen grundsätzlichen Mängel — wie Häufung, Wiederholung, Gegensätze, Unanschaulichkeit — sind in Wahrheit stilgesetzliche Phänomene. Es erübrigt sich hier,
Pfeiffers Einwände Punkt für Punkt zu widerlegen, sie haben sich, jedenfalls
was die Formanalyse angeht, durch Fritz Martinis Interpretation desselben
Gedichts[148] erledigt. Sie sind auch nicht neu, im Prinzip hat sie schon
Herwarth Walden vorgebracht, ebenfalls mit Kriterien wie „erlebt", „gesehen", „anschaulich", „gestalthaft" operierend[149]. Es seien nur einige besonders augenfällige Fehlurteile richtiggestellt:
   Die Verkörperung des Krieges schließe sich nicht „gestalthaft" zu einer
„quasi-menschlichen Figur" zusammen. Dieser Heym unterstellte „Anspruch"[150] liegt gar nicht in der Intention des Gedichts, das gleich anfangs
das Unfaßbare, unheimlich Ungreifbare dieser „Figur" des Grauens hervor-
hebt, wenn es sie als „unbekannt", als „Schatten", als ein „Es" anspricht,
von dem „keiner weiß" und das doch die Schultern der erschrockenen Menschen „faßt". Gerade daß diese Figur sich auch weiterhin nicht zu einer
kompakten, plastisch-anschaulichen Gestalt zusammenschließt, daß sie so
unheimlich unfaßbar, „unbekannt" und „fremd" bleibt, wie sie „aufgestanden" ist, zeigt, daß es sich hier nicht um eine der bekannten allegorisch-my-
thologischen Gestalten wie etwa die des Lichtgottes in ‚Der Tag'[151] handelt,
nicht um die Personifikation einer „kosmischen Urmacht", sondern um die
Beschwörung des unfaßbaren Grauens, des unheimlich Unbekannten unter
der Decke des Vertrauten und Bekannten einer gegenwärtigen Welt. Das

148 Fritz Martini: Georg Heym, Der Krieg, in: Die Deutsche Lyrik, Form und Geschichte, Interpretationen, Bd. 2, S. 425—449, Düsseldorf: A. Bagel, 1956.
149 Herwarth Walden: Bab, der Lyriksucher, in: Der Sturm, 3. Jg., Bd. 9, S. 66 f.,
   Berlin 1912 u. ders.: Vulgärexpressionismus, in: Das Wort, 3. Jg., H. 2, Moskau 1938,
   S. 89—100.
150 Pfeiffer, a. a. O., S. 120.
151 D 53 f.

schlechthin Ungreifbare und Unfaßbare, aber Allgegenwärtige konkret sinnlich zu „schauen" und ihm eine „gestalthafte Einheit" zu geben, ist unmöglich. Diese Forderung kann nicht erfüllt werden, weil sie der Gesamtintention des Gedichts nach nicht gestellt werden darf. — Der Vorwurf der Unanschaulichkeit und überflüssigen Häufung von Farbbezeichnungen trifft diese nicht, da sie keine deskriptive, sondern eine metaphorische Funktion haben[152]. Pfeiffer stößt sich z. B. in dem Vers „Aus dem Dunkel springt der Nächte schwarze Welt" an dem angeblich sterilen Epitheton „schwarz", das eine überflüssige Wiederholung von „Dunkel" und „Nächte", ein Pleonasmus sei, der den sechshebigen Trochäus füllen soll. „Schwarz" heißt hier jedoch nicht einfach „dunkel". Es hat den metaphorischen Sinn von „abgestorben", „tot", und die „schwarze Welt" ist metaphorisches Bild für eine tote Welt, genau wie in dem Gedicht ‚Schwarze Visionen II', das von „Heimatlosen in *schwarzer Welt*" spricht[153]. Daß solche scheinbaren Doppelungen und Wiederholungen Stilformen sind, deren Ausdruckscharakter und Sinn zu erschließen ist, und nicht „sterile" Häufungen, ließe sich an einer Fülle von Belegen dartun. Hier nur der exemplarische Fall eines scheinbar doppelten Pleonasmus aus dem Gedicht ‚Die Irren I':

> Des fernen *Abendrotes rote Flammen*
> Verglühen sanft auf ihrer Schläfen Pein.   (D 95,5)

Normale fünfhebige Jamben, keine „gewaltsamer Füllsel bedürfenden" trochäischen Sechstakter. Und doch im selben Vers dreimal nebeneinander Rot; zweimal ausdrücklich, einmal evoziert durch „Flammen". Dieser doppelte „Pleonasmus" hätte sich leicht vermeiden lassen, wären „rote Flammen" etwa durch „goldne Flammen" ersetzt worden (zwei Strophen vorher wird der Abend mit „goldnem Bart" personifiziert[154]). Im Insistieren auf „rot" erweist sich der scheinbare Pleonasmus als beabsichtigte Wiederholung. Wie das „schwarz" in dem Vers aus ‚Der Krieg' hat „rot" zwischen „Abendrot" und „Flammen" keine deskriptive Funktion. In dem siebenstrophigen Gedicht kommt Rot siebenmal vor: „Der Abend tritt herein mit *roten* Sohlen", die Irren blecken „die *roten*, feisten Zungen", auf ihren Schläfen verglühen „Des fernen Abend*rotes rote Flammen*", in ihrem Schlaf singen leise Stimmen „vor ihrer Herzen *Purpur*-Baldachin", und ihr Blut durchziehen Träume „auf *roten* Schwingen". In der Variation ‚Die Irren III' sind „Provinzen *roter* Wiesen" das Königreich der Irren. Wilde Himmel bedrohen sie „Mit großer Hieroglyphen *roter* Schrift", und sie tanzen in einem „Meer von *Feuer*.

---

152 s. u. VIII. Kap., auch Martini, a. a. O., S. 439 f.
153 D 65,6.
154 D 95,3.

Der ganze Himmel *brennt.*" Aus all diesen Bildern ist der metaphorische Ausdruckscharakter von Rot abzulesen: es ist die Farbe des Gewaltsamen, der Drohung und Zerstörung, in diesem Fall der Geisteszerrüttung, hier allerdings mit der Nebenbedeutung des wahnhaft Ekstatischen, denn diese Irren fühlen sich ja in ihrer Geisteszerrüttung wie „Könige", „Halbgötter", „Christusse". Rot ist also in dem ganzen Gedichtzyklus die Farbe des Irrsinns selbst, und diesen metaphorischen Charakter hat auch das scheinbar pleonastische Epitheton „rot" zwischen „Abendrot" und „Flammen". Es nimmt dem Abendrot gerade den anschaulichen Charakter und macht es in Verbindung mit „Flammen" zur Untergangsmetapher für Irrsinn — ebenfalls eine „Weltend"-Metapher, wie in ‚Der Wald' der abendliche See, in welchem *Flamme loht,* und wie das Gesamtbild des Krieges in ‚Der Krieg', das ja ebenfalls ein mythologisiertes Abendrot ist („In den *Abend*lärm der Städte fällt es weit . . ."). Auch rein sensuell tendiert das dreimalige Rot dahin, Anschaulichkeit aufzuheben, wie etwa die Intensität einer übergrellen Farb- und Lichtempfindung die Farbe selbst nicht mehr wahrnehmen läßt. Auch in dieser Hinsicht zielt die doppelte, dicht aufeinander folgende Wiederholung auf das ab, was „rot" im ganzen Gedicht meint: Zerrüttung, Irresein. Sie hat also Ausdruckscharakter, ist Stilmittel, nicht leere, „völlig sterile" Häufung. — Genauso steht es mit den Häufungen, Wiederholungen, Doppelungen von „schwarz" und dessen Äquivalenten in ‚Der Krieg': *schwarze Hand, Schatten, Dunkelheit, schwarzes Haupt, Dunkel, der Nächte schwarze Welt, finstre Ebnen, Köhlerknecht, Abgrund, totes Dunkel, die Nacht* u. a. Schwarz hat als Grundton des Ganzen den metaphorischen Charakter des unfaßlichen Grauens, des Gestaltlosen, Chaotischen, der „unbekannten" tödlichen Drohung sowie des Totenhaften und des Todes selbst. Seine Häufungen und Wiederholungen sind Variationen und Steigerungen, die alle auf das Unfaßliche, alle Anschauung Übersteigende des Gesamtvorgangs hinzielen, Stilmittel, nicht „Füllsel"[155]. — Stilmittel, und nicht Stilbrüche, sind auch die Kontraste von statischen und dynamischen Bildelementen, deren grundsätzliche Ausdrucksfunktion später erörtert werden soll[156]. — Ebenso verhält es sich mit dem Kontrast zwischen einem Pathos, das alle Größenverhältnisse überdimensioniert, und grotesken Einzelzügen (Geläute dünn, zitternde Bärte, spitzes Kinn, roter Hund, Zipfelmützen, Köhlerknecht). Er entspringt dem ambivalenten Affekt, der die ganze Darstellung

---

155 Der Behauptung Pfeiffers, die „breit gespannten" trochäischen Sechstakter bedürften immer neuer gewaltsamer Füllsel, widersprechen auch die 7- und 8-taktigen Verse in den Strophen 7, 8 und 9, in denen die Bilder und Metaphern über den metrischen Rahmen der Sechstakter sogar hinausdrängen, statt ihn „gewaltsam füllen" zu müssen.
156 s. u. S. 149 ff. u. 217 ff.

des Katastrophischen bestimmt: einerseits Grauen vor dem Untergang, andererseits Berauschung am Untergang einer Welt, die ihn verdient (Vergleich mit Gomorrha), so daß das Gesamtbild zugleich Schreck- und Wunschbild ist. Dem Grauen und Schrecken entspricht das Pathos, dem Wunsch das parodistisch-groteske Element. Die gegensätzlichen Momente widerstreiten sich nicht so, daß ein Stilbruch entstünde, sind vielmehr der adäquate Ausdruck jenes inneren Widerstreites und durchziehen daher die ganze Darstellung. Außerdem haben die grotesken Elemente alle den Einschlag des Gespenstigen oder Grausigen, der dem Gesamtcharakter des Gedichts entspricht. So auch das Bild von „tausend hohen Zipfelmützen", mit denen die Flammen verglichen werden. Nach Pfeiffer hat es eine „allzu behagliche Tönung", die dem Grundzug des Gedichts, der „kosmischen Größe", widerstreite. Selbst wenn man sich auf Pfeiffers Standpunkt einer sinnennahen „Anschaulichkeit" stellt, ist nicht einzusehen, daß Zipfelmützen in einer Dichtung unbedingt so behaglich wie reale Schlafmützen sein müssen. Die Zipfelmützen zum Beispiel, von denen in der realistisch-anschaulichen Beschreibung der beiden Bauern Manz und Marti am Anfang von Gottfried Kellers Novelle ‚Romeo und Julia auf dem Dorfe' die Rede ist, haben in einem bestimmten Augenblick durchaus nichts Behagliches, sondern etwas Gespenstig-Groteskes, worin sich das ganze kommende Unheil der beiden Bauern und ihrer Familie vorankündigt, und sind deshalb Gegenstand einer längeren Passage: die beiden Bauern hätte man

> „auf den ersten Blick nur daran unterscheiden können, daß der eine den Zipfel seiner weißen Kappe nach vorn trug, der andere aber hinten im Nakken hängen hatte. Aber das wechselte zwischen ihnen ab, indem sie in der entgegengesetzten Richtung pflügten; denn wenn sie oben auf der Höhe zusammentrafen und aneinander vorüberkamen, so schlug dem, welcher gegen den frischen Ostwind ging, die Zipfelkappe nach hinten über, während sie bei dem andern, der den Wind im Rücken hatte, sich nach vorne sträubte. Es gab auch jedesmal einen mittleren Augenblick, wo *die schimmernden Mützen* aufrecht in der Luft schwankten und *wie zwei weiße Flammen gen Himmel züngelten.*"[157]

Das Emporzüngeln der beiden Zipfelmützen als zweier gespenstiger „weißer Flammen", und zwar in dem Augenblick, wenn die beiden Bauern „oben auf der Höhe zusammentrafen und aneinander vorüberkamen", deutet sinnbildlich bereits auf deren bald ausbrechenden flammenden Haß hin, in dem

---

157 Gottfried Keller, Sämtliche Werke, hrsg. v. Jonas Fränkel, Zürich 1926, Bd. 7, S. 86 f. (Sperrung K. M.).

sie sich mit ihren Kindern zugrunde richten. Wie Kellers Vergleich von Zipfelmützen mit Unheil ankündigenden Flammen ist Heyms umgekehrter Vergleich von Flammen mit Zipfelmützen nicht „allzu behaglich", sondern gespenstig-, ja grausig-grotesk. — So plausibel Joh. Pfeiffers Kritik im einzelnen auf den ersten Blick scheint, ihre Argumente erweisen sich bei näherer Prüfung an der Sache selbst, am Charakter und Sinn der Ausdrucksformen des Gedichts, als nicht stichhaltig. Denn auch sie verfährt nur scheinbar immanent, da sie das Ganze des Gebildes nicht aus seiner Gesamtintention heraus versteht, seine Ausdrucksformen nach ihm unangemessenen kritischen Maßstäben beurteilt und es dabei in einzelne Sprach- und Bildscherben zerschlägt. Auch hier berühren sich die Extreme: Die ihrem Gegenstand transzendente Methode von Lukacs, hinter der das Programm eines gesellschaftskritischen künstlerischen Realismus steht, führte zu dem Werturteil, das dichterische Verfahren des Expressionismus gehe in die Richtung eines „pathetisch-leeren, deklamatorischen" Manifestes; die scheinbar immanente, in Wahrheit ebenfalls transzendente Methode Pfeiffers, hinter der eine ontologische Poetik mit Forderungen wie Anschaulichkeit, harmonische Gesamtstimmung usw. steht, tut die Bilder- und Metaphernsprache Heyms als „allegorisch-personifizierende R h e t o r i k"[158] ab. Die an die Sache herangetragenen Wertungsprinzipien mögen inhaltlich verschieden und sogar entgegengesetzt sein — die aus ihnen resultierenden Werturteile laufen auf das Gleiche hinaus.

Eine Antikritik zu Pfeiffers Heym-Kritik ist bereits Fritz Martinis Interpretation des gleichen Gedichts. Eingehend legt auch sie dar, daß es sich bei den von Pfeiffer als künsterische Mängel beanstandeten Häufungen, Wiederholungen und Gegensätzen im sprachlich-bildhaften Ausdruck um stilgesetzliche Phänomene handelt, die der Gesamtintention des Gedichts entsprechen, und hebt hervor, daß sich in ihnen eine Veränderung der lyrischen Sprache vollzogen hat, die den Erwartungen, „von denen aus im 19. Jahrhundert das Lyrische bestimmt wurde", nicht mehr entspricht[159], ja einen „Aufstand gegen die lyrische Tradition"[160] bedeutet. Und sie geht auch den geschichtlich-gesellschaftlichen Ursachen dieser Veränderung nach. In der immanenten Analyse der Sprachformen, des bildhaften Ausdrucks und der Komposition des Ganzen ist sie reich an Beobachtungen, treffenden Charakterisierungen, Einsichten in die Sinnbezüge der Form- und Bildelemente und macht damit die Auslegungen Pfeiffers hinfällig. Nur in einem, allerdings

---

158 Pfeiffer, a. a. O., S. 119 u. 121 (Sperrung K. M.).
159 Martini, a. a. O., S. 449 (s. o. Anmerkung 55).
160 ebd. S. 428.

wesentlichen Punkt geht sie über diese nicht hinaus. Nach Pfeiffer repräsentiert die Erscheinung des Krieges in Heyms Gedicht eine „kosmische Urmacht"[161], der dargestellte Zerstörungsvorgang den „Einbruch einer kosmischen Urmacht in die vom Sekuritätswahn beherrschte Welt der städtischen Zivilisation"[162]. Bei der Prüfung dieser Voraussetzung und ihrer Folgerungen für Pfeiffers kritische Analyse war bereits darzulegen, weshalb die seit Ferd. Jos. Schneider unablässig wiederholte irrationalistische Umdeutung der mythischen B i l d e r Heyms in vorgeschichtlich mythisches S e i n , des Quasi-Mythischen in Ursprungsmythisches, der mythologisierenden dichterischen Imagination in eine überzeitliche „Schau" urweltlich kosmischer Wesenheiten, Mächte oder Kräfte den wahren, aus dem Gesamtwerk und auch aus dem einzelnen Gedicht erschließbaren g e s c h i c h t - l i c h e n Sinn dieser „Mythen" verfehlt. Pfeiffers Kritik lief ja darauf hinaus, daß Heym die mythische Vision einer „kosmischen Urmacht" anschaulich gestalten wollte, daß es ihm aber nicht gelang, wohingegen sich gerade aus der Abwesenheit einer Anschaulichkeit, wie sie Pfeiffer forderte, ergab, daß es Heym um etwas anderes ging. Obwohl nun Martini die geschichtlichgesellschaftlichen Bedingungen, unter denen die Dichtung Heyms entstand, ernsthaft zur Sprache bringt und aus ihnen sie verstehen will, repräsentiert auch für ihn Heyms Vision des Krieges eine „kosmische Urmacht", urweltlich mythisches Sein: ein „irrational Absolutes"[163], ein „verabsolutiertes Sein, ortlos, zeitlos, von allen Sinnbindungen abgelöst"[164]. Der dargestellte Weltuntergang sei ein „Ausbruch des Dämonisch-Elementaren, der sich hoch über allem Menschlichen vollzieht ... und der ins Kosmische ausgreift"[165], Vision einer „urweltlichen, mythischen Zerstörungslandschaft"[166]. Das geschichtliche Ereignis Krieg verwandle sich in ein „kosmisches Ereignis", und der Dichter erreiche damit, „es in seinem Urgrunde außerhalb des Zeitlichen, in seinem unableitbar Elementaren zu verdeutlichen"[167]. Die Aktualität des Gedichts sieht Martini darin, daß mit seiner Vision des Weltuntergangs in das „Vakuum" eines sinnentleerten Lebens „das Dämonisch-Elementare unbeherrschbar einbricht"[168] — analog Pfeiffers „Einbruch einer kosmischen Urmacht in die vom Sekuritätswahn beherrschte Welt der städtischen Zivilisation". Das Ekstatische dieser Vision sei eine „Entrückung der

161 Pfeiffer, a. a. O., S. 119, 121.
162 ebd. S. 121.
163 Martini, a. a. O., S. 431.
164 ebd.
165 ebd.
166 ebd. S. 432.
167 ebd. S. 438.
168 ebd. S. 441.

inneren Schau aus der Zeit, Raum, Personalität, Wirklichkeit"[169], ihre Bilder
seien „transrational", Ausdruck eines „dämonischen Panvitalismus"[170], einer
„urtümlichen Archaik"[171]. Wiederum wird so das Mythische, Archaische
in der Bildersprache Hyms zu einem überzeitlich archaisch-mythischen Sein,
„elementaren Sein"[172], verabsolutiert, nicht als die dichterische Transfiguration eines bestimmten geschichtlichen Seins verstanden, wiederum wird
die auf bestimmte geschichtlich-gesellschaftliche Tendenzen anwortende, aus
ihnen ihre Impulse empfangende dichterische Imagination zur „inneren
„Schau" einer „Wirklichkeit des Göttlichen"[173], eines vor-, ur- und übergeschichtlichen Mythos. Die nachdrücklich zur Sprache gekommenen geschichtlichen Bedingungen, unter denen Heyms Dichtung entstand, bilden nur den
Hintergrund, von dem dieser Mythos sich abhebt, die Zeitkulisse, vor der
das „kosmische Ereignis" als „unableitbar Elementares", „in seinem Urgrunde
außerhalb des Zeitlichen" sich abspielt. Selbst der den mythischen Bildern
Heyms durchweg eignende Grundzug des Beängstigenden, Drohenden und
Zerstörerischen, der sich ihrer Umdeutung zu einer zeitlos mythischen
„Wirklichkeit des Göttlichen" widersetzt, wird zu einer unableitbaren, irrationalen „kosmischen" Macht, zum „Dämonisch-Elementaren" überhaupt,
zum „radikal Dämonischen" verabsolutiert. — Erst die Erörterung der Genealogie des Heymschen Weltuntergangsmotivs kann völlig deutlich machen,
daß es sich in Heyms Gedicht ‚Der Krieg' nicht um die visionäre innere
Schau eines „zeitlosen, von allen Sinnbedeutungen abgelösten" mythischen
Seins handelt, sondern um die Abwandlung eines Jugendstilmotivs, das
seinerseits auf das Grundmotiv der Welterneuerung in Nietzsches ‚Zarathustra' zurückgeht und bei Heym aus bestimmten geschichtlichen Gründen
eine negative Wendung erfährt, die ihm zwar auch schon der Jugendstil gab,
die sich aber bei Heym radikalisiert[174]. Vorstellungen von Welterneuerung,
vom Propheten Amos bis Richard Wagner — auch die im ‚Zarathustra' —
führen ja immer ausdrücklich oder unausgesprochen zugleich die eines Weltuntergangs mit sich, und umgekehrt. — Der geschichtliche, nicht vor-, ur-
oder übergeschichtliche Sinn des Archaischen in Heyms Gedicht läßt sich
aber auch aus diesem selbst, ferner aus dem Vergleich seiner Bildelemente
mit denen anderer Gedichte und mit den Tagebuchaufzeichnungen Heyms
über das Thema „Krieg" erschließen.

---

169 ebd. S. 432.
170 ebd. S. 432.
171 ebd. S. 433.
172 ebd. S. 434, 437 f.
173 ebd. S. 432.
174 s. u. Kap. VI, S. 270—296.

Aufgestanden ist er, welcher lange schlief,
Aufgestanden unten aus Gewölben tief.

Für Martinis Umdeutung der Kriegsvision Heyms ins Zeitlos-Mythische
ist seine Auslegung dieser Eingangsverse bezeichnend: Der Kriegsdämon
„steigt auf aus der Unterwelt, aus dem untersten Grunde des Seins"[175]. Der
bestimmte Artikel vor „Sein" und der Begriff „Unterwelt", mit dem sich
antike Unterweltsvorstellungen verbinden, verleihen dem Bild „unten aus
Gewölben tief" einen Sinn, den es von sich aus nicht hat, ontologisieren es
gleichsam. Wörtlich genommen haben die artikellosen „Gewölbe" einen
unbestimmten Sinn, wollen aber gerade in dieser Unbestimmtheit sagen,
daß es sich nicht um realgegenständliche Gewölbe, etwa Kellergewölbe,
handelt, sondern geben sich in dieser Unbestimmtheit bereits als Metapher für „Tiefe", was durch ihre Stellung zwischen „tief" und dem nach
Pfeiffer pleonastischen „unten" noch betont wird. Diese Tiefe bleibt zunächst unbestimmt, nichts deutet darauf hin, daß die Tiefe einer mythischen Unterwelt oder die Tiefe des Seins schlechthin gemeint ist. Zur Tiefe
gehört eine Oberfläche, und die erscheint in der zweiten und dritten Strophe mit dem Gesamtbild der Städte, ihrem Lärm, ihren Märkten, ihrem
Betrieb, mit „Gassen" und „Geläute" und der anonymen Masse von Menschen in ihnen, die geradezu wegwerfend einfach als „sie", später sogar
als „was", also nicht einmal als Subjekte bezeichnet werden. Es ist klar, daß
diese Oberfläche und jene Tiefe zusammengehören, daß die Tiefe nichts
anderes ist als der Grund, das verborgene Wesen dessen, was sich an der
Oberfläche zeigt, und nicht der Urgrund des Seins schlechthin. So unbestimmt und metaphorisch nun auch die artikellosen „Gewölbe" sind, als
Metapher stehen sie nicht nur für Tiefe, sondern auch für Starres, wie
Mauerwerk Festgefügtes, von Menschenhand Geschaffenes, wie Keller- und
Kerkerwände. Aus solchen Gewölben, nicht aus dem Mutterschoß der Erde,
nicht aus dem Urgrund „elementaren" Seins, ist dieser Krieg aufgestanden.
Das rhythmisch schwer akzentuierte „Aufgestanden" als Gedichteinsatz
und als Anapher kann nicht bloßes Aufstehn, Sicherheben vom Schlaf
besagen, es bedeutet „Aufstand", Empörung, Erhebung, im Zusammen-
hang nämlich mit „Gewölben", aus denen dieser Krieg ausgebrochen ist,
deren Wände er aufgebrochen hat. Er bricht also nicht als kosmische
Urmacht, kosmisches Ereignis, dämonisch-elementares Sein u. dgl. in die
Welt der Städte „ein", sondern unter der Decke ihrer „Gewölbe" a u s
ihnen selbst hervor, aus der Tiefe ihres von der Oberfläche des Lärms, des
Betriebs usw. verdeckten Wesens. Die Gewaltsamkeit seines Aufgestanden-

175 Martini, a. a. O., S. 433.

seins kommt deutlich darin zum Vorschein, daß er als erstes den Mond
„zerdrückt", der — wie sich später zeigen wird — hier Sinnbild nicht des
„Idyllisch-Trosthaften"[176], sondern einer toten, erstarrten Welt ist, denn
deren „runder Wirbel" ist leerer Kreislauf des Immergleichen, Bewegung als
Stillstand. Das Zerdrücken des Mondes ist keine dämonisch-böse, sondern
eine prometheische Kraftgeste; als dämonisch-böse erscheint vielmehr bei
Heym immer der Mond[177]. Daß der aus „Gewölben" aufgestandene, aus
der innersten, untersten Tiefe dieser Welt der Städte selbst hervorgebroche-
ne Kriegsdämon das Gegenbild dieser Welt, der Gestalt gewordene Protest
gegen sie ist—obwohl er zugleich auch deren eigenes Wesen repräsentiert[177a]
— führen die beiden folgenden Strophen vor Augen, in denen es eben diese
Welt und keine andere ist, auf die sogleich der Todesschatten fällt, deren
Menschen dem mondzerdrückenden Riesen gegenüber als schemen- und
stückhaft erscheinen — nur *Schultern, ein Gesicht, Bärte, Kinn* tauchen auf —
und in ihrer Ohnmacht karikiert, zudem von diesem Riesen dann in die Feuerwälder gestoßen werden, und über deren ganze Welt wie über Gomorrha
ein Strafgericht ergeht, als dessen Vollstrecker schließlich eben dieser Kriegsdämon zum Rachegott monumentalisiert wird. Was von der vierten bis zur
vorletzten Strophe sich abspielt, ist eine einzige Orgie der Zerstörungslust,
die sich am Untergang dieser Welt berauscht. An ihre Zerstörung geht der
Kriegsdämon wie trunken, er tanzt und „schwenkt" das Haupt. Und das
rauschhaft Rasende der gewalttätigen Aktionen, in denen er sonst nur sichtbar wird — er *zerdrückt, zertritt, jagt, stößt, haut* —, kommt auch im Schlußbild wieder zum Vorschein, wo er, schon auf den Trümmern der zerstörten
Welt stehend, nicht aufhört zu rasen, sondern „in wilde Himmel dreimal
seine Fackel dreht" und am Ende des Gedichts in dieser Haltung gleichsam
erstarrt. Die Darstellung des katastrophischen Gesamtvorgangs selber zeigt
sich in der Dynamik des sprachlich-bildhaften Ausdrucks vom Grauenhaften
der Zerstörung mehr fasziniert als entsetzt. Charakteristisch dafür sind die
Lautmalereien, die den bildhaften Ausdruck verstärken: die alliterierenden
Zischlaute der vierten Strophe („Und es *schallet*, wenn das *schwarze* Haupt
er *schwenkt*", außerdem: *schon, schreit, Schädel*), die Häufung des an-
lautenden F in der siebenten und achten Strophe (*finster, flackend, flieht,
Feuerwälder, Flammen, fressen, Fledermäuse, Feuer*), die knirschenden r-
Laute in *brausend, fressend, brennend, gekrallt* usw. All das will sagen:
Diese Welt soll und muß zugrundegehen.

---

176 Martini, a. a. O., S. 435.
177 s. u. Kap. V, S. 248—269.
177a s. u. S. 60.

Das Moment der rauschhaften Faszination in der Darstellung dieses Welt-untergangs hat ohne Frage etwas Vitalistisches, und wenn man will, mag man von einem ins Sadistische umgeschlagenen Vitalismus sprechen, eine Bezeichnung wie „dämonisch-elementar" hingegen mystifiziert den Sach-verhalt. Welchen Sinn aber dieses Phänomen in dem Gedicht hat — denn es handelt sich ja nicht um wirklichen Sadismus — bleibt noch zu klären. Auf-schlußreich ist ein Vergleich seiner Bildelemente mit denen des frühen Herbst-Gedichts aus dem ‚Ewigen Tag'[178]. An Böcklin erinnernd verkörpert dieses den Herbst nach Jugendstilart mythologisch als einen bacchantischen Reigen von Faunen. In der panischen Mittagsstille brechen sie aus den Wäldern hervor, tanzen und taumeln die Wiesen hinab, baden im Bach und wollen die Baumnymphen erhaschen. Bis zur vorletzten Strophe ist das Gedicht eine vitalistische Apotheose der Sinnenfreude, aber daß diese dann doch versagt wird, ist die Pointe der Schlußstrophe:

> Sie brüllen wild und langen nach den Zweigen.
> Ihr Glied treibt auf, von ihrer Gier geschwellt.
> Die Elfen fliegen fort, wo noch das Schweigen
> Des Mittagstraums auf goldnen Höhen hält. (D 50,1)

Auffällig ist nun die Verwandtschaft der Bilder des Rauschhaften in ‚Herbst' mit gleichartigen in ‚Der Krieg', obwohl Thema und Grundton beider Ge-dichte so verschieden sind. Die Faune tanzen — und der Kriegsgott tanzt. Die Faune tanzen „zum Schalle der Widderhörner" — und „es schallet", wenn der Kriegsgott tanzt, von seiner Schädelkette. Der Brustkorb der Faune „bläht mit zottig schwarzer Haut" — der Kriegsgott schwenkt das „schwarze Haupt". Von den Faunen heißt es: „Den Thyrsus haun sie auf die Felsen laut" — vom Kriegsgott: „Seine Stange haut er wie ein Köhlerknecht / In die Bäume, daß das Feuer brause recht." Von den Faunen: „Des Waldes Tiere fliehen vor dem Lärme / In Scharen flüchtig her und langem Sprung" — vom Kriegsgott: „Und was unten auf den Straßen wimmelnd flieht / Stößt er in die Feuerwälder . . ." Das Stofflich-Inhaltliche der Bilder hat sich ge-ändert, aber ihr Ausdruckscharakter, der des Rauschhaften, ist derselbe. Der schwarzhäuptige expressionistische „Köhlerknecht" Krieg kann seine histo-rische Abstammung von den schwarzhäutigen Jugendstilfaunen nicht ver-leugnen. Wie diese repräsentiert er Triebe, die das Schicksal der „Versagung" haben, d. h. in seiner Entfaltung gehemmtes Leben, aber im Unterschied zu den Faunen den Aufstand, die Empörung des gehemmten Lebens gegen eine Welt, deren Zwänge und Mächte das Leben der Menschen verstümmeln und

---

178 D 50 f.

ersticken, die nach der Theorie Freuds unter dem Diktat des Triebverzichts steht[179]. Böse Tiere und Ungeheuer, wie das mit den Attributen des Kannibalismus versehene Kriegsungeheuer und der „rote Hund mit wilder Mäuler Schrein" in ‚Der Krieg', sind ja auch nach Freud Traumsymbole für verdrängte Triebe. „Mit w i l d e n T i e r e n symbolisiert die Traumarbeit in der Regel leidenschaftliche Triebe, sowohl die des Träumers als auch die anderer Personen, vor denen der Träumer sich fürchtet, also mit einer ganz geringfügigen Verschiebung die Personen selbst, welche die Träger dieser Leidenschaften sind. Von hier ist es nicht weit zu der an den Totemismus anklingenden Darstellung des gefürchteten V a t e r s durch böse Tiere, Hunde, wilde Pferde. Man könnte sagen, die wilden Tiere dienen zur Darstellung der vom Ich gefürchteten, durch Verdrängung bekämpften Libido."[180] In der Tat richtet sich der in ‚Der Krieg' dargestellte Aufstand eines gehemmten, erstickenden Lebens gegen eine patriarchalische Zwangswelt: Die schemenhaften Gestalten in den Gassen der Städte sind mit zitternden Bärten und spitzem Kinn als greisenhaft gekennzeichnet, und der Mond, den der Krieg in der Hand zerdrückt, ist — wie noch eingehender darzulegen bleibt — bei Heym geradezu das Sinnbild einer „Vaterwelt" und hat, wenn er als Zauberer, Henker, Greis usw. personifiziert wird, immer die dämonisch-bösartigen Züge einer negativen „Vaterfigur", wie sie in zahlreichen expressionistischen Dichtungen begegnet[181]. Auch sind gleich anfangs die „Gewölbe" als Metapher für Tiefe und zugleich Zwang psychoanalytisch gesehen ein Symbol für Unbewußtes und Verdrängung. Bei aller Vorsicht, die geboten erscheint, wenn die psychoanalytische Methode auf ästhetische Phänomene angewandt wird, und die Freud selber empfahl[182], läßt sich über die Aufschlüsse, die sie in diesem Fall gewährt, nicht hinwegsehen, da sie mit dem übereinstimmen, worauf die immanente Analyse des Gedichts selbst kam und was der Vergleich seiner Bildelemente mit denen des Jugendstilgedichts ergab[183].

Daß es sich in Heyms Vision des Krieges nicht um die „innere Schau" eines kosmisch elementaren Seins oder zeitloser mythischer Ursprungsmächte handelt, vielmehr um den bildhaften Ausdruck einer bestimmten geschichtlichen Erfahrung, um den gestaltgewordenen Protest gegen einen Gesellschaftszustand, der die Natur des Menschen verkümmern, sein Leben nicht

179 Vgl. Sigm. Freud, Gesammelte Werke, Bd. 14, S. 419—506 (Das Unbehagen in der Kultur), London 1948.
180 ders.: Die Traumdeutung, Ges. Werke, Bd. 2/3, S. 414, London 1942.
181 s. u. S. 258 ff.
182 Vgl. Freud, Ges. Werke, Bd. 14, S. 399 u. 401; Bd. 12, S. 264 ff.
183 Die Nähe der Bilder Heyms zu Traumsymbolen wird bestätigt auch durch die Tatsache, daß er ein Traum-Tagebuch führte und sich lebhaft für die Psychoanalyse interessierte. Vgl. Greulich, a. a. O., S. 21 und Heym, ‚Meine Träume', T 177—192.

nach der ihm eingeborenen Bestimmung sich entfalten läßt, bestätigen Heyms Selbstzeugnisse, die als subjektive Erfahrung notieren, was sich in Gedichten wie ‚Der Krieg' objektiviert hat. In seinem Tagebuch heißt es: „Ich ersticke noch mit meinem brachliegenden Enthusiasmus in der banalen Zeit..."[184] Was zu ersticken droht, ein brachliegender Enthusiasmus, ist dasselbe, was sich in ‚Der Krieg' gegen ein Ersticken zur Wehr setzen will, aus dem metaphorischen Kerker von „Gewölben" ausbricht und über die „banale Zeit", die Welt der Städte mit dem „runden Wirbel" ihrer Märkte, das berauschende, weil befreiende Strafgericht ihres Untergangs ergehen läßt. Mit dem „brachliegenden Enthusiasmus" ist in der Tagebuchstelle nicht nur eine allzeit zu machende Lebenserfahrung gemeint, wie sie etwa in einem der frühesten europäischen Desillusionsromane, in Gontscharows ‚Oblomow' ausgesprochen wird: „...Traurigkeit und Selbstquälerei sind eher ein Zeichen von Kraft... Die suchende Tätigkeit eines lebhaften, angeregten Geistes geht manchmal über die vom Leben gesteckten Grenzen hinaus, findet natürlich keine Antwort, und dann bildet sich eine Traurigkeit heraus... eine zeitweilige Unzufriedenheit mit dem Leben... Das ist die Traurigkeit einer Seele, die das Leben nach seinen Geheimnissen fragt..."[185] Die suchende Tätigkeit ging bei Heym nicht so sehr über die vom Leben selbst gesteckten als über die Grenzen hinaus, in die ein Weltzustand das Leben zwängte, so daß es nicht nur seine Geheimnisse, sondern seinen Sinn zu verlieren drohte — der Zustand einer industrialisierten und kommerzialisierten Welt, die derselbe Fortschritt, den in Gontscharows ‚Oblomow' noch als Heilmittel gegen die „Oblomowerei", gegen die friedliche Verdumpfung des Lebens in alt-russisch patriarchalischen Verhältnissen erschien, inzwischen in ein System der totalen Versachlichung des Lebens verwandelt hatte, die es zur Anpassung an feste Normen und Mechanismen und in den Kreislauf des Ewiggleichen, der Warenproduktion, zwang. Wenn Heym in seinem Tagebuch eine Revolution oder einen Krieg herbeiwünscht, so ist dieser Wunsch nichts anderes als der spontane Protest gegen die Monotonie eines automatenhaften gesellschaftlichen Daseins und Getriebes, unter deren polierter friedlicher Oberfläche das Leben der Menschen stagniert und verfault:

> Ach, es ist furchtbar. Schlimmer kann es auch 1820 nicht gewesen sein. Es ist immer das gleiche, so langweilig, langweilig, langweilig. Es geschieht nichts, nichts, nichts. Wenn doch einmal etwas geschehen wollte, was nicht diesen faden Geschmack von Alltäglichkeit hinterläßt... Geschähe doch einmal etwas. Würden einmal wieder Barrikaden gebaut. Ich wäre der erste, der sich

---

184 T 164.
185 I. A. Gontscharow, Oblomow, dt. v. H. W. Röhl, Berlin 1923, S. 710.

darauf stellte, ich wollte noch mit der Kugel im Herzen den Rausch der Begeisterung spüren. Sei es auch nur, daß man *einen Krieg* begänne, er kann
ungerecht sein. Dieser Frieden ist so faul ölig und schmierig wie eine Leimpolitur auf alten Möbeln.[186]

Ähnlich läßt sich eine Art Manifest Heyms vernehmen, das die „Krankheit"
seiner Zeit zu diagnostizieren versucht und unter dem Titel ‚Eine Fratze'
im ersten Jahrgang der ‚Aktion' erschien:

> Unsere Krankheit ist, in dem *Ende eines Welttages* zu leben, in einem
> *Abend*, der so stickig ward, daß man den Dunst seiner Fäulnis kaum noch
> ertragen kann.
> Begeisterung, Größe, Heroismus. Früher sah die Welt manchmal die Schat-
> ten dieser Götter am Horizont. Heute sind sie Theaterpuppen. *Der Krieg* ist
> aus der Welt gekommen, der ewige Friede hat ihn erbärmlich beerbt.[187]

Im Zeitdokument dieser Selbstzeugnisse liegt der Schlüssel zur ganzen Dichtung Heyms, denn sie bezeichnen deren Impuls und deren Grundmotive.
Was sie bekenntnishaft unmittelbar äußern, drückt sich in der Dichtung
meist mittelbar, in der verschlüsselten Sprache der Bilder aus. Wie diesen
Aufzeichnungen im ganzen die Gesamtintention des Gedichts ‚Der Krieg'
entspricht, so im einzelnen auch die Bedeutung seiner wesentlichen Bild-
und Metaphernelemente. Dem Zwang des „Erstickens", dem kaum noch zu
ertragenden Fäulnisdunst des Weltabends begegnet man in den kerker- oder
gruftartigen „Gewölben" wieder, aus denen der Krieg „aufgestanden" ist;
dem Kreislauf der „immer gleichen" Alltäglichkeit im „runden Wirbel" der
Märkte; dem Wunsch, daß doch einmal etwas geschähe, daß einmal wieder
Barrikaden gebaut würden oder auch nur ein Krieg begänne, sowie dem
„aus der Welt gekommenen" Krieg im Kriegsgott, „welcher lange schlief"
und nun „aufgestanden ist"; dem „Rausch der Begeisterung" noch mit der
Kugel im Herzen — im Tanz des Kriegsgottes und in der rauschhaft faszi-
nierten Darstellung; dem „Ende eines Welttages" im dargestellten Weltuntergang. Es kann also auch nach Heyms Selbstaussagen, die sowohl im
allgemeinen wie in wesentlichen Einzelzügen das Gedicht indirekt kommen-
tieren und deutlich genug auf den geschichtlichen Sinn seiner Weltuntergangsvision verweisen, nicht die Rede davon sein, daß es „das Phänomen Krieg aus
dem Bereich des nur Geschichtlichen und des nur Menschlichen heraushebt"[188],
daß es einen „Ausbruch des Dämonisch-Elementaren, der sich hoch über allem

---

186 T 138 f. (Hervorhebung K. M.).
187 Die Aktion, 1. Jg. 1911, Sp. 555 f. (Hervorhebung K. M., den offensichtlichen Druckfehler „Grüße" emendiert zu „Größe").
188 Martini a. a. O., S. 431.

Menschlichen vollzieht"[189], darstelle, den Krieg als „kosmisches Ereignis", dessen „Urgrund außerhalb des Zeitlichen" liege[190]. Gewiß wird in ihm „überhaupt nicht Geschichte abgebildet"[191], gewiß ist in ihm „nicht ein bestimmter, historisch faßbarer Krieg gemeint"[192] — aber ebensowenig „das Phänomen Krieg schlechthin"[193], „der Krieg an sich, als verabsolutiertes Sein, ortlos, zeitlos, von allen Sinnbindungen abgelöst"[194]. Vielmehr ist das Gesamtbild, die Vision des Krieges, eine einzige große Metapher für das „Geschähe doch einmal etwas" in der Tagebuchaufzeichnung, ein Bild, das sagen will, daß eine bestimmte Welt sich ändern oder verändert werden soll, das sich nach „Zeit" und „Ort" auf den geschichtlichen Zustand, auf die Welt „heute" bezieht, von deren „erbärmlichem Frieden" das Prosastück ‚Eine Fratze' im Zusammenhang mit dem aus der Welt gekommenen Krieg im selben Sinne spricht wie die Tagebuchsätze, die dieses Heute mit 1820 vergleichen und Barrikaden oder „auch nur" einen Krieg herbeiwünschen, weil der „faul ölige und schmierige" Frieden der gegenwärtigen Welt „furchtbar" und nicht zu ertragen sei. Nicht erst in dem Gedicht, schon in den Selbstaussagen Heyms ist der Begriff Krieg eine Metapher. Heym denkt dabei zwar an wirkliche, in der Realität sich vollziehende oder zu vollziehende Umwälzungen, aber über deren historischen oder politischen Charakter sagt er nichts, meint vielmehr mit dem Wort „Krieg" Veränderung der „Welt heute" überhaupt. „Barrikaden" und „Krieg" bezeichnen auch hier nur Protest und Rebellion gegen eine Welt, in der es die „Götter" — wie das manifestartige Prosastück sie nennt — „Begeisterung, Größe, Heroismus" oder — wie das Tagebuch sagt — „Enthusiasmus" nicht mehr gibt, d. h. eine nüchterne, völlig versachlichte Welt. Trotz des allgemeinen, gefühlsmäßig getönten Sinns, den der Begriff Krieg in den Selbstzeugnissen Heyms hat, bezieht er sich auf die Realität dieser bestimmten Welt, in der die Menschen leben, drückt er ein bestimmtes Verhalten ihr gegenüber aus, spricht Heym überhaupt nur deshalb von „Krieg", weil diese Welt so und so beschaffen ist. Weder hier noch in dem Gedicht darf also der allgemeine, metaphorische Sinn, den Begriff und Phänomen „Krieg" bei Heym haben, so aufgefaßt werden, als handle es sich um „das Phänomen Krieg schlechthin", um „Krieg an sich, als verabsolutiertes Sein, ortlos, zeitlos, von allen Sinnbindungen abgelöst".

189 ebd.
190 ebd. S. 438.
191 ebd. S. 430.
192 ebd.
193 ebd. S. 431.
194 ebd.

Die „Welt heute", die des genormten und automatisierten Lebens, die den Enthusiasmus brachliegen läßt, d. h. dem Menschen sein Bestes nimmt, sein Leben aufs bloße Funktionieren reduziert, diese bestimmte geschichtliche Welt ist es, als deren Gegenbild Heyms Vision des Krieges allein verstanden werden kann und ohne die sie undenkbar ist. In dem Gedicht ,Der Krieg' erscheint sie als die Welt der Städte, aus der und gegen die der Krieg „aufgestanden" ist. Da sie als eine schon untergehende dargestellt wird, geben die zweite und dritte Strophe nur ein knappes, schatten- und schemenhaftes Bild von ihr, das aber ihr Wesen trifft, wenn es auf die Monotonie, den in sich kreisenden Leerlauf und das blinde Getriebensein des Lebens in ihr deutet. Vor allem mit „der Märkte runder Wirbel". Nach Joh. Pfeiffer wäre das Epitheton „rund" ein Füllsel, „im Rahmen der zu vermittelnden Vorstellung ungemäß"[195]. Aber das Bild „der Märkte runder Wirbel" zielt mit dem Epitheton „rund" auf mehr als die Vermittlung einer anschaulichen Vorstellung ab. Das bewegte bunte Durcheinander all dieser Wirbel soll mit „rund" gerade als sich stets gleichbleibendes Einerlei, d. h. der Wechsel als Kreislauf charakterisiert werden. Was Pfeiffer als Füllsel abtut, ist eines der wichtigsten metaphorischen Elemente des ganzen Gedichts. Denn „der Märkte runder Wirbel" ist kein Bild, das nur anschauliche Wirklichkeit wiedergeben will, sondern eine Metapher, fast eine metaphorische Formel. Daß dem so ist und was die Metapher zu bedeuten hat, geht aus dem Gedicht ,Die Stadt' hervor[196], das gewissermaßen ein Ergänzungsstück zu ,Der Krieg' darstellt, weil es die Welt der Städte nicht als schon untergehende, sondern als noch bestehende zum Thema hat.

DIE STADT

Im Dunkel ist die Nacht. Und Wolkenschein
Zerreißet vor des Mondes Untergang.
Und tausend Fenster stehn die Nacht entlang
Und blinzeln mit den Lidern, rot und klein.

Wie Aderwerk gehn Straßen durch die Stadt,
Unzählig Menschen schwemmen aus und ein,
Und ewig stumpfer Ton von dumpfem Sein
Eintönig kommt heraus in Stille matt.

---

195 Pfeiffer, a. a. O., S. 119.
196 D 104.

> Gebären, Tod, gewirktes Einerlei,
> Lallen der Wehen, langer Sterbeschrei,
> Im blinden Wechsel geht es dumpf vorbei.
>
> Und Schein und Feuer, Fackel rot und Brand,
> Die drohen im Weiten mit gezückter Hand
> Und scheinen hoch von toter Wolkenwand.

Das Gedicht ist künstlerisch schwächer als ‚Der Krieg', weil es mit seiner Charakterisierung der Großstadt das Mißverhältnis zwischen dem lebendigen Subjekt und der objektiven gesellschaftlichen Realität — fast wie die Tagebuchsätze über die „immer gleiche", so „langweilige" Alltäglichkeit — direkt ausspricht, thematisch macht, während dieser Gegensatz in ‚Der Krieg' das geheime, aus den Bildern und Metaphern erst zu erschließende Motiv ist, das die rätselhaft archaische Vision des Kriegsdämons hervortreibt und eine Dynamik des sprachlich-bildhaften Ausdrucks erzeugt, in denen die Spannung dieses Gegensatzes kraft der sie bewältigenden künstlerischen Form wirklich zum Austrag kommt, indirekt in ihrer vollen Gewalt erscheint. Dafür läßt es, wie die Tagebuchsätze und das Prosastück ‚Eine Fratze', klar erkennen, wie die geschichtliche Welt beschaffen ist, aus der und gegen die Heyms Kriegsgott aufsteht, und was das formelhafte Bild „der Märkte runder Wirbel" zu bedeuten hat. Das Epitheton „rund" besagt ja bei „Wirbel" soviel wie „kreisend", und metaphorisch bedeutet dieses Kreisen denselben leeren Kreislauf des Lebens, von dem die Tagebuchsätze als der „furchtbaren" ewigen Wiederkehr einer „immer gleichen" faden Alltäglichkeit sprechen und der in ‚Die Stadt' sich im Bild des „Aus- und Einschwemmens" von Menschenmassen und der es begleitenden Monotonie eines „ewig stumpfen Tons von dumpfem Sein" darstellt, sodann, mit einer ungeheuren Steigerung dieses Bildes ins Allgemeine, d. h. zur Aussage über die Gesamtverfassung des menschlichen Daseins in dieser Welt, als das ewige „Einerlei", der „blinde Wechsel" von Geburt und Tod, das gleichgültige Kommen und Gehen nur noch dahinvegetierender Menschengeschlechter: „dumpf" ist ihr Sein, und „dumpf" geht es vorbei. Die „Dumpfheit" solchen Seins, seine „matte" Eintönigkeit im leeren Kreislauf des Lebens war es auch, was die Tagebuchsätze, die ja ebenfalls von der „immer gleichen" Wiederkehr einer „faden" Alltäglichkeit sprachen, als „faul öligen und schmierigen" Frieden bezeichnet hatten, und dieselbe „Dumpfheit" meinte das Manifest ‚Eine Fratze' mit dem „stickigen" Fäulnisdunst des Weltabends und seines „erbärmlichen" Friedens. Heyms Vision des Krieges ist demnach nichts anderes als der gestaltgewordene Wunsch, daß „doch einmal etwas geschähe", was den Kreislauf dieses „dumpfen Seins", dieses „matten" und

„faden", nur vegetierenden Lebens durchbräche. Deshalb heißt es in ‚Der Krieg', nachdem der Kriegsgott aufgestanden ist, vom „runden Wirbel der Märkte": er „stockt zu Eis".

Der archaische Charakter dieser Vision, der irrationalistisch als zeitlos-mythisch, kosmisch, dämonisch-elementar usw. angesprochen wird, erklärt sich daraus, daß sie der bildgewordene Protest gegen einen geschichtlich-gesellschaftlichen Zustand ist, der das Leben der Menschen, indem er es um den Preis seiner Selbsterhaltung zur Anpassung an vorgegebene Mechanismen zwingt, die seiner bloßen Reproduktion dienen, auf das Niveau eines Daseins herabdrückt, das Heym als *dumpf, matt, fad, stickig, faul, erbärmlich,* kurz: als das eines nur vegetierenden Lebens charakterisiert. Aus dem Protest gegen einen Fortschritt, der die Welt durch ihre Versachlichung in ein universelles System der Dressur des Menschen verwandelt, verleiht Heym dem „Aufstand" des beengten, entstellten Lebens die provozierende Gestalt des Ältesten, Archaischen: eines hemmungslos rasenden kannibalischen Ungeheuers, dessen Zerstörungsrausch die Entfesselung verdrängter Triebmächte und zugleich den Triumph über den Untergang jener Welt symbolisiert. Weil das Archaische hier den Charakter des „Geschähe doch einmal etwas", des Sensationellen und Skandalösen hat, d. h. sich gegen das „Immergleiche", das „Einerlei" eines von gesellschaftlichen Normen, Konventionen usw. vorgeformten und blind in ihnen kreisenden Lebens richtet, ist es erstens ein durch den geschichtlichen Prozeß der gesellschaftlichen Entwicklung selber hervorgerufenes, durch ihn vermitteltes ästhetisches Phänomen und hat es zweitens eine progressive geschichtliche Funktion, was besonders gegenüber der Mythologiekritik von Lukacs betont werden muß. Aus diesem zweifachen Grund kann es nicht als unmittelbar, ursprünglich Archaisches im Sinne einer Regression zu vor-, ur- oder übergeschichtlichen Ursprungsmächten aufgefaßt werden. Ebensowenig als Produkt einer fabulierenden Phantasie, einer schöpferischen Einbildungskraft, deren Bilder „aus dem Unbekannten aufsteigen, aus sich selbst wuchernd"[197], die „sich derart vor die empirische Realität, vor ihre Bezugsgegenstände stellen, daß sie die einzige Wirklichkeit bedeuten"[198] und so „eine eigene Welt"[199] aufbauen, „die nun ihrerseits Wirklichkeit, die einzige Wirklichkeit zu sein beansprucht"[200]. So aufgefaßt, verlöre die ganze Bilderwelt Heyms ihre raison d'être, ihren Anspruch auf Wahrheit, wäre sie um ihren verbindlichen Sinn gebracht, der in nichts anderem zu finden ist als

197 Martini, a. a. O., S. 438.
198 ebd.
199 ebd. S. 437.
200 ebd.

in ihrer freilich vermittelten Beziehung zur empirischen Realität, der gesellschaftlichen nämlich. Wenn ihre Bilder „wie Überwältigungen aus dem
elementaren Sein", aus dem „Unbekannten" aufstiegen und „aus sich selbst
wucherten", hätten sie ebensowenig Anspruch darauf, etwas zu bedeuten
und ernst genommen zu werden, wie wenn sie extrem-ichbezogen,
Ausdruck subjektiver „Gestimmtheit" wären. Die „eigene Welt", die sie
aufbauen, könnte dann eine ebenso „verkehrte Welt" sein wie eine nur
durch subjektive metaphorische „Umwertungsschemata" zustandekommende.

Wenn Heyms Bild des archaischen Kriegsungeheuers, das die Welt der
Städte zerstört und in ein einziges Chaos verwandelt, seiner Grundintention
nach die pogressive geschichtliche Funktion hat, die in dieser Welt herrschenden Normen und Konventionen aufzukündigen, so scheint doch in der
faszinierenden Darstellung des Bösen und Grauenhaften die Imagination
sich am Rücksturz in ein vorweltartiges Chaos zu berauschen, sich der Lust
am Bösen und Grauenhaften, eines ins Sadistische umgeschlagenen Vitalismus schuldig zu machen. Allein gerade dadurch, daß die Kunst das in der
Realität vorhandene, ihr einwohnende Böse, Grauenhafte in seiner ganzen
Intensität widerspiegelt — was mit der realistischen Wiedergabe einer häßlichen Wirklichkeit nichts zu tun hat —, nimmt sie ihm seine reale Macht.
Denn sie deckt es auf und macht es bewußt. Was als objektive Tendenz in
der Realität selbst wirksam ist, wird kraft der künstlerischen Formung, die es
durch die subjektive Imagination erfährt, ausgesprochen und damit gebannt. Heyms weltzerstörendes Kriegsungeheuer ist nicht nur der bildgewordene subjektive Protest eines Einzelnen gegen eine ihm fremde, seinen
„Enthusiasmus" erstickende Welt, sondern verkörpert zugleich das Wesen
dieser Welt selbst, als Erscheinung dessen, wohin sie von sich aus tendiert.
Daß in dem Gedicht kein „Ich" spricht und daß der Kriegsgott aus „Gewölben", d. h. aus dem Innern der Städte selbst, aus der von der Oberfläche
ihres Getriebes verdeckten Tiefe aufsteht, will heißen, daß das Unheimliche, Grauenhafte einer drohenden Katastrophe in dieser Welt selbst latent
allgegenwärtig ist, daß es nur „schläft" (Str. 1), aber jederzeit so plötzlich
greifbare Gestalt annehmen kann, wie der Kriegsgott hier scheinbar völlig
unmotiviert plötzlich da ist, „aufgestanden". Das im dichterischen Bild gestaltgewordene Unheimliche, „Unbekannte" und „Fremde" ist die heimliche
Gestalt des Bekannten und Vertrauten der Realität.

Das Weltuntergangsbild in ‚Der Krieg' ist also Bild und Gegenbild der
bestehenden Welt in einem. Gegenbild, weil gestaltgewordener Protest
gegen sie; Bild, weil im Wesen, in der Gesamtverfassung dieser Welt das
Ende ihres „Welttages" vorgezeichnet, sie zu ihrem Untergang vorbestimmt

erscheint. Daher schließt auch das Gedicht ‚Die Stadt', das diese Welt als noch bestehende und ihr „dumpfes Sein" zum Thema hat, mit dem Bild:

> Und Schein und Feuer, Fackel rot und Brand,
> Die drohn im Weiten mit gezückter Hand
> Und scheinen hoch von toter Wolkenwand.

Was in ‚Der Krieg' den Aspekt des subjektiven Protests hat, die ganze Darstellung der Weltzerstörung, bleibt hier ein Bild, das auf die objektive Verfassung und Tendenz der Wirklichkeit selbst hindeuten will, das aber mit dem an „toter Wolkenwand" erscheinenden Menetekel der unpersönlichen „gezückten Hand" von Feuer, Fackel und Brand dasselbe verheißt, was sich in ‚Der Krieg' als dramatische Aktion des personifizierten Krieges entfaltet. Obwohl die Reihenfolge der Gedichte in der nach Heyms Tod von seinen Freunden zusammengestellten Sammlung nichts über deren Chronologie besagt — ‚Der Krieg' steht am Anfang, ‚Die Stadt' in der Mitte — dürfte ‚Die Stadt' später als ‚Der Krieg' entstanden sein. Denn die Resignation, die aus dem Gedicht spricht und die zum rauschhaft-dynamischen Moment der Darstellung der Weltzertrümmerung in ‚Der Krieg' in auffallendem Gegensatz steht, läßt es schon fraglich erscheinen, ob diese Welt noch durch einen heroischen Aufstand, wie ihn der „aufgestandene" Kriegsgott ja mitrepräsentiert, zerstört werden kann, oder ob sie nicht vielmehr ihrem Untergang nur entgegentreibt. Dem entspricht auch, daß der Kriegsgott den Mond in der Hand zerdrückt, während er hier nur untergeht. Jedenfalls bewegt sich auf dieser Linie die Abwandlung, die das Motiv des Weltuntergangs in Heyms Gedichten ‚Kata', ‚Simson', ‚Die Nacht' (D 194) u. a.[201] und dann in Trakls ‚Abendland', ‚Der Abend' und ‚Grodek' erfährt.

„Er durchschaute die großen Städte mit ihren überdimensionalen Maschinen und versklavtem Proletariat, mit ihren geistigen, wirtschaftlichen und politischen Katastrophen, mit ihrem Hindrängen zum Krieg und ihren faden Surrogaten", sagte Paul Zech von seinem Freund Georg Heym.[202] Wenn Heyms Bild des Krieges einerseits den subjektiven Protest gegen diese Welt ausdrückt, andererseits in ihm auch das unter der Oberfläche ihres Getriebes allgegenwärtige Grauen zusammengeronnen ist, so hat die faszinierende Darstellung des Bösen und Grauenhaften in ‚Der Krieg' als ästhetisches Phänomen die doppelte Funktion, einmal mit der provozierenden Verherrlichung der „Partialtriebe", des Aufstandes verdrängter Triebmächte gegen die Entstellung des Lebens in einer standardisierten und konventionell erstarrten Welt zu protestieren, zweitens aber, das Grauen und das Böse auf

---

201 s. u. VI. Kap., S. 270—296.
202 Seelig, a. a. O., S. 220.

dem Grunde dieser friedlich scheinenden, versachlichten Welt, in der es keinen „Enthusiasmus" gibt, aufzudecken und damit auszusprechen, wohin der blinde Fortschritt dieser Welt tendiert: zum Rücksturz in die Barbarei und in ein vorweltartiges Chaos. Als ästhetisches Phänomen kann daher die Darstellung des Bösen und Grauenhaften wie in ‚Der Krieg' so in der Dichtung Heyms überhaupt weder nach moralischen Kategorien beurteilt werden, wie dies mit K. L. Schneiders Begriffen einer „peiorisierenden" und „zynischen" Metapher geschieht, noch nach dem Kanon eines traditionellen Schönheitsideals, das Harmonie, Stimmung, Anschaulichkeit fordert, wie dies bei Joh. Pfeiffer der Fall ist, noch darf es wie bei Fritz Martini ahistorisch-irrationalistisch zu einer „dämonisch-elementaren" Ursprungsgewalt mythologisiert und auch nicht als solche wie von Georg Lukacs und van Bruggen als der künstlerische Ausdruck einer präfaschistischen Ideologie ausgelegt werden.

Indem Heyms Vision des Krieges den Krieg nicht als politisch-historisches Ereignis zum Gegenstand hat, sondern bildhafter Ausdruck sowohl des Widerstandes des lebendigen Subjekts gegen eine subjektfremde Wirklichkeit als auch der objektiven Tendenzen dieser Wirklichkeit selbst ist, kommt in ihr die Gesamtverfassung eines geschichtlich-gesellschaftlichen Zustandes zur Selbstdarstellung, dessen innere Widersprüche in der Realität zu den beiden Weltkriegskatastrophen führten, deren Schrecken und Zerstörungen das Gedicht vorwegnahm. Die Zerstörungslandschaften, die Frans Masereel „ohne Rücksicht auf künstlerische Erwägungen"[203] nach dieser Wirklichkeit in der Bildfolge ‚Apokalypse unserer Zeit' gezeichnet hat, sind mit ihren Dimensionen, ihren Menschenmassen und ihrem Chaos des Grauens eine indirekte Illustration zu Heyms Gedicht. Gerade als bildhafter Ausdruck der Spannungen, Widersprüche und Tendenzen des geschichtlich-gesellschaftlichen Zustandes vor dem ersten Weltkrieg hat es Wesen, Grund und Erscheinungsform der wirklichen Kriege treffender und gültiger zur Darstellung gebracht als die zwischen 1914 und 1918 entstandene expressionistische Kriegslyrik Werfels, Stramms, Bechers, Ehrensteins, Heynickes usw., die nur den subjektiven Reflex der Kriegswirklichkeit oder eine moralische oder politische Reaktion auf sie oder auch beides vermischt enthält.

Die archaische Gestalt, die das unter der Oberfläche von Fortschritt und Kultur verborgene Grauen und die von gesellschaftlichen Konventionen verdeckten und verdrängten Triebmächte in Heyms Vision des Krieges annahmen, gehört in die Reihe jener zahlreichen Erscheinungen, mit denen eine Mythologie des Grauens in der modernen Kunst auf Druck und Zwang

203 Vorwort zum Ausstellungskatalog ‚Apokalypse unserer Zeit' (1953), S. 4.

einer sich entmenschlichenden Gesellschaft antwortet. Im selben Jahr wie
Heyms Gedicht ‚Der Krieg', 1911, ist Thomas Manns Erzählung ‚Der Tod in
Venedig' entstanden. Gleich ihr erster Satz deutet auf den geschichtlich-
gesellschaftlichen Hintergrund, vor dem ihre Handlung spielt — wenn von
einer solchen im üblichen Sinne überhaupt noch die Rede sein kann —, auf
das Jahr „19 . ., das unserem Kontinent monatelang eine so gefahrdrohende
Miene zeigte"[204]. Die Hauptfigur, der Schriftsteller Aschenbach, wird in
einer Phase seines Lebens geschildert, in der er zum geistigen Repräsentanten der bürgerlichen Welt zu Beginn des 20. Jahrhunderts geworden ist, als
ein „Moralist der Leistung", dessen menschliche Haltung „etwas Amtlich-
Erzieherisches" und dessen Produkte ein „gewolltes Gepräge von Meister-
lichkeit und Klassizität" angenommen hatten, dessen Stil sich ins „Muster-
gültig-Feststehende, Geschliffen-Herkömmliche, Erhaltende, Formelle, selbst
Formelhafte" gewandelt hatte[205]. Ihm, dem Vorbild „sittlicher Entschlossenheit" und „Zucht", deren er, wie es heißt, allerdings auch bedurfte, einer
„Selbstbeherrschung, die bis zum letzten Augenblick eine innere Unterhöhlung, den biologischen Verfall vor den Augen der Welt verbirgt"[206],
diesem Moralisten der Leistung und Hüter des Herkömmlichen begegnet
auf einem einsamen Spaziergang die exotisch-fremdartige Erscheinung eines
Mannes, der vorm Eingang einer byzantinischen Friedhofshalle auftaucht
und, wie sich im Lauf der Erzählung herausstellt, der personifizierte Tod
selber ist. Sie weckt in ihm ein „längst entwöhntes" Gefühl, ruft einen „Anfall" von Reiselust hervor, der ihm die Vision einer „alle Wunder und
Schrecken der mannigfaltigen Erde" vor Augen stellenden Urlandschaft ein-
gibt: „. . . er sah, sah eine Landschaft, ein tropisches Sumpfgebiet unter
dickdunstigem Himmel, feucht, üppig und ungeheuer, eine Art Urweltwild-
nis aus Inseln, Morästen und Schlamm führenden Wasserarmen, . . . sah
zwischen den knotigen Rohrstämmen des Bambusdickichts die Lichter eines
kauernden Tigers funkeln — und fühlte sein Herz pochen vor Entsetzen
und rätselhaftem Verlangen."[207] Obwohl er, ernüchtert, den Kopf darüber
schüttelt, treibt ihn insgeheim diese Vision zur Reise in die Lagunenstadt,
in der die indische Cholera ausgebrochen ist, aber verheimlicht wird: eine
Seuche, „erzeugt aus den warmen Morästen des Ganges-Deltas, aufgestie-
gen mit dem mephitischen Odem jener üppig-untauglichen, von Menschen
gemiedenen Urwelt- und Inselwildnis, in deren Bambusdickichten der Tiger

---

204 Stockholmer Gesamtausgabe der Werke von Thomas Mann, Ausgewählte Erzählungen, S. 310.
205 ebd. S. 320 ff.
206 ebd. S. 319.
207 ebd. S. 313.

kauert"[208], aus derselben Urlandschaft also, die Aschenbach sah, als ein „längst entwöhntes Gefühl", der „Anfall" von Reiselust ihn überkam. In dieser Atmosphäre keimt in ihm die Neigung zu dem schönen Knaben Tadzio — Personifikation der Schönheit, der Kunst selbst — und steigert sich zu einer Leidenschaft, in deren „exotischen Ausschweifungen des Gefühls" das ganze Gefüge gesellschaftlicher Konventionen und kultureller Normen, dessen Repräsentant er war, sich lockert und schließlich zusammenbricht. Auf dem Höhepunkt dieser Krisis hat Aschenbach einen „furchtbaren Traum", in dessen archaischen Bildern sich dieselben Triebmächte materialisieren, dieselbe Ambivalenz von Grauen und Rausch herrscht und derselbe Rücksturz in ein vorweltartiges Chaos begegnet wie in Heyms Vision des Krieges. Das Wort, mit dem Aschenbach vorahnend seinen Traum benennt: „Der fremde Gott" — klingt, fast möchte man sagen: spielt auf die ersten Strophen des Gedichts ‚Der Krieg' an, denn auch in diesen wird die Erscheinung des Kriegsgottes „fremd" und „unbekannt" genannt. Wie in Heyms ‚Herbst' die schwarzzottigen Faune aus den Wäldern hervorbrechen und lärmend, den Thyrsusstab schwingend, „zu Tal" tanzen, wie in ‚Der Krieg' der schwarzhäuptige Kriegsgott „auf den Bergen" zum Schall der Schädelkette tanzt, dann seine Stange in die Feuerwälder haut und die Brandfackel in wilde Himmel dreht — so wälzt sich in Aschenbachs Traum vom „fremden Gott", der wie die Kriegsvision Heyms in eine Atmosphäre von Glut und Blut getaucht ist („qualmige Glut", Geruch von „Wunden und umlaufender Krankheit"), ein bacchantisch wütender Zug von der bewaldeten Höhe eines „Berglands" herab: „Menschen, Tiere, ein Schwarm, eine Rotte, — und überschwemmte die Halde mit Leibern, Flammen, Tumult und taumelndem Rundtanz."[209] Zum Lärm von Schellentrommeln schwingen Frauen „Fackelbrände", Knaben „umlaubte Stäbe", und „zottige" Männer schlagen „wütend auf die Pauken". Die urweltartige Traumlandschaft dieses Bacchanals ist dieselbe, von der es hieß, daß in ihrem Dickicht „der Tiger kauert", Rausch und Zerstörungswut feiern in ihr dasselbe „Fest", denselben „wüsten Triumph" wie in der Untergangslandschaft der Kriegsvision Heyms. „Groß war sein Abscheu", heißt es von dem Träumenden, „groß seine Furcht, redlich sein Wille, das Seine zu schützen gegen den Fremden, den Feind des gefaßten und würdigen Geistes." Aber „der Reigen des Gottes", von dem er meint, daß er „von außen" in seine Seele hereinbrach, ist von ihr selbst erzeugt und reißt ihn in den Taumel der Rasenden hinein: „Aber mit ihnen, in ihnen war der Träumende nun und dem fremden Gotte gehörig. Ja, sie waren

208 ebd. S. 379.
209 ebd. S. 384.

er selbst, als sie reißend und mordend sich auf die Tiere hinwarfen und dampfende Fetzen verschlangen, als auf zerwühltem Moosgrund grenzenlose Vermischung begann, dem Gotte zum Opfer. Und seine Seele kostete Unzucht und Raserei des Unterganges."[210] Was im Traume geschah, läßt „seine Existenz, die Kultur seines Lebens verheert, vernichtet zurück"[211], ihn selbst „kraftlos dem Dämon verfallen"[212] und schließlich auch leibhaft untergehen.

Heyms Weltuntergangsvision in ‚Der Krieg' und Aschenbachs Traum vom Untergang seiner geistigen Existenz und Kultur haben den archaischen Charakter und wesentliche Bildelemente gemeinsam, jedoch einen verschiedenen, ja entgegengesetzten Sinn. In der Erzählung hat das Archaische die Bedeutung des Regressiven, der Selbstpreisgabe, des Niederwerfens und Aufgebens von geistigem Widerstand — in dem Gedicht ist es, wie dargelegt, umgekehrt Ausdruck eines „brachliegenden Enthusiasmus", eines Widerstandes gegen lebenerstickende Normen und Konventionen, hat es die progressive Funktion sowohl des Protests gegen eine versachlichte Welt als auch der Aufdeckung ihrer katastrophischen Tendenz. Dennoch kommt die Bedeutung, die Aschenbachs Traum im Ganzen der Erzählung hat, mit dem Sinn der Kriegsvision Heyms wieder überein. Denn mit dem Untergangstraum und im Untergang Aschenbachs selbst als des Repräsentanten der bürgerlichen Gesellschaft und Kultur zu Beginn des 20. Jahrhunderts stellt Thomas Mann die Selbstauflösung derselben Welt dar, die in ‚Der Krieg' untergeht. Bei Heym hat die Darstellung ihres Unterganges vorwiegend den Aspekt einer spontan-revolutionären Kritik, bei Thomas Mann den der Selbstkritik. Es zeigt sich also auch an der letzten Endes verwandten Funktion des Archaischen in beiden Dichtungen wieder, daß das Mythische in der Dichtung Heyms einen bestimmten geschichtlichen Sinn hat, nicht zu einem vor-, ur- oder übergeschichtlichen Sein oder zu einer zeitlosen elementaren Ursprungsmacht verselbständigt werden darf.

Aus der Konfrontation der Ergebnisse verschiedener Interpretationsmethoden mit den Ergebnissen der durch sie veranlaßten Gegenproben geht hervor, daß diejenigen Analysen, die auf den gesellschaftlichen Gehalt der Dichtung Heyms nicht eingehen, den Charakter und Sinn ihrer Ausdrucksphänomene am meisten verfehlen, ja sogar — wie dies K. L. Schneiders Verfahren zeigte — sich in Widersprüche verwickeln, durch die sie selbst auf die Notwendigkeit hinweisen, den nicht gegangenen Weg einzuschlagen; daß aber diejenigen Interpretationen, die der geschichtlichen Aktualität der Dichtung Heyms nachgehen, ihrer Aufgabe am ehesten gerecht werden. So gibt

210 ebd. S. 385.
211 ebd. S. 383.
212 ebd. S. 385

Martinis Interpretation, die nachdrücklich die geschichtlich-gesellschaftlichen Bedingungen zur Sprache bringt, unter denen die Dichtung Heyms entstand, eine Formanalyse, die das Stilgesetzliche der von Joh. Pfeiffer kritisierten Phänomene erfaßt und nachweist, daß es sich bei der Primitivität des Strophenbaus, bei Häufungen, Wiederholungen, Parallelismen im bildhaftsprachlichen Ausdruck, bei der „Tendenz zum Plakathaft-Grellen in Farbe und Umriß"[213] usw. insgesamt um eine grundsätzliche Veränderung der lyrischen Sprache handelt, die nicht nach herkömmlichen ästhetischen Normen beurteilt werden kann, weil sie diese bewußt aufkündigt, wenn auch Martinis Gehaltsinterpretation mit der ahistorischen irrationalistischen Umdeutung des Mythischen bei Heym in ein zeitloses Sein, ins „Dämonisch-Elementare" sich als verfehlt erwies. Diese seit Ferd. Jos. Schneider sich zäh behauptende vitalistische These — Martini spricht von einem „dämonischen Panvitalismus" Heyms — konnte zuerst durch Werner Kohlschmidts Aufsatz ‚Der deutsche Frühexpressionismus im Werke Georg Heyms und Georg Trakls'[214] revidiert werden, und zwar deshalb, weil er dem gesellschaftlichen Gehalt der Dichtung Heyms in ihrer Formensprache selbst nachfragte, nicht nur ihren zeitgeschichtlichen Hintergrund skizzierte. Im Zusammenhang mit der Interpretation dreier Gedichte Heyms weist Kohlschmidt nach, daß sich Heyms „Gegenbürgerlichkeit"[215] außer im Inhaltlichen seiner Dichtung, ihren Großstadtmotiven, der Thematik der modernen Industrielandschaft usw., auch in einer „Entbürgerlichung" ihres sprachlichbildhaften Ausdrucks niederschlägt: in der Spannung zwischen konventionellen Formschemata und ihnen unangemessenen, sie „transzendierenden" Inhalten; in ihrem parodierenden Kontrafakturverhältnis zur symbolistischen Lyrik[216]; in ihrer Aufhebung sowohl des naturalistischen wie des symbolistischen Stils; in ihrer desillusionierenden Abwandlung des traditionellen lyrischen Mond-Motivs. Im Gegensatz zur lebensphilosophischen Verabsolutierung des Mythischen in der Dichtung Heyms stellt Kohlschmidt fest, daß in ihr Kosmos, Natur und Mensch „entmythisiert" sind, daß die Welt, die sich in ihr spiegelt, keinen Sinnzusammenhang mehr hat, weder den einst von Mythen noch den von idealistischen Philosophien gestifteten, daß sie eine „zerfallene Welt" ist. Mit diesen Interpretationsergebnissen ist eine Einsicht in den Sinn der Formen- und Bildersprache Heyms gewonnen, von der nicht mehr abgewichen werden kann. Es bleibt nur die allerdings über den Rahmen dieses Aufsatzes hinausgehende Frage offen, ob

---

213 Pfeiffer, a. a. O., S. 119.
214 in: Orbis litterarum, T. IX, F. 1/2, Kopenhagen 1954, über Heym, F. 1, S. 3—17.
215 ebd. S. 4, 5, 8, 11, 15, 16.
216 Vgl. hierzu auch o. S. 24 f. und u. S. 229 f., 250 ff., 309 ff.

und in welchem Sinn unter der zutreffenden Voraussetzung einer radikalen „Entmythisierung" von Kosmos, Natur, Mensch noch vom „Mythischen" in der Dichtung Heyms gesprochen werden kann. Kohlschmidt selbst spricht einerseits von „Entmythisierung"[217], andererseits aber auch von der „mythischen Größe" dessen, was Heym darstelle: „Das Mythische ist der Qual, dem Leiden, der Angst abgezwungen. Es stellt sich keineswegs als leichte Lösung ein."[218] Was ist dieses „Mythische" im Gegensatz zu jener „Entmythisierung"? Was der Begriff bezeichnen soll, bleibt dunkel. Wo es sich aber andeutet, erhält er einen Sinn, der dem Sinn der Phänomene, die er charakterisieren soll, nicht entspricht. Der Begriff „mythisch" taucht nur in Kohlschmidts Interpretation des Gedichts ‚Berlin I' auf, wird dann aber umschrieben durch „visionäres Pathos"[219],„pathetische Größe" für „mythische Größe"[220], „Innerlichkeit visionärer Bilder"[221]; auch die Bezeichnung „Welt des Nur-Seins" für die Welt der Toten umschreibt ihn[222].

BERLIN I

Beteerte Fässer rollten von den Schwellen
Der dunklen Speicher auf die hohen Kähne.
Die Schlepper zogen an. Des Rauches Mähne
Hing rußig nieder auf die öligen Wellen.

Zwei Dampfer kamen mit Musikkapellen.
Den Schornstein kappten sie am Brückenbogen.
Rauch, Ruß, Gestank lag auf den schmutzigen Wogen
Der Gerbereien mit den braunen Fellen.

In allen Brücken, drunter uns die Zille
Hindurchgebracht, ertönten die Signale
Gleichwie in Trommeln wachsend in der Stille.

Wir ließen los und trieben im Kanale
An Gärten langsam hin. In dem Idylle
Sahn wir der Riesenschlote Nachtfanale.

Während dieses Gedicht nach Ferd. Jos. Schneider eine realistische Milieuschilderung[223], ein „ruhig gesehenes" naturalistisches Städtebild[224] sein

---

217 Kohlschmidt, a. a. O., S. 11, 15 ff.
218 ebd. S. 8.
219 ebd.
220 ebd. S. 9.
221 ebd. S. 17.
222 ebd. S. 15.
223 F. J. Schneider, a. a. O., S. 30.
224 ebd. S. 91.

sollte, zeigt Kohlschmidt, daß es den Naturalismus hinter sich gelassen hat, und zwar durch ein Pathos, das über eine rein sachliche, deskriptive Wiedergabe der Realität hinausgeht: in der Spannung zwischen der klassischen Sonettform und dem ihrem gehobenen Stilcharakter nicht gemäßen stofflichen Inhalt der Großstadtwirklichkeit; in der Spannung zwischen naturalistischen Sprach- und Bildelementen (*Fässer, Schlepper, Zille, rollen, kappen* usw.) und nicht-naturalistischen: „des Rauches Mähne", „Signale / Gleichwie in Trommeln wachsend in der Stille", „der Riesenschlote Nachtfanale"; in der Spannung zwischen den in den Quatrains vorherrschenden naturalistischen Elementen und den die Terzette beherrschenden pathetischen Metaphern; schließlich im schroffen Kontrast zwischen „Idyll" und „Nachtfanalen" von Riesenschloten. Diese treffend herausgehobenen Spannungsmomente legt Kohlschmidt nun so aus: Das Gedicht habe „eine naturalistische und eine idealistisch pathetische Seite"[225]. Jene zeige es in den realistischen und alltagssprachlichen Elementen, diese in den Metaphern für Rauch, Signale und Schlote. Beide Seiten „lösen einander ab, so daß die sachliche Schilderung, die die Vierzeiler beherrscht, in den Terzinen ersetzt wird durch eine pittoreske Spannung zwischen Idyll ... und dämonisierter Industrielandschaft"[226]. Die Metapher „des Rauches Mähne" habe zwar keine idealistische, sondern eine dämonisierende Funktion, „die den Grad des Leidens und der Unruhe verrät", aber mit der dem „Idyll" kontrastierten Schlußmetapher „der Riesenschlote Nachtfanale" bekomme die Industrielandschaft „summarische und gigantische Züge" und werde damit „gefeiert in der Kategorie der Größe, die sie repräsentiert"[227]. Diese „gefeierte" Größe meint Kohlschmidt mit der „mythischen Größe", die Heym der hier dargestellten Wirklichkeit verleihe, und mit dem „Mythischen", das „der Qual, dem Leiden, der Angst abgezwungen" sei, sich „keineswegs als leichte Lösung" einstelle.

Wie die Ausdrücke „feiern" und „Lösung" — wenn auch „keineswegs leichte" — besagen, hat nach Kohlschmidt das „Mythische" in diesem Gedicht und — wenn es als „visionäres Pathos" oder „Innerlichkeit der visionären Bilder" umschrieben wird — bei Heym überhaupt einen positiven, idealistischen Charakter. Als „idealistisch pathetisch" charakterisiert Kohlschmidt ja auch die Metaphern des Gedichts, mit Ausnahme von „des Rauches Mähne". Von den „Signalen / Gleichwie in Trommeln wachsend in der Stille" ist allerdings beim Übergang der Interpretation zur Deutung des Schlußbildes als einer Metapher, die der Industrielandschaft gigantische

225 Kohlschmidt, a. a. O., S. 7.
226 ebd.
227 ebd.

Züge verleihe, um sie „in der Kategorie der Größe" zu „feiern", nicht mehr die Rede. — Hat nun die mythisierende Schlußmetapher „der Riesenschlote Nachtfanale" wirklich den ihr zugeschriebenen idealistisch pathetischen Charakter, den affirmativen Sinn, die Industrielandschaft in ihrer Größe zu „feiern", d. h. zu verklären? — „Fanale" sind Brandfackeln, Feuerzeichen, die Aufruhr bedeuten, gewaltsame Umwälzungen, Krieg oder Revolution ankündigen. Auch der Kriegsgott in ‚Der Krieg' schwingt eine Brand-fackel (76, 3 f), und in ‚Sehnsucht nach Paris' wird in Erinnerung an die Französische Revolution die „blutig" aufgehende Sonne mit einem „Sturm-fanal" verglichen (D 154, 2). Die Metapher „Nachtfanale" hat ohnehin den Charakter des Drohenden, da „Nacht" auf Chaos und Untergang deutet. Immer sind es die *nächtlichen* Städte, die in der Dichtung Heyms, in ‚Der Gott der Stadt', ‚Die Dämonen der Städte', ‚Der Krieg', ‚Die Nacht' (D 194) usw., von Weltuntergangsbränden zerstört werden, und in dem Groß-stadtgedicht ‚Der Winter' heißt es allgemein: „Und jede Nacht ist blutig-rot und dunkel." (D 110,1) Die „Nachtfanale", als letztes Reimwort des Gedichts mit besonderem Nachdruck versehen, sind in nuce bereits das Weltuntergangsfeuer, das in den mythologisierenden Großstadtgedichten Heyms die Welt der Städte zerstört. Auch die ihnen metaphorisch gleich-gesetzten Riesenschlote selbst haben diesen Charakter des unheimlich Drohenden, nämlich des riesenhaft Übermächtigen, gegen das es keinen Widerstand gibt, wie es dann der riesenhafte feuerschleudernde „Gott der Stadt" oder der riesige feuerschürende „Köhlerknecht" Krieg repräsentieren. Die „gigantischen Züge", die der Industrielandschaft verliehen werden, sind die einer unheimlich, übermächtig drohenden Gewalt, weil die Meta-phern des Schlußbildes die Schlote dreifach mythologisieren: zu „Riesen", zu Aufruhr bedeutenden „Fanalen" und zu Untergang verheißenden „Nacht"-Fanalen. Im Kontrast zum „Idyll" erscheinen sie daher nicht nur „pittoresk", sondern das Idyll bedrohend. Sowohl für sich genommen wie in seinem Kontrastverhältnis zum „Idyll" ist das Bild „der Riesenschlote Nachtfanale" ebensowenig idealistisch, genauso dämonisierend wie die Metapher „des Rauches Mähne", und zwar im höchsten Grad.

Sie ist es vor allem aber im Funktionszusammenhang mit den übrigen Bildern und Metaphern des Gedichts. Denn sämtliche, auch die naturalisti-schen Bilder haben von Anfang an dieses dämonisierende Moment, das sich von Strophe zu Strophe steigert und die Schlußmetaphern hervortreibt. Schon das scheinbar sachlich beschreibende Eingangsbild enthält Ausdrucks-elemente, die Unheimliches ankündigen. „Beteerte" Fässer sind schwarze Fässer, und sie rollen aus „dunklen" Speichern. „Dunkel" und „beteert" ver-stärken sich wechselseitig zu jenem Heym eigentümlichen metaphorischen

Schwarz, von dem Kohlschmidt sagt, es „verdichtet in sich die Rolle des Verhängnisses geballter Drohung"[228]. Solches Schwarz taucht im Zusammenhang mit „Speichern" auch in ‚Die Tote im Wasser' auf, wo Masten „schwarz wie Schlacke" ragen und das Wasser „tot zu Speichern stiert, die morsch und in Verfall" (D 21,1). Ferner können auch die „hohen Kähne" nur als schwarze, „beteerte" Frachtkähne vorgestellt werden, analog den „schwarzen Kähnen" in ‚Sehnsucht nach Paris' (D 154,2). Dann wird Schwarz wieder durch „Rauch" und „Ruß" evoziert. All diese dicht aufeinander folgenden, teils ausdrücklichen, teils unausdrücklichen Wiederholungen (*beteert, dunkel, Kähne, Rauch, rußig, Rauch, Ruß*) haben bereits dieselbe expressive Funktion wie die obstinate Wiederholung bestimmter Farbmetaphern in ‚Die Tote im Wasser' (Weiß), ‚Der Krieg' (Schwarz), ‚Die Irren III' (Rot)[229] usw. Die ständige Evokation von Schwarz oder Dunkel deutet auf die *Nacht*fanale vor. Das erste und das letzte Wort, das Anfangs- und das Schlußbild des Gedichts stehen unausgesetzt in geheimer Korrespondenz. Ein weiteres Ausdrucksmoment, durch das die scheinbar naturalistischen Bilder mit dem mythisierenden Schlußbild der „Riesenschlote" und der „Nachtfanale" in Beziehung stehen, ist die metaphorische Überdimensionierung des real Gegenständlichen. Schon die „hohen Kähne" erscheinen überdimensioniert, da es sich realiter um flache Flußfahrzeuge, Spreekähne, handelt (Str. 3 *Zille*). Die Metapher „des Rauches Mähne" überdimensioniert eine real vorstellbare Mähne zu der eines riesigen Tieres. Die Trommeln, mit denen die Brücken verglichen werden, sind riesige Trommeln. Solche Vergleichsbilder überdimensionieren indirekt auch das Verglichene, Gegenständliche: Rauch und Brücken. Wie das farbmetaphorische Ausdrucksmoment in den naturalistischen Bildern auf die *Nacht*fanale hinzielt, so das der Überdimensionierung auf die *Riesen*schlote. Das Gesamtbild der Industrielandschaft hat also von Anfang an und in allen seinen Elementen die Züge des Ungeheuren im Sinne des Unheimlichen und Übermächtigen, d. h. Dämonischen. Im mythisierenden Schlußbild „der Riesenschlote Nachtfanale" steigern und verdichten sie sich. Sie treten aber bei der scheinbar naturalistischen Wiedergabe der Realität auch schon in a u s d r ü c k l i c h dämonisierenden Metaphern deutlich hervor. Eine solche ist, auch nach Kohlschmidt, „des Rauches Mähne". Indem sie den Rauch mit einer riesigen Mähne vergleicht, vergleicht sie indirekt die Schlepper mit ungeheuren Tieren. Von der grundsätzlich dämonisierenden Funktion des Tiervergleichs in der Bildersprache Heyms wird noch zu sprechen sein. Ein Muster dafür ist „der Züge schwarze Lunge", die Rauchwolken ausstößt (D 10,1 Die Züge). Die Metapher „des Rauches Mähne"

228 Kohlschmidt, a. a. O., S. 14.
229 s. o. S. 44 f.

verwandelt die Schlepper in ebensolche Ungeheuer, wie es Eisenbahnzüge mit „schwarzer Lunge" sind. — Die fortwährende und zunehmende Verfremdung des dinglich Gegenständlichen in drohend Unheimliches vollzieht sich ferner in Bildkonstrasten. Den Schleppern mit „des Rauches Mähne" stehen in der nächsten Strophe zwei Dampfer „mit Musikkapellen" gegenüber. Im Gegensatz aber zu diesem Bild des fröhlichen Lebens steht das unmittelbar anschließende „Kappen" der Schornsteine „am Brückenbogen". Schon der Ausdruck „kappen", etymologisch = *abschneiden, abhauen* (frz. *couper*), d. h. soviel wie *köpfen* für das Schrägstellen der Schornsteine ist nicht mehr deskriptiv naturalistisch, sondern eine metaphorische Negation dessen, was die Dampfer „mit Musikkapellen" bedeuten: fröhliches Leben, Ausflugsidyllik als Betrieb. Die Brücken, vor denen die Dampfer den Schornstein „kappen", repräsentieren die Industrielandschaft, wie aus dem Gesamtbild der folgenden Strophe (s. u.) sowie aus der analogen Rolle der „Brücken" in anderen Großstadtgedichten Heyms hervorgeht: die „Dämonen" der Städte „lehnen schwer auf einer Brückenwand" (D 18,6), und die Industriestädte, an denen Heyms Ophelia vorbeitreibt, charakterisiert „Last schwerer Brücken, die darüber ziehn / Wie Ketten auf dem Strom, und harter Bann."[230] Das „Kappen" der Schornsteine „am Brückenbogen" steht als Bild für die Übermacht der Industrielandschaft und ihre Gleichgültigkeit gegenüber dem fröhlichen Treiben und der Idyllik der Ausflugsdampfer. Während diese vor den Großstadtbrücken die Schornsteine „kappen", überragen die Schornsteine der Industrielandschaft im Schlußbild als „Riesenschlote" mit drohenden „Nachtfanalen" das „Idyll", aus dem die Dampfer kommen. Jedesmal wird das „Idyll" (Str. 2 *Musikkapellen*, Str. 4 *Gärten*) sowohl durch das vorausgehende Kontrastbild (Str. 2 *Schlepper*, Str. 4 *Signale*) wie durch das nachfolgende (Str. 2 *Brückenbogen*, Str. 4 *Riesenschlote*) in Frage gestellt, ist es eingeklemmt zwischen die es bedrohende, erdrückende Übermacht der Industrie-

---

230 D 58,3 Ophelia II. Das Gedicht ist eine Variation zu Rimbauds ‚Ophélie'. Über das Verhältnis Heyms zu Rimbaud s. u. S. 174 f. u. 361 f. Da Heym Motive, Bilder und Metaphern Rimbauds übernommen und abgewandelt hat, ist daran zu erinnern, daß in ‚Bateau ivre' und ‚Illuminations' an exponierter Stelle die Welt der Städte durch „Brücken" charakterisiert wird. K. L. Ammer, in dessen Übertragungen Heym und Trakl die Dichtung Rimbauds kennenlernten, gab das Schlußbild von ‚Bateau ivre': *Ni nager sous les yeux horribles des pontons* mit dem Vers wieder: *und die hohlen Brücken erdrücken mich fast* (Arthur Rimbaud, Leben und Dichtung, Leipzig 1907, S. 187). Die Ausgabe schließt mit dem Stück ‚Graue Himmel von Kristall' aus ‚Illuminations', wo das Bild *bizarrer* und *beladener Brücken (chargés)* auftaucht. Den *schrecklichen* und *beladenen* Brücken bei Rimbaud entspricht „Last schwerer Brücken . . . und harter Bann" in Heyms ‚Ophelia II'. Zum Bildmotiv der *Brücken* bei Heym vgl. a. 194,2 Die Nacht: „Aber die Brücken fallen über dem Schlunde . . ." und 105,3 Halber Schlaf:

> Etwas will über die Brücken,
> Es scharret mit Hufen krumm,
> Die Sterne erschraken so weiß.

welt. Der Gegensatz des „Kappens" der Schornsteine „am Brückenbogen" zu den „Musikkapellen" wird durch das anschließende Bild gesteigert:

> Rauch, Ruß, Gestank lag auf den schmutzigen Wogen
> Der Gerbereien mit den braunen Fellen.

Wieder die scheinbar sachlich beschreibende, naturalistische Wiedergabe eines Stücks Industrielandschaft. Wiederum aber enthält das Bild Ausdrucks- und Bedeutungsmomente, durch die es über eine bloße Beschreibung hinausgeht. Zunächst in *Rauch, Ruß, Gestank, schmutzig* die Häufung und Steigerung von Häßlichem und Abstoßendem, und zwar im Bild- und Sinnzusammenhang mit den als Reimwort des ersten Verses hervorgehobenen „Musikkapellen", d. h. auf diese sich als Kontrast direkt, z. T. sogar ursächlich (Kappen der Schornsteine) beziehend. Dann das Bild der „braunen Felle". Obgleich es sich um tote Häute, das sogenannte Material der Gerbereien handelt, erinnert sowohl der Ausdruck „Felle" wie das Farbwort „braun" an lebendige, lebendig gewesene Tiere. Analogien zu solchem Braun sind die *braun* glänzenden Rücken der Faune in ‚Herbst' (D 49,6) und „Freude laut / Der *braunen* schlanken Leiber" in ‚Autumnus' (D 145,1). Zwar hat *braun* bei Heym, und besonders in den späteren Gedichten, auch den Charakter einer Verfallsfarbe:

> Wir wurden langsam *braun von Zeit und Rost* ...   (163,1 Der Galgenberg)
>
> Und die Pappeln sausen über die Himmel,
> *Braun mit den Köpfen,* die Wind verbiegt.   (180,3 November)
>
> Und *brauner Tod* hat jede Frucht ergriffen.   (183,2 Mitte des Winters)

Aber selbst als Verfallsfarbe bezeichnet es mit dem Verderben zugleich das Lebendige, das verdirbt oder verdarb *(Wir, Pappeln, Frucht).* Diesen gebrochenen Charakter haben auch die „braunen" Felle im Bildzusammenhang mit *Rauch, Ruß, Gestank* und *schmutzigen Wogen der Gerbereien.* Ebenso gemahnt der Ausdruck „Felle" — mehr als etwa „Häute" — noch an die lebendigen Tiere. Zum Bildcharakter der „braunen Felle" ist zu vergleichen, wie emphatisch die Jugendstilallegorie ‚Herbst' wiederholt die Felle der Faune beschreibt:

> *Der Lenden Felle* schüttern von dem Sturze,
> Die weiß und schwarz wie Ziegenvließ gefleckt.
> ·
>
> Der Paian tönt in die besonnten Marken,
> Der Brustkorb bläht *mit zottig schwarzer Haut.*
> ·
>
> · · · · · · *Ihr Rücken glänzt* vom Baden
> *Wie Leder braun* und wie von Öl genäßt.   (D 49,2–3 u. 6)

Hier sind die Felle, und besonders die Haut „wie Leder braun", ein Bild ungebrochenen Lebens. Die „braunen Felle" hingegen, die in den Gerbereien zu Leder verarbeitet werden, deuten gerade dadurch, daß sie noch an Lebendiges erinnern, auf die Gewaltsamkeit der massenhaften industriellen Verwandlung von Lebendigem in Totes, Dingliches, Ware. Gleichzeitig hat das Bild der „Gerbereien *mit* den braunen Fellen" einen nicht ganz geheuren, halb metaphorischen Charakter. In ihm ist angelegt, was das dämonisierende Vergleichsbild ausdrückt, mit dem in ‚Die Stadt der Qual' die personifizierte Stadt von sich selbst sagt: „*Ewig Dunkelheit / Hängt über mir wie eines Tieres Haut.*" (D 93,1 f.) Die Bilder, die auf „Dampfer . . . mit Musikkapellen" folgen, stehen also in schroffem Gegensatz zu deren „Musik". Der Kontrast hat den Sinn, unrhetorisch, durch bloßes Aufzeigen von Häßlichem, Abstoßendem, Gewaltsamem und Unheimlichem die Nichtigkeit und Ahnungslosigkeit dieser Musik zu enthüllen, wie dies z. B. auch mit der Musik der Karusselle in dem etwa gleichzeitig entstandenen Gedicht ‚Wo eben rauschten noch die Karusselle' (D 147) und exemplarisch in ‚Fröhlichkeit' (D 106) geschieht. — Das anschließende Gesamtbild der ersten Terzine verstärkt diesen Kontrast, indem es der ahnungslosen Fröhlichkeit der „Musikkapellen" die alarmierenden, in „allen" Brücken ertönenden „Signale / Gleichwie in Trommeln wachsend in der Stille" entgegensetzt. Kein Zweifel, daß die metaphorischen Elemente dieses Bildes eine ausgesprochen dämonisierende Funktion haben. Losgelöst von den Schiffssirenen, sind die „Signale" metaphorisch zu *Signalen überhaupt* verselbständigt. Die „Stille", in der sie ertönen, ist keine wirkliche Stille, denn alle vorausgehenden Bilder evozieren Geräusche (Industrielärm, Musik). Es ist die befremdende, paradoxe Stille, die ein alle Geräusche übertönendes, sie verstummen machendes Geheul erst erzeugt, indem es ertönt — eine unwirkliche und unheimliche Stille, weil in ihr nichts anderes als alarmierende Signale zu vernehmen sind. Das Befremdende und Drohende dieser Stille wird metaphorisch noch gesteigert durch den vorangestellten Vergleich „aller" Brücken mit riesigen Trommeln – als ertönten die Signale im Hohlen[231]. Den metaphorischen Charakter des Hohlen haben aber auch bereits die dem Vergleichsbild „Trommeln" entsprechenden, wenn auch real gegenständlichen Bilder der rollenden „Fässer", der „dunklen Speicher" und der „hohen Kähne". Komplement der Metaphorik des Hohlen, Höhlenhaften, Dunklen sind die dämonisierenden Tiermetaphern. Die Signale „Gleichwie in Trommeln wachsend in der Stille" kündigen demnach — analog den „im Hohlen bellenden" Hunden in ‚Die Städte' (D 92,1) — Unheil an: den drohenden Untergang einer unter der

---

231 Vgl. a. die „hohlen Brücken" in der Rimbaud-Übertragung K. L. Ammers.

Oberfläche geräuschvoller Betriebsamkeit hohlen Welt[232]. Die „Stille", in der sie ertönen, den Lärm der Industriestadt zum Verstummen bringend, indem sie selber ihn steigern und in Alarm (Trommeln) umschlagen lassen, hat metaphorisch bereits denselben Spannungscharakter wie das „Es wird still" in den ersten Strophen von ‚Der Krieg', wo der „Abendlärm der Städte" verstummt, „der Märkte runder Wirbel stockt" und in dieser Stille dann der Kriegsgott zu tanzen anfängt, „schreit" und die Schädelkette „schallen" läßt. Das Bild der in „allen" Brücken ertönenden „Signale / Gleichwie in Trommeln wachsend in der Stille" ist eine dämonisierende Metapher par excellence.

Im Funktions- und Sinnzusammenhang mit sämtlichen Bildern und Metaphern des Gedichts, nach dem Analogie-, Kontrast- und Steigerungsverhältnis, in dem sie zueinander stehen und in dem ihre dämonisierende Funktion immer deutlicher zum Vorschein kommt, k a n n das metaphorisch mythisierende Schlußbild „der Riesenschlote Nachtfanale" gar keine andere als ebenfalls eine dämonisierende Funktion haben. In ihm gipfelt der ganze Vorgang der fortschreitenden Verfremdung der Realität ins Unheimliche, ihrer Verwandlung ins „Mythische", d. h. hier ins rätselhaft Drohende, zwingend Übermächtige und blind Wirkende, der sich in dem Gedicht abspielt. Es „feiert" nicht, verklärt nicht die „Größe" der Industrielandschaft, sondern enthüllt das unheimliche, zum Katastrophischen tendierende Wesen dessen, was in ihr erscheint. Weder für sich genommen noch im Funktions- und Sinnganzen des Gedichts hat also das „Mythische" hier und bei Heym überhaupt den idealistischen Sinn, den Kohlschmidt ihm zuschreibt. Es stellt sich nicht als positive, dem Leiden an der Realität abgezwungene „Lösung" ein, sondern ist Ausdruck dieses Leidens selber. Es entspringt auch nicht der „Innerlichkeit", dem „visionären Pathos" des ästhetischen Subjekts allein, sondern stellt das mythische Wesen dieser Realität selber dar, eine in deren Erscheinungen dunkel waltende Macht und blinde Zwangsläufigkeit. Gerade das Gedicht ‚Berlin I' deckt ja Schritt für Schritt an den Elementen der gegenständlichen Realität selbst deren „mythischen", d. h. unheimlichen, bedrohlichen Charakter auf, indem es Phänomene aus ihr herausgreift, in denen er sich verrät, und sie solchen kontrastiert, die über ihn hinwegtäuschen. Es hat nicht eine naturalistische und eine idealistisch pathetische

---

232 Zur Metaphorik des Hohlen, Höhlenhaften und der Höhle s. a. u. S. 97—105. Weitere Belege bei Eberhard A. W. Schulz, Das Problem des Menschen bei Georg Heym, masch. Diss. Kiel 1953, S. 72—89. Der rein ontologischen Deutung dieser Phänomene mit Hilfe lebens- und existenzphilosophischer Kategorien, wie sie Schulz versucht, widerspricht die Funktion der zuständigen Motive, Bilder und Metaphern im Formgefüge der Dichtung Heyms. Schulz verzichtet bewußt auf Formanalysen und betrachtet inhaltliche Elemente unter anthropologischem Gesichtspunkt. In dieser Methode liegt die Fehlerquelle seiner Deutungen. Aufschlußreich sind jedoch die zahlreichen Belege und Parallelen für charakteristische Motive Heyms.

Seite, die einander ablösen, so daß in den Terzinen die naturalistische durch die idealistische „ersetzt" würde[233], vielmehr holen die ausschließlich dämonisierenden, nicht idealisierenden Metaphern der Terzinen aus der dargestellten Wirklichkeit nur das heraus, was in ihrer scheinbar naturalistischen Wiedergabe bereits angelegt war, sich vordeutete und schrittweise zum Vorschein kam, d. h. sie „ersetzen" diese nicht, sondern sind selber durch sie hindurch vermittelt. Weil das Mythische in der Dichtung Heyms das mythische Wesen d. i. das Unwesen der Realität selber enthüllt, ist die dichterische Mythologie Heyms im Grunde realistisch und hat sie eine bedeutendere, freilich nicht mit einer politischen Tendenz zu verwechselnde gesellschaftskritische Funktion, als ihr Kohlschmidt konsequenterweise zugestehen kann[234].

Daß sich gegenüber der in dem Gedicht dargestellten Wirklichkeit Idealismus nicht behaupten kann, zeigt sich außerdem in der Abwandlung, die das einst idealistische Motiv der Kahnfahrt und das mit ihr verbundene des locus amoenus in ‚Berlin I' erfährt. In der Lyrik des 18. Jahrhunderts versinnbildlichte die gemeinsame Kahnfahrt von Liebenden oder Freunden die persönliche Verbundenheit einer solchen Gruppe, ihre Herauslösung aus überpersönlichen Verhältnissen und aus der Alltagswelt, die Utopie einer festlichen Vereinigung und eines glücklichen Lebens in einer idyllischen, heiter friedlichen Ideallandschaft, im ewigen Frühling einer zeitlosen, von der übrigen Welt abgeschlossenen Garten- oder Inselwelt[235]. Die Großstadtbilder der beiden Vierzeiler von ‚Berlin I' enthalten selbst noch keinen Hinweis auf eine solche Kahnfahrt, erst in der ersten Terzine ergibt sich indirekt, daß sie vom Kahn aus gesehen sind. Hier, erst gegen Ende, taucht das Motiv einer gemeinsamen Kahnfahrt auf. In einem Nebensatz heißt es: „drunter uns die Zille / Hindurchgebracht". Auch fahren die anonym bleibenden „Wir" nicht selbst, ihr Kahn ist an einen Schlepper angehängt (*Wir ließen los . . .*), und zuletzt „treiben" sie „langsam hin". Vom alten idealistischen Motiv der Kahnfahrt bleibt als ein wesentliches Element auch übrig, daß die Fahrenden sich aus der Alltags-, hier Großstadtwelt herauslösen wollen, sie verlassen und dem ländlichen „Idyll" einer Gartenwelt, einem locus amoenus, zustreben. Aber was ist aus dem idealistischen Motiv geworden: Nur beiläufig wird es eingeführt, beherrschend bleibt im ganzen die Großstadtwirklichkeit, nach der daher das Gedicht auch seinen Titel hat. Die Freundesgruppe bleibt unsichtbar und anonym, keine persönliche Ge-

---

233 Kohlschmidt, a. a. O., S. 7.
234 ebd. S. 8, oben.
235 Vgl. Bernhard Blume, Die Kahnfahrt, Ein Beitrag zur Motivgeschichte des 18. Jh., in: Euphorion Bd. 51, H. 4, S. 355—384, Heidelberg 1957.

fühlsbeziehung kommt zur Sprache, wie denn der Grundton des Gedichts trotz des in den beiden letzten Strophen auftauchenden „Wir" unpersönlich ist. Um überhaupt aus der Industriewelt der Millionenstadt herauszukommen, bedarf es eines industriellen Verkehrsmittels (Schlepper) und Verkehrsweges (Kanal). Schließlich ergibt sich, daß man diese Welt fliehen, ihr aber nicht entrinnen kann. Das Idyll der Gärten, an denen man „hintreibt", steht im Bann der Industriewelt. Die Kahnfahrt verläuft in umgekehrter Richtung wie in den idealistischen Varianten des Motivs: statt aus der Alltagswelt herauszuführen, führt sie tiefer in sie hinein. Im „Idyll" erscheint die Physiognomie der Industrielandschaft geschlossener und mächtiger als in den Einzelausschnitten der Alltagswelt. Im Schlußvers (*Sahn wir der Riesenschlote Nachtfanale.*) hat „sehen" nicht lediglich den Sinn optischen Wahrnehmens, sondern den Charakter erstaunten, erschreckten Betroffenseins, wie häufig bei Heym:

> . . . . *Wir sahen* in der Enge
> Unzählig: Menschenströme und Gedränge,
> *Und sahn* die Weltstadt fern im Abend ragen. (8,1 Berlin II)
> . . . . *Er sieht auf und schaut*
> Am Straßenende schwarz das Hochgericht. (31,3 Robespierre)
> *Er sieht sich um* voll Angst und *starrt herauf*
> Zum Kreis der Sterne, die dem dunklen Orte
> Schwach leuchten in der dumpfen Stunden Lauf. (167,5 Der Affe II,2)
> *Wir sahen* in den Lüften die Gerippe . . .
> *Wir sahn* im März des Erdgotts Häupter steigen
> Mit schwarzen Locken an des Landes Decke . . .
> *Wir sahn* die Dörfer leer von unsrem Berge . . .
> *Wir sahn* die Pest am Rand der Wälder stehen . . .
> *Wir sahen* nachts den Tod im Lande gehen . . . (162 f. Der Galgenberg)

Daß im Bildbestand von ‚Berlin I' die dinglichen Elemente der Industrielandschaft (*Fässer, Speicher, Kähne, Schlepper, Brücken, Schlote* usw.) eine bedeutendere Rolle spielen als die anonym figurierenden Menschen (*Dampfer mit Musikkapellen, Wir*), entspricht ganz der Verfremdung dieser Dingwelt durch dämonisierende Metaphern. Durch beides wird eine vom Menschen geschaffene Welt als eine ihm entfremdete, übermächtige und ihn bedrohende dargestellt.

Die Desiderata in den einander und z. T. sich selbst widersprechenden Ergebnissen, zu denen verschiedene Methoden bei der Interpretation der Bildersprache Heyms kamen, machten es notwendig, das völlige oder teilweise Versagen dieser Methoden an und aus ihrem Gegenstand selbst zu demonstrieren, das hieß, ihnen nicht in abstracto eine andere Methode gegenüberstellen, sondern sofort in die Interpretation der Dichtung Heyms selbst eintreten. Deren Methode ergab sich aus der Sache selbst, bestand in nichts anderem, als den Sinn der ästhetischen Phänomene aus ihnen selbst, aus dem Zusammenhang, in dem sie im einzelnen, in sich abgeschlossenen Gebilde stehen, und aus der Struktur des Gesamtwerks zu erschließen. Sie kann daher nicht auf einige positive Grundsätze gebracht werden, sondern sich nur negativ abgrenzen gegen Verfahrensweisen und Wertungsprinzipien, die von außen an die Phänomene der Dichtung Heyms herangetragen wurden. Im Unterschied zur ahistorischen Methode F. J. Schneiders, die vom Standpunkt einer vitalistischen Metaphysik das Mythische in der Dichtung Heyms zum zeitlosen Mythos verabsolutiert, weist sie seinen geschichtlich-gesellschaftlichen Ursprung und Sinngehalt aus der Dichtung selbst auf. Im Unterschied zu der ihrem Gegenstand transzendenten Methode Lukacs', die das „mythologisierende Verfahren" der expressionistischen Dichtung nach vorgefaßten geschichtsphilosophischen und soziologischen Kategorien summarisch als Ausdruck einer Fluchtideologie bewertet, verfährt sie immanent, erfragt den gesellschaftlichen Gehalt aus den Phänomenen selbst und gelangt dabei zu dem gegenteiligen Ergebnis, daß diese „Mythologie" ihrer Intention nach realistisch ist, realistischer als der von Lukacs vertretene Tendenzrealismus, der das wahre Wesen der Realität verhüllt, und daß sie keine soziale Ablenkungs-, sondern eine sozialkritische Enthüllungsfunktion hat. Im Unterschied zu K. L. Schneiders positivistischer Analyse isolierter Bildelemente, psychologischer Relativierung und standpunkthaft wertender, nicht nur klassifizierender Typologie ihrer metaphorischen Ausdruckscharaktere bestimmt sie den Charakter und erschließt sie den Sinn der ästhetischen Phänomene aus ihrer Funktion innerhalb des Gedicht- und Werkganzen. Im Unterschied zu Joh. Pfeiffers Kritik des sprachlich-bildhaften Ausdrucks Heyms in ‚Der Krieg' beurteilt sie diesen nicht nach den ihm inadäquaten Maßstäben eines überkommenen, durch die Entwicklung der modernen Kunst längs in Frage gestellten Schönheitskanons, sondern weist — wie es Martinis Analyse der Form und des Aufbaus desselben Gedichts tut — dessen Stilgesetzlichkeit, Charakter, Sinn und Recht ebenfalls aus der Struktur der ganzen Dichtung Heyms auf. Im Unterschied zu Martinis zwieschlächtigem Interpretationsverfahren, das einerseits auf die geschichtlich-gesellschaftlichen Entstehungsbedingungen der Dichtung Heyms eingeht und aus ihnen ihren sprachlich-bildhaften Ausdruck als eine geschichtliche Veränderung des lyrischen Idioms erfaßt, andererseits aber bei der Inhalts- und Gehaltsinterpretation das ästhetische Phänomen des Archaischen, Mythischen in ‚Der Krieg' wieder ungeschichtlich irrationalistisch zum zeitlosen Mythos, zum schlechthin „Dämonisch-Elementaren" verabsolutiert, fragt sie nach dem geschichtlich-gesellschaftlichen Sinn auch des Inhaltlichen, des Archaischen in Heyms Kriegsvision, und er erschließt sich aus der immanenten Analyse des Gedichts selbst, aus der historischen Genese seiner vitalistischen Elemente aus dem Jugendstil sowie aus dem traumsymbolischen Charakter der archaischen Bilder und wird bestätigt durch Heyms Selbstzeugnisse, durch die Abwandlung des Weltuntergangsmotivs in späteren Gedichten Heyms und durch den Vergleich mit verwandten archaisch-mythischen Motiven und deren Funktion in Thomas Manns ‚Tod in Venedig'. Wie Kohlschmidts Interpretationsverfahren sucht sie den gesellschaftlichen Gehalt der Dichtung Heyms in ihrer Formensprache und in ihrem bildhaft-metaphorischen Ausdruck, nicht nur in ihrer Thematik, geht es ihr bei der Interpretation nicht nur um das einzelne Gebilde, sondern um die Struktur und den Sinngehalt des Gesamtwerks, interpretiert sie deshalb vergleichend, geht sie ferner bei der Dechiffrierung des „Mythischen" von der Voraussetzung aus, daß diese Dichtung in einer entmythologisierten Welt entstanden ist, daß dem „Mythischen" in der Dichtung Heyms selbst eine radikale „Entmythisierung" von Kosmos, Natur, Mensch gegenübersteht — schließt jedoch an Kohlschmidts Interpretationsergebnisse die Frage an, deren Beantwortung für die Einsicht in den Sinn der ganzen Dichtung Heyms von zentraler Bedeutung ist: Wie kann vom „Mythischen" in der Dichtung Heyms unter der Voraussetzung einer gleichzeitigen radikalen „Entmythisierung" gesprochen werden, und wie verhält sich jenes „Mythische" zu dieser „Entmythisierung"? Die immanente und vergleichende Analyse und Interpretation des Gedichts ‚Berlin I' ergab, daß das Mythische in dessen dämonisierenden Metaphern nicht den idealistischen Sinn des „Feierns" hat, den Kohlschmidt ihm zuschreibt, vielmehr dieselbe demaskierende Funktion wie die ihm gegenüberstehende „Entmythisierung" von Kosmos, Natur, Mensch. „Positiv" kann diese Funktion nicht genannt werden im Sinne eines die Realität, wie sie ist, bestätigenden und verklärenden Feierns, sondern nur im Sinne einer positiven Negativität: der Zerstörung eines trügerischen Scheins und der Enthüllung des wahren, negativen Wesens dieser Realität. Andernfalls wird der gesellschaftskritische Sinn der dichterischen Mythologie Heyms in einen apologetischen umgebogen.

II. Begriff und Phänomen des Mythischen in der Dichtung Heyms

Der Begriff des Mythischen erhielt, ohne definiert zu werden, bei der Interpretation der Gedichte ‚Berlin I' und ‚Der Krieg' einen bestimmten Inhalt, indem er der Bezeichnung und Sinndeutung bestimmter ästhetischer Phänomene diente. Da er aber literarhistorisch häufig in einem weiten und vagen Sinn gebraucht wird, erscheint es geboten, genauer zu bestimmen, welche Phänomene in der Dichtung Heyms allgemein er bezeichnen soll und in welchem Sinn sie insgesamt eine dichterische Mythologie darstellen. Strenggenommen bezeichnen die vom griechischen mythein = sagen, erzählen[1] sich herschreibenden Begriffe „Mythos" und „mythisch" die vorrationale Anschauung von Natur, von Übernatürlichem, von Leben und Tod in Gestalt von Göttern, Halbgöttern, Heroen, Geistern, Dämonen, in deren Wirken und Schicksalen, oder auch in Bildern und Handlungen, die natürliche oder übernatürliche Mächte und Vorgänge bedeuten. Was in der Dichtung auch einer Zeit, deren Wirklichkeit und deren Denken dieser archaischen Anschauungswelt fernsteht, nach Inhalt oder Form ihr verwandt oder ähnlich erscheint, heiße „mythisch", wenn es sich auch der Imagination verdankt, eine ästhetische „Fiktion" ist, während ja der archaische Mythos die Wirklichkeit, die Lebensform der Menschen in Kulten, Sitten usw. bestimmte, also selbst Wirklichkeit hatte, mag er auch eine Widerspiegelung ihrer gesellschaftlichen Realität gewesen sein. Um welche Phänomene, die in diesem Sinn als „mythisch" bezeichnet werden können, handelt es sich nun in der Dichtung Heyms? Da die Verfremdung und Verwandlung der gegenständlichen Wirklichkeit ins „Mythische", wie ‚Berlin I' zeigt, sich auch in Formen vollzieht, die den Schein eines naturgetreuen Realismus wahren, kann die folgende Übersicht nur Phänomene offenkundig mythologischen Charakters erfassen. Dabei geht es zugleich um deren komplementäres oder gegensätzliches Verhältnis zueinander und um ihren Funktionswandel in der deutlich sich abzeichnenden Entwicklung der Ausdrucksformen Heyms. Ihre volle Bedeutung kann sich freilich erst in der eingehenden Analyse und ver-

---

1 Vgl. Aristoteles, Über die Dichtkunst, Philosophische Bibliothek, Bd. 1, Leipzig: Meiner 1921, Kap. IX, S. 19 f. und Kap. XVII, S. 34 f., wo Aristoteles auch von „selbst erfundenen" Mythen (Sagenstoffen) der Dichter spricht.

gleichenden Interpretation ganzer Gedichte im Zusammenhang bestimmter Motivkreise, Bild- und Metaphernkomplexe erschließen. Dazu sind auch die Erzählungen Heyms heranzuziehen.

1. Konventioneller mythologischer Apparat

Ein ganzer Bildbereich der Dichtung Heyms besteht aus Elementen der antiken Mythologie, vor allem der heidnischen, aber auch der biblischen. Da begegnen: Götter allgemein, der Gott des Meeres, Meergötter, der Gott des Lichtes, Ares, Phöbus, Kybele, Neptun, Aurore, Hermes, Luna, Hesperiden, Orpheus, Pythia, Styx, Phlegeton, Lethe, Dämonen, Faune, Dryaden, Korybanten, Tempel, Priester, Kulttänze, Stieropfer, Baal, Moloch, Simson, Gomorrha, Palmyra, Susa, Babylon, Delhi, die Vorstellung einer Unterwelt, eines Totenreichs, des Totenzugs, des Totenfloßes, die Sonne als Stier, Greife usw. Diese Bildschicht bezieht sich also ausdrücklich auf die archaisch mythische Anschauungswelt. Wo jedoch solche traditionellen mythologischen Motive und Elemente bei Heym auftauchen, fragt es sich in jedem einzelnen Fall, welche Bedeutung und Funktion sie im Bild- und Sinnzusammenhang eines Gedichts haben, oder wenn ein solches Motiv Gegenstand eines ganzen Gedichts ist, wie z. B. die Faune in ‚Herbst', welche Intention es mit dem mythologischen Motiv verfolgt. Die Faune in ‚Herbst' symbolisieren entsprechend der antiken Mythologie die rauschhafte Triebnatur des Lebens, aber mit der Schlußstrophe schlägt das ganze Gedicht in eine Allegorie der „Versagung" um. Am häufigsten finden sich diese traditionellen mythologischen Bilder in der Frühschicht der Lyrik Heyms, die nach Inhalt und Form dem Bereich des Jugendstils angehört und die antikisierende Tendenz mit ihm gemeinsam hat, die der indirekte, ästhetische Ausdruck einer Abkehr von der Realität der Gegenwart bedeutet, vollzogen auch im Zeichen der „neuen Tafeln" Nietzsche-Zarathustras. Die traditionellen antik-mythologischen Motive haben also im Jugendstil ihren historischen Index, sie erscheinen unter einem anderen Aspekt als etwa in der Klassik. Nur aus diesem kulturhistorischen Zusammenhang und seinem gesellschaftlichen Hintergrund ist die bedeutende Rolle und die Funktion der antiken Mythologie in der Frühphase der Lyrik Heyms zu verstehen. In dieser, und nur in dieser Gestalt hat das „Mythische" bei Heym den idealistischen Sinn des „Feierns", von dem Kohlschmidt spricht. — Je weniger aber das dichterische Subjekt dem Bann der gegenwärtigen Welt, den Mächten und Zwängen der industriellen Gesellschaft sich entziehen kann, umso mehr gibt es den Anspruch auf, ihr gegenüber eine zweite Welt, eine eigene ästhetische Idealwelt nach dem Modell der antiken Mythologie aufzubauen. Die Unvereinbarkeit beider Welten wird selbst zum Thema der Lyrik Heyms und schlägt sich in der Kontrastierung der antik-mythologischen Motive und Elemente des Jugendstils mit naturalistischen Bildern der industriellen Wirklichkeit nieder. Damit verfremdet sich der ganze konventionelle mythologische Apparat. Das vorher idealistisch gefeierte „Mythische" verfällt der Desillusionierung. Andererseits verfremdet sich in der Verschränkung und Entgegensetzung beider Elemente auch die Realität. Um ihr negatives Wesen anzuzeigen, wird sie mythologisiert, als unheimlich drohend oder bedroht dargestellt, d. h. dämonisiert. Während das Kontrastverhältnis mythologischer und naturalistischer Elemente die konventionelle Mythologie entmythologisiert, mythisiert es die Wirklichkeit in einem negativen Sinn. Diese veränderte Funktion hat das „Mythische", wenn z. B. in Großstadtgedichten *Faune* und *Korybanten* auftauchen. Von den „Dämonen der Städte" heißt es:

> Sie lehnen schwer auf einer Brückenwand
> Und stecken ihre Hände in den Schwarm
> Der Menschen aus, *wie Faune*, die am Rand
> Der Sümpfe bohren in den Schlamm den Arm.   (D 18,6)

Im ‚Gott der Stadt' wird der Großstadtlärm durch diesen Vergleich umschrieben:

> *Wie Korybanten-Tanz* dröhnt die Musik
> Der Millionen durch die Straßen laut.   (D 15,3)

In dem Gedicht ‚Die Tote im Wasser' treibt die Leiche im „Spülicht" des Großstadthafens, wird aber, ins Meer treibend, von „Neptun" gegrüßt[2]. Mitten in der Darstellung des Massensterbens in einem modernen „Fieberspital" taucht das antike mythologische Bild vom „Floß des Todes" auf, und der Fährmann schlägt ans „Barackentor"[3]. Aus ihrer Welt in eine ihr widersprechende versetzt, werden die antik-mythologischen Bilder gespenstisch. Die konventionellen mythologischen Elemente werden in einem antikonventionellen Sinn verwendet. Der Desillusionierungsprozeß, dem sie verfallen, schlägt schließlich in ihre Parodie um.[4]

2. Die Personifikation

Verwandschaft mit der vorrationalen, archaischen Anschauungswelt zeigt die Dichtung Heyms im Personifizieren von Naturerscheinungen und überpersönlichen Mächten durch Götter, Heroen, Riesen, Ungeheuer, Dämonen

2 D 22,1.
3 D 62,2.
4 s. o. S. 25 f. u. S. 230 f., 250 f., 313.

oder quasi-menschliche Gestalten. Soweit solche Personifikationen der Jugendstilschicht in der Bilderwelt Heyms angehören, verdankt sich das mythisierende Verfahren den übernommenen antiken mythologischen Motiven selbst. Dieses Gepräge haben: die antikisierende Personifikation des Tages als Licht- und Kriegsgott mit Rundschild, Helmbusch und Mantel[5] oder als sterbender „Titan" und „Göttersohn", der „die Rosse der Quadriga" führte[6]; der Faunsreigen als personifizierter Herbst; der sterbende Faun in dem gleichnamigen Gedicht[7]; oder eine Personifikation des Mondes wie diese:

> Den blutrot dort der Horizont gebiert,
> Der aus der Hölle großen Schlünden steigt,
> Sein Purpurhaupt mit Wolken schwarz verziert,
> Wie um der Götter Stirn Akanthus schweigt,
>
> Er setzt den großen goldnen Fuß voran
> Und spannt die breite Brust wie ein Athlet,
> Und wie ein Partherfürst zieht er bergan,
> Des Schläfe goldenes Gelock umweht.   (Mond, D 85,1 f.)

Der gleiche Typus mythologisierender Personifikationen begegnet auch in einer verstreuten Fülle einzelner Bilder und Metaphern:

> . . . . Von Tages Stirne sinkt
> Der Kranz des roten Laubes, da er trinkt,
> Zur Flut gekniet, von ihrem weißen Schein.   (Gegen Norden, D 46,3)
>
> . . . . Wo sich der Abend weich
> Das Götterhaupt mit blassen Kränzen ziert.   (Aus Thüringen, D 173,2)
>
> Des Abendgottes goldnes Augenlid.   (D 155,5 Sehnsucht nach Paris)
>
> . . . . Und goldener Abend träuft
> Sein Blut auf seine Stirn im bunten Laub.   (D 171,2 Tod des Pierrots)
>
> Und ferne steht, vom Mantel schwarz umflossen,
> Die hohe Nacht auf schattigem Kothurne.   (Der Abend, D 48,3)
>
> Wenn von den Bergen weit auf deinen Frieden
> Des stillen Herbstes großes Auge schaut.   (An das Meer, D 174,1)
>
> Wo Herbstes Leier süß in Einsamkeit
> Durch blauer Felder Sonnenschatten tönt . . .   (D 171,1)
>
> Auf allen Inseln steigt des Herbstes Wald
> Mit roten Häuptern in den Raum, den klaren.   (D 48,2 Der Abend)

5 D 53 f.
6 D 137 f.
7 D 108.

Dort aufwärts steigt der Wald in blauen Farben
Des Nachmittags. Sein breites grünes Haupt
Ist sanft gerundet in den blassen Himmel ...   (Antumnus, D 145,1)

Der alte Waldgott schläft im hohlen Baum. (Aus grüner Waldnacht,
D 143,4)

Personifikationen und personifizierende Metaphern dieser Art sind nach dem
Modell der antiken Mythologie gebildet und haben in ihrem die Naturerscheinungen — Tag, Abend, Nacht, Herbst, Wald usw. — verklärenden und
heroisierenden idealistischen Pathos durchweg Jugendstilcharakter. — Im
Desillusionierungsprozeß, in den nun die künstlich antike Idealwelt, bei
deren Aufbau das Verfahren mythologischen Personifizierens die wichtigste Rolle spielte, auf Grund der veränderten Stellung des ästhetischen Subjekts zur Realität der gegenwärtigen Welt hineingerissen wird, verändern
sich der Charakter und der Inhalt ihrer Mythologie, aber das personifizierende Verfahren wird beibehalten. Diente es zuvor einer vergöttlichenden
Überhöhung und Verklärung des Wirklichen, so dient es jetzt der Veranschaulichung der Übermacht einer dem Menschen fremden, ihn bedrohenden
Wirklichkeit und der Demaskierung ihres negativen, ungeheuerlichen Wesens. Die Personifikation vergöttlicht nicht mehr, sie dämonisiert. Dabei
verraten die Gestalten, durch die das übermächtige und drohend unheimliche Wesen der industriellen Wirklichkeit personifiziert wird, noch ihre Abkunft von den mythologischen Jugendstilpersonifikationen. Aus den Jugendstilfaunen werden Großstadtdämonen; aus der antikisierenden Personifikation des Tages als heroisch-kriegerischer Lichtgott, dessen Arm „wie eine
Feuersbrunst" aufragt, wird das feuerschleudernde Ungeheuer des Groß-
stadt-Baals und des weltbrandstiftenden Kriegsdämons; aus dem zwar
dämonisierten, aus Höllenschlünden emporsteigenden, aber zugleich heroi-
sierten Mond, dessen „Purpurhaupt" mit schwarzen Wolken „verziert" ist
„Wie um der Götter Stirn Akanthus schweigt", wird der bluthungrige
„Henker" Mond, der „in roter Tracht" vor dem „Block" der Wolken steht[8];
aus der „ferne" stehenden „hohen Nacht auf schattigem Kothurne" als
Personifikation des Abends wird ein Dunkel, das „auf schwarzer Hand
herankriecht"[9], usw. Aus dem Zusammenprall der Jugendstilantike mit der
Realität des Industriezeitalters gehen deformierte mythologische Ideal-
gestalten und eine mythologisch verwandelte, dämonisierte Wirklichkeit
hervor. Das ist die Genesis der expressiven Bildersprache in der Lyrik
Heyms.

8 D 156,1.
9 D 79,5.

Die Umformung der Jugendstilmythologie und die gleichzeitige Dämonisierung der Wirklichkeit in diesem Desillusionierungsprozeß werden besonders deutlich an der Abwandlung der antiken Motive des Totenzugs, der die Seelen der Abgeschiedenen personifiziert, und der Unterwelt als eines Totenreichs. In ,Schwarze Visionen'[10] wird der Zug der singenden Toten von *Hermes* in die Unterwelt hinabgestürzt und das Totenreich mit einer Fülle typischer Jugendstilbilder — *Lilienwälder, purpurnes Arom, goldne Winde, Silberstädte, der Tore Amethyst* usw. — als ein „sanftes Reich" der Schönheit beschrieben; in ,Die Wanderer'[11] aber ist es die „ungeheure schwarze Schlange" von Fabrikwolken, die einen Totenzug repräsentiert, die Toten bewegen sich fort „wie Maschinen schnell" und ziehen zu einem stürmischen „Ozean der Nacht", wo sie als Qualen „schnell wie Wolkenschatten" weiterziehen, nie Ruhe in einem „sanften Reich" finden werden.

Gegenstand eines ganzen Gedichts wie in ,Der Gott der Stadt', ,Die Dämonen der Städte' und ,Der Krieg' ist eine dämonisierende, die unheimliche Übermacht der industriellen Wirklichkeit veranschaulichende Personifikation auch in ,Die Stadt der Qual'[12]. Die Stadt wird hier nicht nur personifiziert, sondern spricht das ganze Gedicht selbst: „*Ich bin* in Wüsten eine große Stadt . . . Ewig Dunkelheit hängt über *mir* . . . Der Hunger warf Gerippe auf *mich* hin . . . Und gelbe Seuchen blies *ich* über mich . . . Altäre wurden prächtig *mir* gebaut und sanken . . . So saßen sie wie kleine Kinder nachts / In tauber Angst auf *meinem* großen Bauch." Und Aufruhr, Unheil, Zwang, Verblendung, Hunger, Sterben, Morden und Angst, von denen sie spricht, faßt sie in der Schlußstrophe in die Selbstdarstellung zusammen:

> Ich bin der Leib voll ausgehöhlter Qual.
> In meinen Achseln rotes Feuer hängt.
> Ich bäume mich und schreie manchmal laut,
> In schwarzer Himmel Grabe ausgerenkt. (D 94,2)

Ein wesentliches Element der dichterischen Mythologie Heyms sind die in zahlreichen Bildern und Metaphern begegnenden Personifikationen, die Gegenständlich-Wirkliches dämonisieren, um das negative, dem Menschen entfremdete und ihn bedrohende Wesen der industriezeitlichen Wirklichkeit zu veranschaulichen:

> . . . . ein *Kran* mit *Riesenarmen* dräut,
> Mit schwarzer *Stirn*, ein mächtiger *Tyrann*,
> Ein *Moloch*, drum die schwarzen Knechte knien. (Ophelia II, D 58,2 f.)

10 D 65—69.
11 D 189 f.
12 D 93 f.

Vom Abend glänzt der rote Bauch dem Baal,
Die großen Städte knien um ihn her.   (Der Gott der Stadt, D 15,2)

Und der sterbenden Städte
Schultern zuckten im Kampf.   (Die Nebelstädte, D 125,2)

Tote Straßen jagten mit grausamem Schwert.   (Die Städte, D 92,4)

Der Hunger warf Gerippe auf mich hin.   (Die Stadt der Qual, D 93,4)

Seebäume saßen geborsten im Mauergestrüpp.   (Die Meerstädte, D 90,3)

. . . . und riesige Monde
Steigen über die Dächer mit steifen Beinen.

. . . . Und Mauern, die alten,
Reißen die Tore auf wie zahnlose Munde . . .   (Die Nacht, D 194,2/3)

Die Krankheiten alle, dünne Marionetten,
Spazieren in den Gängen.   (Das Fieberspital, D 60,1)

Und hinter ihnen kichern die Laternen,
Die schnell in trübe Nächte sich entfernen.   (Nacht III, D 111,5)

Die sonderbaren Häuser gehen fort.   (Die Nacht, D 139,1)

Der Abend steht am Rand, die schwarze Fahne
Trägt seine Faust. Er senkt sie vor dem Zug.   (Die Wanderer, 190,1)

Und eine Mühle faßt der Sonne Haar
Und wirbelt ihren Kopf von Hand zu Hand
Auf schwarze Au, der langsam sinkt, voll Blut. (Printemps, D 144,4)

Noch intensiver dämonisiert die Personifikation, wenn sie das rätselhaft zwangvolle und unheimlich drohende Wesen der Wirklichkeit nicht durch Gestalten wie die des Gottes der Stadt, des Kriegsdämons, des Krans und der Mühle als Riesen usw., sondern nur unbestimmt und stückhaft verkörpert, durch Fäuste oder Arme und Hände, die aus dem Dunkel greifen, Augen, die aus den Dingen starren, oder Stimmen, die aus ihnen reden:

. . . . Dann wäscht mit Eis
Ihm eine Hand das heiße Speiserohr.
. . . .

Ein schwarzes Loch gähnt, draus die Kälte stiert.
Er fällt hinab und fühlt noch, wie der Schreck
Mit Eisenfäusten seine Gurgel schnürt.   (Der Hunger, D 12,2 und 4)

Der Geißeln Hyder bäumt in hoher Faust.   (Die Stadt der Qual, D 93,3)

. . . . In ihrem Rücken klaffen
Des Schrecks Froschfinger, wenn sie rückwärts fällt.
                                               (Die Dämonen der Städte, D 19,5)

Dann gähnt in ihrem Rücken schwarz ein Spalt,
Und aus der weißgetünchten Mauerwand
Streckt sich ein Arm. Um ihre Kehle ballt
Sich langsam *eine harte Knochenhand.*   (Das Fieberspital, D 60,6)

Sie fühlen *Hammerschlag* in ihrer Stirn,
Und *große Nägel spitz in Geierklauen,*
Die langsam treiben tief in ihr Gehirn.   (Die Irren II, D 97,5)

Aber die *Blitze* zerrissen mit *wilden und roten*
Augen die Nacht, die Öde der Säle zu hellen, . . .   (Die Nacht, 102,4)

Und *tausend Fenster* stehn die Nacht entlang
Und *blinzeln mit den Lidern rot* und klein.   (Die Stadt, D 104,1)

Ihr Ohr hört vieles schon von *dumpfem Raunen,*
Wie Schatten stehn sie auf den dunklen Wegen,
Und *Stimmen* kommen ihnen schwach entgegen,
Wachsend in jedem Teich und jedem Baume.

Und *Hände* streifen ihrer Nacken Schwere,
Die *peitschen vorwärts* ihre steifen Rücken . . .   (Die Selbstmörder,
                                                         D 187,3—4)

Daß es die großstädtische, industriezeitliche Wirklichkeit ist, die dieser
Typus sowohl der gestaltartigen wie der stückhaften Personifikation dämonisiert, geht entweder aus den Zitaten selbst oder schon aus den Titeln der
zitierten Gedichte hervor. Wo nicht, ist diese Funktion aus dem Bild- und
Sinnzusammenhang eines Gedichtganzen einzusehen. Das gilt besonders
für Bilder und Metaphern, in denen die Physiognomie der „Städte" das
zeitlich unbestimmte und archaische Gepräge von Traum-Städten hat, wie
in ‚Umbra Vitae' (73 f.), ‚Die Nacht' (194 f.) u. a.[12a] Vorgreifend sei bemerkt,
daß sich in diesem Fall die Aktualität des Dargestellten trotz seiner archai-
stischen Züge meist schon in der Zeitform des Präsens oder Redeform des
„Wir" ausdrückt, mit der das Gedicht unvermittelt einsetzt. Die *ausdrücklich* das Wesen der modernen Großstädte und der Industriewelt verkörpern-
den Gestalten des „Gottes der Stadt", der „Dämonen der Städte" und des
Kriegsdämons sind der Prototyp aller Varianten der dämonisierenden
Personifikation.

3. Dämonisierende Metaphern

Wie die dämonisierenden Personifikationen veranschaulichen dämonisierende Metaphern das rätselhaft Unheimliche und die übermächtige, blind
wirkende Gewalt einer dem Menschen entfremdeten gesellschaftlichen Wirk-

12a Siehe hierzu die Interpretation von ‚Umbra Vitae' in Kap. IV, S. 228 u. 235 f.

lichkeit, und wenn sie sich auf Menschen oder Menschliches beziehen, die Entfremdung sowohl der Menschen voneinander wie des Menschen von sich selbst. Indem sie die gegenständliche Wirklichkeit ins „Mythische", ins Über- und Außermenschliche verfremden, bringen sie deren unmenschliches Wesen zum Vorschein. Sie begegnen in der Dichtung Heyms in einer solchen Fülle und in so mannigfaltigen Formen, daß in erster Linie durch sie ihre Bilderwelt sich zu einer „Mythologie", zu einer Dämonologie der Industriegesellschaft vor den beiden Weltkriegen zusammenschließt. Nachdem sich die Selbstzersetzung des Jugendstils in der Entwicklung des sprachlich-bildhaften Ausdrucks der Lyrik Heyms vollzogen hat, ist die dämonisierende metaphorische Verfremdung und Verwandlung der Wirklichkeit das Grundprinzip des dichterischen Verfahrens. Unter den dämonisierenden Metaphern Heyms spielen die bedeutendste Rolle: der Tiervergleich, die dynamisierende Metapher, die statisierende Metapher und die Farbmetapher.

a) Der Tiervergleich

Während das Tier als Lebewesen in der Dichtung Heyms wie im Expressionismus überhaupt eine positive Rolle spielt, entweder ein noch unentstelltes Leben oder als gefangenes Tier unfreies, beschädigtes Leben repräsentiert[13], hat der dämonisierende Tiervergleich die Funktion, eine in der Wirklichkeit blind wirkende rätselhafte Macht zu versinnbildlichen. Diese Funktion kann gerade das Tier als Vergleichsbild übernehmen, weil „der lebendige Organismus ein Inneres hat, auf welches seine Außengestalt hindeutet, das aber ein Inneres und dadurch Geheimnisreiches bleibt"[14]. Die Tiermythen und -kulte der antiken Religionen verehrten das in der Tiergestalt sich andeutende Innere, das aber ein „Geheimnisreiches" bleibt, als etwas Göttliches. Diesen Charakter haben auch noch einige antikisierende Tiervergleiche Heyms, wie der des Ostwinds mit einem goldgefiederten „starken Greif", der „mit breiter Brust hinab gen Abend braust"[15], oder der untergehenden Sonne mit einem Opferstierhaupt, das ins „rote Eisen" des Abendhimmels „die Hörner streckt, von dunklem Blut bekränzt"[16]. Die

---

13 Vgl. außer Heym, ‚Die gefangenen Tiere' (D 157) und ‚Der Affe I/II' (D 167 f.), auch Franz Werfel, Gedichte, Wien 1927: ‚Der zugelaufene Hund' (131 f.), ‚Gesang der Schlange' (213 f.), ‚Verwundeter Storch' (252 f.) und den Gedichtzyklus ‚Mensch und Tier' (S. 366—382), oder in der Anthologie ‚Menschheitsdämmerung', Berlin 1920: S. 10 f. Alfred Wolfenstein, ‚Bestienhaus'; S. 253 René Schickele, ‚Heilge Tiere . . .' mit den bezeichnenden Schlußversen:
  Heilge Tiere, wie erscheint ihr groß und gut
  Traumhaft wandelnd durch den Nebel Menschenblut!
14 G. W. Fr. Hegel, Ästhetik, Berlin 1955, S. 358.
15 D 10,4.
16 D 101,3.

dämonisierenden Tiervergleiche aber deuten mit der Tiergestalt das „geheimnisreiche" Innere nicht mehr als ein Göttliches an, sondern als das rätselhaft unheimliche innere Wesen der Wirklichkeit, auf die sie sich beziehen. Aus den halbgöttlichen, dem Pan verwandten Tiergestalten der Jugendstilfaune werden die mit Giraffen verglichenen „Teufel" der Großstadtdämonen[17], aus goldgefiederten Greifen werden die mit „großen Gänsen" verglichenen „Vampyre", die „prüfen ihrer Eisenkrallen Kraft/Und ihre Schnäbel an der Kreuze Rost"[18] oder „Geierklauen", die den Irren „große Nägel" ins Gehirn treiben[19], oder die „Vögel der Öden":

> Langsam mit ihren gewaltigen Händen
> Fassend die Nacht an den dunkelnden Enden,
> Drehend wie Schatten und böse Gedanken,
> Die in brechenden Wolken schwanken. (126,4 Die Vögel)

Aus den „Hörnern" des Opferstierhaupts der Sonne wird das „Schläfenhorn" der Großstadtdämonen, das den Himmel „zerreißt", während

> Erdbeben donnert durch der Städte Schoß
> Um ihren Huf, den Feuer überloht.

Wie die dämonisierenden Personifikationen verraten also auch die dämonisierenden Tiermetaphern noch ihre Abkunft von der antikisierenden Jugendstilmythologie. Wie dort haben sich deren Gestalten auch hier ins Grauenhafte und Häßliche, z. T. ins Grausig- und Gespenstig-Groteske (Giraffen, große Gänse) deformiert. Als Verkörperung des „geheimnisreichen", d. h. hier undurchsichtigen, unheimlich rätselhaften und übermächtig bedrohlichen „Innern" dessen, was in der Wirklichkeit erscheint, seines „mythischen" Wesens, hat die Tiergestalt als dämonisierendes Vergleichsbild immer den Charakter des Bösen, Grauen- oder Ekelerregenden, auch unheimlich Grotesken:

> . . . . Ewig *Dunkelheit*
> Hängt über mir *wie eines Tieres Haut.*
>
> . . . .
> *Der Geißeln Hyder* bäumt in hoher Faust. (93,1 f. u. 3 Die Stadt der Qual)

> Sie wandern an den *Strom*, der schwarz und breit
> *Wie ein Reptil*, den Rücken gelb gefleckt
> Von den Laternen, in die Dunkelheit
> Sich traurig wälzt, die schwarz den Himmel deckt. (18,5 Die Dämonen
> der Städte)

---

17 D 18,6 werden die Großstadtdämonen mit Faunen, D 19,5 mit Giraffen verglichen.
18 D 38,4 Die Heimat der Toten I.
19 D 97,5 Die Irren II.

Der dunkelnden Städte *holprige Straßen,*
Im Abend geduckt, *eine Hundeschar,*
Im Hohlen bellend. . . . . . .   (92,1 Die Städte)

In die Nacht er jagt *das Feuer* querfeldein,
Einen roten Hund mit wilder Mäuler Schrein.

Und *die Flammen* fressen brennend Wald um Wald,
Gelbe Fledermäuse, zackig in das Laub *gekrallt.*   (75,6 u. 76,2 Der Krieg)

Das dunkle *Volk der flatternden Plejaden*
Huscht *wie ein Fledermäuse-Schwarm* dahin.   (167,6 Der Affe II)

Die Stürme flattern, die *wie Geier schauen* ...   (15,4 Der Gott der Stadt)

Das Fieber kriecht in ihren Lagern um,
Langsam, *ein großer, gelblicher Polyp,*
Sie schaun ihm zu, von dem Entsetzen stumm. (61,2 Das Fieberspital II,2)

Wir, denen langsam auf dem kalten Haare
Der Julihitze weiße Spinne kroch.   (78,2 Die Morgue)

. . . . Und auf dem Rand
Wiegt sich *der Paragraph, ein grüner Wurm.*   (59,4 Die Professoren)

Der nur angedeuteten, stückhaften Personifikation entspricht der partielle
Tiervergleich. Wie jene dämonisiert er die Wirklichkeit noch intensiver, weil
er deren „Inneres" noch „geheimnisreicher" macht, ihr rätselhaft bedrohliches Wesen unbestimmt läßt, es durch metaphorische tierische Merkmale
wie Huf, Horn, Schweif, Flügel usw. nur andeutet[19a]:

Etwas will über die Brücken,
Es scharret mit Hufen krumm,
Die Sterne erschraken so weiß.   (105,3 Halber Schlaf)

Und ein paar *Bäume* stehn den Weg entlang
Im halben Licht verkrüppelt und beleibt.
Wie schwarz aus einer Stirn gekrümmt und krank
Ein starkes Horn steht und nach oben treibt.   (13,4 Die Gefangenen I)

Die Züge donnern auf dem *Meilendamme,*
Der in die Wälder rennt, *des Tages Schweif.*   (19,3 Die Züge)

Doch wo sie treibt, jagt weit den Menschenschwarm
Mit großem Fittich auf *ein dunkler Harm,*
Der schattet über beide Ufer breit.   (58,4 Ophelia)

Wir flohen vor Angst, doch im *Fluß weißer Welle,*
Der uns *mit weißen Zähnen* gewehrt, ...   (92,4 Die Städte)

19a s. a. o. S. 70 f. „des Rauches Mähne" (D 7,1) und „der Züge schwarze Lunge" (D 10,1).

Die Sonne sinkt auf dunkelroter Bahn,
In einer Wetterwolke klemmt sie fest.
Macht schnell und reißt aus seinem schwarzen Nest
Mit Zangen aus den goldnen *Wolken-Zahn.*   (99,4 Die Irren III)

Wo *heisres Feuer krächzt* in großen Öfen.   (110,1 Der Winter)

Auf Schlangenhälsen die feurigen Sterne
Hängen herunter auf schwankende Türme,
Die Dächer gegeißelt . . . .   (194,1 Die Nacht)

Als nur andeutende, aber die Wirklichkeit um so mehr dämonisierende
Tiervergleiche spielen verbale Tiermetaphern wie „kriechen", „schleichen",
„nisten", „hocken", „stieren" usw. eine bedeutende Rolle im bildhaften
Ausdruck Heyms:

Das Dunkel kriecht herein auf schwarzer Hand.   (79,5 Die Morgue)

Das schwarze *Dunkel schleicht* in trübem Laut
Geborstner Flöten durch der Nächte Qual.   (97,1 Die Irren II)

. . . . Und herein
Kriecht Wassernebel kalt . . .   (61,1 Das Fieberspital)

Nicht mehr der großen Horizonte Leere,
Draus langsam *kroch* des runden *Mondes* Ball.   (45,1 Columbus)

. . . . Doch in den Schluchten
Der Hügel hinten *nistet* schon *die Nacht.* (O weiter, weiter Abend 142)

Die Stille hockt an dem versunknen Ort.   (42,4 Flieg. Holl.)

Aber *die Türme* steigen von Bergen, bleichen,
Und *hocken* stumm um verschrumpfte Teiche.   (126,2 Die Vögel)

. . . . Wo *das Wasser* tot
Zu Speichern *stiert* . . . . . .   (21,1 Die Tote im Wasser)

Durch kahle Felder in das große Grab,
Das wie ein Schlächterblock ins Graue *stiert.*   (13,1 Die Gefangenen I)

Die Verfremdung der ganzen gegenständlichen Wirklichkeit, sowohl der
Natur wie des vom Menschen Geschaffenen, ins rätselhaft und übermächtig
Drohende, ins Böse, Grauen- oder Ekelerregende und Gespenstig-Groteske,
die sich in all diesen Tiervergleichen — am eindringlichsten in den unbestimmten, partiellen — abspielt, wird falsch und sinnverkehrend charakterisiert, wenn man sie „Beseelung" nennt[20]. „Beseelung" der Natur oder der

---

20 So K. L. Schneider, a. a. O. S. 78. Während Schneider S. 43 von einer „Trennung von
   Natur und Mensch" bei Heym spricht, gebraucht er ständig die Begriffe „Beseelung"
   und „Naturbeseelung", z. B. S. 36, 38, 43, 49, 51, 54, 57, 73 usw.

Wirklichkeit überhaupt heißt soviel wie „Vermenschlichung", d. h. Mensch und Natur, Seelisches und Außerseelisches, Subjektives und Objektives übereinstimmend erscheinen lassen, das außerhalb des Ich Seiende dem Ich vertraut und verwandt machen, selbst wenn es unter dem pessimistischen Aspekt Lenaus geschieht: „. . . je näher man sich an die Natur anschließt, je mehr man sich in die Betrachtung ihrer Züge vertieft, desto mehr wird man ergriffen von dem Geiste der Sehnsucht, des schwermütigen Hinsterbens, der durch die ganze Natur (auf Erden) geht."[21] Sämtliche dämonisierenden Metaphern Heyms — und gerade seine Tiervergleiche, die ja auf Außermenschliches, dem Menschen Fremdes und Feindliches hindeuten — haben aber den genau entgegengesetzten Sinn, sind Ausdruck gerade der Entfremdung von Natur und Mensch. Das „Leben", das sie toten Dingen und Naturerscheinungen verleihen, versinnbildlicht die Übermacht der toten Dinge über den Menschen in einer Welt, die er selbst geschaffen hat und zu beherrschen glaubt, die sich aber ihm gegenüber zu verselbständigen und ihn zu beherrschen droht. Die dämonisierende Verfremdung von Naturerscheinungen durch den Tiervergleich hat auch mit einer „Beseelung" der Natur im Sinne eines archaischen „Animismus"[22] trotz äußerer Analogien nichts zu tun. Denn erstens haben die dämonisierten Naturphänomene als Bildelemente innerhalb eines Gedichtganzen eine bestimmte Funktion, in der sie nicht pure Natur darstellen: der mit einem Reptil verglichene Strom ist nicht ein Strom überhaupt, sondern er fließt durch „die Städte"; das mit einem roten Hund verglichene Feuer ist nicht elementares Naturphänomen, sondern von dem in der Welt der Städte „aufgestandenen" Kriegsdämon entfacht; das mit einem Polypen verglichene Fieber geht in einem Großstadtspital um, ist nicht das Fieber schlechthin; zu den mit einem Fledermäuse-Schwarm verglichenen Plejaden starrt ein angeketteter Affe „voll Angst" herauf, es sind nicht die Plejaden als solche, usw. Zweitens dämonisieren die Tiervergleiche Heyms die Totalität der gegenständlichen Wirklichkeit als die gesamte Welt, in der die Menschen leben und in die sie die Natur durch Naturbeherrschung einbezogen haben, so daß es der Mensch auch in der Natur nicht mehr nur mit der Natur als solcher zu tun hat. Und drittens sind die dämonisierten Naturerscheinungen Ausdruck dafür, daß in einer nur vom Prinzip der Naturbeherrschung bestimmten Menschenwelt gerade in der Herrschaft über Natur die unberechenbare Macht und die blinde Zwangsläufigkeit bloßer Natur wiedererscheinen können, wenn der Wille und das Handeln der Menschen selber nur naturbestimmt bleiben und nicht die

---

21 Nikolaus Lenau, Sämtl. Werke u. Briefe, hrsg. v. Ed. Castle, Bd. 3, S. 134, Leipzig: Insel 1911 (Brief an Sophie Schwab vom 16. Febr. 1832).
22 K. L. Schneider, a. a. O., S. 43 u. 76.

über die vernunftlose Natur hinausgehende Bestimmung der Menschennatur zu verwirklichen streben. Die rätselhaft bedrohliche Macht, die der Tiervergleich Erscheinungen und Vorgängen der gesamten Wirklichkeit verleiht, spiegelt die Ohnmacht des Menschen gegenüber einer ihm entfremdeten Wirklichkeit, deren Gesamtverfassung sein Leben entstellt und entseelt. Das den Menschen nicht mehr selbsteigene Leben erscheint in den die Wirklichkeit dämonisierenden Tiervergleichen an die Dinge übergegangen, als deren fremdartiges, den Menschen bedrohendes Eigenleben. Wo sich daher der Tiervergleich bei Heym auf Menschen und Menschliches bezieht, hat er nur selten den Charakter des Bösen und Drohenden, wie z. B. im Vergleich Savonarolas mit einer Spinne[23], der Professoren mit Tintenfischen[24], der vor dem Irren Fliehenden mit bellenden Bestien[25] oder des Judasmundes mit einem roten Fischmaul[26]; er ist dann Metapher für das Böse auch im Menschen und drückt die Entfremdung der Menschen voneinander aus. Als Ausdruck aber der Entstellung und Verstümmelung des Menschenwesens selbst, der Selbstentfremdung des Menschen in einer ihm fremden und feindlichen Welt hat die Tiergestalt des Vergleichsbildes stets den Charakter des Schwachen, Hilflosen und Minderen. Erscheinungen und Vorgänge in der gegenständlichen Wirklichkeit werden mit bösen, gefährlichen Tieren, Hund, Reptil, Löwen, Vögeln mit Eisenkrallen, Spinnen, Tieren mit Hörnern, Hufen, verschlingenden Mäulern usw. verglichen — Menschen dagegen mit winzigen Insekten, Tierleichen, Herdentieren, Mäusen, Ratten, Maulwürfen, Maden, Kröten usw. Auch in diesem Fall dämonisiert der Tiervergleich, indem er mit der Ohnmacht des Menschen indirekt auf die Übermacht der ihm entfremdeten Wirklichkeit weist und aufzeigt, was sie aus ihm macht. Er ist also das Kompliment zu jenem. Er ist nicht zynisch[27], enthumanisiert den Menschen nicht, um ihn hämisch zu verspotten, sondern deckt im Gegenteil an dessen enthumanisierter Gestalt das inhumane Wesen der Wirklichkeit auf, hat also letztlich eine humanitäre Funktion.

> Es spielen *Kinder*, denen früh man brach
> Die Gliederchen. Sie springen an den Krücken
> *Wie Flöhe* weit . . . .   (18,4 Die Vorstadt)

> Doch nebenan im Himmelslicht, dem hellen,
> Gehen *die Maurer*, schwarz *wie Läuse klein* . . .   (106,3 Fröhlichkeit)

---

23 D 170,4.
24 D 59,1.
25 D 100,2.
26 D 130,1.
27 Im Gegensatz zu K. L. Schneider, a. a. O., S. 23 u. 67 ff.

Die Leichenzüge gingen auf mir her,
Ameisen gleich mit einem kleinen Sarg,
Und *winzige Pfeiferleute* bliesen quer.　　(93,5 Die Stadt der Qual)

Sie schaun betrübt die graue Wand empor,
Wo kleine *Fenster* sind, mit Kasten vor,
Wie schwarze Waben in dem *Bienenstock.*　　(14,3 Die Gefangenen)

Und *die Müller* sitzen tagein, tagaus
Wie Maden weiß in dem Mühlenhaus.　　(166,2 Die Mühlen)

Die Kranken horchen auf der Lagerstatt
Wie Kröten, von dem Lichte rot gefleckt.　　(62,4 Das Fieberspital)

Man treibt *sie* ein *wie Schafe* zu der Schur.
Die grauen *Rücken* drängen in den Stall.　　(14,4 Die Gefangenen II)

Der Mond schwenkt seine große Nachtlaterne
Auf ihren Weg, wenn *sie* zur *Hürde* wanken.　　(188,3 Rußland)

Selbstmörder gehen nachts *in großen Horden*...　　(73,3 Umbra Vitae)

In ‚Die Morgue', wo die Toten als Kollektivsubjekt sprechen und als „Namenlose, arme Unbekannte"[28] das tote, sinnlos gewordene Leben der in einer kollektivierten Welt depersonalisierten Einzelsubjekte vertreten, durchziehen Tiervergleiche das ganze Gedicht:

Wir, die man aus dumpfen Winkeln zog,
Noch *grunzend,* unsre Brust schon blau gefleckt..　　(77,6)

Und *mancher,* der schon tief durch Röhricht glitt,
Ein weißes Tier, mit Augen rund und weich.　　(78,1)

Oder daß Sturm *uns* treibt um Winteressen,
Wie Dohlen reitend auf dem Feuerschein?

Werden *wir* wandern in den tiefen Erden,
Maulwürfe stumm in toter Einsamkeit? ...　　(78,3/4)

Seht *den dort,* der ein graues Lachen stimmt
Auf dem zerfallnen Munde fröhlich an,
Der auf die Brust die lange Zunge krümmt,
Er lacht euch aus, *der große Pelikan.*

Er wird euch beißen. Viele Wochen war
Er *Gast bei Fischen.* Riecht doch, wie er stinkt.　　(79,3/4)

Ebenso in der Gedichtfolge, in der die Irren — analog Heyms Blinden, Tauben, Fieberkranken, Selbstmördern, Gehenkten usw. — das entstellte Leben

---

28 D 79,2.

anonymer Menschenmassen am Rande und auf dem Grunde der Gesellschaft versinnbildlichen:

> *Ein Volk* von Christussen, das leise schwebt
> *Wie große Schmetterlinge* durch die Gänge . . .   (95,2)

> Wenn sie die roten feisten Zungen *blecken*
> Hinauf zu ihm aus ihres Lagers Stroh.   (95,4)

> Dann kriechen *sie wie Mäuse* eng zusammen . . .   (95,5)

> *Wie gelbe Schlangen* auf verrufnen Stätten,
> So wiegt *ihr fahles Haupt,* von Nacht bedeckt.   (97,3)

> *Ein gläsern leichter Fuß* ward uns gegeben,
> *Und Scharlachflügel* wächst aus unsrem Rücken.   (98,4)

> . . . . *Die Arme flattern* schnell,
> *Wie Gänse* an dem Messer der Tortur.   (100,2)

Den auf die gegenständliche Wirklichkeit bezogenen partiellen Personifikationen und Tiervergleichen entsprechen auf den Menschen bezogene partielle Tiermetaphern:

> Blinde stehen im Weg. *Ihre großen Lider*
> Sind *wie kleine Felle* heruntergehängt . . .   (180,1 November)

> Und die beringten *Hände* auf der Flut
> *Wie Flossen,* also treibt sie durch den Schatten . . .   (57,1 Ophel.)

> Ein kleines Licht am Fenster oben steckt,
> Wo *jemand* sterbend *seine Klauen* streckt.   (139,5 Die Nacht)

> Und manchmal wird *ein Mensch vorbeigefegt,*
> Den hinten groß sein schwarzer Schatten schlägt.
> . . . .
> Und wirbelnd wirft er schräge Blicke um,
> Und *seine Flügel-Schultern* zittern stumm.   (139,2/3 Die Nacht I)

> Nur *die Raben* noch irrten
> Unter den drückenden Wolken im Regen hin,
> Einsam im Wind, *wie im Dunkel der Schläfen*
> *Schwarze Gedanken* in trostloser Stunde fliehn.   (193,4 Und die
>   Hörner . . .)

Dazu gehören wiederum auf den Menschen und Menschliches bezogene verbale Tiermetaphern, wie „hüpfen" und „springen", die auf Insekten und Vögel deuten, oder „zappeln", „verenden", „meckern" u. ä.

> Und viele *Kranke* müssen jetzt *verenden,*
> Die furchtsam *hüpfen* in den leeren Zimmern
> *Zerdrückt* im Leeren von den hohen Wänden. (191,6 Auf einmal . . .)

Sie *springen*, daß sie sterben, und in Eile,
Und sind mit totem Haupt im Feld gelegen,
Noch manchmal *zappelnd* . . . .

. . . . *Sie strecken alle Viere* . . .   (73,4/5 Umbra Vitae)

Luft-Diebe springen über die Türen schnell.   (139,6 Die Nacht II)

Er *meckert* vor sich hin. Die Augen starren   (31,1
Ins Wagenstroh. Der Mund kaut weißen Schleim.   Robespierre)

Struktur und Funktion der Tiervergleiche lassen klar erkennen, daß die „Enthumanisierung" des Menschen, seiner Welt und der Natur in der Bilder- und Metaphernsprache Heyms grundsätzlich darauf abzielt, das inhumane Wesen einer Daseinsverfassung aufzudecken, in der eine vom Menschen selber geschaffene Objektwelt über den Menschen Macht gewonnen hat und ihn völlig sich zu unterwerfen droht, indem sie sein Leben, Handeln und Denken bestimmt, ihn seiner „Natur" und der Natur überhaupt, der Natur im Schöpfungsstand, entfremdet. Die Umkehrung der Herrschaft über die Dinge in das Beherrschtwerden durch die Dinge kommt aufs deutlichste zum Ausdruck im gegensätzlichen Verhältnis der Tiermetaphern, die toten Dingen Leben und die Gefährlichkeit eines Raubtiers verleihen, zu denen, die den Menschen ohnmächtig wie ein Insekt erscheinen lassen und die durch Metaphern ergänzt werden, die den Menschen verdinglichen (s. u. S. 123 f). In den Großstadtgedichten, deren Thematik in zahlreichen Abwandlungen von ‚Berlin I' (entstanden am 8. April 1910) bis zu ‚Die Märkte' (entstanden wenige Tage vor Heyms Tod, im Januar 1912) die vorherrschende in der Dichtung Heyms bleibt, ist diese Metaphorik zuerst entwickelt, am schärfsten ausgeprägt und ihr geschichtlicher, gesellschaftskritischer Sinn offenkundig. Daß sie auch in einem Gedicht, das thematisch die stoffliche Realität des Industriezeitalters ausklammert, keinen anderen Sinn hat, muß indirekt aus ihrem Ursprung, ihrer gleichbleibenden Struktur und ihrem analogen Ausdruckscharakter geschlossen und soll bei den Analysen und Interpretationen solcher Gedichte dargelegt werden. Von einer „Enthumanisierung" der Ausdrucksformen Heyms (dämonisierende Tiervergleiche als solche, Verdinglichungsmetaphern als solche usw.) kann angesichts ihrer Enthüllungs-, d. h. Erkenntnisfunktion nicht im selben Sinn gesprochen werden, in welchem Hugo Friedrich den „wichtigsten Wesenszug" der modernen Lyrik als „Enthumanisierung" bezeichnet.[29] Friedrich gebraucht diesen Begriff in einem neutralen, lediglich charakterisierenden, nicht wertenden Sinn, um die durch den Symbolismus inaugurierte Lyrik

---

29 Hugo Friedrich, Die Struktur der modernen Lyrik, Hamburg 1956: Rowohlt-Verlag (rde), S. 122, s. a. S. 52 ff., 83 ff., 122 ff., usw.

der Moderne gegen eine traditionelle Bekenntnis-, Erlebnis- und Gefühls-
lyrik abzugrenzen. In dieser generellen Bedeutung ist der Begriff auch auf
die Dichtung Heyms anwendbar. Er erhält jedoch bei Friedrich zugleich eine
Bedeutung, die aus Stilphänomenen des französischen Symbolismus abstrahiert ist, und soll in dieser Bestimmung die gesamte moderne Lyrik, auch
die des Expressionismus, charakterisieren: „Die Enthumanisierung der
Inhalte und seelischen Reaktionen geschieht aus der unbeschränkten Voll-
macht, die der dichtende Geist sich selber erteilt. Auch in der Dichtung wurde
der Mensch zum Diktator seiner selbst. Er vernichtet seine eigene Natürlich-
keit, verweist sich aus der Welt, weist auch diese aus, um seiner eigenen
Freiheit Genüge zu tun. Das ist die seltsame Paradoxie der Enthumanisierung" (S. 124). Ob diese Deutung der „Enthumanisierung" des Ausdrucks für die symbolistische Lyrik zutrifft, den Charakter und Sinn ihrer
Motive und Formen voll und ganz erfaßt, mag dahingestellt bleiben. Für
die deutsche expressionistische Lyrik, zu deren bedeutendsten Initiatoren
Heym gehört, kann sie Allgemeingültigkeit nicht beanspruchen. Friedrich
hebt mit Recht die Beziehung zwischen den symbolistischen und expressionistischen Ausdrucksformen hervor, bestimmt jedoch nicht ihre gleichzeitige
Differenz, die spezifische Veränderung, die symbolistische Motive und
Formen im Expressionismus erfahren und die bei Heym und van Hoddis
bis zur parodistischen Abwandlung und Umformung geht. „Enthumanisierung" und „diktatorische Phantasie" subsumieren Symbolismus und
Expressionismus als identische Phänomene unter einen Sammelbegriff der
Moderne, der am historischen Modell des französischen Symbolismus gewonnen ist und auf verschiedene, sogar entgegengesetzte historische Phänomene übertragen wird. Während nach Friedrich die „Enthumanisierung"
der Inhalte und Formen der modernen Lyrik ein Ausdruck der Freiheit des
dichterischen Subjekts, seiner „diktatorischen Phantasie", seiner Interesse-
losigkeit am eigenen empirischen Ich und an der Realität der gegenwärtigen
Welt ist, erwies sie sich bei Heym, den Friedrich allerdings nicht erwähnt,
in allen bisher betrachteten Phänomenen als Antwort des dichterischen
Subjekts auf einen „unerträglichen" und „erstickenden" Weltzustand, als
Ausdruck eines in der Realität vorhandenen Widerspruchs zwischen
Äußerem und Innerem, Erscheinung und Wesen der gesellschaftlichen Wirklichkeit und erwies sich darin das „Interesse" des dichterischen Subjekts an
der Zerstörung jedes Scheins, der über diesen Widerspruch hinwegtäuscht,
d. h. ein Engagement an der empirischen Welt — im Unterschied zu einer
unkontrollierbaren „diktatorischen Phantasie", die nur sich selber gehorcht,
das dichterische Subjekt „aus der Welt" und die Welt aus der Dichtung
„verweist".

b) *Die Wohnung als Höhle*

Ursprung und Bedeutung der dämonisierenden Tiervergleiche erhellen sich auch an dem metaphorischen Sinn, den das Wort „wohnen" bei Heym annimmt. Der Begriff, der etwas spezifisch Menschliches bezeichnet, wird im Sprachgebrauch Heyms zu einer verbalen Tiermetapher. Wenn es bei Heym von Tieren heißt, daß sie „wohnen", und die Wohnungen der Menschen „Höhlen", „Gruben", „Löcher" genannt werden, so verkehrt sich die Bedeutung von „Wohnung" und „wohnen" in ihr Gegenteil, verfremdet sich Menschliches in Außer- und Untermenschliches, werden Menschen wiederum Tieren gleichgesetzt. Wie kommt es dazu, und welchen Sinn hat die metaphorische Verwandlung der menschlichen Wohnung in eine Tierhöhle?

„Wohnen" hängt etymologisch mit „Wonne" — Sanskritwurzel *van* = leben, lieben; got. *wunan* = sich freuen — und „Wunsch" zusammen, bezeichnet also seinem Wortsinn nach das Vertraute, „Gewohnte" und Geliebte, in dem man „heimisch" ist, die Wohnung als „Heim" im Sinne von „Heimat". Im übertragenen Sinn haben denn auch „Wohnung" und „wohnen" die Bedeutung einer metaphysischen Heimat und eines metaphysischen „Geborgenseins" des Menschen angenommen, so wenn die Bibel vom „Hause" Gottes und seinen „Wohnungen" spricht[30]. In einem solchen Sinn heißt es auch in Trakls ‚Gesang des Abgeschiedenen‘[31]: „O das Wohnen in der beseelten Bläue der Nacht." Ebenso hat in Heyms Gedicht ‚Die gefangenen Tiere‘ das „Haus der Lebendigen" als isoliertes Bild noch die positive Bedeutung eines Wohnens im Sinn von Geborgensein, während dessen Möglichkeit durch die Funktion des Bildes im Bild- und Sinnzusammenhang des Ganzen ausgeschlossen wird:

> Dort vor dem Ufer springen
> Reiher flackend und schwach,
> Gespenstisch mit mageren Füßen
> Unter der Bäume Dach,
>
> Wie Gestorbene wollen
> Ins *Haus der Lebendigen* ein.
> Aber alles ist zu, und sie müssen
> Weinen im Sturme allein. (D 157,4/5)

In Heyms erster Gedichtsammlung ‚Der Ewige Tag‘ begegnet das dem Jugendstil zentrale Motiv der Einsamkeit als das der „Heimatlosigkeit" der Menschen. Was den Liebenden in dieser Welt „niemand gab", Heimat,

---

30 Vgl. Ps. 84,5; Joh. 14,2 usw.
31 S 177,3.

suchen sie in einer andern, in einem Totenreich. „Der Tod ist sanft. . . . Er gibt uns Heimat", heißt es in ‚Der Tod der Liebenden'[32].

> . . . . Bei den Toten unten
> Im Schattenlande werden bald wir *wohnen*
> Und ewig schlafen in den Tiefen drunten,
> *In den verborgenen Städten der Dämonen.*
>
> Dort wird uns *Einsamkeit* die Lider schließen.
> Wir hören nichts *in unserer Hallen Räumen,*
> *Die Fische nur, die durch die Fenster schießen,*
> Und leisen Wind in den Korallenbäumen.   (55,3/4)

In ‚Schwarze Visionen' werden die Toten, die „wie großer Rauch" aus den „großen Städten" der realen Welt ziehen, mit „Heimatlosen in schwarzer Welt" verglichen; die Stadt, aus der sie kommen, „ist zu für sie"[33]; wie die Liebenden suchen sie Heimat in einer „Totenstadt" und „nahn den Städten, da sie *wohnen* sollen": einem „sanften" Totenreich[34], das teils den Charakter einer künstlichen Schönheit (*Silberstädte, der Tore Amethyst*), teils den einer exotischen Natur hat (*Korallenbäume, Kormoran, Lagunen, Lilienwälder* usw.). Daß das im Jugendstil gefeierte „schöne Leben", als dessen Bote der „nackte Engel" im Vorspiel zu Georges ‚Teppich des Lebens' figuriert, nur noch in einem verklärten mythologischen Totenreich zu finden ist, während die Stimme des „nackten Engels" noch „fast der meinen glich"[35], bedeutet bereits die Selbstdarstellung der Jugendstilwelt als einer Totenwelt, einer Welt von lebend Toten, bedeutet aber auch, daß die Welt der Lebenden eine tote ist, daß in ihr die Menschen keine „Heimat" haben, nicht mehr „wohnen" im Sinn von „heimisch" sein. Es gibt nur noch imaginäre Wohnungen, in der Vision eines schönen Totenreichs oder toten Schönheitsreichs, dessen „ausgestorbene" Städte aber „verstummt im Fluch von weißen Himmeln und verlassen" liegen[36] und in dessen Hallen „Fische durch die Fenster schießen", dessen Wohnungen also ebenfalls keine menschlichen sind, sondern exotische Traumruinen, in denen Tiere „wohnen". Schon der Jugendstiltraum eines verklärten Totenreichs verwandelt demnach Wohnungen in Höhlen, indem er sie in unterweltliche Tiefen verlegt und zum „dunklen Grab"[37] macht, wo Tote und Tiere wohnen. Nach der Selbstauflösung des Jugendstils, die sich in der Entwicklung des sprachlich-bildhaften Ausdrucks

---

32 D 55,6.
33 D 66,1.
34 D 66,7.
35 Stefan George, Der Teppich des Lebens und die Lieder von Traum und Tod Berlin 1923, S. 14,3.
36 D 66,3.
37 D 55,6.

der Lyrik Heyms vollzieht, ist die mythologische Vorstellung eines Totenreichs, dessen „Wohnungen" zwar schon Höhlen und Gräber waren, das
aber als exotische Traumlandschaft verklärt wurde, preisgegeben. Nun wird
von wirklichen Wohnungen als von Höhlen, Gruben, Gräbern, Löchern usw.
gesprochen, in denen Menschen wie Tiere und Tote „wohnen". „Verendende"
Kranke „hüpfen" in „leeren Zimmern" und werden „zerdrückt im Leeren
von den hohen Wänden"[38]. Die Häuser haben „leere Mienen", und ihre Bewohner „starren" nach „den leeren Höfen"[39]. Schiffer fahren „durch leerer
Brücken trüben Schall und *Städte,/Die hohl wie Gräber* auseinanderfallen"[40]. Korngarben heißen metaphorisch: „Unzählige *Städte, doch leer und
vergessen.* Und niemand ging in den Gassen herum."[41] Leer, ausgestorben
und verfallen wie die Jugendstilstädte der Toten erscheinen jetzt die Städte,
Häuser und Wohnungen der Lebenden. Waren jene in ihrer Verklärung zu
einem sanften Schönheitsreich mit farbenprächtigen exotischen Pflanzen und
Tieren das geheime Gegenbild einer grauen, monotonen Alltagswelt, nämlich der realen Welt der modernen Großstädte, so wird nun diese selbst als
eine tote Welt dargestellt, in deren „hohlen" und „leeren" Städten das
Grauen wohnt. Die Leere ihrer Straßen, Häuser, Höfe, Wohnungen ist bildlich, nicht gegenständlich zu nehmen: es ist die Leere des entseelten Lebens
der in ihr wohnenden Menschen. Ihre Wohnungen verwandeln sich metaphorisch in Gruben, Höhlen, Löcher, Gräber, weil ihr Leben „grau", „wol-
kig", „dumpf" wie das von Tieren, entseelt und gleichsam erstorben ist:

> Nun *wohnen wir* in rings umbauter Enge,
> Im kargen Licht und Dunkel *unserer Gruben,*
> Wie Seiler zerrend *grauer Stunden Länge.*　　　(110,3 Der Winter)

> Früher saßen wir *tief in dumpfen Stuben,*
> Und *das wolkige Leben* war über uns fort,
> Und wir horchten immer um *unsrer Gruben*
> *Grauen Himmel* in dem *schläfrigen Ort.*　　　(182,2 Die Irren)

> Du ruhtest noch verwelkt, im frühen Schlummer,
> Der sich von deiner Schläfe langsam hob
> Und wie ein Trauermantel kühlen Fluges
> *Im Dunkel* sich *der Stuben* klein verlor.　　　(152,3 Gewölke gleich)

> Da sitzen sie die warme Sommernacht
> Vor ihrer *Höhlen* schwarzer Unterwelt.　　　(16,2 Die Vorstadt)

> Uraltes Volk schwankt aus den tiefen *Löchern* ...　　　(17,2 ebd.)

38 D 191,6.
39 D 110 Der Winter.
40 D 191,4 Auf einmal aber kommt ein großes Sterben.
41 D 193,3 Und die Hörner des Sommers verstummten ...

Die Metaphern „Höhle", „Grube", „Loch" für Wohnung sind letzten Endes mit den auf den Menschen bezogenen Tiermetaphern bedeutungsgleich. Indirekt verwandelt der Vergleich von Wohnungen mit Höhlen Menschen in Tiere, der Vergleich von Menschen mit Tieren Wohnungen in Höhlen. Beide besagen, daß die Menschen in ihrer alltäglichen, „gewohnten" Welt nicht mehr auf menschliche Weise „zu Hause" sind, sondern nur noch animalisch dumpf in ihr „hausen". Wie die metaphorische Verkehrung des Wohnens ins Hausen und der Tiervergleich zusammengehören, zeigt das groteske Bild aus ‚Die Mühlen':

> Und *die Müller* sitzen tagein, tagaus
> *Wie Maden* weiß in dem *Mühlenhaus*
> Und schauen oben zum Dache hinaus.　　　　　　　　　(166,2)

Der „enthumanisierende" Vergleich der Müller mit Maden ist nichts anderes als ein Bild für ihr Wohnen im „Mühlenhaus", das als tagtägliches „Sitzen" und „Hinausschauen" selbst wieder Bild für Langeweile, eintönig dumpfes Alltagsdasein, für sinnentleerte, gleichsam zermahlene Lebenszeit ist[42]. Dieselbe Bedeutung hat in ‚Berlin III' die groteske Umkehrung des Vergleichs von Wohnungen mit Löchern, wenn von den Gräbern eines Armenkirchhofs wie von Wohnungen gesprochen wird: die Toten „schaun" den Sonnenuntergang „aus ihrem Loch" und „sitzen strickend an der Wand entlang" (11, 3—4). Wie das „Sitzen" und „Hinausschauen" der Müller ist das „Sitzen", „Schaun" und „Stricken" der Toten Bild für entseelte, tote Zeit, paradox: „Zeit" von Toten. Der Vergleich der Toten mit Lebenden, die an einer Wand sitzen und stricken, besagt dasselbe wie jener Vergleich der Müller mit Maden: die Lebenden, deren Lebenszeit zur ewiggleichen, sinnentleerten Zeit depraviert ist, sind dem menschlichen Wesen entfremdet, gleichen Tieren oder Toten. Die lebenden Toten repräsentieren tote Lebende, ihre Gräber deren Behausungen. Und wenn diese Toten, während sie „Mützen aus Ruß" stricken, den „alten Sturmgesang" der Marseillaise singen, so versinnbildlichen sie obendrein den vergeblichen Protest gegen die tote, unveränderliche Zeit, groteske Parodie jener Welt, von der es in Heyms Tagebuch heißt: „Es ist immer das gleiche, so langweilig, langweilig, langweilig. Es geschieht nichts, nichts, nichts . . . Geschähe doch einmal etwas. Würden einmal wieder Barrikaden gebaut . . ."[43]

Mit der metaphorischen Gleichsetzung von Wohnung und Höhle, Grube und Grab nimmt das Wort „wohnen" selber die Bedeutung des dumpfen Dahinvegetierens, des unheimlichen Hausens und des Begrabenseins an.

42　s. a. u. S. 243 ff.
43　T 138 f., 6.7.1910.

Vom Bereich des lebenden Menschen auf einen außermenschlichen (Tiere, Leichen) übertragen, wird es in einem paradoxen, negativen Sinn verwandt, bezeichnet es statt Vertrautes und Gewohntes dessen Gegensatz, Fremdes und Unheimliches:

Die großen Spinnen wohnen in dem Farne . . .

(143,2 Aus grüner Waldnacht)

Im Laube *wohnt ein Schwan*, der auf das Nest
Den schwarzen Mantel seiner Schwingen faltet. (143,3 ebd.)

Des Herbstes Leid wohnt mir in weißen Brauen.
Und immer hör ich Schrei und Flügelschlag
Der *Dohlen, die im Ohr mir Nester bauen.* (164,5 Der Galgenberg)

Wir sind herunter. Seht, wir sind nun tot.
In weißen Augen *wohnt uns schon die Nacht*,
Wir schauen nimmermehr ein Morgenrot. (77,3 Die Morgue)

Bei den Toten ich rief,
Im abgeschiedenen Ort,
Wo *die Begrabenen wohnen* . . . (88,3 Mit den fahrenden Schiffen)

Der paradoxe Gegensatz zwischen Wortbedeutung und Wortgebrauch wird zum grotesken, wenn Leichen im Wasser „wohnen" und in den Wasserleichen Tiere „wohnen":

Und *eine Leiche wohnt* im tiefen Grund,
Um die *ein Aale-Volk* geschmeidig hüpft.
Uralt, ein Fisch, der ein zum Ohre schlüpft
Und wieder ausfährt aus dem offnen Mund. (99,6 Die Irren III)

Im Haar ein Nest von jungen *Wasserratten* . . . (57,1 Ophelia)

. . . . Viele Wochen war
Er *Gast bei Fischen.* Riecht doch, wie er stinkt.
Seht, *eine Schnecke wohnt* ihm noch *im Haar*,
Die spöttisch euch mit kleinem Fühler winkt. (97,4 Die Morgue)

— Der *Wasserratten* Fährte, die *bemannen*
Das weiße Schiff. Nun treibt es stolz von dannen,
Voll grauer Köpfe und voll schwarzer Felle.

Die Tote segelt froh hinaus, gerissen
Von Wind und Flut. *Ihr dicker Bauch* entragt
Dem Wasser groß, zerhöhlt und fast zernagt,
Wie eine Grotte dröhnt er von den Bissen. (21,5–6 Die Tote im Wasser)

Die provokatorische Sinnentleerung und Sinnverkehrung des Wortes „wohnen" durch seine paradoxe metaphorische Verwendung in grotesken Bildbezügen deutet hohnlachend darauf hin, daß der Sachverhalt, den der Begriff des Wohnens meint, in der Realität zu einem paradoxen geworden ist. Sie enthüllt den Widerspruch zwischen dem Schein des Heimischseins und der Wahrheit der Heimatlosigkeit des Menschen in einer dem menschlichen Wesen entfremdeten Menschenwelt. Die groteske Demaskierung des Sachverhalts durch die metaphorische Sinnverkehrung des Wortes, das ihn bezeichnen soll, wird auf die Spitze getrieben, wenn „wohnen" das genaue Gegenteil dessen ausdrückt, was es ursprünglich und herkömmlich bedeutet, wie in dem Bild der obdachlosen Bettler als „wohnender" Wohnungsloser:

> Und *Krüppel wohnen unter der Höfe Tor*
> Und reichen ihre Knochenfüße vor.   (139,4 Die Nacht II,1)

Dem sinnverkehrenden metaphorischen Wortgebrauch entspricht ein sinngemäßer in parodistischer Absicht. Das Gedicht ‚Die Pflanzenesser' parodiert die Esoterik und die hieratische Attitüde der deutschen Symbolisten, indem es diese mit „ernsten Heiligen" vergleicht, „in Harmonie wohnen" und „in Wolken thronen" läßt:

> Der Atem zittert euch von *Harmonie*,
> *Darinnen ihr* wie ernste Heilige *wohnt*,
> Dem Monde gleich, in goldener Magie,
> Der in der Regennacht in Wolken thront.   (158,5)

Wie die Entwicklung der Höhlenmetaphorik des Wohnens aus dem Jugendstilmotiv der Einsamkeit zeigt, bedeutet die Verwandlung der Wohnung in eine Höhle, die Verfremdung des Heims ins Unheimliche nichts anderes, als daß die reale Welt, in der die Menschen leben, ihnen keine „Heimat" mehr ist, daß sie sich ihnen entfremdet hat, und bedeutet die mit dieser Metaphorik vollzogene Verwandlung von Menschen in Tiere, daß der in einer ihm entfremdeten Welt lebende Mensch sich seinem eigenen Wesen entfremdet, seine Menschenwürde verloren hat. Die „Leere" von Zimmern, Häusern, Höfen, Brücken, Gassen und ganzen Städten, „die hohl wie Gräber auseinanderfallen", ist Metapher für die Entseelung des Lebens der Menschen in einer Welt, in der Dinge über Menschen und durch die Dinge Menschen anonym über Menschen herrschen und beide von den Mechanismen eines ihnen gegenüber sich verselbständigenden Herrschaftsapparats, dem von Naturbeherrschung, beherrscht werden. Wie die übrigen dämonisierenden Tiervergleiche zeigt die Höhlenmetaphorik des Wohnens den Rückschlag der Rationalität einer versachlichten Welt ins Irrationale, d. h. Blinde und Unmenschliche an. Wie die Dämonisierung der gesamten gegenständlichen Wirklichkeit durch die Tiermetaphern hat auch die dämonisierende metaphorische Verwandlung der Wohnung in eine Höhle eine enthüllende

Funktion, besagt sie doch, daß die gesamte Daseinsverfassung in der verdinglichten Welt der Industriegesellschaft die Menschen in ihren Städten, Wohnungen, Häusern, Zimmern nicht mehr „heimisch" und „geborgen" sein läßt, daß sie im ursprünglichen Sinn des Wortes nicht mehr „wohnen". Diesem Sachverhalt entsprechend höhlt Heyms metaphorischer Gebrauch von „wohnen" das Wort völlig aus und wendet seinen ursprünglich positiven Sinn paradox in einen gänzlich negativen um. Die Umwandlung des etwas spezifisch Menschliches bezeichnenden Begriffs „wohnen" in eine verbale Tiermetapher, die etwas Unheimliches, soviel wie „nisten" oder „hausen" bedeutet, will sagen, daß es Wohnen in der ursprünglichen Bedeutung des Wortes nicht mehr gibt und daß das Vorhandensein von Wohnungen über diesen Sachverhalt hinwegtäuscht. Dieser metaphorischen Verfremdung des Heims ins Unheimliche, weil es das Unheimliche verheimlicht, entspricht bei Kafka die reale Verwandlung des Zimmers Gregor Samsas in eine Höhle[44] oder das „Wohnen" des Landvermessers K. und Friedas in einer Turnhalle, wo sie am Tage den Gewaltakten der Lehrerin Gisa und nachts den Überfällen ihrer Katze ausgesetzt sind. Wie befremdlich auch die Bilder einer solchen demaskierenden Metaphorik des „Wohnens" auf den ersten Blick anmuten mögen: von *Heyms* Städten, „die hohl wie Gräber auseinanderfallen", oder von der „Leere" als des „Charakteristischen der Stadt", wie sie Aufzeichnungen *Kafkas* beschreiben[45], oder der Vergleich von Großstadtstraßen mit ungeheuren Schützengräben, von Zimmern und Wohnungen mit Höhlen und Unterständen bei *Gustav Sack*[46], von Wohnungen mit Kerkern bei *van Hoddis*[47] — sie veranschaulichen in einer Spätphase der Entwicklung des städtischen sozialen Wesens einen Sachverhalt, für den in ihrer Frühphase *Goethe* schon einer ähnlichen Metaphorik sich bediente:

... Bei meiner Geschichte mit Gretchen und an den Folgen derselben hatte ich zeitig in die seltsamen *Irrgänge* geblickt, *mit welchen die bürgerliche Sozietät unterminiert ist.* Religion, Sitte, Gesetz, Stand, Verhältnisse, Ge-

44 s. u. S. 105.

45 Franz Kafka, Hochzeitsvorbereitungen auf dem Lande, Frankfurt a. M. 1953, S. 291 f. und 324.

46 Gustav Sack, Der stille Gast, in: Gesammelte Werke, Berlin 1920, Bd. 2, S. 246 f., wo es von den Straßen einer Großstadt heißt: „... und ich wandelte in ihnen, als wären sie ungeheure Schützengräben, klaftertief in die Erde gehauen, ein grandioses Gewirr tiefster Gräben, in denen sich ein Gigantengeschlecht gegen einen unsichtbaren Feind geduckt und mit Pickel und Spaten eingegraben. Und die erhellten Scheiben, *die Zimmer und Wohnungen*, von denen du in deinem Schlößchen träumst, — *nichts als Höhlen und Unterstände*, zahllos wie der Sand am Meer, in die sich ein Millionenheer verkrochen hat und Deckung sucht gegen die ungeheuren Geschosse, die aus dem dunklen Himmel auf sie niederfahren ..." (Hervorhebungen K. M.).

47 Dann siehst du Menschen *wie in Kerkern wohnen*,
In Zimmern hockend, jedem Blick bedrängt.
(Jakob van Hoddis, Weltende, Ges. Dichtgn., Zch. 1958, S. 51)

wohnheit, alles beherrscht nur *die Oberfläche des städtischen Daseins.* Die von herrlichen Häusern eingefaßten Straßen werden reinlich gehalten, und jedermann beträgt sich daselbst anständig genug; aber *im Innern* sieht es öfters um desto wüster aus, und *ein glattes Äußere übertüncht,* als ein schwacher Bewurf, *manches morsche Gemäuer, das über Nacht zusammenstürzt* und eine desto schrecklichere Wirkung hervorbringt, als es mitten in den friedlichen Zustand hereinbricht[48].

Und in Stifters Aufzeichnungen ‚Aus dem alten Wien' (1844) findet sich bereits der für die Biedermeierzeit erstaunliche Höhlen-Vergleich:

> *Wir sind in großen Städten Troglodyten,* nur sind wir freilich nicht so einfältig wie die alten Egyptier, die anfangs gar warten mußten, bis irgendwo in einem Felsen eine Höhle war, die sie dann sofort bewohnten, später aber doch darauf kamen, selber in die Steine Wohnhöhlen zu bohren — wir sind, sage ich, nicht mehr so einfältig, sondern *wir führen uns den Felsen samt den Höhlen gleich aus schönen Ziegeln auf, und wohnen darinnen ...*[49]

Der Text spricht dann weiter von Großstadtwohnungen als von „Wohnhöhlen"[50].

Sowohl die direkten Tiervergleiche wie die Höhlenmetaphorik des Wohnens bestätigen, was die Interpretation der Gedichte ‚Berlin I' und ‚Der Krieg' ergab und auch aus der Genealogie des personifizierenden Verfahrens zu ersehen war: daß die dämonisierende Verfremdung und Verwandlung der gegenständlichen Wirklichkeit ins „Mythische" mit einem archaischen Animismus nichts zu tun hat. Die direkten Tiervergleiche insofern, als die einen, mit der gefährlichen oder bösen Tiergestalt als Vergleichsbild, die Übermacht einer dem Menschen entfremdeten Wirklichkeit versinnbildlichen — die anderen, mit der schwachen oder abstoßenden Tiergestalt als Vergleichsbild, die Ohnmacht des Menschen gegenüber jener Übermacht, und beide als komplementäre metaphorische Ausdrucksformen auf eine und dieselbe Daseinsverfassung hindeuten, auf den inneren Widerspruch im Wesen der kollektivierten modernen Gesellschaft. Die Verfremdung gar des „Heims" ins Leere, Hohle, Unheimliche, die Verwandlung der Wohnung in eine Höhle, Grube, ein Loch, Grab usw. ist der eindeutige Ausdruck der Entfremdung des Menschen von seiner gegenwärtigen Welt, seiner Selbstentfremdung im alltäglichsten Dasein.

Daß die metaphorischen Ausdrucksformen Heyms, also auch die Tier- und Höhlenmetaphern keine willkürlichen subjektiven Umformungsschemata

---

48 Goethe, Dichtung und Wahrheit, II,7, Jubil.Ausg. Stuttg. o.J., Bd.23, S.85 (Hervorhebungen K.M.).
49 Adalbert Stifter, Gesammelte Werke, Insel-Ausgabe, Wiesbaden 1959, Bd.6, S.91 (Hervorhebungen K.M.).
50 ebd. S.92 f.

sind, die Gegenständlich-Wirkliches „umwerten", vielmehr einen objektiven Sinn haben, das Wesen oder „Innere" dessen aufdecken, was in der gegenständlichen Wirklichkeit erscheint, ist jeweils nur aus der Funktion einzelner Bilder und Metaphern im Ganzen eines Gedichts und aus der Struktur des Gesamtwerks einzusehen. Insofern sie Ausdruck eines in der Realität selbst vorhandenen Widerspruchsverhältnisses zwischen Subjektivem und Objektivem sind, spricht aus ihnen das allgemeine menschheitliche Subjekt, nicht das psychologische des Dichters. Vom psychologischen Bereich subjektiv individuellen „Erlebens" scheiden sie sich schon dadurch ab, daß das lyrische „Ich" in den meisten Gedichten Heyms verschwunden ist und daß die Metaphorik Heyms vom „Wie"-Vergleich zur absoluten Metapher übergeht, die das Vergleichsbild als etwas Wirkliches setzt, nicht mehr das Wirkliche durch ein Vergleichsbild umschreibt. Die absolute Metapher zielt auf eine Wahrheit ab, die durch die dinghaft gegenständliche Wirklichkeit verdeckt wird und daher in Kategorien des empirischen Denkens oder der Psychologie nicht zu fassen ist. Um den objektiven Sinn dessen, was die Tier- und Höhlenmetaphern meinen, vor einer psychologischen Relativierung zu sichern, hat ihnen Kafka den Vergleichscharakter ganz abgestreift und das Metaphorische als Realität dargestellt. In der Erzählung ‚Die Verwandlung' wird Gregor Samsa nicht mit einem ungeheuren Ungeziefer verglichen, sondern wacht eines Morgens realiter als ein solches auf, und obwohl es bis in anatomische Einzelheiten hinein naturalistisch genau beschrieben wird, wies Kafka den Illustrator darauf hin, daß es keinesfalls gezeichnet werden könne, d. h. daß es nicht der dinglich-gegenständlichen Vorstellungswelt angehört. Ebenso wird Gregors Zimmer nicht mit einer Höhle verglichen, sondern realiter in eine verwandelt: ausgeräumt bis auf das Attribut des gemütlichen Heims, das „Kanapee", unter dem das Unheimliche in Gestalt des ungeheuren Insekts sich verborgen halten muß. „Hatte er wirklich Lust, das warme, mit ererbten Möbeln gemütlich ausgestattete *Zimmer in eine Höhle verwandeln* zu lassen, in der er dann freilich nach allen Richtungen ungestört würde kriechen können, jedoch auch unter gleichzeitigem schnellen, gänzlichen *Vergessen seiner menschlichen Vergangenheit?*"[51] Mit der realen Verwandlung Gregors in ein Ungeziefer und seines Zimmers in eine Höhle zwingt Kafka den Leser, die durch die gesellschaftlich vorgegebenen Formen der Selbsterhaltung über die Menschen, und seien es die engsten Verwandten, verhängte Entfremdung voneinander und sich selbst[52] als Wahrheit zu realisieren.

51 Franz Kafka, Die Verwandlung, in: Erzählungen, Gesammelte Werke, S. Fischer Lizenzausgabe o. J., S. 110 (Hervorhebungen K. M.).
52 Siehe dazu Wilhelm Emrich, Franz Kafka, Bonn 1958, S. 119 f.

c) Übergang vom Tiervergleich zur absoluten Tiermetapher: Heyms Erzählung ,Der Irre'

Ein Übergang vom Vergleichsbild zur absoluten Metapher, durch die sich die Wahrheit des metaphorisch Gemeinten als ernstzunehmende Wirklichkeit aufzwingt, vollzieht sich schon mit den zahlreichen Tiermetaphern in Heyms Erzählung ,Der Irre'[53]. Die Gestalt des Irren ist in ihr nicht nur Gegenstand einer psychologischen Darstellung des Abnormen, eines pathologischen Falls. Der Wahnsinn erscheint vielmehr als extreme, aber exemplarische Antwort auf den Normalzustand der Welt, zu der dieser Irre gehört wie Moosbrugger zu der von Musil im ,Mann ohne Eigenschaften' dargestellten. Das ganze Verhalten des Irren und seine scheußlichen Mordtaten sind ein einziger zwangswahnhafter Protest gegen eine Zwangswelt. Repräsentiert wird sie durch das *Irrenhaus*, das er als geheilt verläßt, und durch das *Warenhaus*, wo er erschossen wird. Die Anstalt verläßt er in der Absicht, die „Ungerechtigkeit", daß man ihn einsperrte, an der ganzen Welt, die dieses „Theater mit ihm aufgestellt" hatte, zu rächen: „So, und nun sollte die Welt etwas erleben." (D 217) Mag auch dieses Unrecht subjektive Zwangsvorstellung sein, so stellt sich in den Reflexionen über die Welt und sich selbst, deren dieser Irre fähig ist, die Welt als so geartet dar, daß die in ihr herrschende Beziehungslosigkeit und Gewalttätigkeit der Menschen solche Zwangsvorstellungen erzeugen. Wut und Angst, Bestialität und Sentimentalität, Gefühlsrausch und Nüchternheit, Wahnsinn und kalt reflektierender Verstand, zwischen denen der Irre hin- und hergerissen wird, manifestieren auf extreme Weise den Zerfall des individuellen Bewußtseins in der Entfremdung des Menschen vom Mitmenschen und von seinem eigenen menschlichen Wesen, die das blinde Gesetz ist, das die von dem Irren bekämpfte Welt und ihn selbst im Kampf gegen sie bestimmt. Veranschaulicht wird sie durch Tiervergleiche, die bis zur realen Gleichsetzung von Mensch und Tier gehen:

Nach der Ermordung zweier Kinder tanzt der Irre um ihre Leichen herum: „Dabei schwang er seine Arme *wie ein großer Vogel*, und das Blut daran sprang um ihn wie ein feuriger Regen" (222). Einmal sieht sich der Irre selbst als Tier:

> Plötzlich sah er *das Tier* wieder, *das in ihm saß*. Unten zwischen dem Magen, *wie eine große Hyäne*. Hatte die einen Rachen. Und das Aas wollte 'raus. Ja, ja, du mußt 'raus. Jetzt *war er selber das Tier*, und auf allen vieren kroch er die Straße entlang. . . . Er bellte laut wie ein Schakal. (224 f.)

---

53 D 217–236.

Als er, um mit seiner Frau „abzurechnen", in seine frühere Wohnung einbricht, findet er sie leer und verwahrlost. In der Küche läuft eine Ratte herum. Auch hier wieder die Verwandlung der Wohnung in eine Höhle und der in ihr hausenden Menschen in Tiere; denn in der Ratte sieht der Irre seine Frau:

> Da sah er eine leere Wohnung. Links war die Küche, rechts die Stube. Die Tapete war abgerissen. Überall auf der Diele lag Staub und abgefallene Farbe. So, seine Frau hatte sich also verkrochen. Er rannte die vier Wände der leeren Stube ab, den kleinen Korridor, das Klosett, die Kammer. Nirgends war etwas, alles leer. In der Küche auch nichts. Da sprang er mit einem Satze auf den Kochherd.
> Aber da war sie ja, da lief sie ja herum. Sie sah aus *wie eine große graue Ratte*. So also sah sie aus. Sie lief immer an der Küchenwand entlang, immer herum, und er riß eine eiserne Platte von dem Ofen und warf sie *nach der Ratte*. Aber die war viel flinker. (228)

In der Identifikation der „großen, grauen Ratte" mit der Frau — „So also sah sie aus" — ist der Übergang vom metaphorischen Vergleich zur absoluten Metapher, die das Vergleichsbild als Realität setzt, vollzogen. Was in der Küche herumläuft, ist wirklich eine Ratte. Der Irre aber sieht in ihr seine Frau und vergleicht sie mit einer Ratte: „Sie sah aus wie . . .". Kafkas Realsetzungen von Tiermetaphern sind hier schon vorgebildet. — Als der Irre von der Galerie des Warenhauses auf die unter ihm hinströmenden Menschen hinabsieht, die *„wie unzählige schwarze Fliegen* mit ihren Köpfen, Beinen und Armen in ewiger Bewegung ein ewiges Summen hervorzubringen schienen"* (231), wird er nicht wie anfangs einem großen Vogel verglichen, sondern es heißt:

> *Er war ein großer weißer Vogel* über einem großen einsamen Meer, gewiegt von einer ewigen Helle, hoch im Blauen. Sein Haupt stieß an die weißen Wolken, er war Nachbar der Sonne, die über seinem Haupte den Himmel füllte, eine große goldene Schale, die gewaltig zu dröhnen begann.
> Seine Schwingen, weißer als ein Schneemeer, stark, mit Achsen wie Baumstämme klafterten über den Horizont, unten tief in der Flut schienen purpurne Inseln zu schwimmen, großen rosigen Muscheln gleich. Ein unendlicher Friede, eine ewige Ruhe zitterte unter diesem ewigen Himmel.
> Er wußte nicht, flog er so schnell, oder wurde das Meer unter ihm fortgezogen. Das also war das Meer . . . .
> Teufel, was war es doch schön, *ein Vogel zu sein*. Warum war er nicht schon lange ein Vogel geworden? . . . (232)

Diesmal ist die Tiermetapher, der riesige weiße Vogel über einem einsamen Meer, keine dämonisierende wie vorher *Hyäne, Ratte* u. a., sondern eine verklärende, heroisierende Jugendstilmetapher für Einsamkeit, Schönheit,

Größe. Hoch über der von ihm bekämpften Welt schwebend, „Nachbar der Sonne", hat der Irre die trügerische Vision, von dieser Welt erlöst zu sein. Wiederum wird die Metapher als Realität gesetzt, der Irre „war" ein großer weißer Vogel, ja er wollte in das Lichtmeer „herabtauchen", d. h. sich in die Halle des Warenhauses hinabstürzen, dessen Kronleuchter er für die Sonne und dessen spiegelnde Auslagen er für das Meer hält. Als ein Ladenmädchen ihn daran hindern will, springt er „mitten in die japanischen Gläser, in die chinesischen Lackmalereien, in die Kristalle von Tiffany"[54] und stürzt sich auf sein letztes Opfer. Jetzt, unter den Trümmern des Jugendstil-Kunstgewerbes, sieht er seinen Jugendstiltraum dahinschwinden, erkennt er, daß er „nur ein armes Aas" ist (233). Gleich darauf wird er durch einen Gewehrschuß getötet und fällt „unter die klirrenden Gläser". Der Sterbende aber glaubt in die Tiefe jenes Lichtmeeres zu sinken, in die er als großer weißer Vogel hatte hinabtauchen wollen.

Heyms Erzählung wäre nur eine Sensationsgeschichte, wenn sie eine Art Amokläufer in dem Irren schilderte. Dessen Wahnwelt und die „normale", gegen die sich seine wahnsinnigen Racheakte richten, erscheinen jedoch so aufeinander bezogen, daß der Wahnsinn nicht den Charakter des Zufälligen hat. Er wird nicht näher motiviert, weist aber ständig auf seinen dunklen Ursprung zurück: auf den Widerspruch zwischen der Art der Vergesellschaftung des Menschen in der industrialisierten Welt des beginnenden 20. Jahrhunderts und seiner tatsächlich abgeschnittenen Existenz in ihr, auf den Widerspruch zwischen ihrer äußeren Ordnung und ihrem inneren Chaos, zwischen ihrer glanzvollen Fassade und dem materiellen und seelischen Elend dahinter. Zur geordneten Welt dieser Massengesellschaft gehört zunächst die Wohnung, zu der dem Entlassenen den Weg ein rauchender Schornstein weist: „Den kannte er, der war nicht weit von seiner Wohnung" (219). Es ist eine Mietskasernenwohnung, in deren Küchentür beim Toben des Zurückgekehrten zwei Männer „und dahinter ein Haufen von Frauen" erscheinen, „die an ihren Schürzen ein ganzes Bataillon kleiner Kinder nachzogen" (229). Der Charakterisierung dieser seiner Umwelt entsprechend, repräsentiert der namenlose Irre die anonyme großstädtische Massenexistenz. Zur Ordnung jenes gesellschaftlichen Ganzen aber, aus dessen Dunkel unmotiviert der Wahnsinn hervorbricht, gehört weiter das Irrenhaus, das in den Selbstgesprächen des Irren durch dessen Reflexionen hindurch als eine Zwangsanstalt geschildert wird, in der Geisteskranke statt

---

54 L. C. Tiffany (1848—1933), Hauptvertreter des amerikanischen Jugendstil-Kunstgewerbes, stellte blumenförmige Gläser mit irisierendem Glanz her, die in Europa großen Anklang fanden. (Vgl. ‚Um 1900 — Art Nouveau und Jugendstil', Zürich 1952, S. 12 u. Abb. 24; ferner ‚Jugendstil'-Katalog d. Museums f. Kunsthandwerk, Frankfurt a. M. 1955, S. 24)

geheilt oder gepflegt nur unschädlich gemacht werden. Wie sich das Anstalts-
personal zu den Kranken verhielt, „war ja rein zum Verrücktwerden",
reflektiert der Verrückte (217). Wenn er sich trotzdem dorthin zurücksehnt,
als er im Menschenstrom der Großstadtstraßen treibt, so ist dies ein kaum
überbietbares Bild für das Abgeschnittensein des Einzelnen in den Kommu-
nikationsformen des Ganzen:

> Da waren ziemlich viele Menschen, die an ihm vorübergingen, ohne auf ihn
> zu achten. Eine elektrische Bahn fuhr vorbei. Ihn überkam das Gefühl einer
> grenzenlosen Verlassenheit, das Heimweh packte ihn mit aller Gewalt. Am
> liebsten wäre er auf der Stelle nach der Anstalt zurückgelaufen. . . . (226)

> Er kam durch ein paar volle Straßen, über einen Platz, wieder durch Straßen.
> Ihm wurde unbehaglich in den Menschenmassen. Er fühlte sich beengt, er
> suchte nach einem stillen Winkel, wo er sich hinlegen konnte. . . . (230)

Die glänzende Außenseite jener geordneten Welt repräsentiert das riesige
Warenhaus, das dem Irren als eine „feine Kirche" erscheint, wo ihm bei der
Vorführung eines Harmoniums „ganz feierlich zumute" wird, wo er im
Fahrstuhl „wie ein Vogel" in die Höhe und dann a l s Riesenvogel über
einem Lichtmeer schwebt, aus dieser Illusion aber herausgerissen und er-
schossen wird.

Die ständige Konfrontation der Gestalt des Irren mit den Erscheinungsformen der industriellen Massengesellschaft, vor allem der sinnbildliche Tod
im Warenhaus, läßt keinen Zweifel darüber, daß sie, wie das kannibalische
Kriegsungeheuer in dem Gedicht ‚Der Krieg', sowohl den subjektiven Protest gegen den universellen Zwangscharakter dieser Gesellschaft verkörpert
als auch deren eigenes Prinzip: die unter der Oberfläche von Ordnung,
Kommunikation und Komfort herrschende Entfremdung der Menschen voneinander und sich selbst als die tiefere Ursache von Wahnsinn und Verbrechen. Die Konfrontation des Wahnsinnigen mit dieser Welt bedeutet die
Konfrontation dieser Welt mit ihrem eigenen Wahnsinn.

Aus dem ganzen Bild-, Metaphern- und Sinngefüge dieser Erzählung
geht besonders deutlich hervor, daß Heyms Tiervergleiche, die hier mit der
realen Gleichsetzung von Mensch und Tier — der Irre als Hyäne und Vogel,
die Frau als Ratte — bereits den Übergang zur absoluten Tiermetapher vollziehen, weder mit einem archaischen Animismus etwas zu tun haben noch
einer zeitlos mythischen Phantasie entspringen, daß sie vielmehr metaphorischer Ausdruck sind für die Entstellung und Depersonalisation des Menschen in einer am Widerspruch von Planung und Anarchie erkrankten Gesellschaft.

In dieser grundsätzlichen Funktion können jedoch die Tiermetaphern ver-

schiedene, scheinbar entgegengesetzte Bedeutungen haben. Die metaphorische Gleichsetzung des Irren mit einer Hyäne und seiner Frau mit einer
Ratte hat einen anderen Charakter als die metaphorische Verwandlung des
Irren in einen riesigen weißen Vogel. Im einen Fall verfremdet die Tiermetapher den Menschen ins Untermenschliche, hat also einen negativen Sinn,
„dämonisiert". Im andern Fall verklärt sie den Menschen ins Übermenschliche, denn als großer weißer Vogel ist der Irre „Nachbar der Sonne", in
einem Himmel, der von derselben „ewigen Musik", die den Sterbenden mit
einer „unermeßlichen Seligkeit" erfüllt, „gewaltig zu dröhnen" beginnt; hier
hat die Tiermetapher einen positiven Sinn. Negativ und positiv tauschen jedoch die Rollen im Funktions- und Sinnzusammenhang der ganzen Erzählung. Insofern nämlich die negative, dämonisierende Tiermetapher die Entstellung des menschlichen Wesens in der Gesamtverfassung der dargestellten Wirklichkeit enthüllt, hat sie eine positive Erkenntnisfunktion. Insofern
sich aber die Vogelvision als Illusion erweist, hebt sich der positive Sinn
dieser verklärenden Tiermetapher in einen negativen auf: Die Utopie des
vergöttlichten Menschen, des mit sich selbst versöhnten, in einem ewigen
Frieden in sich selber seligen Lebens bleibt Halluzination eines Irren und
Sterbenden. Daß in Heyms Erzählung die Idee des mit sich selber versöhnten
Lebens nur noch in der Vorstellung eines Irren, nur wahnhaft, entstellt und
pervertiert gedacht wird, bedeutet, daß sie in der dem Irren zugeordneten
und konfrontierten Welt nicht nur weder realisiert noch realisierbar ist, sondern überhaupt nicht mehr wahr und richtig gedacht werden kann. Veranschaulichen die auf den Menschen bezogenen Tiermetaphern Heyms
grundsätzlich die Entfremdung des Menschen von seinem eigenen Wesen,
so haben sie in ihrer jeweils verschiedenen Bedeutung die Funktion, die
extremen Gegensätze darzustellen, in die das Leben der Menschen in einer
dieser Idee, d. h. der Bestimmung des Menschen nicht entsprechenden Wirklichkeit aufgespalten ist. Kafka stellt dann in Erzählungen wie ‚Der Bau'
und ‚Forschungen eines Hundes' eine solche Wirklichkeit gar nicht mehr als
eine menschliche dar, sondern in verschiedenen Tiergestalten die verschiedenen Spannungsextreme des menschlichen Daseins in ihr.

Im mythologischen Apparat, in den Personifikationen und Tiermetaphern
tritt das „Mythische" der dichterischen Bilderwelt Heyms am auffallendsten
in Erscheinung. Obwohl sie sich hierin der archaisch-mythischen Anschauungswelt verwandt zeigt, darf sie dieser nicht gleichgesetzt werden, denn in
ihrer expressiven Schicht, um die es hier geht, sind die Elemente der konventionellen antiken Mythologie verfremdet, haben die nach deren Mustern gebildeten Personifikationen einen völlig veränderten Sinngehalt und die

Tiermetaphern nach Struktur und Funktion eine ganz andere Bedeutung als vorgeschichtliche Tiermythen. Schon in der Phänomenologie und Genealogie dessen, was am ehesten mit archaisch-mythischen Anschauungen verwechselt werden könnte und wurde, stellte sich die dichterische Mythologie des Expressionismus bei Heym als eine Mythologie der Moderne dar, und zwar nicht in dem positiven Sinn[55], den die von Novalis und Friedrich Schlegel als „Zentrum" der Erneuerung der Poesie, ja der Menschheit, geforderte „neue Mythologie" hatte[56], vielmehr im negativen Sinn einer Dämonologie des industriellen Zeitalters. Dieser ihr geschichtlicher Sinn wird sich noch deutlicher in der ebenfalls dämonisierenden Funktion der statisierenden und dynamisierenden Metaphern enthüllen, deren Bedeutung nur aus einem bestimmten Bewußtsein von Zeit verstanden werden kann und im folgenden aus dessen phänomenologischer Analyse entwickelt werden soll. Auch die dämonisierenden Farbmetaphern Heyms, die ein wesentliches Element seiner „mythologisierenden" expressiven Bildersprache darstellen, bedürfen einer besonderen Untersuchung auf der Grundlage der Analyse des Zeitbewußtseins.

Von einer Genealogie des Mythischen in der Dichtung Heyms war und ist auch weiterhin in einem dreifachen Sinn die Rede: Genesis des Mythischen im dichterischen Verfahren (Personifikationen, Metaphern usw.), Genesis der entfalteten dichterischen Mythologie Heyms aus dem Jugendstil[57],

---

55 Im Gegensatz zu Ferd. Jos. Schneider, a. a. O., S 85 f.

56 Fr. Schlegel, Schriften und Fragmente, Stuttgart 1956, S. 125 f.

57 Expressive Schicht und Jugendstilschicht im Gesamtwerk Heyms sollen hier zunächst in einem phänomenologischen, nicht chronologischen Sinn unterschieden werden. In der Gesamtausgabe der ‚Dichtungen' (1922) sind Gedichte mit eindeutigem Jugendstilcharakter sowohl in der von Heym selbst herausgegebenen ersten Sammlung ‚Der Ewige Tag' wie in den nach seinem Tod von seinen Freunden veröffentlichten Sammlungen ‚Umbra Vitae' und ‚Der Himmel Trauerspiel' vertreten. Am häufigsten begegnen sie jedoch im ‚Ewigen Tag' (1911): ‚Der Schläfer im Walde', ‚Bist du nun tot?', ‚Styx', ‚Columbus', ‚Der Abend', ‚Herbst', ‚Der Tag', ‚Der Tod der Liebenden', ‚Schwarze Visionen' u. a. Heym selbst hat durch die Anordnung seiner Gedichte im ‚Ewigen Tag' dazu beigetragen, die Bestimmung ihrer Entstehungszeit zu erschweren, indem er nicht chronologisch verfuhr, sondern seine künstlerisch fortgeschritteneren Großstadtgedichte (‚Dichtungen' S. 7—21) den offensichtlich früher entstandenen, z. T. noch impressionistischen und symbolistischen Gedichten voranstellte (‚Der Tag' S. 53 f. gehört zeitlich in die Nachbarschaft der teilweise schon 1910 veröffentlichten Marathon-Sonette, ‚Fronleichnamsprozession' ist 1908 in Heyms Würzburger Zeit konzipiert). In der nachgelassenen, dichterisch bedeutendsten Sammlung ‚Umbra Vitae' (1912), deren Titel noch Heym selbst bestimmte, finden sich nur ganz wenige reine Jugendstilgedichte: ‚Der sterbende Faun', ‚Die Tänzerin in der Gemme' und ‚Die Messe', dagegen schon offenkundige Jugendstilparodien wie ‚Die Somnambulen' und ‚Das infernalische Abendmahl'. Bei den sehr ungleichartigen und ungleichwertigen „Gedichten aus dem Nachlaß", die K. Pinthus und E. Loewenson unter dem Titel ‚Der Himmel Trauerspiel' herausgaben, bleibt die Frage ihrer Chronologie bis zum Erscheinen des gesamten Nachlasses und vielleicht auch dann noch offen. Neben einigen reinen Jugendstilgedichten, wie ‚Tod des Pierrots' und ‚Gina', und Gedichten mit Jugendstilelementen, wie ‚An das Meer' und ‚Sehnsucht nach Paris', begegnet hier eine ganze

Genesis derselben Mythologie aus der Gesamtverfassung eines geschichtlich-gesellschaftlichen Daseins. Diese Aspekte sind zwar zu unterscheiden, aber die beiden stilgenetischen und der geschichtlich-gesellschaftliche nicht zu isolieren. Die Genesis des mythologisierenden Verfahrens als Stilphänomen bleibt unerklärlich ohne die Genesis der in ihm verfolgten Intentionen aus dem Verhältnis des dichterischen Subjekts zum geschichtlichen Zustand der Wirklichkeit. Dieses Verhältnis war bereits in den gegebenen Gedichtinterpretationen näher zu bestimmen und soll nun als grundlegend für die ganze Dichtung Heyms aus ihren zentralen Motiven und Bildkomplexen erschlossen werden.

Reihe bewußter Jugendstilparodien: ‚Die Pflanzenesser‘, ‚Luna‘, ‚Der Wald‘, ‚Die Städte im Walde‘, ‚Der Park‘ u. a. Ferner enthält die letzte Sammlung unter dem Titel ‚Der Tod der Liebenden im Meer‘ (D 148) eine veränderte Fassung des Gedichts ‚Der Tod der Liebenden‘ aus dem ‚Ewigen Tag‘, in der typisch jugendstilhafte Elemente getilgt sind, und zu dem Gedicht ‚Der Tag‘ aus der ersten Sammlung eine gleichnamige Variation desselben Motivs, mit der es ähnlich steht (s. u. S. 278). Aus alldem läßt sich schließen, daß der phänomenologischen Unterscheidung von Jugendstilschicht und (überwiegender) expressiver Schicht aufs Ganze gesehen auch eine chronologische Entwicklung entspricht. Schon W. Kohlschmidt hat (a. a. O., S. 9) darauf hingewiesen, daß Heyms „pathetisch-visionärer“, d. h. expressiver Stil Naturalismus und Symbolismus „zertrümmert“ — wir würden sagen: beide in sich „aufhebt“ — und daß Heym den Jugendstil bereits parodiert (a. a. O., S. 12 f.). Wenn sich andererseits bei Heym noch reine Jugendstilgedichte finden — bezeichnenderweise am meisten im ersten Gedichtband, der auch noch keine Jugendstilparodien enthält — so vertreten sie stilgenetisch eine frühere Stufe. Sollten solche Gedichte — etwa ‚Der sterbende Faun‘ im zweiten, ‚Tod des Pierrots‘ im dritten Gedichtband — auch noch entstanden sein, als Heym bereits neue Ausdrucksformen gefunden hatte, so würde es sich um Einzelfälle einer rückläufigen Tendenz handeln, die am deutlich hervortretenden Gesamtzug seiner künstlerischen Entwicklung nichts änderten, zumal diese sich in der knappen Zeitspanne von etwa zwei Jahren, zwischen 1910 und 1912, vollzog.
Eine eingehende Untersuchung der symbolistischen „Frühschicht“, eine Bestandsaufnahme der Jugendstilelemente im Gesamtwerk Heyms liegt nicht im Rahmen unseres Themas. Da aber die Frage nach dem Sinn der dichterischen Mythologie des Expressionismus bei Heym zugleich eine Frage nach deren Ursprung ist, muß uns der Ü b e r g a n g von Jugendstil in Expressionismus beschäftigen. In der Gesamtausgabe der ‚Dichtungen‘ tritt er deutlich genug in Erscheinung: in der Verfremdung und Deformierung der antikisierenden mythologischen Elemente des Jugendstils (s. o. S. 83 f.), in der desillusionierenden Abwandlung der dem gesamten Jugendstil zentralen Sonnensymbolik (s. u. VI. Kap.), im Funktionswandel der Farbmetaphern (s. u. VIII. Kap.), in der Ablösung einer idealistischen durch eine fatalistische Mythologie der Geschichte (s. u. VII. Kap. S. 313 ff.) usw. Bei der Betrachtung solcher Übergangs- und Umschlagsphänomene, insbesondere bei der vergleichenden Interpretation von Gedichten mit verwandten Motiven, aber verschiedenem Stilcharakter und Sinngehalt, wie von ‚Der Tag‘, ‚Kata‘ und ‚Simson‘ (s. u. VI. Kap.), von ‚Columbus‘ und ‚Louis Capet‘ (s. u. VII. Kap.), werden sich bestimmte Kriterien der Unterscheidung von Jugendstil und Expressionismus ergeben. (Vgl. hierzu auch Volker Klotz, Jugendstil in der Lyrik, Akzente 1957, H. 1, S. 26—34).

III. Die Toten

1. Verhältnis des dichterischen Subjekts zur gesellschaftlichen Wirklichkeit

Sämtlichen bisher betrachteten Erscheinungsformen des Mythischen in der Dichtung Heyms ist gemeinsam, daß sie die gegenständliche Wirklichkeit ins menschlich Inkommensurable, ins Außer- und Untermenschliche verfremden. Es war einzusehen, daß sie damit die geschichtliche Erfahrung der Entstellung des Menschenwesens durch die Mächte und Zwänge der modernen Massengesellschaft und den Protest gegen sie ausdrücken, daß sie vermöge der Widerspiegelung, d. h. durch Bewußtmachen dessen, was sich in der Realität ankündigte und vollzog, gesellschaftskritische Bedeutung haben. Mit solchen Ausdrucksformen aber nimmt Lyrik im Expressionismus einen Charakter an, der den überkommenen, besonders an der Tradition der deutschen Lyrik vom Sturm und Drang bis zur Neuromantik gebildeten Vorstellungen vom Wesen des Lyrischen widerstreitet. Die Sprache des lyrischen Subjekts ist nicht mehr die des spontanen individuellen Gefühls oder Erlebens, aus der die Stimme der unverstellten, lebendigen Menschennatur unmittelbar zu vernehmen wäre. Was in der Lyrik Heyms und der expressionistischen allgemein nach „Ausdruck" verlangt, ist vielmehr der Widerstand der Individuen auf verlorenem Posten gegen die kollektiv verhängte Entfremdung der Menschen voneinander und ihr entstelltes, nicht mehr menschengemäßes Leben: „Das Leben liegt in aller Herzen wie in Särgen", heißt es bei Else Lasker-Schüler[1], „Wie wahr, daß wir schon alle lange starben" bei Däubler[2], „Sag wie lang wir gestorben sind" bei Trakl[3]. Weil es etwas Allgemeines, das durch den geschichtlichen Weltzustand bedingte und daher auch als „Weltende" angeschaute Verhängnis „aller" ist, um das es der expressionistischen Lyrik geht, verstummt in ihr das individuelle, persönliche Ich des Dichters[4]. Nur ganz selten spricht in Gedichten Heyms noch ein „Ich", das sich mit dem Ich des Autors identifizieren ließe, wie das in der sogenannten Erlebnislyrik der Fall war. Die

---

1 in ‚Weltende', Dichtungen und Dokumente, München 1951, S. 88.
2 Goldene Sonette I, in ‚Der sternhelle Weg', Lpz. 1919, S. 21.
3 in ‚Entlang', Georg Trakl, Die Dichtungen, Salzburg 1938, S. 122. — S. a. Th. W. Adorno, Minima Moralia, Ffm. 1951, S. 364.
4 Vgl. a. Hugo Friedrich über „Enthumanisierung" und „ichlose Aussage" bei Rimbaud, a. a. O., S 52 f.

inneren Monologe aber eines „Rollen-Ich", eines Mörders, eines Blinden, eines Irren oder gar eines Toten spiegeln gerade das Sich-selber-Verlieren, die Auflösung der Identität der Person:

> Bin ich denn der, der einst bei dir geruht ...
> Bin ich denn der, der so voll Zorn gebrannt ...   (25,4–5 Bist du nun tot?)

> ...... Stets durch Grabesnacht
> Und rote Dunkelheit werd' ich gebracht
> In grauenvollem Fasten und Karenz.   (20,4 Der Blinde)

> Ich bin allein im stummen Wetterland,
> Ich, der Jerusalem vom Kreuz geschaut,
> Jesus dereinst. Der nun den Brotranft kaut,
> Den er im Staub verlorner Winkel fand.   (100,3 Die Irren III)

> Er hatte drei der Töchter. Welche nur?
> Er war ein König vor geraumer Zeit.   (140,4 Arabeske)

> Wie süß ist es, zu träumen nach den Leiden
> Den Traum, in Licht und Erde zu zerfallen,
> Nichts mehr zu sein, von allem abzuscheiden
> Und wie ein Hauch der Nacht hinabzuwallen ...
>   (23,3 Der Schläfer im Walde)

In einem geschichtlichen Zustand, dessen Tendenz auf das Absterben von Individualität hinausläuft, zeigt sich im Verschwinden des lyrischen Ich aus der Lyrik das Problematischwerden des individuellen Ausdrucks von Lyrik selber an. Nur noch als verlorenes, sich selber fremdes, nicht lebendes Ich spricht das dichterische Ich bei Heym.

MEINE SEELE
Gologangi gewidmet

> Meine Seele ist eine Schlange,
> Die ist schon lange tot,
> Nur manchmal in Herbstesmorgen,
> Entblättertem Abendrot
> Wachse ich steil aus dem Fenster,
> Wo fallende Sterne sind,
> Über den Blumen und Kressen
> Meine Stirne spiegelt
> Im stöhnenden Nächte-Wind.   (122)

Am Motiv und an den Ausdrucksformen dieses Gedichts tritt die Antinomie zutage, die alle expressionistische Lyrik zu bewältigen trachtet: Sie will lyrisch, d. h. subjektiv dem Sprache verleihen, was über das unmittelbare

Wahrnehmen, Fühlen und Erleben des empirischen Subjekts hinausgeht und sich deshalb sprachlich auch nicht unmittelbar ausdrücken läßt. Noch ist es das individuelle dichterische Ich, das in diesen bekenntnishaften, einem Freund gewidmeten Versen spricht. Aber es identifiziert sich nicht mehr mit der Einheit der eigenen Person, der „Seele", sondern spricht paradox von sich selbst als einem fremden, entseelten Ich. Für das lebendige, beseelte Ich steht das Bild der Schlange, von alters her — wohl nicht nur wegen des Sichhäutens der Schlange — Sinnbild sich erneuernden Lebens (Äskulapschlange). Doch dieses Ich ist „schon lange tot". Die anschließende Wendung: „Nur manchmal..." scheint dies einzuschränken, doch die folgenden Verse erweisen sich dem Sinngehalt ihrer Bilder nach als eine Paraphrase der beiden Eingangsverse. Auch in ihnen spricht das individuelle Ich von sich selbst als einem toten, nämlich im Leben toten Ich. Da ein lebend totes Ich ein Selbstwiderspruch des Lebens ist, läßt sich von ihm nur paradox sprechen, in Bildern und Metaphern, deren Sinn nicht unmittelbar zu fassen ist und die dem naiven Realismus der unmittelbaren sinnlichen Wahrnehmung hohnsprechen. Tatsächlich läßt sich das Gedicht kaum mehr aus sich heraus ganz verstehen. Seine Bilder sind Chiffren, deren volle Bedeutung sich erst aus ihrer Wiederholung oder Variation in der gesamten Bildersprache Heyms erschließt[5]. Zwar deuten „Herbstesmorgen", „entblättertes Abendrot", „fallende Sterne", „stöhnender Nächte-Wind" schon von sich aus, vom Gegenständlichen her auf Vergehen, Zerfall, Untergang. Die genauere Bedeutung dieser verschiedenen, unvermittelt nebeneinandergestellten, nur durch das „Nur manchmal..." zusammengehaltenen Bilder hängt jedoch vom Sinn des sie tragenden Satzes ab: „Nur manchmal... Wachse ich steil aus dem Fenster". Im Mittelpunkt eines Kreises von Untergangsbildern, dem syntaktisch der Zusammenschluß aller Sätze des Gedichts zu einem einzigen entspricht, kann das Bild des Steil-aus-dem-Fenster-Wachsens freilich keinen wesentlich anderen Charakter und Sinn haben als jene. Dennoch bleibt es in der wechselseitigen Beziehung aller Bilder aufeinander gleichsam stumm, und zwar deshalb, weil es den Bereich des Gegenständlichen, des real Möglichen sprengt. Was bedeutet das chiffrenhafte Bild des irreal „steil" aus dem Fenster „wachsenden" Ichs im Zusammenhang mit „toter Seele", „Herbstesmorgen", „entblättertem Abendrot", „fallenden Sternen", „stöhnendem Nächte-Wind"? — Was „steil wachsen" heißt, geht aus der Bedeutung hervor, die dieses Bild und seine Varianten in anderen Gedichten Heyms haben:

---

5 H. Friedrich bemerkt, „Symbolbedeutungen" in moderner Lyrik „wechseln von Autor zu Autor, müßten aus diesem selbst jeweilig erschlossen werden...", a. a. O., S. 120.

Die Birken *wachsen in den Himmel groß,*
Steinbildern gleich im düstren Marmorsaal.

(147,3 Wo eben rauschten noch . . .)

Und *weit wie Kreuze wächst* in goldner Qual
Der hohen Galgen düsteres *Gebälk.*   (101,2 Verfluchung der Städte V)

In solchen Bildzusammenhängen ist „wachsen" eine expressive verbale Metapher, die Real-Gegenständliches verfremdet, indem sie es ins erschreckend Ungeheure überdimensioniert (*groß, weit* analog zu „steil") und zugleich entseelt: Lebendiges *(Birken)* erstarrt zu Totem *(Steinbildern),* Dingliches *(Gebälk)* zum Todeszeichen *(Kreuze).* — Als Metapher für Entseelung gebraucht Heym das Bild des Wachsens und gleichzeitigen Erstarrens aber auch vom Menschen. Von Savonarola heißt es in dem gleichnamigen Gedicht: „Sein hohles Auge / Starrt wie ein Loch aus weißem Pergament" und dann:

. . . . . . Wenn er die Hände weitet,
Wird er ein Kreuz, das seine Balken breitet
Auf dunklem Himmel, groß und furchtbar fahl.   (170,2)

Das Gedicht ‚Die blinden Frauen' wandelt die Metapher des Wachsens und Erstarrens zweimal ab: die Blinden sind „schwarze Kolos͜e, Moloche" (Überdimensionierung) „aus Ton" (Erstarrung), und im Schlußbild kehrt der Vergleich mit dem Kreuz wieder:

Der Blinden Arme stechen in die Sonne,
Wie Kreuze schwarz am frohen Himmelssaum.   (109,4)

In ‚Die Stadt der Qual' wird die Stadt durch einen riesigen „Leib voll ausgehöhlter Qual" personifiziert und die „Qual" wie in ‚Savonarola' und ‚Die blinden Frauen' durch ein Gekreuzigtsein, ein gleichzeitiges „Sichbäumen" und „Ausgerenktsein" verbildlicht:

Ich bäume mich und schreie manchmal laut,
In schwarzer Himmel Grabe *ausgerenkt.*   (94,2)

In ‚Die Morgue' heißt es im Monolog, den die Toten vor den Lebenden halten:

Wir wuchsen über euch *wie Berge weit*
In ewige Todesnacht, ...   (77,5)

Wie es sich auch abwandelt, immer ist das Bild des Wachsens und gleichzeitigen Erstarrens Metapher für Entseelung und die Qual entseelten Lebens. Das „steile Wachsen" in ‚Meine Seele' ist nur eine abgekürzte, chiffrenartige Abwandlung dieses spezifisch Heymschen metaphorischen Topos.

Das steil aus dem Fenster wachsende Ich ist das entseelte, lebend tote Ich, das „nur manchmal" in Bildern sterbender Natur sein eigenes Abgestorbensein, bloßes Natursein anschaut. Im Gegensatz zur Beseelung, d. h. Vermenschlichung der Natur in der romantischen und nachromantischen Lyrik wird in den Bildern dieses Gedichts, wie auch sonst bei Heym, die Natur als Ganzes entseelt, mortifiziert, und zwar nicht nur dadurch, daß sie in der Häufung von Bildern des Vergehens nur unter dem Aspekt des Verfalls erscheint, sondern vor allem durch den Charakter des unbestimmt Allgemeinen, den diese Bilder haben. Der Singular von „Herbstesmorgen" und „entblättertem Abendrot" ist ein unbestimmter Plural; in dem Vers: „Wo fallende Sterne sind" verallgemeinert „sind" fallende zu immer fallenden Sternen; und vollends der „stöhnende Nächte-Wind", d. h. Wind der Nächte, ist ein in d e n, d. h. in allen Nächten, immer stöhnender Wind, analog den Eingangsversen von ‚Der Winter':

> Der Sturm heult *immer* laut in den Kaminen,
> Und *jede* Nacht ist blutigrot und dunkel ... (110,1)

Immer fallende Sterne und immer stöhnender Wind sind aber bereits Bilder, die den Bereich des Organisch-Natürlichen sprengen. Das geschieht auch im sprunghaften Nebeneinander- und Ineinandersetzen verschiedener Zeitphasen (Herbstes*morgen*, *Abend*rot, *Nächte*-Wind), das die Kontinuität von Naturzeit zerbricht. Die verfremdete, zerstückte und mortifizierte Natur ist die Spiegelschrift der sich selbst entfremdeten Menschennatur, des entseelten, lebend toten Ichs. Ihm verfremdet sich auch die körperlich-organische Natur des Menschen: die „spiegelnde" Stirne (V. 8) ist eine tote, zum Ding gewordene Stirn, wie denn in sinnverwandten Bildzusammenhängen bei Heym das „gläserne"[6] oder zum „Spiegel" verdinglichte Ich immer ein „leeres", entseeltes Ich ist:

> Und dann gingen *wir* lässig und freuten uns unserer Leiden,
> *Arme Spiegel,* darin sich ein düsterer Abend fängt. (128,2 Hora Mortis)

> Wer über die Höhen geht, *spiegelt sich* ferne
> In der winzigen Sonne, *lichtlos und tot.* (180,4 November)

Hinzukommt, daß in ‚Meine Seele' „spiegeln" weder transitiv noch reflexiv, sondern intransitiv gebraucht wird, soviel wie „glänzen", „widerscheinen" bedeutet, so daß die spiegelnde Stirn nicht etwas oder sich widerspiegelt, sondern passiv wie ein Objekt nur einen Widerschein, kein Spiegelbild gibt. — Sämtliche von „Nur manchmal" umgriffenen Bilder bestätigen also ihrem Sinngehalt nach, was schon eingangs mit dem Bild der toten Schlange aus-

---

6 s. u. S. 119 f. u. 134.

gesprochen war: das Abgestorbensein des lebendigen Ichs, der „Seele". Da es aber ein lebendes Ich ist, das von sich selbst als einem toten spricht, stellt sich in ihnen das Abgestorbensein der „Seele" als Selbstwiderspruch des Lebens, entseeltes Leben („spiegelnde" Stirn) als Qual („stöhnender" Nächte-Wind) dar. Das „steil" aus dem Fenster „wachsende" Ich ist das Ich, dessen Leben sich nur noch im Leiden am entseelten Leben regt, in der Qual dieses Selbstwiderspruchs sich aufbäumt und erstarrt (Savonarola „wird" ein „Kreuz", die Arme der blinden Frauen „stechen" in die Sonne und sind „wie Kreuze schwarz", der Leib der Stadt der Qual „bäumt sich" und ist „ausgerenkt", die Toten „wuchsen" in „ewige Todesnacht"). Nicht, wie lebensphilosophisch inspirierte Deutungen meinten, um eine „Vereinigung des isolierten Ich mit dem Unendlichen" oder eine „Entgrenzung der Persönlichkeit ins Kosmische", nicht um den Ausdruck eines „ekstatisch gehobenen Seelenlebens" handelt es sich bei „Entgrenzungen" wie der eines „steil wachsenden" Ichs und einer Stirne, die spiegelt „Wo fallende Sterne sind" — im Gegenteil, um den Ausdruck der extremen Vereinsamung des Ichs, des Erlöschens individueller Spontaneität („Spiegel"-Metapher) und des Absterbens von Individualität selbst (Seele = tote Schlange). In expressionistischer Lyrik spricht das dichterische Subjekt als isoliertes, kommunikationsloses Ich, weil in der versachlichten Welt einer zum Kollektivismus und Konformismus tendierenden Gesellschaft das lebendige individuelle Ich nicht zu Hause ist, auf sich zurückgeworfen wird und in sich gefangen bleibt. Bild dieses Gefangenseins und Nicht-Zuhause-Seins in der realen Welt ist das Ich, das steil „aus dem Fenster" wächst, „über" die Blumen und Kressen (Zierpflanzen) hinaus. Die Bedeutung der expressiven Metapher „steil wachsen" macht das blumenverzierte Fenster zum Zellenfenster, das Haus zum Gefängnis. Den Metaphern „Höhle", „Grube", „Loch" für Wohnung entsprechend, steht das Bild des Fensters bei Heym nicht für ein der Welt geöffnetes Ich und eine dem Ich offene Welt wie in Kellers „Augen, meine lieben Fensterlein", sondern für die Trennung von Ich und Welt, für die Einsamkeit und das Gefangensein des Ichs in einer ihm fremden Welt und sein entseeltes, entindividualisiertes Leben. Als „Kerker"-Fenster, „kleine", „blinde" oder „ausgefrorne" Fenster versinnbildlichen Fenster bei Heym geradezu die Fensterlosigkeit von Monaden ohne prästabilierte Harmonie:

> Sie schaun betrübt die graue Wand empor,
> Wo *kleine Fenster* sind, *mit Kasten vor*,
> *Wie schwarze Waben* in dem Bienenstock.   (14,3 Die Gefangenen II)

> Und *tausend Fenster* stehn die Nacht entlang
> Und *blinzeln* mit den Lidern, *rot und klein*.   (104,2 Die Stadt)

> *Ein kleines Licht am Fenster* oben steckt,
> *Wo jemand sterbend seine Klauen streckt.*   (139,5 Die Nacht)

> Der Tod zeigt seine weiße Leichenhaut
> Vor ihrer *Kerkerfenster* Arsenal.   (97,1 Die Irren II)

> Wir stehen an den *ausgefrornen Scheiben*
> Und starren schräge nach den *leeren Höfen.*   (110,3 Der Winter)

Auch ein scheinbar ganz real-gegenständliches Bild wie das des blumenver-
zierten Fensters ist demnach nicht bloßes Abbild von Wirklichem, sondern
hat im Bildgefüge des Gedichts eine aus der Bilderwelt Heyms zu erschließende Bedeutung, die sogar der entgegengesetzt ist, die es in der empirischen
Vorstellungswelt hat. Durch sie entschlüsselt sich das Bild des „steil aus dem
Fenster wachsenden" Ichs als Chiffre für Einsamkeit und Entseelung als gesellschaftlich verhängtes, nicht nur persönlich-individuelles Schicksal. Als
solche taucht es auch, mit unverkennbar expressivem Charakter, am Ende
des ‚Prozeß'-Romans von Kafka auf: „Seine Blicke fielen auf das letzte
Stockwerk des an den Steinbruch angrenzenden Hauses. Wie ein Licht auf-
zuckt, so fuhren *die Fensterflügel eines Fensters* dort auseinander, *ein
Mensch*, schwach und dünn in der Ferne und Höhe, *beugte sich mit einem
Ruck weit vor und streckte die Arme noch weiter aus.* Wer war es? Ein
Freund? Ein guter Mensch? Einer, der teilnahm? Einer, der helfen wollte?
War es ein einzelner? Waren es alle?"[7]

Daß der in ‚Meine Seele' thematisch und formbestimmend gewordene
Zerfall von Individualität sich im Subjekt aller abspielt und alle angeht,
drückt sich in der Lyrik Heyms, aber auch Trakls und Benns, darin aus, daß
das dichterische Subjekt nicht mehr als personales Ich spricht. Das persönliche Ich, dessen Empfindungen und Gedanken bis dahin in Lyrik einen unmittelbaren Ausdruck fanden, verstummt und verschweigt sich. In der Lyrik
Heyms ist neben anderen Übergangsphänomenen auch dieses Hinschwinden
des personalen lyrischen „Ich" zu verfolgen. Wo es in ihr noch begegnet, ist
es ein von den andern abgeschnittenes, sich selber fremdes, sich verlierendes,
verlorenes oder bedrohtes Ich:

> Der Nebelstädte
> Winzige Wintersonne
> Leuchtet *mir* mitten *ins gläserne Herz.*
> Das ist voll vertrockneter Blumen
> Gleich einem *gestorbenen Garten.*   (125,1 Die Nebelstädte)

---

7 Franz Kafka, Gesammelte Werke, Der Prozeß, Berlin 1953, S. 271 f.

Meiner Seele unendliche See
Ebbet langsam in sanfter Flut.
Ganz grün bin ich innen. *Ich schwinde hinaus*
Wie ein *gläserner Luftballon.*   (87,3 Spitzköpfig kommt er . . .)

O Meer, ich grüße deine Ewigkeiten,
Das unter träumenden Gestirnen wallt,
Verlorner Wandrer, in die Nacht zu schreiten,
Ich, wie ein Horaruf, der schnell verhallt.   (175,6 An das Meer)

Was dich schmerzet, ich sag es im Bösen.
Und uns quälet ein *fremdes Wort.*
Unsere Hände werden im Dunkel sich lösen,
Und *mein Herz* wird sein wie ein *kahler Ort.*   (181,4 Im kurzen Abend)

Das *suchende Licht*
Hielt ich, wer kam da hinab,
Ach, *ewig in fremdes Gesicht.*   (80,2 Mit den fahrenden Schiffen)

Rette dich in das Herz der Nacht,
Grabe dich schnell in das Dunkele *ein*,
Wie in Waben. *Mache dich klein*,
Steige aus deinem Bette.   (105,2 Halber Schlaf)

Im Übergang eines personalen lyrischen Ichs, das selber nur noch als entseeltes spricht, zu seinem völligen Verstummen und Sichverschweigen tritt
an seine Stelle in zahlreichen Gedichten Heyms ein anonymes halbpersön-
liches „Wir", das selbst wieder in ein völlig unpersönlich kollektives, deper-
sonalisiertes „Wir" übergeht. In Gedichten wie ‚Berlin I' und ‚Berlin II' lassen sich die namenlosen Subjekte, die es umfaßt, noch als Personen-, etwa
Freundesgruppe vorstellen. Immer aber vertritt dieses „Wir" eine Vielzahl
losgetrennter oder sich loslösender, abseitiger Ichs, von Unbehausten, „Heimatlosen", ewig Suchenden und ewig Ausgestoßenen. Es stellt sich nicht
anders dar als das „entseelte" individuelle Ich, zu dem sich das personale
Einzel-Ich verfremdete, ist nichts anderes als dessen Plural, durch den es sich
mit vielen ihm gleichen als ihresgleichen identifiziert. Das ist schon aus den
Gedichtanfängen zu ersehen, die unvermittelt ein unbestimmtes und auch
unbestimmt bleibendes „Wir" setzen:

Der hohe Straßenrand, auf dem *wir lagen*,
War weiß von Staub. *Wir sahen* in der Enge
Unzählig: Menschenströme und Gedränge,
Und *sahn* die Weltstadt fern im Abend ragen.   (8,1 Berlin II)

Mit den fahrenden Schiffen
Sind wir vorübergeschweift,
Die wir ewig herunter
Durch glänzende Winter *gestreift.*   (88,1 Mit den fahrenden Schiffen)

Mit den segelnden Schiffen *fuhren wir* quer herein
In die Städte voll Nacht und frierender Häfen Schein . . .
                                        (90,1 Die Meerstädte)

Die Stirnen der Länder, rot und edel wie Kronen,
Sahen wir schwinden dahin im versinkenden Tag . . .
                                        (82,1 Die Seefahrer)

Die Höfe luden *uns* ein, mit den Armen schmächtig,
Faßten *unserer Seelchen* zipfeliges Kleid.
Und *wir entglitten* durch Tore nächtig
In toter Gärten verwunschene Zeit.   (113,1 Die Höfe . . .)

Gebannt in die Trauer der endlosen Horizonte,
Wo nur ein Baum sich wand unter Schmerz,
Sanken wir, Bergleuten gleich, in das Schweigen der Grube
Unserer Qual. Und von Leere schwoll *uns* das Herz. (128,1 Hora Mortis)

Ebensowenig wie die Ich-Gedichte Heyms noch etwas mit individueller Erlebnislyrik zu tun haben, ebensowenig seine Wir-Gedichte mit erlebnishafter
Gesellschaftslyrik. Die „Wir" sind genauso gesichtslos und leblos, verloren
und bedroht wie das „Ich". Was in ‚Meine Seele' mit dem Bild des Fensters
nur chiffrenhaft angedeutet ist: die Ausweglosigkeit eines objektiv, gesellschaftlich verhängten Gefangenseins, d. h. Sich-nicht-entfalten-Könnens,
Entseeltseins individuellen Lebens, tritt in Gedichten, aus denen dieses
„Wir" spricht, auch inhaltlich in Erscheinung.

Die Städte

Der dunkelnden Städte holprige Straßen,
Im Abend geduckt, eine Hundeschar,
Im Hohlen bellend. Und über den Brücken
Wurden wir große Wagen gewahr;

Zitterten Stimmen, vorübergewehte.
Und runde Augen sahen uns traurig an.
Große Gesichter, darüber das späte
Gelächter von hämischen Stimmen rann.

Zwei kamen vorbei in gelben Mänteln.
Unsere Köpfe trugen einmal sich fort,
Mit Blute besät, und die tiefen Backen,
Darüber ein letztes Rot noch verdorrt.

Wir flohen vor Angst, doch im Fluß weißer Welle,
Der uns mit weißen Zähnen gewehrt,
Und hinter uns feurige Abendsonne.
Tote Straßen jagten mit grausamem Schwert.   (92)

Gegenstand des Gedichts ist die menschliche Wirklichkeit der großen Städte, die Verfassung großstädtischen Daseins allgemein, wie der Titel betont. Sie stellt sich in der Sicht unbestimmt mit „Wir" Bezeichneter dar, die in dieser Menschenwelt auftauchen, sich von ihr abheben und doch in ihr sind, sie „fliehen" und doch „Gejagte" bleiben. Von Anfang bis Ende stehen sie unter dem Bann dieser Wirklichkeit, nicht distanziert ihr gegenüber. Am Anfang unvermittelt, dem „Wir" vorangestellt und syntaktisch von ihm abgetrennt, das unheildrohende Bild der zu einer „im Hohlen" bellenden Hundeschar[8] dämonisierten Straßen — am Ende wiederum das Bild der Straßen, toter und todbringender Straßen („jagten mit grausamem Schwert"), in denen das Entsetzen selber irreal Gestalt annimmt: beidemal Übermacht und Gewalt einer subjektfremden Realität über die Menschen veranschaulichend. Im Unterschied zu den ‚Berlin'-Gedichten wird nicht mehr eine bestimmte großstädtische Wirklichkeit gegeben, deren Lokalkolorit und Atmosphäre trotz Verfremdung ihrer gegenständlichen Elemente noch erhalten wären, sondern die reale Welt der Städte als ganze zu einer gespenstig irrealen verfremdet, ihre Gegenständlichkeit in unbestimmte, zusammenhanglose Elemente aufgelöst (irgendwelche Straßen, Brücken, Wagen, irgendein Fluß), deren Realitätscharakter sich in den des Alptraumartigen verwandelt hat. Die Straßen „bellen" und „jagen", der Fluß „wehrt" mit „Zähnen", und auch die „großen" Wagen „über den Brücken", auf die der „gewahrende" Blick von Betroffenen fällt, sind ein vorbedeutendes Bild, zeigen „das Hohle" an, wie die großen Wagen in ‚Die Märkte' und ‚Nacht III':

Hohe Karossen rollten wie Donner *so hohl.*   (198,1)

Sie hören oft *ein großes Wagenrollen*
Und schattenhafte Pferde schnell verschwinden
In Straßen fort und Mauern, dunkelvollen.   (111,3)

8 Der Hund spielt in Sage und Volksaberglauben die Rolle eines dämonischen Tiers, das Unheil und Tod ankündigt. (Vgl. a. den schwarzen Pudel in Goethes ‚Faust I' und den schwarzen Hund in Achim von Arnims ‚Isabella von Ägypten'.).

Wie die Dinge verlieren auch die Menschen den Realitätscharakter, Zusammenhang und Gestalt. Stückhaft wie die dargestellte Objektwelt erscheint eine überall und immer zu ihr gehörende anonyme Menschenmenge und in ihr die anonymen „Wir", beide beziehungslos zueinander und aufgelöst in verstreute Bruchstücke von Menschen (*Stimmen, Augen, Gesichter, Mäntel, Köpfe, Backen*). Während aber in der Auflösung ihres Realitätscharakters die Dinge sich in Subjektartiges verwandeln, bedrohliches Eigenleben, Macht gewinnen (die Straßen als bellende Hunde und jagend „mit grausamem Schwert", der „wehrende" Fluß mit „weißen" – d. h. bei Heym[9] schrecklichen — „Zähnen"), so daß in ihrer Zusammenhangslosigkeit eine ihnen gemeinsame Macht zum Vorschein kommt, durch die sie zusammenwirken (die Straßen „jagen" die Fliehenden, der Fluß „wehrt" ihnen die Flucht), verwandeln die Fragmente menschlichen Wesens sich in Subjektloses, in zusammenhanglose unbeständige Dinge („vorübergewehte" Stimmen, Gelächter „rann über" Gesichter, „vorbei kamen" gestaltlose Zwei „in gelben Mänteln", Köpfe „trugen sich fort", über Backen „verdorrt" ein Rot), in verdinglichte Reste ohnmächtiger oder verzerrter Menschennatur („zitternde" Stimmen, „traurige" Augen, „mit Blut besäte" Köpfe, „vor Angst" Fliehende, „hämische" Stimmen, „gelbe" — d. h. in der Farbensprache Heyms[10]: abstoßend häßliche — Mäntel). Im Subjektcharakter, den die Dinge, und im Objektcharakter, den die Menschen annehmen, widerspiegelt sich die Macht der Dinge über die Menschen, die Verdinglichung des Menschen in einer von ihm selber geschaffenen, auf Verdinglichung und Beherrschung von Natur, auf rationaler Verfügung über Dinge und Menschen beruhenden Welt. Nur in ihrer wechselseitigen Beziehung aufeinander erschließt sich der Sinn beider Verfremdungsformen der Wirklichkeit: der dämonisierenden Verlebendigung des Dinglichen und der entseelenden Verdinglichung des Lebendigen. Unterläßt man, was das Bild- und Sinngefüge dieses wie jedes anderen Heymschen Gedichts fordert: beide aufeinander zu beziehen, betrachtet man sie isoliert, so wird die eine als irrationalistische Mythologisierung, die andere als nihilistische Peiorisierung der Wirklichkeit mißverstanden und beide einem subjektiven „Weltbild" oder einer „Ideologie" zur Last gelegt, während sie in ihrer wechselseitigen Funktion nichts anderes ausdrücken und ansichtig machen als die in der alltäglichen Wirklichkeit „der" Städte, d. h. der Industriegesellschaft, zwischen und in den Menschen selbst sich abspielenden Entfremdungs- und Entseelungsvorgänge. Daß die Deformierung der Realität bis zur Verwandlung des real Gegenständlichen ins irreal Schemenhafte, die sich in solchen Ausdrucks-

9 s. u. S. 340 f.
10 s. u. S. 347 f.

formen vollzieht, der unmittelbaren Erfahrung unserer Sinne widerspricht („sich forttragende" Köpfe, „mit grausamem Schwert jagende" Straßen usw.), bedeutet nicht, daß diese Ausdrucksformen überhaupt keinen objektiven Erfahrungsgehalt hätten, nur subjektive Entstellungen, willkürliche „Umformungen" und „Umwertungen" der Wirklichkeit seien. Die Wirklichkeit, die Heyms Großstadtgedichte zum Gegenstand haben, hat als eine vom Menschen selber geschaffene sowohl Objekt- wie Subjektcharakter, eine empirisch gegenständliche „Oberfläche" und ein durch sie hindurchscheinendes, halb verdecktes „Inneres", um Goethes Ausdrücke für den Doppelcharakter des „städtischen Wesens", der „bürgerlichen Societät" zu gebrauchen. Der realitätsgerechten unmittelbaren Anschauung ist sie nur von außen, von ihrer Objektseite her, nur als „Erscheinung" zugänglich. Die in ihrem „Innern" sich abspielenden Prozesse, die den Subjektcharakter, das gesellschaftliche „Wesen" der Wirklichkeit ausmachen, erfährt auch das Subjekt des einzelnen nur in seinem Innern, durch die Vermittlung aller Subjekte, ihrer Verhaltensweisen und Beziehungen hindurch, bewußt oder unbewußt. Deshalb sind sie künstlerisch auch gar nicht anders als „subjektiv" darstellbar und vermag die Subjektivität dichterischer Ausdrucksformen Objektives, die innere Verfassung der gesellschaftlichen Wirklichkeit auszudrücken. Nach Struktur, Sinn und Funktion sind die Verfremdungsformen der Wirklichkeit in der Bildersprache Heyms nicht willkürlich subjektive Entstellungen der Wirklichkeit, sondern Objektivationen des entstellten gesellschaftlichen Wesens der Wirklichkeit selber, ihres subjektiv Allgemeinen im dichterischen Subjekt und durch es — auch dann, wenn sie sich nicht ausdrücklich, nicht inhaltlich auf die in den Großstadtgedichten thematische gesellschaftliche Realität beziehen. Indem sie den im allgemeinen Subjekt der Gesellschaft, im Innern aller Menschen sich vollziehenden Prozeß der Entstellung und Depersonalisation des Menschen ansichtig machen, spiegeln sie ihn auch nicht nur einfach ab, so daß sie ein bloßer Reflex, nichts als eine Verdoppelung des entstellten Wesens der gesellschaftlichen Wirklichkeit wären und die Dichtung dadurch denselben Charakter wie diese annähme, „zynisch" und „dekadent" würde. Vielmehr haben diese Verfremdungsformen, indem sie Entseelung und Entfremdung ins Extrem steigern, übermächtige Dingwelt und verdinglichte Menschennatur schroff einander kontrastieren und ihren Widerspruch ins Groteske, bis zur absurden Vertauschung, zur falschen Identität von Objektivem und Subjektivem, dem Zerrbild ihrer Versöhnung, treiben, den Charakter der schockierenden Enthüllung, eines unrhetorischen Protests, durch den ein vernichtendes Urteil über das Wesen der dargestellten Realität ergeht. In der Sprache des Manifests lautete es: „Unsere Krankheit ist, in dem Ende eines Welttages zu leben, in einem Abend, der so stickig ward, daß man den Dunst seiner Fäulnis kaum noch ertragen kann", und in der Sprache der Dichtung manifestiert es sich außer im Darstellungsverfahren auch inhaltlich im ständig wiederkehrenden Bild des Weltabends der Städte, des drohenden oder hereinbrechenden Untergangs ihrer Welt. Der „Abend" in den Städten Heyms ist immer ein weltzeitlicher, nicht tageszeitlicher Abend, ist ihre heraufdämmernde Weltuntergangsnacht[11], und seine Sonnenuntergänge sind ihr Weltuntergangsfeuer[12]. Abbreviaturen dieses stereotypen Weltabend- und Weltbrand-Bildes sind in dem Gedicht ‚Die Städte', das genauso „Wir" sagt wie das Manifest, zu Beginn die allzeit „dunkelnden" Städte mit ihren „im Abend geduckten" Straßen und zum Schluß die „feurige Abendsonne", die wie die „jagenden" Straßen „hinter" den Fliehenden her ist, d. h. daß ihr „Feuer" ebenso Untergang androht wie das „grausame Schwert" der jagenden toten Straßen, deren Bild das der „feurigen Abendsonne" ergänzt und auslegt. Dem entsprechen Beginn und Schluß thematisch gleicher oder verwandter Gedichte. Das Gedicht ‚Die Stadt', das wie ‚Die Städte' die allgemeine Verfassung großstädtischen Menschendaseins zum Gegenstand hat, beginnt: „Im Dunkel ist die Nacht", und schließt:

> Und Schein und Feuer, Fackel rot und Brand,
> Die drohen im Weiten mit gezückter Hand
> Und scheinen hoch von toter Wolkenwand. (104,4)

Das Gedicht ‚Die Meerstädte' beginnt:

> Mit den segelnden Schiffen fuhren wir quer herein
> In die Städte voll Nacht . . . .

und schließt:

> Ferne Feuer warfen sich über den Fluß. (90,3)

Die in ‚Meine Seele' thematische Entseelung des individuellen Subjekts stellt sich in ‚Die Städte' am anonymen Kollektivsubjekt der mit „Wir" Bezeichneten als ein durch den „Weltabend", d. h. geschichtlich-gesellschaftlich verhängtes Schicksal dar. In dessen Bann sind „Ich" und „Wir" identisch. Verloren, bedroht oder tot, gefangen und zugleich ausgestoßen sind wie das Ich die Namenlosen, die als „Wir" sprechen. Das „steil aus dem Fenster" wachsende Ich und die aus den Städten „flohen vor Angst" lösen sich beide von einer ihnen entfremdeten, entseelenden Realität ab, der sie doch nicht entrinnen können. Dort „spiegelt" die tote, verdinglichte Stirne im allzeit „stöhnenden Nächte-Wind" andauernden Untergang, und hier werden die

---

11 So in ‚Der Gott der Stadt' (15), ‚Umbra Vitae' (73), ‚Der Krieg' (75), ‚Die Stadt der Qual' (93), ‚Die Nacht' (194) u. a.
12 Vgl. dazu auch Kap. VI.

Fliehenden, deren Köpfe subjektlos „sich forttragen", aus „den" Städten, d. h. immer von „toten Straßen" gejagt, die ständig Untergang drohen. Als negativer Abdruck des subjektfremden gesellschaftlichen Wesens der objektiven Wirklichkeit stehen entseeltes Ich und entseeltes Wir für ein von dieser Wirklichkeit sich abstoßendes und zugleich verstoßenes Subjekt überhaupt, sind sie austauschbar identisch. Daher kann sich anstelle des unbestimmten „Wir", mit dem ein Gedicht unvermittelt einsetzt, ebenso unvermittelt das ihm gleichartige „Ich" setzen, und umgekehrt. In der ersten Strophe von ‚Mit den fahrenden Schiffen' (88) spricht das heimatlose „Wir" (Mit den fahrenden Schiffen / Sind *wir* vorübergeschweift . . .), von der zweiten an das heimatlose „Ich" (Sage die Stadt, / Wo *ich* nicht saß im Tor . . .). Ebenso geht in den Schlußstrophen von ‚Die Irren III' (100, 2) und ‚Der Galgenberg' (164, 2) das vorherrschende „Wir", Stimme eines Chors subjektloser Subjekte (Irrer und Toter), in ein gleichartiges, „Wir" vertretendes „Ich" über. Umgekehrt spricht in der ersten Strophe von ‚Die Nebelstädte' das Ich als entseeltes (Der Nebelstädte / Winzige Wintersonne / Leuchtet *mir* mitten ins gläserne Herz . . .), weicht in der zweiten einem „Wir" gleich dem in ‚Die Städte' (*Wir* aber gingen von dannen / Und rissen *uns* auf mit ein Mal . . .), und in der dritten löst sich sowohl das bestimmte wie das unbestimmte Subjekt auf (Doch *niemand* rühret das starre / Gestern noch mit der Hand . . .).

Indem das individuelle lyrische „Ich" sich selber aufhebt, nur als „entseeltes" spricht, in einem gleichartigen anonymen „Wir" aufgeht, dessen Subjektcharakter immer kollektiver und unpersönlicher wird und schließlich im paradoxen „Wir" der Irren- und Toten-Monologe untergeht, durchbricht die Lyrik Heyms die Sphäre individuellen Fühlens und Erlebens, die der traditionelle Bereich des Lyrischen war. Das Verstummen des persönlichen Ichs, im graduellen Übergang vom sich verfremdenden „Ich" zum depersonalisierten „Wir" augenfällig werdend, läuft in die Selbstidentifikation des dichterischen Subjekts mit einem kollektiven aus, einer anonymen Masse „Heimatloser", die als tote Lebende oder lebende Tote, als ewig Gefangene (Irre, Blinde usw.) oder ewig Umgetriebene (Seefahrer, Totenzüge) nicht individuellem Leid, sondern dem Leiden aller an einem Weltzustand Sprache verleihen, der die Menschen aus Subjekten zu Objekten, das Individuum zum Anachronismus macht. Zur geschichtlichen Signatur der expressionistischen Lyrik gehört die Selbstidentifizierung des dichterischen Subjekts auch mit dem namenlosen derer, die Hegels idealistische Geschichtsphilosophie als Abfall des welthistorischen Prozesses ihrem Schicksal überließ[13].

---

13 G. W. F. Hegel, Grundlinien der Philosophie des Rechts, § 245, in Sämtl. Werke hrsg. v. H. Glockner, Bd. 7, S. 319 f., Stuttgart 1938.

Nur daraus, daß Heyms „Ich"- und „Wir"-Subjekte austauschbar identische „entseelte" Subjekte sind, erklärt sich die zentrale Bedeutung des
Motivs der Toten in Heyms dichterischer Mythologie. Das Subjekt der
lebenden Toten Heyms ist kein anders als das tote Subjekt der Lebenden in
der paradoxen Gestalt seiner letzten, äußersten Verfremdung. Der Selbstwiderspruch eines toten Lebens kann nicht sinnfälliger gemacht werden als
durch seine Umkehrung, d. h. sein Andauern in lebenden, nicht zur Ruhe
kommenden Toten: „Die Seele, der im Leben ihr göttlich Recht / Nicht ward,
sie ruht auch drunten im Orkus nicht..."[13a] Das „Wir" der ruhelosen
Toten, die sich in ‚Die Morgue' zur ewigen „letzten Reise" in eine unauffindbare Heimat sammeln und in siebenundzwanzig Strophen als
„Namenlose, arme Unbekannte" (79, 2) sprechen, ist mit dem anonymen
„Wir" der im Leben „Heimatlosen", der „Gefangenen" und „Gejagten" genauso identisch wie dieses „Wir" mit dem „entseelten" individuellen „Ich".
Die Identität des lebend toten Ichs mit dem Wir toter Lebender und beider
mit dem Wir lebender Toter, der Übergang von der ersten zur letzten Ver-
fremdungsform entseelten subjektiven Seins wird in dem Gedicht ‚Hora
Mortis' ansichtig, das sich thematisch sowohl mit ‚Meine Seele' wie mit den
Toten-Gedichten ‚Die Morgue' und ‚Die Wanderer' (D 189 f) berührt.

Hora Mortis

Gebannt in die Trauer der endlosen Horizonte,
Wo nur ein Baum sich wand unter Schmerz,
Sanken wir, Bergleuten gleich, in das Schweigen der Grube
Unserer Qual. Und von Leere schwoll uns das Herz.

Trüb wie die Winde, im Schierling, bei Büschen und Weiden
Haben wir unsere Hände im Dunkel gesenkt,
Und dann gingen wir lässig und freuten uns unserer Leiden,
Arme Spiegel, darin sich ein düsterer Abend fängt.

Nachtwandlern gleich, gejagt vom Entsetzen der Träume,
Die seufzend sich stoßen mit blinder Hand,
Also schwankten wir in des Herbstes verschwindende Räume,
Der wie ein Riese sich hob in die Nacht und versank.

Aber im Wolkenland, im Finstern, sahn wir die Schatten
Schwarzer Störche und hörten den traurigen Flug,
Und wir schwanden dahin in Schwermut und bittrem Ermatten,
Blutleere Seele, die Lethe durch Höhlen voll Kummer trug.

13a Friedrich Hölderlin, ‚An die Parzen', Sämtliche Werke, Insel-Ausgabe, Leipzig o. J.,
S. 89.

Das Motiv von ‚Hora Mortis' und ‚Meine Seele' ist dasselbe: die Entseelung und Hinfälligkeit des Ichs. Wie in ‚Meine Seele' das dichterische Ich von sich selbst als einem entseelten sprach, so spricht in ‚Hora Mortis' das unbestimmte Kollektivsubjekt „Wir", mit dem sich das dichterische Subjekt identifiziert, von sich als einem entseelten. Als identisch erweisen sich dieses „Wir" und jenes „Ich" auch darin, daß die Bilder und Metaphern beider Gedichte in ihrem Sinngehalt und z. T. sogar wörtlich übereinstimmen (*Trüb wie die Winde* — *Im stöhnenden Nächte-Wind; Arme Spiegel* — *Meine Stirne spiegelt . . .; Blutleere Seele* — *Meine Seele ist . . . tot*). Das objektive Verhängtsein der Entseelung des individuellen Selbst, worauf schon in ‚Meine Seele' die Mortifikation der ganzen Natur und das Fenster als Bild für „Gefangensein" hindeuteten, stellt sich in ‚Hora Mortis' ausdrücklich als unausweichliches überindividuelles Schicksal dar. Es ist das gleiche, von dem das Manifest ‚Eine Fratze' als von „unserer Krankheit", d. h. einem geschichtlichen, durch den „Weltabend" verhängten Schicksal spricht. Was die Zeitdiagnose in Prosa sagt, transponiert das Gedicht in Bilder und Metaphern. Dort heißt es: „Unsere Krankheit ist grenzenlose Langeweile" — hier: „Und von Leere schwoll uns das Herz". Dort: „Unsere Krankheit ist Armut" — hier: „Und dann gingen wir . . ., Arme Spiegel . . .". Dort: „Einmal träumte uns, wir hätten ein unnennbares, uns selbst unbekanntes Verbrechen begangen. Wir sollten auf eine diabolische Art hingerichtet werden . . . Und wir flohen — im Herzen eine ungeheure Traurigkeit . . . War dieser Traum unser Symbol?" — hier: „Nachtwandlern gleich, gejagt vom Entsetzen der Träume . . .". Die Übereinstimmungen zeigen, daß die von der gegenständlichen zeitgeschichtlichen Realität völlig abgelösten Bilder und Metaphern von ‚Hora Mortis' dennoch einen zeitgeschichtlichen Sinn haben.

Die hora mortis der mit „Wir" Bezeichneten ist weder die Stunde eines kreatürlichen individuellen Todes noch die jahreszeitliche des Natursterbens, sondern die geschichtliche Stunde desselben „Weltabends", in dessen „Dunst" zu leben „unsere Krankheit" ist. Daher stimmen auch die dichterischen Bilder, die das stoffliche Element der industriezeitlichen Wirklichkeit ausklammern, in ihrem Charakter und Sinngehalt mit denen überein, die sich ausdrücklich auf diese Wirklichkeit beziehen. „Gebannt" und zugleich „gejagt" sind die als „Wir" Sprechenden sowohl in ‚Die Städte' wie in ‚Hora Mortis': jene hält die „hohle" und „tote" Welt der Städte in ihrem Bann, diese die „Leere" eines zum Gefängnis (*Grube*) gewordenen Weltganzen (*der endlosen Horizonte*); jene „jagt" das Entsetzen in Gestalt „toter Straßen mit grausamem Schwert", diese werden „gejagt vom Entsetzen der Träume"; jene fliehen im „Fluß weißer Welle", der „mit weißen Zähnen" sie im Bannkreis des Untergangs festhält, diese gehen im Todesfluß des Vergessens (*Lethe*) unter.

Weil ‚Hora Mortis' die Entseelung des individuellen Selbst als allgemeines, durch den „Weltabend" verhängtes Schicksal zum Motiv hat, tritt nicht nur anstelle des persönlichen „Ich", das noch in dem motivgleichen Gedicht ‚Meine Seele' sprach, das unpersönliche, unbestimmt allgemeine „Wir" — auch der metaphorische Charakter der Bilder, die dieses Schicksal umschreiben, wird allgemeiner. Noch weniger als in ‚Meine Seele' haben ihre gegenständlichen Elemente räumliche und zeitliche Bestimmtheit, empirischen Zusammenhang. Was mit bestimmtem oder unbestimmtem Artikel im Singular steht (*ein Baum, ein düsterer Abend, die Nacht* usw.) hat dieselbe unbestimmte Allgemeinheit wie das, was mit bestimmten Artikel im Plural steht (*der endlosen Horizonte, die Winde, die Schatten schwarzer Störche* usw.). Sie verleiht allem Örtlichen und Zeitlichen den Charakter des stets Wiederkehrenden, allerorts und jederzeit sich Wiederholenden. Was den Entseelten — schon in der ersten Strophe heißt es: „und von Leere schwoll uns das Herz" — geschieht, spielt sich in unbestimmt vielen, unbestimmt wo und wann, aber unvermeidlich, wie nach einem Gesetz ab, unter das sie „gebannt" sind. *Dunkel, Abend, Herbst, Nacht, im Finstern* stehen nicht in einem bestimmten empirischen Zeitzusammenhang, sind vielmehr Bilder, die metaphorisch das Dunkel abwandeln, das von Anfang an über die Entseelten verhängt erscheint (Vergleich mit Bergleuten und Metapher der Grube in der ersten Strophe, Vergleich mit Nachtwandlern in der dritten). Durch die Auflösung aller bestimmten empirischen Raum-Zeit-Verhältnisse verwandelt sich alles Gegenständliche (*Horizonte, Schierling, Herbst, Wolkenland* usw.) aus einem Besonderen in ein Allgemeines, nimmt es denselben allgemeinen Bedeutungscharakter an wie die zahlreichen Vergleiche und Metaphern. Es läßt sich nicht mehr zwischen real-gegenständlichen und metaphorischen Bildelementen unterscheiden, auch die scheinbar real-gegenständlichen sind bereits Metaphern und verschlingen sich mit den ausdrücklichen Vergleichsbildern in den vier Strophen zu vier metaphorischen Bildeinheiten.

Wie in ‚Meine Seele' steht in ‚Hora Mortis' mortifizierte Natur gleichnishaft für das durch den „Weltabend" über das Subjekt verhängte Schicksal. Die Metaphern der ersten Strophe umschreiben es als ein *Gebannt*sein in absolute Einsamkeit. Metapher für den erstarrten geschichtlichen Weltzustand, von dem dieser Bann ausgeht, ist das Bild „*der* endlosen Horizonte", das sich schon durch die Unbestimmtheitsfunktion des Plurals zu sinnbildlicher Allgemeinheit erhebt. Der grenzenlose leere Raum von Ebenen, Meeren, Himmeln ist eines der ständig wiederkehrenden, stereotypen Bilder

Heyms. Der „Trauer der endlosen Horizonte" entsprechen „die öden Meere"
und „der großen Horizonte Leere" in ‚Columbus' (45,1), „Der Horizonte
violettes Schweigen" in ‚Der Winter' (47,1), „weite Öden, winterlich verwehte" in ‚Auf einmal . . .' (191,4), „Der Himmel Mauern und das tote
Land" in ‚Schwarze Visionen' (69,4), die „Trauer / Verschneiter Himmel"
und das „Einerlei / Der Riesenflächen, die sich fern verlieren / In endlos
weißes Weiß am fernen Saum" in ‚Die Wanderer' (189,1 f) usw. „Leere",
„Trauer" und „Schweigen" dieser grenzenlosen Flächen deuten daraufhin,
daß deren Bild nicht die „dynamisierende" Funktion hat, „großzügig unbestimmte Expansionsvorstellungen" zu evozieren[14], sondern die Monotonie
und Leere einer erstarrten Menschenwelt veranschaulicht. Ganz deutlich
wird das, wo es sich mit dem ihm verwandten und ebenso stereotypen
Heymschen Bild für Weltöde, dem des Winters[15], verbindet. In ‚Die Wanderer' ziehn die Toten als Wolken Rauchs „durch Wüstenei / Der winterlichen Städte" (189,1), und im Anschluß an das Bild der weißen Riesenflächen heißt es:

> *Die Länder sind verödet*, leer von Stimmen,
> Vom Winter wie mit weißem Moos vereist.   (189,3)

Analog die Strophe aus dem Endzeit-Gedicht ‚Auf einmal kommt ein großes
Sterben':

> *Die Menschen* aber, die vergessen werden,
> Hat Winter *weit zerstreut in kahler Fläche*
> Und bläst sie flüchtig über dunkle Erden.   (192,5)

---

14 Kurt B r ö s e l hat in seiner Studie ‚Veranschaulichung im Realismus, Impressionismus und Frühexpressionismus' (Wortkunst, Heft 2, München 1928) die „Erweckung
großzügig unbestimmter räumlicher Expansionsvorstellungen" (S. 64) als ein Unter-
scheidungsmerkmal frühexpressionistischer von realistischer und impressionistischer
Dichtung herausgestellt. „Alle Ausmessungen erscheinen bei Heym den Realisten
gegenüber gesteigert. Während bei diesen von bestimmtem Ausgangspunkt ein bestimmtes Stück Meer, Ebene vorgestellt wird, verliert sich bei ihm der Blick ins
Grenzenlose. Ungleich mächtiger ist die erweckte räumliche Expansionsvorstellung.
Ihrer stofflichen Erscheinung nach aber bleibt sie unklar, verschwommen." (S. 62)
Brösels Analysen, die im Sinne der Walzelschule formale Stilkriterien zu erarbeiten
suchen, gehen von der falschen Voraussetzung aus, daß es sich bei Heyms Bildern
der grenzenlosen Ebenen, Meere, Himmel, Horizonte usw. überhaupt noch um empirisch gegenständlichen Raum (Landschaft) und dessen „Veranschaulichung" handle.
Das „Grenzenlose", das diese Bilder evozieren, bleibt aber nicht nur „unklar, verschwommen", sondern leer, ist selbst nichts anderes als ein Bild für „Leere", Metapher für eine verödete, gleichsam ausgestorbene Welt, wie aus den Texten hervorgeht. Ihrem Ausdruckscharakter und Sinn nach lassen sich solche Bilder gar nicht
mehr mit realistischen oder impressionistischen „Raumvorstellungen" und deren
Veranschaulichungen vergleichen. Der leere, grenzenlose Raum ist bei Heym ferner
ein Bild für die schlechte Unendlichkeit einer inhaltslosen, verräumlichten Zeit und
verweist damit ebenfalls auf eine „leere" Welt. (S. u. S. 163 f.).
15 s. u. S. 145 ff.

Das Bild der „endlosen Horizonte" ist demnach eine über seine Gegenständlichkeit hinaus zu höchster Allgemeinheit gesteigerte Metapher für die schlechte Unendlichkeit einer dem lebendigen Subjekt entfremdeten, ihm erstorbenen und deshalb „leeren" Welt. In diesem Sinn wird es durch das mit „Wo nur ..." auf die „Leere" der Horizonte hindeutende Bild des einsamen, „unter Schmerz" sich windenden Baumes metaphorisch ergänzt. Der kahle, hohle, verkrüppelte oder abgestorbene Baum — die entheroisierte „Pinie" Nietzsches[16] — ist ein bei Heym häufig begegnendes Sinnbild für Einsamkeit und Entseelung, entstelltes oder abgestorbenes Leben, wie aus analogen Vergleichen von Baum und Mensch in zahlreichen Einzelbildern unmittelbar zu ersehen:

Im grünen Himmel, der manchmal knallt
Vor Frost im rostigen Westen,
Wo noch *ein Baum* mit den Ästen
Schreit in den Abend, stehen sie plötzlich, frierend und kalt, ...
Wie ein armes Volk, das vor Kälte schreit.   (112 Die neuen Häuser)

Woran *denkst du, Baum, in der Wetterstunde*
Der Nacht? . . . . . . wie in alter Zeit
Einen Mann sie in deine Krone gehenkt ...?   (28,5 Der Baum)

. . . . . . *Die niedren Bäume* stehen
Wie Bettler kahl. Das Rot der Vogelbeere
Glänzt *wie ihr Auge* trübe . . . .   (47,2 Der Winter)

Die zerflackenden Bäume mit Trauer zu schwärzen,
Brauste ein Sturm. Sie *verbrannten wie Blut,*
Untergehend, schon fern. *Wie über sterbenden Herzen*
Einmal noch hebt sich der Liebe verlodernde Glut.   (82,2 Die Seefahrer)

Die Bäume wechseln nicht die Zeiten
Und *bleiben ewig tot* in ihrem Ende,
Und über die verfallnen Wege spreiten
Sie hölzern ihre langen *Fingerhände.*   (74,1 Umbra Vitae)

Was im Bild der endlosen Horizonte und des einsamen Baumes an Bedeutung angelegt ist, entfalten die beiden folgenden Verse durch seine Beziehung auf das Wir-Subjekt. Für das lebendige Subjekt bedeutet der „Bann", d. h. die Unentrinnbarkeit der durch endlose Horizonte versinnbildlichten

---

16 Vgl. Nietzsches Gedicht ‚Pinie und Blitz' in Nietzsches Werke, Taschen-Ausgabe, Bd. VI, Lpz. 1906, S. 408 — Das Urbild von Nietzsches Pinie ist in den expressionistischen Gedichten, die das Motiv des Baumes zum Gegenstand haben, leicht wiederzuerkennen. Vgl. dazu Martin Sommerfeld, Deutsche Lyrik 1880—1930, nach Motiven ausgewählt und geordnet, Berlin 1931, Motiv ‚Der Baum' S. 76—90, bes. die Gedichte von Mombert (S. 79), Blaß (82), Pulver (83), Benn (86), Kasack (87).

„leeren" Welt Zurückgeworfensein auf sich selbst (Bild des Sinkens), Abgeschnittensein von Kommunikation (Bild der Bergleute und der Grube), absolute Einsamkeit (*Schweigen*) und Entseelung (*von Leere schwoll uns das Herz*). Ihre grenzenlose Weite wird ihm zum Bild seiner grenzenlosen Verlorenheit, schrumpft ihm zur Enge eines Gefängnisses, letzten Endes des Grabes (*Grube*) zusammen.

Sämtliche Bilder der ersten Strophe sind absolute Metaphern, d. h. ihre real gegenständlichen Elemente haben sich in Chiffren verwandelt, deren Bedeutung nur aus der Beziehung der einzelnen Bilder zueinander oder aus ihrer stereotypen Funktion in der ganzen Bildersprache Heyms sich aufhellt. In der Bildeinheit, zu der sie zusammengeschlossen sind, stellt sich metaphorisch das allgemeine Verhältnis von subjektivem und objektivem Sein in der bestimmten geschichtlichen Weltstunde, aus der das „Wir" des Textes spricht, als der Widerspruch zwischen einer subjektfremden Welt und einer weltlosen Subjektivität dar. Da in ihm die Spontaneität des Subjekts zum Absterben (*Schweigen, Leere*) verurteilt ist, heißt diese Weltstunde *hora mortis*.

Der metaphorische Bedeutungsgehalt der ersten Strophe hat eine solche Allgemeinheit und Endgültigkeit, daß dem Gedicht kein Fortschreiten, keine Entwicklung im Sinne eines äußeren oder inneren Vorganges möglich ist. Die Bildeinheiten der folgenden Strophen paraphrasieren den Gehalt der ersten in Metaphern, die nur insofern ein neues Moment ins Spiel bringen, als sie die „Qual" des Gefangenseins in einer „leeren" Welt, die wechselnde Art des Leidens an entseeltem Leben veranschaulichen. Auch hier handelt es sich um absolute Metaphern. Die Ablösung der Bildelemente von der real gegenständlichen Realität geht bis zu scheinbaren Paradoxien wie der, daß die „Gebannten" und „Sinkenden" gleichzeitig „Gejagte" sind. Trotz solcher gegenständlich heterogenen Elemente (Vergleich mit Bergleuten, Spiegeln, Nachtwandlern — sinken, gehen, schwanken, dahinschwinden usw.) stehen die folgenden Bilder nicht in Widerspruch zu denen der ersten Strophe, sondern in einem Verhältnis der abwandelnden oder steigernden Wiederholung, des gleichartigen und gleichzeitigen Nebeneinanders. Wieder sind es Bilder mortifizierter Natur, die als vorbedeutende Chiffren zu einer Schrift zusammentreten, die den Spruch des durch die Zeit, durch den Weltzustand, nämlich über „uns" verhängten Schicksals anzeigt: wie anfangs der „Bann" und die „Trauer" endloser Horizonte und ein „unter Schmerzen" sich windender Baum, so im weiteren „trübe" Winde (analog dem „stöhnenden Nächte-Wind" in ‚Meine Seele'), „düsterer Abend", eines ganzen „versinkenden" Herbstes „verschwindende Räume", die wie anschließend das „Wolkenland" als das schlechthin „Finstre" die Metapher der endlosen

Horizonte steigernd abwandeln, und schließlich das bei Heym des öfteren als Omen figurierende Bild „traurigen" Vogelflugs[17].

Die Metapher „das Schweigen der Grube unserer Qual", deutend ergänzt durch „von Leere schwoll uns das Herz", enthält im Keim bereits alle Motive, die das Gedicht dann in einer strophisch gegliederten Kette von Metaphern entfaltet, von denen die eine die andre hervortreibt (Schwellmetaphern). Der Bildeinheit der zweiten Strophe liegt das Motiv der „Leere" des Herzens, der Entseelung zugrunde. Als Metapher für solche Leere steht zunächst das Bild der „im Dunkel" gesenkten Hände, d. h. leerer Hände gleich denen in ‚Mitte des Winters' und ‚Im kurzen Abend':

> *Unsere Hände* werden *im Dunkel sich lösen,*
> *Und mein Herz* wird sein *wie ein kahler Ort.* (181,4)

> Und wer da suchet, daß er Einen fände,
> Der sieht ihn stumm und schüttelnd *leere Hände.* (183,3)

Das Senken der Hände „im Schierling" (Gift) und „bei Büschen und Weiden" deutet auf Sterben hin. Von den Selbstmördern heißt es im gleichnamigen Gedicht, daß ihnen, „in Bäumen irrend", aus jedem Baum Stimmen entgegenkommen, daß „Dorn und Stachel" sie ergreifen wollen (187); in ‚Umbra Vitae' liegen sie „begraben unter Salbei und dem Dorne" (73,5). Einen makabren Charakter hat besonders das Bild der Weide bei Heym: in ‚Die Irren III' die „alte Weide, dürr und stumm", die vor den Irren „die Arme senkt" und sie „beschielt mit Augen, weiß und krumm" (99,1); in ‚Ein Herbst-Abend' die „Trauerweiden", die „vorbedeutend deinen Scheitel schlugen" (160,3); in ‚Die Wanderer' die Weiden, die den Zug der Toten begleiten:

> . . . . *Der krumme Stumpf*
> *Der Weiden, die von Lasten Schnees erblinden,*
> *Begleitet sie mit bitterem Triumph.* (189,6)

Der Vers: „Und dann gingen wir lässig und freuten uns unserer Leiden" variiert das Motiv der „Leere" des Herzens mit einer Wendung, die auch das Absinken des weltlosen Ichs in schlechte Subjektivität, in scheinbare Gelassenheit und Selbstbespiegelung, als eine über „uns", d. h. überindividuell verhängte Gefahr und Form der Entseelung anzeigt, in Übereinstimmung mit dem Satz aus dem Zeitdokument ‚Eine Fratze': „Unsere Krankheit ist Mangel an Ernst, erlogene Heiterkeit, doppelte Qual." Die nihilisti-

---

17 Vgl. hierzu die bezeichnende Bildprägung „die Vögel der Öden" in dem Gedichtfragment ‚Die Vögel' (126,3). Weitere Belege zum Motiv und Bild des Vogelflugs bei K. L. Schneider a. a. O. S. 46.

schen Attitüden sind als Masken der Ohnmacht durchschaut. Denn wie das
Gedicht unmittelbar anschließend sagt, sind die in ihren Leiden selbstgefällig
sich Spiegelnden selbst nicht mehr Subjekt, sondern Objekt: „Arme Spiegel,
darin sich ein düsterer Abend fängt." Daß *Spiegel, spiegeln, gläsern* Heymsche Metaphern für Entseelung und Verdinglichung sind, ergab sich bereits
bei der Betrachtung des Gedichts ‚Meine Seele'. Entseelte, verdinglichte
Subjektivität wird jedoch nicht lediglich den einzelnen, „uns" zur Last gelegt, sondern in ihr spiegelt und „fängt" sich „ein düsterer Abend". Im
Zusammenhang mit dem angeführten Satz über „unsere Krankheit" steht
in ‚Eine Fratze' das Wort vom „Ende eines Welttages" und seinem „stickigen Abend". Der „düstere Abend", der sich in „armen Spiegeln" fängt, ist
demnach ebenfalls eine Metapher, versinnbildlicht das Verhängnis jenes
„Weltabends". Daß das Bild des Herbstabends hier eine Bedeutung angenommen hat, die weit über das Jahreszeit-Motiv hinausgreift, zeigt sogleich
der Einsatz der dritten Strophe. Der Vergleich mit Nachtwandlern, „gejagt
vom Entsetzen der Träume, / Die seufzend sich stoßen mit blinder Hand,"
läßt sich vom Naturgegenstand her, etwa als „Herbststimmung", nicht mehr
motivieren. Von Entsetzen „gejagt" aber waren die im „Abend" der Städte
Fliehenden (s. o. S. 122 f.), und im Zusammenhang mit „Weltabend" ist in
‚Eine Fratze' von einem entsetzlichen Traum als einem „Symbol" der Krankheit der Zeit die Rede. Ferner findet sich das Bild nachtwandlerischer „Blindheit" in Gedichten wieder, deren Gegenstand die „Nacht" der Städte ist und
wo es auf den Weltzustand, auf die über die Einzelnen verhängte Entfremdung voneinander und die Verblendung aller hindeutet:

> Im Irrsal suchen sie den Weg zu finden
> Und *tasten mit den Händen rund, den blinden* . . .   (111,5 Nacht III)

> Aber die Menschen rennen, *ohne zu wissen,*
> *Blind und schreiend,* mit Schwertern und Lanzen.   (194,4 Die Nacht)

> Sie liegen *fremd einander,* stumm, *im Haß*
> *Der dunklen Träume,* in verborgner Wut.   (63,5 Die Schläfer)

Die in den vorausgegangenen Bildern vollzogene metaphorische Verwandlung der Gegenständlichkeit der Natur in eine Chiffrensprache für Geschichtliches („Weltabend") verleiht dem in den beiden folgenden Versen ausdrücklich beschworenen Bild des Herbstes — nicht eines bestimmten, sondern „des" Herbstes allgemein, auf das unbestimmte Kollektivsubjekt
„Wir" bezogen — über seinen naturzeitlichen Sinn hinaus eine Bedeutung,
die es auch in Heyms Gedichten mit dem Thema „Weltende" annimmt: die
Bedeutung von Weltherbst, geschichtlicher Spätzeit. Als Zeit des Sterbens

wie in ‚Hora Mortis' wird der Herbst in ‚Auf einmal kommt ein großes Sterben' (191) zu einer Endzeit mythologisiert, in der sowohl die Naturzeit wie die geschichtliche als leere, tote Zeit stillstehen, die Wälder „plötzlich" verdorren und die Städte „hohl wie Gräber auseinander fallen". Das geschieht auch in ‚Hora Mortis'. Der Herbst, der *„wie ein Riese sich hob* in die Nacht und versank", ist die zum dämonischen Schreckbild des Todes mythisierte Naturvergängnis. So sprechen auch die Toten in ‚Die Morgue' vom „Land" des Todes, „davor ein Schatten steht, / *Des schwarze Schulter ragt* im Abendgraun", und *wachsen* selbst *„wie Berge weit /* In ewige Todesnacht", (77,4 f). Unter dem „Bann" von Entseelung und Entfremdung sinkt menschliches Wesen, zum Ding, zum „armen Spiegel" geworden, in den mythischen Bannkreis von Natur zurück. Das „Entsetzen der Träume" ist der Schrecken vor einem Leben, das als blindes Sein und Vergehen ständig dem Tod als bloßem Naturschicksal anheimfällt. Das in geschichtlicher Endzeit, im „Ende eines Welttages" über „uns" verhängte Schicksal, zu dessen mythischem Bild hier der Herbst wird, ist eine hora mortis in Permanenz.

Die metaphorischen Umschreibungen von Einsamkeit, Entseelung und Entfremdung als „Dunkel" — *Grube, im Dunkel* gesenkte Hände, *düsterer Abend, Nachtwandler, Nacht* — erhalten in der Schlußstrophe endgültig den Sinn von Todesdunkel. Wiederum stellt sich der „Bann" der geschichtlichen Stunde, aus der das Gedicht „Wir" sagt, in mythischen Bildern (Vogelflug, *Lethe*) als blindes Verhängnis dar. In germanischen Mythen ist der schwarze Storch neben dem Raben ein Vogel Odins, des Gottes der Toten, besonders der gewaltsam Getöteten. Auch unabhängig davon werden „die Schatten schwarzer Störche" sowohl im Bildzusammenhang selbst (Lethe) wie in der Sinnverwandtschaft mit Bildern wie dem folgenden zu Todesboten:

> Und es sang *der Schatten der Nacht.* Nur *die Raben* noch irrten
> Unter den drückenden Wolken im Regen hin,
> Einsam im Wind, *wie im Dunkel der Schläfen*
> *Schwarze Gedanken* in trostloser Stunde fliehn.
>
> (193,4 Und die Hörner des Sommers verstummten . . .)

Schon „im Wolkenland, im Finstern" gemahnt an die Toten und den Tod, da bei Heym Wolkenzüge zu Totenzügen[18], die Wolken als „der Toten Geister" angesprochen werden[19]. In der geschichtlichen Stunde einer sterbenden Welt, in der Zeit eines Weltherbstes, wie ihn alle Bilder einer sterbenden und abgestorbenen Natur hier in ihrer Beziehung auf das Wir-Subjekt

---

18 in ‚Die Wolken' (34 f.), ‚Die Dampfer auf der Havel' (146,4) und ‚Die Wanderer' 189 f.).
19 in ‚Die Wolken' (34,1).

metaphorisch umschreiben, ist menschliches Leben nur scheinbares Leben, sind die Lebenden bereits im Leben Tote, „schwinden" sie als „blutleere Seelen" im Todesfluß des Vergessens *(Lethe)* hin. So schließt[20] auch das Gedicht ‚Auf einmal kommt ein großes Sterben', in dem sich der naturzeitliche Herbst ebenfalls in einen weltzeitlichen verwandelt:

> *Die Menschen aber, die vergessen werden,*
> Hat Winter weit zerstreut in kahler Fläche
> Und bläst sie flüchtig über dunkle Erden. (192,5)

Im Leben wie im Tod „Vergessene" sind aber auch die Seelen derer, die in ‚Die Morgue' als lebende Tote sprechen:

> Wir, *Namenlose,* arme *Unbekannte,*
> In leeren Kellern starben wir allein. (79,2)

Das Bild der im Todesfluß des Vergessens dahinschwindenden „blutleeren Seelen" ist der Schlüssel zur Sinndeutung des zentralen Heymschen Motivs der Toten. Als „Entseelte" sind die toten Lebenden in ‚Hora Mortis' mit den lebenden Toten in ‚Die Morgue', ‚Die Wanderer' usw. identisch. Daher die zahlreichen Übereinstimmungen zwischen den Bildern und Metaphern dieser Gedichte. Der „Trauer der endlosen Horizonte" und den „verschwindenden Räumen" in ‚Hora Mortis' entsprechen als Metaphern für Weltöde und Weltleere in ‚Die Wanderer' die „Trauer verschneiter Himmel" und das weiße „Einerlei der Riesenflächen", in ‚Die Morgue' „Wüsten weit und Meer und Winterwind", der „ferne Plan verlorner Himmelslande", das „leere Nichts" im „Glanz von Himmelsenden". Der Herbstmetaphorik in ‚Hora Mortis' entsprechend, sind die Toten in ‚Die Morgue' „Vom Herbst verworfen. Faule Frucht der Jahre..." (78,2) Und wie die „blutleeren Seelen" in ‚Hora Mortis' Lethe „durch Höhlen voll Kummer trug", ziehn die Toten in ‚Die Wanderer':

> Durch Gräber, Höhlen, zu den Riesentalen,
> Wo weiß von Mitternacht die Meere gehn,
> Und wie ein Stein ruht schwarz das Haupt der Qualen,
> Die schnell wie Wolkenschatten drüber wehn. (190,2)

Wenn die in ‚Hora Mortis' als „Wir" Sprechenden von sich selbst in der Vergangenheitsform sprechen *(sanken wir, gingen wir, schwankten wir, wir schwanden dahin),* so sprechen sie — und im Schlußvers ausdrücklich —

---

20 Die beiden noch folgenden, von den vorausgegangenen jedoch abgesetzten Strophen sind bereits eine Parodie der symbolistischen Herbstgedichte Hofmannsthals und Georges. Vgl. hierzu Kohlschmidt a. a. O., S. 12 f.

von sich als Lebenden wie von Gestorbenen. Das Gedicht sagt, wie immer auch die spätere Botschaft von der früheren Klage inhaltlich sich unterscheiden mag, auf dieselbe Weise „Wir" wie das von Brecht ‚An die Nachgeborenen'[21]:

> Ihr, die ihr auftauchen werdet aus der Flut,
> In der wir untergegangen sind,
> Gedenkt,
> Wenn ihr von unseren Schwächen sprecht,
> Auch der finsteren Zeit,
> Der ihr entronnen seid.

Nicht um das Sterben und den Tod überhaupt handelt es sich in ‚Hora Mortis', sondern um das durch die Zeit, den „Weltabend" über „uns" verhängte Schicksal, nur scheinbar zu leben, als Lebende „entseelt", zu Toten geworden zu sein.

Daß sich die Bilder, Vergleiche und Metaphern des Gedichts sowohl von der gegenständlichen Realität der Natur und ihrem empirischen Raum-Zeit-Zusammenhang als auch von der Realität bestimmter geschichtlicher Zeitinhalte losgelöst und zu absoluten Metaphern verselbständigt haben, besagt nicht, daß sie völlig irreal sind, einer sogenannten absoluten oder diktatorischen „Phantasie" entspringen, wie Hugo Friedrich allgemein von der Struktur der modernen Lyrik behauptet[22]. Ihre Funktion im Gedichtganzen und ihre Analogien im gesamten Bildbestand der Lyrik Heyms bestätigen, was bereits aus den Übereinstimmungen von ‚Hora Mortis' mit ‚Die Städte' und dem Zeitdokument ‚Eine Fratze' zu ersehen war: daß sie einen bestimmten geschichtlichen Sinn haben, d. h. daß sie die Realität des geschichtlichen Daseins zwar stofflich ausklammern, in ihrem Ausdruckscharakter aber sich ausschließlich auf sie beziehen.

Wie aus ‚Hora Mortis' als einem Monolog von Lebenden, die von sich als Toten sprechen, hervorgeht, kann die Bedeutung des Motivs der Toten bei Heym nur aus dem Verhältnis des dichterischen Subjekts zum geschichtlichen Weltzustand verstanden werden. Der Widerspruch von objektivem und subjektivem Sein, der dem Motiv des Weltherbstes zugrundeliegt, stellt sich ferner in zwei Motiven dar, die wie jenes auf das der Toten hinzielen und mit diesem sich unlöslich verflechten: in den komplementären Motiven des Winters und der endlosen Reise.

---

21 Bertolt Brecht, Hundert Gedichte, Bln. 1952, S. 306.
22 S. die Stellen über absolute, diktatorische, kreative, irreale Phantasie bei Hugo Friedrich a. a. O., S. 11, 14, 17, 18, 19, 20, 43, 44 ff., 47, 50, 55, 57, 61 ff., 65, 68 f., 104, 148 ff.

2. Der Winter

Die oft bemerkte „Geschlossenheit" der dichterischen Welt Heyms[23] beruht auf einigen Grundmotiven, die sich gegenseitig bedingen und untereinander zusammenhängen. Sie kehren ständig wieder, werden von den stofflichen Motiven (Sujets) der Gedichte variiert, tauchen als einzelne Bildmotive in thematisch verschiedenen Zusammenhängen auf und bestimmen auch das künstlerische Formgesetz, Komposition und Stil. Zahlreiche Gedichte Heyms kennzeichnen sich schon durch die ihrem Titel beigegebenen römischen Ziffern als „Variationen"[24]. Dabei handelt es sich nicht um organische Teile größerer, etwa zyklisch angelegter Kompositionsformen, sondern um immer neue Abwandlungen desselben Themas. Daneben gibt es für sich stehende, in sich abgeschlossene Gedichte mit gleichem Titel[25]. Aber auch Gedichte, die nicht durch Bezifferung oder gleichlautende Titel als Variationen kenntlich sind, variieren wie unter einem Wiederholungszwang und bis zur Monotonie bestimmte tragende Motive, wie das Motiv der *Toten* — mehr als ein dutzendmal Gedichtthema —, das ebenso häufig wiederkehrende Motiv der *Stadt*, das Motiv des *Weltendes*, das Motiv des *Gefangenseins*, die Motive des *Winters*, der *endlosen Reise*, der *Nacht* — um die wichtigsten zu nennen. Daß sich diese Grundmotive nicht als disparate „Erlebnis-" oder „Stoffbereiche" isolieren lassen, darauf deutet ihr Verflochtensein in Heyms Gedichten selbst. So sind in ‚Der Krieg' (75) mit dem Grundmotiv des Weltendes die Motive des Gefangenseins (*Aufgestanden unten aus Gewölben*), der Stadt (*Abendlärm der Städte*), der Winterstarre (*Frost, Eis, kalte Wüstenein*), der Toten (*Leichen*) verflochten — oder in ‚Berlin III' (11) mit dem Motiv der Stadt die Motive des Winters (*Wintertag*), der Toten (*Armenkirchhof*), des Gefangenseins (*Die Toten schaun . . . aus ihrem Loch*) und des Weltendes (*roten Untergang*) — oder in ‚Die Morgue' mit dem Motiv der Toten die Motive der Stadt (*Morgue, Markt der Toten*), des Winters (*Winterwind, Im Winter weit, Winteressen*), der endlosen Reise (*Wir, Tote, sammeln uns zur letzten Reise*) usf. Die ständige Wiederkehr und enge Verflochtenheit solcher tragenden Motive weist auf deren Ursprung aus bestimmten Impulsen und Intentionen zurück, die sich an ihnen entsprechenden stofflichen Motiven (Sujets) zu realisieren und zu entfalten suchen. Das heißt, daß einem Motiv im engeren, stofflich-thematischen Sinn schon durch seine Wahl eine Bedeutung eingeprägt ist, die sich erst aus seinem Zusammenhang mit jenen stets wiederkehrenden

---

23 S. z. B. Greulich a. a. O. S. 128
24 Das Gedicht ‚Die Irren III' (98) hat die Bezeichnung „Variation" als Untertitel.
25 So: ‚Der Baum' 28 u. 132, ‚Der Winter' 47 u. 110, ‚Der Tag' 53 u. 137, ‚Der Krieg' 75 u. 195, ‚Die Nacht' 102, 139 u. 194, ‚Die Irren' 95 ff. u. 182.

und miteinander verflochtenen Grundmotiven ganz erschließen läßt. Herbst und Winter würden als Jahreszeit-Motive zum „Stoffbereich" Natur gehören; wie aber das Herbstmotiv in der Verflechtung mit dem der Entseelung — d. h. der Toten — und dem des „Weltabends" bei Heym zum geschichtlichen Motiv eines Weltherbstes wird, zeigte ,Hora Mortis'; und wie ganz analog das naturzeitliche Motiv des Winters bei Heym zum geschichtlichen eines Weltwinters, d. h. einer erstarrten Menschenwelt wird, sollen im folgenden seine „Winter"-Gedichte und wiederum die Verflechtung des Wintermotivs mit dem der Entseelung, der Toten, der endlosen Reise, des Gefangenseins sowie die Funktion der Winter-, Vereisungs- und Erstarrungsmetaphern in der gesamten Bildersprache Heyms zeigen. — Noch unangemessener als eine Klassifizierung nach „Stoffbereichen" ist den tragenden Motiven der Dichtung Heyms eine nach „Erlebnisbereichen". Mit dem Verstummen des persönlichen lyrischen Ichs und der Selbstidentifikation des dichterischen Subjekts mit anonymen Kollektivsubjekten macht die Lyrik Heyms selber den Begriff individuellen Erlebens für ihre Deutung irrelevant. In der Tat sind die wesentlichen Motive der als „expressiv" anzusprechenden Gedichte Heyms, wie die Motive des Weltendes und der Toten, individuellem Erleben inkommensurabel. Nicht aus der Enge eines begrenzten Erlebnis- oder Stoffbereichs erklärt sich die Geschlossenheit der dichterischen Welt Heyms. Sie ist so geschlossen wie die reale, auf die sie antwortet.

Im Nachwort zu seiner nach Motiven geordneten Anthologie ,Deutsche Lyrik 1880—1930' bemerkt Martin Sommerfeld, daß es in diesem Zeitraum außerordentlich wenig „Sommer"-Gedichte gibt[26]. Dem wäre hinzuzufügen, daß im selben Zeitraum das Motiv des Winters eine um so auffallendere Rolle spielt: bei George, Dauthendey, Däubler, Heym, Trakl u. a.[27] Dabei handelt es sich nicht nur um „Winter"-Gedichte, sondern um eine Metaphorik der Vereisung, winterlichen Verödung und Erstarrung, die bei George vor allem in dem Gedichtband ,Das Jahr der Seele' begegnet und bei Heym und Trakl die ganze Bildersprache durchzieht. Sie verleiht dem Bild des Winters einen Ausdrucks- und Bedeutungscharakter, durch den der gegenständliche Naturzeit-Winter zum geschichtlichen Weltzeit-Winter wird, zum Bild für eine dem lebendigen Subjekt entfremdete Welt; so daß der eigentliche Gegenstand selbst von Gedichten mit dem Thema „Winter" — von Trakls ,Winterdämmerung' (H 47)[27a] oder Heyms ,Mitte des Winters' (183) — nicht mehr die Jahreszeit ist.

26 Literaturhistorische Bibliothek, Bd. 3, Berlin 1931, S. 211.
27 Sie sind in Martin Sommerfelds Anthologie mit „Winter"-Gedichten vertreten.
27a H im folgenden = Georg Trakl, Die Dichtungen, Gesamtausgabe, hrsg. v. Kurt Horwitz, Zürich 1946: Arche Verlag.

Diesen Bedeutungscharakter entfaltet das Motiv nicht erst in der expressionistischen Lyrik. Schon in Goethes ‚Harzreise im Winter' steht die „Öde"
der Winterlandschaft gleichnishaft für eine verödete Menschenwelt und für
die Einsamkeit dessen, dem sie zur „Wüste" wurde; aber die Dissonanz von
Ich und Welt wird im hymnischen Aufschwung der Schlußstrophen bewältigt. Unaufgelöst bleibt sie in Hölderlins spätem Gedicht ‚Hälfte des Lebens'
mit einem Bild des Winters, das Lebens- und Weltwinter bedeutet und
dessen Sprachgebung in den Schlußversen, mit „Mauern ... sprachlos und
kalt" und „klirrenden" Fahnen, die expressive Erstarrungsmetaphorik Heyms
und Trakls vorwegnimmt. Die Rolle, die das Winter-Motiv als Thema, Bild
und Metapher in der Lyrik des 19. Jahrhunderts spielt, zeugt von der quan-
titativ und qualitativ sich steigernden Erfahrung der Spannung zwischen Ich
und Welt, subjektivem und objektivem Sein. In der Lyrik Lenaus taucht es
nicht nur thematisch auf, in den beiden Gedichten ‚Winternacht' (20 f)[28], es
wird zu einem tragenden Motiv ihrer Bilder- und Metaphernsprache; „die
ganze dichterische Symbolwelt erstarrt und vereist"[29]. Den Bedeutungscharakter, den das Bild des Winters dabei hat, sprach Lenau selbst aus, als
er in einem Brief an Sophie Löwenthal schrieb, daß ihm „die Kälte des
Winters als die schlechte Subjektivität der Erde, als ihre Abkehr vom Licht
und von der Wärme der himmlischen Liebe" erschien[30]. Bezeichnend für
den universellen Bedeutungsgehalt, den das Motiv bei Lenau entfaltet, ist
in dessen Gedicht ‚Die Zweifler' eine Weltend-Vision, die den „lauten Katarakt" der Vergänglichkeit alles irdischen und kosmischen Lebens nach dem
Willen eines „bösen Gottes" — eine Vorstellung, die in Heyms Tagebüchern
wiederbegegnet[31] — einer leeren, toten Ewigkeit zustürzen und in ihr zu
einer stummen kosmischen Eiswüste erstarren läßt:

> Dann brütet auf dem Ozean die Nacht,
> Dann ist des Todes großes Werk vollbracht;
> Dann stockt und starrt zu Eis die grause Flut,
> Worin der Wunsch des finstern Gottes ruht;
> Er wandelt auf der Fläche und ermißt,
> Wie alles nun so still, so dunkel ist;
> Er lächelt dann voll selbstzufriedner Freude
> In seine Welt, in seine Nacht hinein,
> Und es erglänzt des Eises stille Heide
> Nur noch von seines Lächelns Widerschein! —   (I,57)

28 Lenau wird im folgenden zitiert nach: Nikolaus Lenau, Sämtliche Werke und Briefe
   in 6 Bänden, hrsg. v. Eduard Castle, Leipzig: Insel-Verlag 1910 ff.
29 Friedrich Sengle, Voraussetzungen und Erscheinungsformen der deutschen Restau-
   rationsliteratur, DVjs 1956, S. 268 f.
30 Lenau l. c. Bd. 5, S. 182, Brief vom 10. Mai 1844.
31 T 136.

Was hier aus dem „mit jeglicher Minute" wachsenden, im „wilden Takt"
des Herzens „brausenden" Strom der Zeit am Ende aller Zeit — in der metaphysischen Spekulation — wird, das ist er in einem Gedicht Gottfried Kellers
„mitten auf dem Grunde":

> So werd ich manchmal irre an der Stunde,
> An Tag und Jahr, ach, an der ganzen Zeit!
> Sie gärt, sie tost, doch mitten auf dem Grunde
> Ist es so still, so kalt und zugeschneit![32]

Als die „irre" — an der Oberfläche „tosende", auf dem Grunde winterlich
„stille" — Zeit wird hier die geschichtliche Epoche, das „Jahrhundert" angesprochen. Sinnbild einer stillstehenden, lebenerstickenden Zeit ist der Winter auch in Kellers Gedicht ‚Winternacht'[33]. Die Gestalt des erfüllten, in sich
ruhenden Lebens, zu der im ‚Grünen Heinrich' Judith sich „vergrößert und
verschönt", als sie, einem „alten Marmorbilde" gleichend, im Mondlicht
dem Wasser entsteigt, erscheint nun als Bild unerfüllbarer romantischer
Sehnsucht, als Nixe, die aus der Tiefe des gefrorenen Sees emporsteigt, deren „weiße Schönheit" wie die der Judith „Glied um Glied" zu schauen ist,
die aber, eine versunkene Lorelei, unter die Eisdecke gebannt bleibt[34]. Die
Bedeutungsgeschichte des Winter-Motivs in der Lyrik des 19. Jahrhunderts
mündet in die Rolle ein, die in Nietzsches dichterischer Sprache — besonders
in seiner Lyrik und im ‚Zarathustra' — die Winterkälte sowohl im negativen
Sinn als Bild für einen geschichtlichen Weltzustand (Eiswüste) wie im positiven Sinn als Bild für das heroische Pathos der Distanz ihm gegenüber
(Eisgebirge) spielt. Während die Spannung einer ähnlichen Doppelbedeutung des Winterbildes in Goethes ‚Harzreise' sich in der Versöhnung des
Gegensätzlichen löst, ist sie bei Nietzsche zu einem unaufhebbaren Widerspruch gesteigert, wie in den beiden Strophen aus ‚Vereinsamt'[35]:

> Die Welt — ein Tor
> zu tausend Wüsten stumm und kalt!
> Wer das verlor,
> was du verlorst, macht nirgends Halt.
>
> Nun stehst du bleich,
> zur Winter-Wanderschaft verflucht,
> dem Rauche gleich,
> der stets nach kältern Himmeln sucht.

32 Gottfried Keller, ‚Was ist es an der Zeit?', in: Sämtliche Werke, hrsg. v. Jonas Fränkel, Bern 1936, Bd. 14, S. 72.
33 Keller, l. c. Bd. 1, Bern 1931, S. 79.
34 Siehe hierzu Emil Staiger, Die Zeit als Einbildungskraft des Dichters, Zürich 1953²,
S. 175 ff. u. 204 f.
35 Nietzsche, Götzendämmerung / Ecce homo / Gedichte, Stuttgart 1954, S. 478 f.
(Kröners Taschenausgabe Bd. 77).

Nietzsches Gedicht schließt: „— bald wird es schnei'n / Weh dem, der keine Heimat hat!" Die Heimatlosigkeit des Geistes in der realen Welt des ausgehenden 19. Jahrhunderts und seine „Winterwanderschaft" sind das Grundmotiv auch der Winter-Thematik, die in Georges ‚Jahr der Seele' (1897)[36] die Gedichtzyklen ‚Waller im Schnee' und ‚Traurige Tänze' durchzieht. Das „bleiche Laken" (24,1), das Leichentuch der Schneedecke über der abgestorbenen Natur symbolisiert eisige, tödliche Einsamkeit:

> Zu sternen schau ich führerlos hinan.
> Sie lassen mich mit grauser nacht allein.
>
> Ich möchte langsam auf dem weißen plan
> Mir selber unbewußt gebettet sein.　　　　　　(24,2/3)

Nur selten kommt das positive Moment der ambivalenten Bedeutung des „Winters" bei Nietzsche auch hier zur Geltung, wird der Einsamkeit ein Sinn abgezwungen, ihre Monotonie zu beseelen versucht, wenn etwa die winterstarre Erde „die einsam keusche fahle" (25,2) genannt wird:

> Und wir bekannten ihren rauhen mächten
> Daß in den reinen lüften töne hallten
> Daß sich die himmel füllten mit gestalten
> So herrlich wie in keinen maien-nächten.　　　(25,3)

Oder wenn es heißt:

> Nicht vor der eisigen firnen
> Drohendem rätsel erschrick
> Und zu den ernsten gestirnen
> Hebe den suchenden blick!　　　　　　　　　(97,3)

Demgegenüber apostrophiert sich in einem der letzten Gedichte desselben Zyklus das dichterische Ich zum „weiterschreiten" auf seiner Winter-Wanderschaft,

> Ob auch das matt erhellte ziel verlösche
> Und über dir das einzige gestirn.　　　　　　(114,3)

Noch unversöhnlicher ist die durch winterliche Erstarrung, Vereisung und Verödung symbolisierte Distanz zwischen dem dichterischen Subjekt und der Realität, wo das Ich seine Einsamkeit verschweigt und der schroffe Dissonanzcharakter des bildhaft-sprachlichen Ausdrucks für sie einsteht, wie in der Schlußstrophe von ‚Zu traurigem behuf ...':

---

36 Im folgenden zitiert nach: Stefan George, Gesamt-Ausgabe der Werke, Bd. 4, Berlin 1929.

> Schon taucht die wüstenei
> Zurück zum dunklen schacht —
> Ein ton von qual und nacht
> Bricht wie ein letzter schrei.   (116,3)

Dem Rückblick auf die Bedeutungsmomente, die das Motiv des Winters bei Goethe, Hölderlin, Lenau, Keller, Nietzsche und George entwickelt, drängt sich das Anwachsen der Spannung von Ich und Welt, für deren Entfremdung die Bilder winterlicher Erstarrung, Verödung und Vereisung sowohl im subjektiven wie im objektiven Sinn einstehen[37], als geschichtliche Tendenz auf. Sie manifestiert sich auch in der spezifischen Rolle, die das Motiv in der expressionistischen Lyrik spielt: in der extremen Steigerung seines negativen Bedeutungscharakters und im gänzlichen Wegfall des positiven, des Sinnes der Selbstbehauptung des subjektiven Geistes auch in seiner „Heimatlosigkeit", den es noch bei Nietzsche und z. T. auch bei George hatte; vor allem in einer ihm entspringenden Erstarrungsmetaphorik, von der insbesondere die ganze Bildersprache Heyms und Trakls durchsetzt ist und die auch die syntaktisch-rhythmische Sprachform bestimmt.

Eines der letzten Gedichte in Georges ‚Jahr der Seele' sagt den Menschen einer Welt, in der „alle glut verstarb", die in einem „leichenfarbenen" Licht liegt und über deren Kälte kein „Schein" einer künstlichen Glut hinwegtäuschen kann:

> Tretet weg vom herde
> Es ist worden spät.   (118,3)

Zur universellen Metapher für solch eine abgestorbene, dem Kältetod ausgelieferte „späte" Welt wird das Bild des Winters in der Dichtung Heyms. Der Jahreszeiten-Winter erhält die Bedeutung eines geschichtlichen Weltzeit-Winters, einer erstarrten, verödeten Menschenwelt. Von der ersten bis zur nachgelassenen Gedichtsammlung Heyms ist die Bedeutung des Bildes konstant. Wie sie sich am gegenständlichen jahreszeitlichen Motiv entfaltet und über es hinausweist, zeigt das früheste der „Winter"-Gedichte Heyms, aus der Sammlung ‚Der Ewige Tag'[38].

---

37 In Nietzsches ‚Vereinsamt' auf der einen Seite das „blutend Herz in Eis und Hohn" — auf der anderen die Welt „ein Tor zu tausend Wüsten stumm und kalt".
38 D 47 — Thematisch wird das Winter-Motiv auch in den Gedichten ‚Der Winter' (110) ‚Mitte des Winter' (183) und ‚Die neuen Häuser' (112).

DER WINTER

Der blaue Schnee liegt auf dem ebenen Land,
Das Winter dehnt. Und die Wegweiser zeigen
Einander mit der ausgestreckten Hand
Der Horizonte violettes Schweigen.

Hier treffen sich auf ihrem Weg ins Leere
Vier Straßen an. Die niedren Bäume stehen
Wie Bettler kahl. Das Rot der Vogelbeere
Glänzt wie ihr Auge trübe. Die Chausseen

Verweilen kurz und sprechen aus den Ästen.
Dann ziehn sie weiter in die Einsamkeit
Gen Nord und Süden und nach Ost und Westen,
Wo bleicht der niedere Tag der Winterzeit.

Ein hoher Korb mit rissigem Geflecht
Blieb von der Ernte noch im Ackerfeld.
Weißbärtig, ein Soldat, der nach Gefecht
Und heißem Tag der Toten Wache hält.

Der Schnee wird bleicher, und der Tag vergeht.
Der Sonne Atem dampft am Firmament,
Davon das Eis, das in den Lachen steht,
Hinab die Straße rot wie Feuer brennt.

Hält man sich ans Thematisch-Gegenständliche, die „Winterlandschaft", so fällt zweierlei auf. Einmal der Charakter unbestimmter Allgemeinheit, den die aus Ebene, Wegweisern, Straßen, Bäumen und Korb erstellte „Landschaft" trotz dieser bestimmten, anschaulichen Elemente hat. Die erste Strophe spricht ganz allgemein von *dem* ebenen Land, von *den*, d. h. allen Wegweisern und *den* Horizonten. Mit diesen Pluralen, mit der Verstärkung von „eben" durch ge-„dehnt" und mit dem allgegenwärtigen „Schweigen" evoziert sie das Bild einer ungegliederten, sich überall gleichenden endlosen Ebene. Daher ist das scheinbar so bestimmte „Hier", mit dem die zweite Strophe einsetzt, höchst unbestimmt; es kann bedeuten: irgendwo in der endlosen Ebene, oder: bei den (allen) Wegweisern, es kann aber auch „die" Wegweiser nachträglich als die eines Kreuzwegs näher bestimmen wollen, was aber am Allgemeinheitscharakter dieses Plurals im Bild- und Sinnzusammenhang der ersten Strophe nichts ändert. Unbestimmtheitsfunktion haben auch der Plural „die niedren Bäume" und die Singulare „der Vogelbeere" und „ein Korb". Während in Lenaus oder Kellers ‚Winternacht' das lyrische „Ich" uns mit der Person des Dichters in eine bestimmte Landschaft versetzt und diese erst allmählich einen sinnbildlichen Charakter annimmt, ist das „Hier" der menschenleeren Winterlandschaft Heyms von vornherein ein Irgendwo, in der ungegliederten endlosen Ebene eine Stelle, die mit jeder anderen austauschbar ist. — Zweitens fällt auf, daß im Unterschied zu den Winterlandschaften Lenaus, Kellers und auch noch Georges die hier gegebene keine reine Naturlandschaft mehr ist. Ihr wichtigstes gegenständliches Element sind die „Straßen", von denen in allen Strophen außer der vierten die Rede ist. Sie werden „Chausseen" genannt, und zwar an exponierter Stelle (Endreim im Strophensprung), deuten also auf die Welt der Städte hin.

Weshalb diese Winterlandschaft keine reine Naturlandschaft mehr ist und welche Bewandtnis es mit ihrem unbestimmten Allgemeinheits-, fast Abstraktionscharakter hat, ist aus der Ausdrucks- und Bedeutungsfunktion ihrer gegenständlichen Elemente im Bild- und Sinnzusammenhang des Ganzen zu erschließen.

Das Gesamtbild der ersten Strophe, die endlose winterliche Ebene, hat, wie die grenzenlose leere Fläche stets bei Heym (s. o. S. 129 f.), den metaphorischen Charakter einer tödlichen Monotonie. Die Ausweglosigkeit aus ihr wird grotesk-paradox durch Wegweiser versinnbildlicht, die keinen Weg, sondern „der Horizonte violettes Schweigen" zeigen. Das „violette" Schweigen, das die vom „blauen" Schnee bedeckte Ebene in allen Himmelsrichtungen einschließt und in das sie übergeht wie Blau in Violett, bedeutet Todesschweigen, wie aus der analogen metaphorischen Funktion von *violett* und *lila* in anderen Gedichten Heyms ersichtlich ist. In ‚Die Schläfer' begleiten den Schlaf, der den Schläfern den Tod bringt, die Träume „wie ein *lila* Hauch" (63,3), und zuletzt heißt es:

> Er singt. Ein Ton von *krankem Violett*
> Stößt an den Raum. *Der Tod geht.* ... (64,2)

Und in ‚Die Tote im Wasser' treibt die Leiche in „*lila* Wasser" (21,5).

Als die Todeslandschaft einer erstarrten und verödeten Welt erweist sich Heyms Winterlandschaft weiterhin mit dem zentralen Bild des Kreuzwegs, der vier Straßen, die „sich antreffen" und in die vier Himmelsrichtungen „weiterziehn". In Mythologie und Volksaberglauben spielt der Kreuzweg die fatale Rolle einer Toten- und Geister-, auch Orakelstätte. Treffpunkt und Sammelplatz der Toten ist der Kreuzweg auch in Heyms ‚Schwarzen Visionen':

Der großen Städte nächtliche Emporen
Stehn rings am Rand, wie gelbe Brände weit.
Und mit der Fackel scheucht aus ihren Toren
Der Tod *die Toten* in die Dunkelheit.

Sie fahren aus wie großer Rauch und schwirren
Mit leisen Klagen durch das Distelfeld.
Am Kreuzweg hocken sie zuhauf und irren
Den Heimatlosen gleich in schwarzer Welt.   (65,5—6)

Zu den Toren der großen Städte, aus denen hier die Toten ausfahren, ziehen auch die großen Landstraßen, die „Chausseen". Wenn es aber in ‚Der Winter' heißt, daß sie „ins Leere" ziehn, „weiter in die Einsamkeit", in den vier Himmelsrichtungen dem „violetten Schweigen" der Horizonte zu, so ist es die in ihnen gegenwärtige Welt der großen Städte, für deren „Leere" und tödliche Monotonie[39] die Winterlandschaft der endlosen Ebene mit dem Signum des Kreuzweges einsteht. Wegweiser und Wege haben in dieser leeren, toten Welt ihren Sinn verloren. Die Wegweiser weisen keinen Weg, sondern zeigen „einander" das tödliche Schweigen dieser Welt. Der „Weg" der Straßen ist keiner mehr, denn er geht „ins Leere". Als den des verarmten, abgestorbenen Lebens kennzeichnet ihn der Vergleich der „kahlen" und „niedren" Bäume mit Bettlern, besonders das „trübe", mit dem trüben Glanz von Bettleraugen verglichene „Rot der Vogelbeere". In der Mythologie der indogermanischen Völker ist die Eberesche (Vogelbeerbaum) ein zum Baum gewordener Blitz, verkörpert das Rot der Vogelbeeren das „himmlische Feuer"[40]. Einen dieser mythologischen Vorstellung verwandten Sinn hat das Bild der Eberesche in Heyms Judas-Gedicht ‚Der Baum' (132). Judas, der den Verrat an Christus bereut, will sich erhängen, aber jeder Baum läßt den Selbstmord mißlingen:

Nur eine Eberesche,
Mit roten Beeren bespickt,
Wie mit feurigen Zungen,
Hat ihm Obdach gegeben.   (132,2)

Und Judas' Verrat wird durch sein Selbstopfer gesühnt:

Gott in dem weißen Kleide
Tat in den Wolken sich auf.   (132,4)

39 s. o. S. 58 zu ‚Die Stadt' (104).
40 Vgl. Adalb. Kuhn, Die Herabkunft des Feuers und des Göttertranks, Bln. 1859, S. 26.

Auch hier steht die Eberesche mit ihren „feurigen Zungen" als Sinnbild eines himmlischen Feuers, der Umkehr und Heimkehr (*Obdach*) des Ausgestoßenen zu Gott. In ‚Der Winter' aber glänzt das Rot der Vogelbeere nicht „feurig", sondern „trübe" wie das Auge von Bettlern, „Heimatlosen" (s. 65,6). Der Weg „ins Leere", „in die Einsamkeit", ins „violette Schweigen", den die Straßen ziehn, geht in die Welt, „wo alle glut verstarb" (George), das himmlische Feuer erloschen, das Leben ziel- und weglos geworden ist, wie das nachgelassene Gedicht ‚Mitte des Winters' sagt: „Weglos ist jedes Leben. Und verworren / Ein jeder Pfad." (183,3). Wohin auch immer die Chausseen ziehn, „Gen Nord und Süden und nach Ost und Westen" geht es „ins Leere", in wegloses Leben. So, in die vier Himmelsrichtungen, gehen in ‚Umbra Vitae' auch die Selbstmörder „ihr verlornes Wesen" suchen:

> Gebückt in Süd und West und Ost und Norden
> Den Staub zerfegend mit den Armen-Besen. (73,3)

Aus der Paradoxie, daß die vier Chausseen in einer Welt, in der „ein jeder Pfad verworren" ist, nur ihrem Anschein und dem Wort nach „Wege", in Wahrheit aber Wege im Weglosen und ins Weglose sind, erklärt sich ihre Verfremdung zu gespenstig-grotesken Wesen, die Leben und Bewegung vortäuschen, wo das Leben erstarrt und abgestorben ist. Wenn sie — analog den Wegweisern, die das Schweigen „einander zeigen" — wie Menschen „sich auf ihrem Weg antreffen", „kurz verweilen", „sprechen" und dann „weiterziehn", so werden sie durch diese personifizierenden verbalen Metaphern dennoch keineswegs vermenschlicht oder „beseelt"[41], auch nicht „dynamisiert"[42], sondern zu irrealen Spukgestalten, in denen die Realität sich gerade als eine entseelte darstellt. Die Menschenwelt scheint ausgestorben und in ihren Relikten, zweckentfremdeten Wegweisern und Straßen, grotesk fortzugeistern. Daß die personifizierenden Metaphern hier keine dynamisierende Funktion haben, der Realität kein intensiveres Leben, Aktion verleihen, sie vielmehr aushöhlen, sagt der Text selbst: Die Chausseen „sprechen", aber „aus den Ästen", d. h. gespenstig, wie die „Stimmen", die den Selbstmördern „auf den dunklen Wegen" aus „jedem Baum" entgegenkommen:

> Ihr Ohr hört vieles schon von dumpfem Raunen,
> Wie Schatten stehn sie auf den dunklen Wegen,
> Und Stimmen kommen ihnen schwach entgegen,
> Wachsend in jedem Teich und jedem Baume. (187,3)

41 So K. L. Schneider l. c. S. 73.
42 ibd. S. 72.

Als die Todeslandschaft einer „leeren" Welt erweist sich die Winterlandschaft Heyms endgültig und ausdrücklich in der vorletzten Strophe. Gespenstiges Relikt einer wie ausgestorben erscheinenden Menschenwelt ist hier der zurückgebliebene verschneite Korb, der sich metaphorisch in einen weißbärtigen Soldaten verwandelt, der Totenwache hält. Wie in der winterlichen Großstadtlandschaft von ‚Berlin III' mit dem Bild des Armenkirchhofs tauchen hier mit einem Vergleichsbild, das als real gesetzt wird (Unterdrückung des „wie", syntaktische Verselbständigung zum Satz) plötzlich „die Toten" auf. Das winterliche Ackerfeld verfremdet sich zum Leichenfeld. Mit diesem Bild ist die Bedeutung des Schweigens, das die Wegweiser einander zeigen, voll entfaltet. Die durch diese Winterlandschaft repräsentierte Menschenwelt, in der das „himmlische Feuer" erloschen (siehe die Farbmetaphern: *blau, violett, trübes Rot, bleich*), jedes Leben „weglos" ist, wird einer Welt von Toten gleichgesetzt. Gleichzeitig kündigt sich jedoch in dieser Strophe ein Umschlag im inneren Vorgang des Gedichts an. Der heroisierende Vergleich mit einem weißbärtigen alten Soldaten macht den einsamen „hohen Korb" — im Gegensatz zu den mit Bettlern verglichenen „niedren Bäumen" — zum Sinnbild des Standhaltens in der Leere dieser „Winter"-Welt und des Widerstandes gegen sie. Daß das manifestartige Prosastück ‚Eine Fratze', das die „Krankheit" der in einem „Weltabend" Lebenden beschreibt, mit demselben Bild schließt, macht dessen geschichtlichen Sinn noch deutlicher:

> Aber etwas gibt es, das ist unsere Gesundheit. Dreimal „Trotzdem" zu sagen, dreimal in die Hände zu spucken *wie ein alter Soldat,* und dann weiter ziehen, unsere Straße fort, Wolken des Westwindes gleich, dem Unbekannten zu.[43]

In der Schlußstrophe vollzieht sich der im Bild des alten Soldaten, das auf „Krieg" deutet, angekündigte Umschlag. Mit der untergehenden Sonne flammt jenes göttliche Feuer wieder auf, das im „violetten Schweigen" der Horizonte, im „trüben Rot der Vogelbeere" und im „bleichenden", sterbenden „niederen Tag der Winterzeit" erloschen schien. Die mythologische Bedeutung von Weltuntergang und Welterneuerung, die das Sonnenfeuer in der dichterischen Bildwelt Heyms ähnlich wie in Nietzsches ‚Zarathustra' und wohl nicht unbeeinflußt von ihm hat, wird noch ausführlicher zu erörtern sein[44]. Wenn die Schlußstrophe sagt: „Der Sonne Atem dampft . . .", so mythisiert sie die Sonne zu einem riesigen göttlichen oder dämonischen Wesen, wie es in der Schlußstrophe der ‚Verfluchung der Städte V' als Sonnenstier mit blutbekränzten Hörnern (101,3), in ‚Kata' als „Purpurdra-

43 Die Aktion, 1. Jg. 1911. Nr. 18, Sp. 556.
44 s. u. S. 279 ff.

chen", dessen „offnes Maul" einen „göttlichen Choral" anstimmt (107,1/3), und in zahlreichen anderen Abwandlungen bei Heym wiederbegegnet. Im Unterschied zu den Metaphern des Sichantreffens, Verweilens, „aus den Ästen" Sprechens und Weiterziehns in die Einsamkeit, die die Realität der Straßen ins Irreale verfremden und durch die gespenstig-groteske Parodie lebendiger Bewegung deren Absenz vor Augen führen, ist der „dampfende Atem" der Sonne eine dynamisierende Metapher, da sie die Sonne in ein lebendiges Wesen (Stier, Drachen u. dgl.) verwandelt und ihr dessen Kraft (dynamis, vis activa) verleiht. Steht die öde, ausgestorbene Winterlandschaft für eine erstarrte, tote Welt, so steht antithetisch dazu die „dampfend" atmende Sonne für die Veränderung dieser Welt: Während am Rand der winterlich verödeten Straßen das göttliche Feuer im „trüben" Rot der Vogelbeere wie in Bettleraugen verlosch, flammt es jetzt, vom „Atem" der Sonne *(davon)* entfacht, im Eis, das „Hinab die Straße rot wie Feuer brennt", wieder auf. Mit dem als Schlußbild pointierten Oxymoron des „brennenden" Eises beschwört das Gedicht den Untergang der „Winter"-Welt. Das Sonnenuntergangsfeuer, das „Hinab die Straße . . . brennt", ist in nuce dasselbe Weltuntergangsfeuer, das der „Gott der Stadt", die zum „Baal" mythologisierte untergehende Sonne, im Schlußbild des gleichnamigen Gedichts in die Stadt schleudert:

> . . . . Ein Meer von Feuer jagt
> Durch eine Straße. Und der Glutqualm braust
> Und frißt sie auf, bis spät der Morgen tagt.   (15,5)

Lebensphilosophisch inspirierte Deutungen der expressionistischen Lyrik, die von deren „dynamischem Lebensgefühl" und „kosmischer Entgrenzung der Persönlichkeit" sprachen, haben darüber hinweggesehen, daß es gerade das auf sich selbst zurückgeworfene Subjekt, ein in seiner Entfaltung gehemmtes Leben ist, was in ihr nach „Ausdruck" verlangt; daß ihrem dynamisierenden Stilprinzip ein statisierendes gegenübersteht und daß beide nur aus ihrem komplementären Verhältnis zueinander verstanden werden können. Wenn in Heyms Gedicht ‚Der Winter' das dichterische Subjekt sich verschweigt, kein lyrisches „Ich" mehr spricht, so drückt sich darin die Erfahrung einer Realität aus, von der das Subjekt zurückgestoßen wird, in der das Ich „heimatlos" ist und deren subjektfremdes Wesen sämtliche Bilder einer Winterlandschaft umschreiben, in der Menschen nur noch metaphorisch vorkommen, in Gestalt menschenähnlicher Dinge, die auf ein erstarrtes, verdinglichtes Leben der Menschen hindeuten. Der Hohn, der aus der bildhaft-metaphorischen Darstellung der „Winter"-Welt spricht, ist die unausdrückliche Form des Protests gegen sie, die Dynamik der bildhaften Beschwörung ihres Untergangs die ausdrückliche. Die antinomische Spannung von Statik und Dynamik im Inhaltlichen, im Gedichtaufbau, in der Struktur und im Funktionszusammenhang der Bilder und Metaphern bestimmt auch den syntaktisch-rhythmischen Ausdruck. Stockender und fließender Rhythmus, pausierendes und ungehemmtes Sprechtempo liegen in ständigem Widerspiel. Das metrische Gefüge des fünfhebigen Jambus, das Heym von George übernommen hat, bleibt als äußere Form erhalten, ist aber im Gegensatz zur harmonisierenden symbolistischen Versfügung im Innern spannungsgeladen und rissig. Durchbrochen wird es in scheinbaren Nachlässigkeiten wie überzähligen Versfüßen (Str. 1: ebenen *Land,* Str. 3: niedere *Tag)* oder Wortstellungen, in denen Silben durch das Versmaß sprechwidrig betont wären (Str. 1: Und *die* Weg*wei*ser statt Und die *Weg*weiser, Str. 4: Weiß*bär*tig statt *Weiß*bärtig). In solchen Verstößen gegen metrische Regelhaftigkeit kündigt sich nicht nur Auflehnung gegen klassizistische Formgesinnung an, sie haben im jeweiligen Bildzusammenhang auch einen Sinn. Die Erstarrung der verödeten Winterwelt, deren Bild die beiden ersten Strophen erstellen, findet ihren sprachlichen Ausdruck in den auffallend zahlreichen Versbrechungen und Satzzerstückelungen, in der Divergenz von metrischen und syntaktischen Einheiten. In der ersten Strophe stockt der Fluß des Metrums mit dem Satzende inmitten der zweiten Verszeile (Das Winter dehnt. ‖ Und die Wegweiser zeigen ǀ), ebenso an deren Ende mit der Versbrechung, die das Kolon „zeigen einander" zerschneidet; dann drängt er weiter zu dem bedeutungsvollen und deshalb die ganze letzte Verszeile ausfüllenden Bild „Der Horizonte violettes Schweigen". — Noch häufiger und schroffer wird die in der zweiten Strophe mit dem Bild der Straßen neu einsetzende einheitliche syntaktisch-rhythmische Bewegung gebrochen, dem Sinn entsprechend, den die Bewegung dieser „ins Leere" ziehenden Straßen hat: keinen.

> Hier treffen sich auf ihrem Weg ins Leere
> Vier Straßen an. ‖ Die niedren Bäume stehen ǀ
> Wie Bettler kahl. ‖ Das Rot der Vogelbeere ǀ
> Glänzt wie ihr Auge trübe. ‖ Die Chausseen ‖
>
> Verweilen kurz und sprechen aus den Ästen.

Drei Einschnitte durch Satzenden inmitten von Verszeilen, drei Einschnitte durch Versbrechungen, darunter die radikale des Strophensprungs nach „Chausseen". Letzteres nicht zufällig, denn in diesem Einhalt verfremden sich die Chausseen zu den irrealen Wesen, als die sie in der ersten Verszeile der dritten Strophe durch die Metaphern des Verweilens und Aus den Ästen Sprechens erscheinen und als die sie in der gespenstigen Eile „weiterziehn",

die der ungehemmte Rhythmus der beiden nächsten Verse und das be-
schleunigte Tempo in der Aufzählung der Himmelsrichtungen suggerieren:
„Gen Nord und Süden und nach Ost und Westen" (Silbenkürzungen, Häufung des „und", Taktakzentuierung durch die rhythmisch gleichwertigen
Kola „Nord und Süden", „Ost und Westen"). Im letzten Vers wird die
Flucht dieses Zeitmaßes aufgefangen; seinem Bildcharakter entsprechend
ist er vom Vorangegangenen als Nebensatz abgesetzt, und die scheinbar
überzählige Silbe des „*niederen*" Tags hat — wie die des „*ebenen*" Landes
in Str. 1 — Dehnungsfunktion, denn Elision ist hier, im Unterschied zu den
„niedren" Bäumen in Str. 2, bewußt vermieden. — In der ersten Hälfte der
vorletzten Strophe stimmen syntaktische und metrische Einheiten wieder
überein, in der zweiten divergieren sie, kommt es wieder zu Stauungen des
Rhythmus: das Vergleichsbild „Soldat", grammatisch Apposition, verselbständigt sich zu einer Satzeinheit; die dem Metrum nach unbetonte Anfangs-
silbe des dritten Verses wird durch den Sprechakzent von „*Weiß*bärtig"
zu einer betonten, was rythmisch wieder eine Dehnung des Zeitmaßes bewirkt: „*Weißbärtig*" muß gelesen werden; Cäsuren nach „Weißbärtig" und
nach „Soldat", dann wieder Versbrechung, die das Kolon „nach Gefecht und
heißem Tag" zerstückt. — Darauf beschreiben die beiden Satzeinheiten des
ersten Verses der Schlußstrophe rhythmisch die Figur eines Gefälles, in dem
alle Bewegung zu verebben scheint:

> Der Schnee wird bleicher,
>
> und der Tag vergeht.

Aber gerade diesem Tiefpunkt entspringt plötzlich die syntaktisch-rhythmische Dynamik des Schlußbildes, das den Bann der winterlich erstarrten
und verödeten Welt brechen will. Sprachlich sind die drei letzten Verse zu
einer gegliederten Einheit zusammengeschlossen, in welcher der steigende
Rhythmus der Jamben über die retardierende Nebensatzfügung hinweg dem
Ende des Gedichts als einem Höhepunkt entgegen-, ja über ihn hinaus-
drängt.

Der universelle sinnbildliche Charakter, den „der Winter", wie der Titel
verallgemeinernd sagt, in Heyms Gedicht annimmt, die Bedeutung eines
geschichtlichen Weltwinters, einer erstarrten, verödeten Menschenwelt, geht
also hervor: aus der Verwandlung der Naturlandschaft in eine geschichtliche
(zentrales Bild der „Chausseen"), aus deren Verfremdung in eine Todeslandschaft, aus dem Sinn der Bilder und Metaphern, aus der Absenz sowohl
des dichterischen wie jedes „erlebenden" menschlichen Subjekts und aus
der antinomischen Spannung von Statik und Dynamik im syntaktisch-
rhythmischen Gefüge des Gedichts, in der sich sprachlich der Zwang eines

erstarrten objektiven Seins und zugleich der Drang des subjektiven, ihn zu brechen, ausdrückt. Die ins tödliche Schweigen „der" Horizonte eingeschlossene, in ihrer ganzen Ausdehnung (Straßen = Himmelsrichtungen) „leere" Winterwelt, in der das göttliche Feuer erloschen ist und in deren „Eis" es als Weltbrand wiederaufflammt, steht für jene Welt, von der Heym in seinem Tagebuch schreibt, daß er mit seinem brachliegenden Enthusiasmus (gr. én-theos = gotterfüllt) in ihr noch ersticke, und ihr „Schweigen" für deren „erbärmlichen ewigen Frieden", der ihn „Krieg" wünschen läßt (vgl. a. in ‚Der Winter' das Bild des alten Soldaten, der bei den Toten Wache hält).

In einem „Winter"-Gedicht (D 183) aus dem Nachlaßband legt sich die universelle Metapher, zu der das Bild des Winters bei Heym wird, selber aus:

MITTE DES WINTERS

Das Jahr geht zornig aus. Und kleine Tage
Sind viel verstreut wie Hütten in den Winter.
Und Nächte ohne Leuchten, ohne Stunden,
Und grauer Morgen ungewisser Bilder.

Sommerzeit, Herbstzeit, alles geht vorüber,
Und brauner Tod hat jede Frucht ergriffen.
Und andre kalte Sterne sind im Dunkel,
Die wir zuvor nicht sahn vom Dach der Schiffe.

Weglos ist jedes Leben. Und verworren
Ein jeder Pfad. Und keiner weiß das Ende,
Und wer da suchet, daß er Einen fände,
Der sieht ihn stumm und schüttelnd leere Hände.

Das Gedicht ist künstlerisch weit schwächer als sein Gegenstück aus dem ‚Ewigen Tag', weil ihm die innere Spannung zwischen einem statischen und einem dynamischen Moment des Inhalts und der Form fehlt und weil das „Allgemeine" nicht restlos ins dichterische Bild eingeht, sondern als den Bildern beigemischte Reflexion direkt ausgesprochen wird. Was hier als blanke Intention zutage tritt, verdeutlicht jedoch, was dort aus Bildern, Metaphern und sprachlichem Ausdruck erst erschlossen werden mußte. Während in ‚Der Winter' das konkrete Bild der winterlichen Ebene realgegenständlich und metaphorisch zugleich ist, „Landschaft" bleibt und doch „Welt" bedeutet, gibt es im Bereich des Allgemeinen, in dem sich ‚Mitte des Winters' bewegt, keine real-gegenständliche Winterlandschaft mehr, taucht in der ersten Strophe das Bild des Winters nur als Vergleichsbild auf, mit den „kleinen Tagen", die „wie Hütten in den Winter" verstreut sind. Die „kleinen Tage" selbst, die Wintertage, werden sofort zur eindeutigen

Metapher für sinnleere Zeit (*ohne Leuchten, ohne Stunden, grau*), und die allgemeine Bedeutung dieser Metapher wird geradezu als Gemeinplatz ausgesprochen: „Sommerzeit, Herbstzeit, alles geht vorüber . . .". So wird die Winterzeit ausdrücklich zum Bild für nur vergehende, nicht dauernde Zeit, für eine abstrakte Zeit, die auch die organisch gegliederte Naturzeit, den Jahreszeiten-Zyklus, „Sommerzeit, Herbstzeit, alles . . .", also auch die Winterzeit als Jahreszeit einebnet. Es ist die kaum mehr Zeit zu nennende Zeit abgestorbenen Lebens: „Und brauner Tod hat jede Frucht ergriffen." Das gleiche Bild begegnet in ‚Frühjahr' (184), wo den Sämann „keine Frucht in toten Sommern freuet", und in ‚Die Morgue', wo sich die Toten „faule Frucht der Jahre" nennen (78,2), steht also für die Sinnleere und Vergeblichkeit des Lebens in einer Zeit, unter deren Herrschaft alle Jahreszeiten und Jahre „tote" Zeiten sind. Als ewiger Winter repräsentiert der Winter die Monotonie des entseelten Lebens in einer „kalten", verödeten Welt (*kalte Sterne sind im Dunkel, Weglos ist jedes Leben*). Daß es die geschichtliche Welt ist, zeigt wie in ‚Hora Mortis' wieder das Kollektivsubjekt „Wir" an. Überdeutlich wird der metaphorische Sinn dieses Winterbildes in der Schlußstrophe, die von der Einsamkeit des Ichs in dieser „Winter"-Welt so allgemein spricht, daß sie sich nur noch sentimental äußern kann.

Die Schwächen des Gedichts: daß es ihm an innerer Spannung fehlt, daß es die sinnleere Zeit mehr beredet als in einem Bild wie dem der gespenstiggrotesken Bewegung „ins Leere" ziehender Chausseen erscheinen läßt, daß es der Einsamkeit und Heimatlosigkeit des Ichs in einer erstarrten Welt nur sentimentalen Ausdruck verleiht, statt sie wie ‚Der Winter' durch die verfremdete Realität von Wegweisern, Straßen, Korb zu versinnbildlichen — diese Schwächen könnten jedoch auch darin begründet sein, daß es nicht ganz ernst genommen sein will, daß es eine jener Kontrafakturen Heyms zu Hofmannsthal, Rilke, George ist, die teils unwillkürliche, teils bewußte Parodien sind. An Hofmannsthals ‚Ballade des äußeren Lebens' gemahnen die zahlreichen „Und"-Anfänge von Versen und Sätzen (im ganzen acht), und an Hofmannsthals Gedicht ‚Manche freilich . . .' gemahnt das in der zweiten Strophe plötzlich auftauchende Bild:

> Und andre kalte Sterne sind im Dunkel,
> Die wir zuvor nicht sahn vom Dach der Schiffe.

Hofmannsthals Gedicht beginnt:

> Manche freilich müssen drunten sterben,
> Wo die schweren Ruder der Schiffe streifen,
> Andre wohnen bei dem Steuer droben,
> Kennen Vogelflug und die Länder der Sterne.

Die beiden letzten Verse würden durch die Heymschen parodiert, wenn man in denen, die vom „Dach der Schiffe" sahn, die „andren" wiedererkennen will, die „wohnen bei dem Steuer droben"; denn bei Hofmannsthal „kennen" sie „die Länder der Sterne", während Heym von ihnen sagt, daß sie im Dunkel der weglosen Winterwelt „andre kalte Sterne" erblicken, die sie „zuvor nicht sahn vom Dach der Schiffe". Für die parodierende Absicht spräche auch, daß das Gedicht teils reimlos ist wie ‚Manche freilich...‘ oder unrein reimt und in der Schlußstrophe die drei leiernden Endreime: *Ende, fände, Hände* stehen. Unverkennbar ist eine gleichzeitige Rilke-Parodie. Rilkes Gedicht ‚Herbst‘[45] schließt:

> Und doch ist *Einer*, welcher dieses Fallen
> unendlich sanft *in seinen Händen hält.*

An diese Schlußstrophe klingen rhythmisch und auffallend wörtlich die beiden Schlußverse von ‚Mitte des Winters‘ an, in der offenkundigen Absicht, die versöhnliche Wendung des Rilkeschen Gedichtes parodistisch aufzuheben:

> Und wer da suchet, daß er *Einen* fände,
> Der sieht ihn stumm und schüttelnd *leere Hände.*

Auch wenn das Gedicht einen parodistischen Einschlag hat oder eine bewußte Parodie ist — Ernst und Groteske, Pathos und Hohn gehen bei Heym ständig ineinander über —, bleibt sein metaphorischer Gehalt für Heyms Bild des Winters verbindlich. „Winterzeit" heißt bei Heym stets: inhaltsleere, tote Zeit. Den „wie Hütten" niederen „kleinen Tagen" in ‚Mitte des Winters‘ entsprechen in ‚Der Winter‘ (47) „der niedere Tag der Winterzeit" und in ‚Der Winter‘ (110) die Tage, die sich in „niedre Stuben" zwängen und deren inhaltsleere Zeit als dem subjektiven Bewußtsein entfremdete, verdinglichte Zeit versinnbildlicht wird:

> Nun wohnen wir in rings umbauter Enge
> Im kargen Licht und Dunkel unserer Gruben,
> *Wie Seiler zerrend grauer Stunden Länge.*   (110,2)

Die „Winter"-Gedichte Heyms ließen erkennen, wie sich an der Winter-Thematik eine Winter-Metaphorik entfaltet, der das zentrale Motiv der erstarrten Welt und des abgeschnittenen Subjekts zugrundeliegt. Auch der geschichtliche Sinn dieser Metaphorik ließ sich aus ihnen erschließen. Die universelle Bedeutung von Weltöde und sinnleerer Zeit, die der „Winter" annimmt, erklärt die stereotype Rolle, die er als Bild und Metapher in der

---

45 Rainer Maria Rilke, Ausgewählte Werke, 1. Bd., Insel-Verlag 1948, S. 120.

ganzen Dichtung Heyms spielt, in den verschiedensten thematischen Zusammenhängen. Aus einer Fülle von Belegen seien nur die herausgegriffen,
die deutlich die metaphorische Funktion des Bildes zeigen.

Der geschichtliche Sinn des Winter-Motivs tritt in seiner häufigen Verflechtung mit dem der großen Städte hervor:

Schornsteine stehn in großem Zwischenraum
Im Wintertag, und tragen seine Last,
Des schwarzen Himmels dunkelnden Palast.   (11,1 Berlin III)

Das breite Tor geht auf im *Riesenbau*
Und wieder zu. Des Tages roter Rost
Bedeckt den Westen. Trübe in dem Blau
Zittert ein Stern *im bittern Winterfrost.*   (13,3 Die Gefangenen I)

Im grünen Himmel, der manchmal knallt
Vor *Frost* im rostigen Westen,
Wo noch ein Baum mit den Ästen
Schreit in den Abend, stehen sie plötzlich, *frierend und kalt,*
Wie Pilze gewachsen, und strecken in ihren Gebresten
Ihre schwarzen und dünnen Dachsparren himmelan,
Klappernd in ihrer Mauern schäbigem Kleid
Wie ein *armes Volk, das vor Kälte schreit.*   (112 Die Neuen Häuser)

Und sie [scil. die Märkte] lagen beschmutzt auf dem *schneeigen Grund.*
. . . . /. . .

So sperrten sie immer empor ihre riesigen Lippen
Und schrieen nach einem Heiland der *tollen Zeit,*
Und hörten den Wind am Tag — im Abend ein Regentrippen
Weißer *Sterne* Geräusche durchs Dunkel der Räume *verschneit.*
                                        (198,6 u. 199,2 Die Märkte)

Wir stehen an den *ausgefrornen Scheiben*
Und starren schräge nach den *leeren Höfen.*   (110,3 Der Winter)

. . . deine Augen, die ins Weite schaun
Aus engen Straßen zu den Wintersternen.   (169,2 Gina)

Sie ziehn wie Chöre auf mit starkem Schritte
Im Eisenhimmel, der sie *kalt umspannt.*   (109,2 Die blinden Frauen)

Der Nebelstädte
Winzige *Wintersonne*
Leuchtet mir mitten ins gläserne Herz.   (125,1 Die Nebelstädte)

In den Abendlärm der *Städte* fällt es weit,
Frost und Schatten einer fremden Dunkelheit.
Und der *Märkte* runder Wirbel stockt zu *Eis.*   (75,2 Der Krieg)

Endloser Zug, wie eine schwarze Mauer,
Die durch die Himmel läuft, durch *Wüstenei*
Der winterlichen Städte in der Trauer
Verschneiter Himmel und dem *Einerlei*

Der Riesenflächen, die sich fern verlieren
In *endlos weißes Weiß* am fernen Saum.   (189,1–2 Die Wanderer)

Und schwarze Fahnen wehn die langen Gassen
Der *ausgestorbnen Städte*, die verstummt
Im Fluch von weißen Himmeln und verlassen ...
                                    (66,3 Schwarze Visionen II,5)

Durch *leerer Brücken* trüben Schall und *Städte*,
Die *hohl* wie Gräber auseinander fallen,
Und *weite Öden, winterlich verwehte.*
                        (191,4 Auf einmal aber kommt ein großes Sterben)

Die *langen Kähne*, die das Jahr verschlafen,
Mit schlaffem Wimpel hängend in der Schwäche,
Sind eingebracht *im winterlichen Hafen.*

Die Menschen aber, die vergessen werden,
Hat *Winter weit zerstreut* in kahler Fläche
Und bläst sie flüchtig *über dunkle Erden.*   (192,4–5 ebd.)

In diesen Bildern kommt der o b j e k t i v e Aspekt der Wintermetaphorik
zur Geltung, steht die Winter*welt* für einen erstarrten, verödeten Weltzustand. In den folgenden überwiegt der s u b j e k t i v e Aspekt, steht
die Winter*zeit* für sinnleere Zeit, für die „schlechte Unendlichkeit" einer
Zeit, die zur Vielheit inhaltloser Zeitmomente pulverisiert und zugleich
zur Einheit einer leeren, toten Ewigkeit erstarrt ist und deshalb auch als
„Zeit" der Toten versinnbildlicht wird:

Im Mast, der hinter seinem Rücken steht,
Hört er die Totenuhr, die ruhlos klopft.

Die Larve einer *toten Ewigkeit*
Hat sein Gesicht *mit Leere* übereist.
Dürr, wie ein Wald, durch den ein Feuer reist.
Wie trüber Staub umflackert es die Zeit.

Die Jahre graben sich der Stirne ein,
Die wie ein alter Baum die Borke trägt.
Sein weißes Haar, das *Wintersturmwind* fegt,
Steht wie ein Feuer um der Schläfen Stein.
                                    (40,4–6 Der fliegende Holländer)

Die Lider *übereist,* das Ohr verstopft
Vom *Staub der Jahre,* ruht ihr eure Zeit.
Nur manchmal ruft euch noch ein Traum, der klopft
Von fern an eure *tote Ewigkeit,*

In einem *Himmel, der wie Schnee so fahl*
Und von dem *Zug der Jahre* schon *versteint.*

(39,2—3 Die Heimat der Toten II, 1—2)

Du bist verflucht, zu leiden unbewegt.

Des schwarzen Himmels große Grabesglocke
Dreht trüb sich rund um deine *Winterzeit.*
Und es erstickt der *Schneefall,* dicke Flocke,
Was unten in den Gräbern weint und schreit.

(65,3—4 Schwarze Visionen I)

Der Strom trägt weit sie fort, die untertaucht,
Durch *manchen Winters trauervollen Port.*
Die Zeit hinab. *Durch Ewigkeiten* fort,
Davon der Horizont wie Feuer raucht.   (58,6 Ophelia II,8)

Wir wurden langsam *braun von Zeit* und Rost.
Der Hemdenstrick ward unser Ordensband.
Wir hielten still, wenn nachts *der Winterfrost*
Den weißen Turban um das Haupt uns wand. (163,1 Der Galgenberg)

Wie er da *Jahre* hing und den *Winter* trug,
In dem *eisigen Winde* tanzte zum Spaß,
Und wie ein Glockenklöppel, den Rost zerfraß,
An den *zinnernen Himmel* schlug.   (28,6 Der Baum)

Sie fühlen nur *der weißen Stille Schneien*
Auf ihren Köpfen, die sich nicht bewegen.

So gleichend den verfallenden Altaren
Sitzen sie weit am Weg. Und es erweicht
Von Tränen ihr Gesicht, wenn traurig streicht
Der Nordwind aus der Stirn die weißen Haare.   (172,5—6 Die Tauben)

Die Bäume *wechseln nicht die Zeiten*
Und bleiben *ewig tot* in ihrem Ende,
Und über die verfallnen Wege spreiten
Sie hölzern ihre langen Fingerhände.   (74,1 Umbra Vitae)

Mit den fahrenden Schiffen
Sind wir vorübergeschweift,
Die wir *ewig herunter*
Durch glänzende Winter gestreift.
Ferner kamen wir immer
Und tanzten im insligen Meer,
Weit ging die Flut uns vorbei,
Und *Himmel war schallend und leer.*   (88,1 Mit den fahrenden Schiffen)

Und sie fuhren hinaus. Und *vergaßen die Jahre*
Unter dem hallenden Meere im Glanz.
Und rund um *die Winter,* wo sie gefahren,
Trieben die Schiffe in brechendem Tanz.   (197 Heroische Landschaft)

Der Winter-Metaphorik verdankt sich nicht nur die bedeutende Rolle, die der Winter in der Bildersprache Heyms spielt, ihr entspringt auch eine Metaphorik der Erstarrung und Versteinerung, in der das Bild des Winters gar nicht aufzutauchen braucht, der aber das zentrale Motiv der „Winter"-Welt und der „Winter"-Zeit zugrundeliegt. Sie soll auf der Grundlage einer eingehenderen Analyse des in der Dichtung Heyms sich manifestierenden Zeitbewußtseins erörtert werden. Hier genügt der Hinweis, daß im sprachlichen Ausdruck Heyms zu den am häufigsten vorkommenden Epitheta solche zählen, die „Winterliches" bezeichnen und deren wichtigste auch in Heyms „Winter"-Gedichten begegnen, wie: *winterlich, kalt, frierend, gefroren, erfroren, vereist, verschneit, öde, weit, leer, kahl, karg, still, stumm, starr, tot, gläsern, versteint, trübe, nieder, klein, winzig,* die Farbmetaphern *weiß* (Schneedecke), *grün* (Eis), *grau* (lichtlos), *dunkel, schwarz* (abgestorben), *bleich* (sterbend) u. a. m. Als eine Welt ohne Götter und ohne Gott, in der – wie das Tagebuch sagt – der Enthusiasmus (= Gotterfülltsein) „brachliegt", stellt sich der durch die „Winter"-Welt Heyms versinnbildlichte Weltzustand dar, wenn die metaphorischen Epitheta, die „Winterliches" bezeichnen, besonders häufig in Verbindung mit „Himmel", dem religiösen Symbol für Transzendenz, begegnen. Dabei gebraucht Heym das Wort „Himmel" mit Vorliebe im metaphorisch verallgemeinernden Plural, in dessen ungegenständlichem Sinn die religiöse Himmelssymbolik noch erhalten und zugleich säkularisiert ist. Die Himmel, die in dem von Beethoven vertonten Text des Ewigen Ehre rühmen, verkünden bei Heym in Bildern wie den folgenden nur noch das Unheil einer sinnleeren, „winterlich" erstarrten und veröderten Welt: *starrer Himmel Grauen* (185), *schwarzer Himmel Grab* (94), *Trauer verschneiter Himmel* (189), *der Himmel Einsamkeit* (140), *im Fluch von weißen Himmeln* (66), *im fernen Plan verlorner Himmelslande* (80). Ferner verbinden sich mit „Himmel" — im Singular und,

oder im Plural — die zum Bild- und Metaphernkomplex „winterlich" gehörenden Epitheta: *kalt* (109), *frierend* (88), *erfroren* (152), *fahl* (35, 39, 146).
leer (80, 81, 88, 120, 189), *grün* (= gefroren: 17, 46, 112, 160), *versteint*
(39, 69), *zinnern* (28), *eisern* (109), *grau* (182), *dunkel* (190), *schwarz* (65),
verschlossen (73), *verlassen* (205), *taub* (209) u. ä.

Daß diese Winter-Metaphorik ihrer Intention nach nicht nihilistisch („peiorisierend", „zynisch") ist, sondern die positive Erkenntnisfunktion hat,
das unheilvolle Wesen eines geschichtlichen Weltzustands kritisch zu enthüllen, zeigt der Rückgriff auf die religiöse Himmelssymbolik selbst an und
geht aus der mythologischen „Himmelsfeuer"-Metaphorik des Gedichts
‚Der Winter' (47) und aus der Tagebuchstelle über den „brachliegenden
Enthusiasmus" hervor. Ihr geschichtlicher Sinn bestätigt sich auch darin, daß
sie in der Dichtung Trakls und Kafkas wiederbegegnet. Auch bei Trakl ist
der „Winter" ein tragendes Motiv, das nicht nur thematisch auftaucht, sondern die ganze dichterische Bildersprache durchzieht, in Metaphern der Erstarrung und Verödung, die denen Heyms aufs engste verwandt sind und in
ihrer Bedeutung mit ihnen übereinstimmen:

> *Der Himmel ist einsam und ungeheuer.*   (38,1 Im Winter)
>
> *Schwarze Himmel von Metall.*   (51,1 Winterdämmerung)
>
> Über den *weißen Weiher*
> Sind die wilden Vögel fortgezogen.
> Am Abend weht von unseren Sternen *ein eisiger Wind.* (96,1 Untergang)
>
> So bläulich erstrahlt es
> Gegen die Stadt hin,
> Wo kalt und böse
> Ein verwesend Geschlecht wohnt,
> Der *weißen Enkel*
> Dunkle Zukunft bereitet.
> Ihr mondverschlungnen Schatten
> Aufseufzend im *leeren Kristall*
> Des Bergsees.   (186 Der Abend)
>
> Schlaf und Tod, die düstern Adler
> Umrauschen nachtlang dieses Haupt:
> Des Menschen goldnes Bildnis
> Verschlänge *die eisige Woge*
> Der Ewigkeit . . . .   (200 Klage)
>
> Ihm aber folgte Busch und Tier,
> Haus und Dämmergarten *weißer Menschen*
> Und sein Mörder suchte nach ihm.

Frühling und Sommer und schön der Herbst
Des Gerechten, sein leiser Schritt
An den dunklen Zimmern Träumender hin.
Nachts blieb er mit seinem Stern allein;

Sah, daß *Schnee fiel in kahles Gezweig*
Und im dämmernden Hausflur den Schatten des Mörders.
Silbern sank des Ungebornen Haupt hin. (115,4—7 Kaspar Hauser Lied)

Hinter dem Hügel ist es *Winter geworden.*

Blaue Tauben
Trinken nachts den *eisigen Schweiß,*
Der von Elis' *kristallener Stirne* rinnt.
Immer tönt
An schwarzen Mauern Gottes *einsamer Wind.*   (99,4—5 Elis 2.)

Immer schreit im kahlen Gezweig der nächtliche Vogel
Über des Mondenen Schritt,
Tönt ein eisiger Wind an den Mauern des Dorfs.   (134,6 Anif)

Eisige Winde im Dunkel greinen.   (41,3 Die Ratten)

Leise rollen vergilbte Monde
Über die Fieberlinnen des Jünglings,
Eh dem *Schweigen des Winters* folgt.   (88,7 Helian III)

Ein Herz
Erstarrt in schneeiger Stille.   (176 Vorhölle)

Hirten begruben die Sonne im *kahlen Wald.*
Ein Fischer zog
In härenem Netz den Mond aus *frierendem Weiher.*
          (110,1 Ruh und Schweigen)

Den wilden Orgeln des *Wintersturms*
Gleicht des Volkes finstrer Zorn,
Die purpurne Woge der Schlacht,
Entlaubter Sterne.

Mit zerbrochnen Brauen, *silbernen Armen*
Winkt sterbenden Soldaten die Nacht.   (199,1—2 Im Osten)

In den Erzählungen, Romanen und Aphorismen Franz Kafkas, dessen
rationale Sprache jedes expressive Pathos vermeidet, dessen gleichnishafte
Bilderwelt aber manche Motive und Elemente mit der expressionistischen
Dichtung gemeinsam hat — die stillstehende Zeit, die Toten, die Tiermetaphern, die Darstellung der geschichtlichen Welt als eines mythischen Schick-
sals- und Verblendungszusammenhangs — ist der „Winter" ebenfalls Sinn-

bild einer verödeten Welt, abgestorbenen Lebens und sinnleerer, verdinglichter Zeit, steht die Winterlandschaft für eine dem Subjekt entfremdete Realität, hat alles „Winterliche" (Kälte, Schnee, Eis, Frost, Nebel, Dunkel, Finsternis usw.) Verfremdungsfunktion. Schon die frühe Erzählung ‚Beschreibung eines Kampfes', in der ein „Beweis dessen, daß es unmöglich ist zu leben," geliefert wird und alle real gegenständlichen Dinge sich ins Schemenhafte, Wesenlose verfremden, „wie ein Schneefall versinken" (B43)[46], die Menschen „als Schatten ohne rechte Grenzen" (B44) und „so silhouettenartig" (B47, 48) erscheinen, daß „die Körperlichkeit entschwindet" (B57), hat zum Rahmen und Schauplatz eine Winterlandschaft, die einleitend so beschrieben wird: „Über der leeren, gleichmäßig erhellten Straße stand ein großer Mond im leicht bewölkten und dadurch weiter ausgebreiteten Himmel. Auf dem gefrorenen Schnee durfte man nur kleine Schritte tun." (B9f) Die Erzählung schließt: „Eine Laterne nahe an der Mauer oben brannte und legte den Schatten der Stämme über Weg und weißen Schnee, während der Schatten des vielfältigen Astwerkes umgebogen, wie zerbrochen, auf dem Abhang lag." (B66) — Bezeichnend für die sinnbildliche Funktion des „Winters" bei Kafka ist das Gleichnis aus dem frühen Band ‚Betrachtung': „Denn wir sind wie Baumstämme im Schnee. Scheinbar liegen sie glatt auf, und mit einem kleinen Anstoß sollte man sie wegschieben können. Nein, das kann man nicht, denn sie sind fest mit dem Boden verbunden. Aber sieh, sogar das ist nur scheinbar." (E44) — Der vergebliche „Aufruf" zu einer Weltveränderung, für die mit unbrauchbaren und schließlich sogar entbehrlichen Kindergewehren gekämpft werden soll, wird „am nebligen eisigen Wintermorgen" verbreitet. (H60) — Die Erzählung ‚Ein Landarzt' spricht den geschichtlichen Sinn der „Winterlandschaften" Kafkas sogar aus. In einem „eisigen", „endlosen" Winter (E140, 150), an einem Tag, da „starkes Schneegestöber ... den weiten Raum" füllt, niemand hilfsbereit ist, tragen die plötzlich aus dem Schweinestall hervorbrechenden „unirdischen Pferde" den Landarzt im Wagen davon, aus seiner scheinbar gesicherten Welt heraus, zu dem Krankenbesuch, der „Unmögliches" von ihm verlangt, bei dem er als Helfer versagt und schließlich selber hilflos „nackt, *dem Froste dieses unglückseligsten Zeitalters ausgesetzt*," langsam wie ein alter Mann „durch die Schneewüste" zieht, „niemals ... nach Hause" kommt.[47] — Denselben geschichtlichen Sinn hat die „Winter"-Welt in der Erzählung ‚Der Kübel-

---

46 B = Franz Kafka, Gesammelte Werke, hrsg. v. Max Brod, Beschreibung eines Kampfes, Frankfurt a. M. 1946.
   E = Erzählungen, Frankfurt a. M. 1946.
   H = Hochzeitsvorbereitungen auf dem Lande, Frankfurt a. M. 1953.
   S = Das Schloß, Roman, Frankfurt a. M. 1946.
47 E 153 — s. hierzu Emrich l. c. S. 129—137, bes. S. 136 unten.

reiter'. Auch sie ist eine Welt, in deren „Kälte" zu leben unmöglich ist, in der es weder irdische noch überirdische „Hilfe" gibt: „Kälte atmend der Ofen; das Zimmer vollgeblasen vom Frost; vor dem Fenster Bäume starr im Reif" – und der Himmel „ein silberner Schild gegen den, der von ihm Hilfe will"; „erbarmungslos" der Ofen, der Himmel „ebenso" (B120). Unerwartete Hilfe, wie dem Landarzt aus der „brüchigen Tür des schon seit Jahren unbenutzten Schweinestalls", kommt dem Ich-Erzähler vom leeren Kohlenkübel, in dessen Gestalt sich seine Not selber („Ich muß kommen wie der Bettler, der röchelnd vor Hunger an der Türschwelle verenden will...") wie ein „Reittier" in Bewegung setzt und ihn zum Kohlenhändler trägt. Was dann geschieht, ist gleichsam eine erzählerische Illustration zu der Strophe aus Heyms Endzeit-Gedicht ‚Auf einmal aber kommt ein großes Sterben...':

> Die Menschen aber, die vergessen werden,
> Hat *Winter* weit zerstreut in kahler Fläche
> Und *bläst sie* flüchtig über dunkle Erden.

Vom Winter, der „Kälte" des Zeitalters, flüchtig fortgeblasen und vergessen wird auch der Kübelreiter. Der ihn abweisenden Kohlenhändlersfrau gelingt es, ihn „mit der Schürze fortzuwehn" (B122). Von der Wärme (Kohle), d. h. Leben verweigernden „winterlichen Erde" (H55, s. a. Heym 191,7) steigt er auf „in die Regionen der Eisgebirge" und verliert sich „auf Nimmerwiedersehn" (123). — Schließlich, in Kafkas bedeutendstem erzählerischen Werk, dem Roman ‚Das Schloß', ist die ganze Schloß- und Dorfwelt, in der K. eine Möglichkeit sucht, zu leben und einen Auftrag zu erfüllen, eine Winterwelt, Rahmen und Schauplatz der Handlung wie schon in der ‚Beschreibung eines Kampfes'. Der Roman beginnt: „Es war spät abends, als K. ankam. Das Dorf lag in tiefem Schnee. Vom Schloßberg war nichts zu sehen, Nebel und Finsternis umgaben ihn, auch nicht der schwächste Lichtschein deutete das große Schloß an. Lange stand K. auf der Holzbrücke, die von der Landstraße zum Dorf führte, und blickte in die scheinbare Leere empor." (S9) K. staunt „über die Länge des Dorfes, das kein Ende nahm, immer wieder die kleinen Häuschen und vereisten Fensterscheiben und Schnee und Menschenleere" (S21). „Niedere Winterzeit" mit „kleinen Tagen", die „viel verstreut wie Hütten in den Winter" sind (Heym), herrscht auch in Kafkas Schloß- und Dorfwelt, wie K. „zu seinem Erstaunen" bemerkt: „,Kurze Tage, kurze Tage!' sagte er zu sich..." (S29), und das Dorfmädchen Pepi sagt: „Der Winter ist bei uns lang, ein sehr langer Winter und einförmig... In der Erinnerung, jetzt, scheint Frühjahr und Sommer so kurz, als wären es nicht viel mehr als zwei Tage, und selbst an diesen Tagen, auch durch den aller-

schönsten Tag, fällt dann noch manchmal Schnee." (S 410) Als Winterlandschaft ist das Land des Grafen „Westwest" eine Todeslandschaft wie die in
Heyms Gedicht ‚Der Winter' (47). Ihr „einförmiger" Winter versinnbildlicht die Monotonie inhaltsleerer, toter Zeit, ihre „Finsternis" (S. 9, 29, 159
usw.) die Herrschaft von Todesdunkel, ihre Schneedecke erstarrtes, abgestorbenes Leben[48].

3. Die endlose Reise

Dem Widerspruch zwischen subjektivem und objektivem Sein, der dem
zentralen Motiv des Winters als dem der erstarrten Welt und der sinnleeren,
verdinglichten Zeit zugrundeliegt, entspringt ein zweites tragendes Motiv
der Dichtung Heyms, das dem des Winters und seiner Erstarrungsmetaphorik scheinbar entgegengesetzt, in Wahrheit aber sein notwendiges Komplement ist, deshalb mit ihm sich verflicht und in dieser Verflechtung das
Motiv der Toten hervortreibt. Thematisch begegnet es in den Gedichten
‚Der Fliegende Holländer' (40), ‚Columbus' (45), ‚Gegen Norden' (46), ‚Die
Seefahrer' (82), ‚Mit den fahrenden Schiffen' (88), ‚Die Meerstädte' (90),
‚Heroische Landschaft' (196) und in der Erzählung ‚Das Schiff' (252), taucht
aber auch als Bildmotiv auf, wie z. B. mit dem „Dach der Schiffe" in ‚Mitte
des Winters' (s. o. S. 152 ff). Es handelt sich um das Motiv des ruhelosen
Umhergetriebenseins, der ewigen Wanderschaft, der endlosen, ziellosen
Reise. Es korrespondiert dem Motiv des Winters, weil sich in ihm nichts
anderes ausdrückt als die Unerträglichkeit und doch Unentrinnbarkeit von
„Winter"-Welt und „Winter"-Zeit. Die „Heimatlosigkeit" des Ichs in einer
verödeten, erstarrten Welt stellt sich im Bild der endlosen Reise als Wanderung nach einer unauffindbaren Heimat dar. Gleichzeitig erscheint in diesem
Bild die sinnleere, verdinglichte Zeit unter einem anderen Aspekt. Während
sie nämlich als die geschichtliche eines Weltwinters subjektiv als unbewegt
(„erbärmlicher ewiger Frieden") erfahren wird, wie die Vergleiche von Win-
tertagen mit verstreuten „Hütten", von „grauer Stunden Länge" mit einem
„gezerrten" Seil usw. besagen, erfährt das in dieser Winterwelt heimatlose
Ich seine eigene, subjektive Zeit, die individuelle Lebenszeit, als den unauf-
haltsamen Lauf der Zeit, als die der Lebensgrenze zustürzende Flucht leerer,
nur vergehender Zeitmomente. Die Monotonie des „ebenen", vom Winter
„gedehnten" Landes und der ins Leere „ziehenden" Straßen versinnbildlicht leere Zeit als stillstehende — die Monotonie der „öden Meere, / Drauf
Winde stürmen hin mit schwarzem Schall" (45,1), der „meilenlosen" Dun-

---

48 Über Wasser und Schnee als Sinnbilder für Leben und Tod in Kafkas Roman ‚Das
Schloß' vgl. Emrich l. c. S. 323 f.

kelheit des sturmbewegten Ozeans (40,2) und der „ewigen" Fahrt (88,1) auf dem Meer versinnbildlicht leere Zeit als flüchtige, absolut vergängliche.

Das Bild der Meeresfahrt enthält jedoch ursprünglich Bedeutungsmomente, die es zum wahren Gegenbild der Winterwelt und -zeit machen könnten und durch deren Ausfall oder Umfunktionierung es erst die Bedeutung annimmt, in der es mit dem Bild des Winters übereinkommt und sich mit ihm zusammenschließt. Die metaphorische Abwandlung des Motivs vollzieht sich in der Lyrik des 19. Jahrhunderts, und sie hat einen geschichtlichen Sinn, der sich auch in Heyms Abwandlung des Motivs, einer seiner letzten Ausprägungen, enthüllt. In seiner Studie über das Motiv der Kahnfahrt in der Lyrik des 18. Jahrhunderts legte Bernhard Blume auch dar, wie bereits im ausgehenden 18. Jahrhundert, in der Epoche des Sturm und Drang, an die Stelle von Fluß oder See und Kahnfahrt einer Freundesgruppe das Motiv des bewegten offenen Meeres und des wagemutigen einzelnen Seefahrers tritt[49]. Bezeichnend dafür ist des jungen Goethe ‚Seefahrt'[49a] mit der Schlußstrophe:

> Doch er stehet männlich an dem Steuer:
> Mit dem Schiffe spielen Wind und Wellen,
> Wind und Wellen nicht mit seinem Herzen.
> Herrschend blickt er auf die grimme Tiefe
> Und vertrauet, scheiternd oder landend,
> Seinen Göttern.

Das alte mythische Bild der navigatio vitae (Argonauten, Odyssee), das Welt und Leben dem Meer, den Lebenslauf des Menschen der Schiffsreise vergleicht, erhält in Goethes Gedicht einen neuen, spezifisch neuzeitlichen Sinn durch folgende Züge: das freiwillige Verlassen einer begrenzten Welt (der „Freund' und Lieben ... auf dem Festen", Str. 7) und sich auf „hohe Fahrt" (Str. 2) Begeben nach fernen, reicheren „Welten" (Str. 2); das Wagnis des ganz auf sich selbst gestellten Einzelnen, der sich selbst, seinen Willen und sein Schicksal bejaht, in den Gefahren des „Meeres" nicht wie in der navigatio vitae der Barocklyrik Gott, sondern „seinen" Göttern, d. h. dem Glauben an sich selbst vertraut; schließlich der titanische Trotz der Selbstbejahung auch im Scheitern. Das Schicksal, das im Bild der Naturgewalt des Meeres und der Seefahrt von Goethe beschworen wird, ist das eigene, gewollte Schicksal; das verhängte, Drohung und Gefahr des Meeres, wird in es einbezogen, „herrschend" bewältigt; nur in der Möglichkeit des Scheiterns bleibt es unbeherrschbar, aber auch sie nimmt der Einzelne auf sich, so daß sie im Geist und Ganzen des Gedichts nur eine untergeordnete Rolle spielt.

49 vgl. Blume l. c. S. 382 ff.
49a Goethe, l. c. II, 56 f.

Auch in den Abwandlungen, die das Motiv der navigatio vitae in der Lyrik des 19. Jahrhunderts erfährt, ist der Seefahrer der auf sich selbst gestellte Einzelne. Aber er erscheint nun erst als Vereinsamter, vor allem aber nicht mehr als Herr des Schicksals, sondern blind verhängtem, meist katastrophischem Schicksal preisgegeben: ausfahrend und scheiternd, in Öden verschlagen oder untergehend; oder ausfahrend und nichts entdeckend oder nichts gewinnend; oder auf der Fahrt von Strom, Strömung oder Wogengang fortgerissen ins Ungewisse oder in den Untergang; so daß aus der Fahrt ein Getrieben- und Geworfenwerden, Kreisen, Fallen und Versinken oder ewiges Umherirren wird, u. dgl. m. In diesen Abwandlungen des Seefahrtmotivs taucht auch die Dialektik eines Zeitbewußtseins auf, dem Zeit in „reißende" — wie sie Emil Staiger genannt hat — und stillstehende Zeit zerfällt, und die Seefahrt ist oft nichts anderes als die dichterische Versinnbildlichung dieser Zeitproblematik.

In der Fassung, die Clemens Brentanos Ballade ‚Auf dem Rhein', Modell für Staigers Phänomenologie der „reißenden Zeit", im ‚Godwi' hat, wird der Knabe im Kahn mit dem Gespenst seiner Geliebten ins offene Meer hinausgetrieben und werden schließlich „die beiden im Kahne" zu einer gespenstigen Erscheinung gleich der des Fliegenden Holländers[50] verewigt.

> Doch fahren große Schiffe
> In stiller Nacht einher,
> So sehen sie die beiden
> Im Kahne auf dem Meer.

Die zweite Fassung schließt:

> Der Knabe liegt im Kahne,
> Läßt alles Rudern sein,
> Und treibet weiter, weiter
> Bis in die See hinein.
>
> Ich schwamm im Meeresschiffe
> Aus fremder Welt einher,
> Und dacht an Lieb und Leben
> Und sehnte mich so sehr.
>
> Ein Schwälbchen flog vorüber,
> Der Kahn schwamm still einher,
> Der Fischer sang dies Liedchen,
> Als ob ich's selber wär'.

---

50 S. hierzu Emil Staiger, Die Zeit als Einbildungskraft des Dichters, Zürich 1953², S. 28.

Wie in der Schlußstrophe der ersten Fassung mit dem „in stiller Nacht" immer zu sehenden Geisterkahn geht auch in den Schlußstrophen der zweiten die Bewegung des vom Strom fortgerissenen Kahns in Bewegungslosigkeit über, wird aus „reißender" Zeit stillstehende: der Knabe „liegt" im Kahn, „läßt alles Rudern sein", der Kahn schwimmt „still einher", der Stillstand dieses Einherschwimmens wird noch durch das Kontrastbild des „vorüberfliegenden" Schwälbleins hervorgehoben, während umgekehrt auf der reißenden Stromfahrt „große Städte", Beharrendes, am Kahn „vorbeiflogen" (Str. 9), und in der Selbstidentifikation des dichterischen Ich mit dem Fischer, der das Lied singt, vollzieht sich auf sublimere Weise dieselbe ewige Wiederkehr des Gleichen wie im Bann des „in stiller Nacht" stets zu sehenden Geisterkahns. Für die Abwandlung des Motivs der Seefahrt ist es bezeichnend, daß der Einzelne hier nicht wie in Goethes ‚Seefahrt' in andre Welten aufbricht, sondern im Meeresschiffe „aus fremder Welt" kommt und wörtlich ebenso „einherschwimmt" wie der Schiffer im „stillen" Kahn, d. h. daß aus der „hohen Fahrt" ein richtungs- und zielloses Kreisen geworden ist, das die Paradoxie einer zugleich reißenden und stillstehenden Zeit versinnbildlicht.

Dem Sinn des Gedichts von Goethe genau entgegengesetzt ist die Abwandlung des Seefahrermotivs in Chamissos ‚Salas y Gomez'. Was dort untergeordnetes Moment blieb, die Möglichkeit des Scheiterns, ist hier Thema eines ganzen Gedichtzyklus. Eine ihre Fahrt unterbrechende Schiffsmannschaft findet auf der unbewohnten (erst 1793 von einem portugiesischen Seefahrer im Stillen Ozean entdeckten und nach ihm benannten) Felseninsel Salas y Gomez einen „wohl hundert Jahre" alten Greis, der bei ihrer Ankunft stirbt, ohne sich ihnen verständlich machen zu können. Auf drei Schiefertafeln, in die er Schriftzeichen einritzte, hinterläßt er den Bericht seines Schicksals. Wie Goethes Seefahrer begab er sich auf „hohe Fahrt":

> Mir ward von Freud' und Stolz die Brust geschwellt,
> Ich sah bereits im Geiste hoch vor mir
> Gehäuft die Schätze der gesamten Welt.[51]

Mit reicher Fracht auf der Heimfahrt, in solche Zukunftsträume versunken, wird er vom Schiffbruch überrascht und allein in die „Wüstenei" des Felseneilands verschlagen. Mit Vogeleiern kann er sich am Leben erhalten, doch dem von Welt und Menschen Abgeschnittenen ist Lebenmüssen ein schlimmeres Übel als Sterbenmüssen, Lebenstrieb und Fristung des bloßen Lebens nehmen ihm auch noch die „Hoffnung, bald zu sterben" (30, 164). Die

---

51 Chamissos gesammelte Werke, hrsg. v. Max Koch, Stuttgart 1883, Bd. 2, S. 29 ff., V. 98—100. Auch die folgenden Zitate nach diesem Band.

Qual des Verlassen- und Verlorenseins veranschaulicht am eindringlichsten
der Bericht vom einmaligen Auftauchen eines Schiffes, das, als es sich nähert,
auf Rettung hoffen läßt, den Hoffenden aber in um so tiefere Verzweiflung
stürzt, als es sich entfernt und vorbeizieht:

> Und als es meinem Blicke sich entzogen,
> Der's noch im leeren Blau vergebens sucht,
> Und ich verhöhnt mich wußte und belogen,
>
> Da hab' ich meinem Gott und mir geflucht,
> Und an den Felsen meine Stirne schlagend,
> Gewütet sinnverwirret und verrucht.   (32, 225—230)

Im Bericht der letzten Schiefertafel wird der einsame Schiffbrüchige, der
länger als ein Menschenalter auf dem öden „Steingestell" im Meer weiterlebt, zu einem exemplarischen Sinnbild der leeren, dem Subjekt entfremdeten Zeit. Sein Bewußtsein erfährt die Zeit zunächst als nur vergehende, im
Vergehen stets sich gleiche, als eine Folge identischer Zeitabschnitte, die nur
die Spur einer Zahlenreihe zurücklassen, ein Zählzeichen, das er nach Ablauf
eines jeden Jahres in den Stein einritzt. Bemerkenswert ist, daß er sich dazu
keiner Ziffern bedient, die gleiche Zeitabschnitte noch als inhaltlich verschiedene bezeichnen könnten, sondern Kreuze aneinanderreiht (das Kreuz hat
außerdem im ganzen Gedicht eine religiös-symbolische Funktion, vgl. V. 63
die „übers Kreuz gelegten Hände" des Sterbenden, V. 96 „des Kreuzes Sterne" und V. 316 „das Sternbild deines Kreuzes"). Fünfzig Jahre zählt er auf
diese Weise, und da er im Mannesalter den Schiffbruch erlitt, ist der gemessene Zeitablauf der eines Menschenlebens. Dann hört er auf, die Jahre zu
zählen; als ewige Wiederkehr des Gleichen steht die Zeit jetzt für ihn still:

> Geduld! Die Jahre ziehen ohn' Ermatten,
> Nur grub für sie kein Kreuz mehr deine Hand,
> Seit ihrer funfzig sich gereihet hatten.
>
> Geduld! Du harrest stumm am Meeresrand
> Und blickest starr in öde, blaue Ferne
> Und lauschst dem Wellenschlag am Felsenstrand.
>
> Geduld! Laß kreisen Sonne, Mond und Sterne,
> Und Regenschauer mit der Sonnenglut
> Abwechseln über dir! Geduld erlerne!   (32, 244—252)

War die Zeit als nur vergehende, nur gemessene, bereits sinnleere, tote Zeit,
so drückte sich im Messen selbst, im Zählen der Jahre doch der Lebenswille,
die Identität der Person mit der Dauer ihres Lebens aus. Tote Zeit aber als
stillstehende, nicht mehr gemessene, nicht mehr zählende, ist gleichbedeu-

tend mit dem absoluten Stillstand des Lebens, mit Nichts und Tod. Dem in
der Einöde Ergreisten, für den Zeit aufgehört hat zu dauern, ist das eigene
Leben, sind Vergangenheit, Gegenwart, Zukunft abgestorben:

> Versunken ist die Welt, der ich vertraut.
>
> Ich habe nur die allgewalt'ge Zeit
> Auf diesem öden Felsen überragt
> In grausenhafter Abgeschiedenheit.
>
> Was, Bilder ihr des Lebens, widersagt
> Ihr dem, der schon den Toten angehört?
> Zerfließet in das Nichts zurück, es tagt! (33, 279—285)

Im Stillstehen der „überragten" Zeit, im „Versinken" des eigenen Lebens
und der Welt vollzieht sich die letzte Wendung im Schicksal dessen, der in
der Welt, der er „vertraute", scheiterte, aus ihr herausgeworfen wurde und
vorschollen ist: er bejaht es.

> Laß, Herr, durch den ich selber mich bezwungen,
> Nicht Schiff und Menschen diesen Stein erreichen,
> Bevor mein letzter Klagelaut verklungen!
>
> Laß klanglos mich und friedsam hier erbleichen!
> Was frommte mir annoch in später Stunde,
> Zu wandeln, eine Leiche unter Leichen? (34, 301—306)

Die Kraft zur Bejahung seines Schicksals findet er im christlichen Glauben.
Die Schlußstrophe steht zum Gedichtschluß der ‚Seefahrt' des jungen Goethe
in einem Gegensatz, als beziehe sie sich wörtlich auf das prometheische „Und
vertrauet, scheiternd oder landend, seinen Göttern":

> Laß, weltverlassen, sterben mich allein
> Und nur auf deine Gnade noch vertrauen!
> Von deinem Himmel wird auf mein Gebein
> Das Sternbild deines Kreuzes niederschauen." (34, 313—316)

Es nimmt wunder, daß man in ‚Salas y Gomez' nur eine phantasievolle
Ausgestaltung von Reiseeindrücken hat sehen wollen. Die Weltumsegelung
einer Forschungsexpedition, an der sich Chamisso 1815/18 beteiligte, mag
wohl den äußeren Anlaß für die Entstehung des Gedichts gegeben haben,
ohne allen Zweifel aber ist in ihm das Bild des gescheiterten, verschlagenen
und verschollenen Seefahrers zu einem Sinnbild geworden für das Abgeschnittensein des Subjekts in einem geschichtlichen Weltzustand, dessen
politisch-soziale Realität in Chamissos Gedichten auch thematisch wird und
sie zu einem gesellschaftskritischen Realismus treibt (vgl. etwa ‚Der Bettler

und sein Hund'). Der Schicksalsfels der Einsamkeit, an den Chamissos Verschollener gleichsam angeschmiedet ist wie Prometheus an die Gebirgswand und der ihm zum „Grab" (V. 189) und „Monument" (V. 92) wird (V. 61: „Das Haupt getragen von des Felsen Wänden"), gehört zum mytholoigschen Urgestein der Weltschmerzdichtung des 19. Jahrhunderts. In Baudelaires ‚Un voyage à Cythère' begegnet er wieder in der Verwandlung der Liebesinsel in eine „île triste et noire", ein „terrain des plus maigres, / Un désert rocailleux troublé par des cris aigres"[52], wo nur ein Galgen mit einem von Vögeln zerfleischten Gehenkten zu finden ist, in dessen Bild der Dichter sich selbst sieht (242,4 un gibet symbolique où pendait mon image). Unter den für die Lyrik des 19. Jahrhunderts typischen Abwandlungen des Seefahrermotivs ist die in Chamissos Gedicht eine der frühesten und bedeutendsten. Im Ausdruckscharakter und Sinngehalt seiner dichterischen Bilder nimmt ‚Salas y Gomez' Motive vorweg, die sich in der Dichtung der zweiten Jahrhunderthälfte weiterentfalteten und einen unversöhnlicheren Charakter annehmen sollten, wie die Motive des Ausgestoßenseins von der Welt, der sinnleeren, stillstehenden Zeit und der toten Lebenden, die zu tragenden Motiven auch der Dichtung Heyms werden, so daß es nicht überraschen kann, auch im sprachlich-bildhaften Ausdruck manche Übereinstimmung zu finden:

Chamisso: . . . Die Jahre ziehen ohn' Ermatten,
Nur grub für sie kein Kreuz mehr deine Hand . . .

Heym: Vergessen wohnen sie. Die Jahre rinnen
Ein unbewegter Strom in dumpfer Luft. (36,2 Gruft)

Chamisso: . . . . Laß kreisen Sonne, Mond und Sterne,
Und Regenschauer mit der Sonnenglut
Abwechseln über dir! . . . .

Heym: . . . . . . Jetzt bin ich alt und grau,
Verwittert von den Stürmen und der Zeit.

. . . .

In Winterkälte frier ich wie ein Kind.
Der Juli glüht mir heiß im Schläfenbein.
(164,2 u. 4 Der Galgenberg)

Wie bei Heym sind erstarrte Welt und endlose Reise, d. h. stillstehende und reißende Zeit, komplementäre Motive auch schon in der Lyrik Lenaus. Mit

---

52 Charles Baudelaire, Les Fleurs du Mal, édité par Georges A. Tournoux, München: Kurt Wolff Verlag 1920, S. 240, 2 u. 5 — Für die folgenden Zitate werden die Belegstellen in Klammern beigefügt. Die Ziffer nach dem Komma bezeichnet die Strophe, vom Seitenanfang gezählt.

der Monotonie von Winter- und Heidelandschaften und einer ihr entsprechenden Metaphorik der Erstarrung und Verödung taucht in ihr zugleich die Gestalt des ewig ruhelos Umhergetriebenen auf, wie die des Wanderers in ‚Winternacht I', der sich selbst anredet: „Nur fort, nur immer fortgeschritten!" und in der nächtlichen Winterlandschaft die Ruhe des Todes sucht („Frost! friere mir ins Herz hinein ...") , oder gar die Ahasvers, des Ewigen Juden[53], der den Tod nicht finden kann, wie Heyms Fliegender Holländer mythisches Sinnbild eines in die schlechte Unendlichkeit sinnleerer Zeit gebannten Daseins. Die Unentrinnbarkeit einer Welt, in der das Ich heimatlos, zum ewigen Wanderer geworden ist, veranschaulicht Lenau im Bild des Katarakts und verleiht ihm in dem Gedicht ‚Die drei Indianer' ausdrücklich einen geschichtlichen Sinn. Mit einem Fluch auf die „Räuberbrut" der Weißen, die dem Naturvolk die Welt unbewohnbar macht, entschließt sich der Greis mit den beiden Söhnen zur Fahrt in den Untergang:

> Und die Männer kommen festentschlossen
> Singend schon dem Falle zugeschossen,
> Stürzen jetzt den Katarakt hinunter. (I, 113,2)

In Lenaus Gedicht ‚Niagara' (I, 272 f) wird der dem Katarakt zustürzende Strom selber zum Sinnbild für den „dunklen Strom des Lebens"[54]:

> Die Stromschnellen stürzen, schießen,
> Donnern fort im wilden Drang.
> Wie von Sehnsucht hingerissen
> Nach dem großen Untergang. (I, 272,6)

Und in der Schlußstrophe versinnbildlicht das reißende Gefälle die Tendenz des allgemeinen, geschichtlichen, nicht nur individuellen Lebens. Der „tiefe Fall" des Niagara ist nur aus der Ferne, nicht in der Nähe, nicht im Getöse des Katarakts zu vernehmen:

> Und so mag vergebens lauschen,
> Wer dem Sturze näher geht;
> *Doch die Zukunft hörte rauschen*
> *In der Ferne der Prophet.* (I, 273,2)

---

53 In den beiden großen Balladen ‚Ahasver, der ewige Jude' (I, 74—78) und ‚Der ewige Jude' (I, 228—234).
54 Vgl. Lenaus Gedicht ‚Das Mondlicht', das die Identität der reißenden und stillstehenden Zeit im Bilde eines Stromes veranschaulicht, dessen „allzuschnelle", „unaufhaltsam fliehende" Wellen zugleich ein „dumpfes Tosen" sind, „das dem Auge ruht" und in dem „der dunkle Strom des Lebens / Trauernd stillzustehn" scheint. (I, 11 f) Das „Tosen", das dem Auge „ruht", ist bereits das Bild des Katarakts. Das Gedicht entstand v o r Lenaus Amerikareise.

Die geschichtliche Prophetie im Bild des Katarakts voll eingeholt hat Nietzsche, als er die „Heraufkunft des Nihilismus" beschrieb: „Unsre ganze europäische Kultur bewegt sich seit langem schon mit einer Tortur der Spannung, die von Jahrzehnt zu Jahrzehnt wächst, wie auf eine Katastrophe los: unruhig, gewaltsam, überstürzt: einem Strom ähnlich, der a n s E n d e will, der sich nicht mehr besinnt, der Furcht davor hat, sich zu besinnen."[55]

Unmittelbaren Einfluß auf Heyms Darstellung der ewigen Wanderung in eine unauffindbare Heimat als ruheloser, zielloser Seefahrt hatte das Bild der Schiffsreise bei Baudelaire, Rimbaud und Nietzsche. Die Bilder des Gedichtzyklus ‚Le Voyage', des letzten der ‚Fleurs du Mal', beschreiben das Schicksal der „vrais voyageurs ... qui partent pour partir" (264,5) als:

> Singulière fortune où le but se déplace,
> Et, n'étant nulle part, peut être n'importe où!
> Où l'Homme, dont jamais l'espérance n'est lasse,
> Pour trouver le repos court toujours comme un fou!

> Notre âme est un trois-mâts cherchant son Icarie...   (266,2 f.)

Wo die Imagination ein Ikarien zu entdecken hofft, findet sie nur ein Riff vor. (266,3—6) Von der desillusionierenden ruhelosen Reise nach den *pays chimériques* (266,5) bleibt nur das Wissen:

> Le monde, monotone et petit, aujourd'hui,
> Hier, demain, toujours, nous fait voir notre image:
> Une oasis d'horreur dans un désert d'ennui!   (272,1)

Die „Wüste der Langeweile" ist die Zeit, deren Flucht als monotone, sinnlose ewige Wiederkehr des Gleichen erfahren und wie bei Lenau in der Gestalt Ahasvers personifiziert wird:

> Le Temps! Il est, hélas! des coureurs sans répit,
> Comme le Juif errant . . . .   (272,2)

Die Schlußstrophen rufen nach dem Tod, dem „alten Kapitän": „Neues", das den Kreislauf der sinnleeren Zeit durchbräche, kann nicht im Aufschwung nach einem Ikarien, könnte nur im Sturz in den Abgrund, im Untergang erfahren werden:

> Plonger au fond du gouffre, Enfer ou Ciel, qu'importe?
> Au fond de l'Inconnu pour trouver du *nouveau!*   (274,2)

Die deutsche expressionistische Lyrik läßt sich zwar aus der Wirkung Baudelaires und Rimbauds nicht ableiten, aber ihre tragenden Motive, ihre

---

55 Friedrich Nietzsche, Der Wille zur Macht, Leipzig 1930, S. 3 (Kröners Taschenausgabe Bd. 78).

Bilder- und Metaphernsprache und ihre Formprinzipien sind in der Dichtung der poètes maudits vorangelegt und aus ihr entwickelt. Baudelaire und Rimbaud waren die Vorbilder Heyms, dessen Dichtung wiederum, wie bereits F. J. Schneider bemerkte[56] und sich im einzelnen an bestimmten Motiven, Bildformeln, Kompositions- und Sprachformen bei Trakl, Benn, Becher, Zech, Wolfenstein, Ehrenstein, Loerke u. a. leicht nachweisen läßt, die Thematik und dichterische Sprache der deutschen Lyrik des „expressionistischen Jahrzehnts" wesentlich beeinflußte, abgesehen vom unmittelbaren Einfluß Baudelaires und Rimbauds, von dem u. a. die Rimbaud-Übertragungen Wolfensteins und Zechs zeugen. Von Baudelaire und Rimbaud sagt Heym in seinem Tagebuch: „Ich glaube wirklich, daß ich von den Deutschen allein mich in den Schatten dieser Götter wagen darf, ohne in Blöße und Schwachheit zu ersticken."[57] Die Baudelaire-Nachfolge Heyms wird am Zyklus ‚Le Voyage' besonders deutlich, einmal weil er Heyms Motiv der endlosen Reise zum Gegenstand hat und weil er zum anderen zeigt, wie dieses Motiv dann bei Heym zu dem der Totenreise werden konnte. — Zunächst finden sich in Heyms motivgleichen Gedichten auffallende Parallelen und z. T. wörtliche Übereinstimmungen mit Bildern und Metaphern von ‚Le Voyage'. Heyms Fliegender Holländer fährt „Vorbei an China":

> Wo Feuerwerk die Himmel überfliegt
> Und Trommeln schlagen um die Tempel her.   (40,3)

Bei Baudelaire heißt es von den Ausreisenden: „. . . autrefois nous partions pour la Chine" (272,4), „ils s'enivrent / D'espace et de lumière et de cieux embrasés" (264,4) und: „Nous avons salué des idoles à trompe" (291,1). Dem Fliegenden Holländer fliegt ein Vogel voraus, dessen „langes Haar / Sträubt von den Winden um das Haupt ihm groß" (40,2) — „les cheveux au vent", heißt es von den Chinafahrern Baudelaires. Dort „füllt den Ozean / Der schwarze Gram" (40,1) — hier begeben sich die Seefahrer „sur la mer des Ténèbres" (272,5) und auf ihre letzte, die Todesreise, „Si le ciel et la mer sont noirs comme l'encre" (274,1). Heyms Columbus betritt nicht Amerika, er sieht es nur in einer Luftspiegelung, als „Wolkenspiel", das „versinkt im Meer" (45,6) — dem entspricht in ‚Le Voyage':

> O le pauvre amoureux des pays chimériques!
> Faut-il le mettre aux fers, le jeter à la mer,
> Ce matelot ivrogne, inventeur d'Amériques
> Dont le mirage rend le gouffre plus amer?   (266,5)

---

56 F. J. Schneider l. c. S. 95.
57 T 149.

Auch die Figur des Fliegenden Holländers selbst, der die „Totenuhr" hört, „die ruhlos klopft" (D 40,4), ist als Sinnbild der schlechten Unendlichkeit leeren Zeitverlaufs in ‚Le Voyage' vorgeprägt: im Vergleich der Seele mit einem „Dreimaster" (266,3), der ein unauffindbares Ikarien sucht, in der Personifikation der Zeit durch die Gestalt des Ewigen Juden (272,3), im „Gespenst" (273,1), dessen trügerische Stimmen stets aufs neue irreführen, und im Vergleich des Todes mit einem „alten Kapitän" (274,1). — Das Bild der letzten Reise aber, mit dem ‚Le Voyage' schließt, nimmt Heym wieder auf und geht dabei über Baudelaire hinaus. Die von allen Reisen und Ländern, d. h. von ihrer ganzen Lebensreise Desillusionierten Baudelaires wollen ihre letzte, die Todesreise antreten, um im Sturz in den „Abgrund" (*gouffre*) des unausdenkbar Unbekannten „*Neues* zu finden". Zu eben dieser „letzten Reise" (D 77,1) und in derselben Absicht versammeln sich die Toten in Heyms Gedicht ‚Die Morgue'. Auch sie hoffen, im „Abgrund" des Todes jenes „Ikarien"[58] zu finden, das die Seefahrer Baudelaires auf ihrer Lebensreise vergeblich suchen:

> Wir, *Ikariden*, die mit weißen Schwingen
> Im blauen Sturm des Lichtes einst gebraust,
> Wir hörten noch der großen Türme Singen,
> Da rücklings wir *in schwarzen Tod gesaust*.   (80,6)

Aber die Toten Heyms warten vergeblich auf einen „Kapitän", mit dem sie in ein andres Land, ins verheißungsvolle „Unbekannte" (*l'Inconnu*) aufbrechen könnten:

> Was kommt er nicht? Wir haben Tücher an
> Und Totenschuhe. Und wir sind gespeist.
> Wo ist der Fürst, der wandert uns voran,
> Des große Fahne vor dem Zuge reist?
>
> Wo wird uns seine laute Stimme wehen?
> In welche Dämmerung geht unser Flug?
> Verlassen in der Einsamkeit zu stehen
> Vor welcher leeren Himmel Hohn und Trug?
>
> Ewige Stille. Und des Lebens Rest
> Zerwittert und zerfällt in schwarzer Luft.   (79,6—80,2)

Auch im Reich des Todes gibt es für sie nichts „Neues" zu entdecken. Den letzten Worten von ‚Le Voyage': „pour trouver du *nouveau*" antworten sie mit ihren letzten: „Was fanden wir im Glanz der Himmelsenden? / Ein leeres Nichts." (81,2) In der Schlußstrophe stellt das „Unbekannte" sich als

---

58 Vgl. dazu auch Baudelaires Gedicht ‚Les plaintes d'un Icare' (151).

dieselbe „Wüste" dar wie das Bekannte, die sich immer gleiche Welt bei Baudelaire (272,1 *Le monde . . . un désert d'ennui!*), als:

> *Der Markt der Toten*, der von Knochen scholl,
> Wie Zinken laut hinaus zur *Wüstenei.* (81,3)

Während Baudelaires Beschwörung des „Neuen" im Bild des „Abgrunds" Heyms Abwandlung des Motivs der endlosen Reise zu dem der Totenreise, die ganze Konzeption von Gedichten wie ‚Die Morgue' und ‚Die Wanderer' bestimmte, die den in ‚Le Voyage' dargestellten Desillusionierungsprozeß überbieten, macht sich der Einfluß von Rimbauds ‚Bateau Ivre' in Heyms sprachlich-stilistischem und bildhaftem Ausdruck allenthalben bemerkbar[59], insbesondere wo sich das Motiv der Seefahrt mit einem ekstatisch-visionären Exotismus verbindet:

> Und die rauschenden Kränze der Wälder thronen
> *Unter des Feuers dröhnendem Flügelschlag.* (82,1 Die Seefahrer)

> Quand les Juillets faisaient crouler à coups de triques
> Les cieux ultramarins *aux ardents entonnoirs . . .* (134,8)

> Dann liegen weiß von Stürmen und von Jahren
> Die Wogen ruhig auf dem grünen Strand,
> Seefahrern gleich, die manche Fahrt gefahren
> Und kommen wieder in der Heimat Land.
>
> *Und etwas tauchen aus der Flut, der matten,*
> *Gesichter, wesenlos vom Totenreich . . .* (175,3–4 An das Meer)

> Et je voguais lorsqu' à travers mes liens frêles
> *Des noyés descendaient dormir à reculons . . .* (134,5)

> . . . . où, flottaison blême
> Et ravie, *un noyé pensif, parfois, descend . . .* (132,2)

> . . . . *Werden wir Vögel werden,*
> *Im Stolze des Blauen, im Zorne der Meere weit?* (78,4 Die Morgue)

> Est-ce en ces nuits sans fond que tu dors et t'exiles,
> *Million d'oiseaux d'or, ô future Vigueur?* (136,2)

Auch die Fahrt des „trunkenen Schiffs", mit dem sich — in den letzten Strophen ausdrücklich — das dichterische Ich identifiziert, ist eine „letzte Reise". Sie sollte aus Enge und Zwang eines zur Händlerwelt gewordenen Europas

---

[59] s. u. S. 360 ff. und Greulich l. c. 126 f. — Die im Text den Rimbaud-Zitaten in Klammern beigefügten Belegstellen beziehen sich auf: Arthur Rimbaud, Sämtliche Gedichte, Französisch, mit deutscher Übertragung von Walther Küchler, Heidelberg 1946. Die Ziffer nach dem Komma bezeichnet die Strophe, vom Seitenanfang gezählt.

(Str. 1–2 *haleurs, blés flamands, cotons anglais;* Str. 21 *l'Europe aux anciens parapets*) herausführen in eine offene Welt der Freiheit und des Glücks, wie sie Rimbauds ekstatische Visionen exotischer Meere, Länder und Himmel beschwören, aber sie führt in die Verbannung, und wie die desillusionierten Seefahrer Baudelaires sehnt das „verlorene" Schiff (136,6 *bateau perdu*) zuletzt den Untergang herbei:

> L'âcre amour m'a gonflé de torpeurs enivrantes.
> Oh! que ma quille éclate! O! que j'aille à la mer!   (136,3)

Das Oxymoron *torpeurs enivrantes,* „starrer Rausch", wie Küchler treffend übersetzt, kann geradezu als Formel gelten, die vorwegnehmend das ekstatisch-visionäre Pathos der deutschen expressionistischen Lyrik, die eigentümliche Spannung von Statischem und Dynamischem in ihren Ausdrucksformen bezeichnet. In der Wendung, die das Gedicht in den fünf letzten Strophen nimmt, stellt sich der „starre Rausch", die visionäre Welt des „stolzen", freiwillig sich selber verbannenden und verlierenden Ichs als ebenso schrecklich dar (136,3 *Les aubes sont navrantes, / Toute lune est atroce et tout soleil amer*) wie die Welt der „Baumwollträger", deren Gegenbild sie ist. Die Schlußstrophe läßt die Spannung zwischen beiden, in denen es gleicherweise unmöglich ist zu leben, fortbestehen und drückt sie in den beiden letzten Versen in der Antithese eines Weder-Noch aus:

> Je ne puis plus, baigné de vos langeurs, ô lames,
> Enlever leur sillage aux porteurs de cotons,
> Ni traverser l'orgueil des drapeaux et des flammes,
> Ni nager sous les yeux horribles des pontons!

Die markantesten Abwandlungen des Motivs der Seefahrt in der Lyrik des 19. Jahrhunderts lassen in ihren Bedeutungsgehalten denselben Prozeß einer zunehmenden Desillusionierung erkennen wie die seines Komplements, des Wintermotivs. In ihm spiegelt sich, was sich in der Realität der europäischen Gesellschaft und Kultur der Epoche vollzog: die von Nietzsche beschriebene Bewegung „auf eine Katastrophe los", die selber einem Strom glich, „der ans Ende will", jenes Hintreiben oder Hindrängen zum Untergang, das Chamisso im Bild des Scheiterns und Verschlagenwerdens, Lenau im Bild des Katarakts, Baudelaire im Bild des Sturzes in den Abgrund, Rimbaud — mit deutlicher Beziehung auf den europäischen Weltzustand — im Bild des Scheiterns der trunkenen Fahrt versinnbildlichte. Während aber die in der Realität sich vollziehende Bewegung auf eine Katastrophe los nach Nietzsche die des Nihilismus ist, drückt sich in den zunehmend desillusionistischen Abwandlungen des Seefahrtmotivs nicht der Nihilismus selber, sondern ein Idealismus aus, der sich in der Daseinsverfassung des Zeitalters nicht realisieren kann. Allen Ausgestaltungen des Motivs ist der Versuch des Widerstandes gegen eine totale Desillusionierung gemeinsam und drückt sich in Bildern aus, die denen des Untergangs, der absoluten Vernichtung entgegenstehen: bei Chamisso die christliche Kreuzessymbolik; bei Lenau das Ideal eines unentstellten Naturzustandes im Bild der drei Indianer, die „festentschlossen" und „singend" dem Katarakt zuschießen; bei Baudelaire die gleiche „Entschlossenheit" zur „letzten Reise": „nos coeurs ... sont remplis de rayons" (274,1); bei Rimbaud das Bild der „future Vigueur" (136,2), der noch schlafenden „Zukunftskraft der Welt". Und Nietzsche hat im ‚Zarathustra' gegen den reißenden „Strom" des europäischen Kultur-gefälles die „Zukunftskraft der Welt" in Bildern und Gleichnissen be-schworen, unter denen die des offenen Meeres und der Seefahrt die bedeu-tendste Rolle spielen, und zwar noch einmal in einem der ‚Seefahrt' des jungen Goethe verwandten, doch weitergespannten Sinn: Meer und Seefahrt versinnbildlichen den Aufbruch der Menschheit aus ihrer geschichtlichen Welt als einer noch vorgeschichtlichen in die zukünftige eines sich freier ent-faltenden Lebens. Von dieser Sinnveränderung des Motivs durch einen höchst angestrengten Idealismus muß hier die Rede sein, da Nietzsches Philosophie und Sprache neben der Dichtung Baudelaires und Rimbauds die Tendenzen und Ausdrucksformen des literarischen Expressionismus wesent-lich bestimmten. Von Nietzsches Einfluß auf Heym zeugen dessen Tage-bücher[60], der ‚Zarathustra'-Stil des Manifests ‚Eine Fratze' (mit der an Nietzsche anklingenden Schlußwendung, „dreimal ‚Trotzdem' zu sagen...") und in der Dichtung Heyms die Winter-Metaphorik,[61] das dämonisierte Mondbild[62] und die mythologische Rolle des Sonnenfeuers[63].

Um zu sehen, inwieweit Heyms Variationen des Seefahrermotivs von dessen Rolle in Nietzsches ‚Zarathustra' bestimmt sind, seien die Bedeu-tungsmomente herausgehoben, die das Bild des Meeres und der Seefahrt bei Nietzsche entfaltet.

Das Sinnbild des offenen Meeres hat im ‚Zarathustra' verschiedene Be-deutungen. Es repräsentiert Einsamkeit, Heimatlosigkeit, das unerforsch-liche Schicksal, Menschenwelt und Menschenleben, alle noch unerkannten

---

60 T 44 f. (über Zarathustra), T 98 (*Nietzsche seinen Schritt nachzutun*), T 54, 86, 138.—
Über die Einwirkung Nietzsches auf die deutsche Dichtung nach 1900 s. a. Paul Böck-mann in DVjs XXVII, 1953, S. 77—101, sowie Gottfried Benn über Nietzsche: „... für meine Generation war er das Erdbeben der Epoche..." (Frühe Prosa u. Reden, 1950 S. 254 f.)
61 s. o. S. 141 f. und u. S. 185 ff.
62 s. u. S. 270 f.
63 s. u. S. 271 f., 278, 281.

und unerprobten Möglichkeiten des Lebens, dessen Geheimnis und Tiefe, Gefahren und Verheißungen. Einsamkeit: „Wie im Meere lebtest du in der Einsamkeit, und das Meer trug dich."[64] „Eben begann meine letzte Einsamkeit. Ach, diese schwarze traurige See unter mir! Ach, diese schwangere, nächtliche Verdrossenheit! Ach, Schicksal und See! Zu euch muß ich h i n a b - steigen!" (169) Heimatlosigkeit: „Aber Heimat fand ich nirgends; unstet bin ich in allen Städten und ein Aufbruch an allen Toren.[64a] Fremd sind mir und ein Spott die Gegenwärtigen, zu denen mich jüngst das Herz trieb; und vertrieben bin ich aus Vater- und Mutterländern. So liebe ich allein noch meiner K i n d e r L a n d, das unentdeckte, im fernsten Meere: nach ihm heiße ich meine Segel suchen und suchen." (131 f.) Das unerforschliche Schicksal: „Wohl ist ein See in mir, ein einsiedlerischer, selbstgenugsamer; aber mein Strom der Liebe reißt ihn mit sich hinab — zum Meere!" (88) — „tiefer hinab in den Schmerz, als ich jemals stieg, bis hinein in seine schwärzeste Flut! So will es mein Schicksal: Wohlan! Ich bin bereit!" (169) Menschenwelt und Menschenleben: „Denn wenn die Welt wie ein dunkler Tierwald ist und aller wilden Jäger Lustgarten, so dünkt sie mich noch mehr und lieber ein abgründliches reiches Meer . . . Sonderlich die Menschen-Welt, das Menschen-Meer: — nach d e m werfe ich nun meine goldene Angelrute aus und spreche: tue dich auf, du Menschen-Abgrund!" (262 f.) Diesen Bedeutungen des Meeresbildes entsprechend, steht die Gestalt des Seefahrers im ‚Zarathustra' für das einsame Ich, das, wie „ein Stern hinausgeworfen in den öden Raum und in den eisigen Atem des Alleinseins" (67), den „Weg zu sich selber" (66) geht, „sich selber seinen Willen gibt" (188), sein Schicksal bejaht, „nicht ohne Gefahr leben" mag (171), über die Grenzen der „Vater- und Mutterländer", der vergangenen und gegenwärtigen Menschenwelt sich ins „Grenzenlose" (256) hinauswagt, um das „Land ‚Menschen-Zukunft'" (237) zu entdecken. Dergestalt als Seefahrer figuriert Zarathustra selber: Er ist der „einsam Schiffende" (119), erhebt sich „wie ein Seefahrer, der mit einem Male Land sieht" (20), treibt „noch auf ungewissen Meeren", wo ihn „mit tückischer Schönheit . . . rings Meer und Leben" anschaun (179), ist „ein Freund aller solchen, die weite Reisen tun und nicht ohne Gefahr leben mögen", und redet zu „den kühnen Suchern, Versuchern und wer je sich mit listigen Segeln auf furchtbare Meere einschiffte" (171). Und zu solcher sinnbildlichen Seefahrt ruft er auch auf, nämlich: die „falschen Küsten

---

64 Friedrich Nietzsche, Also sprach Zarathustra, Leipzig 1930 (Kröners Taschenausgabe Bd. 75), S. 6 — Den folgenden Zitaten wird im Text die Seitenzahl nach dieser Ausgabe in Klammern beigefügt.
64a Vgl. hierzu in Heyms Gedicht ‚Mit den fahrenden Schiffen' das Bild: „Sage die Stadt, Wo ich nicht saß im Tor . . ." (D 88,2)

und falschen Sicherheiten" (236) der vergangenen und gegenwärtigen Menschenwelt hinter sich zu lassen und die zukünftige zu entdecken: „Vertriebene sollt ihr sein aus allen Vater- und Urväterländern! Eurer K i n d e r L a n d sollt ihr lieben: diese Liebe sei euer neuer Adel, — das unentdeckte, im fernsten Meere! Nach ihm heiße ich eure Segel suchen und suchen!" (225) Er will den Menschen „einschiffen auf seine hohe See" (236): „Aber wer das Land Mensch entdeckte, entdeckte auch das Land ‚Menschen-Zukunft'. Nun sollt ihr mir Seefahrer sein, wackere, geduldsame! .. Das Meer stürmt: alles ist im Meere. Wohlan! Wohlauf! Ihr alten Seemanns-Herzen!" (237) — Im Zusammenhang mit dem Motiv der Seefahrt als Fahrt über die Grenzen der vergangenen und gegenwärtigen Menschenwelt hinaus ins „Grenzenlose" taucht auch das Motiv des „Fliegens" auf. In Zarathustras Rede ‚Vom Geist der Schwere' heißt es: „Wer die Menschen einst fliegen lehrt, der hat alle Grenzsteine verrückt; alle Grenzsteine selber werden ihm in die Luft fliegen, die Erde wird er neu taufen — als ‚die Leichte'." (213) Den Flug der Erkenntnis über die „Grenzsteine" hinaus, über die „leicht" gewordene Erde hinweg versinnbildlicht Zarathustra als fliegende Fahrt eines Segelschiffs:

> Das ist aber meine Lehre: wer einst fliegen lernen will, der muß erst stehn und gehn und laufen und klettern und tanzen lernen: — man erfliegt das Fliegen nicht!
> Mit Strickleitern lernte ich manches Fenster erklettern, mit hurtigen Beinen klomm ich auf hohe Masten: auf hohen Masten der Erkenntnis sitzen dünkte mich keine geringe Seligkeit, —
> — gleich kleinen Flammen flackern auf hohen Masten: ein kleines Licht zwar, aber doch ein großer Trost für verschlagene Schiffer und Schiffbrüchige! —   (216)

Wenn der positive, zukunftsgläubige Sinn, den das Bild der fliegenden Fahrt auf hoher See bei Nietzsche hat, verkannt wurde oder verlorenging, mußte aus der fliegenden Fahrt die gespenstige des Fliegenden Holländers werden. Die erste Möglichkeit hat Nietzsche selbst parodiert, indem er auf das Grundmotiv der Sage vom Fliegenden Holländer und auf die Entstehung solcher Sagen anspielte, in denen ein „kühner Sucher", der „sich mit listigen Segeln auf furchtbare Meere einschiffte", vom Teufel geholt wird und als Gespenst umgeht. Er läßt das abergläubische Volk von Zarathustra, der sich auf die „glückseligen Inseln" zurückzog, erzählen, daß er auf der Insel mit dem rauchenden Feuerberg, dem „Tor zur Unterwelt", wie der Aberglaube sagt, Schiffsleuten als ein durch die Luft fliegender Mann erschienen sei und daß ihn der Teufel geholt habe (141 f. ‚Von großen Ereignissen'). Nietzsches Spott gilt der Scheu und Furcht des Volkes vor den „kühnen Suchern", die

„sich selber ihren Willen geben und alle Ergebung von sich abtun" (188), „die nicht ohne Gefahr leben mögen", sich ins „Grenzenlose" wagen, gegen alle irdischen und außerirdischen Gewalten ihren Willen zu Ende wollen, deshalb in der Volkssage mit dem Teufel verbündet und mit dem Fluch beladen erscheinen, ihm zu verfallen — wie die Gestalt des Fliegenden Holländers, der sich verschwor, trotz Gott und Teufel das Kap zu umsegeln, den „Berg mit der gefürchteten Wolke", den die Seeleute den „Teufelsberg" nannten[65]. Der Parodie der Sagenbildung entsprechend, wonach er zum „Gespenst" (145 f.) und vom Teufel geholt wird, sagt Zarathustra selber von sich: „Wahrlich, einem Sturme gleich kommt mein Glück und meine Freiheit! Aber meine Feinde sollen glauben, *d e r   B ö s e   rase über ihren Häuptern.*" (89) Denn: „Sie hören nur meine Winter-Stürme pfeifen: und n i c h t , daß ich auch über warme Meere fahre, gleich sehnsüchtigen, schweren, heißen Südwinden." (193)

Die Bedeutungen, die das Motiv der Seefahrt bei Baudelaire, Rimbaud und Nietzsche entfaltete, haben seine Abwandlung bei Heym zu dem der endlosen Reise und schließlich zu dem der Totenreise bestimmt. Heyms Seefahrer sind wie die Baudelaires *voyageurs . . . qui partent pour partir* (vgl. ,Heroische Landschaft' 196 f.), überlassen sich wie Rimbauds trunkenes Schiff der Weite, dem Zauber und der Gewalt des Meeres (vgl. ,Die Seefahrer' 82), sind wie Nietzsche-Zarathustras „kühne Sucher" Heimatlose, die in „fernsten Meeren" eine unentdeckte Heimat suchen (vgl. ,Columbus' 45). Aber mit Ausnahme von ,Columbus'[66] hat in den Gedichten dieses Motivkreises das durch Meer und Meeresfahrt versinnbildlichte Schicksal der Heimatlosigkeit und des Suchens einer Heimat von vornherein den Charakter des unausweichlichen Verhängnisses. Darin stehen sie denen Baudelaires und Rimbauds näher als dem ,Zarathustra', unterscheiden sich aber auch von jenen, insofern sie vom dort dargestellten Desillusionierungsprozeß als vollzogenem ausgehen. Das Modell dafür ist ,Der Fliegende Holländer' (40 ff.) aus Heyms erstem Gedichtband ,Der Ewige Tag'. Das Motiv der Seefahrt ist hier bereits zu dem der endlosen Reise, ja der Totenreise geworden, und das Gedicht erweist sich in Bild- und Metaphern-Analogien zu dem späten Gedicht ,Die Wanderer' (189 f.), das den Totenzug zum Thema hat, als dessen Vorform.

In seiner aufschlußreichen Studie über Ursprung und Bedeutung der Sage vom Fliegenden Holländer bedauert es Engert, daß keine literarische Behandlung dieses Sagenstoffs seinem vollen Gehalt gerecht und meist die

---

65 Vgl. Rolf Engert, Die Sage vom Fliegenden Holländer, Berlin 1927, S. 21.
66 s. u. S. 299 ff.

Sage selbst gar nicht dargestellt werde[67]. Das ist auch in Heyms Gedicht nicht der Fall. Es greift nur ein wesentliches Moment des Sageninhalts auf und formt auch dieses um. Heym geht es nicht um eine stoffgetreue Bearbeitung der Sage, sondern um die Darstellung eines eigenen Grundmotivs an einem ihm entsprechenden stofflichen Element der Sage. Die Seemannssage vom Fliegenden Holländer ist erst Anfang des 19. Jahrhunderts aufgezeichnet worden. Ihre von verschiedenen Fassungen variierten Grundzüge finden sich in der folgenden[68] zusammengedrängt vor:

> Ein holländischer Schiffskapitän namens van der Dekken aus dem Gebiete der Stadt Terneuse, der ums Jahr 1600 auf einer Reise nach Indien begriffen war, suchte vergebens das Kap der guten Hoffnung zu umsegeln. Da tat er den Schwur, er wolle trotz Sturm und Wellen, trotz Donner und Blitz, trotz Gott und Teufel um das Kap herumfahren, und wenn er bis zum jüngsten Tage segeln sollte. Da rief eine Stimme vom Himmel: bis zum jüngsten Gericht! So muß er immer noch fahren. Sein Schiff ist schwarz und führt eine blutrote Flagge, es fährt im ärgsten Sturmwind unter vollen Segeln, sein Erscheinen kündigt den Fahrzeugen, welche ihm begegnen, Sturm oder Untergang an.

Den historischen Kern der Holländer-Sage hat Engert in der Geschichte der ersten Kap-Umsegelungen durch die Portugiesen Bartolomeo Diaz und Vasco da Gama erkannt. Die Berichte über sie enthalten im Keim die wichtigsten Motive der Sage. Mit dem Motiv der Verfluchung insbesondere schloß sich die Sagenbildung an das Epos ‚Die Lusiaden' von Camões an, das die Ostindienfahrt des Vasco da Gama darstellt und in dessen V. Gesang den Kap-Umseglern in einer dunklen Wolke ein Ungeheuer, der „Geist des Kaps", erscheint, dem Entdecker des Kaps sein Schicksal — Diaz kam auf einer späteren Fahrt um — und seinem Seefahrervolk größere Übel als den Tod prophezeit[69]:

> Pois os vedados términos quebrantas
> E navegar meus longos mares ousas,
> Que eu tanto tempo há já que guardo e tenho,
> Nunca arados de estranho ou próprio lenho:
>
> Pois vens ver os segredos escondidos
> Da natureza e do húmido elemento,
> A nenhum grande humano concedidos
> De nobre ou de imortal merecimento,
> Ouve os danos de mim que apercebidos
> Estão a teu sobejo atrevimento, . . .

---

67 Engert l. c. S. 38.
68 zit. n. Engert l. c. S. 8.

(Wo du nun rührst an die verbotenen Schranken,
Und dies mein weites Meer dein stolzer Mut
Befährt, — dank meiner Hut, wie mir's gefiel,
Noch ungeflügt von eines Menschen Kiel, —

Wo du nun kommst, Geheimstes zu ergründen
Aus der Natur und feuchtem Element,
Das niemals noch aus den verborgenen Schründen
Ein Großer zog, den man unsterblich nennt,
Hör deine Not, die mir erscheint, verkünden
Dafür, daß dich solch Überkühnheit brennt . . .)

Die Unheilsprophezeiung bei Camões gilt dem Geist einer auf Naturbeherrschung (68,1 *navegar meus longos mares ousas*) abzielenden Naturerkenntnis (68,2 *ver os segredos escondidos / Da natureza*). Denselben Sinn hat die Verfluchung des Fliegenden Holländers, der sich vermißt, den Naturgewalten und allen außerirdischen Mächten zum Trotz auf seinem Willen zu beharren. Er verwünscht sich lieber selbst, als daß er sich einem von außen verhängten Schicksal beugt, und die Verfluchung nimmt ihn beim Wort. Als Inkarnation des neuzeitlichen Geistes der Naturbeherrschung, des autonomen Wollens und Handelns und seiner Gefahr der Hybris ist er den Sagengestalten Fausts und Don Juans verwandt. „War es in Faust der universale Erkenntnis- und Erlebnisdrang, in Don Juan eine gigantische Steigerung des sinnlichen Genußverlangens, so ist es im fliegenden Holländer ein titanischer Tatendrang, der ihn an die Grenze des Möglichen hinreißt und in den Abgrund der Unmöglichkeit stürzt."[70] Als holländischer Schiffskapitän um 1600 auf der Fahrt nach Ostindien begriffen, verkörpert der Fliegende Holländer auch den Geist des aufsteigenden Bürgertums im Zeitalter der ersten kolonialen Machtentfaltung.

Welches Teilmotiv des Sagenstoffes greift Heyms Gedicht auf, und in welchem Sinn formt es ihn um? — Es ist zweiteilig, aber der zweite Teil ist eine Variation, die mit dem Thema der Sage nur indirekt zusammenhängt, in der das dichterische Ich sein Schicksal mit dem des Fliegenden Holländers vergleicht, die deshalb nur ergänzend herangezogen werden soll.

69 Luis de Camões, Die Lusiaden, Zweisprachige Ausgabe, übertragen v. Otto Freiherr
  von Taube, Freiburg 1949, S. 68 (deutsch S. 69).
70 Engert l. c. S. 37.

DER FLIEGENDE HOLLÄNDER

Wie Feuerregen füllt den Ozean
Der schwarze Gram. Die großen Wogen türmt
Der Südwind auf, der in die Segel stürmt,
Die schwarz und riesig flattern im Orkan.

Ein Vogel fliegt voraus. Sein langes Haar
Sträubt von den Winden um das Haupt ihm groß.
Der Wasser Dunkelheit, die meilenlos,
Umarmt er riesig mit dem Schwingenpaar.

Vorbei an China, wo das gelbe Meer
Die Drachenschunken vor den Städten wiegt,
Wo Feuerwerk die Himmel überfliegt
Und Trommeln schlagen um die Tempel her.

Der Regen jagt, der spärlich niedertropft
Auf seinen Mantel, der im Sturme bläht.
Im Mast, der hinter seinem Rücken steht,
Hört er die Totenuhr, die ruhlos klopft.

Die Larve einer toten Ewigkeit
Hat sein Gesicht mit Leere übereist.
Dürr, wie ein Wald, durch den ein Feuer reist.
Wie trüber Staub umflackert es die Zeit.

Die Jahre graben sich der Stirne ein,
Die wie ein alter Baum die Borke trägt.
Sein weißes Haar, das Wintersturmwind fegt,
Steht wie ein Feuer um der Schläfen Stein.

Die Schiffer an den Rudern sind verdorrt,
Als Mumien schlafen sie auf ihrer Bank.
Und ihre Hände sind wie Wurzeln lang
Hereingewachsen in den morschen Bord.

Ihr Schifferzopf wand sich wie ein Barett
Um ihren Kopf herum, der schwankt im Wind.
Und auf den Hälsen, die wie Röhren sind,
Hängt jedem noch ein großes Amulett.

Er ruft sie an, sie hören nimmermehr.
Der Herbst hat Moos in ihrem Ohr gepflanzt,
Das grünlich hängt und in dem Winde tanzt
Um ihre welken Backen hin und her.

Im Mittelpunkt steht die Gestalt des Fliegenden Holländers als Gespenst: die Schiffer sind schon lange tot, „verdorrt", als „Mumien" in das „morsche" Schiff „hereingewachsen" (vgl. a. die Anfangszeile der Variation: „Dich grüßt der Dichter, *düsteres Phantom . . .*" 41,4). Vom Sagenstoff ist also nur das Endmotiv des ruhelosen ewigen Umhergetriebenseins des zum Gespenst gewordenen Seefahrers übriggeblieben. Das Motiv der titanischen Kühnheit kommt in den ersten Strophen noch zur Geltung, erhält aber in den folgenden und besonders in der Schlußstrophe einen anderen Sinn als in der Sage. Die Motive der Gottlosigkeit, der Selbstverwünschung und der Verfluchung fehlen ganz, so daß das gespenstige ewige Umhergetriebensein unbegründet bleibt, als blind verhängtes Schicksal erscheint. Während in den verschiedenen Fassungen der Sage die Schiffsbesatzung nach der Verfluchung des Holländers entweder nicht mehr erwähnt wird oder — da sich ja nur der Kapitän verschwor — wie durch ein Wunder entschwindet oder aber gespenstig mit ihm weiterlebt (wie z. B. auch in Richard Wagners Behandlung der Sage), ist hier eine Leichenfracht aus ihr geworden, ist das Gespensterschiff gleichzeitig ein Totenschiff. Wie schließlich aus dem bürgerlichen Schiffskapitän bei Heym ein Gegenbürger wird, kann erst die nähere Betrachtung des Gedichtaufbaus, der dichterischen Bilder, ihrer Bedeutung und ihres Verhältnisses zueinander zeigen.

Die Einsicht in die Umformung überlieferter mythologischer Motive, in diesem Fall eines geschichtlichen Sagenstoffs, ist eine Voraussetzung für die Sinnerhellung der dichterischen Mythologie Heyms. Denn als eine solche stellt sich die Bilderwelt Heyms nicht deshalb dar, weil sie eine Fülle stofflicher Elemente aus dem Bereich vorgeschichtlicher und geschichtlicher Mythen aufweist, sondern weil ihre aktuellen Grundmotive sich zu einer bildhaften Darstellung und Deutung eines geschichtlichen Weltzustands zusammenschließen, die dessen Wesen als blind zerstörerisch wirkendes Schicksal und Verblendungszusammenhang a n a l o g dem im archaischen Mythos herrschenden zu enthüllen suchen. Aus dieser Analogie, nicht Identität, erklärt sich die Verwendung und zugleich Umformung traditioneller mythologischer Motive durch Heym. Auch kommt der im aktuellen Sinn mythologische Charakter des Dargestellten bei Heym keineswegs nur durch die Verwendung und Umfunktionierung konventioneller mythologischer Elemente zustande, wie aus der Analyse scheinbar ganz realistischer Gedichte, wie ‚Berlin I' oder ‚Louis Capet'[71] hervorgeht.

Es ist also zu fragen, welche aktuelle Bedeutung die Sagengestalt des Fliegenden Holländers in Heyms Gedicht annimmt, welchen neuen mythologi-

71 s. u. S. 314 ff.

schen Gehalt es aus den Elementen des alten Sagenstoffs entfaltet. — Das
Gedicht baut sich aus drei größeren Bildeinheiten von je drei Strophen auf.
Nach Inhalt und Ausdruckscharakter lassen sie sich voneinander abgrenzen,
im Sinngefüge des Ganzen erweisen sie sich als zusammengehörige, auseinander
entwickelte Bildphasen. Das Gesamtbild der ersten drei Strophen hat
die fliegende Fahrt des Gespensterschiffs zum Gegenstand. Sie wird heroisiert.
Die einzelnen Bildelemente haben den Ausdruckscharakter eines forcierten
Pathos, das in den beiden ersten Strophen mit der Häufung und
Wiederholung überdimensionierender Attribute nicht der Gefahr rhetorischer
Aufschwellung entgeht: „große" Wogen, „türmender" Südwind,
„groß" sträubendes „langes" Haar, „riesig" flatternde Segel, „riesig" umarmendes
Schwingenpaar, „meilenlose" Dunkelheit usw. In ihrer Gesamtheit
heben diese Überdimensionierungen alle räumlichen Größenverhältnisse
überhaupt auf. Sie haben eine rein affektive Funktion. Die sturmbewegte
unermeßliche Wasserwüste wird zum Sinnbild einer erdrückenden leeren
Unendlichkeit, zu einem „wie Feuerregen" peinigenden Meer von „schwarzem
Gram", wie es gleich anfangs heißt (vgl. a. ‚Zarathustra', S. 169: „— tiefer
hinab in den Schmerz . . . bis hinein in die schwärzeste Flut!"). In der
Konfrontation des Fliegenden Holländers mit ihr versinnbildlicht sie absolute
Einsamkeit. Zunächst unter dem idealistisch-heroischen Aspekt der Bejahung
und Bewältigung des „Grenzenlosen", des „Hinausgeworfenseins
in den öden Raum" im Sinne Nietzsche-Zarathustras (256 u. 267): Sinnbild
dieser heroischen, als selbstgewolltes Schicksal bejahten Einsamkeit ist der
dem Schiff des Holländers vorausfliegende Vogel, der die „meilenlose Dunkelheit"
der Wasser, den von „schwarzem Gram" erfüllten Ozean mit dem
Schwingenpaar „riesig umarmt". Als typisches Jugendstilbild war es in der
Novelle ‚Der Irre' zu erkennen, in der Verwandlung des Irren in einen über
dem Meer schwebenden Riesenvogel, „Nachbar der Sonne", dessen Schwingen
„mit Achsen wie Baumstämme über den Horizont klafterten", und denselben
Charakter und Sinn hat es in den zur Jugendstilschicht der Lyrik
Heyms gehörenden Gedichten ‚Der Tod der Liebenden' (55 f.) (in der späteren
Fassung ‚Der Tod der Liebenden im Meer', 148 f.), ‚Schwarze Visionen'
(65—69) und ‚Das Infernalische Abendmahl' (120 f.):

> . . . . Der Horizont nur bebt,
> Wie *eines Adlers Flug*, der auf dem Sund
> In blauem Abend *hoch und einsam* schwebt. (149)
>
> *Die Sonne*, die mit Blumen sich beleuchtet,
> Stößt *wie ein Aar* zu deinen Häupten weit . . . (68,3)
>
> *Der große Adler seines Schweigens* senkt
> Auf eure Stirn sein dunkles Schwingenpaar. (121,1)

Jugendstilcharakter hat auch das Bild der dritten Strophe. Im Kontrast zur Öde und Gefahr der grenzenlosen Wasserwüste beschwört es mit „China" den Bereich des exotisch Zauberhaften *(Drachendschunken, Feuerwerk)* und des kultisch Rauschhaften *(Tempel, Trommeln).* Die „Drachendschunken" deuten auf den chinesischen Sonnenkult hin (Feuerdrachen als Sonnensymbol). Die Rolle der Sonnenmythologie des Jugendstils in der Dichtung Heyms wird noch zu erörtern sein. Im Titel des ersten Gedichtbandes, ‚Der Ewige Tag', kündigt sie sich an. In der neuromantisch-symbolistischen Bildschicht dieser Gedichtsammlung sind die Bilder eines exotischen Sonnenkults Gegenbilder zur Leere und Monotonie der entgötterten, versachlichten Welt der Gegenwart, in der Heym mit seinem „brachliegenden Enthusiasmus" zu ersticken glaubte. So in ‚Columbus' (47) die Luftspiegelung der „goldnen Tempeldächer Mexikos" (aztekischer Sonnenkult) oder in ‚Der Tag' (53,4) das Bild des Stieropfers (phönizischer Sonnenkult). Exotisches und archaisch Kultisches sind die Elemente, aus denen der in der Realität der modernen Welt heimatlose „Enthusiasmus" das Idealbild einer gesuchten, utopischen Heimat erstellt. Nach ihr sind nicht nur die Seefahrer Heyms, sondern auch noch die Toten als „Ikariden" (80,6) unterwegs. In ‚Columbus' bleibt noch die Hoffnung, sie zu finden. Die fliegende Fahrt des Holländers aber, des zum Gespenst gewordenen Seefahrers, geht „vorbei" an „China". Das heißt, das gelobte Land der Jugendstilutopie kann nicht betreten werden, die Utopie bleibt unrealisierbar, enthüllt sich als Fiktion. Die im Bild des Riesenvogels idealisierte heroische Einsamkeit ist gleichbedeutend mit ewiger Heimatlosigkeit.

In der Bildeinheit der drei mittleren Strophen liegt das Sinnzentrum des ganzen Gedichts. Die in den einleitenden Strophen versinnbildlichte Einsamkeit und Heimatlosigkeit wird nun in der gespenstigen Gestalt des Fliegenden Holländers personifiziert. Gleichzeitig verändert sich die Struktur der einzelnen Bilder, und sie nehmen im Unterschied zum idealisierenden Pathos der vorausgegangenen den Ausdruckscharakter des Grauenhaften an. Die heroische Einsamkeit, mit Nietzsche-Zarathustras Worten: das selbstgewollte Hinausgeworfensein „in den öden Raum und in den eisigen Atem des Alleinseins" erscheint in diesen Bildern als Zurückgeworfensein des Ich auf sich selbst und Gebanntsein in die schlechte Unendlichkeit von Zeit als nur vergänglicher, sinnleerer. Die tote Zeit, die das Gedicht ‚Der Winter' (47) als die dem Subjekt entfremdete historische Zeit eines erstarrten Weltzustandes darstellt, wird hier als subjektive Erfahrung einer zum leeren Zeitverlauf depravierten individuellen Lebenszeit beschrieben. Das kann nicht anders als in Paradoxien geschehen, da die Pervertierung von Lebenszeit in tote Zeit ein Selbstwiderspruch des Lebens ist. Paradox ist zunächst, daß ein Toter, ein Gespenst, überhaupt Bewußtsein und Erfahrung von Zeit hat. Der Fliegende Holländer „hört" das ruhelose Klopfen der „Totenuhr", die Jahre „graben sich der Stirne ein", und auch die übrigen Bilder sprechen indirekt von einem Phantom wie von einem lebendigen Subjekt, indem sie die Qual jenes Selbstwiderspruchs veranschaulichen. Die Paradoxie, daß das Gespenst Zeiterfahrung hat, ist jedoch der konsequente bildhafte Ausdruck dessen, daß sich in der subjektiven Erfahrung von Zeit als leeren Zeitverlaufs individuelles Leben zu gespenstigem Scheinleben verfremdet, das Ich als bloßer Durchgangspunkt für identische Zeitmomente sich selbst zum Phantom wird. Ferner kann auch die subjektive Erfahrung der toten Zeit selbst, der dem lebendigen Subjekt entfremdeten eigenen Lebenszeit, nur in Paradoxien beschrieben werden, da sie in dem Widerspruch besteht, daß ein Ich, das nur lebend etwas erfahren kann, sich als nicht lebend erfährt. Sie wird daher in Bildern veranschaulicht, die sich widersprechende Bildelemente zu einer Einheit zusammenzwingen, deren innere Spannung die Qual eines nur scheinbar lebenden Lebens ausdrückt. Die Bildeinheit der drei mittleren Strophen ist ein einziges Oxymoron, das sich aus gegensätzlichen Teilbildern zusammensetzt, die z. T. selbst Oxymora sind. Sie beschreibt die zur toten, sinnentleerten Zeit depravierte individuelle Lebenszeit als reißende Bewegung (*ruhlos klopfende Totenuhr, reisendes Feuer, flackernder Staub, Wintersturmwind*) und zugleich als absolute Bewegungslosigkeit (*Larve einer toten Ewigkeit, Leere, Eis*, die verdinglichenden Vergleiche des Gesichts mit *Wald, Baum, Stein*), d. h. als stillstehende Bewegung. Aus dem Bildhaften ins Begriffliche übersetzt, besagt dies, daß Zeit als subjektfremde einerseits eine Flucht leerer, absolut vergänglicher Zeitmomente ist, andererseits ein Ewiggleiches: die identische Leere aller Zeitmomente. Die Phänomenologie der sinnleeren Zeit, die Heyms Bildparadoxien bieten, stimmt mit Bergsons Analyse des verdinglichten, von Raumverhältnissen abgeleiteten Zeitbegriffs, die Heym wohl kaum gekannt hat, bis in die bildlichen Vergleiche, deren sich Bergson bedient, überein. Für die zur Flucht absolut vergänglicher Augenblicke depravierte Zeit steht bei Heym das Bild des flackernden „Staubs", für die identische Leere dieser Momente das Bild der starren, eisigen Larve einer „toten Ewigkeit". Dem entsprechen Bergsons Analysen und Umschreibungen des verdinglichten Zeitbegriffs:

> Wenn ich die Dauer als eine Vielheit von Augenblicken betrachte, die untereinander durch eine Einheit verbunden sind, die wie ein Faden durch sie hindurchgeht, so sind diese Augenblicke, mag die gewählte Dauer noch so kurz gewählt sein, von unbegrenzter Zahl. Ich kann sie so nah aneinanderrücken, wie es mir gefällt, es gibt immer zwischen diesen mathematischen Punkten wieder weitere Punkte und so ad infinitum. Vom Standpunkt der

Vielheit aus betrachtet, wird sich die Dauer also in eine S t a u b w o l k e
v o n A u g e n b l i c k e n verflüchtigen, von denen keiner dauert, da jeder
von ihnen eine Momentaufnahme ist. Wenn ich andererseits die Einheit in
Betrachte ziehe, die die Momente miteinander verbindet, so kann sie ebensowenig dauern, da nach Voraussetzung alles, was veränderlich und im
eigentlichen Sinn dauernd in der Dauer ist, auf Rechnung der Vielheit der
Augenblicke kommt. Diese Einheit wird mir also in demselben Maße, wie
ich tiefer in ihr Wesen eindringe, als ein unbewegliches Substrat der Bewegung erscheinen, gewissermaßen wie eine zeitlose Essenz der Zeit: diese
Essenz nenne ich Ewigkeit, — E w i g k e i t d e s T o d e s , weil sie nichts
anderes ist als die Bewegung, aus der die Beweglichkeit, die ihr Leben aus-
machte, herausfiltriert worden ist.[72]

Auch Heyms Vergleich der „toten Ewigkeit", der identischen „Leere" aller
Zeitmomente mit einer Eisdecke *(Die Larve einer toten Ewigkeit / Hat sein
Gesicht mit Leere übereist)* findet sich bei Bergson. Während der verdinglichte Zeitbegriff die Zeit einerseits zu einer unendlichen Vielheit punkt-
hafter Momente „pulverisiere", lasse er andererseits ihren Fluß in der
Einheit einer abstrakten Ewigkeit „ zu einer unendlich festen Decke erstarren". In jedem Fall werde die Zeit „zu einem Ding" (210). Bergsons Analysen zielen darauf ab, den verdinglichten Zeitbegriff als eine theoretische
Fiktion zu enthüllen, die der psychologischen Erfahrung von Zeit, der „konkreten Dauer" oder „gelebten Zeit" nicht entspricht und deren Abstraktionscharakter man nur zu durchschauen braucht, um sich von ihrer Herrschaft in Theorie und Praxis zu befreien. Sie dienen der Begründung seiner
Metaphysik der Intuition und des élan vital. Obwohl Heyms bildhafte
Umschreibungen der verdinglichten, dem Subjekt entfremdeten Zeit mit
deren begrifflicher Analyse bei Bergson übereinstimmen, unterscheiden sie
sich von ihr in der Motivierung. Denn die Pervertierung von „gelebter" in
„tote" Zeit, die nach Bergson — von der Anpassung des sozialen Verhaltens
an mechanistische Denkgewohnheiten abgesehen — nur in der Abstraktion,
nicht in der Erfahrung möglich ist, wird in ihnen als Erfahrung dargestellt
und der Bann der toten Zeit als nicht zu brechender. Das heißt, bei Heym
kommt das kritische Motiv Bergsons unversöhnlicher und ausschließlich
zur Geltung. Die Herrschaft der verdinglichten Zeit kann nicht individuell,
durch Kontemplation und Intuition, aufgelöst werden, sie ist durch den geschichtlichen Weltzustand über die Individuen verhängt. Die Differenz zu
Bergson ist für die Abgrenzung des Expressionismus Heyms gegen den des

---

72 Henri Bergson, Einführung in die Metaphysik, in: Denken und schöpferisches Werden, Meisenheim am Glan 1948, S. 208 f. (Sperrungen K. M.) Bergsons Aufsatz erschien französisch bereits 1903, Revue de métaphysique et de morale.

‚Sturm'-Kreises von Bedeutung, der die vitalistische Metaphysik Bergsons rezipierte[73].

Daß das einsame, heimatlose Ich, in die „tote Ewigkeit" einer zugleich reißenden und stillstehenden Zeit gebannt, sich zu einem gespenstigen, lebend toten Ich verfremdet hat und deshalb in der Figur des Fliegenden Holländers als Gespenst personifiziert wird, bedeutet, daß der Heroismus der Einsamkeit, der Heimatlosigkeit und des „gefährlichen Lebens" den Sinn verloren hat, den er bei Nietzsche hatte: „das Land ‚Menschen-Zukunft'" zu entdecken. In der Bildeinheit der drei letzten Strophen schlägt deshalb das Pathos der heroischen Einsamkeit, das sich in der mittleren Bildeinheit in der Darstellung des Ertragens von grauenhaft Unerträglichem noch behauptet hatte, in den hintergründigen Hohn des Grotesken um. Der aktuelle Sinn, den das Sagenmotiv in Heyms Gedicht annimmt, wird hier an der Abwandlung des Sageninhalts deutlich. Das Gespensterschiff ist bei Heym gleichzeitig ein Leichenschiff, ein schwimmender Sarg. Die toten Schiffer werden in bizarr deformierenden Bildern und Vergleichen beschrieben, die sie als skurrile Gegenfiguren zur heroischen Figur des Einsamen erscheinen lassen: dieser ist „ruhlos" — sie „schlafen"; sein Gesicht wird einem Wald, seine Stirn einem alten Baum verglichen — ihre Hände hingegen sind „wie Wurzeln lang / Hereingewachsen in den morschen Bord"; sein Haar „steht wie ein Feuer um der Schläfen Stein" — ihnen windet sich ein Zopf um den Kopf herum, ihr Kopf „schwankt im Wind", ihre Hälse sind „wie Röhren", ihre Backen „welk" usw. Zwar handelt es sich in beiden Fällen vorwiegend um verdinglichende Vergleiche, aber nur im zweiten haben sie den Charakter des skurril Grotesken. Im Kontrastverhältnis zum Fliegenden Holländer, der als einziger, obgleich nur als Gespenst lebt, erweisen sich die „Mumien" der Schiffer als Karikaturen, die totes, mumienhaft erstarrtes Leben repräsentieren. Als solche stellen sie sich auch dadurch dar, daß jener sie für Lebende hält, sie „anruft". Wie Heyms Motiv der Seefahrt als endloser Reise das Zarathustra-Motiv des Sicheinschiffens auf hohe See abwandelt und die Figur des Fliegenden Holländers die zarathustrische des „kühnen Suchers", der sich „auf furchtbare Meere einschiffte", so weist auch das „Anrufen" der toten Schiffer auf die an die „Schiffsleute" gerichteten Aufrufe und Reden Zarathustras zurück. Zarathustra wird von den Schiffsleuten gehört, und er hält sie für die einzigen, die ihn verstehen („... euch allein erzähle ich das Rätsel, das ich s a h , — das Gesicht des Einsamsten")[74]. Wenn Heyms Fliegender Holländer *tote* Schiffer anruft, so ist dies der groteske

---

73 s. o. S. 11.
74 Nietzsche, Also sprach Zarathustra, l. c. S. 171 (Vom Gesicht und Rätsel).

bildhafte Ausdruck dafür, daß der Aufruf, das Land „Menschen-Zukunft" zu entdecken, — ähnlich wie Kafkas ‚Aufruf' an die Hausbewohner — nicht mehr gehört, die Botschaft Zarathustras nicht mehr verstanden wird. Auch werden die toten Schiffer durch das Bild der „Mumien" im selben Sinn gekennzeichnet, den es bei Nietzsche hat. Als Mumien beschreibt und bezeichnet Zarathustra erstarrte, abgestorbene Lebensformen. So in der Erzählung seines Traums von der „Berg-Burg des Todes": „Aus gläsernen Särgen blickte mich überwundenes Leben an." (S. 147) Oder in der Rede ‚Vom Geist der Schwere': „In Mumien verliebt die einen, die anderen in Gespenster ..." (S. 215) Als Verkörperung einer abständigen Lebensverfassung werden die „Mumien", die Heyms Fliegender Holländer anruft, kollektiv charakterisiert: durch den „Zopf" und „ein großes Amulett". Die Bildeinheit der drei letzten Strophen versinnbildlicht also die tote Zeit wieder unter ihrem objektiven Aspekt, als die eines erstarrten geschichtlichen Lebens- und Weltzustandes. Das heißt, die durch die Figur des Fliegenden Holländers beschriebene Einsamkeit ist nur noch insofern eine selbstgewollte und heroische, als sie den Mut zum „Grenzenlosen", zur Preisgabe kollektiver „falscher Sicherheiten" (*Amulett*) hat. Als absolute Einsamkeit und ewige Heimatlosigkeit aber ist sie, im Unterschied zum selbst heraufbeschworenen individuellen Schicksal der Sagengestalt, gesellschaftlich verhängt. Denn zur sinnlosen endlosen Reise ohne Richtung und Ziel wird bei Heym die fliegende Fahrt des Holländers nicht durch den Fluch einer außerirdischen Macht, sondern weil sein „Ruf" nicht gehört wird, weil mit „Mumien" die unbekannte neue Menschenheimat nicht entdeckt werden kann. Obgleich also Heyms Behandlung des Sagenmotivs sich rein mythologischer Bilder bedient und — im Gegensatz etwa zu der des Ophelia-Motivs in ‚Ophelia II' (57 f) — die gesellschaftliche Realität des beginnenden 20. Jahrhunderts stofflich völlig ausklammert, enthüllt sich in der Abwandlung des Sageninhalts, in der Verwandlung des Geisterschiffs in ein Leichenschiff und in der grotesken Kontrastierung der Schiffer-„Mumien" zum Gespenst des heroisch Einsamen ihr aktueller gesellschaftskritischer Sinn. Als Gegenfiguren zum Fliegenden Holländer personifizieren die „Mumien" der toten Schiffer das stagnierende, abgestorbene Leben derselben bürgerlichen Lebens- und Denkformen, die Heym in Gedichten wie ‚Die Professoren' (59) oder ‚Die Pflanzenesser' (158) zum Gegenstand satirischer Grotesken macht und deren Repräsentanten er als lebende Mumien (*wie Schatten; wie ein altes Buddhabild, alten Tempelvasen gleich*) nicht anders charakterisiert als die der toten Schiffer. Wie diese in den Vergleichen mit Vegetativem (*verdorrt, Hände wie Wurzeln,* um *welke Backen* hängendes *Moos* usw.) ein nur vegetierendes menschliches Leben darstellen, so die Rechtsgelehrten in den Vergleichen mit Animalischem *(alte Tintenfische, Zungen wie rote Rüssel,* Paragraph als *grüner Wurm* usw.) ein parasitäres. Und wie die in Pflanzliches sich verwandelnden Mumien der toten Schiffer verkörpern pflanzenhaft stagnierendes menschliches Leben auch die lebenden Mumien, als die Heym unter dem metaphorischen Deckbild von „Pflanzenessern" im gleichnamigen Gedicht die Repräsentanten des literarischen Jugendstils mit dessen eigenen Ausdrucksmitteln parodiert. Von den Schiffern heißt es — als sei auf Hofmannsthals ‚Manche freilich . . .' angespielt, wo die Rudernden „bei den Wurzeln des verworrenen Lebens" liegen — daß sie auf ihrer Ruderbank „als Mumien schlafen" und ihre Hände „wie Wurzeln lang" hereingewachsen sind; von den Pflanzenessern: „Die Füße wurzeln euch in fettem Kraut" und daß sie die Brust „wie Schläfer" heben. Jenen hängt „ein großes Amulett" auf dem Hals; diese haben „Die Hände vor der Brust, wie Lotos weiß, / Gefaltet wie ein altes Buddhabild" und gleichen „alten Tempelvasen" usw. Zwar lassen sich auf Grund dieser Bildanalogien die pflanzenhaften Mumien der Schiffer nicht mit den „Pflanzenessern" identifizieren, aber die eindeutige satirische Funktion der grotesken Tiermetaphern in ‚Die Professoren' und der grotesken Pflanzenmetaphern in ‚Die Pflanzenesser' bestätigt den aktuellen gesellschaftskritischen Sinn des gleichen metaphorischen Verfahrens bei der Charakterisierung der toten Schiffer als Gegenfiguren des Fliegenden Holländers. Deren Verhältnis zueinander — des heroisch Einsamen zum Kollektiv, das seinen „Ruf" nicht hört — ist seinem aktuellen Sinn nach das des Gegenbürgers zu den Bürgern. Zum Gegenbürger war der bürgerliche Schiffskapitän der Sage schon in Richard Wagners Operntext geworden. Die scheinbar gesicherte Bürgerwelt wird dort durchs „Land" versinnbildlicht und die in ihr herrschende Erwerbsgesinnung und Spekulation durch Daland, Sentas Vater, verkörpert („nach Schätzen geizt er nur")[75]. Demgegenüber wird das „Meer" zum dämonischen Bereich des ewig Heimatlosen und Unverstandenen („Schrecken aller Frommen")[76], den es dennoch — im Unterschied zur Sagengestalt — zum „Land" hinzieht, wo er das „Heil", die „Heimat" sucht und nie finden kann. Beide Bereiche und ihre Vertreter werden scharf gegeneinander abgegrenzt, am sinnfälligsten in der Gegenüberstellung der landverbundenen norwegischen Schiffsmannschaft Dalands und der ihrem Herren wesensgleichen, dämonisch gespenstigen des Holländerschiffs (III,1)[77]. Der Gegensatz zwischen den durch „Meer" und „Land" symbolisierten Sphären bleibt bis

75 Richard Wagner, Gesammelte Schriften und Dichtungen, Leipzig 1871, Bd. 1, S. 344.
76 ibd. S. 363.
77 ibd. S. 353, szen. Bemerkg. zum 3. Akt. — Wagners und Nietzsches Meeressymbolik
   dürfte auch in den bildnerischen Darstellungen nachwirken, die Dolf Sternbergers Essay

zuletzt unaufgehoben, die Erlösung des ewig Heimatlosen durch Sentas Opfertod im Meer imaginär. In der Sage, die einem noch vorbürgerlichen Bewußtsein entsprang, dem autonomes Denken und Handeln als frevelhaft dämonisch erschien, war der Fliegende Holländer, der weder die Naturgewalten noch Gott und Teufel fürchtet, die mythische Verkörperung des bürgerlichen Geistes der Entzauberung und Beherrschung der Natur. Bei Wagner ist er zu einem mit der Naturgewalt des Meeres dämonisch verbündeten Gegenbürger geworden, der von seiner Gegenbürgerlichkeit erlöst sein will und nur in der phantasmagorischen Seelenvereinigung mit Senta nach dem Untergang beider, „in verklärter Gestalt" erlöst werden kann. Auch bei Heym figuriert er im Kontrastverhältnis zu den „Mumien" der Zopf- und Amulettträger als Gegenbürger. Indem aber Heym diesen Gegensatz, der bei Wagner der zweier Welten ist, die sich wie „Meer" und „Land" entgegenstehen und doch miteinander versöhnt werden wollen, auf das Schiff des Holländers selbst verlegt und zum grotesk unversöhnlichen eines „rufenden" Gespenstes und „nimmermehr hörender" Toter macht, kettet er den Gegenüber an den Bürger. Das heißt, der Fluch ewiger Heimatlosigkeit und Einsamkeit ist nicht ein geheimnisvolles individuelles Schicksal wie das des Wagnerschen Holländers, der Senta mit den Worten verläßt: „Du kennst mich nicht, du ahnst nicht, wer ich bin!" – sondern ein überindividuelles, sowohl über die Bürger als „Mumien" wie über den Gegenbürger als „Phantom" verhängtes Schicksal. Der über den Holländer in der Sage verhängte Fluch ewigen gespenstigen Umhergetriebenseins hat die veränderte, aktuelle Bedeutung der Vereinsamung, Heimatlosigkeit und Entseelung a l l e r unter dem rätselhaften Zwang einer im Innern des Gesellschaftsganzen blind waltenden Notwendigkeit angenommen. In den Gedichten, die das Motiv der endlosen Reise zum Thema haben, stellt sich für dieses mythisch blinde Schicksal immer wieder die astrologische Chiffre, das Bild unheilkündender Sterne ein:

> Maßlose Traurigkeit. In Nacht allein
> Verirrt der Wandrer durch den hohen Flur,
> Wo oben in der dunklen Wölbung Stein
> *Gestirne fliehn in magischer Figur.*   (42,6 Der Fliegende Holländer)

> *Die Sterne,* die dem Grün der Nacht entsteigen,
> *Beginnen frierend ihren Wandergang.*   (46,5 Gegen Norden)

,Hohe See und Schiffbruch' behandelt. Auch in ihnen wird „die ganze Sphäre des gefährlichen Ozeans... geradezu zur G e g e n w e l t der bürgerlichen Gesellschaft der Epoche – einer Gegenwelt, deren Anschauung die in der Sekurität Lebenden sich ständig präsent zu halten insgeheim getrieben sind." – Dolf Sternberger, Über den Jugendstil, Hamburg 1956, S. 55.

> Und die Städte alle waren wie Wände bloß,
> *Sterne nur gingen über die Zinnen groß.*   (90,2 Die Meerstädte)
>
> Und *andre kalte Sterne sind im Dunkel,*
> Die wir zuvor nicht sahn vom Dach der Schiffe.
>
> (183,2 Mitte des Winters)

In der Sage war der Holländer zu ewiger Ruhelosigkeit verdammt, durch eine Stimme von oben, weil er den konsequenten auf sich selbst gestellten Willen zur Entzauberung und Beherrschung der Natur verkörperte, in Heyms Umformung des Sagenmotivs ist er es, weil er dem immanenten Gesetz eines geschichtlichen Zustandes unterworfen ist, in welchem die universelle Verwirklichung des Willens zur Naturbeherrschung selber als blinder Naturzwang (astrologisches Motiv) sich darstellt, die Rationalität der spätbürgerlichen Gesellschaft als irrational. Am mythologischen Gestaltwandel des Holländers vom dämonischen Bürger der Sage zum dämonischen Gegenbürger bei Wagner und zu dem an den Bürger geketteten Gegenbürger bei Heym ist die Geschichte des abendländischen Individualismus abzulesen. Heyms Fliegender Holländer ist, wie es Zarathustra wollte und gebot, „hinausgeworfen in den öden Raum und in den eisigen Atem des Alleinseins", aber sein Antlitz (40, 5—6) ist die Totenmaske Zarathustras.

Der aktuelle Sinn, den das Motiv der endlosen Reise, der ruhelosen Wanderung nach einer unauffindbaren Heimat bei Heym hat, bekundet sich auch darin, daß in dem Gedicht die Zeitform der Gegenwart herrscht, daß in seinem zweiten Teil „der Dichter" dem Gespenst begegnet, es „grüßt" (41,3) und ihm „blind folgt" (42,1), als „verirrender Wandrer" (42,6) sich selbst mit ihm identifiziert; vor allem aber auch darin, daß in den Gedichten dieses Motivkreises das gleiche aus der Gegenwart hier und jetzt sprechende „Wir"-Subjekt begegnet wie in dem Zeitdokument ‚Eine Fratze' und in den Gedichten ‚Berlin I/II', ‚Die Städte', ‚Hora Mortis' u. a.:

> Die Stirnen der Länder, rot und edel wie Kronen,
> Sahen *wir* schwinden dahin im versinkenden Tag...
>
> (82,1 Die Seefahrer)
>
> Mit den fahrenden Schiffen
> Sind *wir* vorübergeschweift,
> Die *wir* ewig herunter
> Durch glänzende Winter gestreift.   (88,1 Mit den fahrenden Schiffen)
>
> Mit den segelnden Schiffen fuhren *wir* quer herein
> In die Städte voll Nacht und frierender Häfen Schein...
>
> (90,1 Die Meerstädte)

Die ewige Ruhe- und Heimatlosigkeit, die ein Einzelschicksal scheint, wenn der Dichter selbst als ewig suchender (88,2—3), verirrender (42,6) und verlorner (175,6) „Wanderer" spricht, wird durch das anonyme „Wir"-Subjekt als ein in dieser geschichtlichen Stunde allgemeines angesprochen. So auch durch das anonyme „Er" in der Grabschrift ohne Namen, Lebensdaten und Trostspruch, die Heym sich wünschte: „Er ruht"[78].

In ‚Der Fliegende Holländer' ist das Motiv der endlosen Reise seinem Sinngehalt nach exemplarisch ausgeprägt, weil seine von motivgleichen oder -verwandten Gedichten variierten Bedeutungsmomente[74] sich hier vereinigen und weil hier am deutlichsten sichtbar wird, wie aus ihm und dem komplementären des „Winters" (40,5—6) Heyms zentrales Motiv der Totenreise entspringt und welchen Sinn es hat.

Wie das tragende Motiv des „Winters" kehrt auch das der endlosen Reise, der „Heimatlosigkeit", des ewig ruhelosen *Wanderns, Fahrens, Ziehens, Treibens, Irrens* usw. als Teilmotiv, Bild und Metapher in thematisch verschiedenen Gedichten ständig wieder:

> Am Kreuzweg sitzen sie zuhauf und *irren*
> Den *Heimatlosen* gleich in schwarzer Welt. (65,6 Schwarze Visionen II,2)

> Der Tod ist sanft. Und *die uns niemand gab,*
> Er gibt uns *Heimat.* (55,6 Der Tod der Liebenden)

> Ich höre oft im Schlaf der Vampire Gebell
> Aus trüben Mondes Waben wie Gelächter,
> Und sehe tief in leeren Höhlen
> Der *heimatlosen Schatten* Lichter. (185,3 Was kommt ihr, weiße Falter...)

> Wie Gestorbene wollen
> Ins *Haus der Lebendigen* ein.
> *Aber alles ist zu,* und sie müssen
> Weinen im Sturme allein. (157,5 Die gefangenen Tiere)

> *Unsere Pfade sind dunkel,* und Weiden breiten
> Ihre Schatten darauf, in Trauer gebückt. (181,2 Im kurzen Abend)

> *Unsre Wege zogen durch Trübes lang.*
> Und *die wandernden Tage,* die kurzen und harten,
> *Machten flüchtiger unseren Gang.* (182,3 Die Irren)

> *Weglos ist jedes Leben.* Und *verworren*
> *Ein jeder Pfad.* . . . . (183,3 Mitte des Winters)

---

78 T 147.
79 Vgl. dazu die Interpretation von ‚Columbus' u. S. 299 ff.

Uraltes Volk schwankt aus den tiefen Löchern,
An ihre Stirn Laternen vorgebunden.
Bergmännern gleich, *die alten Vagabunden* . . .   (17,2 Die Vorstadt)

Doch manche müssen einsam weit noch gehen,
Um sich in dunkle Nächte zu verbergen . . .
Im Irrsal suchen sie den Weg zu finden
Und tasten mit den Händen rund, den blinden,
Und hinter ihnen kichern die Laternen,
Die schnell in trübe Nächte sich entfernen.   (111,2 u. 5 Die Nacht III)

In herbstlichen Wäldern *irren die Seelen allein*
Tief in die Wildnis und kühles Dunkel hinein,
Sich zu verbergen vor dem Lebenden weit.   (195,3 Der Krieg)

Selbstmörder *gehen* nachts in großen Horden,
Die *suchen* vor sich ihr verlornes Wesen,
Gebückt *in Süd und West und Ost und Norden*,
Den Staub zerfegend mit den Armen-Besen.   (73,3 Umbra Vitae)

Wie lange schon, daß er *von dannen fuhr*,
Zu wandern durch der Himmel Einsamkeit.   (140,4 Arabeske)

Wir aber *gingen von dannen*
Und rissen uns auf mit ein Mal . . .   (125,2 Die Nebelstädte)

. . . . . . Daß ich die Lider senke
Und *wie ein Schiff* auf roten Finsternissen
Durch blasse Sterne, die versinken wollen,
In leere Weiten treibe und den Tod . . .   (152,5—6 Gewölke gleich)

Die Schiffer aber *fahren trüb im Ungewissen*,
Auf grauem Strom die großen Kähne treiben
In schiefen regensmatten Finsternissen,
Durch leerer Brücken trüben Schall und Städte,
Die hohl wie Gräber auseinander fallen,
Und weite Öden, winterlich verwehte.   (191,3—4 Auf einmal aber . . .)

Und sie fuhren hinaus. Und vergaßen die Jahre
Unter dem hallenden Meere im Glanz.
Und rund um die Winter, *wo sie gefahren*,
Trieben die Schiffe in brechendem Tanz.   (197 Heroische Landschaft)

Was ist das Leben? Kleines Schiff in Schluchten
Vergeßner Meere. Starrer Himmel Grauen.
Oder *wie nachts* auf kahlen Feldern
Verlornes Mondlicht wandert und verschwindet.

(185,5 Was kommt ihr . . .)

Die Untersuchung von Ursprung und Bedeutung der Heymschen Grundmotive des Winters und der endlosen Reise hat ergeben, daß es sich um
komplementäre Motive handelt, in denen sich eine und dieselbe Erfahrung
von depravierter, sinnleerer Zeit unter doppeltem Aspekt niedergeschlagen
hat: die der geschichtlichen Weltzeit als toter, stillstehender Zeit im Motiv
des Winters, die der subjektiven Lebenszeit als rein vergänglicher, reißender
Zeit im Motiv der endlosen Reise. Beide Vorstellungen von Zeit sind als
dialektische Zerfallsformen sinnvoller Zeiterfahrung nicht voneinander zu
trennen, denn auch der leere Fluß der reißenden Zeit erwies sich als Stillstand (*tote Ewigkeit* 40,5), und die ewige Ruhelosigkeit des subjektiven
Zeitbewußtseins resultiert aus der Erstarrung des geschichtlichen Weltzustands, der ihm keine „Heimat" gibt. Daher erscheinen in Heyms Darstellung dieser Zeiterfahrung, welcher der beiden Aspekte thematisch nun auch
bestimmend sein mag, die Motive des Winters und der endlosen Reise miteinander verschränkt. In dem betrachteten Gedicht ,Der Winter' (47) wird
die tote, stillstehende Zeit der „Winterwelt" auch durch die gespenstig groteske Ruhelosigkeit der kurz verweilenden und weiterziehenden Chausseen
versinnbildlicht, in ,Der Fliegende Holländer' umgekehrt die leere Flucht der
reißenden Zeit auch durch Bilder absoluter Erstarrung (*Larve, Eis, Stein*).
Ständig stellen sich mit dem Motiv der endlosen Reise auch Bild und Metapher des Winters ein:

Sein weißes Haar, das *Wintersturmwind* fegt,
Steht wie ein Feuer um der Schläfen Stein.   (40,6 Der Fliegende Holländer)

Mit den fahrenden Schiffen
Sind wir vorübergeschweift,
Die wir ewig herunter
Durch glänzende *Winter* gestreift.   (88,1 Mit den fahrenden Schiffen)

Und ich ging über Feld,
Und die wehenden Bäume zu Haupt
Standen im *frierenden Himmel*
Und waren *im Winter* entlaubt.   (88,3 Mit den fahrenden Schiffen)

Mit den segelnden Schiffen fuhren wir quer herein
In die Städte voll Nacht und *frierender Häfen* Schein . . .
   (90,1 Die Meerstädte)
Die Sterne, die dem Grün der Nacht entsteigen,
Beginnen *frierend* ihren Wandergang.   (46,5 Gegen Norden)

Und rund um *die Winter,* wo sie gefahren,
Trieben die Schiffe in brechendem Tanz.　　(197 Heroische Landschaft)

Der Strom trägt weit sie fort, die untertaucht,
Durch *manchen Winters* trauervollen Port.　　(58,6 Ophelia II)

Wir, Tote, sammeln uns zur *letzten Reise*
Durch Wüsten weit und Meer und *Winterwind.*　　(77,1 Die Morgue)

Als komplementäre Motive sind „Winter" und „endlose Reise" nicht nur miteinander verschränkt, sondern koinzidieren in einem dritten, dem zentralen der Toten und der Totenreise. Dahin treibt die negative Dialektik des Zerfalls von Zeit in stillstehende und reißende Zeit mit innerer Konsequenz. Denn die beiden Depravationsformen der Zeit sind darin identisch, daß sie als das doppelte caput mortuum sinnvoll erfahrener Zeit entseeltes, sich selbst entfremdetes Leben repräsentieren, die eine das des objektiven, die andere das des subjektiven Geistes, in Hegelschen Begriffen gesprochen. Daher taucht das Motiv der Toten sowohl in der Thematik der „endlosen Reise" wie in der des „Winters" auf und tauchen schließlich umgekehrt in der Thematik der Toten die Motive des „Winters" und der „endlosen Reise" miteinander verschränkt auf. Wie das Motiv des Winters das der Toten hervortreibt, zeigen: das plötzliche Auftauchen lebender Toter in der winterlichen Großstadtlandschaft von ‚Berlin III' (11,3—4); die ebenso plötzliche metaphorische Verwandlung des Ackerfelds in ein Leichenfeld in ‚Der Winter' (47,4); das plötzliche Erscheinen des Todes in Gestalt eines Schifferknechts in der Winterlandschaft, deren Darstellung das Gedicht ‚Die Heimat der Toten' einleitet (37,1—2); die Eröffnung des Zyklus ‚Schwarze Visionen' mit dem Wintermotiv in ‚Schwarze Visionen I' (65,4 *Winterzeit, Schneefall*) und der Auszug der Toten aus der Winterlandschaft der „großen Städte" in ‚Schwarze Visionen II' (65,5—66,2) u. a. m. Parallel dazu steht das Auftauchen des Motivs der Toten im thematischen Zusammenhang mit „endloser Reise", wie außer dem Gespenst des Holländers selbst und seiner toten Schiffer analoge Bilder zeigen:

Versunkne Schiffer hängen in den Zweigen.
Ihr langes Haar schwimmt auf der See wie Tang.　　(46,5 Gegen Norden)

Bei den *Toten* ich rief,
Im abgeschiedenen Ort,
Wo *die Begrabenen* wohnen . . .　　(88,3 Mit den fahrenden Schiffen)

Dann liegen weiß von Stürmen und von Jahren
Die Wogen ruhig auf dem grünen Strand,
Seefahrern gleich, die manche Fahrt gefahren
Und kommen wieder in der Heimat Land.
Und etwas tauchen aus der Flut, der matten,
Gesichter, wesenlos vom Totenreich ...   (175,3—4 An das Meer)

Und rund um die Winter, wo sie gefahren,
Trieben die Schiffe in brechendem Tanz.   (197 Heroische Landschaft)

Wir, *Tote*, sammeln uns zur *letzten Reise*
Durch Wüsten weit und Meer und Winterwind.   (77,1 Die Morgue)

Mit der Einsicht in den geschichtlichen Sinn der Motive des Winters und
der endlosen Reise ist die in den Sinn des zentralen Heymschen Motivs der
Toten bereits gegeben. Denn in diesem entfaltet sich nur zur letzten, radikalen Konsequenz, was in jenen angelegt war.

4. Die Totenreise

Das Todesmotiv — in den Motiven des Sterbens, der Leiche, der Toten,
des Totenzugs, des Totenreichs mannigfach abgewandelt und in entsprechend variierenden Teilmotiven, Bildern, Vergleichen und Metaphern stets
wiederkehrend — spielt in der Dichtung Heyms eine so bedeutende Rolle,
daß es schon daran als ihr zentrales zu erkennen ist. Inwieweit die dichterische Bildwelt Heyms eine „Mythologie" darstellt, was diese zu bedeuten
hat und wie sie zu beurteilen ist, muß sich deshalb vor allem in der Sinndeutung dieses Motivs entscheiden. Hierin aber haben die lebensphilosophisch-
irrationalistischen Interpretationen und die von ihnen provozierten soziologischen so versagt, daß sie seinen aus der immanenten Analyse der dichterischen Bilder und ihrer Funktion sich ergebenden Sinn in sein genaues
Gegenteil verkehrten, in eine Todesmystik und Totenmythik, durch die „der
Tod sinnvoll in die Weltordnung eingefügt wird"[80]; in eine „Allbeseelung,
die den Tod ins Leben hineinnahm", so daß in Heyms Toten das Leben „zu
einer dämonischen Macht zu gelangen" scheine, „die das wirkliche Leben zu
verschütten droht", „das Sterben als ein ... Sichverstrahlen ins All" erscheine[81]; oder dahin, daß für Heym der Tod „ähnlich wie für Rilke der Eingang in ein reineres Sein", eine „Befreiung" sei, die Todeswelt eine „Welt

---

80 Greulich l. c. S. 58.
81 Stuyver l. c. S. 40, 41, 215.

des Nur-Seins, über die die irdischen Dämonenschreckbilder keine Macht mehr haben"[82].

Einmal täuschen solche summarischen Sätze darüber hinweg, daß die Gestalt und mit ihr die Bedeutung, die das Motiv der Toten annimmt, in der Entwicklung der Bilder- und Formensprache Heyms von ‚Der Ewige Tag' zu ‚Umbra Vitae' und dem Nachlaßband sich wesentlich, und zwar zwangsläufig verändert. Seine endgültige, verbindliche Ausformung erhält es in den Gedichten ‚Die Morgue' (77 ff.) und ‚Die Wanderer' (189 f.), deren Sinngehalt Auslegungen vom Typus der zitierten völlig verfehlen, wie die Abwandlung des Baudelaireschen Todesmotivs „pour trouver du *nouveau*" in das „Was fanden wir . . .?" der Heymschen ·Toten der Morgue zeigte[83] und wie sich im folgenden an dem Gedicht ‚Die Wanderer' zeigen wird. Zum anderen verfehlen solche Deutungen aber auch den Sinn jener antikisierenden Motive und Bilder eines Totenreichs, die sich ausschließlich in ‚Der Ewige Tag' finden und auf die sie sich vorwiegend beziehen. Denn wenn hier Gedichte wie ‚Der Schläfer im Walde' (23 f.), ‚Der Tod der Liebenden' (55 f.) und besonders ‚Schwarze Visionen' (65—69) den Traum von Schönheit, Liebe, erfülltem Leben in einem imaginären unterweltlichen Reich sich verwirklichen lassen, so drücken sie damit fürs erste bildlich nur aus, daß ihm die Erfüllung im Bereich der realen Welt versagt ist. Es sind die von dieser Welt Ausgestoßenen — wie die Toten in ‚Schwarze Visionen II', die der Tod aus den „Toren" der großen Städte „scheucht" (65,5), und die Liebenden, denen Heimat „niemand gab" (55,6) — die auf der Suche nach einem Totenreich sind, das sich im Titel ‚Schwarze *Visionen*' und Untertitel ‚An eine *imaginäre* Geliebte' selber als ein imaginäres Traumreich kennzeichnet oder auch in ‚Der Schläfer im Walde' als solches angesprochen wird:

> Wie süß ist es, *zu träumen* nach den Leiden
> *Den Traum*, in Licht und Erde zu zerfallen,
> *Nichts mehr zu sein*, von allem abzuscheiden
> Und wie ein Hauch der Nacht *hinabzuwallen*,
>
> *Zum Reich der Schläfer. Zu den Hetairieen*
> *Der Toten* unten . . . .   (23,2—3)

Ferner stellt sich auch schon in ‚Der Ewige Tag' die erträumte „Heimat", die nach den Worten des Liebenden (55,6) nur der Tod gibt, als eine trügerische dar, wenn es etwa in ‚Die Heimat der Toten II' heißt:

---

82 Orbis litterarum l. c. S. 15.
83 s. o. S. 173.

Die Lider übereist, das Ohr verstopft
Vom Staub der Jahre, ruht ihr eure Zeit.
Nur manchmal ruft euch noch ein Traum, der klopft
Von fern an *eure tote Ewigkeit*,

In einem *Himmel*, der wie Schnee so fahl
Und von dem Zug der Jahre schon *versteint*.   (39,2—3)

Schließlich kündigt die mit einer Fülle typischer Jugendstilbilder erstellte Phantasmagorie eines Totenreichs der Schönheit in ,Der Ewige Tag' das Versinken der Jugendstilwelt in der Dichtung Heyms an[84]. Wie Gottfried Keller in dem Gedicht ,Winternacht' vom Geist der Romantik Abschied nahm, indem er ihn in Gestalt der Nix unter die Eisdecke bannte, so Heym mit der Versenkung der Lilienwälder und Sonnenstädte in die Unterwelt oder Meerestiefe vom Geist der Neuromantik.

Vom „sanften" Tod (55,6) und „sanften Reich" der Toten (66,7) ist in Heyms Dichtungen seit ,Umbra Vitae', in denen das Epitheton „sanft" fast nur noch sarkastisch gebraucht wird[85], nichts mehr zu finden außer vereinzelten Bildern einer „Ruhe" des Ausgelittenhabens im Sinne des ,Er ruht', das sich Heym als Grabschrift wünschte, wie z. B. in ,Die Messe':

Froh sind die Toten, die zur *Ruhe* kehren
Und strecken ihre weißen Hände aus ...   (133,2)

oder in ,Die Irren', wo das Bild dieser Ruhe das einer Wahnvorstellung ist:

Nicht mehr lange danach, daß wir Bäume werden,
Wie wir waren dereinst in dem früheren Sein,
Ruhig wie schlafende Träume auf dunkeler Erde,
Niemand fasset in unsere Adern hinein.   (182,6)

Die irrationalistischen Deutungen der Totenwelt Heyms glichen sie der des vorgeschichtlichen Mythos an, weil Leben und Tod in diesem „nicht wie Sein und Nicht-Sein, sondern wie gleichartige, homogene Teile ein und desselben Seins", durch keine scharfe Grenze voneinander geschieden erscheinen[86] und weil diese Grenze auch in Heyms Darstellung „lebender" Toter aufgehoben sei. Aber selbst in ,Der Ewige Tag' wird die imaginäre Traumwelt der Toten — die literarische Landschaft des sterbenden Jugendstils, die solche Deutungen wörtlich nahmen und allen Ernstes für die Anschauung eines Seelenwanderungsglaubens hielten[87] — aufs schärfste abgegrenzt gegen

---

84 s. o. S. 83 f., 98 f. und u. S. 305 ff.
85 s. u. S. 265 f.
86 Vgl. Ernst Cassirer, Philosophie der symbolischen Formen, Bd. 2, Das mythische Denken, Berlin 1925, S. 49, auch S. 97, 100, 199, ähnlich Karl Kerenyi, Die antike Religion, S. 226 u. 239.
87 cf. Stuyver l. c. S. 40 f. und 215 f.

das Leben und den Tod in der realen Welt, wird dem Traum vom „sanften"
Tod und „sanften Reich" der Toten kraß naturalistisch der kreatürliche Zer-
fall der Toten kontrastiert, wie in den oben zitierten Strophen aus ‚Die
Heimat der Toten' oder in ‚Der Schläfer im Walde':

> Er scheint zu lächeln in des Schädels Leere,
> Er schläft, ein Gott, den süßer Traum bezwang.
> *Die Würmer blähen sich in seiner Schwäre,*
> *Sie kriechen satt die rote Stirn entlang.* (23,6)

oder im ganzen einleitenden Gedicht der ‚Schwarzen Visionen' mit den
Schlußversen:

> Und es *erstickt* der Schneefall, dicke Flocke,
> *Was unten in den Gräbern weint und schreit.* (65,4)

In den Gedichten von ‚Umbra Vitae' und ‚Der Himmel Trauerspiel' ist der
Traum vom „sanften" Tod und „sanften" Totenreich zergangen, wird der
Bereich des Todes als unausdenkbarer aufs schroffste gegen den des Lebens
abgegrenzt:

> Wer stirbt, der setzt sich auf, sich zu erheben,
> Und eben hat er noch ein Wort gesprochen,
> *Auf einmal ist er fort. Wo ist sein Leben?*
> Und seine Augen sind wie Glas zerbrochen. (74,2 Umbra Vitae)

> Weh dem, der sterben sah. Er trägt für immer
> Die weiße Blume bleiernen Entsetzens.

> Wer schließt uns auf die Länder nach dem Tode,
> Und wer das Tor der ungeheuren Rune?
> *Was sehn die Sterbenden, daß sie so schrecklich*
> *Verkehren ihrer Augen blinde Weiße?* (186,2 Was kommt ihr ...)

An der Voraussetzung der real unaufhebbaren Grenze und Trennung von
Leben und Tod hat also auch die Betrachtung und Deutung der Bilder von
„lebenden" Toten in ‚Die Morgue' und ‚Die Wanderer' festzuhalten. Diese
Toten unterscheiden sich von denen der phantasmagorischen Unterwelt in
‚Der Ewige Tag' wesentlich dadurch, daß es für sie jene imaginäre „Heimat"
eines Totenreichs nicht mehr gibt, daß sie den Traum von ihr als Trug enthüllen. Sie repräsentieren kein Totenreich, sondern versinnbildlichen das
nie wiedergutzumachende Unrecht, das den Lebenden widerfährt, denen die
reale Welt keine „Heimat" gibt und die deshalb in diesen Dichtungen auch
als Tote keine „Heimat", keine „Ruhe" finden. Während die Toten in
‚Schwarze Visionen' von dem Götterboten und Seelenführer Hermes in ihre

unterweltliche Heimat hinabgestürzt werden (67,2), wo sie ein erhöhtes Leben erwartet, warten die der ‚Morgue' vergeblich auf „jemand" (78,7 *Oder — wird niemand kommen?*), „ihn" (79,6 *Was kommt er nicht?*), einen „Fürsten" (79,6 *Wo ist der Fürst . . .?*), den „Herrn" (81,3 *Was wartet noch der Herr?*), der ihnen auf ihrer „letzten Reise" (77,1) „voranwandert", sie in die gesuchte Totenheimat führt; haben sie kein Sein, kein Leben, sondern fragen sie unablässig, was sie „sein werden" (78,2–79,1), während „des Lebens Rest / Zerwittert und zerfällt in schwarzer Luft" (80,2); „ruhen" sie (79,5), ohne Ruhe zu finden, weder die einer unter- oder überweltlichen Heimat noch die puren Seins, verharren sie vielmehr in der Unruhe des Fragens ohne Antwort, des Suchens und Nichtfindens (81,2 *Was fanden wir im Glanz der Himmelsenden? / Ein leeres Nichts*). Die „letzte Reise", zu der sie sich hier „sammeln" (77,1), führt aus dem Leichenschauhaus der Großstadt, wo sie zur Identifizierung ausgestellt sind, aus der „Karawanserei" nicht heraus und wird in der Figur eines ewigen inneren Monologs als eine ohne Ziel und ohne Ende beschrieben. Im ungeheuerlichen Schlußbild vom „Markt der Toten" sind die Toten, die keine Heimat finden, zu keinem Sein kommen und ihre individuelle Identität verloren haben, das, wozu die Industriewelt der großen Städte die Lebenden machte: Ware.

Daß diese „lebenden", d. h. nicht zur Ruhe kommenden Toten nichts anderes sind als die letzte Gestalt, in der Heym den Selbstwiderspruch eines toten Lebens, die „toten Seelen" der in der realen Welt „Heimatlosen" versinnbildlicht, zeigt am deutlichsten das Gedicht ‚Die Wanderer'. In ihm schließen sich die betrachteten Grundmotive der „Entseelung", des „Winters" und der „endlosen Reise" so zusammen und verdichten sich zu dem der endlosen Totenreise, daß die Gedichte, die diese Motive relativ isoliert zum Thema hatten — ‚Hora Mortis', ‚Der Winter', ‚Der Fliegende Holländer' — gleichsam als seine Vorstufen oder Vorformungen erscheinen und ihre wesentlichen Bilder, Vergleiche und Metaphern, z. T. fast wörtlich, in extremer Ausprägung wiederkehren.

Die Wanderer

Endloser Zug, wie eine schwarze Mauer,
Die durch die Himmel läuft, durch Wüstenei
Der winterlichen Städte in der Trauer
Verschneiter Himmel und dem Einerlei

Der Riesenflächen, die sich fern verlieren
In endlos weißes Weiß am fernen Saum.
Die Stürme wehn, die wie durch Kammern führen,
Sie weitern Himmelsraum zu Himmelsraum.

Die Länder sind verödet, leer von Stimmen,
Vom Winter wie mit weißem Moos vereist.
Die Raben, die in grauen Höhen schwimmen,
Ziehn auf dem Zug, der endlos weiterreist.

Wie eine ungeheure schwarze Schlange
Ist durch die leeren Himmel er gespannt.
Er wälzt sich fort, wo fern im Untergange
Die rote Sonne dampft in trübem Brand.

Die Meilensteine fliegen auf den Wegen
Den Wandrern zu, vorbei ins Himmelsgrau,
Die wie Maschinen schnell sich fortbewegen,
Wie um die Winden läuft ein schwarzes Tau.

Das weiße Haar umtost von Winterwinden,
Ziehn sie hinab und ziehn. Der krumme Stumpf
Der Weiden, die von Lasten Schnees erblinden,
Begleitet sie mit bitterem Triumph.

Der Abend steht am Rand, die schwarze Fahne
Trägt seine Faust. Er senkt sie vor dem Zug.
Die Wandrer ziehn hinab zum Oceane
Der Nacht, zu dunkler Himmel bösem Flug,

Durch Gräber, Höhlen, zu den Riesentalen,
Wo weiß von Mitternacht die Meere gehn,
Und wie ein Stein ruht schwarz das Haupt der Qualen,
Die schnell wie Wolkenschatten drüber wehn.

Wer sind „die Wanderer", was für ein „Zug" ist das? – In diesem Gedicht hat sich das dichterische Bild, dem auch als real-gegenständlichem bei Heym von Anfang an eine metaphorische Bedeutung einwohnt, in solchem Grad zur absoluten Metapher verselbständigt, daß sich in seiner inneren Struktur das Verhältnis von Vergleichsgegenstand und Vergleichsbild umgekehrt hat, das Vergleichsbild als real-gegenständlich gesetzt und das Real-Gegenständliche zum Vergleichsbild herabgedrückt ist. Kein Zweifel, daß hier das von der Metapher überdeckte und aufgezehrte real Gegenständliche, obwohl es erst in der letzten Zeile des Gedichts in einem Vergleich benannt wird (*wie Wolkenschatten*), seiner Umschreibung nach ein Wolkenzug ist (I, wie eine schwarze Mauer, / Die *durch die Himmel* läuft; IV Wie eine ungeheure schwarze Schlange / Ist *durch die leeren Himmel* er gespannt. / Er *wälzt sich fort* ...)[88] und daß es keine Wetterwolken, sondern Rauchwolken sind; denn „die Himmel" sind „verschneit" (I), „grau" (III,V) und „leer" (IV) — der

---

[88] Ausnahmsweise seien die Strophen durch römische Ziffern bezeichnet.

Wolkenzug ist „schwarz" (I, nachdrücklich wiederholt in IV,V), wird mit Artefakten (I *Mauer*, V *Tau*) und mit einer „schwarzen Schlange" verglichen, die „durch" die leeren Himmel hindurch „gespannt" ist. Auch heißt es gleich zu Beginn, daß er durch „Wüstenei / Der winterlichen Städte . . ." läuft, und diese „Wüstenei" reiht sich den vorausgehenden „Himmeln" nicht additiv, sondern als Apposition an, die sie näher bestimmt, und zwar als die Himmel der Städte: „durch Wüstenei / Der winterlichen Städte in der Trauer / Verschneiter Himmel". Der schwarze Wolkenzug ist also der Zug von Rauchwolken, die aus den Städten, aus Fabrikschloten aufsteigen, und der Himmel, im verallgemeinernden Plural, ist der Himmel der Industrielandschaft. Schon in ‚Der Gott der Stadt' ist der Rauch von Fabrikschloten ein Wolkenzug:

> *Der Schlote Rauch, die Wolken der Fabrik*
> Ziehn auf zu ihm, wie Duft von Weihrauch blaut. (15,3)

Das Bild der aus Fabrikschloten „aufziehenden" schwarzen Rauchwolken ist nun aber zu dem eines Zuges von „Wanderern" geworden. Dem liegt der Vergleich von Wolken mit Wanderern, die metaphorische Rede von „wandernden" Wolken zugrunde. Diese besonders in der romantischen und nachromantischen Lyrik häufig begegnende Metapher war durch Geibels ‚Der Mai ist gekommen . . .' populär geworden:

> *Wie die Wolken dort wandern* am himmlischen Zelt,
> So steht auch mir der Sinn in die weite, weite Welt.[89]

In Heyms Gedicht setzt sich das Vergleichsbild an die Stelle des Vergleichsgegenstandes, und zwar so, daß von der Metapher, den „Wanderern", als von einer Realität gesprochen wird, während das Reale, die „Wolken", zugleich mitumschrieben wird, aber expressis verbis nur als beiläufiges Vergleichsbild für die Realität der Metapher vorkommt (VIII *wie Wolkenschatten*). Im Titel ‚Die Wanderer', dem sich allerdings auch sofort der Gedichteinsatz „Endloser Zug" assoziiert, ist diese Umkehrung schon vollzogen. Innerhalb des Gedichtes selber aber vollzieht sie sich erst in der fünften Strophe ausdrücklich, wo zum erstenmal das Wort „Wanderer" auftaucht, auf das nun sämtliche vorausgegangenen Bilder und Metaphern zu beziehen sind, die bis dahin auch Umschreibungen des nicht genannten Wolkenzugs sind. Jetzt hat die Metapher als Realität sich vom mitumschriebenen Vergleichsgegen-

---

89 Sind die „wandernden" Wolken bei Geibel eine romantische Metapher für die „freie Burschenlust" des Wanderns in die „schöne, weite Welt", haben sie sich aber bei Heym metaphorisch in einen endlosen Totenzug „durch Wüstenei" verwandelt, so liegt es nahe, an eine indirekte Travestie des Motivs und der Metapher des Wanderns bei Geibel durch das Gedicht Heyms zu denken, zumal sich in dessen Tagebüchern die Notiz findet: „Immanuel Jeibel, poeta. Dir müßte man noch den Schädel zertreten." (T 124)

stand losgelöst. Von der fünften Strophe an ist nur noch von den „Wanderern" als von Menschengestalten die Rede (V *sich fortbewegen*, VI *Das weiße Haar* usw.). Wer sind sie? Daraus, daß sie „durch die Himmel" ziehen, dem „Untergang" zu (IV), von „Raben" (d. h. Totenvögeln[90]) begleitet, und aus den folgenden Bildern und Metaphern geht hervor, daß es Totengeister sind: Wiederholt heißt es, sie „ziehn hinab" (VI, VII). Im „Hinab" ist die mythische Anschauung einer Unterwelt der Toten zum unbestimmten „Unten" von „Untergang", d. h. Tod verblaßt. Auch die Toten in ‚Die Morgue', für die es kein unterweltliches Reich mehr gibt, sagen: „Wir sind *herunter*. Seht, wir sind nun tot." (77,3) Und die Schlußstrophe beschreibt die „Riesentale", zu denen die Wanderer „hinab"ziehen, als einen unterweltähnlichen, aber unbenannt und unbestimmt bleibenden Bereich des Todes, des absoluten Grauens, ewig ruheloser Ruhe, nicht als eine unterweltliche „Heimat der Toten".

Das Bild des Totenzugs in Gestalt von Wolken oder Rauch hat überdies seine Vorformen und Parallelen in früheren Gedichten Heyms. Im engeren Sinne des Begriffs ist eine Vorform von ‚Die Wanderer' das Gedicht ‚Wolken' (34 f) in ‚Der ewige Tag'. Es spricht die Wolken als „der Toten Geister" an (Str. 1) und beschreibt in teils antikisierenden mythologischen, teils christlichen, teils kraß naturalistischen Bildern einen Totenzug. Von ihm schon heißt es wie von dem späteren in ‚Die Wanderer', der „sich fortwälzt" und „schnell fortbewegt":

> Wie sich in Windes Maul des Laubes Tanz
> Hindreht, wie Eulen auf dem schwarzen Flug,
> *So wälzt sich schnell der ungeheure Zug* ...   (34,6)

Und analog zur Schlußstrophe von ‚Die Wanderer' schließt das Gedicht:

> Es wurde Nacht, *da noch die Wolken gingen*
> Dem Orkus zu, den ungeheuren Grüften.   (35,4)

Hier werden die „ungeheuren Grüfte" noch die des „Orkus" genannt, während dort die „Riesentale", wo „das Haupt der Qualen" ruht, nur noch an ihn erinnern, ihm aber nicht gleichzusetzen sind, deshalb auch keinen mythologischen Namen haben. Das frühe Gedicht ist eine melodramatische Rhapsodie des Grauens, die nach Form und Gehalt bei weitem nicht an das spätere Gedicht heranreicht, aber insofern bemerkenswert, als es dem Totenzug die Gestalt eines Wolkenzugs verleiht. — In ‚Die Dampfer auf der Havel' (146) ist es die Rauchfahne eines Dampfers, die mit „der Toten Zug" verglichen wird. Indem das Gedicht (es hat den Untertitel ‚Wannsee') mit diesem Bild

---

90 s. o. S. 135.

schließt, läßt es die verschattete impressionistische sommerliche Seeland-schaft, die es malt, mit einem Schlag sich völlig verfremden:

> Im leeren Westen, der wie Mondlicht kalt,
> Bleibt noch *der Rauch,* wie matt und kaum bewegt
> *Der Toten Zug* in fahle Himmel wallt.

— Der Darstellung des Totenzugs in ,Die Wanderer' am nächsten kommt das Bild der beiden ersten Strophen von ,Schwarze Visionen II':

> Der großen Städte nächtliche Emporen
> Stehn rings am Rand, wie gelbe Brände weit.
> Und mit der Fackel scheucht aus ihren Toren
> Der Tod *die Toten* in die Dunkelheit.
>
> *Sie fahren aus wie großer Rauch* und schwirren
> Mit leisen Klagen durch das Distelfeld.
> Am Kreuzweg hocken sie zuhauf und irren
> Den Heimatlosen gleich in schwarzer Welt.   (65,5—6)

Hier nimmt der Vergleich des ausfahrenden Totenzugs mit „großem Rauch" im Keim das stoffliche Motiv von ,Die Wanderer' vorweg. Es sind bereits die „winterlichen" großen Städte (66,1 *kahler Baum,* 66,7 *Winterbaum*), deren Vergleich mit „gelben Bränden" sich auf den Feuerschein ihrer Fabri-ken bezieht, aus denen die Toten als Ausgestoßene („gescheucht", „Heimat-lose in schwarzer Welt") ausfahren. Dann biegt das Gedicht aber aus in die Beschreibung jenes „sanften Reichs" einer unterweltlichen Totenheimat, die es für die Toten Heyms seit ,Die Morgue' nicht mehr gibt. Genau dort, wo ,Schwarze Visionen' von dem Motiv abbiegt, nimmt es ,Die Wanderer' wieder auf.

Erst durch die Verschränkung der komplementären Grundmotive des „Winters" und der „endlosen Reise" und durch die Verflechtung beider mit dem Motiv der Totenreise, das ,Der ewige Tag' in ,Wolken', ,Die Heimat der Toten', ,Schwarze Visionen' usw. variiert, konnte das Bild des Toten-zugs in Gestalt des Wolkenzugs die Bedeutung entfalten und die strenge künstlerische Form erhalten, die es in ,Die Wanderer' gewann.

Die Winterlandschaft, deren Darstellung in den ersten drei Strophen die des „Zuges" überwiegt und mit dieser sich bis in die vorletzte Strophe hin-ein (VII *Der Abend . . .*) fortsetzt, hat einen metaphorisch noch allgemein-neren Charakter angenommen als die in ,Der Winter' (47) und den einer bestimmten, empirisch-gegenständlichen Landschaft abgestreift. Nur ver-sprengt tauchen Elemente einer solchen auf, wie *Raben* (III), *Sonne* (IV), *Meilensteine* (V), *Weiden* (VI), *Abend* (VII), und wo sie stehen, sind sie aus gegenständlichen Bildern zu Sinnbildern geworden. Die Steigerung ins abstraktiv Allgemeine kommt dadurch zustande, daß fast alles konkret Besondere in den Plural gesetzt ist (*Städte, Himmel, Riesenflächen, Stürme, Länder* usw.) und in diesem Rahmen auch der Singular von *Zug, Sonne, Abend* die Unbestimmtheit eines Hier und Überall, Jetzt und Jederzeit erhält; ferner durch gehäufte und sich wiederholende Überdimensionierungen, die jede empirisch-räumliche Abgrenzung und Gliederung aufheben (*endlos* in jeder der drei ersten Strophen, *Wüstenei, Einerlei, Riesenflächen, fern, weitern, leer, ungeheuer, Meilensteine fliegen* usw.). In ‚Der Winter' war die Physiognomie einer Naturlandschaft, von „ebenem Land", wie sehr sie sich auch schon in eine geschichtliche verwandelt hatte, noch gewahrt. Hier ist sie ausgelöscht, in metaphorisch versetzte Reststücke aufgelöst und von einer Winterlandschaft aufgesogen, die eine einzige universelle Metapher ist für tödliche Leere, Monotonie und Erstarrung, für das Absterben des Lebens in einer zur Fabrikwelt gewordenen Welt, deren Sinnbild „der" Zug der Rauchwolken durch „die" Städte, Länder und Himmel ist. Die Bilder, die in den ersten drei Strophen diese „Landschaft" erstellen, erweisen sich nicht nur durch die Pluralformen und Überdimensionierungen als Metaphern, die „Allgemeines" ausdrücken, sondern auch durch ihren gleichartigen Affektcharakter des Grauens vor unendlicher „Leere" (III, IV). Dessen Ausdruck geht in der sprachlichen Darstellung jedem Bild voraus, wird ihm vorweg aufgeprägt: „*Wüstenei* der winterlichen Städte", „*Trauer* verschneiter Himmel", „*Einerlei* der Riesenflächen", „*endlos weißes* Weiß" usw. Dem Bild der „winterlichen Städte" ist er sogar doppelt aufgeprägt, durch „Wüstenei" und „Trauer", ebenso dem der „Riesenflächen" durch „Einerlei" und „endlos weiß". In all diesen Metaphern vergegenwärtigt das Naturbild „Winter" nicht mehr Natur, sondern denaturierte Natur: verödetes, abgestorbenes menschliches Leben. So legt es sich auch selbst aus in den Versen des „Endzeit"-Gedichts ‚Auf einmal kommt ein großes Sterben':

> Die Menschen aber, die vergessen werden,
> Hat Winter weit zerstreut in kahler Fläche
> Und bläst sie flüchtig über dunkle Erden. (192,5)

Sie ergänzen und erläutern die beiden aus ‚Die Wanderer':

> Die Länder sind verödet, leer von Stimmen,
> Vom Winter wie mit weißem Moos vereist.

Beidemal ist „Winter" Metapher für den geschichtlichen Zustand der Menschheit (*die Menschen, dunkle Erden, die Länder*), nicht bloß Naturbild.

Die schon in ,Der Winter' durch die Winterlandschaft repräsentierte Welt
ist mit der Steigerung ihres metaphorischen Charakters in ,Die Wanderer'
zu einer ausweglos geschlossenen geworden. Bezeichnend dafür ist die beiden gemeinsame und zugleich verschiedene „Sonne" als Sinnbild des „himmlischen Feuers", des „Enthusiasmus". Schon der Stellenwechsel des Bildes
ist aufschlußreich. In dem früheren Gedicht stand es am Schluß und drückte
dort die Hoffnung, den Willen oder die Möglichkeit aus, daß der Bann des
Weltwinters gebrochen werde:

> Der Sonne Atem dampft am Firmament,
> Davon das Eis, das in den Lachen steht,
> Hinab die Straße rot wie Feuer brennt.

Jetzt steht es genau in der Mitte des Gedichts, aber untergeordnet, in einem
Nebensatz, neben sämtlichen vorausgehenden und folgenden Bildern des
Grauens, und hat sich so verändert:

> . . . . , wo fern im Untergange
> Die rote Sonne dampft in trübem Brand.

Erhalten hat sich die verbale Metapher „dampft", die in Verbindung mit
„Atem" einen vitalistischen Sinn hatte, die Sonne zu einem riesigen Lebewesen (Sonnen-Stier) machte, jetzt aber in Verbindung mit „trübem Brand"
erlöschendes, erstickendes Leben versinnbildlicht. Während dort vom „damp-
fenden" Atem der Sonne das Eis „hinab die Straße rot wie Feuer brennt",
die Winterwelt metaphorisch in Brand gesetzt wird, erlischt hier die „dampfende" Sonne „fern im Untergange". Erhalten hat sich außerdem die Farbmetapher „rot". Aber das brennende „Rot" des Sonnenfeuers, das dort im
Gegensatz zu dem „trüben", mit dem Glanz von Bettleraugen verglichenen „Rot der Vogelbeere" stand, ist hier selber eines in „trübem" Brand.
Was das Bild der Sonne von seinem ursprünglichen Sinn bewahrt und was
es davon verloren hat, zeigt am deutlichsten, wie das Motiv des Winters in
,Die Wanderer' weiterentfaltet, zum Extrem getrieben ist.

Genauso steht es mit dem Motiv der „endlosen Reise". Es ist mit dem des
Totenzugs aus ,Der Ewige Tag' verschmolzen und zum Motiv der endlosen
Totenreise radikalisiert. Dahin treibt notwendig sowohl die Sinnverwandt-
schaft beider Motive als auch das Halbe und Vorläufige, das ihnen anhaf-
tete. Sinnverwandt sind sie darin, daß die in der realen Welt ewig ruhelos
Umhergetriebenen, die Seefahrer Heyms, ebenso auf der Suche nach einer
„Heimat" sind wie die Toten der Totenzüge in ,Wolken', ,Die Heimat der
Toten' und ,Schwarze Visionen' und daß beide eine „Heimat" suchen, weil
sie in der „Winterwelt" heimatlos, sich von ihr Losreißende oder Ausgesto-

ßene sind. Und das Halbe, Vorläufige beider Motive liegt darin, daß mit der vorentschiedenen Unauffindbarkeit einer „Heimat"[91] das idealistische Motiv des Reisens überhaupt als Suchens, der Heroismus der heroisch Einsamen als ewig Umhergetriebener, „Entseelter", wie in ‚Der Fliegende Holländer', seinen Sinn verloren hat und daß andrerseits — entsprechend jener Unauffindbarkeit einer „Heimat" und dem paradoxen Festhalten am Motiv der Reise überhaupt — in ‚Der Ewige Tag' die gesuchte „Heimat" in eine andere, außerirdische Welt, ein phantasmagorisches unterweltliches Totenreich verlegt wird, in das die Totenzüge reisen. Dies Halbe, Vorläufige beider Motive treibt sie über sich hinaus und ihr innerer Zusammenhang zum Zusammenschluß, weil sich einerseits die ewig Umhergetriebenen als „Entseelte", d. h. Tote erweisen (wie das Gespenst des Fliegenden Holländers) und weil sich andrerseits die imaginäre „Heimat der Toten" als trügerische Fiktion enthüllt. Deshalb sind in ‚Die Wanderer' die auf der Suche nach einer unauffindbaren Heimat ewig Umhergetriebenen und „Entseelten" zu Toten und die Toten, die keine unterweltliche Totenheimat mehr erwartet, zu ewig umhergetriebenen „Wanderern" geworden.

Der Totenzug in Gestalt eines Zuges von „Wolken der Fabrik" hat nichts mehr mit einem mythologischen im Sinne des antiken Mythos gemein wie z. T. noch seine Vorformen in ‚Der Ewige Tag' (*Bote, Kahn, Unterwelt* usw.), ist vielmehr ein Bild dafür, daß die im Leben, in der realen Welt „Heimatlosen" als „Entseelte" Toten gleichzusetzen sind und die Heimat, die ihnen „niemand gab" (55,6) auch im Tod nicht finden, ins Bild übersetzt: auch als Tote keine Ruhe finden, „Wanderer" auf einer endlosen Reise ohne Ziel bleiben. Was in ‚Schwarze Visionen' Eröffnungsmotiv war für die Darstellung der unterweltlichen Totenheimat, das Bild des „wie großer Rauch" aus den winterlichen Städten ausfahrenden Totenzugs, ist nun das Hauptmotiv, und was dort thematisch im Mittelpunkt stand, fällt ganz weg, denn der unbestimmte, in den Bildern und Metaphern der Schlußstrophe beschworene Bereich des Todes ist das Gegenteil einer „Heimat" der Toten, die Totenreise findet auch dort kein Ende. In der Darstellung der Toten als „Wanderer" aber kehren dieselben Bilder, Metaphern und Oxymora oder jenen bedeutungsgleiche wieder, die in ‚Hora Mortis' und ‚Der Fliegende Holländer' die „Entseelung" der Lebenden ausdrückten. Aus ‚Hora Mortis': „die Trauer der endlosen Horizonte" in der „Trauer verschneiter Himmel"; der „Baum", der „sich wand unter Schmerz", und die „Weiden" in „Der krumme Stumpf der Weiden, die von Lasten Schnees erblinden"; die „Schatten schwarzer Störche ... im Wolkenland, im Finstren" und der „traurige

---

91 s. o. S. 179.

Flug" in den „Raben, die in grauen Höhen schwimmen," und in „dunkler Himmel bösem Flug"; und vor allem die „blutleere Seele, die Lethe durch Höhlen voll Kummer trug" im Hinabziehen der Toten „durch Gräber, Höhlen, zu den Riesentalen", wo „das Haupt der Qualen" ruht. Aus ‚Der Fliegende Holländer' kehren wieder: „Der Wasser Dunkelheit, die meilenlos" in den „Meilensteinen", die „vorbei ins Himmelsgrau" fliegen, und im „Ocean der Nacht"; die „Toten u h r, die ruhlos klopft" im Vergleich der „Wanderer" mit „Maschinen", die „schnell sich fortbewegen"; des Holländers „weißes Haar, das Wintersturmwind fegt," fast wörtlich in „Das weiße Haar umtost von Winterwinden"; der Vergleich der „verdorrten" Schiffer mit Pflanzen (Hände = lange Wurzeln) als Sinnbild des abgestorbenen Lebens im umgekehrten Vergleich der „Weiden" mit „Erblindenden" — beide „begleiten": die „verdorrten" Schiffer den Holländer, die „erblindenden" Weiden die „Wanderer", und beide „triumphieren": jene über den Holländer, dessen „Ruf" sie „nimmermehr hören" und der doch an sie gebunden bleibt, diese über die „Wanderer"; und das „Gesicht" des Holländers wird mit denselben Oxymora oder ihnen sinnverwandten beschrieben wie das abstrakt metaphorische „Haupt der Qualen", zu dem und über das hinweg die „Wanderer" ziehen: jenes ist wie „Stein" (der Schläfen Stein), „mit Leere übereist" und zugleich von „Feuer durchreist", vom „trüben Staub" der Zeit „umflackert" — dieses ruht „wie ein Stein" und ist zugleich ein Haupt „der Qualen, Die schnell wie Wolkenschatten drüber wehn." In ‚Die Wanderer' sind jedoch die „entseelten" Heimatlosen keine individuellen Subjekte mehr, keine heroisch einsamen Einzelnen wie in ‚Der Fliegende Holländer' und keine „Wir"-Gruppe vereinsamter Einzelner wie in ‚Hora Mortis', sondern ein völlig anonymes, allgemeines Kollektivsubjekt depersonalisierter Subjekte, in welchem auch nicht mehr wie in den Totenzügen von ‚Wolken', ‚Die Heimat der Toten' und auch noch ‚Die Morgue' einzelne Gruppen oder Gestalten unterschieden werden (Ertrunkene, Ungeborner Leichen, Gehenkte, Kinder usw. in ‚Wolken'; ein altes totes Weib, ein Kinderleichnam, ein paar Geköpfte in ‚Die Heimat der Toten'; verschiedene Gruppen von Gestorbenen oder Selbstmördern in ‚Die Morgue' 77,6; 78,1 und 2; 79,2 und 3). Wie das Gedicht darauf abzielt, den Totenzug als anonymes Kollektiv nicht zu unterscheidender entseelter Subjekte darzustellen, zeigt sich darin, daß in den ersten vier Strophen nur von dem „Zug" die Rede ist, der auch ein Rauchwolkenzug sein kann, wenn man den Titel ‚Die Wanderer' nur metaphorisch und nicht sofort als absolute, real gesetzte Metapher nimmt, und daß — vom Titel und vorgreifenden Metaphern wie „weiterreisen", „sich fortwälzen" abgesehen — erst in der fünften Strophe der „Zug" sich als ein Zug von „Wanderern" darstellt, die hier in Verbindung mit dem Bild der ihnen zufliegenden Meilensteine zwar metaphorisch schon Menschengestalt annehmen, aber erst in der sechsten Strophe mit dem Bild „Das weiße Haar umtost von Winterwinden" eindeutig als tote Menschenwesen, Totengeister bezeichnet, aber nicht näher beschrieben, nicht charakterisiert werden, denn das allen gemeinsame „weiße Haar" ist wie das des Fliegenden Holländers ein metaphorisches Bild, das Grauen ausdrückt, eine „Winter"-Metapher. Es bleibt das einzige, das diese Toten als Menschengestalten konturiert, aber nur andeutungsweise und alle wie einen. Sonst ist von ihnen nur als „Zug" und „Wanderern" die Rede. Selbst der Ausdruck „Tote" ist vermieden.

Hauptgegenstand der Darstellung ist die B e w e g u n g des Totenzugs. In den zahlreichen Bildern, Metaphern und Vergleichen, die sie stets aufs neue beschreiben und umschreiben, kehrt dieselbe negative Dialektik von reißender und stillstehender Zeit, von ewiger Ruhelosigkeit und toter Ruhe wieder, die in ‚Der Winter' durch die Paradoxie von Ruhendem, das sich bewegt, durch das Bild der wie Wanderer „sich antreffenden" und „weiterziehenden" Chausseen veranschaulicht wurde und in ‚Der Fliegende Holländer' durch eine „fliegende" Fahrt, die sich als Bewegung im Stillstand erwies, sowie durch Oxymora, die Starres und Bewegtes in ein Bild zusammenzwangen. In ‚Die Wanderer' ist diese Paradoxie schon mit dem doppelsinnigen Wort „Zug" gesetzt, das sowohl die Bewegung, das Ziehen bezeichnen kann (vgl. etwa den Zug einer Wolke) als auch das Bewegte, das Ziehende, das sich bewegen kann, aber nicht muß (Eisenbahnzug, Gebirgszug). Ein Rauchwolkenzug kann unbewegt erscheinen, obwohl er in sich bewegt ist, und das Wort kann sowohl das Ziehen wie die Form, das Gebilde der Rauchwolken (vgl. Rauchfahne, Rauchpilz) bezeichnen. Obgleich in dem Gedicht die Toten als „Wanderer" ruhelos, in unaufhörlicher, aufs äußerste gesteigerter Bewegung sind, wie die sich häufenden, wiederholenden, abwandelnden und steigernden Verben der Bewegung sie ausdrücken (laufen, ziehen, weiterreisen, sich fortwälzen, fliegen, schnell sich fortbewegen, schnell drüber wehn usw.), wird diese Bewegung in einer Reihe von Bildern, Metaphern und Vergleichen zugleich als Stillstand beschrieben.

Im Gedichteinsatz „Endloser Zug" hat „Zug" die Bedeutung von Gebilde, nicht von Bewegung, denn der Zug wird mit Unbewegtem, ja äußerst Starrem, einer „schwarzen Mauer" verglichen, das Vergleichsbild von Unbewegtem aber sofort selbst wieder durch die verbale Metapher „läuft" mit Bewegtem. In der dritten Strophe heißt es von diesem mit einer „Mauer" verglichenen „endlosen" Zug, daß er „endlos weiterreist". Was vorher unbewegt erschien, ein Gebilde (Mauer) war, das als „endloses" auch nicht bewegt erscheinen kann, da Bewegung im Raum nur im Vergleich endlicher

Raumgrößen wahrnehmbar und meßbar ist, figuriert nun als Endliches im Verhältnis zu anderem Endlichen, als Bewegtes, das „weiterreist", also von einer Stelle im Raum zur nächsten usw. Der paradoxe Gegensatz von „endlosem Zug" und „endlosem Ziehen" (*Weiterreisen*) wiederholt sich in den Bildern und Vergleichen der vierten Strophe: Wiederum ist der Zug zunächst ein endloser und unbewegter, wie eine „ungeheure" Schlange durch „die" Himmel „gespannt", und dann ein endlicher, bewegter: „Er wälzt sich fort..." In den Metaphern und Vergleichen der fünften Strophe spielt sich dasselbe im umgekehrten Sinne ab, sie verwandeln Bewegtes in Unbewegtes und treiben dabei die Paradoxie so weit, daß die äußerste Bewegung als Stillstand und Starre erscheint: Wie an dem im Schnellzug sich selber nicht bewegenden, aber sich fortbewegenden Reisenden die ruhenden Gegenstände außerhalb des Zugs vorüberzufliegen scheinen, so „fliegen" die „Meilensteine" den Wanderern „zu" und „vorbei". Da aber diese Meilensteine kein gegenständliches, sondern ein aus jedem empirisch räumlichen Zusammenhang herausgelöstes, metaphorisches Bild sind— denn die Wanderer ziehen in einem leeren Raum, „durch die leeren Himmel", und die Meilensteine fliegen „ins Himmelsgrau" — ist die Bewegung als Verhältnis von Dingen im leeren Raum völlig relativiert, so daß Bewegung Stillstand und Stillstand Bewegung nicht nur, wie im Falle des Reisenden im Schnellzug, scheinen, sondern *sein* kann. Die völlige Relativierung von Bewegung in den Vergleichen und Metaphern, die das Ziehen des Zugs beschreiben, zeigt sich ferner im Bild der „Weiden" (VI), die sich wie die „Meilensteine" bewegen, aber in entgegengesetzter Richtung: sie fliegen den Wanderern nicht entgegen (*zu, vorüber*), sondern mit ihnen, „begleiten" sie. Als eine Bewegung im Stillstand aber stellt sich das Ziehen des Zuges in den Vergleichen der „schnell sich fortbewegenden" Wanderer mit „Maschinen" und einem „um die Winden" laufenden „Tau" dar (V), denn sowohl Maschinen wie ein um Winden laufendes Tau bewegen sich, bleiben aber an Ort und Stelle. Der Darstellung des Totenzugs in Gestalt eines Rauchwolkenzugs als Sinnbild der Industrielandschaft und der Entseelung des Menschen in der Welt der „winterlichen Städte" entsprechend, ist es Technisches, was als Vergleichsbild für den Zug und das Ziehen der Wanderer dient: *schwarze Mauer*, *Meilensteine* (vgl. a. die *Chausseen* in ‚Der Winter'), *Maschinen*, *Winden*, *schwarzes Tau*. Das Vergleichsbild der „ungeheuren schwarzen Schlange", die jedoch ebenfalls starr, „gespannt" erscheint, ist eine dämonisierende Tiermetapher, die den Vergleichsbildern aus dem Bereich des Technischen den Charakter des Bedrohlichen, Ungeheuerlichen verleiht, wie die Analogien „schwarze Mauer", „schwarze Schlange", „schwarzes Tau" verdeutlichen. Die den industriellen Arbeitsprozeß charakterisierende Monotonie einer endlosen Bewegung, in der ständig dieselben Arbeitsphasen und -produkte wiederkehren, widerspiegelt sich in der Monotonie des „Ziehens" der „Wanderer" als Fabrikwolken, das eine sich gleichbleibende Bewegung ohne Ziel und ohne Ende ist und deshalb als ein Verharren an Ort und Stelle, als Bewegung im Stillstand verbildlicht wird. Als solche stellt sie sich auch in den die Imagination übersteigenden Bildern und Metaphern der Schlußstrophe dar, die den Bereich des Todes als einen des absoluten Schrekkens beschwören: „Riesentale" (analog zu „Riesenflächen" in II), wo „weiß von Mitternacht", d. h. grauenhaft (vgl. II *endlos weißes Weiß* und VI *Das weiße Haar . . .*), „die Meere gehn", d. h. unaufhörlich ungeheure ziellose Bewegung herrscht. Das „Haupt der Qualen", das in dieser Bewegung „wie ein Stein ruht", steinern und „schwarz" wie der eingangs mit einer „schwarzen Mauer" verglichene Zug der „Wanderer", ist eine zu höchster Allgemeinheit, zur Formel gesteigerte Metapher, die die Qual des Selbstwiderspruchs eines in der realen Welt toten, „entseelten" Lebens durch die Qual eines im Tode nicht zur Ruhe kommenden Lebens verbildlicht, denn „Qual" ist Regung von Leben. Mit einer dem „Haupt der Qualen" sinnverwandten und zu gleicher Allgemeinheit gesteigerten Metapher schließt das Gedicht ,Die Stadt der Qual', indem es die Stadt einer „Endzeit" von sich sagen läßt: „Ich bin der Leib voll ausgehöhlter Qual." (94,2) Daß die „Wanderer" in diesen „Riesentalen", in den Schreckenstiefen dieser „Meere" keine „Heimat" finden und „weiterreisen" (III), „schnell sich fortbewegen" (V), sagt ausdrücklich noch die Schlußzeile, denn die „Qualen", die „schnell wie Wolkenschatten" über das „Haupt" wehen, sind dessen metaphorischer Bedeutung nach die ruhelosen Toten, die „heimatlosen Schatten" der „toten Seelen", als die sie das Gedicht ,Was kommt ihr, weiße Falter, . . .' anspricht.

Monotonie, Entseelung und Grauen einer „Winter"-Welt, deren Sinnbild der in einen Totenzug verwandelte Rauchwolkenzug ist, kommen nicht nur in dessen bildhafter und metaphorischer Darstellung, sondern auch in der Sprachgebung, im Wortbestand, in Wortkonstellationen, Sprachformen und Sprachfiguren, im Klanglichen und im syntaktisch-rhythmischen Gefüge zum Ausdruck. Die Sprache ahmt die Monotonie, das entseelte und entseelende „Einerlei" (I) einer verödeten, dem Menschen entfremdeten Welt nach. Monotone Wiederkehr des Gleichen wird zum Stilmittel und Stilprinzip der sprachlichen Gestaltung.

Am augenfälligsten zeigt sich das in der bedeutenden Rolle, im Ausdruckscharakter und in der kompositorischen Funktion der Farbworte. In jeder Strophe des Gedichts kommt mindestens eine ausdrückliche Farbbezeichnung vor; in vier von insgesamt acht Strophen finden sich jeweils zwei; in sämtlichen Strophen werden außerdem durch bestimmte Bilder Farben evoziert (in I *grau* durch *verschneit*, in III *schwarz* durch *Raben*, in IV *grau* durch *trüb*, in V *weiß* durch *Meilensteine*, in VI *weiß* durch *Schnee*, in VII *schwarz* durch *Nacht* und *dunkel*, in VIII *schwarz* durch *Gräber, Höhlen, Mitternacht, Wolkenschatten*). Daß diese Farbworte primär eine Ausdrucksfunktion haben und nur sekundär der Wiedergabe dinglich-gegenständlicher Farbqualitäten dienen, d. h. daß sie nicht bloße Farbbezeichnungen, sondern Farbmetaphern sind, geht schon aus dem metaphorischen Gesamtcharakter des Dargestellten, sowohl der „Winterlandschaft" wie des „Zugs" hervor, insbesondere daraus, daß sie überwiegend in Vergleichsbildern oder Metaphern auftauchen, wie *schwarze Mauer, schwarze Schlange, schwarzes Tau, weißes Moos, das weiße Haar, die schwarze Fahne, weiß von Mitternacht, schwarz das Haupt der Qualen*, ferner aus Wortverbindungen wie den beiden letzten, in denen sich die Farbbezeichnung gar nicht mehr auf real Gegenständliches bezieht. Exemplarisch greifbar ist der dem Farbwort aufgeprägte Affektcharakter, der es zur expressiven Farbmetapher macht, gleich zu Anfang im „endlos weißen Weiß", der letzten, kaum noch realisierbaren Steigerung aller vorausgehenden Bilder der Monotonie, des „Einerleis" der Riesenflächen, die sich in dieses Weiß „fern verlieren". Als „endlos weißes" hat „Weiß" ausdrücklich den affektiven Charakter des Unerträglichen, und zwar doppelt: durch „endlos" und durch den absichtlichen Pleonasmus „weißes Weiß", der sprachlich den Schwindel nachvollzieht, der den Sehsinn befällt, wenn in einer überintensiven Farbwahrnehmung die Farbe nicht mehr wahrgenommen werden kann, sich gleichsam selbst erschlägt (vgl. a. das „rote Rot", o. S. 44). Die Farbmetaphern *schwarz, weiß* und *grau* lassen zwar noch die Möglichkeit von Wechsel und Kontrast zu: *schwarze Mauer — verschneite Himmel, endlos weißes Weiß; weißes Moos — Raben — graue Höhen; schwarze Schlange — leere (graue) Himmel; Himmelsgrau — schwarzes Tau; weißes Haar, Schnee* (VI) *— schwarze Fahne, Nacht, dunkler Himmel* (VII); *weiß von Mitternacht — schwarz das Haupt der Qualen* (VIII). Aber der äußerste Kontrast von Schwarz und Weiß als gegenständlicher Farbbezeichnungen wird durch den Ausdruckscharakter, den hier beide annehmen, so gut wie aufgehoben oder reduziert sich auf den Unterschied, daß „schwarz" vorwiegend Totes und Entseeltes (Totenzug = *schwarze Mauer, schwarze Schlange* usw., *schwarz das Haupt der Qualen*) oder den Tod bedeutet (*Raben, schwarze Fahne*) und „weiß" vorwiegend das Grauen und den Schrecken vor Entseelung (*endlos weißes Weiß, das weiße Haar*). Selbst dieser Unterschied zergeht in den Bildern der Schlußstrophe, wo in den bedeutungsgleichen Metaphern „weiß von Mitternacht" und „schwarz das Haupt der Qualen" Weiß und Schwarz im identischen Ausdruckscharakter des Schrecklichen konvergieren.

Die Ausdrucksfunktion der in dem Gedicht vorkommenden Farbworte ist aber auch aus deren Art und Zahl zu erkennen. Mit der einzigen und wohlbegründeten Ausnahme der „roten" Sonne, deren Rot durch die Verbindung mit „trübem Brand" zu einem trüben Rot wird, handelt es sich bei den Farben, die genannt oder evoziert werden, um uneigentliche Farben, um Schwarz, Weiß und Grau, in denen die Farben des Spektrums, die eigentlichen, erloschen sind. Sie werden insgesamt dreiundzwanzigmal genannt oder evoziert: „schwarz" zwölfmal (fünfmal genannt, siebenmal evoziert, s. o.), „weiß" siebenmal (ebenfalls fünfmal genannt, zweimal evoziert, s. o.), „grau" viermal (zweimal genannt, zweimal evoziert, s. o.). Die Überfülle von Farben, die keine sind, drückt Leben aus, das keins mehr ist: Verödung, Erstarrung, „Einerlei", „Leere", Grauen und Tod. Das bloße Zahlenverhältnis der toten und stumpfen Farben zu der lebendigsten, dem einzigen Rot, das genau in der Mitte des Gedichts als ein „trüb" erlöschendes erscheint, ist der abgekürzte Ausdruck all dessen, was aus den Bildern, Metaphern und Vergleichen des Gedichts zu erschließen war.

Was das Gedicht ‚Die Stadt' (104)[92] als das Wesen der großen Städte beschrieben hatte: das „Einerlei" eines „ewig dumpfen Seins", d. h. die Austauschbarkeit von allem mit allem, und der „blinde Wechsel", d. h. die sinnlose Wiederkehr des immer Gleichen, und was in ‚Die Wanderer' als „Wüstenei der winterlichen Städte" und „Einerlei der Riesenflächen" metaphorisch wiedererscheint, ahmt hier der sprachliche Ausdruck weiterhin in den Pluralformen nach, die alle Phänomene (*Himmel, Länder, Meere*), technisch gesprochen, ins Unendliche „vervielfältigen", d. h. als massenhaft gleichartige erscheinen lassen, ferner in der ständigen Wiederholung bestimmter Worte, Laute und Sprachfiguren:

Die Eintönigkeit, Einförmigkeit und Endlosigkeit des „Zugs" und des „Ziehens" der Wanderer wird nicht nur in Bildern und Metaphern beschrieben, sondern nimmt sprachlich Gestalt an in der mehrfachen, obstinaten Wiederholung beider Worte: „Ziehn auf dem Zug" (III), „Ziehn sie hinab und ziehn" (VI), „Er senkt sie vor dem Zug. Die Wandrer ziehn hinab ..." (VII) und in der zusätzlichen, meist gleichzeitigen Umschreibung von „ziehn" durch *laufen, weiterreisen, sich fortwälzen, sich fortbewegen* usw. Parallel dazu wird durch die Wiederholung des Wortes „Himmel" (im Plural) in fast jeder Strophe (I *durch die Himmel*, II *Himmelsraum zu Himmelsraum*, III indirekt: *in grauen Höhen*, IV *durch die leeren Himmel*, V *ins Himmelsgrau*, VII *zu dunkler Himmel bösem Flug*, VIII indirekt: *Wolkenschatten*) eine monotone Flucht von Himmeln evoziert: die unendliche Leere und leere

---

92 s. o. S. 57 f.

Unendlichkeit, durch die der endlose Zug der „Wanderer" unaufhörlich
zieht. Dieselbe Ausdrucksfunktion haben die Wiederholungen von *endlos*
(I, II, III), *fern* (II, IV), *leer* (III, IV), *schnell* (V, VIII), *laufen* (I, V), *wehn*
(II, VIII) und der Parallelismus bestimmter Wortbildungen und Sprachfiguren wie *Riesenflächen* (II) — *Riesentale* (VIII); *schwarze Mauer —
schwarze Schlange — schwarzes Tau; wie Maschinen schnell — schnell wie
Wolkenschatten; durch die Himmel* (I), *durch Kammern* (II), *durch die
leeren Himmel* (IV), *durch Gräber, Höhlen* (VIII). Hinzukommt klanglich
die auffallend häufige Wiederkehr des W (von *Wanderer* und *Wolken*),
meist im Anlaut:

I wie, schwarz, Wüstenei, winterlich
II weißes Weiß, wehn, wie, weitern
III Winter, wie, weiß, schwimmen, weiterreisen
IV Wie, schwarz, wälzt
V Wegen, Wanderer, wie, fortbewegen, wie, Winden, schwarz
VI weiß, Winterwinden, Weiden
VII schwarz, Wanderer
VIII Wo, weiß, wie, schwarz, Qualen, Wolkenschatten, wehn

Das Wesen der durch den Totenzug und den Winter versinnbildlichten
Menschenwelt: Monotonie, Wiederkehr des Gleichen, Bewegung im Stillstand ahmt das Gedicht sprachlich auch in seinem syntaktisch-rhythmischen
Gefüge nach. Daß Heym konventionelle metrische und strophische Schemata
häufig auflockert, zertrümmert oder umfunktioniert[93] und dennoch stets
wieder auf den Vierzeiler mit fünfhebigen jambischen Versen zurückgreift,
erklärt sich nicht, wie Herwarth Walden meinte, aus einer „Unfähigkeit,
rhythmisch zu gestalten"[94]. Nach Waldens Wortkunsttheorie soll der Lyriker ein „Erlebnis", „etwas Geborenes, etwas Ursprüngliches" gestalten und
ihm auch rhythmisch einen erlebnishaft unmittelbaren, ursprünglichen Ausdruck verleihen, statt sich konventionell vorgegebener metrischer Schemata
zu bedienen. Die Voraussetzung dieser scheinbar so revolutionären Theorie

---

93 So in ‚Halber Schlaf' (105), ‚Die neuen Häuser' (112), ‚Alle Landschaften haben' (84),
‚Mit den fahrenden Schiffen' (88 f.), ‚Spitzköpfig kommt er...' (87), ‚Simson' (115),
‚Meine Seele' (122), ‚Deine Wimpern, die langen...' (123 f.), ‚Die Nebelstädte' (125),
‚Der Baum' (132), ‚Lichter gehen jetzt die Tage' (150) u. a.
94 Herwarth Walden, ‚Bab, der Lyriksucher', in: Der Sturm, 3. Jg., Berlin 1912, S. 126. —
Heym war sich des Klischeecharakters der Jamben durchaus bewußt und dachte selbst
daran, diesen Formzwang zu durchbrechen: „Der Jambus ist eine Lüge. Mindestens
eine lateinische Form, ‚Durchsichtiges, vierkantiges' ist eine Kette am Gedanken. In
einer großen Curve bin ich dahin zurückgekehrt, wo ich einst ausging, wie jemand,
der in den Windungen einer Bergstraße geht, und plötzlich an derselben Stelle des
Berges steht, nur eben um einen weiten Abhang höher. / Der gezwungene Reim ist
eine Gotteslästerung, ich bin wieder bei meinen allerersten Gedichten..." (T 166,
27. 9. 1911).

ist jedoch selber eine konventionelle: ein romantisch individualistischer Erlebnisbegriff und die ihm entsprechende Auffassung vom Wesen des Lyrischen, die es auf den Charakter von Erlebnislyrik festlegt. Unter dieser Voraussetzung polemisiert Walden gegen das stereotype Gleichmaß der Heymschen Jamben. „Was ist das für ein Erlebnis", fragt er, „das den Atem nicht ändert. Was ist das für eine Leidenschaft, bei der die Brust sich wie im Schlaf gleichmäßig hebt und senkt." Alles Dargestellte sei „in demselben Rhythmus erlebt".[94a] Was Walden feststellt, trifft zu, aber in einem anderen Sinn, als er meint. Die Monotonie, die „gleichmäßige" Taktierung, das Mechanische und Stampfende eines Marschrhythmus, die Härte der männlichen Endreime am Strophenschluß, das Blockartige der Strophen und Strophenhälften, ihre symmetrische Reihung gleichsam zu einem „Zug" in den vielstrophigen Gedichten, analog dem Reihungsstil der Bilder — all dies ist „Ausdruck", nicht Klischee, verleiht dem Klischee des jambischen Vierzeilers den Ausdruckscharakter von Ballung und Zwang, der das kollektive Zwangswesen der Welt widerspiegelt, die in Heyms Motiven, Bildern und Metaphern erscheint. Dem entspricht, was über Heyms Vortrag eigener Gedichte der Lyriker Alfred Wolfenstein berichtet: „In polternden Kolonnen zogen die Verse vorbei, ein Marsch monotoner Monologe, jede Zeile eine lebende Reihe für sich."[95] Indem die Monotonie der Jamben Heyms die Monotonie eines Weltzustands widerhallen läßt, dessen Gleichgültigkeit gegen alles individuelle Sein, Erleben und Erleiden, das „Einerlei" und den „blinden Wechsel" alles Lebendigen unter seinem Bann, hat ihr Ausdruckscharakter Enthüllungs- und Erkenntnisfunktion, ist er — im eigentlichen Sinne des Wortes — „radikaler" als die von Walden geforderte radikale Erlebnislyrik, die mit dem Schein eines individuell ursprünglichen und unmittelbaren Ausdrucks, erzeugt aus der Aufkündigung aller vorgegebenen metrischen und syntaktischen Normen, über den universellen Schwund von Individuellem, Ursprünglichem, Unmittelbarem im Vermittlungssystem der Industriegesellschaft hinwegtäuscht.

Wie die jambischen Vierzeiler in ‚Die Wanderer' Monotonie, Wiederkehr des Gleichen, Bewegung im Stillstand ausdrücken, zeigen ihre Struktur und das Strophengefüge des ganzen Gedichts. Syntaktisch-rhythmischer Ausdruck sowohl der Starre, Einförmigkeit und Endlosigkeit der „Winterlandschaft" wie der des „Zugs" ist die sprachliche Figur des ersten Satzgebildes, das sich über die ganze erste Strophe hinaus bis in die Mitte der zweiten dehnt. Erstarrung beschreibt sie syntaktisch durch das verbenlose Haupt-

---

94a Walden l. c., ebd.
95 Zit. n. Seelig, l. c. S. 216.

satzbruchstück „Endloser Zug," und rhythmisch durch drei Versbrechungen hintereinander, die zugleich die Monotonie der Wiederkehr des Gleichen ausdrücken, indem sie in drei grammatisch gleichartige Wortgruppen einschneiden (*Wüstenei* / *Der winterlichen Städte* — *Trauer* / *Verschneiter Himmel* — *Einerlei* / *Der Riesenflächen*) und so die vom zugehörigen Genitiv abgetrennten drei Bezugsworte, die selber gleichbedeutend sind, Monotonie versinnbildlichen (*Wüstenei, Trauer, Einerlei*), hervorheben. Einförmigkeit beschreibt sie auch syntaktisch durch die wiederholten Adverbialfügungen mit „durch" und „in". Endlosigkeit, außer durch die Dehnung des Satzes über anderthalb Strophen, durch die allmählich zunehmende Länge der einzelnen Satzteile und die Verzögerungen, mit denen sich der längste in die zweite Strophe hineinwindet und in einem anderthalb Verse langen Nebensatz ausläuft. Das gedehnte und gewundene Satzgebilde ist das sprachliche Adäquat der endlosen „Schlange" des Rauchwolkenzugs. — Von der Mitte der zweiten bis zum Ende der vierten Strophe hat die bildhafte Darstellung des „Zugs" die sprachliche Form einer symmetrischen Aneinanderreihung von Strophenhälften, die syntaktisch-rhythmische Einheiten, zweizeilige „Kolonnen" bilden. Innerhalb einer solchen fließt der jambische Rhythmus ungehemmt. Da aber jede, mit männlichem Endreim schließend, ein festgefügter Block ist, kommt diese Bewegung mit dem Schluß jeder Doppelzeile an ein Ende, setzt dann von neuem ein, und das Gleiche wiederholt sich. Der Parallelismus der Versblöcke verleiht ihr den Charakter einer mechanischen, zwangsartigen Gleichmäßigkeit und eines ständigen Vorlaufens und Zurückfallens, einer Bewegung im Kreis oder im Stillstand. — Das genaue Gegenstück, sowohl im Sinn von Entsprechung wie von Kontrast, zum syntaktisch-rhythmischen Ausdruck der Endlosigkeit des Z u g s durch den Satz, der sich in den ersten anderthalb Strophen ausdehnt, ist der syntaktisch-rhythmische Ausdruck der Endlosigkeit der B e w e g u n g des Zugs durch den Satz, der die letzten anderthalb Strophen durchzieht. Wie eine musikalische Figur nach der Entwicklung ihrer Spannungsmomente in Abwandlungen, Umformungen und veränderten Konstellationen als dieselbe wiederkehrt und doch von ihrer ursprünglichen Gestalt durch ihren voll entfalteten Sinn sich unterscheidet, wiederholt die sprachliche Figur des Gedichtschlusses die des Gedichtanfangs und unterscheidet sich zugleich von ihr. Was diese statisch als einen endlosen „Zug" beschreibt, der noch die Gestalt eines Rauchwolkenzugs hat, beschreibt jene dynamisch als ein endloses „Ziehen" von Toten. Dort bezeichnet das verbenlose Hauptsatzbruchstück „Endloser Zug" das „wie eine Mauer" starre Gebilde des Zugs, hier tritt an die Stelle von „Zug" das Subjekt *Die Wandrer*, das endlose Bewegung evoziert und einen vollständigen Satz einleitet, der sie als eine unaufhörliche darstellt, indem die Reihe der mehrfachen Wiederholungen und Abwandlungen des tragenden Zeitworts „ziehn" *(ziehn hinab zum . . ., zu . . ., durch . . ., zu . . .),* die im letzten Wort des Gedichts, in „drüber wehn" sich fortsetzt, sprachlich die Endlosigkeit dieses Ziehens ausdrückt. Und während dort syntaktisch-rhythmische Einschnitte, Stockungen und Dehnungen den Fluß der Verse sich brechen, stauen und zum Abbild des „Zugs" erstarren lassen, beschleunigt er sich hier durch die tragende Rolle des Zeitworts, durch das Tempo der Aufzählungen, deren Kette — im Unterschied zur Versbrechung zwischen der ersten und zweiten Strophe — die letzte mit der vorletzten Strophe rhythmisch zusammenschließt, und wird er in den syntaktisch-rhythmischen Einheiten der drei Schlußverse zu einer Flucht analog dem „schnellen" (V, VIII) Ziehen der Wanderer.

Die vielstimmige Eintönigkeit in der bildhaft-metaphorischen Darstellung, im sprachlichen Ausdruck und im syntaktisch-rhythmischen Gefüge, das fast mathematisch proportionierte Ineinandergreifen und Zusammenspiel all dieser Momente ist die dem Inhalt und Sinngehalt des Gedichts adäquate Form. An der strengen Komposition und Geschlossenheit des Ganzen erweist sich die Haltlosigkeit der These, die Schirokauer anfangs der Zwanziger Jahre, noch unter dem unmittelbaren Eindruck des Spätexpressionismus, aufstellte: soweit die Lyrik Form sei, sei sie nicht expressionistisch.[95a] Nach allem, was die Analyse des Gedichts ‚Die Wanderer' ergab, steht dessen expressiver Charakter außer Frage. Sämtliche Bilder, Vergleiche und Metaphern, auch die Sprachformen, selbst noch die konventionelle Hülse des jambischen Vierzeilers, sind subjektiver Ausdruck des Grauens vor dem „Einerlei" und der „Leere" eines Weltzustandes, der auf die Depersonalisierung des lebendigen Subjekts hintreibt, und damit Ausdruck zugleich einer objektiven geschichtlichen Tendenz. Jede eingehendere Analyse der vollendetsten Gedichte Heyms oder Trakls zeigt, daß sich in der Lyrik Expressivität und strenges Formgesetz ebensowenig gegenseitig ausschließen wie in der gleichzeitigen Malerei und Musik. Die seit Schirokauers Verallgemeinerungen gängige Rede, expressionistische Lyrik sei formloser „Schrei", trifft allenfalls die Lyrik des ‚Sturm'-Kreises, und auch hier nur die epigonale, kaum die seines bedeutendsten Vertreters, August Stramms, dessen Gedichte bekanntlich oft erst nach einem mühevollen Verfahren des Auswählens und Verwerfens von Sprachformen, d. h. nach Kriterien einer inneren Formgesetzlichkeit ihre endgültige Gestalt erhielten.

95a A. Schirokauer, Expressionismus der Lyrik, in: Weltliteratur der Gegenwart, hrsg. v. Ludwig Marcuse, Berlin 1924, Bd. 2, S. 76. — Schirokauer kennzeichnet den expressiven Stil höchst einseitig durch Begriffe wie *reine Bewegung, Aktion, Wirbel* u. ä. S. 88, 92, 94, 100, 112 usw.), da er das dynamische Moment im sprachlichen Ausdruck isoliert, nicht in seinem Spannungsverhältnis zum statischen betrachtet.

Auch die mit der These von der Formlosigkeit zusammengehende Behauptung, daß die expressionistische Lyrik Objektives in „subjektiver Verzerrung" darstelle, erweist sich an Gedichten vom Formniveau der ‚Wanderer' als haltlos. Die metaphorische Verwandlung des Rauchwolkenzugs in einen Totenzug erscheint nur dann als eine willkürliche Phantasmagorie, die ein reales Phänomen subjektiv umformt und verzerrt, wenn der S i n n dieser Metapher nicht aus der Bilder- und Formensprache des Gedichts selbst sowie aus den Grundmotiven der gesamten Dichtung Heyms erschlossen wird. Daß die Metapher des Totenzugs in ‚Die Wanderer' den subjektiven Charakter des Vergleichsbildes abstreift, indem sie absolut, d. h. als objektive Realität gesetzt wird, hat seinen guten Grund. Was sie als Sinnbild der Industrielandschaft vom objektiven Wesen der Industriegesellschaft erfaßt, ist in dessen Entfaltung als Realität zutage getreten. Im zentralen Motiv der ‚Todesfuge' Celans[96] („dann steigt ihr als Rauch in die Luft") ist die als Realität gesetzte Metapher Heyms von der Realität eingeholt worden. Nicht zufällig ist in Celans Gedicht auch das Stilgesetz der Wiederholung zum bewußt gehandhabten technischen Verfahren, zum Kompositionsprinzip der „Fuge" entwickelt.

Von Todesmystik und Totenmythos kann angesichts der Gestalt und Bedeutung, die das Motiv des Totenzugs in ‚Die Wanderer' angenommen hat, nicht mehr die Rede sein. Die „lebenden" Toten, die als ewig ruhelose, ewig wandernde keine „Heimat" finden, repräsentieren hier nichts anderes als die in der realen Welt „heimatlosen", „entseelten" Lebenden. Das Bild des endlosen und ziellosen Totenzugs macht die Einsamkeit, Entfremdung und Entseelung des Subjekts in einer Welt, deren Tendenz zur Versachlichung und Beherrschung der Natur auch vor der Natur des Menschen nicht haltmacht, als kollektives Phänomen bewußt. Als Ausdruck der Negation dieser Welt durchs Subjekt hat es eine objektive Erkenntnisfunktion. Darauf deutet Heym selbst hin, wenn er in einem Brief an seinen Verleger ‚Die Wanderer' bemerkenswerterweise mit ‚Der Gott der Stadt' und ‚Die Dämonen der Städte' zu seinen besten Gedichten zählt und hinzufügt, daß er mit der Veröffentlichung dieser Gedichte gezögert habe, „weil die Zeit für sie vielleicht noch nicht empfänglich ist". (T 232 f.) Tatsächlich erschienen nur die beiden erstgenannten Gedichte in ‚Der Ewige Tag'.

Gegenüber seinen Vorformen in ‚Der Ewige Tag' hat Heyms zentrales Motiv der Toten in ‚Die Wanderer' sowohl inhaltlich wie stilistisch die Ausformung gefunden, die den definitiven Umschlag des Jugendstils in den Expressionismus bezeichnet. Inhaltlich: Die „Vision" einer Totenheimat,

---

96 Paul Celan, Mohn und Gedächtnis, Gedichte, Stuttgart 1954², S. 57 ff.

eines „sanften" Schönheitsreiches der Toten, die Utopie all dessen, was die Realität den Lebenden verweigert, ist als illusionär durchschaut und restlos preisgegeben; die „heimatlosen" Lebenden sind auch als Tote „heimatlos"; der Selbstwiderspruch eines toten Lebens wird im dichterischen Bild durch seine Umkehrung dargestellt, durch „lebende" Tote, die keine Ruhe finden, weil sie im eigentlichen Sinn des Wortes nicht gelebt haben, biblisch gesprochen: nicht „lebenssatt" sterben konnten; die Welt der Lebenden wird damit als eine Welt von Toten demaskiert. Stilistisch: Der bildhafte und sprachliche Ausdruck hat die wesentlichen Elemente des Jugendstils abgestoßen. Anstelle des affirmativen Pathos, des „Feierns" einer imaginären Welt der Schönheit und des Rausches ist ausschließlich, und nicht mehr nur zur Kontrastierung, das negative Pathos des Grauens vor der Realität getreten; anstelle des Exotischen, Farbenprächtigen, Erlesenen das „Einerlei" und die „Öde" sowohl bildhaft (Rolle der Farbmetaphern *weiß*, *schwarz*, *grau*, Vergleiche mit Technischem usw.) wie sprachlich (Wiederholungsformeln); anstelle der metrischen Harmonie eines ornamentalen Vers- und Strophengewebes, in welchem die Enjambements den Charakter gleitender Übergänge, lianenhafter Verflechtung haben[97], die dissonantische Spannung des statischen und dynamischen Moments im syntaktisch-rhythmischen Gefüge, ein in abrupten Einschnitten intermittierender oder in den Versblöcken betont monotoner Rhythmus.

Das Gedicht ‚Die Wanderer' ist ein Paradigma für die Entwicklung der dichterischen Mythologie Heyms, weil es mit dem Bedeutungswandel ihres zentralen Motivs den Übergang zur expressiven Bilder- und Formensprache vollzogen hat und weil in ihm zugleich der genetische Zusammenhang des ausgeformten Motivs mit seinen Jugendstilvariationen noch zu fassen ist. Nach Heyms Datierung, 29. Dezember 1910, entstand es genau in der Mitte der beiden produktiven Jahre, die ihm nur vergönnt waren. Mit dem qualitativen Sprung, der aus dem Jugendstilbereich herausführt, hat das Motiv der Toten in ‚Die Wanderer' seinen wesentlichen Bedeutungsgehalt endgültig entfaltet. Spätere Gedichte Heyms — ‚Was kommt ihr, weiße Falter...' (185 f.), ‚Lichter gehen jetzt die Tage' (150), ‚Umbra Vitae' (73 f.), ‚Die Selbstmörder' (187), ‚Die Nacht' (194) u. a. — variieren es im selben Sinn. Die mächtigste dieser Variationen ist das im Mai/Juni 1911 entstandene große Gedicht ‚Die Morgue' (77–81), von dessen Konzeption und Ausdrucksformen bereits die Rede war[98]. Das Motiv der Ruhelosigkeit der Toten, die im Leben keine „Heimat" hatten, wandelt es insofern ab, als diese

---

97 Vgl. bes. ‚Der Tod der Liebenden' 55 f., ‚Die Heimat der Toten I' 37,6—38,3, ‚Schwarze Visionen II—VI' 66,5—69,2.
98 s. o. S. 93, 127, 136 173 f.

Ruhelosigkeit statt durch eine endlose und ziellose Totenreise durch einen endlosen und antwortlosen Monolog der Toten dargestellt wird, die vergebens auf ihre „letzte Reise" in eine Totenheimat warten. Die Klage des Totenmonologs ist zugleich eine direkt (77,3—78,2; 79,2—79,5) und indirekt an die Welt der Lebenden gerichtete Anklage. In ihr schlägt der gesellschaftskritische Sinn, den das Motiv der Toten in ‚Die Wanderer' erhalten hat, mit der Offenheit und Schärfe der Satire nach außen, das Pathos des Leidens in das des Hohns, der grausigen Groteske um.

Seit der Preisgabe der Jugendstilutopien, deren Selbstaufhebung in den bedeutendsten Gedichten von ‚Der Ewige Tag', vor allem in den Großstadtgedichten, bereits vollzogen ist, hat die dichterische Mythologie Heyms nicht mehr den Charakter einer positiven „neuen Mythologie", wie sie die romantische Geschichtsphilosophie und Poetik Friedrich Schlegels und Novalis' postulierten und wie sie die neuromantische Dichtung in mannigfacher Gestalt zu realisieren versuchte, ist sie vielmehr zu einer negativen, d. h. demaskierenden Mythologie der „geschlossenen" Form der Industriegesellschaft geworden. Die mythologischen Bilder in ‚Die Wanderer', das des Totenzugs, das des Abends, dessen Faust „die schwarze Fahne trägt", das der unterweltartigen Gräber, Höhlen, Riesentale, Meere und das „Haupt der Qualen" haben die Funktion, die durch den Rauchwolkenzug und die „Wüstenei der winterlichen Städte" sowohl real anschaulich wie sinnbildlich vergegenwärtigte Industriewelt zu verfremden, um deren Wesen als ein dem Menschen verfremdetes, dem blinden vorgeschichtlich mythischen Schicksalszwang analoges zu beschreiben und damit zu enthüllen. Daß diese Bilder kein eigenständiges, übergeschichtliches mythisches Sein beschwören wollen, zeigt sich in ihrer unauflöslichen Verschränkung, Durchdringung und Gleichsetzung mit denen aus dem technischen Bereich und in der durch den Parallelismus der Sprachformen gestifteten Beziehung beider aufeinander. Nicht zuletzt in der Anonymität des Mythologischen. Das Bild des Totenzugs ist als solches antiken Ursprungs, aber der antike Mythos wird mit keinem Namen mehr zitiert[99]. Während in ‚Die Tote im Wasser' die im Meer versinkende Leiche noch von „Neptun" gegrüßt wird, ist „der Abend", der vor dem Zug der „Wanderer" die schwarze Fahne senkt, keine bestimmte mythologische Gestalt, sondern eine allegorische Personifikation nach mythologischem Schema, ähnlich der in Gryphius Abendsonett: „...die Nacht schwingt ihre Fahn...". Und die in ‚Der Ewige Tag' mit *Orkus, Styx, Phlegeton* usw. zitierte Unterwelt des antiken Totenmythos ist zu einem namenlosen Abgrund und Bereich des absoluten Schreckens neutralisiert, dessen

---

[99] Im Gegensatz zu früher: 67,2 *Hermes*, 34,5 *Bote*, 62,2 *Floß des Todes* usw.

bildhaft-metaphorische Umschreibung den Rahmen der antiken Anschauungen sprengt. Die anonyme Totenwelt, zu der sich in der Dichtung Heyms die gegenwärtige Welt des beginnenden zwanzigsten Jahrhunderts verfremdet, kündigt als deren subjektives Gegenbild die objektive geschichtliche Tendenz an, die in den totalitären Gesellschaften zur Auslöschung der lebendigen Subjekte, ihrer Gleichschaltung oder Liquidierung, geführt hat. Sie ist nicht Ausdruck der eigenen Leere des Subjekts, sondern seines Widerstandes gegen die Leere einer solchen Welt. In ,Die Morgue' sind die sprechenden Toten der gestaltgewordene Protest des Lebens gegen seine Entstellung; die Besucher der Morgue hingegen repräsentieren das entstellte, seiner Entstellung nicht bewußte, mit ihr einverstandene Leben und werden deshalb mit Verachtung und Hohn von den lebenden Toten als tote Lebende angesprochen:

> Tretet zurück von unserer Majestät.
>
> . . . .
>
> Ihr, die ihr eingeschrumpft wie Zwerge seid,
> Ihr, die ihr runzelig liegt auf unserm Schoß,
> Wir wuchsen über euch wie Berge weit
> In ewige Todesnacht, wie Götter groß.   (77,4—5)

Auch die Lyrik Trakls beschwört das unentstellte, „reine" und „gerechte" Leben in Gestalt der Toten (Helian- und Elis-Gedichte), und wie bei Heym erscheint in ihr die Welt der Lebenden, die der „Städte" (vgl. die Gedichte ,Abendland 3', ,Vorhölle', ,Der Abend'), als eine Welt des toten, „verwesenden" Lebens:

> Träumend steigen und sinken im Dunkel
> Verwesende Menschen
> Und aus schwärzlichen Toren
> Treten Engel mit kalten Stirnen hervor;
> Bläue, die Todesklagen der Mütter.   (TS 175,2 Vorhölle)
>
> So bläulich erstrahlt es
> Gegen die Stadt hin,
> Wo kalt und böse
> Ein verwesend Geschlecht wohnt,
> Der weißen Enkel
> Dunkle Zukunft bereitet.   (TS 186 Der Abend)

In Gottfried Benns Gedichtzyklus ,Morgue' hat das Motiv der Toten denselben zur satirischen Groteske gesteigerten gesellschaftskritischen Sinn wie in Heyms gleichnamigem und etwa gleichzeitig entstandenen Gedicht[100]. Was in der gesamten expressionistischen Lyrik im sie bezeichnenden emphatischen Sinn des Begriffs zum „Ausdruck" drängt: die Vereinsamung, Entfremdung und Entseelung des Subjekts in einem konventionell erstarrten und zugleich kollektivistisch sich verhärtenden Gesellschaftsganzen, hat sich am konsequentesten in ihrem zentralen Motiv der Toten niedergeschlagen. „Das Gemeinsame des Expressionismus ist, daß die einander ganz entfremdeten Menschen, in welche Leben sich zurückgezogen hat, damit eben zu Toten wurden."[101]

---

100 Siehe hierzu die Analyse des Gedichts ‚Schöne Jugend', des zweiten dieses Zyklus, von Walther Killy in ‚Wandlungen des lyrischen Bildes', Göttingen 1956, S. 108 ff.
101 Theodor W. Adorno, Minima moralia, Frankfurt a. M. 1951², S. 364.

IV. Die Endzeit

Zu den tragenden Motiven der dichterischen Mythologie Heyms gehört das thematisch häufig variierte und einen ganzen Bildkomplex hervortreibende Motiv des „Weltendes", des plötzlichen katastrophischen Stillstehens der Zeit. Sein genetischer Zusammenhang mit den Motiven der Entseelung, der erstarrten Objektivität und der Toten zeigte sich bereits in ‚Hora Mortis' mit dem Bild des Weltherbstes[1], in ‚Die Städte' mit dem Bild des Weltabends[2], in ‚Der Winter' (47) und ‚Die Wanderer' mit den Bildern des Weltwinters und des Weltuntergangsfeuers[3]. Während Heyms Motiv der Toten in seiner endgültigen Ausformung sich derart entmythologisiert, daß die lebenden, d. h. ruhelosen Toten nichts anderes darstellen als die toten, d. h. „entseelten", in der realen Welt „heimatlosen" Lebenden, scheint sich in den Imaginationen eines Zeiten- und Weltendes der mythologische Charakter der Bilderwelt Heyms zu behaupten. Die Thematik des „Weltendes" setzt mit den Gedichten ‚Der Gott der Stadt' und ‚Die Dämonen der Städte' ein, die Heym erst Ende des Jahres 1910 seiner ersten Gedichtsammlung ‚Der Ewige Tag' einfügte (T 232), durchzieht den ganzen zweiten Gedichtband, den noch Heym selbst nach dem einleitenden Endzeit-Gedicht ‚Umbra Vitae' (1912) betitelte, und begegnet auch in den spätesten Gedichten des Nachlaßbandes ‚Der Himmel Trauerspiel', wie in ‚Frühjahr' (184), ‚Auf einmal kommt ein großes Sterben' (191), ‚Die Nacht' (194), ‚Der Krieg' (195), ‚Heroische Landschaft' (196), ‚Die Märkte' (198). Sie ist eines der wesentlichsten Motive der gesamten expressionistischen Lyrik geworden. ‚Weltende' heißt auch der Titel der ersten Gedichtsammlung van Hoddis' nach dessen gleichnamigem Gedicht, das mit Heyms ‚Umbra Vitae' die Anthologie ‚Menschheitsdämmerung' eröffnet, und ‚Der Jüngste Tag' nannte sich die seit 1913 bei Kurt Wolff erschienene repräsentative Reihe expressionistischer Dichtungen. Wie schon die Betrachtung des Gedichts ‚Der Krieg' ergab[4], das kurz vor ‚Umbra Vitae' entstand, handelt es sich bei Heyms Motiv des Weltendes weder um eine kosmische noch um eine eschatologisch-apo-

1 s. o. S. 134 f.
2 s. o. S. 125.
3 s. o. S. 148 f. und 206 f.
4 s. o. S. 53 f.

kalyptische Weltuntergangsvision, sondern um die Menschenwelt in dem geschichtlichen Zustand, den das Manifest ‚Eine Fratze' als den einer Endzeit beschreibt: „Unsere Krankheit ist, in dem E n d e e i n e s W e l t t a g e s zu leben, in einem Abend, der so stickig ward, daß man den Dunst seiner Fäulnis kaum noch ertragen kann."⁵ War die Macht- und Rauschvision des rasenden Kriegsdämons der gestaltgewordene subjektive Protest gegen einen Weltzustand, in dessen Luft Heym mit seinem „brachliegenden Enthusiasmus" sich „ersticken" sah (T 164), so stellt das Gedicht ‚Umbra Vitae' die Erkrankung und Bedrohung des Lebens im „Schatten" des erstickenden „Weltabends" als unausweichliches Verhängnis dar. Es entstand im September/Oktober 1911 und ist dem Thema und Formcharakter nach eine Variation zu dem Gedicht ‚Weltende' des mit Heym befreundeten van Hoddis, das im Januar 1911 erschienen war⁶. Franz Pfemfert, dem Herausgeber der ‚Aktion', in der Heyms und van Hoddis' Gedichte zuerst erschienen, und Kurt Hiller, Mitbegründer des Neuen Clubs, dem auch die beiden Lyriker angehörten, galt van Hoddis' ‚Weltende' als das „expressionistische Keimgedicht". Für die Interpretation von ‚Umbra Vitae' ist ein vergleichender Rückblick auf van Hoddis' Gedicht aufschlußreich.

WELTENDE

Dem Bürger fliegt vom spitzen Kopf der Hut,
In allen Lüften hallt es wie Geschrei.
Dachdecker stürzen ab und gehn entzwei,
Und an den Küsten — liest man — steigt die Flut.

Der Sturm ist da, die wilden Meere hupfen
An Land, um dicke Dämme zu zerdrücken.
Die meisten Menschen haben einen Schnupfen.
Die Eisenbahnen fallen von den Brücken.

In einem sprunghaften Nebeneinander von Einzelbildern, darunter plötzlichen Bildwechseln von Zeile zu Zeile, entwirft van Hoddis das groteske Miniaturbild eines Weltendes. Schon im Kontrast der Kürze des Gedichts zum Gewicht seines Titels drückt sich die ironische Distanz des dichterischen

---

5 Die Aktion, 1. Jg. 1911, Sp. 556 (Sperrung K. M.).

6 Drucknachweis in: Jakob van Hoddis, Weltende, Gesammelte Dichtungen, hrg. von Paul Pörtner, Zürich 1958, S. 130. — Über das Verhältnis Heyms zu van Hoddis vgl. T 142, bes. T 155, ferner T 174 f., 229, 262. Heyms Gedicht ‚Die Schläfer' (63 f.) in ‚Der Ewige Tag' ist van Hoddis gewidmet.

Subjekts zum Dargestellten aus. Durch das in Parenthese gesetzte „liest man" wird sie betont. Die Welt, um die es sich handelt, ist die des „Bürgers", aus der Perspektive des Bohémien gesehen, und ihr Ende dessen Wunschbild. Sowohl der Charakter wie der Kontrast der Einzelbilder ist satirischgrotesk oder skurril. Der Bürger hat einen „spitzen Kopf", die abstürzenden Dachdecker „gehn entzwei", die wilden Meere „hupfen". In groteskem Gegensatz zu den fortfliegenden Hüten („der Hut" = alle Hüte) steht das panikartige Geschrei „in allen Lüften", zu der steigenden Flut die Gelassenheit des „liest man", zu den Dammbrüchen und Eisenbahnkatastrophen der „Schnupfen". Die letzte Verszeile schließt das Gedicht nicht in sich ab, sondern läßt die Bilderreihe, die sich fortsetzen könnte, abreißen. Daß der Fragmentcharakter der beiden Vierzeiler eine Kompositionsschwäche ist und nicht durch den Reihungsstil bedingt, zeigt der Vergleich mit dem Gedicht Heyms, das nach demselben Stilgesetz aufgebaut ist.

UMBRA VITAE

Die Menschen stehen vorwärts in den Straßen
Und sehen auf die großen Himmelszeichen,
Wo die Kometen mit den Feuernasen
Um die gezackten Türme drohend schleichen.

Und alle Dächer sind voll Sternedeuter,
Die in den Himmel stecken große Röhren,
Und Zauberer, wachsend aus den Bodenlöchern,
Im Dunkel schräg, die ein Gestirn beschwören.

Selbstmörder gehen nachts in großen Horden,
Die suchen vor sich ihr verlornes Wesen,
Gebückt in Süd und West und Ost und Norden,
Den Staub zerfegend mit den Armen-Besen.

Sie sind wie Staub, der hält noch eine Weile.
Die Haare fallen schon auf ihren Wegen.
Sie springen, daß sie sterben, und in Eile,
Und sind mit totem Haupt im Feld gelegen,

Noch manchmal zappelnd. Und der Felder Tiere
Stehn um sie blind und stoßen mit dem Horne
In ihren Bauch. Sie strecken alle Viere,
Begraben unter Salbei und dem Dorne.

Die Meere aber stocken. In den Wogen
Die Schiffe hängen modernd und verdrossen,
Zerstreut, und keine Strömung wird gezogen,
Und aller Himmel Höfe sind verschlossen.

Die Bäume wechseln nicht die Zeiten
Und bleiben ewig tot in ihrem Ende,
Und über die verfallnen Wege spreiten
Sie hölzern ihre langen Fingerhände.

Wer stirbt, der setzt sich auf, sich zu erheben,
Und eben hat er noch ein Wort gesprochen,
Auf einmal ist er fort. Wo ist sein Leben?
Und seine Augen sind wie Glas zerbrochen.

Schatten sind viele. Trübe und verborgen.
Und Träume, die an stummen Türen schleifen,
Und der erwacht, bedrückt vom Licht der Morgen,
Muß schweren Schlaf von grauen Lidern streifen.

Wie van Hoddis stellt Heym das „Weltende" durch eine Reihe von Bildern
dar, die „in einer Ebene" liegen (T 140), d. h. deren Aufeinanderfolge im
zeitlichen Medium der Sprache für die Imagination ein Nebeneinander von
Gleichartigem und Gleichzeitigem ist. Das Kompositionsprinzip ist dasselbe,
aber die Teilbilder, aus denen sich das Gesamtbild aufbaut, schwellen bei
Heym zu größeren Bildeinheiten an, die eine oder mehrere Strophen um-
fassen: die Ankündigung des Unheils durch Gestirne (I–II), die Selbstmörder (III–IV), die Erstarrung der Natur (VI–VII), die Sterbenden (VIII)
und das Bild der Schlußstrophe, von dessen besonderer Funktion im Gefüge
des Ganzen noch zu sprechen ist. Bei der näheren Betrachtung dieser Bildeinheiten und ihres Verhältnisses zueinander sind weitere und wesentlichere
Züge zu bemerken, in denen sich Heyms Variation des Themas von ihrem
Vorbild unterscheidet und über es hinausgeht.

Am Anfang von ‚Umbra Vitae', die beiden ersten Strophen beanspruchend, steht das Bild der Unheil verheißenden „großen Himmelszeichen",
der „drohend schleichenden" Kometen. Mit den Bildern van Hoddis' scheint
es den Charakter des Grotesken gemeinsam zu haben: die Kometen schleichen mit „Feuernasen", es wimmelt von „Sternedeutern", die Fernrohre

sind komische „große Röhren" und werden nicht nach dem Himmel gerichtet, sondern „in" ihn „gesteckt", und die Zauberer wachsen aus den Löchern der Dachspeicher (den „Bodenlöchern", vgl. a. 44,3 *Kram der Böden*, d. h. der Speicher). Das Groteske hat jedoch bei Heym nicht den subjektiven Charakter der Ironie und des Zynismus, der van Hoddis' Bildern — dem „Bürger" mit „spitzem Kopf", den „entzweigehenden" Dachdeckern usw. — anhaftet. Es drückt die Rat- und Hilflosigkeit der „Menschen" — nicht nur der „Bürger" — vor dem sich ankündigenden Unheil aus. Als astrologische Metapher für blindes Schicksal sind die „großen Himmelszeichen" ein ebenso ernstzunehmendes dichterisches Bild wie das analoge, mit dem die Untergangsvision des Gedichts ‚Die Nacht' (194) beginnt:

> Auf Schlangenhälsen die feurigen Sterne
> Hängen herunter auf schwankende Türme . . .   (194,1)

Als Eröffnungsmotiv ist das Bild unheildrohender Sterne dem verwandt, das in der Apokalypse die Visionen vom Ende der Zeit und Jüngsten Gericht einleitet: „. . . und die Sterne des Himmels fielen auf die Erde gleichwie ein Feigenbaum seine Zweige abwirft, wenn er vom großem Wind bewegt wird." (Off. Joh. 6,13)[7]. Auch ist in ‚Umbra Vitae' die Realität der modernen Großstadt, die bei van Hoddis in stofflichen Elementen wie *Bürger, Hut, Zeitungen (liest man), Eisenbahnen* erscheint, in den scheinbar zeitlosen Typus einer Stadt umstilisiert, deren Straßen, Türme, Dächer ebensogut die Babylons wie die Berlins sein könnten. Funktion und Sinn dieser Umstilisierung sind erst von der Schlußstrophe her einzusehen. Wie jedoch die Jugendstilparodien ‚Der Wald', ‚Die Pflanzenesser', ‚Luna' u. a. zeigen, verschlüsselt sich oft in die grotesken Bilder Heyms dieselbe Gesellschafts- und Kulturkritik, die sich in Heyms Tagebüchern unmittelbar und polemisch äußert[8]. Auch die grotesken Bildelemente in den beiden ersten Strophen von ‚Umbra Vitae' haben einen aktuellen zeitkritischen Sinn. Sie veranschaulichen die unter der Oberfläche der Sekurität im Jahrzehnt vor dem ersten Weltkrieg wachsende Katastrophenangst, die sich im Mai 1910, als der Halleysche Komet auf die Erde zuraste, nach außen, auf das Naturereignis projizierte und zur Massenpsychose einer Weltuntergangsbereitschaft steigerte[9]. Kafka begann um diese Zeit mit seinen Tagebuchaufzeichnungen

---

7 In Heyms Novelle ‚Der Dieb' wird das 17. Kapitel der Offenbarung Joh. ausführlich zitiert (277 f.).

8 Vgl. bes. T 131, 138 f., 164 usw.

9 Siehe den Bericht im Vorwort von F. S. Archenhold, Kometen, Weltuntergangsprophezeiungen und der Halleysche Komet, 1910.

und notierte: „Aber jeden Tag soll zumindest eine Zeile gegen mich gerichtet werden, wie man die Fernrohre jetzt gegen den Kometen richtet."[10] Also nicht in einem von außen kommenden Ereignis, sondern in sich selbst sollten die Menschen ihr Leben und Schicksal zu erkennen suchen. Nichts anderes bedeutet die groteske Darstellung des Verhaltens der Menschen gegenüber den „großen Himmelszeichen" in ‚Umbra Vitae'. Sie wissen diese „Zeichen", die metaphorisch für ihr eigenes Schicksal stehen, nicht zu deuten, staunen das sich ankündigende Unheil fassungslos als ein ungewöhnliches, von außen kommendes Ereignis an, während es, wie die Schlußstrophe sagt, in ihrem gewöhnlichen, alltäglichen Leben unbewußt, „trübe und verborgen", als „Schatten" und „Träume" ständig gegenwärtig ist. In dem „Endzeit"-Gedicht ‚Die Nacht' wird diese Verblendung so beschrieben:

> Aber die Menschen rennen, ohne zu wissen,
> Schreiend und blind, mit Schwertern und Lanzen. (194,4)

Grotesker noch als „die Menschen" figurieren in ‚Umbra Vitae' die „Sternedeuter" und „Zauberer". Darin deutet sich der aktuelle Sinn des archaisierenden Bildes an: die Parodie zeitgenössischer falscher Propheten durch die Maske babylonischer Astrologen und Magier. Die Zauberer, die im nicht veröffentlichten Entwurf einer Vorrede Heyms zu seinem ersten Gedichtband „auf dem nächtlichen Parnaß vor erstauntem Monde grünliches Marionettenspiel aufführen", sind George und Rilke[11]. In der Jugendstilparodie ‚Die Pflanzenesser' (158) thronen sie, „Dem Monde gleich, in goldener Magie," (158,5), in die Betrachtung der Gestirne versunken:

> Der Abendstern steigt auf am Himmel bleich,
> Der seltsam eure tiefen Augen färbt.
>
> (159,1)

> . . . .
> Ein Dämon, der im weiten Himmel schweift,
> Senkt die Geheimnisse in euer Herz.
>
> (159,3)

Das Gehabe eines „Zauberers", die hieratische Attitüde ist es, die Heym

---

10 Franz Kafka, Tagebücher, Frankfurt a. M., 1954, S. 12.
11 Greulich, l. c. S. 128.

veranlaßt, George eine „tönende Pagode"[12] und einen „tölpelhaften Hiero-
phanten" (T 139) zu nennen. Im ,Siebenten Ring' hatte George in den ,Zeit-
gedichten', in dem Gedicht ,Der Widerchrist'[12a] u. a. das gegenwärtige
Zeitalter als eine „Endzeit" verdammt und zugleich das „Gestirn" Maximins
beschworen. Heyms Verse:

> Und Zauberer, wachsend aus den Bodenlöchern,
> *Im Dunkel* schräg, die *ein Gestirn beschwören.*

sind eine wörtlich anklingende Travestie der Schlußverse des sechsten Gedichts auf Maximin:

> Am dunklen grund der ewigkeiten
> Entsteigt durch mich nun dein gestirn.
>
> (GW VI, 113,4)

Bei den „Sternedeutern" und „Zauberern" ist auch an die Verse in Hofmannsthals ,Manche freilich . . .' zu denken:

> Andre wohnen bei dem Steuer droben,
> *Kennen Vogelflug und die Länder der Sterne.*

Daß das im „Ende eines Welttages" den Menschen drohende Unheil nicht
durch Magie zu bannen ist, führen die folgenden Bilder vor Augen. Zunächst
das drei Strophen umfassende der „Selbstmörder". Wie das der „großen
Himmelszeichen" und der „Zauberer" (vgl. Off. Joh. 21,8 und 22,15) wandelt es ein Bild der Apokalypse ab: „Und in den Tagen werden die Menschen
den Tod suchen und nicht finden . . ." (Off. Joh. 9,6). Das Bild „der Felder
Tiere", die „stoßen mit dem Horn / In ihren Bauch", gemahnt an die ge-
panzerten Riesenheuschrecken, denen „Macht war, zu beschädigen die Menschen" (Off. Joh. 9,10). Die Verwandtschaft der „Endzeit"-Motive Heyms
mit denen der Apokalypse muß bemerkt werden, da sich auch durch sie
Heyms „Weltend"-Vision, und zwar auch in ihren grotesken Elementen,

---

12 ebenda.

12a Stefan George, Gesamt-Ausgabe der Werke, Bd. 6/7, zitiert nach dem Neudruck als
   Einzelausgabe, Godesberg 1949 (im folgenden = GW), S. 56 f.

von der ironisch-distanzierten van Hoddis' unterscheidet. Allerdings haben die apokalyptischen Motive bei Heym ihren christlich-eschatologischen Sinn verloren. Was den Menschen widerfährt, erscheint nicht durch göttliches Strafgericht, auch nicht wie in Georges ,Zeitgedichten' und ,Der Widerchrist' durch das Richteramt ipso iure des Dichters über sie verhängt, sondern durch das immanente Wesen jenes Weltzustandes, dessen „erstickende" Alltäglichkeit in Heyms autobiographischen Äußerungen eine so große Rolle spielt und in der Schlußstrophe von ,Umbra Vitae' zum Schlüsselmotiv des ganzen Gedichts wird. Von den Rimbaud-Variationen ,Ophelia' und ,Die Tote im Wasser' abgesehen, taucht die Selbstmord-Thematik zuerst in dem Gedicht ,Der Tod der Liebenden' (55) auf. Es motiviert den Selbstmord der Liebenden aus ihrer „Heimatlosigkeit". Die „Heimat", die ihnen in der realen Welt „niemand gab", suchen die Liebenden in einem imaginären „stillen Reich" des Todes, in der „Einsamkeit" einer exotischen Meerestiefe. Das gegen den grauen Alltag einer technisierten und kommerzialisierten Welt abgedichtete Schönheitsreich der Jugendstil-Lyrik ist hier zu einem Totenreich geworden, ihr Einsamkeitsmotiv zum Selbstmordmotiv radikalisiert. Auch in Heyms späteren Variationen des Selbstmord-Motivs figurieren die Selbstmörder als „Heimatlose" und „Einsame", aus der Welt der Städte Fliehende und Ausgestoßene. Während jedoch in ,Der Tod der Liebenden' die Liebenden aus freiem Entschluß gemeinsam, d. h. als Personen sterben, ihr Tod zu einem „In-Schönheit-Sterben" und die Meerestiefe zu einer Totenheimat verklärt wird, sind die Selbstmörder in ,Die Nacht' (111), ,Die Selbstmörder' (187) und ,Umbra Vitae' ein anonymes Kollektiv gespenstig-grotesker Schattengestalten, die wie Marionetten an unsichtbaren Drähten gezogen werden. Die grotesken Bilder, Vergleiche und Metaphern bei der Darstellung der Selbstmörder in ,Umbra Vitae' drücken aufs krasseste Entseelung und Verdinglichung des Menschen aus. Arme sind „Besen", Menschen sind „wie Staub" und werden als Sterbende metaphorisch Tieren gleichgesetzt: „springen", „zappeln" und „strecken alle Viere". Nach der Metaphern-Typologie K. L. Schneiders wären diese Vergleichsbilder „zynische Metaphern"[13], denn die Verbindung der „im ästhetischen oder ethischen Sinne gänzlich unvereinbaren" Sphären des Bezugsgegenstandes (Mensch) und des Vergleichsbildes (Besen, Staub, Tier) stelle „die Würde und den Wert des menschlichen Lebens grundsätzlich in Frage"[14]. Mit Metaphern wie „Armen-Besen", „alle Viere strecken", mit Vergleichen wie dem von Menschen mit Staub setze sich der Dichter „über den Ernst oder die Tragik des

---

13 K. L. Schneider, l. c. S. 28, o. und S. 67 ff.
14 ebd., S. 68.

Sachverhaltes einfach hinweg", und mit Metaphern wie „springen" und
„zappeln" lege er ihn „bewußt komisch" aus[14a]. Den „zynischen Effekt",
den K. L. Schneider solchen Metaphern zuschreibt[15], haben sie jedoch nur
dann, wenn man sie aus dem Bild- und Sinnzusammenhang des ganzen
Gedichts herauslöst, die integrale Einheit des ästhetischen Gebildes in funk-
tionslose „Elemente" auflöst. Im Bildgefüge von ‚Umbra Vitae' stellt die
Bildeinheit der „Selbstmörder" die Selbstentfremdung des Menschen als das
Verhängnis eines „Weltabends" dar, dessen „Schatten" auf dem Leben der
Menschen liegt. Sämtliche Bilder des Gedichts sind durch seinen Titel auf
die Schlußstrophe zu beziehen, in der es von diesem „Schatten" (Umbra)
heißt, daß er in Gestalt „vieler" Schatten „trübe und verborgen" ständig,
tags *(bedrückt vom Licht der Morgen)* und nachts *(schweren Schlaf)*, wie ein
Alptraum auf dem Leben der Menschen lastet. Indem das Schicksal des endzeitlich verschatteten Lebens als ein allgemeines, alle und jeden betreffendes
dargestellt wird (Schatten *des Lebens, Die Menschen..., Wer stirbt...,*
Und der erwacht...), identifiziert sich das dichterische Subjekt mit ihm. Das
groteske Bild der „Selbstmörder" stellt nicht „grundsätzlich" die Würde
des Menschen in Frage, sondern drückt aus, daß sie in dem von Heym als
„Weltabend" bezeichneten geschichtlichen Zustand in Frage gestellt i s t .
Während in van Hoddis' ‚Weltende' das Bild der abstürzenden und „entzweigehenden" Dachdecker auch im Zusammenhang mit allen übrigen Bildern ein Ausdruck subjektiver Gleichgültigkeit ist und deshalb als „zynisch"
bezeichnet werden kann, haben die Verdinglichungs- und Tiermetaphern in
Heyms Bild der „Selbstmörder" die umgekehrte Funktion, die objektive
Gleichgültigkeit eines Weltzustandes gegenüber dem Menschenwesen zu
enthüllen. Daß das dichterische Subjekt in ‚Umbra Vitae' sich zur Entstellung und Bedrohung des Menschen nicht gleichgültig verhält oder gar sie
„bewußt komisch auslegt", ist überdies dem Bild selbst zu entnehmen, denn
von den „Selbstmördern" heißt es, daß sie ihr „verlornes Wesen" suchen
und „mit totem *Haupt*" im Feld liegen. Die Funktion des negativen Ausdruckscharakters der als „zynisch" inkriminierten Metaphern Heyms im
Bild- und Sinnzusammenhang eines ganzen Gedichts ist stets eine positive:
Negation des Negativen.

Als ein allgemeines Weltverhängnis wird der „Schatten" der Endzeit, der
auf dem Leben der Menschen liegt, besonders in den beiden folgenden Strophen durch die universellen Metaphern der „stockenden" Meere und der
Bäume, die „nicht die Zeiten wechseln", versinnbildlicht. In beiden Bildern,

14a ebd. S. 69.
15 ebd. S. 67 f. und S. 78.

die wiederum Endzeit-Motive der Apokalypse abwandeln[15a], steht die erstarrende und mortifizierte Natur gleichnishaft für die Erstarrung und Entseelung des Menschenlebens. Die „zerstreuten" Schiffe, die „modernd und verdrossen" in den Wogen der stillstehenden Meere „hängen", repräsentieren die ziellos gewordene einsame Lebensreise, die das Motiv der „Seefahrer"-Gedichte Heyms ist. In ‚Was kommt ihr, weiße Falter, so oft zu mir?' wird diese Bedeutung der Schiffs-Metapher sogar ausgesprochen:

> Was ist das Leben? Kleines Schiff in Schluchten
> Vergeßner Meere. Starrer Himmel Grauen. (185,5)

Auch hier die Erstarrung der Meere zu Gebirgen mit „Schluchten", die Einsamkeit und Ziellosigkeit des Schiffs in „vergeßnen" Meeren und die „starren Himmel", wie die „verschlossenen" Höfe „aller Himmel" in ‚Umbra Vitae' oder „Himmel ... schallend und leer" in ‚Mit den fahrenden Schiffen' eine Metapher für sinnentleertes, auf sich selbst zurückgeworfenes Leben.

Wie sich „endlose Reise" und „Weltwinter" bzw. „Weltherbst" als komplementäre Motive erwiesen, so korrespondiert dem Bild der „hängenden" Schiffe, der Metapher für ziellose Lebensreise, das anschließende:

> Die Bäume wechseln nicht die Zeiten
> Und bleiben ewig tot in ihrem Ende ...

als universelle Metapher für das Stillstehen der Zeit, d. h. die Stagnation des menschlichen Lebens „in dem Ende eines Welttages". Daß auch hier die erstarrte Natur eine erstarrte Menschenwelt versinnbildlicht, geht aus der stereotypen metaphorischen Funktion hervor, die das Bild des abgestorbenen Baumes bei Heym hat[16], und im Bildgefüge von ‚Umbra Vitae' aus dem metaphorischen Vergleich von Zweigen mit „Fingerhänden" sowie aus dem umgekehrten von Armen mit „Besen". Die bedeutende Rolle, die solche Erstarrungsmetaphern nicht nur in der Bildersprache Heyms, sondern in der expressiven allgemein, besonders auch in der Lyrik Trakls spielen, ist meist übersehen und die der „dynamisierenden" Metaphern[17] überbetont und dadurch auch mißverstanden worden, denn Dynamisches und Statisches im expressiven Stil sind komplementäre Phänomene[18]. Scheinbar dynami-

---

15a Off. Joh. 15,2 *ein gläsernes Meer*, 10,6 *daß hinfort keine Zeit mehr sei*, 11,6 *den Himmel zu verschließen*.
16 s. o. S. 131.
17 K. L. Schneider, l. c. S. 71—78.
18 s. o. S. 149 ff. u. 210 f.

sierende und beseelende Metaphern wie die, daß die Bäume „Fingerhände" über die Wege „spreiten", können sich im Bild- und Sinnzusammenhang eines Gedichts als extreme Erstarrungs- und Entseelungs-Metaphern erweisen. Da die Bäume selbst bereits als abgestorben (*ewig tot*) dargestellt sind, hat die Metapher des „Spreitens" von „Fingerhänden" nur noch die Funktion, erstarrte Natur als erstarrte Menschennatur erscheinen zu lassen, d. h. den Ausdruckscharakter von Erstarrung und Entseelung, den das Bild der „ewig toten" Bäume ohnehin hat, zu steigern.

Daß die „stockenden" Meere und die Bäume, die „nicht die Zeiten wechseln", nicht à la lettre zu nehmen, nicht etwa als Beschreibungen eines kosmischen Weltendes zu verstehen sind, sondern die Menschenwelt und das Menschenwesen im geschichtlichen Zustand einer Endzeit, eines „Weltabends" versinnbildlichen, ist auch der kompositorischen Funktion beider Bilder im Gefüge des ganzen Gedichts zu entnehmen. Sie sind auf das Bild der sterbenden Menschen, das ihnen vorausgeht (*Selbstmörder...*) und das ihnen folgt (*Wer stirbt...*), zu beziehen. Wie das apokalyptische Bild der plötzlich „in großen Horden" den Tod suchenden Menschen beschreibt in der vorletzten Strophe das naturalistische Bild des plötzlich sterbenden Menschen (*Und eben hat er noch ein Wort gesprochen, / Auf einmal ist er fort...*) den „Schatten" des „Weltabends", der auf dem Leben der Menschen liegt, als Todesdrohung. Auch in den beiden Endzeit-Gedichten ‚Der Krieg' (75 u. 195) droht der Tod als „Schatten":

> In den Abendlärm der Städte fällt es weit,
> Frost und *Schatten einer fremden Dunkelheit.* (75,2)

> Aber riesig schreitet über den Untergang
> Blutiger Tage *groß wie ein Schatten der Tod...* (195,4)

Gleichzeitig geht in der vorletzten Strophe die Darstellung des imaginierten „Weltendes" in die des realen, alltäglichen Weltzustandes über. Das Bild des jäh endenden Menschenlebens hat nicht wie das der Selbstmörder-„Horden" und das der „stockenden" Meere und „ewig toten" Bäume den apokalyptisch-visionären Charakter des Außergewöhnlichen, sondern stellt das allgemeine Schicksal der kreatürlichen Vergängnis des Menschen als eine alltägliche Realität dar, wie das entsprechende Bild in ‚Was kommt ihr, weiße Falter, so oft zu mir?':

Weh dem, der jemals einen sterben sah,
Da unsichtbar in Herbstes kühler Stille
Der Tod trat an des Kranken feuchtes Bette
Und einen scheiden hieß, da seine Gurgel

Wie einer rostigen Orgel Frost und Pfeifen
Die letzte Luft und Rasseln stieß von dannen.
Weh dem, der sterben sah. Er trägt für immer
Die weiße Blume bleiernen Entsetzens.

Wer schließt uns auf die Länder nach dem Tode,
Und wer das Tor der ungeheuren Rune?
Was sehn die Sterbenden, daß sie so schrecklich
Verkehren ihrer Augen blinde Weiße?   (185,6 f.)

Im thematischen Zusammenhang von ‚Umbra Vitae' hat das allgemeine
Motiv der kreatürlichen Vergängnis des Menschen die besondere Funktion
eines „Endzeit"-Motivs, weil das Bild des plötzlichen Lebensendes hier
ausdrückt, daß im „Schatten" des „Weltabends" der Schatten des Todes
s t ä n d i g auf dem Leben des Menschen liegt. Diese Funktion hat es auch
in ‚Was kommt ihr, weiße Falter . . .', denn wie es sich in ‚Umbra Vitae' auf
das folgende des „schweren Schlafes" bezieht, so dort auf das vorausgehende:

Ich höre *oft im Schlaf* der Vampire Gebell
Aus trüben Mondes Waben wie Gelächter,
Und sehe tief in leeren Höhlen
Der *heimatlosen Schatten* Lichter.[19]   (185,3)

Der Schlüssel zum Verständnis der Weltend-Vision Heyms liegt in der
Schlußstrophe von ‚Umbra Vitae', auf die der Titel („Schatten des Lebens")
vorausdeutet:

Schatten sind viele. Trübe und verborgen.
Und Träume, die an stummen Türen schleifen.
Und der erwacht, bedrückt vom Licht der Morgen,
Muß schweren Schlaf von grauen Lidern streifen.

Die Bilder, die das irreale Ereignis eines plötzlichen Weltendes als Realität
dargestellt hatten, werden retrospektiv zu „Schatten" und „Träumen".
Durch ihre Rückverwandlung in Imaginationen verflüchtigen sie sich jedoch

19 Die „heimatlosen Schatten" sind ruhelose „tote Seelen" (185,1).

nicht zu Phantasmen, werden sie im Gegenteil zum Ausdruck einer realen Erfahrung. Denn es ist die gegenwärtige Daseinsverfassung des alltäglichen Lebens *(Vitae, bedrückt vom Licht d e r Morgen, schweren Schlaf)*, die diese Schatten und Träume ständig erzeugt. Während das Weltende, das van Hoddis als reales Ereignis, als factum brutum eines katastrophischen Ausnahmezustandes darstellt, Fiktion einer Wunschphantasie bleibt, die aus subjektivem Protest und in der Attitüde ironischer Distanz die Welt des „Bürgers" wie in einem Spielzeugkasten zusammenstürzen läßt, beschreibt Heym mit den „Schatten" und „Träumen" eines Weltendes den alptraum-artig „bedrückenden" Normalzustand der Menschenwelt in der geschicht-lichen Stunde, die er einen „Weltabend" nennt. Daraus erklärt sich auch die Umstilisierung der gegenwärtigen Welt in eine gleichsam zeitlose, der mo-dernen Stadt in eine archaische (Str. 1—2). Indem sie die gegenständliche Realität ins Schatten- und Traumhafte verfremdet, drückt sie dasselbe aus wie die als Realität dargestellten irrealen Weltendereignisse (Str. 3—7): daß „Schatten" und „Träume", die den „trüben und verborgenen" Daseinsgrund des gegenwärtigen Lebens- und Weltzustandes enthüllen, realer sind als die gegenständliche Realität selbst.

Daß Heym seinen zweiten Gedichtband nach dem Gedicht, das ihn ein-leitet, ‚Umbra Vitae' betitelt, deutet darauf hin, daß sich im Motiv der End-zeit die Grundmotive seiner Dichtung zusammenschließen. Das bestätigt sich in doppelter Hinsicht. Einmal erweisen sich die Bildeinheiten des Ge-dichts ‚Umbra Vitae' gleichsam als Bildformeln, in denen die Motive der end- und ziellosen Reise (Str. 6), des Weltwinters (Str. 7) und der Toten (Str. 8) in derselben Verflechtung wiederkehren, in der sie als tragende Mo-tive der ganzen dichterischen Bilderwelt Heyms zu erkennen waren. Zum anderen enthalten diese Bildformeln in nuce die Thematik, die in den Samm-lungen ‚Umbra Vitae' und ‚Der Himmel Trauerspiel' so häufig variiert wird, daß diese Variationen als Bruchstücke eines einzigen lyrischen Monologs gelten können. Thematische Variationen des zentralen „Weltend"-Motivs sind die beiden Gedichte ‚Der Krieg' (75 f. u. 195), ferner ‚Die Stadt der Qual' (93), ‚Kata' (107), ‚Die Nacht' (194) und ‚Heroische Landschaft' (196 f.). Das Endzeit-Motiv der Selbstmörder aus ‚Umbra Vitae' variieren die Ge-dichte ‚Nacht III' (111) und ‚Die Selbstmörder' (187); das der erstarrenden Natur, d. h. der stillstehenden Zeit, die Gedichte ‚Frühjahr' (184), ‚Auf einmal kommt ein großes Sterben' (191 f.), ‚Und die Hörner des Sommers verstummten' (193); das der alptraumartigen Beschwerung und tödlichen Verschattung des Lebens die Gedichte ‚Halber Schlaf' (105), ‚Die Nacht' (102), ‚Hora Mortis' (128), ‚Was kommt ihr, weiße Falter, so oft zu mir?' (185 f.) usw. Darüber hinaus tauchen die Endzeit-Motive aus ‚Umbra Vitae' ständig in einzelnen Bildern und Metaphern auf, vor allem im Zusammenhang mit der Thematik der „sterbenden Städte"[20]. Eine stereotype Metapher für endzeitliches Verhängnis ist das Bild unheilkündender Gestirne. In ‚Umbra Vitae' und ‚Die Nacht' (194) leitet es die Weltend-Visionen ein. Häufiger findet es sich in den pointierenden Schlußstrophen Heyms, wo es das Ausgeliefertsein des Menschen an ein blind waltendes Schicksal versinnbildlicht:

Doch niemand rühret das starre
Gestern noch mit der Hand,
Da der rostige Mond
Kollerte unter den Rand
In wolkiger Winde Geknarre.　　　　(125,3 Die Nebelstädte)

Etwas will über die Brücken,
Es scharret mit Hufen krumm,
Die Sterne erschraken so weiß.　　　　(105,3 Halber Schlaf)

Sie fallen schwer in Schlaf. Und sehen ferne

Die Nacht voll Feuer in den Traumgedanken
Und auf der Stange, *rot, gleich einem Sterne,*
Aus Aufruhrs Meer das Haupt des Zaren schwanken.
　　　　　　　　　　　　　　　　(188,3/4 Rußland)

Er sieht sich um voll Angst und starrt herauf
Zum Kreis der Sterne, die dem dunklen Orte
Schwach leuchten in der dumpfen Stunden Lauf.

Das dunkle Volk der flatternden *Plejaden*
Huscht *wie ein Fledermäuse-Schwarm* dahin.　(167,5/6 Der Affe II)

Ein Paradigma für Heyms thematische Variationen des Motivs der Endzeit ist das nachgelassene Gedicht ‚Frühjahr' (184). Es entstand im Oktober 1911, nicht viel später als das Gedicht ‚Umbra Vitae', dessen siebente Strophe („Die Bäume wechseln nicht die Zeiten . . .") es paraphrasiert.

20 s. o. S. 125.

FRÜHJAHR

Die Winde bringen einen schwarzen Abend,
Die Wege zittern mit den kalten Bäumen,
Und in der leeren Flächen später Öde
Die Wolken rollen auf den Horizonten.

Der Wind und Sturm ist ewig in der Weite,
Nur spärlich, daß ein Sämann schon beschreitet
Das ferne Land und schwer den Samen streuet,
Den keine Frucht in toten Sommern freuet.

Die Wälder aber müssen sich zerbrechen,
Mit grauen Wipfeln in den Wind gehoben,
Die quellenlosen, in der langen Schwäche,
Und nicht mehr steigt das Blut in ihren Ästen.

Der März ist traurig. Und die Tage schwanken
Voll Licht und Dunkel auf der stummen Erde.
Die Ströme aber und die Berge decket
Der Regenschild. Und alles ist vergangen.

Die Vögel aber werden nicht mehr kommen,
Leer wird das Schilf und seine Ufer bleiben.
Und große Kähne in der Sommerstille
Zu grüner Hügel toten Schatten treiben.

In der traditionellen Jahreszeit-Lyrik war der Frühling als die Zeit des sich erneuernden organischen Lebens eine Zeit der Verheißung, in der sich, wie Uhlands ‚Frühlingsglaube' sagt, auch für das „arme Herz" des Menschen „alles, alles wenden" muß. In Heyms Gedicht verkehrt sich der Naturcharakter der Jahreszeit. Es stellt das Frühjahr als eine Zeit dar, in der alles Leben abgestorben bleibt, „alles vergangen" ist, noch ehe es wird: Wind und Sturm „ist ewig"; Samen trägt „keine Frucht in toten Sommern"; wie in ‚Umbra Vitae' sind die Bäume *ewig tot*: „Und nicht mehr steigt das Blut in ihren Ästen"; die Vögel „werden nicht mehr kommen"; was den Schein des Lebendigen hat (*grüner Hügel*), sind „tote Schatten". Solche Bilder verkehren nicht nur den Naturcharakter der Jahreszeit, sondern heben Naturzeit überhaupt negativ auf, indem sie alles Leben in einem ewigen Weltherbst oder Weltwinter für immer erstarren, die Zeit stillstehen lassen. Wörtlich genommen, wären sie völlig paradox. Sie können nur als Metaphern oder Chiffren verstanden werden, die erstarrtes menschliches Leben durch stillstehendes organisches Leben, eine tote Menschenwelt durch mortifizierte Natur versinnbildlichen. Deshalb sprechen sie auch von der erstarrenden und abgestorbenen Natur wie von menschlicher Natur: die Wege „zittern", die Wälder müssen „sich" zerbrechen, in den Ästen steigt nicht mehr „das Blut", der März ist „traurig", die Erde „stumm". Auf das Leben und die Welt des Menschen bezieht sich die Metaphorik der erstarrten Natur auch ausdrücklich durch das Bild des Sämanns, „den keine Frucht in toten Sommern freuet", und durch das abschließende der „großen Kähne". Das erste ist eine Metapher für sinnentleertes menschliches Leben wie die analogen Bilder in ‚Morgue' und ‚Mitte des Winters':

> Vom Herbst verworfen. *Faule Frucht der Jahre,*
> Zerronen sommers in der Gossen Loch,
> *Wir* (sc. Tote), ...   (78,2)

> Sommerzeit, Herbstzeit, alles geht vorüber,
> Und *brauner Tod hat jede Frucht ergriffen.*   (183,2)

Das durch die Schlußverse exponierte Bild der „großen Kähne", die „zu ... toten Schatten treiben", variiert das der „hängenden" Schiffe in ‚Umbra Vitae', ist Metapher für ziellose Lebensreise und kehrt als solche wieder in dem Endzeitgedicht ‚Auf einmal kommt ein großes Sterben':

> Die Schiffer fahren trüb im Ungewissen,
> Auf grauem Strom *die großen Kähne treiben*
> In schiefen regensmatten Finsternissen

> Durch leerer Brücken trüben Schall und Städte,
> Die hohl wie Gräber auseinanderfallen,
> Und weite Öden, winterlich verwehte.   (191,2/3)

Sämtliche Bilder in Heyms ‚Frühjahr' wollen weder Naturerscheinungen beschreiben noch ein unmittelbares Verhältnis des Menschen zu ihnen, eine „Stimmung" wiedergeben, widersprechen vielmehr der Natur, indem sie das Frühjahr als Endzeit, seine Verheißung einer Erneuerung alles Lebendigen als das Verhängnis eines unveränderlichen toten Seins darstellen. Damit drücken sie aus, daß sich dem Menschen, auf dessen Leben der „Schatten" eines „Weltabends" liegt, die Natur ebenso verfremdet wie sein eigenes Wesen. Der groteske Gegensatz zwischen dem Inhalt des Gedichts (Endzeit) und seinem Titel (Frühjahr) besagt: Der Frühling lügt. Was Heym in Bilder und Metaphern verschlüsselt, faßt Kafka in den Aphorismus: „Manche leugnen den Jammer durch Hinweis auf die Sonne, er leugnet die Sonne durch Hinweis auf den Jammer."[21]

---

21 Kafka, „ER", Aufzeichnungen aus dem Jahre 1920, in: Beschreibung eines Kampfes, Frankfurt a. M. 1954, S. 292.

Schon in ‚Umbra Vitae' wurde aus dem dargestellten p l ö t z l i c h e n Weltende durch seine Rückverwandlung in alltägliche, ständig gegenwärtige „Schatten" und „Träume" ein p e r m a n e n t e s Weltende. Gleichzeitig drückte die Schlußstrophe aus, daß diese Schatten und Träume, weil sie den „trüben und verborgenen" Daseinsgrund eines Lebens- und Weltzustandes enthüllen, realer sind als die gegenständliche Realität selbst. Konsequent wird deshalb in ‚Frühjahr' die gegenständliche Realität, der Naturcharakter der Jahreszeit, negativ aufgehoben und der „Schatten des Lebens", der ständige Alptraum eines Weltendes, als Realität dargestellt: als der im Wechsel von Jahres- und Tageszeiten sich gleichbleibende geschichtliche Zustand einer „in dem Ende eines Welttages" lebenden Menschheit, für den hier metaphorisch eine endzeitlich erstarrte Natur figuriert. Die traditionelle Jahreszeit-Poesie, die der Titel scheinbar ankündigt, wird durch den Inhalt indirekt parodiert. Weil das Gedicht nichts Unmittelbares, weder einen Vorgang noch ein Erlebnis, sondern einen totalen Weltzustand zum Gegenstand hat, ist sein Kompositionsprinzip das eines statischen Nebeneinanders gleichartiger Bildeinheiten und Bildelemente, haben sämtliche Bilder den Charakter metaphorischer Allgemeinheit und wird das Gepräge der Sprachform durch gleichförmige, sich wiederholende Satzfiguren bestimmt. In jedem Einzelbild hat alles Besondere bereits den Charakter des Allgemeinen, da die meisten Substantive im Plural stehen und ihr bestimmter Artikel den Sinn von „alle" hat: *die Winde, die Wege, die Wolken, die Wälder, die Tage, die Ströme, die Berge, die Vögel* usw. Auch die Singularformen generalisieren, bezeichnen die Gattung (*Der Wind und Sturm, das Schilf und seine Ufer*) oder unbestimmt Allgemeines (*einen schwarzen Abend, ein Sämann*) oder gar alles Seiende (*auf der stummen Erde, alles ist vergangen*). Die metaphorische Bedeutungsgleichheit der Einzelbilder wird sprachlich durch deren Aneinanderreihung in parataktischen Teilsätzen ausgedrückt:

> Die Winde bringen einen schwarzen Abend,
> Die Wege zittern mit den kalten Bäumen . . .
> Die Wolken rollen auf den Horizonten.
> Der Wind und Sturm ist ewig in der Weite . . .
> Die Wälder aber müssen sich zerbrechen . . .
> Die Vögel aber werden nicht mehr kommen . . . usw.

In jeder der fünf Strophen werden dann die Teilsätze zur syntaktischen Einheit einer Satzreihe, wird eine Reihe von Einzelbildern als Aufzählung von Sinngleichem zu einer Bildeinheit zusammengefaßt. Das ist auch in den beiden letzten Strophen der Fall, wo die Teilsätze zwar durch Punkte voneinander abgetrennt, zugleich jedoch durch die sie einleitenden Konjunktio-

nen „Und" und „aber" miteinander verkettet sind. Wie die metaphorische
Bedeutungsgleichheit der Einzelbilder sprachlich durch gleichförmige, parataktische Satzfiguren ausgedrückt wird, so die der Bildeinheiten, zu denen
sie sich summieren, durch die gleichförmige syntaktische Struktur der Strophen. Das Inhaltliche, die endzeitliche Erstarrung alles Lebendigen zu ewig-
gleichem totem Sein schlägt sich im Formcharakter des Gedichts als ständige
Wiederkehr des Gleichen nieder.

In ‚Umbra Vitae' legt sich die „Mythologie" des Weltendes selbst als
Beschreibung der Realität einer Alltagswelt aus, in der menschliches Leben
sich nicht frei entfalten kann, „bedrückt" ist vom Licht „der" Morgen. In
‚Frühjahr' wird die Endzeit, in der die Natur erstarrt, als die „traurige"
Monotonie „der" Tage beschrieben:

> . . . . Und die Tage schwanken
> Voll Licht und Dunkel auf der stummen Erde.

Mit den gleichen oder analogen Bildern und Metaphern beschreibt Heym
die sinnentleerte Zeit, in der menschliches Leben erstarrt:

> Nun wohnen wir in rings umbauter Enge
> Im kargen *Licht und Dunkel* unserer Gruben,
> Wie Seiler zerrend grauer Stunden Länge.
>
> Die Tage zwängen sich in niedre Stuben . . .   (110,2/3 Der Winter)

> . . . . Und kleine Tage
> Sind viel verstreut wie Hütten in den Winter
> Und *Nächte ohne Leuchten*, ohne Stunden,
> Und *grauer Morgen ungewisser Bilder.*   (183,1 Mitte des Winters)

> Gebären, Tod, gewirktes Einerlei,
> Lallen der Wehen, langer Sterbeschrei,
> Im *blinden Wechsel* geht es dumpf vorbei.   (104,3 Die Stadt)

Daß in der metaphorischen Bildersprache Heyms allgemein — wie z. B. auch
in den betrachteten Gedichten ‚Meine Seele', ‚Hora Mortis', ‚Der Winter'
usw. — die erstarrende und mortifizierte Natur ein in der Monotonie subjekt-
fremder Zeit verödetes und erstarrtes menschliches Leben versinnbildlicht,
wird besonders deutlich am Bild des „Gartens". In Heyms Erzählung ‚Ein
Nachmittag' heißt es von dem Knaben, dessen Leben sich zu erfüllen scheint:
„Und *das Leben* erschien dem Kinde ... *wie ein ewiger Garten.*" (268). Der
„tote Garten" aber ist Sinnbild stillstehender Zeit, stillstehenden menschlichen Lebens:

> Und wir entglitten durch Tore nächtig
> In *toter Gärten verwunschene Zeit.*   (113,1 Die Höfe)

> *Der Nebelstädte*
> *Winzige Wintersonne*
> Leuchtet mir mitten ins *gläserne Herz.*
> Das ist voll vertrockneter Blumen
> *Gleich einem gestorbenen Garten.*   (125,1 Die Nebelstädte)

Diese Bedeutung hat auch die Thematik des „sterbenden" und des „toten Gartens" in den Gedichten: ‚Der Garten' (130), ‚Der Garten der Irren' (83), ‚Der Park' (176), ‚Die Höfe luden uns ein' (113), ‚Der herbstliche Garten' (179), ‚Ein Herbst-Abend' (160).

Die deutlichste Einsicht in Heyms Metaphorik der erstarrten Natur und das heißt auch der „Endzeit", gewährt das Gedicht ‚Die Mühlen' (166), das etwa gleichzeitig mit ‚Umbra Vitae' und ‚Frühjahr', im Oktober 1911, entstand. In seinen drei Strophen, deren jede eine Bildeinheit umfaßt, stellt sich der Sinnbezug dar, den diese Metaphorik zwischen der Zeit als „blindem Wechsel", entseeltem Menschendasein und erstarrter Natur stiftet.

Die Mühlen

> Die vielen Mühlen gehen und treiben schwer.
> Das Wasser fällt über die Räder her,
> Und die moosigen Speichen knarren im Wehr.

> Und die Müller sitzen tagein, tagaus
> Wie Maden weiß in dem Mühlenhaus,
> Und schauen oben zum Dache hinaus.

> Aber die hohen Pappeln stehn ohne Wind
> Vor einer Sonne herbstlich und blind,
> Die matt in die Himmel geschnitten sind.

Unter den Gedichten Heyms, in denen das Bild der Mühle begegnet, ist ‚Fronleichnamsprozession' (51 f.) — während Heyms Würzburger Studienaufenthalt im Mai 1908 konzipiert (T 108) und im Juli 1910 entstanden — das früheste. Auf dem Hintergrund einer noch vorwiegend impressionistisch wiedergegebenen Sommerlandschaft läßt es Pracht und Pathos eines Kults sich entfalten und stellt ihn zugleich als Vergängliches und Vergangenes zur Schau, indem es die Prozession in der panischen Mittagsstille einer „schlafenden" Natur (Str. 1–3) auftauchen (Str. 4), vorüberziehen (Str. 5—9) und untertauchen (Str. 10) läßt und dem Kultischen das Signum des Archaischen,

der Zeit Verfallenen aufprägt: dem „alten Chorrock, dem von Staub ver-
blaßten", den „alten Liedern", der „alten Tracht", dem Christusbild mit
dem „gelben Holzgesicht", den „vergilbten Stolen" usw. Es schließt:

> Der Mittag kommt. Es schläft das weite Land,
> Die tiefen Wege, wo die Schwalbe schweift,
> *Und eine Mühle steht am Himmelsrand,*
> *Die ewig nach den weißen Wolken greift.* (52,5)

Wie in den meisten Gedichtschlüssen Heyms verdichtet sich auch in diesem
der Sinngehalt des Dargestellten. Das pointierende Schlußbild der Mühle,
die „ewig", d. h. vergeblich, nach den Wolken, d. h. Ungreifbarem „greift",
symbolisiert den unaufhebbaren Gegensatz zwischen der toten Ewigkeit
rein vergänglicher Zeit, die Hegel „schlechte Unendlichkeit" nennt, und
einer überzeitlichen, transzendenten Ewigkeit, die hier der „Himmel", an
dessen „Rand" die Mühle steht, und die „reinen" (Str. 1), „weißen Wolken"
versinnbildlichen. Transzendente Ewigkeit bleibt Utopie im ursprünglichen
Sinn des griechischen Wortes („Nirgendland"), da der Kultus, der ihr gilt,
als archaisch und sie selbst metaphorisch als ungreifbar, als „Wolke" dargestellt wird. Die Mühle ist also Sinnbild des ständigen Zurückgeworfen-
und Gefangenseins des Menschen in die Immanenz, in Zeit als ewige Wiederkehr des Gleichen, „blinden Wechsel". In dem Gedicht ‚Die Gefangenen
II' (14), das wie eine Reihe anderer[22] die Thematik dieses Gefangenseins
variiert, heißt es von den Gefangenen, deren Blick — analog zur Mühle, die
„ewig greift" — immer etwas „sucht" und immer „zurückprallt" (14,1) und
deren Rundgang im Gefängnishof die tödliche Monotonie von Zeit als
leerem Kreislauf versinnbildlicht:

> *Wie in den Mühlen dreht der Rädergang,*
> So dreht sich ihrer Schritte schwarze Spur. (14,2)

Das Vergleichsbild ist bereits in den Plural gesetzt, in dem es auch in dem
Gedicht ‚Die Mühlen' erscheint, d. h. zu einer universellen Metapher ge-
worden. Als solche symbolisiert das Bild der Mühlen in Heyms Revolutions-
Erzählung ‚Der fünfte Oktober' mit dem Hunger nach Nahrung zugleich
den nach Freiheit, wird es zum dämonischen Trugbild eines „Marter"-
Traums mythologisiert:

> Weit um sie herum lief die Ebene Frankreichs herab, verzäumt von *gespen-*
> *stigen Mühlen,* die rings um den Horizont standen wie Türme oder *riesige*
> *Gottheiten* des Kornes, die mit den Armen ihrer großen Flügel Mehlwolken
> aufstäubten, als dampfe Weihrauch um ihre großen Häupter. (206)

---

22 Vgl. a. ‚Die Gefangenen I' (13), ‚Die gefangenen Tiere' (157), ‚Die blinden Frauen'
(109), ‚Der Affe' (167), ‚Rußland' (188), ‚Simson' (115), ‚Die Irren' (95 ff.) u. a. m.

In dem Gedicht ‚Printemps' (144) ist die Mühle zum riesenhaften Naturmörder dämonisiert, d. h. zu einem endzeitlichen Schreckbild geworden:

> Und eine Mühle faßt der Sonne Haar
> Und wirbelt ihren Kopf von Hand zu Hand
> Auf schwarze Au, der langsam sinkt, voll Blut. (144,4)

Der ständigen metaphorischen Funktion des Bildes der Mühlen entspricht der Bedeutungsgehalt, den es in dem Gedicht ‚Die Mühlen' entfaltet. In der ersten Strophe erhält es durch die Pluralform und die Steigerung der durch sie bezeichneten unbestimmten Vielzahl ins Zahllose (Die *vielen* Mühlen...) den Charakter metaphorischer Allgemeinheit. Damit werden auch die gegenständlichen Bilder, die den „schweren" Rädergang beschreiben, zu Metaphern. Wie ewiger „Wind und Sturm" in ‚Frühjahr' versinnbildlicht hier das Wasser, das „über" die Räder „herfällt", den Zwang bloß vergänglicher, „reißender" Zeit. Gleichzeitig versinnbildlicht das „Knarren" der „moosigen" Speichen den schleppenden, stagnierenden Gang menschlichen Lebens unter diesem Zwang, wie aus der metaphorischen Darstellung erstarrten Lebens in analogen Bildern hervorgeht:

> Kurz ist das Licht, das Stürme jetzt verdecken,
> Und *immer knarren laut die Wetterfahnen*,
> Die *rostig* in den niedern Wolken stecken.
>
> Und viele Kranke müssen jetzt verenden,
> Die furchtsam hüpfen in den leeren Zimmern,
> Zerdrückt im Leeren von den hohen Wänden.
>
> (191,5/6 Auf einmal aber kommt . . .)
>
> Doch niemand rühret das starre
> Gestern noch mit der Hand,
> Da der *rostige* Mond
> Kollerte unter den Rand
> In *wolkiger Winde Geknarre*. (125,3 Die Nebelstädte)
>
> Über den Höfen, den dunklen voll Trauer, begannen
> Windfahnen eben *das knarrende Abendlied*. (91,3 Die Schlösser)

Die Metaphorik der scheinbar real-gegenständlichen Beschreibung des Mühlenrädergangs legt sich selbst in der zweiten Strophe aus. Das Bild der Müller, die „tagein, tagaus" im Mühlenhaus „sitzen" und zum Dache „hinausschauen", stellt die Monotonie des „blinden Wechsels" sinnleerer Zeit als ewige Langeweile dar, und der Vergleich der Müller mit „Maden weiß" veranschaulicht aufs krasseste den Stillstand und die Entstellung menschlichen Lebens zu dumpf vegetierendem Dasein im „Staub" einer sich immer

gleichen, „pulverisierten" Zeit (Bergson)[23]. Aus der Bedeutung, die „sitzen"
und „schauen" in diesem Bild- und Sinnzusammenhang haben, erklärt sich
die Rolle beider Wörter als verbaler Erstarrungsmetaphern in der Bildersprache Heyms:

> Die Toten *schaun* den roten Untergang . . .
> Sie *sitzen* strickend an der Wand entlang . . .   (11,3/4 Berlin III)

> Man *setzt* ihn hinter einen Gartenzaun.
> Da stört er nicht mit seinen Quälerein.
> „Sieh dir den Himmel an!" Er ist allein.
> Und seine Augen fangen an zu *schaun.*   (20,1 Der Blinde)

> Er . . . *hockt* auf einem Stein an der Chaussee . . .
> Er sieht sich um voll Angst und *starrt herauf*
> Zum Kreis der Sterne, die dem dunklen Orte
> Schwach leuchten in der dumpfen Stunden Lauf.   (167,4/5 Der Affe II)

> *Wir sitzen nun ewig* in weißlichen Wolken, zu träumen
> Spielendem Fluge der Falter im Abendrot nach.
>   (113,4 Die Höfe luden uns ein . . .)

> Sie fühlen nur der weißen Stille Schneien
> Auf ihren Köpfen, die sich nicht bewegen.
> So gleichend den verfallenden Altaren
> *Sitzen sie* weit am Weg. . . . . . .   (172,5/6 Die Tauben)

> In dunklen Winkeln *hocken* sie verstohlen
> Wie Kinder einst, in Dämmerung geschart.   (95,3 Die Irren I)

> Und *sitzen* wieder *sanft* in den Verstecken.
>   (83,2 Der Garten der Irren)

> Früher *saßen wir* tief in dumpfen Stuben,
> Und das wolkige Leben war über uns fort,
> Und wir horchten immer um unsrer Gruben
> Grauen Himmel in dem schläfrigen Ort.   (182,2 Die Irren)

> Die Bettler aber, die die Lieder grölen,
> *Sitzen im Land herum* mit langen Händen
> Und weisen ihre roten Augenhöhlen.   (192,1 Auf einmal . . .)

Auf das Bild der Mühlen als Metapher für den „blinden Wechsel" immer-
gleicher Zeit und auf das Bild der Müller als Metapher für dumpf vegetierendes, (*wie Maden*) blindes Menschendasein bezieht sich abschließend das
Bild der „hohen Pappeln", die „matt in die Himmel geschnitten", vor einer
„blinden" Sonne zu Schemen erstarrt sind. Wie das vorausgehende ver-

---

23 s. o. S. 186 f.

sinnbildlicht es entseeltes menschliches Leben, „aber" — wie der Strophen-
einsatz sagt — im Kontrast zu jenem solch eines, das seine Würde und Bestimmung gegen die vertierende Monotonie sinnentleerter Zeit behaupten
will. Der „hohen" Pinie in Nietzsches Gedicht ‚Pinie und Blitz' verwandt,
symbolisiert die „hohe Pappel" in der Bildersprache Heyms die ideelle Natur
des Menschen, die entstellte Pappel entstelltes Menschenwesen:

> Doch von der *Pappel*,
> *Die ragt im Ewigen Blauen*,
> Fällt schon ein braunes Blatt,
> Ruht auf dem Nacken dir aus.   (124,6 Deine Wimpern . . .)

> O süßer Sterbeton, den wir geschlürft.
> Breitschwingig flattert er im goldnen West,
> *Wo hoher Pappeln zitterndes Geäst*
> *Auf unsere Stirnen Gitterschatten wirft.*   (99,3 Die Irren III)

> Und *die Pappeln sausen* über die Himmel,
> *Braun mit den Köpfen, die Wind verbiegt.*
> Wer über die Höhen geht, spiegelt sich ferne
> In der *winzigen Sonne, lichtlos und tot . . .*   (180,3/4 November)

Indem sowohl das dumpfe Menschenleben, das sich der tödlichen Monotonie
sinnentleerter Zeit nicht bewußt ist, wie auch das „hohe", das sich in ihr
und gegen sie behaupten will, als entseelt und erstarrt, beides ein und
demselben blinden Zwange unterworfen erscheint, wird die sinnentleerte
Zeit als Weltverhängnis dargestellt. Die Pluralformen (*die vielen Mühlen,
die Müller, die hohen Pappeln, die Himmel* usw.) haben dieselbe Funktion
wie in ‚Umbra Vitae' (*die Meere, die Schiffe, aller Himmel Höfe, die Bäume* usw.) und in ‚Frühjahr' (*die Winde, die Wege, die Wolken, die Wälder*
usw.): sämtliche Bilder zu universellen Metaphern zu steigern, die Allgemeines ausdrücken, einen Weltzustand und die alltägliche Verfassung des
Lebens in ihm versinnbildlichen. Hier wie dort ist die Monotonie „der" Tage
das zentrale Motiv:

> Und die Müller sitzen *tagein, tagaus*
> Wie Maden weiß in dem Mühlenhaus . . .   (Die Mühlen)

> Und der erwacht, bedrückt vom Licht *der Morgen*,
> Muß schweren Schlaf von grauen Lidern streifen.   (Umbra Vitae)

> . . . . *die Tage* schwanken
> Voll Licht und Dunkel auf der stummen Erde.   (Frühjahr)

Hier wie dort versinnbildlicht mortifizierte Natur den Stillstand und die Entstellung des Menschenwesens in einer zur ewigen Wiederkehr des Gleichen
depravierten Zeit:

Aber die hohen Pappeln stehn ohne Wind
Vor einer Sonne herbstlich und blind,
Die matt in die Himmel geschnitten sind. (Die Mühlen)

Die Bäume wechseln nicht die Zeiten
Und bleiben ewig tot in ihrem Ende ... (Umbra Vitae)

Die Wälder aber müssen sich zerbrechen ...
Und nicht mehr steigt das Blut in ihren Ästen. (Frühjahr)

Das „Weltende", die mythologische Endzeit, in der die Natur für immer erstarrt, stellt demnach metaphorisch nichts anderes dar als die Entseelung, Sinnentleerung und Selbstentfremdung menschlichen Daseins in der alltäglichen Realität des geschichtlichen Zustands, den Heym als „Ende eines Welttages" bezeichnet. In den Motiven der ewigen Wiederkehr des Gleichen und des Stillstehens sowohl der subjektiven wie auch der objektiven, d. h. geschichtlichen Zeit, die sich zur Thematik des „Weltendes" verdichten, schlägt sich als Bild, Chiffre und Metapher nieder, was sich als aktuelle Erfahrung in den autobiographischen Äußerungen Heyms unmittelbar äußert und sie von 1907 bis 1911 wie ein Leitmotiv durchzieht:

Es ist alles so langweilig ... Alle Tage fast das gleiche ... alles grau in grau.
(30. 5. 07 T 89)

Die Götter sind zu lange schon tot. Ich bin allein nicht imstande, sie wieder zu erwecken. (6. 6. 07 T 89)

Zeit, was bist du für ein langsames Tier. (15. 2. 08 T 103)

Ich fühle alle Bedingungen in mir, ein Leben zu führen, dem jeder Tag große Erschütterungen von Freude oder Leiden bringt. Mein Dasein ist aber das eines beliebigen jungen Kaufmanns oder derlei. (16. 3. 08 T 105)

Ich weiß auch gewiß nicht, warum ich noch lebe; ich meine, keine Zeit war bis auf den Tag so inhaltlos wie diese. (29. 9. 09 T 131)

Ach, es ist furchtbar. Schlimmer kann es auch 1820 nicht gewesen sein. Es ist immer das gleiche, so langweilig, langweilig, langweilig. Es geschieht nichts, nichts, nichts. Wenn doch einmal etwas geschehen wollte, was nicht diesen faden Geschmack von Alltäglichkeit hinterläßt. Wenn ich mich frage, warum ich bis jetzt gelebt habe. Ich wüßte keine Antwort ... Dieser Frieden ist so faul ölig und schmierig wie eine Leimpolitur auf alten Möbeln.
(6. 7. 1910 T 138 f.)

Mein Gott — ich ersticke noch mit meinem brachliegenden Enthousiasmus in dieser banalen Zeit. (15. 9. 1911 T 164)

Unsere Krankheit ist, in dem Ende eines Welttages zu leben, in einem Abend, der so stickig ward, daß man den Dunst seiner Fäulnis kaum noch ertragen kann. (Die Aktion, 19. 6. 1911, Eine Fratze)

V. Mond und tote Welt

Mene zu preisen, redet, ihr Musen, sangesgeübte,
süß beredte Töchter Zeus' des Kroniden. Gespreizte
Schwingen beflügeln sie; himmlisches Leuchten umringelt die Erde,
strömend aus ihrem unsterblichen Haupte. Schönheit in Fülle
tut von unten sich auf im Schein ihres Lichtes. Es funkelt
blitzend die finstere Luft vom Gold ihrer Krone, und Strahlen
füllen die Räume, so oft die hehre Selene den schönen
Körper im Ozean badet und Strahlengewänder sich anlegt.
Blinkende Fohlen mit kräftigen Nacken schirrt sie zusammen,
treibt sie stürmisch voran, die Rosse mit prächtigen Mähnen,
abends, inmitten des Monats. Wenn dann die mächtige Scheibe
voll erstrahlt, wenn Ströme von Licht der Erfüllten entquellen
hochher vom Himmel, so gilt es den Menschen als Zeichen und Ordnung.

So feiert eine der Homerischen Hymnen[1] die Mondgöttin, auf ihrer Fahrt
zu Endymion. Die Aura, die der Mond als Selene, Schwester des Helios, in
der klassisch-antiken Mythologie hat — eine Anschauung, aus der seine be-
drohlich dämonischen Züge in älteren Mondmythen, wie die der Hekate
noch, getilgt sind — bestimmte das Mondbild der deutschen Lyrik von Klop-
stock bis zu Däubler hin. In der Dichtung Goethes kehrt das klassisch-antike
Urbild von Helios und Selene als Lichtnaturen verwandten Wesens und von
Selene als tröstlichem Gestirn geheimer Liebe sowohl in der Jugend- wie
in der Alterslyrik wieder. „Schwester von dem ersten Licht, / Bild der Zärt-
lichkeit in Trauer!" beginnt ‚An Luna', aus der Leipziger Zeit, und im ‚West-
Östlichen Divan' heißen Sonne und Mond — im Wechselgesang Suleikas
und Hatems die Liebenden selber allegorisierend — „das allerhöchste Welten-
paar". In ‚Faust II' erweitert sich der Bedeutungsgehalt des alten Motivs:
In den opernhaft hymnischen Schlußszenen der Klassischen Walpurgisnacht
vollzieht sich die Geburt des zeitlos Schönen, das Erscheinen Helenas vor-
bereitend, im magischen Schein des „im Zenith verharrenden" Mondes,
unter ständigen Anrufungen der „schönen" und „holden" Luna, der „hoch-

---

1 Homerische Hymnen, griech. u. dtsch., hrg. v. Anton Weiher, München 1951, S. 131
  (32. Hymne).

verehrten", „allerlieblichsten Göttin"[2]. In der Romantik wird Mondmagie
zur Metapher für die magische Beschwörungskraft der Poesie selbst, so daß
Jean Paul in einer Einlage des ‚Siebenkäs' einem Leser schreiben kann: „Dein
Leben kehre sich wie eine Welt in sanftem Wechsel bald dem Sonnenlicht
der Wirklichkeit, bald dem *Mondschein der Dichtkunst* zu . . ."[3]. Mit dem
Gewicht seiner besonders durch die Romantik ihm zugewachsenen Bedeutung hatte dieser vom klassisch-antiken Selene-(Luna-)Mythos vorgeprägte
Charakter des Mondbildes für die deutsche Lyrik bis ins ausgehende 19.
Jahrhundert gleichsam kanonische Gültigkeit. Vereinzelte Abweichungen
davon gab es[4], aber in keinem lyrischen Gesamtwerk veränderte sich sein
Charakter so radikal und mit solcher Ausschließlichkeit in sein Gegenteil
wie in dem Heyms und der an ihn anschließenden Expressionisten. Es handelt sich um eine für die dichterische Mythologie der expressionistischen
Lyrik höchst aufschlußreiche Dämonisierung des Mondbildes[5], wie sie das
folgende Mondgedicht Heyms ins Extrem treibt.

LUNA

Schon hungert ihn nach Blut. In roter Tracht
Steht er, ein Henker, vor der Wolken Block,
Und einer Pfauenfeder blaue Tracht
Trägt er am Dreispitz auf dem Nachtgelock.

Er springt auf einen alten Kirchen-Turm
Und ruft die Dohlen mit den Nacht-Schalmein.
Sie springen auf den Gräbern unterm Sturm
Zu seiner Flöte weißem Totenbein.

Und das Gewürm, das einen Leib zerstört
Und eine letzte Trauermesse hält,
Es kriecht hervor, da es die Pfeife hört,
Die wie ein Sterbeschrei im Dunkel bellt.

Die Absicht, aus der Heym dem Gedicht den Titel ‚Luna' gab, und nicht
etwa ‚Mond' wie einem anderen seiner Mondgedichte, ist gleich aus den
ersten Zeilen zu erkennen. Während der Titel auf die „schöne" und „holde"
Mondgöttin hindeutet, personifiziert Heym den Mond in männlicher Ge-

---

2 V. 8034—8043, V. 8078—8081, 8287—8291. Vgl. dazu Wilhelm Emrich, Die Symbolik
  von Faust II, Bonn 1957², S. 257 f., 260, 285, 289—301.
3 Jean Paul, Werke, 3. Bd., Berlin 1923, S. 672 (Hervorhebung K. M.).
4 Bei Lenau ‚Hypochonders Mondlied' (I, 335 ff.) im Gegensatz zu: ‚Das Mondlicht'
  (I, 11), ‚Schilflied' (I, 20), ‚Das Posthorn' (I, 13 ff.) u. a.
5 S. a. Ferd. J. Schneider, l. c, S. 73 f., H. Greulich, l. c. S. 64 ff., W. Kohlschmidt, l. c. S. 11 f.

stalt, und zwar in schroffstem Kontrast zum Luna-(Selene-)Mythos als blut-
rünstigen Henker. Der ganze Inhalt des Gedichts bedeutet eine einzige groteske Parodie dessen, was sich herkömmlicherweise an Vorstellungen mit
dem Namen „Luna" verband. Grotesk wie die Spannung zwischen Inhalt
und Titel sind auch die Spannungsmomente im Inhalt selbst: Der Mond
tritt als blutdürstiger Henker auf und ist zugleich ein Zauberer, der betörende Nacht-Schalmeien bläst; als Henker und Zauberer erscheint er mächtig,
aber seine Macht zeigt sich nur darin, daß Dohlen (Totenvögel) und Gewürm
nach seiner Pfeife tanzen; mit Nachtgelock und einer Pfauenfeder am Dreispitz erscheint er in eitler Aufmachung, während doch seine Pfeife ohnmächtig „wie ein Sterbeschrei im Dunkel bellt". Für das Phänomen des Grotesken
bei Heym ist es jedoch bezeichnend, daß all diese grotesken Spannungsmomente nicht den Charakter einer befreienden Komik haben und auch nicht
zu guter Letzt sich in einer solchen auflösen. Das Nocturno des Kirchhof-
spuks schlägt nicht, wie etwa in Goethes Ballade ‚Der Totentanz', ins Scherzo
um. Der dämonische Henker und Zauberer Mond ist nur Herr über eine
gespenstige Nacht- und Gräberwelt, repräsentiert das Alte, Verwesende,
Tote, aber der Bann, die gespenstige Macht dieser Verfallswelt wird nicht
gebrochen, Grausiges und Groteskes sind ineinander verschränkt, Grausiges
erscheint grotesk, Groteskes grausig, ja als eine Steigerung des Grausigen
zum grausig-grotesken Triumph des Abgestorbenen, Sinnlosen.

Wie dem desillusionierenden Kontrast zwischen Inhalt und Titel sowie
der gleichzeitigen Personifizierung des Henker-Monds als flöteblasenden
Zauberers, d. h. Künstlers, zu entnehmen ist, richtet sich der antikonven-
tionelle Affekt dieser Groteske gegen die sentimentale Gleichsetzung von
„Poesie" und „Mondschein", d. h. Vorstellungen von Gemüt, Schönheit,
Harmonie, wie sie sich dem Namen „Luna" in der bürgerlichen Vulgär-
romantik assoziierten, in Bezeichnungen wie „Lunapark" oder einem Operet-
tentitel „Frau Luna"; darüber hinaus aber auch gegen eine Auffassung von
Kunst, die der Kunst die Funktion erteilt, die Wirklichkeit zu verklären
oder durch eine künstlich geschaffene Welt des schönen Scheins über eine
schlechte Wirklichkeit hinwegzutäuschen, sie indirekt zu bestätigen. Diesen
Vorwurf machte Heym der neuromantisch-symbolistischen Dichtung, zwei-
fellos in der Anstrengung, ihre unverkennbare Einwirkung auf die Anfänge
seiner eigenen zu überwinden. Im Entwurf einer unterdrückten Vorrede
Heyms zum ‚Ewigen Tag' heißt es von George, der „tönenden Pagode", und
Rilke, daß sie „auf dem nächtlichen Parnaß vor erstauntem Monde grünliches Marionettenspiel aufführen"[6]. Die bildhafte Sprache dieser Polemik

---

6 Zit. n. Greulich, l. c. S. 128.

stimmt mit der einiger Gedichte Heyms so überein, daß diese sich als indirekte Parodien der Lyrik des frühen George, Rilke, Hofmannsthal enthüllen. Die Groteske ‚Die Somnambulen' stellt jenes nächtliche „grünliche Marionetten-spiel" als Tanz und Gesang mondsüchtiger Schlafwandlerinnen dar:

> Sie schlagen Zymbeln in der leichten Hand
> Und irren *singend* in der *grünen Luft*.　　　　　(103,3)
>
> . . . .
>
> Sie wiegen sich in ihren magern Lenden
> Im Tanzschritt hin, ein weißer Trauerchor.　　　　(103,4)

Schon hier wird der betörende Mond, den die tanzenden Somnambulen ihrerseits — „süß, voll Duft", mit „einem Wiegenlied an Abgrunds Pfad" — berauschen, zum blutgierigen Ungeziefer dämonisiert:

> Der Mond umfängt sie sanft *mit Spinnenarm*,
> Ihr Haupt wird von dem Kusse *weiß* gemalt.　　　　(103,6)

Das „weiße" Haupt des falschen Gottes, den ‚Das infernalische Abendmahl'[7] mit einer Fülle von Jugendstilbildern umschreibt[8], senkt sich „wie der Mond vom großen Himmelsraum" herab (119,2), und ähnlich wie in ‚Die Som-nambulen' heißt es dann in der Schlußstrophe:

> Schlaft, schlaft. *Des Gottes dunkler Mund*, er streift
> Euch herbstlich kühl, wie kalter Gräber Wind,
> Darauf *des falschen Kusses Blume* reift,
> *Wie Meltau giftig*, gelb wie Hyazinth.　　　　(121,2)

Das Nachlaßgedicht ‚Die Pflanzenesser' parodiert unter diesem metapho-rischen Titel die neuromantischen Lyriker, indem es sie in der Bildersprache des Jugendstils u. a. mit folgenden Vergleichen apostrophiert:

> Durchsichtig seid ihr, wie die Gräser zart,
> Und eure Arme sind wie Frauenhaar,
> Wie feine Seide weich ist euer Bart,
> Und eure Augen sind wie Wasser klar.
>
> Wie Blumen sitzet ihr den Bach entlang,
> Die Füße wurzeln euch in fettem Kraut.
> Ihr höret gern auf der Libellen Sang,
> Wenn ihr den Wellen nach gen Abend schaut.　　　(158,2—3)

In derselben parodistischen Weise wie in ‚Die Somnambulen' ist dann auch hier von Mond-Magie die Rede:

---

7 D 118—121.
8 bes. in den Strophen 8—18.

Der Atem zittert euch von Harmonie,
Darinnen ihr wie ernste Heilige wohnt,
Dem Monde gleich, in goldener Magie,
Der in der Regennacht in Wolken thront. (158,5)

In der Schlußstrophe aber heißt es wieder:

Und *da euch kalt des Mondes Sichel streift,*
Ziehn eure Stirnen sich in feinem Schmerz. (159,3)

Während diese Gedichte die ornamentale Harmonie der Jugendstillyrik *(Der Atem zittert euch von Harmonie)* und ihre hieratische Geste *(Darinnen ihr wie ernste Heilige wohnt)* mittels des Jugendstils selbst parodieren, dessen sprachliche und bildhafte Ausdrucksformen sie so getreu nachahmen, daß oft die Parodie mit ihrem Gegenstand verwechselt werden könnte, geht die Groteske ,Luna' geradewegs auf die restlose Desillusionierung alles dessen aus, worauf ihr Titel hindeutet. Mit der Zerstörung des Luna-Selene-Mythos will sie nicht nur den herzwärmenden Zauber vulgärromantischer Mondpoesie, sondern auch den der neuromantischen Dichtung als trügerischen Schein entlarven: die Musik von „Nacht-Schalmein", auf einer „Flöte weißem Totenbein" als „Sterbeschrei im Dunkel". Denn diese Mond-Groteske (aus dem Mai 1911) ist bereits in jenen Aufzeichnungen Heyms über George und Rilke (Anfang 1911), in der polemischen Charakterisierung ihrer Kunst als eines *nächtlichen* Marionettenspiels vor erstauntem *Monde* angelegt. Die Bilder, deren sich Heym dort bedient, kehren im ,Luna' wieder: die „tönende Pagode" als „alter Kirchen-Turm", von dem der Mond die Nacht-Schalmeien bläst, der „nächtliche Parnaß" als nächtliche Kirchhofsszene, das „Marionettenspiel" als Dohlentanz nach der Flöte des Zauberers. — Die Abwehrstellung gegenüber dem Jugendstil, die sich in diesen Parodien und Grotesken kundtut, hat ihren Grund gerade darin, daß sich die dichterische Sprache Heyms selbst aus dem Jugendstil heraus entwickelte. Die Parodie ist daher zugleich auch Selbstparodie. Wie es zu dieser Wendung kam, wird an der Abwandlung, der die Sonnensymbolik des Jugendstils bei Heym unterliegt, noch zu verfolgen sein. (S. u. S. 279 ff.).

Die Groteske ,Luna' zerstört den traditionellen Mond-Mythos, indem sie in Gestalt des zum Henker-Zauberer dämonisierten Mondes einen neuen Mythos an Stelle des alten setzt. Die dichterische Mythologie Heyms, in der dieser ständig das Böse personifizierende Mond eine entscheidende Rolle spielt, erweist sich vor allem dadurch als eine moderne, daß sie die Aushöhlung und Destruktion der alten, tradierten Mythen zur Voraussetzung hat. Diese Entmythologisierung unter gleichzeitiger Herausbildung einer

völlig eigenständigen Mythologie vollzieht die Dichtung Heyms im Übergang aus ihrer Jugendstilphase in die expressive. Die Inhalte des überkommenen mythischen Erbes erscheinen dann in ihr nur noch in verfremdeter
Gestalt. Ihre Preisgabe entspringt nicht der mutwilligen Zerstörungslust
eines blinden Traditionshasses, sondern der Einsicht und Erfahrung, daß sie
im Entmythologisierungsprozeß der abendländischen Gesellschaft, in der
Realität einer durchrationalisierten, versachlichten Welt abgestorben sind.
Nicht nur der hintergründige Hohn, der sich gegen ihre scheinhafte Konser-
vierung richtet, auch die Trauer um einen Verlust, um den unwiderruflichen
Untergang des mythischen Zeitalters ist in der Lyrik Heyms zu vernehmen.
So aus der Hymne ‚An das Meer‘ (174 f.), die in antikisierenden Bildern den
mythischen Zauber des Meeres als noch immer gegenwärtigen und dennoch
fernen beschwört, aus der „Nacht" eines flüchtigen, „verlornen" Ichs:

> O Meer, ich grüße deine Ewigkeiten,
> Das unter träumenden Gestirnen wallt,
> Verlorner Wandrer, in die Nacht zu schreiten,
> Ich, wie ein Horaruf, der schnell verhallt.   (175,6)

Die „Tänzerin in der Gemme" geht „Immer noch fort, *wo schon die Götter
gestorben . . .*" (127,2). — In dem Gedicht ‚Aus grüner Waldnacht‘ schläft
der „alte Waldgott" in einem hohlen Baum, den in „vergeßner Zeit" der
Blitz gespalten hat:

> Die Flöte graut vom Moos, die ihm entsank.
> In seiner Hand versiegte lang der Trank
> Der kleinen Rehe in dem Todestraum.   (143,4)

In abgestorbener, verfremdeter Gestalt begegnen denn auch die alten Mythen bei Heym in einzelnen mythologischen Bildern, die versprengt inmitten
einer veristisch dargestellten Realität auftauchen. So folgt auf die naturalistischen Bilder der ersten sechs Strophen von ‚Die Tote im Wasser‘, die
Häßliches und Grauenhaftes häufen, unvermittelt und fremdartig das des
Meergottes, der die Wasserleiche grüßt:

> Sie treibt ins Meer. Ihr salutiert *Neptun*
> Von einem Wrack, da sie das Meer verschlingt,
> Darinnen sie zur grünen Tiefe sinkt,
> Im Arm der feisten Kraken auszuruhn.   (22,1)

Der mythische Meeresgott figuriert hier auf dieselbe groteske Weise wie die
Mondgöttin im Titel ‚Luna‘. Da die Wasserleiche im Spülicht der „Stadtnacht" neben einem Dampfer treibt und selber mit einem Schiff verglichen
wird, das Wasserratten „bemannen", wird durch das Bild Neptuns der zum

Patron der Schiffahrt und des Seehandels allegorisch entseelte alte Meeresgott parodiert; seemännisch „salutiert" er, und zwar „von einem Wrack",
das „Schiff" einer von Ratten zernagten Leiche, die in seinem Reich „im
Arm der feisten Kraken" ruhen wird. — Selbst dort, wo ein Bild den antiken
Mythos positiv wiedererinnert, hat es, unvermittelt und isoliert empor-
tauchend, den Charakter des Fremdartigen, metaphorisch Abgeleiteten, wie
etwa in der Schlußstrophe der Hymne ‚Sehnsucht nach Paris':

> Weit über deinem Haus der Invaliden,
> Des schwarzes Totenmal vorüberzieht,
> Glänzt *wie das Bernsteintor der Hesperiden*
> *Des Abendgottes goldnes Augenlid.* (155,5)

Im unmittelbaren Neben- und Gegeneinander heterogener Bildbereiche
(*der Stadtnacht Spülicht* — *Neptun; Haus der Invaliden* — *Bernsteintor der
Hesperiden* usw.) sind die Elemente der alten Mythen aus dem Zusammenhang ihrer Welt herausgebrochen, erscheinen sie nur noch bruchstückhaft
und entseelt, als Reminiszenzen an unwiderruflich Vergangenes. In abgestorbener, verfremdeter Gestalt wie bei Heym taucht das versprengte mythische Erbe auch bei Trakl auf:

> *Die Nymphen haben die goldnen Wälder verlassen . . .*
> *Der Sohn des Pan erscheint in Gestalt eines Erdarbeiters,*
> *Der den Mittag am glühenden Asphalt verschläft.*[9]

> *Ein Faun mit toten Augen schaut*
> *Nach Schatten, die ins Dunkel gleiten.*[10]

> *Die tote Rahel geht durchs Ackerland.*[11]

> . . . . *doch immer schläft*
> *Der Sohn des Pan im grauen Marmor.*[12]

> *Geist Dädals schwebt in blauen Schatten . . .*
> *Im Hader dunkle Stimmen starben,*
> *Narziß im Endakkord von Flöten.*[13]

> Die Zeit verrinnt. *O süßer Helios!*
> *O Bild im Krötentümpel süß und klar;*
> *Im Sand versinkt ein Eden wunderbar.*[14]

9 Trakl l. c. (S) Psalm 63,2.
10 Musik in Mirabell, 14,2.
11 Der Spaziergang III, 2, S. 28,4.
12 Helian, 86,1.
13 Kleines Konzert, 30,4 f.
14 Der Spaziergang II, 1, S. 27, 4.

Bereits bei Rimbaud hatte der Bruch mit einer Tradition, in der selber schon die Inhalte der alten Mythen konventionell erstarrt waren, mehr noch die Einsicht, daß sie in der Realität einer entmythologisierten Welt ihren Sinn verloren hatten, zu ihrer Verfremdung, zum selben unvermittelten Nebeneinander und Kontrast von Modernem und Archaischem wie in der Bildkomposition Heyms und Trakls geführt: „Die Bacchantinnen der Vorstädte schluchzen, und der Mond heult und brüllt.“[15] Und auf dieselbe Weise wie Heym den Luna-Selene-Mythos parodiert, durch den grotesken Gegensatz des Gedichtinhalts zum Titel ‚Luna‘, parodiert Rimbaud den der schaumgeborenen Venus in einem Sonett, das ‚Venus Anadyomene‘ überschrieben ist und die Häßlichkeit eines Frauenkörpers zum Gegenstand hat, der aus dem „grünen Blechsarg“ einer Badewanne emportaucht[16].

Welche Bedeutung hat aber das dämonisierte Mondbild, das in Heyms dichterischer Mythologie anstelle des zerstörten Mythos von der schönen, holden Mondgöttin tritt?

Die hervorstechendsten Züge, die Heym dem immer als Mann personifizierten Mond verleiht, sind:

tyrannische Macht (wie ein Partherfürst 85,1–2 — der dunklen Nacht Tyrann, Tetrarch 107,4)

kalte Grausamkeit (Der kalte Mond, der seine Gifte träuft / Wie ein erfahrner Arzt tief in ihr Blut 63,5 — Der Mond umfängt sie sanft mit Spinnenarm 103,6 — Schon hungert ihn nach Blut ..., ein Henker 156,1)

hämische Bosheit (Und werden wir langsam zerfallen / In dem Gelächter des Monds 79,1 — Ich höre oft im Schlaf der Vampire Gebell / Aus trüben Mondes Waben wie Gelächter 185,3)

Greisenhaftigkeit (Ein ungeheurer Schädel, weiß und tot 16,1 — Und der Mond ist eingeschlafen / Mit dem großen weißen Kopfe 150,2 — Und manchmal sehen sie ... / Den grauen Mond in Falten und verquollen 111,4 — Und der Mond wie ein Greis / Watschelt oben herum / Mit dem höckrigen Rücken 105,4 — Und riesige Monde / Steigen über die Dächer mit steifen Beinen 194,3)

Furchtsamkeit (Und er schreit wie ein Kind ... 126,5 — Der Mond erschrickt. Er kriecht in einen Baum 141,1)

---

15 Rimbaud l. c., ‚Illuminations‘, darin: ‚Villes I‘, S. 217.
16 Rimbaud l. c., S. 45 f. — Vgl. dazu Hugo Friedrich l. c. S. 48 f.

In dieser Anhäufung abstoßender Züge, der Projektion feindseliger Affekte auf eine bestimmte Figur, erscheint das dämonisierte Mondbild Heyms als Deckbild für eine gehaßte und verachtete Macht.

Deutlicher als in der metaphorischen Verhüllung des dichterischen Bildes gibt sich der eigentliche Gegenstand dieses Hasses in einem Prosastück aus den Novellen zu erkennen, die Heym als psychologische Studien verstanden haben wollte[17]. Die Erzählung ‚Der Irre‘[18] veranschaulicht den Haß des Irren auf den Anstaltsdirektor durch eine symbolische Szene, in deren Darstellung ein Vergleichsbild auftaucht, das in den Gedichten unter den Vergleichsbildern für den Mond das häufigste ist: der Kopf eines alten Mannes. Die Erzählung beginnt mit der Entlassung des Irren:

> ... Er war also frei. Es war aber auch höchste Zeit, daß sie ihn herausgelassen hatten, denn sonst hätte er alle umgebracht, alle miteinander. Den dicken *Direktor*, den hätte er an seinem roten *Spitzbart* gekriegt und unter die Wurstmaschine gezogen. Ach, was war das für ein widerlicher Kerl. *Wie der immer lachte,* wenn er durch die Fleischerei kam.
> Teufel, das war ein ganz *widerwärtiger Kerl.*[19]

Durch ein Kornfeld gehend, bereitet es dem Irren ein „seliges" Vergnügen, „so in die dicken Halme zu treten, die unter seinem Fuß knackten und barsten" (219):

> Es war ihm, als wenn er über einen weiten Platz ginge. Da lagen *viele, viele Menschen, alle mit dem Kopfe auf der Erde.* Es war so *wie auf dem Bild in der Wohnung des Direktors,* wo viele tausend Leute in weißen Mänteln und Kapuzen *vor einem großen Stein* lagen, *den sie anbeteten.* Und dieses Bild hieß Kaaba. „Kaaba, Kaaba", wiederholte er bei jedem Schritt. Er sagte das wie eine mächtige Beschwörungsformel, und jedesmal trat er dann rechts und links um sich auf die vielen *weißen Köpfe.* Und dann knackten *die Schädel;* es gab einen Ton, wie wenn jemand eine Nuß mit einem Hammer entzweihaut ...
> Am meisten freute es ihn aber, wenn er irgendwo *den Kopf von einem alten Manne* sah, *kahl und blank, wie eine marmorne Kugel.* Da setzte er erst ganz vorsichtig auf und wippte erst ein paarmal zur Probe, so, so, so. Und dann trat er zu, knax, daß das Gehirn ordentlich spritzte, wie ein kleiner goldener Springbrunnen.[20]

Da die symbolische Handlung des Köpfezertretens von der Erinnerung an

---

17 Vgl. die von K. L. Schneider im ‚Festgruß für Hans Pyritz‘, Sonderheft des Euphorion, Hdlbg. 1955, veröff. Briefe Heyms an seinen Verleger Ernst Rowohlt, S. 63 u. 64.
18 D 217—233.
19 D 217 (Hervorhebungen K. M., auch in den folgenden Zitaten).
20 D 219 und 220.

das Kaaba-Bild in der Wohnung des Direktors eingegeben ist, das seinerseits dessen Macht über Menschen symbolisiert, vertritt das vorgestellte
Vergnügen, „den Kopf von einem alten Manne" zu zertreten, in der Phantasie des Irren den Wunsch, den Kopf des Anstaltsdirektors zu zertreten.

Die Bilder und Vergleiche, die sich in der Darstellung dieser Szene auf
die Figur des Anstaltsdirektors beziehen, stimmen mit einer Reihe von
Vergleichen und Metaphern für den Mond in Heyms Gedichten überein.
Der Kopf des Direktors wird durch einen „weißen Schädel", den „Kopf von
einem alten Manne" symbolisiert — der Mond durch einen „ungeheuren
Schädel, weiß und tot" (16,1) und einen „großen weißen Kopf" (150,2) personifiziert. Dem „widerlichen" Lachen des Direktors (217) entspricht das
hämische „Gelächter" des Mondes[21]. Jener ist Arzt — den Schläfern träuft
der Mond „wie ein erfahrner Arzt" Gifte ins Blut (63,5). Der Direktor wird
durch das Kaaba-Bild indirekt mit einem orientalischen Despoten verglichen
— der Mond mit einem „Partherfürsten" (85,2), „Tyrannen" und „Tetrarchen" (107,4). Dem Bild von „vielen tausend Leuten in weißen Mänteln und
Kapuzen", die vor dem Kaaba-Stein „alle mit dem Kopfe auf der Erde
lagen" und ihn „anbeteten", entspricht in der Mond-Groteske ‚Spitzköpfig
kommt er...' dieses:

> *Alle Tiere* unten im Wald und Gestrüpp
> *Liegen mit Häuptern sauber gekämmt,*
> *Singend den Mondchoral.* Aber die Kinder
> Knien in den Bettchen im weißen Hemd.   (87,2)

Wie der Irre dem Assistenzarzt „das Gehirn zertreten"[22] möchte und den
Kopf des Direktors symbolisch zertritt, so zerdrückt der Kriegsgott den
Mond in der Hand (75,1).

Die Bürger jener Welt, deren Untergang das Gedicht ‚Der Krieg' beschwört, und der Direktor der Irrenanstalt haben ein gemeinsames Kenn-
zeichen. Von jenen heißt es: „Und die Bärte zittern um ihr spitzes Kinn"
(75,3) — diesen möchte der Irre an seinem „roten Spitzbart" packen. Als
Spitzbärte oder Spitzköpfe karikiert Heym jene Bürger, über deren Welt
in der expressionistischen Lyrik das Gericht eines „Jüngsten Tags" hereinbricht. Auf dieselbe groteske Weise figurieren sie in van Hoddis' Gedicht
‚Weltende':

> Dem Bürger fliegt vom spitzen Kopf der Hut...

---

21 D 79,1 (Die Morgue) und 185,3 (Was kommt ihr...).
22 D 217. — In der durchweg negativen Rolle, die das Bild der Ärzte in der Dichtung
 Heyms spielt, drückt sich die Kritik an der Behandlung des Kranken als eines bloßen
 Objekts, einer „Nummer" (D 238) aus. Vgl. dazu die Erzählungen ‚Die Sektion'
 (D 234 ff.) und ‚Jonathan' (D 243 f., 247 f.).

Spitzkopf und Hut charakterisieren u. a. aber auch die dämonisch-groteske
Figur, als die Heym den Mond personifiziert: „Spitzköpfig kommt er über
die Dächer hoch . . ." (87,1), „Da kommt mit gelbem Hut / Der Mond gerannt und stolpert durch den Grund" (168), und als Henker trägt er einen
„Dreispitz". Und wie die Menschen auf dem Bild des spitzbärtigen Direktors, das ihn als Tyrannen kennzeichnen soll, mit dem Kopf auf der Erde
liegen, so liegen die Tiere vor dem Mond als spitzköpfigem Zauberer „mit
Häuptern sauber gekämmt", „singend den Mondchoral"; so „duckt sich" der
gefangene Affe vor dem Mond, der mit gelbem Hut gerannt kommt; und so
springen die Dohlen und hört das Gewürm auf die „Pfeife" des Henker-
Monds mit dem Dreispitz. In der übereinstimmenden Bedeutung all dieser
Bilder, Vergleiche und Metaphern stellt sich die den Mond verkörpernde
groteske Figur eines tyrannischen alten Mannes als dämonisierter Bürger dar.

Die Rolle, die der Mond in der Dichtung Heyms spielt, ist der des „Mannes im Mond" in E. Th. A. Hoffmanns Erzählung ‚Der Sandmann' verwandt.
In seiner auch auf die Phänomene des Dämonischen und Grotesken in der
Literatur eingehenden Studie ‚Das Unheimliche'[23] hat Freud diese Erzählung
analysiert und dargelegt, wie das Bild des grausamen Sandmannes, der den
unfolgsamen Kindern, die nicht schlafen wollen, die Augen ausreißt und sie
zum Mond hinaufträgt, um dort seine Kinder damit zu füttern, mit dem
Bild des gefürchteten Vaters verschmilzt. Die verschiedenen Verkörperungen, die der Sandmann in dieser Erzählung annimmt, sind nach Freud Mate-
rialisationen einer negativen Einstellung zum Vater, und er weist im Zusammenhang damit auf Hoffmanns unglückliche Beziehung zum Vater hin[24].
Auch das dämonisierte Mondbild Heyms läßt sich in einer Reihe von Zügen
als Materialisation einer negativen Vater-Imago deuten. Denn die gehaßte
und verachtete Macht, die der Mond in Gestalt eines bösen Zauberers bei
Heym repräsentiert, wird grotesk als väterliche Gewalt eines alten Mannes
über unmündige oder vernunftgestörte oder vernunftlose Wesen dargestellt:
über Kinder, die im weißen Hemd in den Bettchen knien (87,2); über „Irr-
lichtern" gleichende schlafwandelnde Mädchen mit „magern Lenden" und
„dürren Rippen" (103); über Tiere, die Kinder symbolisieren, „mit Häuptern
sauber gekämmt, singend den Mondchoral" (87,2); über einen gefangenen,
dressierten Affen (168); über Dohlen und Gewürm (156). „Mache dich
klein", heißt es in ‚Halber Schlaf', wenn „der Mond wie ein Greis / Watschelt oben herum / Mit dem höckrigen Rücken" (105). Oder, wenn er als
spitzköpfiger Zauberer über die Dächer kommt: „Ich schwinde hinaus / Wie

23 Sigm. Freud, Gesammelte Werke, Bd. XII, London 1947, S. 227—268.
24 ibd. S. 245, Anmerkung.

ein gläserner Luftballon." (87) Ist die Gestalt des bösen alten Mannes, in der Heym den Mond personifiziert, eine „Vater-Figur", so haben sich Vater-Furcht und Vater-Haß, die dieser Imago zugrundeliegen, in zwei sich fast wörtlich entsprechenden Bildern niedergeschlagen: im Bild vom Zerfallen, Zerbröckeln „In dem Gelächter des Monds, . . . Daß ein Kind kann zerballen / Unsere Größe dereinst / In der dürftigen Faust" (79,1) und in dem entgegengesetzten Bild des Kriegsgottes, von dem es heißt: „Und den Mond zerdrückt er in der schwarzen Hand." (75,1) — Die Deutung der dämonisch-grotesken Rolle des Greises, Tyrannen und Zauberers, die der Mond bei Heym spielt, als Materialisation einer negativen Einstellung zum Vater kann sich darauf berufen, daß auf Heyms Jugend in der Tat der Alpdruck eines väterlichen Zwanges lag, von dem Heym in einer Tagebuchaufzeichnung aus seinem letzten Lebensjahr noch sagt: „Ich wäre einer der größten Dichter geworden, wenn ich nicht einen solchen schweinernen Vater gehabt hätte. Zu einer Zeit, wo mir verständige Pflege nötig war, mußte ich alle Kraft aufwenden, um diesen Schuft von mir fernzuhalten. Wenn man mir nicht glaubt, so frage man meine Mutter nach meiner Jugend."[25] Der Vater, Staatsanwalt am Berliner Militärgericht, hatte Heym zum Juristen bestimmt, und wäre es auf ihn angekommen, „so hätte die Öffentlichkeit überhaupt nie ein Gedicht oder ein Buch von Georg Heym gesehen. Er schämte sich, daß sein Sohn ein Dichter war und eine Existenz führte, die er als korrekter Bürger verwarf."[26] Das Nachwort zu der nach dem Tode Heyms von seinen Freunden 1912 herausgegebenen Gedichtsammlung ‚Umbra Vitae' schließt mit der Bemerkung, daß die Veröffentlichung auf Grund von Verträgen erfolge, die für die Eltern rechtlich verbindlich seien[27]. Offenbar suchte Heyms Vater sie zu verhindern, wie er denn aus demselben Grunde in den Besitz des verlorengegangenen Manuskriptes ‚Das Grundbuchamt' gelangen wollte, das eine Satire auf die Amtsstuben und Beamten enthielt, mit denen Heym als Gerichtsreferendar zu tun hatte[28].

Daß aber die „Vater-Figur" des greisenhaften und tyrannischen Zauberers Mond in der Bilder- und Metaphernsprache Heyms die groteske Rolle des dämonisierten Bürgers spielt, verleiht ihr eine Bedeutung, die über das individuelle psychologische Motiv hinausgeht. Verkörpert sich doch, nach Freud selber, in der Imago einer negativen Einstellung zum Vater nicht nur ein überzeitliches, in der Natur der Vater-Sohn-Beziehung angelegtes Spannungsverhältnis, sondern auch jeder widerwillig ertragene soziale

---

25 T 171.
26 Seelig, l. c. S. 203.
27 Erstausgabe von ‚Umbra Vitae', Leipzig 1912, S. 69.
28 Vgl. Seelig l. c. S. 233.

Zwang[29]. Die auffallende Rolle, die das Vater-Sohn-Motiv in der expressionistischen Dichtung allgemein spielt, in den Dramen von Hasenclever (‚Der Sohn'), Bronnen (‚Vatermord'), Sorge (‚Der Bettler'), auch in Kafkas Erzählungen ‚Das Urteil' und ‚Die Verwandlung', deutet auf das Anwachsen solchen Zwanges hin, auf die Verhärtung der menschlichen Beziehungen unterm Druck erstarrter gesellschaftlicher Verhältnisse. Die Gestalt des Vaters verkörpert in diesen Dichtungen die Welt der Väter als die Summe alles Überständigen und Toten, das wie ein Alptraum auf dem Leben lastet. Als Materialisation einer negativen Vater-Imago und dämonisierter Bürger ist daher der Mond in der dichterischen Mythologie Heyms zugleich das unheilvolle Gestirn, unter dessen Zeichen eine ganze Welt steht, jene Welt, von der Heym sagte, daß ihr Tag zu Ende gehe und ihr Abend „so stickig ward, daß man den Dunst seiner Fäulnis kaum noch ertragen kann". So hängt der sinkende Mond, der sich „durch Dünste" drängt, als „ungeheurer Schädel, weiß und tot" über einer dunklen Welt und ihrem entstellten Leben in dem Gedicht ‚Die Vorstadt' (16,1). Zum Zeichen dessen aber, daß diese Welt untergehen soll, hängt einer der Dämonen, unter deren Hufen dann die Städte in Flammen aufgehen, dem „weißen Monde" eine „schwarze Larve" vor (19,1) und zerdrückt der Kriegsgott den Mond „in der schwarzen Hand" (75,1).

Als das böse Gestirn einer zum Untergang verurteilten Welt ist der Mond in der Dichtung Heyms auch Sinnbild der verwunschenen, im „Ende eines Welttages" stillstehenden Z e i t . Das dämonisierte Mondbild verbindet sich mit den Bildern und Metaphern, die von Zeit als einer leeren und erstarrten, als einer „Endzeit", „toten Ewigkeit", Wiederkehr des immer Gleichen usw. sprechen.

> Die Lider übereist, das Ohr verstopft
> Vom Staub der Jahre, ruht ihr eure Zeit.
> Nur manchmal ruft euch noch ein Traum, der klopft
> Von fern an eure tote Ewigkeit,
>
> In einem Himmel, der wie Schnee so fahl
> Und von dem Zug der Jahre schon versteint.   (39,2 u. 3)

Auf diese metaphorische Rede von der toten Zeit als der Zeit der Toten folgt das Bild:

> *Der große Mond, der in dem Osten dampft,*
> *Wird tief in eure leeren Augen schaun,*
> Darin ein großer, weißer Wurm sich krampft.   (39,4)

---

29 Freud l. c. Bd. XI, S. 210.

In ‚Columbus' verbindet sich mit den Bildern der „öden Meere" und „der
großen Horizonte Leere" — Metaphern, welche leere und erstarrte Zeit als
verräumlichte, als „Raum-Zeit" (Bergson) versinnbildlichen — das eines
Mondes, der aus dieser Leere wie ein riesiges Ungeziefer „langsam kroch"
(45,1). — In ‚Die Nebelstädte' symbolisiert das Schlußbild des untergehenden „rostigen Monds" die tote Zeit des „gestorbenen" Herzens und der
„sterbenden" Städte als unwiderruflichen Stillstand von Zeit, als Untergang:

> Doch niemand rühret *das starre*
> *Gestern* noch mit der Hand,
> Da *der rostige Mond*
> Kollerte unter den Rand
> In wolkiger Winde Geknarre. (125,3)

In ‚Der Affe II' ist es „der dumpfen Stunden Lauf", das stumme Kreisen
der Gestirne „seit Urbeginn": Zeit als ewige Wiederkehr des Gleichen, in
die das gefangene Tier „eingekerkert" ist, und wie ein Wächter kommt als
groteske Schreckgestalt „mit gelbem Hut der Mond gerannt", wenn es
aus diesem Kerker einen Ausweg sucht. — In ‚Die Irren I' figuriert der Mond
als astrologische Schlußmetapher für das stillstehende Leben .der Irren, die
wie Pflanzen an „ihres Käfigs schmerzlichem Gestänge" kleben, für den
leeren Kreislauf der Zeit in ihrem zeitentrückten Leben:

> Auf ihrem Schlummer *kreist der blaue Mond,*
> Der wie ein Vogel durch die Säle fliegt. (95,6)

In dem Sonett ‚Rußland' ist es das Sträflingsleben in „öden Steppen"[30]
und „Bergwerksnacht"[31] mit seiner „tagaus-tagein" wiederkehrenden Qual,
das der Mond mit seiner „großen Nachtlaterne" wie ein Wächter begleitet
(188,4).

Das Paradigma für die metaphorische Rolle des dämonisch-grotesken
Mondes als des bösen Gestirns einer toten Welt und der stillstehenden Zeit
ist das folgende, im Oktober 1911 entstandene Gedicht[32] aus dem Nachlaßband ‚Der Himmel Trauerspiel'.

---

30 Metapher für verräumlichte Zeit wie in ‚Columbus' die „öden Meere" und „der großen Horizonte Leere".
31 Desgleichen, wie in ‚Der Affe II' „die Nacht des Eingekerkerten".
32 D 150, Anfangszeile zugleich Titel.

LICHTER GEHEN JETZT DIE TAGE

Lichter gehen jetzt die Tage
In der sanften Abendröte,
Und die Hecken sind gelichtet,
Drin der Städte Türme stecken
Und die buntbedachten Häuser.

Und der Mond ist eingeschlafen
Mit dem großen weißen Kopfe
Hinter einer großen Wolke.
Und die Straßen gehen bleicher
Durch die Häuser und die Gärten.

Die Gehängten aber schwanken
Freundlich oben auf den Bergen
In der schwarzen Silhouette.
Drum die Henker liegen schlafend,
Unterm Arm die feuchten Beile.

Der Groteske ‚Luna' im Motiv verwandt, hat es auch dieses Gedicht auf die Zerstörung einer Illusion abgesehen. Aber sie vollzieht sich hier nicht wie in ‚Luna' schlagartig, mit dem ersten Satz, nicht durch dichtgehäufte grelle Bildkontraste, sondern schrittweise, in allmählichen Übergängen, bis die Schlußstrophe plötzlich enthüllt, was in diesen sich ankündigte. Im Unterschied auch zur forcierten Sprachgebärde in ‚Luna' — in Wortballungen wie *der Wolken Block, Nachtgelock, Nacht-Schalmeien, Sterbeschrei,* im Überwiegen transitiver oder eine Aktivität bezeichnender Verben wie *hungern nach, springen auf, rufen, zerstören, hervorkriechen, bellen* — ist die Sprache hier ohne expressives Pathos. Wortblöcke fehlen, und es gibt nur intransitive Verben: *gehen, gelichtet sein, stecken, eingeschlafen sein, schwanken, liegen.* Im Unterschied ferner zum drängenden, im Tempo sich steigernden und in den nur männlichen Endreimen zugleich sich stauenden Rhythmus der fünfhebigen Jamben in ‚Luna' ist die fallende Bewegung der reimlosen vierhebigen Trochäen mit nur weiblichen Endsilben in ‚Lichter gehen jetzt die Tage' von spannungsloser Gleichförmigkeit. Trotz des verschiedenen sprachlichen Ausdruckscharakters spielt sich in beiden Gedichten das Gleiche ab, die Zerstörung eines trügerischen Scheins: in ‚Luna' die Demaskierung alles dessen, was Heym unter diesem Titel als Pseudopoesie zusammenfaßt, in ‚Lichter gehen jetzt die Tage' die Enthüllung des grauenhaften Wesens einer friedlich scheinenden Welt. Repräsentant solchen trügerischen Scheins ist beidemal der dämonisch-groteske Mond.

Wie an ‚Luna' könnten sich an den Gedichttitel ‚Lichter gehen jetzt die Tage' Erwartungen knüpfen, die der Gedichtinhalt täuscht, da „lichter" sowohl „heller", „leuchtender" als auch „in weiterem Abstand" bedeuten kann. Der „lichte Tag", von dem Eichendorffs ‚Nachtlied' spricht, ist der Lebenstag in einer „falschen Welt", deren „bunte Lust" den Menschen in einer Nacht zurückläßt, aus der ihn erst der „lichte Morgen" der Auferstehung in einem jenseitigen Leben erlöst[33]: „licht" hat hier die Bedeutung von „hell", „leuchtend". Daß „lichter" in Heyms Gedicht „in weiterem Abstand" bedeutet, d. h. die lichter gewordene Reihe kürzerer Tage bezeichnet, stellt sich erst in dem Vers heraus: „Und die Hecken sind gelichtet"[34]. Während „lichter" in der Bedeutung von „heller" dem Satz „Lichter gehen jetzt die Tage" den Sinn gäbe, daß es Frühling geworden ist, erhält er nun den Sinn, daß es winterlicher Herbst ist. Schon im Spiel mit der Doppelbedeutung des Wortes kündigt sich das desillusionierende Verfahren an, das die Bilderfolge und die Sprachgebung des ganzen Gedichts bestimmt. Die Abendröte ist „sanft" — aber die Türme und buntbedachten Häuser, die in den kahl gewordenen Hecken „stecken", sind ins Winzige, Dürftige zusammengeschrumpft, analog dem Dorf, das „wie der Kehricht des Windes lag in der Leere, . . . aus grauen Dächern gehäuft"[35], und analog dem Abendrot in ‚Allerseelen':

> Und ein Rot *steckt* im Walde, *dürr wie ein Finger,*
> Wo *der Abend* hänget in wolkiger Zeit
> *Mit dem wenigen Licht.* Und *geringer*
> *Rings ist die Nähe.* Und Weite, so weit.   (114,4)

Wie bei „licht" stellt sich heraus, daß „sanft" in einem anderen Sinn zu verstehen ist, als es zunächst den Anschein hat. Es wird ihm die Bedeutung des Matten, Dürftigen untergelegt. Und alles Weitere verleiht ihm rückwirkend noch einen hintergründigeren Sinn. — Die mittlere Strophe steht zentral auch im Bildgefüge des ganzen Gedichts. Das Bild des „eingeschlafenen" Mondes ruft wie das der „sanften" Abendröte zunächst eine Vorstellung von Frieden, Ruhe hervor. Daß es aber mit dieser Ruhe nicht geheuer ist, darauf deutet die Personifikation des Mondes hin: der greisenhafte „große weiße Kopf" hinter einer „großen Wolke". Der dem Wort „groß" durch seine Wiederholung verliehene Nachdruck macht den „großen weißen Kopf" zum ungeheuren, riesigen, besonders gegenüber den winzigen, in kahlen Hecken „steckenden" Türmen und Häusern im unmittelbar voraus-

---

33 Eichendorff, Sämtliche Werke, hrsg. v. Wilh. Kosch, Regensburg o. J., Bd. 1, S. 384.
34 Vgl. a. die „entleerten Hecken" in ‚Der Garten der Irren' (83,2).
35 D 193,2 ‚Und die Hörner des Sommers verstummten'.

gehenden Bild. Wenn es dann weiter heißt, daß durch die Häuser und die Gärten nun die Straßen „bleicher gehen", so kommt mit dieser die Straßen in gespenstige Wesen verwandelnden Metapher[36] das Unheimlich-Unge-heuerliche jener Ruhe zum Vorschein. Durch eine Kette von „Und"-Sätzen miteinander verknüpft, reihen sich die Bilder der ersten und zweiten Stro-phe wie gleichartige Umschreibungen eines und desselben Phänomens an-einander, und doch verändert sich in ihrer Aneinanderreihung fortschreitend dessen Charakter. Auf diesen Vorgang weist das Schlußbild der Reihe: „Und die Straßen *gehen bleicher* . . ." selbst hin, indem es die Metapher des Aus-gangsbildes: *„Lichter gehen* jetzt die Tage . . ." ins Gespenstige abwandelt. — Was die Bildfolge der „Und"-Sätze an Doppeldeutigem, Hintergründigem im Schein von Frieden und Ruhe stetig gehäuft hat, schlägt mit dem „aber" des ersten Verses der Schlußstrophe plötzlich in die unverhüllte Darstellung des Grauens auf dem Grunde jenes Scheines um. Die Welt, in der die Tage „lichter gehen", die friedlich im Schein einer „sanften Abendröte" liegt und über der ein „eingeschlafener" Mond ruht, enthüllt sich als eine Welt, in der die Henker ihr Geschäft getan haben. Wer sind „die" Gehängten, deren Bild überraschend, aber als verstünde es sich von selbst, auftaucht? Warum wurden sie gehängt? Das Bild verschließt sich jeder Frage. Aber die Plural-formen: *die* Gehängten, auf *den* Bergen, *die* Henker, *die* feuchten Beile, verleihen dem gesamten Schlußbild der Richtstätten eine Allgemeinheit, die es zur Chiffre macht für das ganze, unaussprechbare Grauen auf dem Grunde jener friedlich scheinenden Welt. Der Hohn, der die Gehängten auch noch „freundlich" schwanken läßt, ist der Hohn jener ungeheuerlichen Ruhe selbst — auf das, was sich hinter ihr verbirgt. Die normale Wortbedeutung von „freundlich" verändert sich dabei so sehr, daß es eine Steigerung des Grausigen zum grausig-grotesken Triumph des Sinnlosen bezeichnet, welche Bedeutung „freundlich", „froh", „fröhlich"[37] u. ä. bei Heym öfter annehmen:

Die leere Grube lacht aus schwarzem Mund
Sie (die Toten) *freundlich* an.[38]

Die Tote segelt *froh* hinaus . . .[39]

Aus allen Zellen grüßt ihn (den Abend) Lachen (der Irren) *froh* . . .[40]

---

36 Vgl. a. die analogen Metaphern in ‚Der Winter': Straßen „treffen sich an", Chausseen „verweilen kurz und sprechen aus den Ästen" (47,2 und 47,3).
37 Vgl. dazu auch das Gedicht ‚Fröhlichkeit' D 106.
38 39,1 Die Heimat der Toten.
39 21,6 Die Tote im Wasser.
40 95,4 Die Irren I.

Was stört ihr unser (der Toten) *frohes* Stelldichein?[41]

Der Blinden Arme stechen in die Sonne,
Wie Kreuze schwarz am *frohen* Himmelssaum.[41a]

Seht den (Toten) dort, der *ein graues Lachen* stimmt
Auf dem zerfallnen Munde *fröhlich* an, ...[42]

Sie (die Somnambulen) tanzen auf der Wetterfahnen Knauf
Mit irren Lächelns fröhlichem Triumph.[43]

Durch die Unterhöhlung der normalen Wortbedeutung von „freundlich"
im Bild- und Sinnzusammenhang der letzten Strophe stellt sich aber
auch heraus, in welchem Sinn die Abendröte — die Folie zur schwarzen
Silhouette der „freundlich" schwankenden Gehängten — eine „sanfte" genannt wurde. Kaum merklich, aber in den unmittelbar anschließenden desillusionierenden Bildern sich verratend, liegt schon in diesem „sanft" der
hintergründige Hohn, der aus dem „freundlich" hervorschaut. Wie Heyms
Sprachgebrauch oft normale Wortbedeutungen wie die von „freundlich",
„froh", „fröhlich" gleichsam fadenscheinig werden läßt und ihren positiven
Sinn ins Negative wendet, zeigt auch die sonstige Verwendung von „sanft":

Und (die Irren) sitzen wieder *sanft* in den Verstecken.[44]

Des fernen Abendrotes rote Flammen
Verglühen *sanft* auf ihrer (der Irren) Schläfen *Pein.*[45]

Der Mond umfängt sie *sanft* mit *Spinnenarm,*
Ihr Haupt wird von dem Kusse weiß gemalt.[46]

Vom Schauder eines Lächelns *sanft* bewegt,
Wie eine *Spinne* zieht die Beinchen ein.[47]

Die Wächter wandeln *sanft* und tuten hell.[48]

Meiner Seele unendliche See
Ebbet in *sanfter* Flut.
Ganz grün bin ich innen. Ich schwinde hinaus
Wie ein gläserner Luftballon.[49]

Durch Wortwiederholungen und Wortentsprechungen vollzieht sich also in

41 79,2 Die Morgue.
41a 109,4 Die blinden Frauen.
42 79,3 Die Morgue.
43 103,2 Die Somnambulen.
44 83,2 Der Garten der Irren.
45 95,5 Die Irren I.
46 103,6 Die Somnambulen.
47 170,4 Savonarola.
48 139,6 Die Nacht II, 3.
49 87,3 Spitzköpfig kommt er.

der Sprachgebung des ganzen Gedichts der gleiche Vorgang der Zerstörung eines trügerischen Scheins, der sich in seiner Bildfolge abspielt. Die Wortbedeutung von „lichter" stellt sich erst mit „gelichtet" ein; die genauere Bedeutung der metaphorischen Rede von Tagen, die „lichter gehen", erst mit der Metapher von Straßen, die „bleicher gehen"; der hintergründige Sinn von „sanft" erst mit „freundlich". Ebenso enthüllt das zentrale Bild des „eingeschlafenen" Mondes erst dadurch seine wahre Bedeutung, daß es auch von den Henkern heißt: sie liegen „schlafend". Das Bild der schlafenden Henker deutet auf das des eingeschlafenen Mondes so zurück, als besorgten die Henker das Geschäft dessen, der „mit dem großen weißen Kopfe" über der ganzen, ins Winzige zusammengeschrumpften Menschenwelt ruht. Das Ungeheuerliche dieser Ruhe, das schon mit der Metapher der „bleicher gehenden" Straßen zum Vorschein kam, stellt sich damit als das Grauen heraus, das die Schlußstrophe ins Gesamtbild der Richtstätten chiffriert. Und indem schließlich noch das Bild der letzten Zeile mit den „feuchten", d. h. vom Blut *roten* Beilen auf die Abend*röte* des Gedichtanfangs zurückdeutet, deckt es auch in deren Ruhe, im „sanften" Schein der lichter gehenden Tage dies Ungeheuerliche auf[50].

Da das Gesamtbild der Schlußstrophe durch solche Analogien auf die Bilder und Metaphern der beiden ersten Strophen sich bezieht, erhalten diese eine Bedeutung, die das vordergründige Motiv des zu Ende gehenden Jahres, mit dem das Gedicht einsetzt, metaphorisch zum Motiv einer zu Ende gehenden Weltzeit steigert. Denn das ganze Schlußbild steht als Chiffre für das Grauen auf dem Grunde einer friedlich scheinenden *Menschenwelt*, vertreten durch *Henker* und *Gehängte* — wie zuvor durch *Straßen, Häuser, Gärten* und anfangs durch *Städte, Türme, Häuser*. Das naturzeitliche Bild der lichter gehenden Tage ist Metapher für geschichtliche Endzeit, für die dürftige Zeit eines späten „Welttages", in der das Leben stillsteht, erstickt (Bild der Gehängten). Mit den lichter gehenden Tagen hat es die gleiche metaphorische Bewandtnis wie mit den „kleinen Tagen" in ‚Mitte des Winters', die, „viel verstreut wie Hütten in den Winter" (183,1), als Bild für wegloses, dürftiges Leben zur Metapher für tote, „verwunschene" Zeit[50a] werden:

50 Der ganze innere Vorgang des Gedichts schlägt sich auch in der Folge der Farbbezeichnungen nieder: im Fortgang vom scheinbar leuchtenden Rot und Bunt in der ersten Strophe (*Abendröte, buntbedachte Häuser*) über das gespenstige Weiß und Bleich in der zweiten (*großer weißer Kopf, die Straßen gehen bleicher*) zum tödlichen Schwarz und Blutrot in der letzten (*schwarze Silhouette der Gehängten, feuchte Beile*).
50a In dem Gedicht ‚Die Höfe luden uns ein . . .' wird die sinnleere, stillstehende Zeit auch „verwunschene Zeit" genannt:
Und wir entglitten durch Tore nächtig
In toter Gärten *verwunschene Zeit*. (D 113,1)

> Sommerzeit, Herbstzeit, alles geht vorüber,
> Und brauner Tod hat jede Frucht ergriffen.   (183,2)

Wie sich aus den Wort- und Bildentsprechungen zwischen der ersten und letzten Strophe ergibt: *sanft — freundlich, Abendröte — blutigrote feuchte Beile, In der sanften Abendröte — In der schwarzen Silhouette,* ist auch die „sanfte Abendröte" nicht nur die kürzerer Tage, sondern steht metaphorisch für einen scheinbar friedlichen, in Wahrheit aber toten Weltabend („Ende eines Welttages"). Während die Mythologisierung des Sonnenuntergangs sei es zum heroischen Untergang des Göttlichen (,Der Tag' 53 u. 137, ,Kata' 107), sei es zum chaotischen Untergang einer entgötterten Welt (,Der Gott der Stadt' 18, ,Der Krieg' 75) Ausdruck eines revolutionären Protests gegen einen erstarrten Weltzustand war[51], ist das Bild von sanften, lieblichen, kleinen, dürren u. ä. Abendröten Metapher für die dürftige Endzeit einer toten Welt, in deren scheinbar friedlicher Stille die Hoffnung auf eine Veränderung ihres Zustands begraben liegt.

> Wir sitzen nun *ewig in weißlichen Wolken,* zu träumen
> Spielendem Fluge der Falter *im Abendrot* nach.[52]

> Und *ein Rot* steckt im Walde, *dürr wie ein Finger,*
> Wo *der Abend* hänget *in wolkiger Zeit*
> *Mit dem wenigen Licht.*[53]

> In leeren Sälen, die so weit
> Wie leerer Atem, *im Abende tot*
> Stehet er breit mit dem Feierkleid
> Und der türmenden Mütze rot.[54]

> Aber die Herzen, im unteren Leben verzehrt,
> Bei dem schmetternden Schallen verzweifelter Flöten
> Hoben wie Schatten sich auf in tödlichem Sehnen
> Jenseit *lieblicher Abendröten.*[55]

> Wer über die Höhen geht, spiegelt sich ferne
> *In der winzgen Sonne, lichtlos und tot,*
> Und über den bergigen Schluchten *kühle*
> *Löschet ein gelbes Abendrot.*[56]

> Im kurzen *Abend.* Voll Wind ist die Stunde,
> Und *die Röte* so tief und *winterlich klein.*[57]

---

51 s. das folgende Kapitel.
52 113,4 Die Höfe luden uns ein . . .
53 114,4 Allerseelen.
54 115,1 Simson.
55 134,3 Hymne.
56 180,4 November.
57 181,1 Im kurzen Abend.

Indem der Vers: „Und der Mond ist eingeschlafen" dieses Bild sowohl mit dem vorausgehenden der sanften Abendröte (durch ein *Und*, das Bedeutungsgleiches aneinanderreiht) wie mit dem folgenden der Richtstätten (durch die Wortentsprechungen: *eingeschlafen — schlafende* Henker) verknüpft, macht er es zur zentralen Metapher des ganzen Gedichts. Anstelle der zum Weltuntergangsfeuer mythologisierten Sonnenuntergänge tritt mit der „sanften Abendröte" der ungeheure „eingeschlafene" Henker-Mond als das Gestirn der stillstehenden Zeit und einer Welt, deren friedliche Stille die Ruhe entseelten, gerichteten Lebens ist; anstelle des Pathos der Weltzertrümmerung, des Protests gegen eine Welt, in der nicht mehr zu atmen war (T 164), der hintergründige Hohn, der den Zynismus ihrer Ruhe aufdeckt.

Diese Ruhe ist es, die der Tonfall und die Sprachgebung des Gedichts sarkastisch nachahmen. Während die Wiederholung von Worten innerhalb des Bildgefüges ihnen eine veränderte Bedeutung verleiht, bleibt rein klanglich die Monotonie der Wiederkehr des Gleichen gewahrt. So bei den vier Versanfängen mit *Und*, obwohl dessen Wiederholungen den Charakter der Steigerung statt der bloßen Aneinanderreihung haben; ebenso bei der Wiederholung von *-licht-, gehen, Häuser, groß, schlafen.* Auf Monotonie hat es auch die Handhabung des Metrums abgesehen. Der Vers gibt den Anspruch auf Pathos preis und macht sich schlicht schon durch den Verzicht auf den Reim. Die vier Trochäen kehren in jeder Verszeile gleichförmig wieder, und jeder Vers will mechanisch taktiert sein, denn außer *Lichter* und *Freundlich* werden am Versanfang mit der Hebung des ersten Trochäus stets Wörter beschwert, die normalerweise unbetont zu sprechen wären: *In, Und, Mit, Drin, Hinter, Durch, Drum, Unterm* oder gar der Artikel (*Die Gehängten* aber . . .). Besonders deutlich wird das bei der Akzentuierung der beiden ersten Worte in dem Vers:

$$— \cup — \cup — \cup — \cup$$

Hinter einer großen Wolke.

Indem sich, dem natürlichen Sprechton entgegen, der Viertakt aufdrängt, gleicht sich der Rhythmus dem von Kinderversen an[58]. Das metrische Schema ist das gleiche und bringt sich, wenn auch in gedehnterem Zeitmaß, ebenso zur Geltung wie etwa in dem Abzählvers:

$$— \cup — \cup — \cup — \cup$$

Eins zwei drei vier fünf sechs sieben

$$— \cup — \cup — \cup — \cup$$

Eine alte Frau kocht Rüben . . .

---

58 An solche erinnern auch die alltagssprachlichen Silbenverschleifungen in *Drin, Drum, Unterm.*

Was könnte der Ruhe jener toten Welt („eingeschlafener" Mond, „schlafende" Henker) angemessener sein als ein Rhythmus, der „den Atem nicht ändert", bei dem „die Brust sich wie im Schlag gleichmäßig hebt und senkt"?[59] Woran Herwarth Walden mit diesen Worten Anstoß nahm und was er auf den Mangel an „Leidenschaft" und „Erlebnis" zurückführte[60]: rhythmische Monotonie, ist hier durchs Dargestellte selbst motiviert, liegt in der Intention des Ganzen und stimmt mit der Wiederholungstechnik der Bildfügung überein. Mit der „Entpersönlichung" des sprachlichen Ausdrucks ahmt das lyrische Subjekt eine tote Welt nach, in der die Zeit, d. h. das Leben stillsteht, verleiht es einer Erfahrung Sprache, vor der das „Erleben" des empirischen Subjekts bedeutungslos geworden ist, Gefühl und „Leidenschaft" verstummen.

---

59 H. Walden über Heym in: Bab, der Lyriksucher, Der Sturm, 3. Jg., Berlin 1912, S. 126.
60 ibd.

VI. Sonne und Revolutionsmythos

Wie sich die Bilderwelt Heyms mit innerer Konsequenz zur dichterischen Mythologie einer geschichtlichen Endzeit zusammenschließt, zeigt die Rolle, die Motiv und Bild der Sonne, des Sonnenlichtes, des Tages neben und gegenüber dem dämonisierten Mondbild in ihr spielen. Während in der Bildersprache der Goetheschen Lyrik die „allwaltenden Mächte" Sonne und Mond, wie Helios und Selene in der klassisch-antiken Mythologie, als Lichtgestalten gleichen Wesens figurieren[1], nehmen sie bei Heym eine metaphorische Bedeutung an, die das eine Gestirn zum feindlichen Gegengestirn des anderen macht: den Mond zum Greis, bösen Zauberer, Tyrannen und Henker — die Sonne zum Gott[2], Göttersohn[3], Titan[3]. Wie Heyms dämonisiertes Mondbild weist auch seine Idealisierung der Sonne zum göttlichen Heros, weist der allegorisch-mythologische Gegensatz Mond — Sonne auf Nietzsches ,Zarathustra' zurück, dessen nachhaltigen Einfluß auf Heym die ,Zarathustra'-Zitate der Tagebücher bezeugen[4]. Im ,Zarathustra' hat Nietzsche seine ethischen, kulturkritischen und geschichtsphilosophischen Intentionen in mythologische Bilder verschlüsselt: der Mond wird zum Repräsentanten der „Nacht-Welt" der Vergangenheit, ihrer „umzuwertenden" Normen und Ideale[5], — das „überreiche Gestirn" der Sonne hingegen zum Sinnbild der „neuen Werte", der „schenkenden Tugend", der „Liebe zur Erde", zur allegorischen Chiffre für die Utopie einer neuen Menschheit, jenes „großen Erden- und Menschen-Mittags", in welchem der „Sinn der Erde" sich erfüllen soll. Das Erbe der von Nietzsche-Zarathustra verkündeten „neuen Werte" trat um die Jahrhundertwende der Jugendstil an. Mit Nietzsche teilte er den Protest gegen die Entstellung und Bedrohung des Menschen durch die Mächte und Tendenzen der modernen Massengesellschaft[6].

---

1 Vgl. Karl Viëtor, Goethes Altersgedichte, in: Geist und Form, Bern 1952 (S. 144—193), S. 172, o., S. 184 (mit Anm. 24, S. 328), S. 192 u.
2 Der Tag, 53 f.
3 Der Tag, 137 f.
4 s. o. S. 176, Anmerkung 60.
5 S. Nietzsche, Also sprach Zarathustra, Leipzig 1930, T. II., Kap. ,Von der unbefleckten Erkenntnis', S. 132, 135, 146, 174 f., 333, 355.
6 Vgl. Sternberger, Über den Jugendstil, Hamburg 1956, S. 16.

Während jedoch Nietzsche diesen begegnete, indem er sie zum Gegenstand einer philosophischen Kritik machte, die ihre geschichtlichen Ursprünge und Bedingungen aufdeckte, ist die „Bewegung" des Jugendstils die einer Flucht vor ihnen in die Innerlichkeit. Denn allein vom Bereich des Ästhetischen her, vom paradoxen Versuch, bewußt einen neuen Stil zu schaffen, erwartete sie die neue Gestalt eines Lebens, dessen Verunstaltung sie in den historisierenden Stilmaskeraden des 19. Jahrhunderts bekämpfte.

„Man sehe sich das neunzehnte Jahrhundert auf diese schnellen Vorlieben und Wechsel der Stil-Maskeraden an; auch auf die Augenblicke der Verzweiflung darüber, daß uns ‚nichts steht'. Unnütz, sich romantisch oder klassisch oder christlich oder florentinisch oder barokko oder ‚national' vorzuführen, in moribus et artibus: ‚es kleidet nicht'!"[7] Diese Sätze Nietzsches, ein Jahrzehnt vor der „Stilwende" von 1895 geschrieben, enthalten bereits das kulturkritische Grundmotiv des Jugendstils. Aber eine Möglichkeit, „noch original sein zu können", suchte der Jugendstil nicht auf dem von Nietzsche bezeichneten und von Thomas Mann in seinem Spätwerk eingeschlagenen Weg der parodistischen Verwendung historischer Stilmasken zum geistigen „Karneval großen Stils", sondern in einem absolut neuen Anfang. Dennoch war er auch hierin von Nietzsche inspiriert. Die „neuen Tafeln" Zarathustras wurden zum Kanon dessen, was in der Bilder- und Formensprache des Jugendstils nach unmittelbarem Ausdruck verlangte: das Pathos einer Innerlichkeit, die der Erstarrung und Verödung des Lebens in der profanen Welt der Industriegesellschaft Widerstand zu leisten suchte durch die Utopie eines freien, erfüllten Lebens im sakralen Bereich der Kunst, ja im optimistischen Vertrauen, daß die Kunst von sich aus die Kraft habe, das reale Leben umzuformen. Das Bild der Sonne, das im ‚Zarathustra' parabolisch für den ganzen positiven Inhalt der Utopie einer von ihrer Vergangenheit erlösten Menschheit steht und ihn in mannigfachen metaphorischen Abwandlungen umschreibt, wurde im Jugendstil zu einem Idol, unter dessen Zeichen die Kunst, entgegen den Abmahnungen Nietzsches selbst, die von

---

7 Nietzsche, Jenseits von Gut und Böse, Stuttgart 1953, S. 146, Aph. 223. — Ähnlich aber auch schon Frdr. Schlegel, Über das Studium der griechischen Poesie (1797): „Wie in einem aesthetischen Kramladen steht hier Volkspoesie und Bontonpoesie beysammen, und selbst der Metaphysiker sucht sein eignes Sortiment nicht vergebens; Nordische oder Christliche Epopöen für die Freunde des Nordens und des Christenthums; Geistergeschichten für die Liebhaber mystischer Grässlichkeiten und Irokesische oder Kannibalische Oden für die Liebhaber der Menschenfresserei; Griechisches Kostüm für antike Seelen, und Rittergedichte für heroische Zungen; ja sogar Nazionalpoesie für die Dilettanten der Deutschheit! Aber umsonst führt Ihr aus allen Zonen den reichsten Überfluß interessanter Individualität zusammen! Das Faß der Danaiden bleibt ewig leer!" (hrsg. und eingel. von Paul Hankamer, Godesberg 1947, S. 52).

Zarathustra verkündeten „neuen Werte" im Sinne einer Lebensphilosophie als Religionsersatz zelebrierte[8].

Motiv und Bild der Sonne bzw. des Tages haben in der dichterischen Mythologie Heyms ursprünglich die gleiche Bedeutung wie im Jugendstil. In schroffem Gegensatz zu den gleichzeitigen Bildern des Grauens, die Heyms Großstadtgedichte von der profanen Welt des Industriezeitalters entwerfen, findet sich besonders in der ersten Gedichtsammlung ‚Der Ewige Tag' eine Reihe von Bildern, Metaphern, Allegorien, die neben jener Welt eine imaginäre Gegenwelt des Lichtes beschwören wollen. Daß es sich um eine „Gegenwelt" handelt und aus welchem Impuls ihre Gestaltung entspringt, geht aus zeitkritischen Äußerungen Heyms wie der hervor, daß er mit seinem „brachliegenden Enthusiasmus" in der „banalen Zeit" noch ersticke, oder der Klage und Anklage in dem manifestartigen Prosastück ‚Eine Fratze'[9], das in lapidaren Sätzen die Krankheit dieser Zeit diagnostiziert: „Begeisterung, Größe, Heroismus. Früher sah die Welt manchmal die Schatten dieser Götter am Horizont. Heut sind sie Theaterpuppen."[10] Mit dem von Nietzsche inspirierten Pathos des Jugendstils wollen daher im ‚Ewigen Tag' noch antikisierende mythologische Bilder und Allegorien die „Schatten" jener toten Götter wiedererwecken, der dürftigen Zeit die Phantasmagorie eines göttlich-heroischen Lebens gegenüberstellend. Die metaphorische Rolle, die der Tag, das Licht, die Sonne in diesem Bildbereich spielen, ist der Metaphorik des „großen Mittags" und des „südlicheren Südens" im ‚Zarathustra' verwandt. Auch bei Heym ist das Bild der Sonne ursprünglich Sinnbild für die Utopie vom erfüllten „Sinn der Erde", für die Menschheitshoffnung auf ein anderes Leben als das verarmte, das in dem Zeitdokument ‚Eine Fratze' als Krankheit beschrieben und mit einem Alptraum verglichen wird.

Die metaphorische Rolle von Sonne, Licht, Tag in der dichterischen Mythologie Heyms unterliegt jedoch einem Bedeutungswandel. Am Funktionswechsel dieses ganzen Bildkomplexes läßt sich die Entwicklung der expressiven Bilder- und Formensprache aus derjenigen des Jugendstils wie an einem Paradigma verfolgen. In diesem Prozeß wird das Bild der Sonne genauso dämonisiert wie das der übrigen Gestirne und gleich diesen zum

---

8 Über die Sonnen- und Lichtsymbolik des Jugendstils vgl. Sternberger, l. c. S. 44 f., über die Wirkung Nietzsches auf den Jugendstil Frdr. Ahlers-Hestermann, Stilwende, Berlin 1941, S. 25, 87, 120 (Wunsch, „die alten Tafeln zu zerbrechen") und Sternberger, l. c. S. 42 ff., 117 u. 133. — In der Dichtung entsprechen dieser Sonnensymbolik die Sonnenmythologeme Alfred Momberts (z. B. ‚Der Sonne-Geist. Mythos') und Theodor Däublers (vgl. dazu die Zitate in: Bernhard Rang, Vorläufer des Expressionismus, in ‚Expressionismus', hrsg. v. H. Friedmann und Otto Mann, Heidelberg 1956, S. 43).
9 Erschienen in ‚Die Aktion', Berlin 1911, 1. Jg., Nr. 18, Sp. 555 f.
10 ibd. Sp. 556 (*Größe* emend. aus dem offensichtlichen Druckfehler *Grüße*, K. M.).

Bestandteil einer dichterischen Bilderwelt, die den rätselhaften Zwangscharakter einer unfreien und ausweglos geschlossenen Welt als mythische
Naturnotwendigkeit widerspiegelt. Im Bedeutungswandel des Bildes stellt
sich die Entwicklung vom Jugendstil zum Expressionismus als ein Desillu-
sionsprozeß dar, an dessen Anfang der Versuch steht, aus reiner Innerlichkeit, aus dem Pathos der Distanz zur Realität ästhetisch der Utopie Gestalt
zu geben, und an dessen Ende der dichterische Ausdruck zur Klage wird um
die Ohnmacht der Utopie gegenüber der Realität. Das soll im folgenden der
Vergleich von Gedichten zeigen, die dasselbe Motiv zum Gegenstand haben, in deren Bilder- und Formensprache aber die Stufen dieses Übergangs
sich deutlich unterscheiden lassen.

Die früheste Stufe vertritt das Gedicht ‚Der Tag' in Heyms erstem Gedichtband[11]. Obwohl ihm kein hoher künstlerischer Rang zugesprochen
werden kann, sei es hier wiedergegeben, weil seine Schwächen aufs engste
mit seinem Jugendstilcharakter zusammenhängen und weil an der Abwandlung seines Motivs sowie an der Umformung seiner Bildelemente in
späteren Gedichten mit veränderter Formensprache genau zu erkennen ist,
wie und in welchem Sinn sich innerhalb der Lyrik Heyms ein Struktur-
wandel vollzieht.

DER TAG

Palmyras Tempelstaub bläst auf der Wind,
Der durch die Hallen säuselt in der Zeit
Des leeren Mittags, wo die Sonne weit
Im Blauen rast. Der goldene Atem spinnt,

Der goldene Staub des Mittags sich wie Rauch
Im Glanz der Wüste, wie ein seidenes Zelt
Der ungeheuren Fläche. Dach der Welt.
Wie ferne Flöten tönt des Zephirs Hauch,

Und leise singt der Sand. Doch unverweilt
Jagt hoch das Licht. Damaskus' Rosenduft
Schlägt auf wie eine Woge in die Luft,
Wie eine Flamme, die den Äther teilt.

Der weißen Stiere roter Blutsaft schäumt
Auf Tempelhöfen, wo das Volk im Kranz
Des Blutes Regen fühlt, und seinen Glanz,
Der mit Rubinen ihre Togen säumt.

11 D 53 f.

Ein Tänzer tanzt im blauen Mittagsrot
Auf weißer Platte, der vom Strahle trank. —
Das Licht entflieht. Der Libanon versank,
Der Zedern Haus, das sich dem Gotte bot.

Und westwärts eilt der Tag. Mit tiefem Gold
Ist weit des Westens Wölbung angefüllt:
Des Gottes Rundschild, der die Schultern hüllt
Des Flüchtigen. Sein blauer Helmbusch rollt

Darob im Sturme weit am Horizont,
Am Meer, und seiner Inseln Perlenseil.
Er eilt dahin, wo schon der Ida steil
Mit Eichen tost und dröhnt der Hellespont.

Das Stromland fort, dem grünen Abend zu.
Wie der Drommete Ton erschallt sein Gang
An Ossas Echo. Troas Schilf entlang,
In rote Wälder tritt sein Purpurschuh,

In Sammetwiesen weich. Dem Feuer nach,
Das einst gen Argos flog, tritt machtvoll er
Auf Chalkis hin. Darunter rauscht das Meer
Hervor aus grüner Grotten Steingemach.

Sein Arm, den er auf Meer und Lande streckt,
Ragt dunkel auf wie eine Feuersbrunst.
Sein Atem füllt das Meer mit schwarzem Dunst,
Des weißes Maul die roten Sohlen leckt.

Auf Marathon schleppt seines Mantels Saum
Ein violetter Streif, wo schon das Horn
Der Muschel stimmt am Strand der Toten vorn
Der Sturmgott laut aus weißer Brandung Schaum.

Des Rohres rote Fahnen rührt der Wind
Von seines Fußes Fittich um am Strand
Der fernen Elis, da der Nacht Trabant,
Schildknappe Mond, den dunklen Pfad beginnt.

Die Sehnsucht nach dem „göttlich schönen", „geweihten" Leben, die ein zentrales Motiv in der gesamten Kunst des Jugendstils ist (Ver sacrum), kleidet in diesem Gedicht ihren Wunschtraum in eine Allegorie des Sonnenlichtes. Der Tag wird durch die mythologische Gestalt eines Licht- und Kriegsgottes verkörpert. Die Phantasmagorie schließt die Welt der Gegenwart aus und projiziert die Utopie in die zeitliche Ferne der Antike und die räumliche eines „festlichen Südens" (D 91,3), von dem die Hymne ‚An das

Meer'[12] sagt, daß die antiken Götter „noch immer" in ihm gegenwärtig seien. Der gegenständliche Vorgang, das Sinken der Sonne vom Zenith bis zu ihrem Untergang, wird in einer Fülle von Bildern, Metaphern und Vergleichen umschrieben, die eine „Orgie des Bunten" entfalten, wie es in einem der Marathon-Sonette[13] heißt, denen ‚Der Tag' hierin verwandt ist. Das Licht repräsentiert nicht wie in der klassischen Dichtung das apollinische Prinzip der Klarheit und Ruhe, jenes „harmonische Behagen" aus einer Übereinstimmung von menschlicher und kosmischer Natur, von dem Goethe im Winckelmann-Aufsatz spricht[14], spricht das dionysische des Rausches. Die in den ersten drei Strophen dargestellte Mittagsstunde ist wie Zarathustras Stunde des vollkommenen Mittags „heiter" und „schauerlich" zugleich: erfüllt von Goldglanz, Flötenlaut und Rosenduft — aber die Sonne „rast", das Licht „jagt", Duft „schlägt auf . . . wie eine Flamme". Das anschließende Bild des Sonnenfestes ist das eines Opferrituals, die Ekstase des Sonnentänzers Blutrausch. Die Personifikation des Lichtes weicht von der klassisch-antiken Mythologie insofern ab, als der Lichtgott zugleich ein „dunkler", drohender Kriegsgott ist:

> Sein Arm, den er auf Meer und Lande streckt,
> Ragt dunkel auf wie eine Feuersbrunst.
> Sein Atem füllt das Meer mit schwarzem Dunst,
> Des weißes Maul die roten Sohlen leckt.

Im Vergleich mit motivverwandten späteren Gedichten wird sich die aktuelle Bedeutung dieser Umstilisierung und damit der ganzen Allegorie erhellen.

Wie das Gedicht nach seiner Intention, die Utopie einer von „Begeisterung, Größe, Heroismus" erfüllten Welt zu realisieren, in den Bereich des Jugendstils gehört, so auch hinsichtlich seiner Gestaltungsmittel. Dem von Heym einmal geäußerten Grundsatz gemäß, daß es in der Dichtung auf „Optik" ankomme (T 205), stellt es die dichterische Sprache fast ausschließlich in den Dienst der malenden Beschreibung eines allegorischen Monumentalbildes, das an Stuck, Klimt und Hodler erinnert. Aufs augenfälligste zeigt dies der Aufwand von über zwanzig Farbbezeichnungen in zwölf Gedichtstrophen. Die Häufung und Wiederholung von Grundfarben als Komplementär- und Kontrastfarben erzeugt einen Farbenrausch[15], der Kontrastfarben als identische zusammenfallen läßt:

---

12 D 174 f.
13 Ausg. Seelig, S. 69—75, Sonett V.
14 Jub.-Ausg. Bd. 34, S. 12.
15 Von den Farben als „Rauschwerten" spricht auch Gottfried Benns Gedicht ‚Das Plakat' (Frühe Lyrik und Dramen, Wiesbaden 1952, S. 59). — In der ‚Blechschmiede' parodierte Arno Holz die expressionistischen Lyriker als „Farbenrauschler" (Die Blechschmiede I, Berlin 1924, S. 151 ff.).

> Der weißen Stiere roter Blutsaft schäumt . . .
> Ein Tänzer tanzt im *blauen* Mittagsrot
> Auf weißer Platte . . .

Rein ornamentalen Charakter haben die zahlreichen mit *Wie* herangeholten Vergleichsbilder: „wie Rauch im Glanz der Wüste" — „wie ein seidenes Zelt" — „wie ferne Flöten" usw. Ferner die klangmalerisch plazierten antiken Namen: Palmyra, Damaskus, Libanon, Ida, Hellespont, Ossa, Troas, Argos, Chalkis, Marathon, Elis, deren Aneinanderreihung durch die mit ihnen verknüpften Vorstellungen doch nicht viel mehr als die Kulisse einer heroischen Landschaft erstellt. Infolge seiner überwiegend deskriptiven und ornamentalen Funktion bleibt der sprachliche Ausdruck des Gedichts im Rhythmischen konventionell. Bruchstellen im syntaktisch-rhythmischen Gefüge, in der Versmitte, am Versende, beim Übergreifen der letzten Verszeile einer Strophe in die erste der nächsten, lassen noch nicht die Tendenz erkennen, eine vorgegebene Form zu sprengen, sondern beruhen auf einer klischeehaften Handhabung des Metrums.

Im Gegensatz zu dem dämonisierten Mondbild fungieren Sonne, Licht, Tag in der dichterischen Mythologie Heyms ursprünglich, wie in diesem Gedicht so in einer Fülle von Einzelbildern, als Metaphern für die Utopie des „göttlichen" und „schönen" Lebens. Der Zyklus ‚Schwarze Visionen' projiziert diese Utopie schon nicht mehr in eine historische oder exotische Ferne, sondern ins Jenseits eines imaginären Totenreichs. Der Jugendstiltraum vom „Ewigen Tag" eines der Schönheit und dem Rausch geweihten Lebens realisiert sich im Irrealen, wenn es vom Empfang der Toten in der Unterwelt heißt:

> Die Silberstädte, die im Monde glühen,
> Umarmen sie mit ihres Sommers Pracht,
> Wo schon im Ost wie große Rosen blühen
> Die Morgenröten in die Mitternacht. (67,4)

Oder wenn die tote „imaginäre Geliebte" so apostrophiert wird:

> Dann wirst du in die wilde Sonne schauen,
> Die in dein Blut stürzt wie ein dunkler Wein.
>
> . . . .
>
> Die Sonne, die mit Blumen sich beleuchtet,
> Stößt wie ein Aar zu deinen Häupten weit,
> Und ihrer Purpurlippen Traum befeuchtet
> Mit Tränentau dein weißes Totenkleid. (68,2–3)

In der Jugendstilschicht der Heymschen Bilderwelt sind Sonne und Licht Metaphern für ein imaginäres Glück, für traumhafte Schönheit und erträumten Rausch:

Der Sonnenball hing groß am Himmelssaum.
Und rote Strahlen schoß des Abends Bahn.
Auf allen Köpfen lag des *Lichtes Traum*.   (8,4 Berlin II)

... Die Sonne wiegt in träumerischer Luft.
Des goldenen Tages Brücke spannt sich weit
Und tönt wie einer großen Leier Ton ...
                                        (37,6 u. 38,1 Die Heimat der Toten)

Die Elfen fliegen fort, wo noch das Schweigen
Des *Mittagstraums* auf goldnen Höhen hält.   (50,1 Der Herbst)

. . . . Werden wir Vögel werden,
Im Stolze des Blauen, im Zorn der Meere weit?   (78,4 Die Morgue)

Wir, Ikariden, die mit weißen Schwingen
Im blauen Sturm des Lichtes einst gebraust ...   (80,6 ibd.)

Wir flogen stolz in Abendrotes Brande ...   (80,7 ibd.)

Und hoch in dem Licht der Götter große Gespanne
Schnelle rollten dahin in den *festlichen Süd*.   (91,3 Die Schlösser)

Bis leise Stimmen tief im Dunkel singen
Vor ihrer Herzen Purpur-Baldachin
Und aus dem Äthermeer auf roten Schwingen
Träume, wie Sonnen groß, ihr Blut durchziehn.   (96,1 Die Irren I)

Welch göttlich schönes Spiel. Ein Meer von Feuer.
Der ganze Himmel brennt. Wir sind allein,
Halbgötter wir.   (98,5 Die Irren III)

Und wieder klingt's in ihrem Frieden leise,
Wenn das verborgne Silber wachsend schwärt
Und *das Geräusch der Sonne* auf der Reise,
Die unten über weite Meere fährt.

Auf einmal hören sie die Stürme wehen,
Und laute Glocken läuten durch die Nacht.
Sie möchten gern dem Schall entgegengehen,
Erhört, entfesselt, in das Licht gebracht.   (116,4–5 Die Tauben II)

Auf die Verwandtschaft dieser Sonnen- und Lichtmetaphorik mit der Nietzsches weist auch ihr sprachlicher Ausdruck hin. Zarathustra spricht vom „goldenen Glück", von der „goldenen Traurigkeit", den „purpurnen Seligkeiten" und der „purpurnen Schwermut" des „vollkommenen Mittags" — bei Heym, auch bei Trakl[15a], tauchen in Verbindung mit Sonne, Licht, Tag,

---

15a s. u. S. 352, 345 und Claus L. Laue, Das Symbolische und die Farbensymbolik bei Georg Trakl, masch. Diss., Freiburg i. Br. 1949, S. 105 f. u. 145 ff.

Mittag usw. immer wieder die Farbmetaphern *golden* und *purpurn* auf[16]. Die dynamisierenden verbalen Metaphern Heyms — die Sonne „rauscht", „rast", „stürzt", „stößt" — haben in dieser Bildschicht noch keine dämonisierende Funktion, sondern den Charakter des Rauschhaften, Ekstatischen. Auch hierin klingt Zarathustra-Pathos nach. „Einem Sturme gleich *fliegen* die Sonnen ihre Bahnen", heißt es im ‚Nachtlied' Zarathustras[16a].

Jugendstilcharakter wie das frühe Gedicht ‚Der Tag' hat auch noch das Gedicht gleichen Titels aus dem Nachlaßband ‚Der Himmel Trauerspiel' (D 137 f.). Wie jenes behandelt es das Thema allegorisch, indem es dem Tag die mythologische Gestalt eines göttlichen Heros verleiht. Das Motiv erfährt jedoch eine bemerkenswerte Abwandlung. Der Lichtgott wird nicht mehr als Triumphator dargestellt, sondern als Sterbender: „Der Tag liegt schon auf seinem Totenbette..." Das Bild des „festlichen Südens", in das sich dort der Wunschtraum des „göttlich schönen" Lebens kleidete, wird hier, im mittleren Teil des Gedichts, nur rückschauend als Erinnerung heraufgerufen und von Kontrastbildern des Grauens umgriffen:

> ... Die Wüsten brannten unermeßlich breit,
> Da er die Rosse der Quadriga weit
> Und hoch im Blauen führte schon gen West.
> Bleich wird die Schläfe, die der Schweiß schon näßt.
> Die Hand sucht irr herum. Die ewige Nacht
> Kriecht unter seine Lider schon. Die Macht
> Des Sterbens fällt ihn an. . . . .

Trotz solcher Bildkontraste und eines gedrängteren sprachlichen Ausdrucks hat auch dieses Gedicht im ganzen noch Jugendstilcharakter. Denn im Gesamtbild des mythologisierten Sonnenunterganges, das es entwirft, repräsentieren Sonne, Licht, Tag göttlich schönes, heroisches Leben — als göttlich schönes, heroisches Sterben. Der sterbende Tag ist „der Göttersohn, / Des ungeheurer Glanz das All gefüllt", er liegt „Auf goldnem Teppich und der sanften Glätte / Des Purpurvlieses" und „reißt die Binden / Von seiner Wunde königlich". Die eigentümliche Verbindung, die das Motiv des In-Schönheit-Sterbens mit dem des göttlich schönen Lebens in der Kunst des Jugendstils eingeht[17], kennzeichnet dessen Pathos der heroischen Einsamkeit als das der bedrohten Innerlichkeit des isolierten, auf sich zurückgeworfenen Subjekts. Schon im Jugendstil nimmt daher das Schöne das Ele-

---

16 D 53,1—2 *Der goldene Atem... des Mittags*; 52,4 *goldne Stille* (des Mittags); D 38,1 *Des goldenen Tages Brücke*; D 68,3 *Purpurlippen* (der Sonne); D 20,3 *Purpurrot der Meere* und *das Gold des Mittags*; usw.

16a Nietzsche, Also sprach Zarathustra, Leipzig 1930, S. 115 (Kap. Das Nachtlied).

17 vgl. Sternberger, l. c. S. 137 über den Leitspruch „In Kunst leben und in Schönheit sterben".

ment des Schreckhaften und Grausigen in sich auf. Das Motiv des In-Schön-heit-Sterbens variieren Heyms ‚Sterbender Faun' (D 108) und ‚Tod des Pierrots' (D 171). Das Thema ‚Pierrots Tod' begegnet auch bei Aubrey Beardsley, dem bedeutendsten Vertreter des englischen Jugendstils[18].

Für die metaphorische Rolle, die Sonne, Licht, Tag in der Jugendstilschicht der Heymschen Bilderwelt spielen, ist es bezeichnend, daß sie das von „Be-geisterung, Größe, Heroismus" erfüllte Leben einer „früheren" Welt alle-gorisieren, die das Prosastück ‚Eine Fratze' ausdrücklich der Welt „heute" gegenüberstellt, und daß die Realität der gegenwärtigen Welt von der ästhe-tischen Gestaltung jener anderen, „früheren" Welt ausgeschlossen bleibt. Gerade dadurch aber, daß die dichterische Phantasmagorie die gegenwärtige, reale Welt von sich ausschließt, ist die imaginierte mythische als eine Gegen-welt auf die reale bezogen: der Protest, dem sie entspringt, bestimmt selbst noch den Charakter der scheinbar zeitlosen Gestalt, in der sie jene „Götter" wiederbeschwört, die in der Gegenwart nur noch „Theaterpuppen" sind; denn die allegorische Personifikation des Tages als Kriegsgott, dessen Gang „wie der Drommete Ton erschallt" und dessen Arm aufragt „wie eine Feuersbrunst", ist nichts anderes als ein dichterisches Bild für den Wunsch oder die Erwartung, daß ein Krieg oder eine Revolution die götterlose, „faule" Welt verändere, deren Krankheit Heym in ‚Eine Fratze' beschreibt. Dort heißt es denn auch im Anschluß an die Klage über die götterlose Ge-genwart: „Der Krieg ist aus der Welt gekommen, der ewige Frieden hat ihn erbärmlich beerbt." Im Tagebuch rangiert der Wunsch, „daß man einen Krieg begänne", als Ersatzwunsch für den, daß „einmal wieder Barrikaden gebaut" würden.[19]
Heyms Kritik an der Welt seiner Zeit ist nicht die des politischen Revolutionärs, der bestimmte theoretische Grundsätze vertritt, sondern ein unmittelbarer, spontaner Protest gegen die Verarmung und Ver-härtung des Lebens hinter der Fassade des Fortschritts und der Sekurität. „Revolution" und „Krieg" umschreiben nur den unbestimmten Wunsch, daß „etwas geschehe". In der Dichtung Heyms nimmt er in den Bildern vom „Weltende" die Gestalt eines Revolutionsmythos an. So auch im veränderten Bild einer Sonne, die nicht mehr göttlich schönes, hero-isches Leben oder Sterben versinnbildlicht, sondern das Untergangsfeuer eines Weltbrandes, der die großen Städte in Flammen aufgehen läßt. Daß es sich bei diesem metaphorischen Bedeutungswandel um eine immanente

18 s. Ahlers-Hestermann, l. c. S. 100.
19 T 139 und 164. Vgl. zum Folgenden die schon öfter zitierten Tagebuchstellen T 131, 135, 138 f., 164 f.

Entwicklung der Bildersprache Heyms handelt, zeigt sich darin, daß die veränderte Funktion, die das Bild der Sonne erhält, Bedeutungsmomente zur Entfaltung bringt, die bereits in der Sonnen- und Lichtallegorik der Jugendstilphase angelegt sind. Das Bild des Baalsgottes, zu dem der Sonnenuntergang in ‚Der Gott der Stadt' mythologisiert wird, ist im Bild des Kriegsgottes, der in ‚Der Tag' das scheidende Sonnenlicht personifiziert, schon vorgeformt, wie die Übereinstimmung wesentlicher Bildelemente in beiden Gedichten verrät. Vom Tag als Kriegsgott hieß es:

> Sein Arm, den er auf Meer und Lande streckt,
> Ragt dunkel auf wie eine Feuersbrunst.

Und ‚Der Gott der Stadt' schließt mit dem Bild:

> Er streckt ins Dunkel seine Fleischerfaust.
> Er schüttelt sie. Ein Meer von Feuer jagt
> Durch eine Straße . . . .

Verwandt sind auch die Bilder:

> Sein Atem füllt das Meer mit schwarzem Dunst.   (Der Tag 54,4)
>
> Die Winde lagern schwarz um seine Stirn.   (Der Gott der Stadt 15,1)

Die Verwandtschaft des heroischen Lichtgottes mit dem Großstadtmoloch bestätigt, daß bereits die Jugendstilphantasmagorie eines von „Begeisterung, Größe, Heroismus" erfüllten Lebens, obwohl sie die Realität der gegenwärtigen Welt von sich ausschloß, negativ auf sie bezogen war, Protestcharakter hatte. Mit der Einbeziehung der zeitgeschichtlichen Wirklichkeit in die ästhetische Gestaltung kehrt die dichterische Mythologie Heyms diesen Protestcharakter hervor, indem sie sich in eine Dämonologie dieser Wirklichkeit verwandelt. Der expressive Charakter, den der bildhafte und sprachliche Ausdruck dabei annimmt, geht ursprünglich auf die Spannung zwischen der utopischen Traumwelt des Jugendstils und einer ihr widersprechenden Realität zurück, wie sie sich in der schroffen Kontrastierung von Bildern oder Bildelementen aus beiden Bereichen niederschlägt. So wird etwa das Bild des Sonnenkultes, mit dem ‚Der Tag' das „festliche" Leben beschwor (Str. 4—5), im ‚Gott der Stadt' durch Kontrastierung mit Elementen der gegenwärtigen Realität travestiert und zugleich zum Bild eines Baalsdienstes dämonisiert:

Wie Korybanten-Tanz dröhnt die Musik
Der Millionen durch die Straßen laut.
Der Schlote Rauch, die Wolken der Fabrik
Ziehn auf zu ihm wie Duft von Weihrauch blaut.　　　　　(15,3)

Die metaphorische Bedeutung, die dem Bild der Sonne in der dichterischen Mythologie Heyms ursprünglich zukommt, bleibt auch noch in der Dämonisierung des Sonnenlichts zum Weltuntergangsfeuer erhalten. Denn die Instanz, durch die im ‚Gott der Stadt‘, in ‚Der Krieg‘ usw. das Weltgericht ergeht, ist die — ursprünglich durch Sonne, Licht, Tag versinnbildlichte — Utopie einer Welt, die anders wäre als die gegebene, die in jenen Bildern vom „Weltende" gleicherweise zum Untergang verurteilt wird wie schon durch Zarathustras Utopie des großen Erden- und Menschennachmittags: „Wehe dieser großen Stadt! — Und ich wollte, ich sähe schon die Feuersäule, in der sie verbrannt wird! Denn solche Feuersäulen müssen dem großen Mittage vorangehen."[20] Wenn also das Bild der Sonne in der expressiven Schicht der dichterischen Mythologie Heyms statt einer imaginären göttlichen Lichtwelt einen Revolutionsmythos vertritt, der den extremen Protest gegen den realen geschichtlichen Weltzustand zum Inhalt hat, so bedeutet dieser Funktionswechsel des Bildes zunächst noch nicht, daß die Utopie preisgegeben wird, sondern daß sie sich auf die Negation jener Realität beschränkt, auf welche schon die positive Gestalt, die ihr die Jugendstilphantasmagorie zu geben suchte, negativ bezogen war. Mit der Mythologie vom festlichen „Ewigen Tag" erweist sich ihr negatives Gegenstück, die vom „Ende eines Welttages", auch darin noch identisch, daß ihrem Revolutionsmythos, anders als dem der „Aktivisten" unter den expressionistischen Lyrikern (Rubiner, Hasenclever, Becher u. a.), eine prononcierte soziale oder politische Zielrichtung fehlt, daß er Revolution als Revolutions*rausch* beschwört. Wie das Licht in den Jugendstilallegorien des ‚Ewigen Tags‘ versinnbildlicht daher auch das zum Revolutions- und Weltuntergangsfeuer mythologisierte Sonnenlicht „entfesseltes" Leben als Rausch. In den ‚Schwarzen Visionen‘, die den Wunschtraum des festlichen Lebens phantasmagorisch in einem Leben der Toten sich erfüllen ließen, hieß es von der „wilden Sonne", daß sie „in dein Blut stürzt wie ein dunkler Wein" — in dem Nachlaßgedicht ‚Sehnsucht nach Paris‘, das den gleichen Wunschtraum in ein Revolutionsbild projiziert, wird die „blutige" Sonne einem „Sturmfanal" und zugleich einem vom „Wein der Freiheit" gefüllten „Gral" verglichen:

---

20 Nietzsche, l. c. S. 197, III. Teil, Kap. ‚Vom Vorübergehen‘.

Doch morgens brennt im Osten auf der Seine
Im Häusermeere, wie ein Sturmfanal
Im Mastenwald, im Meer der schwarzen Kähne,
Die Sonne blutig, wie ein großer Gral,

Vom roten Wein gefüllt bis an die Borde,
Vom Wein der Freiheit, der das Herz beschwört
Und auf der weiten Place de la Concorde
Aus Dantons Mund der Städte Zorn empört.   (154,2–3)

Ebenso wird in ‚Berlin III' der Sonnenuntergang zur Metapher für Revolutionsrausch:

Ein Armenkirchhof ragt, schwarz, Stein an Stein,
Die Toten schaun den roten Untergang
Aus ihrem Loch. Er schmeckt wie starker Wein.

Sie sitzen strickend an der Wand entlang,
Mützen aus Ruß dem nackten Schläfenbein,
Zur Marseillaise, dem alten Sturmgesang.   (11,3–4)

Da aber hier, inmitten der von den vorausgehenden Bildern gezeichneten Industrielandschaft, im Abraumfeld und Niemandsland der Großstadtperipherie, die Toten eines Armenkirchhofs es sind, die der „starke Wein" der Revolutionssonne berauscht und die den „alten Sturmgesang" der Marseillaise singen, stellt sich der Revolutionsrausch als ebenso imaginär dar wie der des festlichen Lebens in ‚Schwarze Visionen': als Traum, den Tote träumen. Doch selbst seine groteske Travestie, seine Kontrastierung mit einer ihm hohnsprechenden Realität (Armenkirchhof) und Irrealität (lebende Tote), gibt den Traum der Freiheit nicht preis, richtet sich vielmehr sarkastisch gegen eine Wirklichkeit, aus der er verbannt, in der er dem Leben ausgetrieben ist.

In dem Gedicht ‚Berlin III', das zu den Großstadtsonetten gehört, die den ‚Ewigen Tag' einleiten, seinem bildhaften und sprachlichen Ausdruck nach jedoch wohl später entstand als ‚Der Tag' unter den letzten Gedichten der gleichen Sammlung, ist eines der Endstadien des metaphorischen Bedeutungswandels, dem das Bild der Sonne bei Heym unterliegt, vorweggenommen. Der durch den Sonnenuntergang versinnbildlichte Revolutionsrausch ist als Totentraum bereits ein illusorischer, das Bild der Revolution ist das einer zum Scheitern verurteilten. In den Sammlungen ‚Umbra

Vitae' und ‚Der Himmel Trauerspiel' repräsentiert jedoch das Bildgefüge manchen Gedichts wie ein Zwischenstadium noch den Übergang der Jugendstilmetapher einer Sonne, die eine dem realen geschichtlichen Weltzustand abgekehrte heroische Gegenwelt symbolisiert, in das Bild einer Sonne, durch das der vergebliche Protest gegen die bestehende Welt zum ewigen Verhängnis mythologisiert wird. So setzt sich etwa das Gesamtbild des mythologisierten Sonnenuntergangs in der Schlußstrophe der ‚Verfluchung der Städte' (D 101) teils aus Bildelementen expressiven Gepräges, teils aus Jugendstilelementen zusammen:

> Und wie ein Meer von Flammen ragt die Stadt,
> Wo noch der West wie rotes Eisen glänzt,
> In den die Sonne wie ein Stierhaupt glatt
> Die Hörner streckt, von dunklem Blut bekränzt.

Im Vergleich der Stadt mit einem Flammenmeer und des Abendhimmels mit „rotem" Eisen sind Feuer und Blut expressive Bildformeln, deren Bedeutung in den Gedichten vom „Weltende"[21] entfaltet ist. Im Vergleich der Sonne mit einem Stierhaupt sind die „Hörner" als Kennmale des Dämonischen ein expressives Bildelement[22], während die Schlußwendung: „von dunklem Blut bekränzt", an das kultische Stieropfer in ‚Der Tag' erinnernd[23], den Untergang des dämonisch-göttlichen Gestirns ebenso jugendstilhaft verklärt wie die Eingangsverse den Untergang der Städte:

> Ihr seid verflucht. Doch eure Süße blüht
> Wie eines herben Kusses dunkle Frucht . . .   (101,1)

Für die entscheidende Phase, in der die Mythologie des festlichen Ewigen Tags, der Sonnenkult des Jugendstils, in einen Revolutionsmythos umgeschlagen ist, sei auf die Interpretation des Gedichts ‚Der Krieg' (o. S. 42 ff.) verwiesen. Eine weitere Phase im Bedeutungswandel der Sonnensymbolik Heyms vertritt das Gedicht ‚Kata' (D 107) aus der Sammlung ‚Umbra Vitae', obwohl es früher als jenes, im Mai 1911 entstanden ist. ‚Der Krieg' datiert aus dem September 1911, ist aber, dem Sinngehalt des Motivs nach, eine gesteigerte Variation des Gedichts ‚Der Gott der Stadt' (D 15), das bereits im März 1911, in der Sammlung ‚Der Ewige Tag' erschien.

21 besonders in ‚Der Gott der Stadt', ‚Die Dämonen der Städte', ‚Der Krieg' (75), ‚Die Stadt der Qual' usw.
22 Vgl. 19,6 das „Schläfenhorn" der „Dämonen der Städte".
23 D 53,4: „Der weißen Stiere roter Blutsaft schäumt . . ."

KATA

Ein roter Donner. Und die Sonne tost,
Ein Purpurdrachen. Sein gezackter Schwanz
Peitscht hoch herauf der weiten Himmel Glanz,
Der Eichen Horizont, drin Flamme glost.

Der großen Babel weiße Marmorwand
Und riesiger Pagoden goldnen Stein
Zerschmettert fast der ungeheure Schein,
Mit lauten Beilen eine Feuerhand.

Musik. Musik. Ein göttlicher Choral.
Das offne Maul der Sonne stimmt ihn an,
Das Echo dröhnt vom weiten Himmelssaal

Und ruft hervor der dunklen Nacht Tyrann,
Den Mond, Tetrarchen, der im Wolkental
Schon seltsam lenkt das fahle Viergespann.

Das Sonett läßt sich mit der breit angelegten, zwölfstrophigen Jugendstilallegorie ‚Der Tag' insofern vergleichen, als es thematisch deren letzte sieben
Strophen variiert. Hier wie dort wird aus dem Sonnenuntergang ein mytho-
logisches Ereignis. Aber das dichterische Verfahren, durch das sich diese
Umwandlung vollzieht, und der Sinn, in welchem sie erfolgt, haben sich in
‚Kata' geändert. Während in ‚Der Tag' die Mythologisierung des Sonnenuntergangs durch Personifikation und Vergleiche mit Hilfe eines konventionellen mythologischen Apparats geschieht, vollzieht sie sich in ‚Kata'
durch Metaphern, die nicht mehr nur Vergleichsbilder sind, sondern als
Wirklichkeit gesetzt werden. Schon der Gedichtanfang: „Ein roter Donner"
verleiht einer Metapher Realitätscharakter, indem er sie, syntaktisch abgetrennt, ihrem Bezugsbild überordnet. In der Folge bleibt die mit der
Sonne durch Apposition unmittelbar identisch gesetzte Metapher „Purpurdrachen" der eigentliche Gegenstand aller Aussagen. Auch in der dritten
und vierten Strophe werden die Metaphern ihrem Bezugsbild überge-
ordnet, indem sie ihm nicht in übertragener Rede, sondern, ebenfalls syntaktisch verselbständigt, als unmittelbar Wirkliches vorangestellt werden
und auch wieder über es hinausgreifen. Unvermittelt wie die erste Strophe
setzt die dritte ein: „Musik. Musik. Ein göttlicher Choral." Dann erst heißt
es, daß das „Maul der Sonne" ihn anstimmt, und der nächste Vers nimmt
die vorangegangene, inhaltlich als Realität gesetzte Metapher wieder auf.
Ebenso setzt sich in der Schlußstrophe Metaphorisches (*der dunklen Nacht
Tyrann, Tetrarch*) an die Stelle des Empirischen (*Mond*), indem die meta-

phorische Aussage syntaktisch das zu einer Beifügung herabgedrückte Bezugsbild umschließt und überschwillt. So geben sich sämtliche Metaphern des Gedichts als ein jeweils Reales. Während in ‚Der Tag' der Gang des kriegerischen Lichtgottes „wie" der Drommete Ton erschallt und sein Arm „wie" eine Feuersbrunst aufragt, steht hier Entsprechendes, das „offne Maul der Sonne" und die „Feuerhand", nicht als Vergleichsbild, sondern als unmittelbar Wirkliches. Eine andere, imaginierte Wirklichkeit setzt sich an Stelle der gegebenen, dinghaft-gegenständlichen und läßt sie derart in sich aufgehen, daß der substantielle Gehalt des Ganzen ausschließlich im Ausdruck und in der Bedeutung der als Realität gesetzten metaphorischen Bilder liegt. Hatten Personifikation, Vergleiche und Metaphern in ‚Der Tag' die dargestellte Wirklichkeit nur zu verklären, so wird diese in ‚Kata' durch den Realitätsanspruch des Metaphorischen rätselhaft verfremdet. Während dort die Bedeutung der dichterischen Bilder in ihrem Verhältnis des umschreibenden Vergleichs zum Gegenständlich-Wirklichen zu erfassen war, verschließt sie sich hier in sich verselbständigende, das Uneigentliche zum Eigentlichen machende Metaphern und ist nur aus deren Verhältnis zueinander zu entziffern.

Schon der Gedichttitel ‚Kata' weist darauf hin, daß die durch das veränderte metaphorische Verfahren bewirkte Mythologisierung des Sonnenuntergangs sich in einem anderen Sinn vollzieht als in ‚Der Tag'. *Kata* (griech.) heißt *hinab, herunter*[24]. Der Titel ist selbst schon eine Metapher, insofern er sich nicht nur auf den Sonnenuntergang bezieht, sondern wie eine rätselhafte Formel allgemein auf Untergang hindeutet, d. h. über das Stofflich-Gegenständliche des Gedichts hinausweist. *Kata, herunter,* meint Untergang im Sinn von *Katastrophe.* So apostrophieren die Toten die Besucher der Morgue: „Wir sind *herunter.* Seht, wir sind nun tot."[25] Aus dem Sonnenuntergang wird in der hyperbolisch metaphorischen Sprache des Gedichts die Katastrophe eines Weltuntergangs. Untergeht mit dem Gestirn das Göttliche, die Utopie, für die das Bild der Sonne wie in ‚Der Tag' auch hier noch steht:

> Musik. Musik. Ein göttlicher Choral.
> Das offne Maul der Sonne stimmt ihn an . . .

---

24 Das Gedicht erschien zuerst in der ‚Aktion', Jg. 2, wo der Titel in griechischen Buchstaben wiedergegeben ist.
25 D 77,3 Die Morgue, — vgl. a. 88,1 Mit den fahrenden Schiffen:
> Die wir ewig *herunter*
> Durch glänzende Winter gestreift.
> Ebenso: . . . Muß er *herunter* schon / Zum ewigen Schatten?   (137 Der Tag)
>   . . . Ziehn sie *hinab* . . .   (189,6 Die Wanderer)

Und untergehend will das Gestirn eine Welt in den Untergang mitreißen:

> Der großen Babel weiße Marmorwand
> Und riesiger Pagoden goldnen Stein
> Zerschmettert fast der ungeheure Schein,
> Mit lauten Beilen eine Feuerhand.

Die Allegorie ‚Der Tag' suchte der Utopie durch die Phantasmagorie einer göttlich-schönen Welt noch positiv Gestalt zu geben: auch scheidend, nur „westwärts eilend", erschien der Gott des Lichtes noch als Triumphator. Indem in ‚Kata' der Untergang des Sonnenlichtes den Untergang des Göttlichen symbolisiert, kehrt die Utopie zugleich ihr negatives Moment, den ihr ursprünglich eigenen Charakter des Protests gegen eine Welt hervor, in der sie zum Untergang verurteilt ist. Deshalb nimmt hier das Göttliche im Bild der Sonne zugleich zerstörerisch-dämonische Züge, statt der klassisch-antiken Gestalt eines Kriegsgottes die archaischere des Feuerdrachens an. Deshalb auch ist nicht mehr die Rede von Tempeln, in denen der Gott gefeiert wird — die „große Babel" und „riesige Pagoden" sind im Gegenteil archaisierende negative Metaphern für „große Stadt" und „Götzendienst", wie sie ähnlich auch in ‚Der Gott der Stadt'[26] und ‚Der Krieg'[27] für die großen Städte der Gegenwart gebraucht werden. Das Gericht, das über diese dort ergeht, ist das gleiche wie das über Babel und Pagoden hier: durch „Feuerhand".

Auch wo die dichterische Mythologie Heyms wie in ‚Der Tag' und ‚Kata' die stofflich-realen Elemente der zeitgeschichtlichen Wirklichkeit von der Gestaltung ausschließt, enthüllt sie sich in der Konstanz bestimmter dichterischer Bilder und deren Bedeutungsgehalt als negative Antwort auf die Verfassung und die Tendenzen dieser Wirklichkeit. Einzig als negative Antwort auf das „Ende eines Welttages" und seinen „erbärmlichen Frieden", von denen Heyms Zeitdokument ‚Eine Fratze' spricht, beschwor die Allegorie ‚Der Tag' das positive Bild einer göttlichen Welt von „Begeisterung, Größe, Heroismus", kleidete ihren Protest in die Personifikation des Lichtes als Kriegsgott und verlieh diesem bereits den Zug des Drohend-Zerstörerischen:

> Sein Arm, den er auf Meer und Lande streckt,
> Ragt dunkel auf wie eine Feuersbrunst.

Dieses Bild[28] entfaltet sich dann in ‚Der Gott der Stadt' und ‚Der Krieg' zum Revolutionsmythos eines Weltuntergangsfeuers als der eindeutig nega-

---

26 15,2 f. „Baals"-dienst.
27 76,4 „Gomorrh".
28 Auch in der Variation ‚Der Tag' (137 f.) kehrt es wieder:
> Er warf sein Glutmeer weit, so furchtbar nah
> Wie eine Hand . . .

tiven Utopie vom Ende jenes Weltzustandes, dem gegenüber die positive, die einen vergangenen verklärte, konzipiert war. Der Arm des Licht- und Kriegsgottes, der aufragt wie eine Feuersbrunst, die Feuer schleudernde „Fleischerfaust" des Großstadtmolochs, die Pech und Feuer träufende „Fakkel" des Kriegsdämons und die zerschmetternde „Feuerhand" in ‚Kata' sind Abwandlungen eines und desselben Bildes. Je entschiedener die Utopie ihren Protestcharakter herauskehrt, um so archaischere Züge nimmt es an: vom klassisch-antiken Gott über den orientalischen Baal zum vorzeitlichen Kriegsdämon oder zum mythischen Fabeltier des Feuerdrachens, dessen Bild sich als eine Abwandlung der Allegorie des Kriegsgottes auch insofern darstellt, als der Drache in der griechischen Mythologie als ein dem Ares heiliges Tier galt (Kadmossage). Gerade in seiner archaischsten Gestalt ist alles Mythische in der Dichtung Heyms bildgewordener Protest gegen einen Fortschritt, der die Welt zugleich entmenschlichte, indem er sie „entgöttlichte", versachlichte.

Steht in ‚Kata' das Bild einer rasenden Sonne genau wie in ‚Der Tag' für den spontanen Versuch des isolierten, auf seine Innerlichkeit zurückgeworfenen Subjekts, mit seinem „brachliegenden Enthusiasmus" aus einer „erstickenden" realen Welt in eine imaginäre göttliche auszubrechen, steht es als dämonisiertes zugleich für die Wendung dieses Ausbruchsversuchs in die eindeutige Negation jenes realen Weltzustandes, wie sie sich mit der Mythologisierung des Sonnenuntergangs zum Weltuntergangsfeuer in ‚Der Gott der Stadt' und ‚Der Krieg' vollzieht, so kommt ihm doch im ganzen Bildgefüge und Sinnzusammenhang dieses Gedichts eine Funktion zu, durch die an seinem konstanten Bedeutungsgehalt ein neues Moment in Erscheinung tritt. Zwar wird auch hier in archaisierender Einkleidung das Ende derselben Welt beschworen wie in jenen beiden „Zeitgedichten", aber mit wenigen, in zwei Sätze zusammengedrängten Bildern, die vom dort dargestellten Weltbrand nur ein Miniaturbild übriglassen; auch spielt sich dieser trotz des Realitätsanspruchs der Metaphern als ein Scheinvorgang ab: während dort die großen Städte untergehen, werden hier Babel und Pagoden von „ungeheurem Schein" nur „fast" zerschmettert; der elementarische Revolutionsgesang, der als „göttlicher Choral" die scheinbare Zerstörung einer sakrosankten steinernstarren Welt begleitet, hallt aus dem Hohlen, Leeren eines zum „weiten Saal" verengten Alls zurück; und die dem „Göttlichen" entgegenstehende Macht, in Gestalt des Mondes als Tyrannen eines Nachtreichs durch solches „Echo" erst „hervorgerufen", obsiegt, während in ‚Der Tag' der Mond dem triumphierenden Lichtgott nur als „Trabant" und „Schildknappe" nachzieht und in ‚Der Krieg' der Kriegsdämon ihn in der Hand zerdrückt.

Untergeht in ‚Kata' nicht eine durch die utopische Instanz eines göttlichen Gerichts zum Untergang verurteilte Welt, sondern das durch die Sonne versinnbildlichte Göttliche, Utopische selbst. So erscheint der Revolutionsmythos, obwohl er noch in Bildern des Zerstörungsrauschs sich niederschlägt, gebrochen, in sich reflektiert. Der Jugendstiltraum von einer imaginären göttlichen Welt und sein Pendant, die Utopie vom Untergang der ihm widersprechenden realen, heben sich auf in der Selbstdarstellung einer zum Scheitern verurteilten Rebellion der Innerlichkeit. Dies Scheitern vollzieht sich in Gestalt eines mythologischen Vorgangs als unausweichliches, rätselhaft verhängtes Schicksal. Wie die syntaktische Verklammerung der Terzette, das Zusammenfügen ihrer gegensätzlichen Bilder zu einer Bildeinheit zum Ausdruck bringt, erlischt die durch das göttlich-ekstatische und zugleich dämonisch-zerstörerische Rasen der Sonne versinnbildlichte spontane Freiheitsregung des Subjekts von selbst, mit naturgesetzartiger Zwangsläufigkeit in einem Dunkel, dessen Bann die stereotype Personifikation des Mondes und die Epitheta „seltsam" und „fahl" als den Zwang einer verhexten, totenhaften Welt kennzeichnen.

Der mythologische Gegensatz zweier blind waltender Elementarmächte ist der metaphorische Ausdruck des geschichtlich-gesellschaftlichen Spannungsverhältnisses zwischen subjektivem Innern und subjektfremdem Außen. Die Mythologisierung des in der Entfremdung seines Innern vom Außen sich selbst entfremdeten, untergehenden Subjekts zum untergehenden dämonisch-göttlichen Gestirn und damit die Mythologisierung seines Untergangs zum vorbestimmten Schicksal, zum Naturverhängnis, ist der metaphorische Ausdruck für den vergeblichen Protest des Subjekts gegen eine objektive Realität, in der es sich selbst nicht wiederzufinden, sein Inneres nicht zu realisieren vermag, für eine im geschichtlichen Verhältnis dieses unversöhnten Widerspruchs blind waltende Notwendigkeit.

Wenn auch das ganze metaphorische Verfahren, die hieroglyphische Verschlüsselung eines geschichtlichen Antagonismus in einen mythologischen und die Verfremdung der gegenständlichen Realität durch Metaphern, die Realitätscharakter erhalten, ein adäquater Ausdruck realer Entfremdungsverhältnisse ist, so läuft er doch Gefahr, aus der Verfremdung der Realität einen poetischen Effekt zu machen. Die Verfremdungstechnik geht hier noch nicht wie bei Kafka und Brecht darauf aus, in der Widerspiegelung der realen Entfremdungsverhältnisse von Innen und Außen, Bewußtsein und Sein, deren Grund: das Wesen einer Gesamtverfassung menschlichen Daseins rational zu durchdringen und zu enthüllen, sondern verharrt bei einer Dämonisierung der antagonistischen Momente der Wirklichkeit und verleiht dadurch der Undurchsichtigkeit ihres Widerspruchsverhältnisses den künstlich magischen Schein eines unergründlichen Geheimnisses. Der Untergang des sich selbst entfremdeten Subjekts wird als grandioses Ereignis in Szene gesetzt. Im Pathos des sprachlichen Ausdrucks: in den interjektionsartigen verbenlosen Sätzen, in affektgeladenen verbalen Metaphern wie *tosen, peitschen, zerschmettern, dröhnen,* in der großen Geste der dicht gehäuften, einander steigernden Attribute *hoch, weit, groß, riesig, ungeheuer,* aber auch in Jugendstilresten wie der Manier des vorgestellten Genitivs[29] usw. — in solchem Pathos sucht sich gerade das gewaltsam zu behaupten, was dem Bedeutungsgehalt des ganzen metaphorischen Vorgangs nach zum Untergang verurteilt erscheint: die Innerlichkeit des isolierten Subjekts. Indem der unmittelbare, affektive Ausdruck der Entfremdung von Subjekt und objektiver Realität das Leiden an diesem Widerspruch heroisiert, das „Katastrophische" in diesem Verhältnis zum Erhabenen poetisiert, läßt er dem Bann der Entfremdung den trügerschen Schein einer undurchschaubaren Notwendigkeit und wird dadurch ideologisch.

Die letzte Phase im Funktionswandel, dem das Bild der Sonne bei Heym unterliegt und in dem sich schließlich sein ursprünglicher, von der Sonnenmythologie des Jugendstils herstammender Bedeutungsgehalt entscheidend verändert, repräsentiert das Gedicht ‚Simson' (D 115) aus der Sammlung ‚Umbra Vitae'.

Der biblische Simson[30] ist der gottgeweihte Held mit übermenschlichen Kräften, der allein und ohne Waffen ganze Heere von Feinden schlägt. Seine wunderbaren Taten haben den Charakter der blinden, launenhaft übermütigen Kraftäußerung, nicht den eines zweckbestimmten, planvollen Handelns, und bleiben im ganzen ergebnislos. Er handelt auf sich selbst gestellt, und der Geblendete kommt einsam um, mit seinen Feinden zugleich sich selbst vernichtend: „Meine Seele sterbe mit den Philistern!"[31] — Die vergleichende Mythenforschung sieht in der Simsonsage, worauf auch die etymologische Verwandtschaft von *Simson* und *Sonne* hindeute, die Umformung eines heidnischen Sonnenmythos: Die langen Haare Simsons bedeuten die Strahlen der Sonne, und so wie die Macht des Sonnengottes abnimmt, wenn die Strahlen der Sonne schwächer werden, verliert Simson seine übermenschliche Kraft mit den Haaren. Simson tritt nicht als Heerführer auf, sondern stets allein: wie die Sonne einsam am Himmel zieht. Ferner stimmt die Simsonsage im Selbstmordmotiv mit den älteren Sonnen-

---

29 Vgl. dazu auch Volker Klotz, Jugendstil in der Lyrik, ‚Akzente', Jg. 1951, H. 1, S. 31 f.
S. 31 f.
30 Buch der Richter, Kap. 13-16.
31 ebd. Kap. 16,30.

mythen überein. In diesen vereinigt der Sonnengott zwei entgegengesetzte Tendenzen in sich, einerseits eine gütige, Leben fördernde Macht und andrerseits eine unheilstiftende, zerstörerische; und wenn der Gott sich selbst tötet oder einen anderen, der die abgespaltene zerstörerische Seite seines Wesens vertritt (Simsons Überwindung des Löwen), so bedeutet dies für die mythische Anschauung, daß er den schlimmen Teil seines Wesens in sich selbst überwindet[32]. Die Simsonsage verwandelt den heidnisch mythischen Sonnengott in einen gottgeweihten Helden, einen Diener Jahvehs und Helfer seines Volkes. Dem entspricht dann auch der endgültige Untergang Simsons: „Simson stirbt und bleibt tot; er stirbt und reißt seine eigenen Säulen, die Säulen, auf die er die Welt gegründet, mit ein, um sich unter ihnen zu begraben. Der Heidengott ist tot und zieht seine Welt mit sich in sein Nichts; seine Kämpfe waren ein Schattenspiel. Jahveh lebt, er hat in seiner Weisheit die Säulen der Welt gesetzt (Jer. 10,12) ..."[33] — Mag es auch dahingestellt sein, ob Heym sich der Herkunft der Simsonsage von einem Sonnenmythos bewußt war, so sind doch gerade die von der Mythenforschung hervorgehobenen eigentümlichen Züge der Simsongestalt: das Einzelgängerische, das blind spontane Handeln, das Einsamkeits- und Selbstmordmotiv für das Verständnis von Heyms Simsongedicht von Bedeutung, zumal Heyms eigene mythologisierende Behandlung des Sujets sich auffallend mit dem ursprünglichen mythischen Kern der Simsonsage berührt.

SIMSON

In leeren Sälen, die so weit
Wie leerer Atem, im Abende tot
Stehet er breit mit dem Feierkleid
Und der türmenden Mütze rot.

Die Mauern flohen von ihm hinweg,
Die krummen Säulen irrten in Nacht hinaus.
Er ist allein in dem riesigen Haus.
Und niemand ist da, der ihn hält.

Alle sind fort. Und ein Mäusegeschrei
Ist oben rund in der Luft.
Und über die Stiege herum
Huscht es wie Hunde vorbei.

---

32 Nach Karl Abraham, Traum und Mythus, Lpz./Wien 1909, S. 52 ff.
33 H. Steinthal, Die Sage von Simson, in: Zeitschrift für Völkerpsychologie und Sprachwissenschaft, Bd. 2, 1862, S. 178.

Inhaltlich beschränkt sich das Gedicht auf die Darstellung des gefangenen, geblendeten Simson. In knapper, verhaltener Sprache und wenigen, mehr andeutenden als aussprechenden Bildern umschreibt es nichts als einen Zustand, Simsons Einsamkeit. Die Heymsche Thematik des Gefangenseins[34] verbindet sich mit der gleichbedeutenden des Blindseins[35] zum Grundmotiv des isolierten, lebend toten Ichs. Der Simson der Sage ist jedoch zugleich der Heros, der sich gegen sein Schicksal auflehnt, indem er die Philister in seinen selbstgewählten Untergang mitreißt. Was wird in Heyms Gedicht aus diesem mit der Simsongestalt gegebenen Motiv der Empörung und Zerstörung einer feindlichen Welt, das ja Heyms Revolutionsmythos entspräche? Nicht der Handelnde, im eigenen Untergang sich gegen sein Schicksal Auflehnende und seine Feinde Vernichtende ist dargestellt, sondern der Ohnmächtige, in sein „Alleinsein" (Str. 2) Eingeschlossene: Dennoch enthüllt sich in der knappen Metaphernsprache der ersten Strophe dieser Simson als eine Abwandlung jener mythologischen Gestalten, die als Personifikationen eines zum Weltuntergangsfeuer dämonisierten Sonnenfeuers Heyms Revolutionsmythos veranschaulichen. Wie im Abend der Arm des Lichtgottes aufragt wie eine Feuersbrunst, im Abend der Großstadtmoloch aus seiner Fleischerfaust das Feuer schleudert, im Abend der Kriegsdämon aufsteht und die Welt in Brand setzt, im Abend eine Feuerhand Babel fast zerschmettert, so heißt es auch von Simson hier:

> . . . . . im Abende tot
> Stehet er breit mit dem Feierkleid
> Und der türmenden Mütze rot.

Der Schlüssel für die wiederholten Bilder des Abends mit dem zum weltzerstörenden Gott, Götzen, Dämon, Drachen, Riesen mythologisierten Sonnenuntergang ist Heyms zeitkritisches Wort vom „Ende eines Welttages" und seinem „Abend, der so stickig ward, daß man den Dunst seiner Fäulnis kaum noch ertragen kann". Wenn jedoch schon in ‚Kata', da der Weltuntergang zum Miniaturbild eines Scheinvorgangs wurde, der Revolutionsmythos sich als gebrochen erwies, so nimmt er sich in ‚Simson' vollends zurück. Das Bild des „breit" im „toten Abend" stehenden Riesen und das Rot seiner „türmenden Mütze" deuten zwar die Verwandtschaft dieses Simson mit den revolutionsmythischen Gestalten des Großstadtmolochs und des Kriegsdämons noch an, aber im Gegensatz zu diesen läßt ihn das Gedicht im Bild der ersten Strophe gleichsam erstarren. Die zweite und dritte Strophe sind eine einzige Paraphrase der ersten, sie vertiefen sich in die Anschauung des Zu-

---

34 in ‚Die Gefangenen I/II', ‚Die gefangenen Tiere', ‚Der Affe' usw.
35 in ‚Der Blinde', ‚Die blinden Frauen' u. a.

standes von Einsamkeit, den schon die beiden Eingangsverse mit den Bildern der „leeren Säle", des „leeren Atems" und des „toten Abends" umschreiben. Die Entgrenzungsmetaphern der zweiten Strophe — Mauern, die „hinweg-flohen", Säulen, die „in Nacht hinausirrten" — lösen die gegenständliche Realität ins schemenhaft Unwirkliche auf, weiten die „Nacht" des Gefange-nen und Geblendeten in eine kosmische aus: das All ist ein Gefängnis, ein „riesiges Haus", seine Weite so „leer" wie die Säle des Hauses, in dem Simson gefangen ist. In traurig groteskem Gegensatz zum Bild des „breit stehenden" Riesen mit der „türmenden" roten Mütze heißt es jetzt von ihm: „Und niemand ist da, der ihn hält." Die Bilder der Schlußstrophe umschrei-ben die „Nacht", in der Simson „allein" ist, als Todesdunkel. Mäuse und Hunde sind in den ältesten indogermanischen Mythen und im Volksaber-glauben dämonische Tiere, die Unheil und Tod ankündigen.[35a] Die Mäuse verkörpern u. a. die Seelen der Toten, wie z. B. in der Hatto-Sage. Hunde und Totenseelen begleiten Hekate als Herrin der Unterwelt im griechischen Mythos. Eine analoge Rolle spielen Mäuse und Hunde in der Bildersprache Heyms. In der ‚Morgue' sagen die Toten:

> Wir zogen aus, gegürtet wie Giganten,
> Ein jeder klirrte wie ein Goliath.
> Nun haben wir die Mäuse zu Trabanten,
> Und unser Fleisch ward dürrer Maden Pfad. (D 80,5)

Die Strophe kommentiert indirekt die Schlußstrophe von ‚Simson': Auch Simson war ein „Gigant"; jetzt rufen ihn die „Trabanten" der Toten zu den Toten. Dieselbe Bedeutung hat das Bild der Hunde. In den ersten Versen von ‚Die Städte' (92) werden Straßen metaphorisch „eine Hundeschar, im Hohlen bellend" genannt; die Metapher ist eine Vorausdeutung auf das Schlußbild: „Tote Straßen jagten mit grausamem Schwert." Und zu den Bildern, die in dem Gedicht ‚Was kommt ihr, weiße Falter, so oft zu mir?' den Bereich des Todes umschreiben, gehören „Gelärm" von Fledermäusen (185,2.) und „Gebell" von Vampyren (185,3). — Zu Vorausdeutungen des Todes werden „Mäusegeschrei" und Huschen „wie Hunde" vollends durch den irrealen Charakter beider Bilder. Ein Mäusegeschrei „oben" und „rund

---

35a Über die mythologische Rolle der Mäuse vgl. Jos. Virgil Grohmann, Apollo Smintheus und die Bedeutung der Mäuse in der Mythologie der Indogermanen, Prag 1862, bes. S. 22, 27, 52, 55, 71, 75 und Wörterbuch d. dt. Volkskunde, Leipzig 1936, S. 491 f. Als Verkörperungen von Dämonen oder toten Seelen begegnen die Mäuse auch in Goethes Faust I, Walpurgisnacht (Jub.Ausg. Bd. 13, V. 3900 f. u. V. 4179), in Achim v. Arnims ‚Päpstin Johanna', ‚Gräfin Dolores', ‚Fürst Ganzgott' und in Tiecks ‚Vittoria Accorombona'. — Über die Rolle des Hundes in den griechischen Unterweltsmythen vgl. Karl Kerényi, Die Mythologie der Griechen, Zürich 1951, S. 41 ff., 52, 56, 239, ferner das Wörterbuch d. dt. Volkskunde, l. c. S. 340 u. 711.

in der Luft", von allen Seiten, ist kein wirkliches, sind gespenstige „Stimmen", wie sie auch den Selbstmördern „entgegenkommen", von überall her, „wachsend in jedem Teich und jedem Baume" (187,3). Und was „huscht", wird mit Hunden verglichen, ist aber ein gespenstiges Etwas, ein „Es", das Unvorstellbares und Unabwendbares androht, wie in den analogen Bildern:

> *Etwas* will über die Brücken,
> Es scharret mit Hufen krumm ... (105,2 Halber Schlaf)
>
> Unten hallet *es* dumpf ... (194,4 Die Nacht)

Dem statischen Charakter des aus diesen Bildelementen sich aufbauenden Gesamtbildes entspricht der sprachliche Ausdruck in Wortwahl, syntaktischem und rhythmischem Gefüge. Die fallende Bewegung des gehaltenen trochäisch-daktylischen Versmaßes staut sich in den schwerbetonten Endreimen bzw. Endworten und wird mehrmals durch syntaktische Einschnitte inmitten der Verszeile oder am Versende gebrochen. Nur in der ersten Strophe, die als einzige eine Satzeinheit umspannt, klingt noch expressives Pathos an, in der ausladenden Sprachgebärde der beiden Verse: „... Stehet er breit mit dem Feierkleid / Und der türmenden Mütze rot." Die zweite Strophe reiht in vier Verszeilen parataktisch vier Sätze von paarweise gleicher Struktur aneinander:

> Die Mauern flohen ...
> Die Säulen irrten ...
>
> Er ist allein ...
> ... niemand ist da ...

Der Eingangssatz der Schlußstrophe: „Alle sind fort." — alltagssprachlich menschliche Rede, als rede aus dem einsamen Riesen Kinderangst — wiegt so schwer, daß nach ihm die tiefste Zäsur im rhythmischen Gefüge des ganzen Gedichts liegt. Eine weitere Stockung tritt am Ende dieser Verszeile ein, das den anschließenden Satz zerhackt. Ähnlich, wenn auch weniger schroff, wird der Schlußsatz zerstückt. — Wie die syntaktisch-rhythmische Struktur hat sich auch der Sprachbestand des Gedichts der dynamischen Elemente des expressiven Stils, bis auf die Spuren in der ersten Strophe, entäußert. Anstelle von affektgeladenen dynamisierenden Metaphern, wie *tosen, peitschen, zerschmettern, dröhnen* in ‚Kata', treten Passiv-Zuständliches bezeichnende Verben wie *stehen* und in vier aufeinanderfolgenden Sätzen jeweils ein *sein*, in dessen monotoner Wiederholung das ausdruckslose Hilfsverb zum Ausdruck absoluter Leere, äußerster Einsamkeit, wird.

Er *ist* allein . . .
Und niemand *ist* da . . .

Alle *sind* fort. Und ein Mäusegeschrei
Ist oben . . .

Die verbalen Metaphern: (Mauern) *flohen hinweg,* (Säulen) *irrten hinaus*
haben keine dynamisierende Funktion, sondern entgrenzen den Raum des
Gefängnisses nur, um den grenzenlosen als „riesiges Haus" zum Gefängnis
zu verengen, haben also innerhalb des Gesamtbildes eine ähnliche
Funktion wie jene Erstarrungsmetaphern, die Lebloses in erstarrt Lebendiges
verwandeln, um es als totenhaft starr erscheinen zu lassen[36]. — Der statische
Charakter der Bilder der zweiten und dritten Strophe, die um das der ersten:
einer absoluten, unentrinnbaren „Leere" kreisen, prägt sich ihrer Sprachform außer in den Parataxen auch in den mit „Und" beginnenden Sätzen
auf. Verselbständigte Endglieder einer Aufzählung, variieren sie inhaltlich
ihnen Gleichartiges, schon Ausgesprochenes, und geben ihm den Nachdruck
des Endgültigen, Unabänderlichen. Einen solchen Schlußstrich zieht schon
unter die zweite Strophe deren letzte Zeile *(Und niemand ist da, der ihn
hält.).* Da aber auch der Eingangssatz der dritten *(Alle sind fort.)* nur tauto-
logisch wiederholt und bekräftigt, was bereits die vorausgehende aussprach
(Er ist allein, niemand ist da), und an ihn wieder die beiden letzten Und-
Sätze anschließen, geht das Gedicht, seiner Diktion nach, bereits in der Mitte
in ein Ende über, das sich in vier syntaktische Schlußfiguren hinausschiebt
und so eine einzige statische Paraphrase des schon im Gesamtbild der ersten
Strophe gegebenen Endzustandes von Einsamkeit, absoluter Leere darstellt.

In der Reihe von Gedichten mit dem zentralen Heymschen Motiv des zum
Weltuntergang mythologisierten Sonnenuntergangs repräsentiert ‚Simson'
die letzte Gestalt, die Heyms Revolutionsmythos annimmt. In ‚Der Tag'
kleidete sich der Protest gegen die „götterlose", versachlichte Welt des Industriezeitalters und ihren „faulen" Frieden in die Jugendstilallegorie des kriegerischen Lichtgottes, in die utopische, von der gegenwärtigen Welt sich
distanzierende Phantasmagorie eines rauschhaft-festlichen, göttlich-schönen
Lebens. In ‚Der Gott der Stadt' und ‚Der Krieg' nahm dieser Protest die
mythologische Gestalt eines apokalyptischen Strafgerichts über die gegenwärtige Welt an; aus dem festlichen Rausch des göttlich-schönen Lebens
wurde ein Weltuntergangsrausch; aus dem göttlichen Sonnenheros der
dämonische Feuerriese, der eine untergangsreife Welt in Brand setzt. In
‚Kata' wandelte sich dieser Revolutionsmythos zu einem fatalistischen Untergangsmythos ab, der die Vergeblichkeit des Protests gegen eine versteinerte

---

36 s. o. Kap. IV, S. 233 f.

Welt zum Naturverhängnis, zum Schicksal verewigt: aus dem weltzerstörenden Feuerriesen wurde die Scheingestalt eines Feuerdrachens, der die Welt in seinen Untergang mitreißen will, dessen „göttlicher" Gesang aber aus der Leere des „weiten Himmelssaals" zurückhallt und der dem „Nacht-Tyrannen" Mond weichen muß. Während aber ‚Kata' nicht nur den zum Scheinvorgang reflektierten Weltuntergang, sondern auch den Untergang des Göttlichen, Utopischen selbst, das „Katastrophische" im verhängten Schicksal noch zum erhabenen Schauspiel poetisierte, ist in ‚Simson' der Schein solcher Verklärung in der Selbstreflexion auch des Untergangsmythos, zu dem sich der Revolutionsmythos in ‚Kata' abgewandelt hatte, zergangen. Zwar ist die Simsongestalt als solche die eines göttlichen Heros (mythischer Sonnengott, gottgeweihter Held der Sage), gleich der des kriegerischen Lichtgottes in ‚Der Tag', zugleich die eines weltzertrümmernden Riesen (der die Säulen einer von Jahveh zum Untergang verurteilten Welt einreißt), gleich der des dämonischen Feuerriesen in ‚Der Gott der Stadt' und ‚Der Krieg'; auch reißt der Simson der Sage, wie der Feuerdrachen in ‚Kata' es will, eine Welt in seinen eigenen Untergang mit, vereinigt also alle Züge in sich, die der Revolutions- und Untergangsmythos Heyms den mythologischen Gestalten lieh, in denen er sich bisher darstellte — aber das Gedicht läßt alle diese mit dem Motiv selbst gegebenen Momente sich gar nicht mehr entfalten, stellt nicht den rebellischen Akt der Welt- und Selbstvernichtung Simsons dar, sondern macht aus dem naiven Riesen der Sage, der noch im selbstgewählten Untergang seinen Mutterwitz nicht verliert, wenn er sich für seine „beiden Augen" nur „einmal" rächen will, einen Todeinsamen und läßt ihn in dieser Einsamkeit erstarren. Heym mythologisiert den mythischen Simson um, und zwar zur allegorischen Figur der Einsamkeit des isolierten, in seiner Innerlichkeit sich selbst entfremdeten, zum lebend-toten Ich erstarrten Subjekts. Fand der Widerspruch zwischen dem lebendigen subjektiven Geist und der objektiven Realität einer Welt, die ihn an seinem „brachliegenden Enthusiasmus ersticken" läßt, in ‚Der Tag', ‚Der Gott der Stadt', ‚Der Krieg' und ‚Kata' seinen Ausdruck im Pathos einer heroischen Einsamkeit, das sich von dem der Distanz zur Realität über das des revolutionären Protests gegen sie zu dem des heroischen Scheiterns an ihr abwandelte, so nimmt sich in ‚Simson' dieses ganze Pathos der Innerlichkeit selbst zurück. Simson ist noch der göttliche Sonnenheros — aber der gefangene, geblendete. Simson ist, der Sage nach, der Weltzertrümmerer — aber hier zertrümmert er die Welt nicht. Simson ist, der Sage nach, der heroisch Untergehende ·— aber hier geht er nicht heroisch unter, sondern erscheint „im toten Abend" einer „leeren", d. h. einer am „Ende eines Welttages" zum Gefängnis versteinerten Welt lebendig begraben. Indem Heyms Simsonfigur die Gestalten, die sein Revolutionsmythos annahm, zusammenfaßt, hebt sie ihn zugleich auf, wird sie zum Rätselbild des unversöhnten, aus der Innerlichkeit des vereinsamten Ichs nicht zu bewältigenden Widerspruchs zwischen Subjekt und objektiver Realität. In ihrer Abkunft vom göttlichen Sonnenheros der Jugendstilallegorie verrät sich noch der Idealismus, dem die dichterische Mythologie Heyms entsprang: der Geist des Weltzertrümmerers und Welterneuerers Zarathustra. Als Endgestalt in der Reihe der Umbrüche, die Heyms Revolutionsmythos erfährt, steht sie für das Ergebnis des Versuchs, diesen Idealismus zu realisieren. Als die erloschene Sonne Zarathustras ist Heyms gefangener, geblendeter Simson die mythologische Schlüsselfigur des Expressionismus.

VII. Mythologie der Geschichte

Auch wo die dichterische Mythologie Heyms die stofflich-realen Elemente der geschichtlich-gesellschaftlichen Wirklichkeit ausklammert, wie in ‚Umbra Vitae‘, ‚Der Tag‘, ‚Kata‘, ‚Simson‘ usw., stellt sie sich als eine Mythologie der Moderne dar, deren Bilder den Widerspruch zwischen dem lebendigen Subjekt und der erstarrten objektiven Realität eines gesellschaftlichen Ganzen widerspiegeln. Blinde Notwendigkeit und Verblendungszusammenhang dieses antagonistischen Ganzen chiffriert sie in Bilder eines blind waltenden „bösen Schicksals“, demzufolge „alles, was geschieht“, böse ist und wird[1]. Indem die dichterischen Bilder Heyms insgesamt zum Bild eines solchen allwaltenden Schicksals konfigurieren, wie aus der Bedeutung und Funktion des Astrologischen, des dämonisierten Mondbildes und des „Sonnenmythos“ ersichtlich, schließen sie sich zu einer Mythologie zusammen, in der mit „allem, was geschieht,“ alles Geschichtliche als unter dem Gesetz blind wirkenden Schicksals stehend erscheint.

In der vorläufigen Gesamtausgabe sind geschichtliche Motive im engeren Sinn Gegenstand folgender Gedichte: ‚Louis Capet‘, ‚Marengo‘, ‚Robespierre‘, ‚Columbus‘, ‚Judas‘, ‚Der Garten‘ (Judas), ‚Der Baum‘ (Judas), ‚Pilatus‘, ‚Die Städte im Walde‘[2], ‚Savonarola‘, ‚Rußland‘[3]. Die Novelle ‚Der 5. Oktober‘ stellt den Aufstand und Zug der Volksmenge nach Versailles vom 5. Oktober 1789 dar. Nur in der ‚Aktion‘ erschien bisher das Gedicht ‚Le tiers état‘[4]. Der unveröffentlichte Nachlaß enthält Skizzen zu Gedichten, die François Villon und Napoleon zum Gegenstand haben. — Ein Stoffbereich geschichtlicher Motive läßt sich jedoch aus noch darzulegenden Gründen in der Lyrik Heyms nicht streng abgrenzen.

Heyms stoffliches Interesse an geschichtlichen Motiven ist ursprünglich durch seine Proteststellung zur Welt seiner Zeit bestimmt und hängt aufs engste mit seinem Revolutionsmythos zusammen. Die revolutionären Epochen und Gestalten der Geschichte sind es, die ihn beschäftigen. Wo er

---

1 T 136.
2 Die „Städte im Walde“ sind die mythologisierten Ruinenstädte von Yucatan. S. u. S. 306 ff.
3 Hinzukommen die zwölf Marathon-Sonette, in der Ausgabe Carl Seeligs, S. 69—75.
4 ‚Die Aktion‘, 3. Jg. Nr. 2, Bln. 1913.

im Tagebuch von seinem in der banalen Zeit erstickenden Enthusiasmus spricht, heißt es anschließend: „Ich sehe mich in meinen wachen Phantasien als einen Danton oder einen Mann auf der Barrikade ..."[5] Oder: „Würden einmal wieder Barrikaden gebaut. Ich wäre der erste, der sich darauf stellte, ich wollte noch mit der Kugel im Herzen den Rausch der Begeisterung spüren."[6] Wiederholt taucht daher das Thema der großen Französischen Revolution in seinen Dichtungen auf und in Entwürfen und Plänen von Jugenddramen Gestalten wie Arnold von Brescia, Spartakus, Catilina, Jugurtha, Robespierre, St. Just, Babeuf usw.[7] All das hat jedoch nichts mit politischer oder bewußt gesellschaftskritischer Dichtung wie etwa Brechts ‚Verhör des Lukullus', ‚Leben des Galilei' usw. zu tun, sondern Heym projiziert den spontanen, gefühlsbestimmten Protest seines „brachliegenden Enthusiasmus" gegen die „banale" Zeit und ihren „faulen Frieden" in die revolutionären Epochen und Gestalten der Geschichte hinein. Wie in der Jugendstilallegorie ‚Der Tag' ist z. B. auch in der Revolutions-Novelle ‚Der fünfte Oktober' Bild dieses gefühlsbestimmten spontanen Protests die Sonne. Von den Menschen, die zur Hungerrevolte des 5. Oktober getrieben werden, heißt es da:

> *Niemals schien eine Sonne in ihre Gräber.* Was kannten sie von ihr in ihren gräßlichen Löchern? Sie sahen sie manchmal mittags über die Stadt hinschweben, betäubt von ihrem Qualm, in dicke Wolken gehüllt, eine Stunde oder zwei. Und dann verschwand sie. Die Schatten kamen wieder unter den Häusern hervor und krochen an ihnen hoch, schwarze Polypen der Gasse mit ihrer kalten Umarmung.[8]

Und zuletzt von den Aufständischen, die nach Versailles ziehen:

> ... *der Mensch war in ihnen erwacht.*
> *Das war der Abend, wo der Sklave,* der Knecht der Jahrtausende seine Ketten abwarf und *sein Haupt in die Abendsonne erhob, ein Prometheus,* der ein neues Feuer in seinen Händen trug ...
> Und das Abendrot lief über sie hin, über ihre Gesichter und brannte auf ihre Stirnen *einen ewigen Traum von Größe.* Die ganze meilenweite Straße brannten tausend Köpfe in seinem Lichte wie ein Meer, ein urewiges Meer ...
> Eine ewige Melodie erfüllte den Himmel und seine purpurne Bläue, eine ewige Fackel brannte. Und *die Sonne* zog ihnen voraus, den Abend herab, sie entzündete die Wälder, sie verbrannte den Himmel ...[9]

5 T 164
6 ibd. 139.
7 ibd. 117.
8 D 207 f.
9 D 215 f.

So wird am Ende dieser Novelle die Hungerrevolte zu einem „ewigen Traum von Größe" poetisiert, der wie der Jugendstiltraum des festlich-schönen Lebens in ‚Der Tag' im Bild der untergehenden Sonne jene „Götter" wiederbeschwört, die „aus der Welt gekommen" sind: „Begeisterung, Größe Heroismus".

In der Reihe der Gedichte mit historischen Motiven erscheint nur noch in ‚Columbus' (D 45) Geschichtliches unter solch idealistischem Aspekt.

COLUMBUS (12. Oktober 1492)

Nicht mehr die Salzluft, nicht die öden Meere,
Drauf Winde stürmen hin mit schwarzem Schall.
Nicht mehr der großen Horizonte Leere,
Draus langsam kroch des runden Mondes Ball.

Schon fliegen große Vögel auf den Wassern,
Mit wunderbarem Fittich blau beschwingt.
Und weiße Riesenschwäne mit dem blassern
Gefieder sanft, das süß wie Harfen klingt.

Schon tauchen andre Sterne auf in Chören,
Die stumm wie Fische an dem Himmel ziehn.
Die müden Schiffer schlafen, die betören
Die Winde, schwer von brennendem Jasmin.

Am Bugspriet vorne träumt der Genueser
In Nacht hinaus, wo ihm zu Füßen blähn
Im grünen Wasser Blumen, dünn wie Gläser,
Und tief im Grund die weißen Orchideen.

Im Nachtgewölke spiegeln große Städte,
Fern, weit, in goldnen Himmeln wolkenlos,
Und wie ein Traum versunkner Abendröte
Die goldnen Tempeldächer Mexikos.

Das Wolkenspiel versinkt im Meer. Doch ferne
Zittert ein Licht im Wasser weiß empor.
Ein kleines Feuer, zart gleich einem Sterne.
Dort schlummert noch in Frieden Salvador.

Obwohl das dem Titel beigefügte exakte Datum historische Authentizität fürs Dargestellte in Anspruch nimmt, lehrt der erste Blick auf das Bild, das dieses Gedicht von Columbus gibt, daß es mit dem historischen Columbus wenig zu tun hat. Von Columbus selbst ist auch nur einmal, in der vierten Strophe erst, die Rede, und hier wird aus ihm, den die Historiker als eine

„verwegene Kraftnatur" charakterisieren[10], ein einsamer Träumer aus der Familie von Figuren des frühen Hofmannsthal, Rilke, George:

> Der dichter, dem die vögel angstlos nahen
> *Träumt einsam* in dem weiten schattensaal . . .[11]

Die Entdeckungsfahrt des Columbus nimmt das Gedicht nur zum Anlaß, eine jener exotischen Traumlandschaften zu malen, in die der literarische wie der bildnerische Jugendstil aus der grauen Realität des Industriezeitalters flüchtete. Die ganze erste Strophe ist eine einzige metaphorische Umschreibung solcher Flucht. Das dreimalige „Nicht mehr . . ." anathematisiert und schiebt eine Wirklichkeit beiseite, deren erdrückende Monotonie gleichzeitig sämtliche Bilder dieser Strophe noch evozieren — Bilder, die in anderen Gedichten sich unmittelbar auf jene Wirklichkeit beziehen, auf die sie hier nur metaphorisch verweisen. So entspricht den „öden Meeren" hier — in ‚Die Stadt' das „ein- und ausschwemmende" Menschenmeer, von dem es heißt:

> Und *ewig stumpfer Ton* von dumpfem Sein
> *Eintönig* kommt heraus in Stille matt.　　　　　　　　(104,2)

Dem „schwarzen Schall" hier — in ‚Ophelia II' der „dröhnende Schall der Städte":

> . . . . . . Der *Widerhall* erklingt
> Mit *weitem Echo.* Wo herunter tönt
> *Hall voller Straßen.* Glocken und Geläut.
> Maschinenkreischen. Kampf . . .
> . . . . . . ein Kran mit Riesenarmen dräut,
> Mit *schwarzer Stirn,* ein mächtiger Tyrann . . .
> Ein Moloch, drum die *schwarzen Knechte* knien.　　　(58,1 f)

Das Bild „der großen Horizonte Leere" begegnet in ‚Die Wanderer' wieder als die „Wüstenei der winterlichen Städte" im „Einerlei / Der Riesenflächen, die sich fern verlieren / In endlos weißes Weiß am fernen Saum" (189,1 f.) und in ‚Hora Mortis' als „die Trauer der endlosen Horizonte" (128,1).[12]

Der in der ersten Strophe evozierten und zugleich beiseitegeschobenen Welt kontrastieren dann die folgenden vier Strophen die märchenhafte exotische Traumlandschaft. Sie wird durch Bilder erstellt, die ausnahmslos dem Motivbereich des Symbolismus und Jugendstils entstammen: Vögel „mit wunderbarem Fittich" und Gefieder, „das süß wie Harfen klingt", gehören

---

10 vgl. hierzu die Charakterisierung der Genueser bei Heinrich Leo, Geschichte der italienischen Staaten, Hambg. 1829, Bd. 1, S. 17 f., über Columbus S. 18.
11 Stefan George, ‚Im Park', Hymnen, Pilgerfahrten, Algabal, Bln. 1915, S. 14 f.
12 Zum Bild des aus der Leere hervorkriechenden Mondes s. o. S. 260 f.

jenem der realen „Welt der Gestalten" entrückten „Traumdunkel" an, das Georges Gedicht ‚Eingang'[13] mit der Zauberformel beschwört: „Traumfittich rausche! Traumharfe kling!" Die Atmosphäre tropischer Schwüle gleich der von Winden „schwer von brennendem Jasmin" herrscht auch in den imaginären Landschaften des frühen George[14] und jungen Stadler[15]. Schwäne (Str. 2) und Wasserpflanzen (Str. 4) gehören zu den charakteristischen Tier- und Pflanzenmotiven des Jugendstils[16], und „Blumen, dünn wie Gläser" sind die ins poetische Bild übersetzten Blumengläser, denen der bildnerische Jugendstil die Gestalt gläserner Blumen gab (Tiffany, Galé, Zitzmann)[17]. In der Wunderwelt der Meerestiefe[18] — in der gläserne Blumen „blähn" und „tief im Grund die weißen Orchideen" — stellte sich dem Jugendstil seine eigene Welt, die Traumwelt der Innerlichkeit, als die eines in sich selbst versenkten und versunkenen Lebens dar. Als „ein Traum versunkener Abendröte", als die Fata Morgana eines „Wolkenspiels" erscheint denn auch in der Sonnenmetaphorik der vorletzten Strophe wieder die Jugendstilutopie des kultisch erfüllten, göttlich schönen Lebens. „Nachtgewölke" spiegelt im Schein der untergehenden Sonne „die goldnen Tempeldächer Mexikos": die Städte der Azteken, die den Sonnengott verehrten.

Ähnlich wie zwischen der ersten und zweiten Strophe ein tieferer Einschnitt liegt als zwischen den folgenden vier, setzt sich, wenn auch auf andere Weise, die letzte Strophe gegen die vorletzte ab, so daß die erste und letzte Strophe das in den vier dazwischenliegenden Strophen komponierte Gesamtbild gleichsam einrahmen. Denn mit der untergehenden Sonne versinkt nicht nur das Spiegelbild der Sonnenstädte, sondern die ganze Traumlandschaft. Aber sie versinkt nicht so, daß die in der ersten Strophe umschriebene Welt, die sie hinter sich gelassen hatte, wiedererstände, sondern wie ein vorahnender Traum, dem der ferne Widerschein des Lichtes von „Salvador" Erfüllung verheißt, Erlösung von jener leeren, erdrückenden Welt, der das Traumschiff entronnen war, in einer anderen, einem utopischen Traum-Amerika.

Wie die Bildelemente des Gedichts dem Motivbereich des Jugendstils angehören, bestimmen auch dessen Stilprinzipien die Komposition des Ge-

---

13 Stefan George, Der Siebente Ring, l. c. S. 126.
14 Vgl. z. B. in ‚Algabal' das Gedicht ‚Mein garten bedarf nicht luft und nicht wärme . . .' Hymnen / Pilgerfahrten / Algabal, Berlin 1915, S. 96.
15 Vgl. das von V. Klotz l. c. S. 28 zitierte Gedicht ‚Freundinnen' aus Stadlers ‚Präludien'.
16 Vgl. Ahlers-Hestermann, l. c. S. 5.
17 ‚Um 1900', Art Nouveau und Jugendstil, Zürich 1952, Abb. S. 24 und ‚Jugendstil', Ausstellungskatalog Ffm. 1955, Abb. S. 2.
18 Vgl. Ahlers-Hestermann, l. c. S. 5 — Ernst Michalski, Die entwicklungsgeschichtliche Bedeutung des Jugendstils, in: Repertorium für Kunstwissenschaft, Bd. 46, S. 5, Bln. 1925, — Sternberger, l. c. S. 14 f.

dichtganzen. Das Bildgefüge ist ornamental flächenhaft.[19] Obwohl eine
Menge Raumvorstellungen aufgerufen werden — Höhe, Tiefe, Nähe, Ferne —,
kann und soll ein konkreter, bestimmt umgrenzter Raum nicht vorgestellt
werden. Die Bilder der ersten Strophe umschreiben mit „öden Meeren" und
„leeren Horizonten" einen schlechthin unendlichen, zugleich „öden" und
„leeren" Raum, der nichts anderes ist, als eine Metapher für erdrückende
Monotonie. Unvermittelt tritt an dessen Stelle in der zweiten Strophe der
„Raum" der Traumlandschaft. Es ist kein unendlicher, aber auch kein endlicher, greifbar dimensionierter Raum. Das Gegenständliche in den Bildern
der zweiten und dritten Strophe wird weder von einem bestimmten Subjekt
noch von einem bestimmten Standort aus gesehen. Die Pluralformen stili-
sieren es ins Typische um und versetzen es an jede beliebige Stelle dieses
Raumes: große Vögel und Riesenschwäne fliegen nicht auf dem Wasser,
sondern auf „den Wassern", Sterne tauchen auf „in Chören", und „die
Winde" betören die Schiffer. Im Vergleich stummer Sterne mit stummen
Fischen, dem sich das Bild der stummen (schlafenden) Schiffer anschließt,
treten Oben, Unten und Mitte in ein Spiegelverhältnis. Erst in der vierten
Strophe taucht ein persönliches Subjekt auf, das zu den gegenständlichen
Elementen dieser „Landschaft" in Beziehung gesetzt werden könnte, aber
von ihm, dem Genueser, heißt es, er „träumt in Nacht hinaus", d. h. sein
Blick ist ins Unbestimmte gerichtet, nicht auf bestimmte Dinge wie etwa
ihm zu Füßen die gläsernen Blumen und weißen Orchideen, deren Bild sich
noch im selben Satz dem des einsam Träumenden gleichwertig anreiht und
sogar den Nachdruck des Strophenschlusses erhält. Wie die Schlafenden ist
der einsam Träumende selbst ein Bestandteil dieser Traumlandschaft, ein
Bildelement neben anderen. Die syntaktische Verbindung des Bildes von
Blumen der Meerestiefe mit dem des über ihnen Träumenden stellt zwischen
beiden eine ähnliche Analogie her wie die zwischen stummen Sternen, stummen Fischen und stummen Schlafenden. Am weitesten geht die Auflösung
bestimmter Raumgrenzen und konkreter Raumverhältnisse im Bild der vorletzten Strophe. Wie schon zuvor verschiedene räumliche Bereiche unvermittelt nebeneinander und in Analogie zueinander standen: Luft (Vögel),
Himmel (Sterne), Wasser (Fische), Schiff (Schlafende, Träumender), Meerestiefe (Wasserpflanzen), tritt jetzt neben das Bild vom Meeresgrund (Orchideen) sprunghaft das einer Luftspiegelung in den Wolken. Es bringt Nähe
und Ferne, Unten und Oben in ein Spiegelverhältnis, das alle greifbaren
räumlichen Relationen aufhebt: das spiegelnde Nachtgewölk rückt die fernen
Städte heran und zugleich hinaus, indem es sie näher, als sie sind, und doch

---

19 Zur ornamentalen Flächenhaftigkeit des Jugendstils vgl. Ahlers-Hestermann, l. c.
S. 25; Sternberger l. c. S. 12; Klotz l. c. S. 32.

fern liegend *(fern, weit)* erscheinen läßt; es versetzt sie vom Land an den Himmel *(Nachtgewölk)* und läßt sie in dieser Spiegelung abermals als „in goldnen Himmeln", nicht in einem Land liegend erscheinen. Trotz ihrer Irrealität realisieren sich diese „großen Städte" als ein Bild, das, eine ganze Strophe beanspruchend, die Reihe der ihm vorausgegangenen gleichartigen Bilder pointierend abschließt und mit seinem metaphorischen Bedeutungsgehalt das Gesamtbild der Traumlandschaft erst zum vollen Gegenbild jener in der ersten Strophe metaphorisch evozierten Welt macht.

Wenn also auch stofflich-gegenständliche Elemente wie *Meer, Schiff (Bugspriet), Genueser, Mexiko, Salvador* und Adverbiale der Zeit und des Orts wie „Nicht mehr...", „Schon...", „Dort..." die Landschaft des 12. Oktober 1492 noch zitieren, so verwandelt sich doch der konkrete Raum dieser Landschaft in den gleichsam raumlosen Raum einer Traumlandschaft. Sie ist aus Bildern einer bereits stilisierten Natur komponiert, die verschiedene räumliche Bereiche lediglich in ein Analogie- und Spiegelungsverhältnis setzen, sie gleichsam ineinanderschieben, Über- und Hintereinander in ein Nebeneinander verwandeln, entsprechend Heyms Tagebuchsätzen: „...es gibt wenig Nacheinander. Das meiste liegt in einer Ebene. Es ist alles ein Nebeneinander."[20] Auch Wortbestand und Satzfiguren zeigen, daß die in den Bildern mitgegebenen Raumvorstellungen keine konkreten räumlichen Relationen zwischen den vorgestellten Gegenständen stiften. Die weitaus überwiegende Zahl der Tätigkeitswörter setzt ihr Subjekt nicht in Beziehung zu einem Objekt. Unter den vierzehn finiten Verben, die sich auf vierundzwanzig Verse verteilen, gibt es nur ein transitives: *betören,* und nur vier, die zwar eine Aktivität, aber keine zielstrebige bezeichnen: *hinstürmen* (= dahinstürmen), *kriechen, fliegen, ziehn;* alle übrigen bezeichnen entweder ein Geschehen, dessen Subjekt inaktiv und auf kein Objekt bezogen ist, oder rein Zuständliches: *klingen, auftauchen, schlafen, hinausträumen,* (sich) *blähn, spiegeln, versinken, emporzittern, schlummern.* Selbst die reflexiven Verben „sich blähen" und „sich spiegeln" büßen mit dem Personalpronomen ihr Objekt ein[21]. Substantive, im ganzen fünfundvierzig gegenüber vierzehn finiten Verben, und ihre Attribute bzw. die ihnen zugeordneten Attributsätze erstellen das Bild, und dem Tätigkeitswort fällt oft nur die untergeordnete Rolle zu, die Bildelemente zusammenhalten, wie z. B. „fliegen" in der zweiten und „spiegeln" in der fünften Strophe. Die beiden Hauptsätze der ersten Strophe sind verbenlos. Satzglieder haben die Ten-

---

20 T 140
21 So öfter bei Heym: Die braunen Segel *blähen* an den Trossen (46,1 Gegen Norden) — Der Brustkorb *bläht* mit zottig schwarzer Haut. (49,3 Herbst).

denz, sich vom Hauptsatz abzulösen und sich zu verbenlosen Sätzen zu verselbständigen.

> Und weiße Riesenschwäne mit dem blassern
> Gefieder, das süß wie Harfen klingt. (Str. 2)

> Ein kleines Feuer, zart gleich einem Sterne. (Str. 6)

In nur losem Zusammenhang mit „blähn" steht der Vers:

> Und tief im Grund die weißen Orchideen.

Ähnlich löst sich von „spiegeln" los:

> Und wie ein Traum versunkener Abendröte
> Die goldnen Tempeldächer Mexikos. (Str. 5)

Hinzukommen parataktische Satzfiguren wie:

> Nicht mehr die Salzluft, nicht die öden Meere ...
> Nicht mehr der großen Horizonte Leere ...

> Schon fliegen große Vögel auf den Wassern ...
> Schon tauchen andre Sterne auf in Chören ...

> Und weiße Riesenschwäne mit dem blassern / Gefieder ...
> Und tief im Grund die weißen Orchideen ...
> Und wie ein Traum versunkner Abendröte ...

So ist auch die Sprachform vom Stilprinzip des „Nebeneinander" bestimmt. Sie geht sowohl darauf aus, durch sich verselbständigende Satzteile jedes Bild für sich zur Geltung zu bringen, als auch darauf, sämtliche Bilder einander gleichzuordnen (Parataxen). Deshalb kommt es auch trotz verbenloser Sätze und Satzaufteilungen nicht zu schroffen syntaktisch-rhythmischen Einschnitten. Syntaktisch-rhythmische Einheiten stimmen mit metrisch-rhythmischen überein. Wo eine Verszeile in die nächste übergreift, geschieht es bruchlos, gleitend.

Zum ornamentalen Gepräge der ganzen Traumlandschaft, deren Bilder alle „in einer Ebene" liegen, gehören auch die Farbbezeichnungen und die Rolle, die sie in der Komposition des Gesamtbildes spielen. Mit Ausnahme von „schwarzem Schall" in der ersten Strophe handelt es sich noch nicht um expressive Farbmetaphern. Rein ornamentale Funktion haben die Farbenpaare Blau und Weiß (Str. 2), Grün und Weiß (Str. 4), Golden und Weiß (Str. 5/6) sowie der Kontrast des dreimaligen Weiß mit dem Schwarz der ersten Strophe. *Golden* in der vorletzten und *weiß* in der letzten Strophe werden durch den metaphorischen Bedeutungsgehalt der Bilder dieser Strophen (Sonnenkult — Stern der Erlösung) zu symbolistischen Farbmetaphern mit der positiven Funktion von Sakralfarben gleich dem Gold und Weiß der Bucheinbände Melchior Lechters zu Georges Gedichtsammlungen: goldene Sakralschrift und Monstranzvignette auf weißem Grund.

„Begeisterung, Größe, Heroismus. Früher sah die Welt manchmal die Schatten dieser Götter am Horizont. Heut sind sie Theaterpuppen." Als einer jener historischen Augenblicke, in denen früher die Welt manchmal die Schatten jener Götter am Horizont sah, ist der 5. Oktober 1789 Gegenstand der Novelle, der 12. Oktober 1492 Gegenstand des Gedichts ‚Columbus'. Dort werden die Schatten jener Götter als ein prometheischer „ewiger Traum von Größe" wiederbeschworen, hier als Traum der Erlösung von einer leeren, bedrohenden Welt in einer geheiligten. Beidemal im Bild der Sonne als mythologischer Metapher für die Utopie einer Welt, die anders wäre als die „heute". Beidemal ist die Gestalt, in der Geschichtliches in der Darstellung der Dichtung erscheint, von dieser Utopie geformt, wird das Historische aus dem Geist und im Sinn dieser Utopie umgeformt, mythologisiert. Aus dem historischen Columbus wird die neuromantische Figur des Einsamen, der „in Nacht hinausträumt", aus der historischen landschaftlichen Szenerie die symbolistische Traumlandschaft, aus dem neuen Kontinent eine Art Georgesches Neues Reich.

Mit der Abwandlung der Jugendstilutopie, wie sie sich im Bedeutungswandel der Sonnenmetaphorik Heyms darstellte, verwandelt sich auch die mythologische Gestalt, die alles Geschichtliche in der Dichtung Heyms annimmt. Schon in ‚Columbus' erhält die Utopie des göttlich schönen Lebens die archaische Gestalt des Abgestorbenen, historisch Versunkenen, wird sie ins Bild aztekischer Sonnenstädte hineinprojiziert, reflektiert sie sich als versinkendes „Wolkenspiel", als U-topie im wörtlichen Sinn des griechischen Nirgend-land, der „Wolken" des Aristophanes, und das Licht ihrer Verheißung wird zum „zitternden" Zeichen eines „kleinen Feuers", eines „zarten Sterns": von den Bildern des Erhofften bleibt nur ein Bild von Hoffnung selbst. In ‚Die Städte im Walde' (151), aus dem Nachlaßband ‚Der Himmel Trauerspiel', erfährt das Motiv der Sonnenstädte eine Abwandlung, in der sich der Traum der utopischen Landschaft, in der diese Städte liegen, selbst als hoffnungsloser darstellt.

Die Städte im Walde

In großen Wäldern, unter Riesenbäumen,
Darunter ewig blaues Dunkel ruht,
Dort schlafen Städte in verborgnen Träumen,
Den Inseln gleich in grüner Meere Flut.

Das Moos wächst hoch auf ihren Mauerkränzen.
Ihr alter Turm ist schwarzer Rosen Horst.
Sie zittern sanft, wenn wild die Zinnen glänzen
Und rot im Abend lodert rings der Forst.

Dann stehen hoch in fließendem Gewand,
Wie Lilien, ihre Fürsten auf den Toren,
Im Wetterschein, wie stiller Kerzen Brand.

Und ihre Harfe dröhnt, im Sturm verloren,
Des schwarzer Hauch schon weht von Himmels Rand,
Und rauscht im dunklen Haar der Sykomoren.

Obwohl das Gedicht keine historischen Reminiszenzen enthält, sind in den „Städten im Walde" die in den Urwäldern Yucatans begrabenen Ruinenstädte der Azteken wiederzuerkennen. Wie die „großen Städte" in ,Columbus' liegen die „Städte im Walde" in einer tropisch-exotischen Landschaft (Sykomoren gehören zur Vegetation Mittelamerikas); wie jene haben sie den Charakter des Archaisch-Kultischen (harfende Fürsten in fließendem Gewand); wie jene in der Meereseinsamkeit auftauchen, so gleichen sie „Inseln ... in grüner Meere Flut"; wie jene „schlummern", so „schlafen" sie; und wie jene einem „Traum versunkner Abendröte" gleichen, so schlafen sie „in verborgnen Träumen". Während jedoch in ,Columbus' nur das Spiegelbild der „großen Städte" im Meer versank und in diesem der ferne Widerschein ihres Glanzes noch der Hoffnung eine dem Traumbild entsprechende Realität verhieß — sind jetzt diese Städte selbst in einem Meer versunken *(Den Inseln gleich in grüner Meere Flut)*, als tote Ruinenstädte zurückgesunken ins „ewig blaue Dunkel" einer sie verschlingenden Natur:

Das Moos wächst hoch auf ihren Mauerkränzen.
Ihr alter Turm ist schwarzer Rosen Horst.

Und während in ,Columbus' der Sonnenuntergang zur Aureole eines Bildes wurde, das Erlösung und Frieden im geheiligten Leben einer heilen Welt versprach, wird er hier zum „wilden", „rot lodernden" Untergangsfeuer, in dessen „Wetterschein" die Gestalt desselben geheiligten Lebens als Gespenst zitiert wird und dem Untergang verschrieben erscheint: als die Geister von Fürsten, die mit „stillen Kerzen" verglichen werden und deren Harfenmusik sich „im Sturm" verliert. Der innere Vorgang, der sich in ‚Columbus' trotz des statischen Nebeneinanders sämtlicher Bilder in der Abstufung größerer Bildeinheiten[22] abspielt, ist in ‚Die Städte im Walde' genau umgekehrt und vollzieht sich in analogen, fast identischen Bildern. ‚Columbus' setzt mit einem Bild der Monotonie und Bedrohung ein, zu dem „hinstürmende" Winde „mit schwarzem Schall" gehören, und führt zu dem verklärenden Schlußbild der „schlummernden" Städte der Erlöser-Insel hin — ‚Die Städte im Walde' beginnen mit dem Bild der „schlafenden" Städte, stellen diesen Schlaf dann als Todesschlaf dar und führen zu einem Bild der Bedrohung und Monotonie, in welchem die „hinstürmenden" Winde „mit schwarzem Schall" aus dem Gedichtanfang von ‚Columbus' fast wörtlich wiederkehren als „Sturm", dessen „schwarzer Hauch" vom „Rand" des Himmels weht (analog den „Horizonten" in ‚Columbus'). Die Umkehrung des inneren Vorgangs bei der Gestaltung des gleichen Motivs (Traumlandschaft) in analogen Bildern ist ein paradigmatischer Ausdruck der dialektischen Bewegung, in der sich die Abwandlungen und Umbrüche der dichterischen Mythologie Heyms als eine fortschreitende Selbstaufhebung der Jugendstilutopien vollziehn. Denn die „Landschaft", zu der die ‚Städte im Walde' Yucatan umstilisieren und die sich im Bild der im Urwald begrabenen Ruinenstädte als eine abgestorbene, gespenstige darstellt, ist eine geradezu klassische Jugendstil-Landschaft. Wie in der Traumlandschaft von ‚Columbus' finden sich in ihr folgende wesentliche Motive und Elemente des Jugendstils zusammen: T r a u m d u n k e l (ewig blaues Dunkel, verborgne Träume — der Genueser träumt in Nacht hinaus, Traum versunkner Abendröte)[23], E i n s a m k e i t (Den Inseln gleich in grüner Meere Flut, einsame Fürsten, im Sturm verloren — das einsame Schiff, Columbus als einsam Träumender), das auch bei George[24] wiederholt auftauchende Motiv der a r c h a i s c h e n S t a d t (Mauerkränze, alter Turm, Tore, Zinnen — große Städte mit goldnen Tempeldächern), M e e r e s t i e f e (Vergleich des Urwalddunkels mit grüner Meere Flut — Im grünen Wasser..., Und tief im Grund...), erlesene oder exotische oder erträumte künstliche B l u m e n und P f l a n z e n (Lilien, Sykomoren und schwarze Rosen analog Georges ‚Algabal': „Wie zeug ich dich aber im heiligtume... Dunkle große schwarze blume?"[25] — Blumen dünn wie Gläser, tief im Grund die weißen

22 Zu den Bildern der ersten Strophe stehen die der Strophen 2—6 in Gegensatz, unter diesen gehören die der Strophen 2—4 enger zusammen; Str. 5 enthält die Transfiguration der Traumlandschaft; in Str. 6 reflektiert sie sich. S. a.o. S. 300 f.

23 Belege vor dem Gedankenstrich jeweils aus ‚Die Städte im Walde', danach aus ‚Columbus'.

24 s. u. S. 309 f.

25 Stefan George, Hymnen / Pilgerfahrten / Algabal, l. c. S. 96.

Orchideen), die T r a u m h a r f e (ihre Harfe dröhnt ... — Gefieder, das süß wie Harfen klingt), die fließende, sehnende Gebärde der dem Jugendstil eigentümlichen W e l l e n l i n i e (Fürsten in fließendem Gewand, das rauschende dunkle Haar der Sykomoren—blähende Wasserblumen) usw. Dem entspricht der sprachliche Ausdruck: der gehobene Stil der vom Symbolismus bevorzugten Sonettform; der ungebrochen fließende Rhythmus; die Verwendung ausschließlich intransitiver Verben: *ruhen, schlafen, wachsen, zittern, glänzen, lodern, stehen, dröhnen, rauschen, wehen;* der typisierende Plural, in dem fast alle Substantive stehen; die symbolistisch klangmalerische Funktion der dunklen a-, u-, au- und besonders o-Laute in der ersten, zweiten und vierten Strophe gegenüber den hellen i- und e-Lauten in der dritten; das erlesene Fremdwort *Sykomoren* als Schlußreim[26]; schließlich die ornamentale und zugleich symbolistisch metaphorische Funktion der Farben und Farbenpaare und ihr Verhältnis zueinander in der Komposition des Gesamtbildes: *blau* und *grün* in der ersten, *schwarz* und *rot* in der zweiten, indirekt Weiß und Rot (Lilien, Brand) in der dritten, *schwarz* (und *dunkel)* in der letzten Strophe, wobei der metaphorische Charakter sämtlicher Farben gegenüber denen in ‚Columbus' (vgl. dort: Blau, Weiß, Golden), entsprechend dem veränderten Charakter der Traumlandschaft, ins Negative tendiert und in solchen wie *ewig blaues* Dunkel, *rot* lodernder Forst und *schwarzer* Hauch die symbolistische Farbmetapher schon in die expressive übergeht — anzeigend, daß der Wandlungsprozeß, dem die dichterische Mythologie Heyms unterworfen ist, sich auch in der Farbensprache niederschlägt.

Die Traumlandschaft der ‚Städte im Walde' stimmt in den Jugendstilmotiven mit der von ‚Columbus' überein, unterscheidet sich aber von ihr durch die Umkehrung des inneren Vorgangs im Bildgefüge des ganzen Gedichts. Sie wird nicht als eine verheißungsvolle Welt der Zukunft, sondern als Untergangswelt dargestellt. Sie hat denselben Charakter wie die Jugendstillandschaft des Gedichts ‚Der Wald' und ist z. T. sogar aus denselben Bildelementen komponiert (s. o. S. 27). Wie ‚Der Wald' sind ‚Die Städte im Walde' eine Parodie des Jugendstils mit dessen eigenen Mitteln. Ihr Modell ist ‚Die tote Stadt' aus Stefan Georges ‚Siebentem Ring'.

---

26 So auch *Salvador* in ‚Columbus', *Kothurne* in ‚Der Abend' (48), *Hyazinth* in ‚Das infernalische Abendmahl' (121,2), *Praerial* in ‚Marengo' (30,4), *Gomorrh* in ‚Der Krieg' (76,4) u. a.

Die Tote Stadt

Die weite bucht erfüllt der neue hafen
Der alles glück des landes saugt · ein mond
Von glitzernden und rauhen häuserwänden ·
Endlosen straßen drin mit gleicher gier
Die menge tages feilscht und abends tollt.
Nur hohn und mitleid steigt zur mutterstadt
Am felsen droben die mit schwarzen mauern
Verarmt daliegt · vergessen von der zeit.

Die stille veste lebt und träumt und sieht
Wie stark ihr turm in ewige sonnen ragt ·
Das schweigen ihre weihebilder schüzt
Und auf den grasigen gassen ihren wohnern
Die glieder blühen durch verschlissnes tuch.
Sie spürt kein leid · sie weiss der tag bricht an:
Da schleppt sich aus den üppigen palästen
Den berg hinan von flehenden ein zug:

„Uns mäht ein ödes weh und wir verderben
Wenn ihr nicht helft — im überflusse siech.
Vergönnt uns reinen odem eurer höhe
Und klaren quell! wir finden rast in hof
Und stall und jeder höhlung eines tors.
Hier schätze wie ihr nie sie saht — die steine
Wie fracht von hundert schiffen kostbar · spange
Und reif vom werte ganzer länderbreiten!"

Doch strenge antwort kommt: „Hier frommt kein kauf.
Das gut was euch vor allem galt ist schutt.
Nur sieben sind gerettet die einst kamen
Und denen unsre kinder zugelächelt.
Euch all trifft tod. Schon eure zahl ist frevel.
Geht mit dem falschen prunk der unsren knaben
Zum ekel wird! Seht wie ihr nackter fuss
Ihn übers riff hinab zum meere stösst."

Wie Heyms Städte im Walde ist Georges tote Stadt eine archaische, ge-schichtlich versunkene Stadt, „vergessen von der zeit". Wie jene, die in ver-borgnen Träumen schlafen, ist sie *still*, *schweigt*, *träumt*, und wie jene ist sie Festung und Tempelstadt zugleich (hier: *schwarze mauern, turm, veste* und *weihebilder* — dort: *Mauerkränze, Turm, Tore, Zinnen* und harfende Fürsten sowie der Vergleich mit *stiller Kerzen Brand*; vgl. a. *die goldnen*

Tempeldächer in ‚Columbus'). Während jedoch Heyms Städte im Walde als im Urwald begrabene, von der Natur verschlungene Ruinenstädte „tote Städte" im strengen Sinn des Wortes sind, ist Georges tote Stadt nur scheinbar tot. Still, schweigend und träumend „lebt" und „sieht" sie,

> Wie stark ihr turm in ewige sonnen ragt

— gleich den Sonnenstädten „in goldnen Himmeln wolkenlos" in Heyms ‚Columbus' — wogegen es von den „Städten im Walde" heißt:

> Ihr alter Turm ist schwarzer Rosen Horst.

Und während die Mauern der toten Städte Heyms von Moos überwachsen sind und die abgestorbene Gestalt des vergangenen Lebens nur im magischen Licht eines Abendrots und „Wetterscheins" geisterhaft wiederersteht, heißt es von der toten Stadt Georges: „Und auf den grasigen gassen ihren wohnern / Die glieder blühen . . ." Vor allem stellt George die alte, scheinbar tote „Mutterstadt" als die des wahren Lebens der neuen Hafen- und Handelsstadt als der eines Scheinlebens, als der eigentlich toten Stadt gegenüber. Diese ist mit ihren *glitzernden und rauhen Häuserwänden, endlosen straßen, üppigen palästen, überfluß, falschem prunk* und der *zahl* ihrer Bewohner als moderne Großstadt charakterisiert. Bemerkenswert ist die metaphorische Rolle von Mond und Sonne in der Gegenüberstellung beider Städte. Während die alte „in ewige sonnen ragt", heißt die neue „ e i n m o n d von glitzernden und rauhen häuserwänden". Von der Welt, in der „alle glut verstarb", hieß es im ‚Jahr der Seele':

> *Licht* war nur an der erde
> *Vom monde leichenfarb.*

Dieser Mond-Metaphorik entsprechend, die mit der im ‚Zarathustra' übereinstimmt und auch bei Heym wiederkehrt, repräsentiert die Mond- gegenüber der Sonnen-Stadt eine erkaltete, tote Welt. Im Verhältnis beider zueinander stellt sich das Bild der archaischen Stadt als das des Protests gegen eine Realität dar, die das Leben der Menschen verödet und verdirbt: „Uns mäht ein ödes weh und wir verderben . . . im überflusse sich." In analogem Verhältnis steht in Heyms ‚Columbus' die Traumlandschaft mit dem Bild der archaischen Tempelstädte zu der in der ersten Strophe mit den Bildern der „öden Meere" und des aus der „Leere" kriechenden Mondes umschriebenen Welt. Der subjektive Protest eines „brachliegenden Enthusiasmus" gegen die „banale", „götterlose", „kranke" Zeit, dem Heyms idealisierende Umformungen des Geschichtlichen in ‚Der fünfte Oktober' und ‚Columbus' entsprangen, spricht sich in Georges Gedicht ‚Die tote Stadt' unverhüllt und unmetaphorisch, direkt aus, ist selbst Gegenstand der Darstellung. Untergeht daher in Georges Gedicht die neue Stadt, die gegenwärtige Welt *(Euch all trifft tod. Schon eure zahl ist frevel.)*, während für die „von der zeit vergessene" tote Stadt, deren Turm „in ewige sonnen ragt", d. h. für die Utopie des göttlich schönen Lebens *(glieder blühen, weihebilder)* „der Tag anbricht". Auch Heym stilisiert die archaischen toten Städte in die utopischen eines göttlich schönen Lebens um *(Rosen, Lilien, Kerzen,* harfende *Fürsten)*, auch bei ihm sind sie Gegenbild einer öden, verderblichen Welt, wie aus der Analogie zwischen der Metaphorik des Gedichtschlusses mit der des Gedichtanfangs von ‚Columbus' hervorgeht; und in der Klage der Harfenmusik, die „dröhnt", wie in ‚Kata' die Musik der untergehenden Sonne „dröhnt", jene „im Sturm verloren", diese als Echo aus der Leere des weiten Himmelssaals, klagt das Gedicht selbst um den Untergang jenes verklärten, stilisierten Lebens. Aber Heym gibt dem in Georges Gedicht dargestellten Verhältnis zwischen einer idealisierten Vergangenheit und der Zeit, von der sie „vergessen" wurde, die entgegengesetzte Wendung. Seine „Städte im Walde" stehen von vornherein in keiner direkten Beziehung zur Gegenwart, sondern sind, in eine zeitliche und räumliche Ferne entrückt, in Natur zurückgesunkene Ruinenstädte, für die nie mehr ein Tag anbrechen kann, an dem „von flehenden ein zug" erschiene; die längst versunkene Gestalt ihres Lebens, die in ihren Ruinen geistert, ersteht nur scheinhaft wieder, während Georges scheinbar tote Stadt *lebt, sieht* und *antwortet;* räumt schließlich Georges eigener, aus der Verachtung einer gegenwärtigen Welt gerade dem Vergangenen, Vergessenen in den Mund gelegter Richtspruch über diese der Zeit als solcher keine Macht ein über die Utopie des „geweihten" Lebens, so erscheint dieses in ‚Die Städte im Walde' nicht nur in archaischerer und gespenstiger Gestalt, sondern in dieser dem unentrinnbaren Untergang ausgeliefert. Der „Sturm", in welchem sich die nicht mehr „süß klingende" (‚Columbus', Str. 2), sondern „dröhnende" Musik der Traumharfe „verliert", versinnbildlicht die Gewalt jener Realität, als deren Gegenbild die Utopie des geweihten Lebens konzipiert war, und zugleich die Macht einer in aller bisherigen Geschichte blind waltenden Natur. Im Bild archaischer toter Städte stellt sich jetzt die Traumwelt des Jugendstils selbst als archaische, antiquierte dar. Der Schönheitstraum des einsamen, einer grauen und erdrückenden Realität entfremdeten Ichs offenbart sich als Traum eines toten Lebens und wird zum Angsttraum. Obwohl die Traumlandschaft der „Städte im Walde" aus den gleichen oder analogen Bildelementen komponiert ist wie die in ‚Columbus', haben diese Elemente jetzt nicht mehr den ausschließlichen Charakter des erlesen Schönen, sondern zugleich den von Verfall und Untergang: das Traumdunkel ist nicht mehr nur das Dunkel einer heraufziehenden Nacht, sondern „ewig blaues Dunkel"; dort klangen die Harfen „süß", hier „dröhnen" sie; statt „weißer Orchideen" stehen „schwarze Rosen", anstelle „goldner Tempeldächer" die „wild glänzenden" Zinnen, statt „Traum versunkner Abendröte" der „rot im Abend lodernde" Forst, statt „ein kleines Feuer, zart gleich einem Sterne" der Vergleich der Fürsten mit „stiller Kerzen Brand" (Totenkerzen) usw. Die als Gegenbild der Realität konzipierte utopische Traumlandschaft nimmt als Untergangslandschaft dieselben Züge an wie die apokalyptischen Untergangslandschaften, in deren Bild Heym die Realität einer zu Ende gehenden Welt, das „Ende eines Welttages" darstellt. Die archaischen Traumstädte in ‚Die Stadt der Qual' (93), ‚Die Nacht' (194), ‚Heroische Landschaft' (196) u. ä. und die realen modernen in ‚Der Gott der Stadt', ‚Der Krieg', ‚Die Vorstadt', ‚Die Dämonen der Städte' usw. sind b e i d e untergehende Städte. Traum und Realität sind gleichen Wesens und gehen ununterscheidbar ineinander über. Archaisches erhält die Signatur des Modernen (Yucatan wird zur Jugendstillandschaft), Modernes erscheint in archaischer Gestalt (Großstadtbaal, Kriegsdämon, die „Dämonen der Städte" usw.). In der Verschränkung und Angleichung von Traum und Realität, Archaisch und Modern, vollzieht sich die Selbstzersetzung der Traumwelt des Jugendstils als eines autonomen Bereichs der Innerlichkeit. Das Privileg des Schönheitstraumes der heroischen Einsamkeit enthüllt sich in dessen Abwandlung zum Angsttraum als das Zwangsdiktat einer Realität, in welcher der einsame Einzelne nicht die Ausnahme, sondern die Regel ist. In der märchenhaft schönen Traumlandschaft von ‚Columbus' figuriert der einsam Träumende noch als die singuläre heroische Gestalt dessen, der in einem nicht auf der Weltkarte verzeichneten „Salvador" die utopische „andere" Welt zu entdecken berufen erscheint. In ‚Die Städte im Walde', die im Bild archaischer Ruinenstädte die versinkende Traumwelt des Jugendstils als schon versunkene, abgestorbene erscheinen lassen, steht die Einsamkeit in einem ungeheuren Plural: unbestimmt viele tote „Städte" schlafen einsam, „den", d. h. allen „Inseln gleich" in unbestimmt vieler „grüner Meere" Flut, und in all diesen einsamen, toten Städten stehen einsam *(hoch)* „ihre Fürsten" (als „Fürsten" schon Einsame) auf den Toren, aber als wiederbeschworene Geister, und einsam, „im Sturm verloren", dröhnt ihre Harfe. Das Bild d e s Fürsten, dessen Harfe im Sturm verloren dröhnt, ist Metapher für heroische Einsamkeit und heroisch einsames Scheitern. Aber im unbestimmten Plural stehend und in Verbindung mit den übrigen, ebenfalls im unbestimmten Plural stehenden, sich steigernden Einsamkeitsmetaphern macht es heroische Einsamkeit, heroisch einsames Scheitern zu einem kollektiven Phänomen. Wo sich aber Einsamkeit als das unbestimmt vielen, dem metaphorischen Sinn dieses Plurals nach: allen ohnehin auferlegte Schicksal erweist, muß das aristokratische Pathos, das heroisch sie gewählt zu haben beansprucht, tragikomisch erscheinen. Die Elegie vom Untergang der Traumwelt des Jugendstils ist eine verkappte Parodie. Als Parodie gibt sie sich zu erkennen, indem sie Georges Motiv der „toten Stadt" im umgekehrten Sinn abwandelt und sich dabei der Stilmittel und der Bildersprache Georges bedient. Sie zitiert wörtlich oder indirekt nicht nur ,Die tote Stadt', sondern mit *schwarzen Rosen* auch die *dunkle große schwarze blume* Algabals, mit den *Fürsten* das Gedicht ,*Wir die als fürsten wählen und verschmähn . . .*' aus dem ,Teppich des Lebens'[27] und die „Gestalten" des *Fuehrers, Fuersten, Koenigs* aus dem ,Siebenten Ring', mit der *Harfe* der Fürsten den Musenanruf *Traumharfe kling!* sowie *des abgrunds dunkle harfen* und die *Hehre Harfe* aus dem Zyklus ,Traumdunkel' im ,Siebenten Ring', und die *dröhnende* Harfe der Fürsten gemahnt an die *eifernde posaune* der ,Zeitgedichte' Georges, zu denen auch ,Die tote Stadt' gehört. Die häufige, oft wörtliche Beziehung auf George in ,Die Städte im Walde', ,Der Wald' und ,Der Park' (s. o. S. 26) läßt keinen Zweifel, daß solche Gedichte bewußte Parodien sind[28], teils verkappte, teils offenkundige wie die Groteske ,Luna'. Den Ruinen der „Städte im Walde" entsprechen in ,Luna' die „Gräber"; der Harfe der Fürsten, die *dröhnt, im Sturm verloren, Des schwarzer Hauch schon weht von Himmels Rand*, entspricht die beinerne Flöte des Mondes, die *wie ein Sterbeschrei im Dunkel bellt* (156,3).

Im Desillusionierungsprozeß, als den sich die Abwandlung der Jugendstilutopie bis zu ihrer Selbstaufhebung darstellt, verändert sich auch die mythologische Gestalt des Geschichtlichen in der Dichtung Heyms. Nach der Preisgabe jener Utopie erscheint auch die „frühere Welt" von den Göttern „Begeisterung, Größe, Heroismus" verlassen, deren „Schatten" Heym in Historischem, wie in ,Der fünfte Oktober', ,Columbus', ,Marathon', ,Der Tag' (53), wiederzubeschwören suchte. Schon in ,Die Städte im Walde' wird nicht mehr das göttlich heroische Leben einer idealisierten Vergangenheit selbst vergegenwärtigt, sondern als versunkenes, abgestorbenes dargestellt und erscheint dem unentrinnbaren Verhängnis einer in der Geschichte blind

---

27 ,Vorspiel', Gedicht XII.
28 Damit ist die von Werner Kohlschmidt l. c. S. 12 f. offengelassene Frage beantwortet, ob Heyms Kontrafakturen zu George, Rilke und Hofmannsthal ungewollte oder bewußte Parodien sind. Von den unwillkürlichen Parodien, die der Übergang der symbolistischen Bilder- und Formensprache in die expressive bei Heym hervortreibt, sind die bewußten Parodien zu unterscheiden. Als solche haben sich zumindest folgende Gedichte erwiesen: ,Die Pflanzenesser' (158), ,Luna' (156), ,Die Somnambulen' (103), ,Der Park' (176), ,Der Wald' (177), ,Die Städte im Walde' (151). — Das Gedicht ,Fröhlichkeit' (106): „Es rauscht und saust von manchem Karuselle . . ." parodiert ,Das Karussell' von Rilke aus den ,Neuen Gedichten' (Ausgewählte Werke, Insel-Verlag 1948, Bd. 2, S. 190).

waltenden Natur ausgesetzt. Die historische Untergangslandschaft wird zum Angsttraum des einsamen Ichs, und in dieser Traumlandschaft ist Einsamkeit als die der vielen das über alle verhängte Schicksal. In allen übrigen Gedichten mit historischen Motiven und darüber hinaus auch in solchen, die geschichtliche Elemente in die Gestaltung scheinbar zeitloser Motive einbeziehen — und deren Zahl überwiegt bei weitem — verwandelt sich Geschichte in den Bereich eines „bösen Schicksals", in welchem „alles, was geschieht, böse ist und wird." Unter diesem Aspekt bleibt Geschichtlichem natürlich ebensowenig der Charakter des Historisch-Tatsächlichen, des Rankeschen „Wie es eigentlich gewesen", wie unter dem entgegengesetzten Aspekt der Idealisierung des Vergangenen im Geist und Sinn einer Utopie. Auch jetzt wird es umgeformt, mythologisiert, denn die Vorstellung eines ewigen, gleichsam naturverhängten Schicksals ist der Inbegriff des Mythischen selbst. Aber in der Umformung des Geschichtlichen unterm Aspekt eines universellen Verhängnisses verändert sich sein wahrer Charakter nicht in dem Maße wie in seiner idealisierenden Umformung. Denn die Gleichsetzung von Geschichte mit blind waltender Natur charakterisiert die Notwendigkeit, mit der sich in der bisherigen Geschichte der Menschheit die Unsumme des Blinden, Verfehlten, Sinnlosen und des Leidens häufte, die selbst Hegel von der „Schlachtbank" der Weltgeschichte[29] sprechen läßt.

Daß die mythologisierende Umformung des Historischen sowohl in diesem wie in jenem Sinn nur die jeweils veränderte Gestalt des Heymschen Revolutionsmythos widerspiegelt, zuerst die der Jugendstilutopie einer Welt, die anders wäre als die „heute", zuletzt die, in der sich diese Utopie selbst aufhebt, zeigt sich in der Behandlung eines und desselben geschichtlichen Motivs im entgegengesetzten Sinn. Während die Französische Revolution in der Novelle ‚Der fünfte Oktober' einer jener historischen Momente ist, in denen „früher" die Welt „manchmal" die Schatten jener Götter „Begeisterung, Größe, Heroismus" am Horizont sah, die Zeitenwende, die den „ungeheuren Berg alles dessen, mit dem die Jahrtausende Europa betrogen hatten" (211) versinken ließ, in der in den Menschen „der Mensch erwacht" war, „wo der Sklave, der Knecht der Jahrtausende seine Ketten abwarf und sein Haupt in die Abendsonne erhob, ein Prometheus, der ein neues Feuer in seinen Händen trug" (215), und sie sich zu einem „ewigen Traum von Größe" verklärt (216) — stellt sie sich in den Gedichten ‚Louis Capet'[30] und ‚Robespierre'[31] als katastrophisches Schicksal dar, in

---

29 G. W. F. Hegel, Die Vernunft in der Geschichte, hg. v. Joh. Hoffmeister, Hamburg 1955⁵, S. 261.
30 D 29.
31 D 31.

dessen blindem Vollzug die Schatten der Götter „Begeisterung, Größe, Heroismus" nicht mehr zu entdecken sind, anstelle des Menschheitstraumes eine Realität tritt, die den Menschen zermalmt, und ein Opfer dem andern gleicht, ungeachtet der verschiedenen Phasen im Gesamtverlauf des historischen Vorgangs und der in ihm einander widerstreitenden Tendenzen.

Louis Capet

Die Trommeln schallen am Schafott im Kreis,
Das wie ein Sarg steht, schwarz mit Tuch verschlagen.
Drauf steht der Block. Dabei der offene Schragen
Für seinen Leib. Das Fallbeil glitzert weiß.

Von allen Dächern flattern rot Standarten.
Die Rufer schrein der Fensterplätze Preis.
Im Winter ist es. Doch dem Volk wird heiß,
Es drängt sich murrend vor. Man läßt es warten.

Da hört man Lärm. Er steigt. Das Schreien braust.
Auf seinem Karren kommt Capet, bedreckt,
Mit Kot beworfen und das Haar zerzaust.

Man schleift ihn schnell herauf. Er wird gestreckt.
Der Kopf liegt auf dem Block. Das Fallbeil saust.
Blut speit sein Hals, der fest im Loche steckt.

Der Bruch mit der Stoffwelt und Sprache der symbolistischen Lyrik, mit der ganzen phantasmagorischen Welt des Jugendstils und seinen Formprinzipien ist hier endgültig vollzogen. Eine Hinrichtung als Inhalt eines Sonetts bedeutet den offenen Affront nicht nur gegenüber dem gehobenen Stil der symbolistischen Lyrik, die sich mit Vorliebe des Sonetts als klassizistischer Form bediente und von der es Heym übernahm, sondern aller konventionellen Poesie. Insbesondere hat sich gegenüber dem Genre der traditionellen historischen Ballade von Schiller über C. F. Meyer bis zu Börries von Münchhausen herab das Verhältnis des dichterischen Subjekts zum historischen Motiv und damit zur Geschichte selbst entscheidend verändert, nämlich ins Gegenteil verkehrt. In ‚Louis Capet' wie in seinem Pendant ‚Robespierre' wird der Begriff historischer Größe, dem jenes Genre huldigte, eingezogen, Geschichtliches restlos entheroisiert. Das gilt für die dargestellten historischen Figuren, die hier als bloße Objekte dessen, was mit ihnen geschieht, jede Größe verloren haben, und ebenso für die Darstellung des ganzen Geschehens, das sich als grotesk-grausiger Vorgang abspielt, der jeder Idealisierung hohnspricht. Ebensowenig wie ‚Columbus' haben, freilich aus anderm Grund, ‚Louis Capet' und ‚Robespierre' etwas mit „historischen Porträts" zu tun[32]. Schon der Titel ‚Louis Capet' nimmt Ludwig XVI. den historischen Rang eines Repräsentanten der bourbonischen Dynastie, in der dritten Strophe figuriert er ohne Vornamen als ein beliebiger Bürger namens Capet, und selbst von diesem bleibt nur ein Name, an dessen Stelle ebensogut der Name eines anderen Opfers von Revolution oder Konterrevolution stehen könnte. Denn der individuelle Charakter der historischen Person ist ausgelöscht. Nach den Berichten des Munizipalbeamten Roux und des Henkers Sanson[32a] verlief die Exekution ganz anders, als Heym sie darstellt. Auf der Fahrt zum Richtplatz „herrschte das tiefste Schweigen" — bei Heym kündigen *Lärm* und *Schreien* die Ankunft Capets an. „Es gab keinen Zwischenfall" — bei Heym kommt Capet *bedreckt, beworfen* und *zerzaust* an. Ludwig „stieg auf das Gerüst", sprach zu den Umstehenden und zeigte eine erstaunliche „Kaltblütigkeit und Festigkeit" — bei Heym *schleift* man ihn *schnell herauf,* und unmittelbar anschließend, in drei sprunghaften kurzen Sätzen, läuft die mechanische Prozedur der Hinrichtung ab. Während der historische Louis Capet eine imponierende Rolle als Person erst vor der Guillotine spielt, ist der Louis Capet Heyms nur stumme, unkenntliche Kreatur, nur noch Objekt.

Ohne historisches Profil, gesichtslos wie das Opfer erscheinen auch seine Henker: anstelle eines Gegenspielers, in dessen Handeln, mag es auch moralisch verwerflich sein, eine bestimmte geschichtliche Tendenz wirksam wäre — eine anonyme, sensationslüsterne Masse (*Die Rufer schrein der Fensterplätze Preis*), von anonymen Machthabern dirigiert: „Volk", das „man" warten läßt und dem eine Hinrichtung ein Spaß ist, mag sie von Jakobinern oder Thermidorianern veranstaltet sein. Als anonym und im Wechsel der geschichtlichen Konstellation sich gleichbleibend wird diese Masse besonders durch das wiederholte, mehrsinnige „man" charakterisiert, das Machthaber, Schergen und „Volk" zusammenfaßt:

> *Man* läßt es warten ...
> Da hört *man* Lärm ...
> *Man* schleift ihn schnell herauf.

In ‚Robespierre':

> *Man* hört der Kinder frohes Lachen gellen ...
> *Man* kitzelt ihn am Bein ...
> *Man* harrt des Schreis. Doch hört *man* keinen Laut.

Trotz des historischen Namens Capet bzw. Robespierre und historischer Staffage (*Schafott*), von der in ‚Robespierre' nur ein „Wagen" und die

---

32 im Gegensatz zu Greulich, l. c. S. 69.
32a Gustav Landauer, Briefe aus der Französischen Revolution, Potsdam 1948, Bd. 1, S. 362—365.

zum „Hochgericht" stilisierte Guillotine übrigbleiben, hat sich Geschichtliches
in solchem Maße in naturverhängtes Schicksal verwandelt, daß das historische Ereignis als Motiv nur noch den Anlaß zu einer Hinrichtungsszene bie-
tet, die sich zu anderer Zeit, an anderem Ort genauso oder ähnlich abspie-
len könnte. Der ganzen Darstellung geht es nur um den Gegensatz zwischen
der blinden Gewalt einer anonymen Macht und einer ihr hörigen, blind
reagierenden Masse einerseits und der Ohnmacht des dem Kollektiv *(Man)*
ausgelieferten Einzelnen andererseits. Obwohl Heyms Sympathien auf Seiten
der Revolution waren, wie aus seinen Tagebuchaufzeichnungen, der Novelle
‚Der fünfte Oktober' und dem in der ‚Aktion' [32b] veröffentlichten Sonett ‚Le tiers état' hervorgeht, das den dritten Stand und den Ballhausschwur
feiert *(Die Straße rauscht / Vom Sturme Mirabeaus . . .)* und den König als
Repräsentanten der alten Gesellschaft karikiert, dessen „Hals und Thron"
der heraufziehende Revolutionssturm „rüttelt", verzichten ‚Louis Capet'
und ‚Robespierre' auf jede historische, politische, ideologische Motivation
des dargestellten Vorgangs und enthalten sich jeder Parteinahme für oder
gegen Ludwig XVI. bzw. Robespierre. Selbst der Gegensatz zwischen blinder
Kollektivgewalt und ohnmächtigem Einzelnen wird kalt, unparteiisch, sachlich dargestellt. Gerade aus dem Vermeiden eines Gefühlstons, aus dem
Verstummen des lyrischen Ichs, aus der Kälte, die den objektiven Zynismus
einer jenen Gegensatz in sich bergenden Realität selbst sprechen läßt, zieht
das Gedicht sein Pathos. Es ist das des einsamen, in einer versachlichten
Machtwelt ohnmächtigen, zur Sache gewordenen Ichs, letzter, unmittelbarer
Ausdruck seiner Vereinsamung: Expression. Hinrichtungsszenen, in denen
es nur um die Darstellung einer Hinrichtung als Volksbelustigung, nicht um
ihre historische Motivation geht, werden zum Bild seines eigenen geschichtlichen Schicksals: seiner Überflüssigkeit als Einzelwesen und der Drohung
seiner Liquidation[33]. Die realistischen Details im Bild der wartenden Menge
und ihrer Massenhysterie in ‚Louis Capet' haben den Charakter des aus
nächster Nähe Beobachteten, dürften aus dem Berlin der Wilhelminischen
Ära in das Paris von 1793 eingeblendet sein. Löst man sie aus dem Ganzen
heraus, so könnte man meinen, es handle sich um einen in kurzatmiger Re-
portersprache gegebenen Bericht von einer Triumphfahrt:

> Die Rufer schrein der Fensterplätze Preis.
> Im Winter ist es. Doch dem Volk wird heiß,
> Es drängt sich murrend vor. Man läßt es warten.
> Da hört man Lärm. Er steigt. Das Schreien braust.

32b Die Aktion, 3. Jg., Nr. 2, Sp. 46, Berlin 1913.
33 Vgl. a. die Rolle des Selbstmordmotivs in der Dichtung Heyms, s. o. S. 230 ff.

Danach wäre die Ankunft eines gefeierten Monarchen oder dergleichen zu erwarten; statt dessen aber „kommt Capet, bedreckt,/Mit Kot beworfen und das Haar zerzaust." Ebenso schroff werden in ‚Robespierre' die schreiende Menge und das stumme Einzelwesen einander kontrastiert:

> Man hört der Kinder frohes Lachen gellen,
> Die ihre Mütter aus der Menge hoben.
>
> . . . .
>
> Der Mund verzerrt sich furchtbar im Gesicht.
> Man harrt des Schreis. Doch hört man keinen Laut.

Sowohl am Unterschied zwischen dem tatsächlichen Verlauf der Hinrichtung Ludwigs XVI. und ihrer Darstellung in ‚Louis Capet' als auch an der Behandlung zweier gegensätzlicher historischer Sujets in einem und demselben Sinn — hier der Hinrichtung des Königs, dort des Jakobiners — ist zu sehen, daß das Faktische und Besondere des geschichtlichen Vorgangs bei Heym nur insofern eine Rolle spielt, als an ihm ein Allgemeines: das Ausgeliefertsein des Einzelnen an das „Man", an anonyme, kollektive Mächte in Erscheinung tritt.

Obwohl Gedichte wie ‚Louis Capet' und ‚Robespierre' den Bruch mit der Jugendstilwelt endgültig vollzogen haben, hält sich doch deren zentrales Motiv in ihnen durch: das der Einsamkeit. Heyms Columbus war der heroisierte einsame Einzelne, der aus einer erdrückenden, bedrohenden Welt aufgebrochen und ihr entronnen war, um eine utopische andre Welt, ein Traumreich, zu entdecken; die „im Sturm verlorenen" Fürsten des Traumreichs der ‚Städte im Walde' werden als heroisch scheiternde Einsame bereits parodiert; auch Heyms Louis Capet und Robespierre sind als die der Macht und der Masse ausgelieferten Einzelnen Einsame, aber ihre unheroische Einsamkeit als die von Opfern eines blind waltenden, naturverhängten Schicksals repräsentiert die eines jeden in einer Gesellschaft, nach deren „Naturgesetz" er für sich, als Subjekt, nichts ist und sich nur im sachlichen Verfügungs- und Vermittlungszusammenhang eines Ganzen zu erhalten vermag, das ihn selbst zur Sache, zum verfügbaren Objekt macht, depersonalisiert. Das Grauen vor der völligen Verdinglichung und Standardisierung des Lebens der Menschen, als dessen Ausdruck sich auch die expressive Farbmetaphorik Heyms erweist, nimmt als Alptraum der Vernichtung des einsamen einzelnen Ichs in Heyms Hinrichtungsszenen Gestalt an. In ihnen wird die Person des Einzelnen nicht erst mit seinem Leben ausgelöscht, sie ist es schon, wenn er auftritt: Louis Capet „bedreckt", „beworfen", „zerzaust" und wie eine Sache behandelt, Robespierre eine menschliche Ruine, nicht mehr er selbst, „vor sich hinmeckernd", „ins Wagenstroh starrend", keiner Wahrnehmung mehr fähig *(Man kitzelt ihn am Bein, er merkt es nicht)*. Den Abwandlungen des Heymschen Revolutionsmythos in ‚Der Tag‘, ‚Kata‘ und ‚Simson‘ entsprechend, bezeichnen ‚Columbus‘, ‚Die Städte im Walde‘ und ‚Louis Capet‘ (bzw. ‚Robespierre‘) die Stadien, in denen sich in der Lyrik Heyms die Selbstaufhebung des Jugendstils in den Expressionismus vollzieht. Die Sprache des Expressionismus ist wie die des Jugendstils die Sprache der Einsamkeit des kommunikationslosen, der gesellschaftlichen Realität entfremdeten Ichs. Während sich jedoch im Jugendstil Einsamkeit zum Innenreich einer utopischen Traumwelt verklärt, stellt sich im Expressionismus mit der Ohnmacht dieser Utopie gegenüber der Realität Einsamkeit als die Zone des toten Lebens der einander und sich selbst entfremdeten Menschen dar, auf die es als Einzelwesen, als Personen in dieser Realität nicht mehr ankommt. Die positive Utopie der Traumwelt des Jugendstils, die auch beim George des ‚Siebenten Rings‘ (vgl. ‚Die tote Stadt‘) in offenem Protest zur Realität der Industriegesellschaft steht, schlägt in die illusionslose, sich selber Positives nicht mehr vorgebende, reine Negation des unmenschlichen Wesens der Realität um, im Negativen den Protestcharakter der Jugendstilutopie noch bewahrend, aber als reine, strengste Negation die positive Forderung einer Welt, die anders wäre als die „heute", ernster anmeldend als jene Utopie, die eine andere Welt im Bereich der Innerlichkeit glaubte positiv vorwegnehmen zu können. Als radikalisierter Ausdruck von Einsamkeit ist Expressionismus der in seiner Selbstaufhebung zu sich selbst gekommene Jugendstil.

Bildhafter und sprachlicher Ausdruck in ‚Louis Capet‘ scheinen auf den ersten Blick mit dem Jugendstil nichts mehr gemein zu haben. Es wird keine Traumwelt dargestellt, sondern ein realer Vorgang. Die einzelnen Bilder reihen sich nicht als gleichartige Elemente zu einem flächenhaft statischen Gesamtbild aneinander, in welchem sich die Dimensionen eines konkreten Raums auflösen, wie in der Traumlandschaft von ‚Columbus‘, sondern kontrastieren einander (vgl. a. die schroffen Farbkontraste gegenüber den ornamentalen Farbpaaren in ‚Columbus‘), in ihrem Gegeneinander erzeugen sich Spannung, dramatische Steigerung, Aktion, und zwar innerhalb eines begrenzten konkreten Raums: hier das Schafott, dort die Straßen, dann aus diesen die Bewegung auf jenes zu. Statt der gesucht gehobenen Sprache des Jugendstils eine veristische: *Schafott, Block, Schragen, Fensterplätze, Karren, Kot, Kopf, Loch; schrein, sich vordrängen, bedreckt, zerzaust, heraufschleifen, speien, fest stecken;* dazu alltagssprachliche Silbenverschleifungen und Ausdrucksweisen, wie: „Drauf steht ..", das verbenlose „Dabei ..", Capet auf „seinem" Karren usw. Die bewußte Abkehr von einem wählerisch nuancierenden Sprachstil drückt sich in der betonten Wiederholung von Worten aus: in zwei aufeinander folgenden Versen der ersten Strophe zweimal „steht"; in drei aufeinander folgenden Strophen dreimal „man", und zwar an auffälliger Stelle: im Schlußsatz der zweiten Strophe, im ersten Satz der dritten und am Anfang der vierten (vgl. a. die Versanfänge mit „Man" in ‚Robespierre'); in der zweiten Strophe „schrein", in der dritten „das Schreien"; in der ersten und letzten Strophe „Das Fallbeil . . ."

Dennoch ist der Stilcharakter des Ganzen nicht naturalistisch. Verismen und Alltagssprache dienen hier nicht der naturgetreuen, sachlichen Deskription des realen Vorgangs, sondern sind affektbesetzt, mit negativem Pathos geladen. Anfangs haben einzelne Bildelemente sogar noch das Gepräge gehobenen Stils, ernster Feierlichkeit: *Trommeln schallen, ein Sarg, schwarz mit Tuch verschlagen, Standarten.* Es bezeichnet das negative Pathos der veristischen Elemente, daß sie mit jenen in unmittelbarem wechselseitigem Kontrast stehen: *Trommeln schallen,* aber *am Schafott;* dem feierlichen Vergleichsbild für Schafott, *ein Sarg, schwarz mit Tuch verschlagen,* kontrastieren *der Block* und *der Schragen;* dem Pathos von *Standarten* steht der *Preis der Fensterplätze,* das Geschäft mit der Sensationsgier gegenüber. Eine paradoxe Einheit bilden diese gegensätzlichen Ausdruckselemente in „der Fensterplätze Preis". Der poetische vorgestellte Genitiv ist eine charakteristische Sprachfigur des Jugendstils, und in Gedichten symbolistischen Gepräges macht Heym ausgiebig Gebrauch von ihm (vgl. z. B. in ‚Die Städte im Walde': *grüner Meere Flut, schwarzer Rosen Horst, stiller Kerzen Brand*). Wenn es sich aber statt etwa um „der Tore Amethyst"[34] um den Preis von Fensterplätzen handelt, so läßt in „der Fensterplätze Preis" der veristische Inhalt das poetische Pathos der Sprachform in dessen Parodie umschlagen.

Die von den Symbolisten bevorzugte Sonettform, bei Heym selber in symbolistischen Gedichten wie ‚Der sterbende Faun' (D 108) und ‚Gina' (D 169) begegnend, ist in ‚Louis Capet' noch erhalten, aber umfunktioniert. Dem äußeren Aufbau nach, auch hinsichtlich Metrum und Reimschema, sind die Forderungen des klassischen Sonetts sogar strenger erfüllt als bei manchen Symbolisten, etwa beim Rilke der ‚Neuen Gedichte', in dessen Sonetten sämtliche Strophen ineinander übergehen können[35]. In ‚Louis Capet' sind Quartette und Terzette genau proportionierte form-inhaltliche Einheiten, voneinander abgesetzt und doch so aufeinander bezogen, daß sie schrittweise zu einem Höhepunkt führen. Gegenstand des ersten Quartetts ist: Erwartung, des zweiten: Spannung, des ersten Terzetts: die Ankunft Capets, des zweiten: sein Ende. Aber indem die äußere Struktur des Sonetts sich konserviert, wird es zugleich von innen her zertrümmert. Zum gehobenen Stil

34 ‚Schwarze Visionen' D 67,3.
35 vgl. z. B. ‚Leda', Rainer Maria Rilke, Ausgewählte Werke, 1948, Bd. 1, S. 156.

der traditionellen Sonettform, namentlich der symbolistischen, stehen Inhalt und Sprache in solch krassem Widerspruch, daß die Erfüllung der Sonettform deren Aushöhlung bedeutet. Ihr ernstes Pathos verkehrt sich in das Pathos eines Hohns, der sich gegen jenes richtet. Aber auch das sprachlichrhythmische Gefüge der symbolistischen Sonettform wird gesprengt. Statt eines gehalten gleichmäßig fließenden Rhythmus mit gleitenden Übergängen — ein gebrochener, schlagartiger, ein stoßweises Fortjagen und Sichstauen im Wechsel von syntaktisch-metrischen Einheiten und zerhackten Versen und Sätzen, entsprechend dem ständigen, sich steigernden Gegensatz von Bewegung und Stauung, in welchem sämtliche Bildelemente zueinander stehen und der innere Vorgang des Gedichts sich abspielt: den schallenden Trommeln kontrastiert das starre, dreimalige „Stehn" von Schafott, Block, Schragen; der Satz „Das Fallbeil glitzert weiß" verleiht dem toten Ding die Spannung des drohenden Herabsausens; den flatternden Standarten und schreienden Rufern kontrastiert als Metapher für Erstarrung das Bild des Winters; diesem, daß dem Volk „heiß" wird und daß es sich murrend vordrängt; dem wieder, daß man es warten läßt; dann plötzlich die Bewegung des Lärms, in drei Phasen sich sprunghaft steigernd; in äußerstem Gegensatz dazu der „Karren" und ein stummes, regloses Etwas von Mensch; demgegenüber wieder die Aktion des „schnell herauf"; dann Passivität und Aktivität in „Er wird gestreckt"; schließlich in den beiden letzten Verszeilen die extremen Gegensätze von „liegen" und „sausen", „speien" und „fest stecken". Von Anfang bis Ende bestimmt der Grundgegensatz von Aktionsdrang und Hemmung den bildhaften und sprachlich-rhythmischen Ausdruck. Er ist im Gesamtbild der ersten Strophe bereits gesetzt, wandelt sich dann ab und verschärft sich zugleich in dem, was sich zwischen den beiden Sätzen „Das Fallbeil glitzert" und „Das Fallbeil saust" abspielt, und wird im Schlußbild mit der krassesten Kontrastierung beider Momente in einem einzigen, syntaktisch-rhythmisch aber halbierten Satz ins Extrem gesteigert und offengehalten. Als Gedichtschluß läßt das Bild „Blut speit sein Hals, der fest im Loche steckt" die Hinrichtung nicht enden, sondern andauern. Auch das Sonett ‚Robespierre' „schließt", indem es auf einem Höhepunkt extremer Spannung abbricht, d. h. ihn andauern läßt. Die Hinrichtung wird gar nicht mehr dargestellt, sondern im Schlußbild das Entsetzen des Opfers, die Erwartung, daß sie sich im nächsten Augenblick vollziehen wird, gleichsam verewigt:

> Der Mund verzerrt sich furchtbar im Gesicht.
> Man harrt des Schreis. Doch hört man keinen Laut.

Das heißt, beiden Gedichten geht es nicht um die Beschreibung eines einmaligen realen Vorgangs, sondern sie realisieren im Bild der andauernden oder zu erwartenden Hinrichtung den Angsttraum vom permanent drohenden Untergang eines Ichs, das so einsam, ohnmächtig und ausgeliefert ist, wie der Louis Capet und der Robespierre Heyms es sind.[35a] Daher enthalten sie sich auch jeder realhistorischen Motivierung des dargestellten Vorgangs und jeder geschichtlich orientierten Parteinahme für oder gegen das einzelne Opfer. Wie in ‚Columbus‘ wird auch in ‚Louis Capet‘ und ‚Robespierre‘ das Historisch-Einmalige umgeformt. Dort projiziert das einsame Ich seinen Wunschtraum von einer Welt, die anders wäre als die gegenwärtige, als Utopie in Geschichtliches hinein, hier den Alptraum seiner unheroischen Auflösung als gleichsam naturverhängtes Schicksal. Dort sucht es einer erdrückenden Realität zu entrinnen, hier sieht es sich ihr unausweichlich konfrontiert. Mit dem heroischen Pathos der Distanz gegenüber der Realität dort kommuniziert das negative Pathos der Desillusion in den Bildkontrasten und Verismen hier als radikalisierter Ausdruck von Einsamkeit.

Trotz des antikonventionellen sprachlichen Ausdrucks ist in ‚Louis Capet‘ und ‚Robespierre‘ das Pathos des Jugendstils nicht direkt, nicht von außen parodiert, sondern sein Umschlag ins negative Pathos der Expression hat den objektiven Sachverhalt der Parodie von selbst hervorgetrieben. Obwohl das Sonett durch das Spannungsverhältnis von Inhalt und Form und durch das veränderte syntaktisch-rhythmische Gefüge von innen her ausgehöhlt wird, erzeugt sich das Pathos der Sonettform von neuem. Es nimmt das Pathos der Desillusion, des radikalisierten Ausdrucks von Einsamkeit in sich auf, im Unterschied etwa zu den Sonetten Brechts[36], die den gehobenen Stil der Sonettform als solcher parodieren. Die widerstreitenden Kräfte von Aktion und Hemmung, die den Canevas des Metrums in unregelmäßige, synkopierte rhythmische Ausdrucksgesten des Fortjagens und Zurückstauens zerreißen wollen, werden durch die strenge strophische Architektur und die Reimbindung zusammengezwungen. In deren Herrschaft sucht sich gerade das zu behaupten, was nach Inhalt und Bedeutungsgehalt des Ganzen nicht mehr zu retten ist: die Einheit eines konsistenten Ichs. Die strenge Geschlossenheit der Form hinsichtlich Strophengefüge und Reimbindung, die im Gegensatz zur spezifischen Dynamik des inneren Vorgangs und zur offengehaltenen, bis zum Zerreißen gesteigerten Spannung des Gedichtschlusses steht, d. h. eine Einheit völlig dissonanter Elemente erzwingt, ist Ausdruck einer Kraft, die das dichterische Subjekt gegen den Zwang einer Realität aufbietet, in der das empirische Subjekt so ausgeliefert ist wie in ‚Louis Capet‘

35a In ‚Eine Fratze‘, der manifestartigen Äußerung Heyms zur „Krankheit“ seiner Zeit, wird der Angsttraum, „auf eine diabolische Art hingerichtet (zu) werden“, als „unser Symbol“ und damit auch der „symbolische“, d. h. aktuelle geschichtliche Sinn des Hinrichtungsmotivs in ‚Louis Capet‘ und ‚Robespierre‘ bezeichnet. (l. c. Sp. 556)

36 vgl. z. B. die sozialkritischen Sonette ‚Studien‘ in: Versuche H. 11, Bln. 1952, S. 79—88.

und ‚Robespierre'. Die Form, die als konventionelle ausgehöhlt und zertrümmert wurde, rekonstituiert sich in neuer Funktion. Während die Verwendung des traditionellen „umarmenden" Reims (abba) in Versen, die eine Hinrichtung zum Gegenstand haben, einerseits den objektiven Sachverhalt der Parodie des harmonisierenden Reimschemas erzeugt, erhält dieses Schema andererseits einen neuen, dem Inhaltlichen durchaus angemessenen Sinn. Aus dem Sichöffnen und Schließen von Armen wird, besonders in den ausschließlich männlichen Versschlüssen der Terzette mit den harten Doppelkonsonanten der Endsilben, der Zwang einer unentrinnbaren Umklammerung.

Mit der Mythologisierung alles Geschichtlichen zum naturverhängten unheilvollen Schicksal, wie sie aus dem Verzicht auf realhistorische Motivierung des Dargestellten in ‚Louis Capet' und ‚Robespierre' — ebenso in ‚Nach der Schlacht'[37], ‚Savonarola', ‚Pilatus', ‚Judas', ‚Rußland' — resultiert, fügen sich die tragenden Elemente der dichterischen Mythologie Heyms zu einem Ganzen von strenger, strukturgesetzlicher Geschlossenheit zusammen. Die Rolle der astrologischen Metaphorik, das dämonisierte Mondbild, die Abwandlung des Revolutionsmythos zu einem Untergangsmythos in der Sonnensymbolik und die Gleichsetzung von Geschichte und Natur machen den Bann stillstehender, „verwunschener" Zeit, der ewigen Wiederkehr des Gleichen, zum universellen Verhängnis. Sie zeigen, daß die Bilderwelt Heyms auch dort, wo sie sich von der stofflichen Gegenständlichkeit der zeitgeschichtlichen Realität löst, im Bedeutungsgehalt aufs genaueste mit all den Phänomenen zusammenstimmt, in denen sie als Antwort des dichterischen Subjekts auf den Zustand der Realität zu erkennen war: mit dem Grundmotiv der erstarrten Objektivität, mit der Thematik des Gefangenseins, des Weltendes und der Endzeit, mit der Metaphorik der Erstarrung und Versteinerung, mit der paradoxen Einheit von Dynamischem und Statischem im Ausdruck usw. In ihrer Geschlossenheit spiegelt sie indirekt, subjektiv, das lückenlose System wider, zu dem sich die objektive gesellschaftliche Realität im beginnenden zwanzigsten Jahrhundert verhärtete. Wie es in diesem um die Freiheit und Würde des Menschen bestellt ist, verrät sie, indem sie die Welt in ein Pandämonium verwandelt, in welchem das menschliche Wesen ohnmächtig einem blind waltenden Schicksal ausgeliefert erscheint, wonach „alles, was geschieht, böse ist und wird". Als Mythologie vom „Ende eines Welttages" beschwört sie im Negativen den Beginn eines neuen.

---

37 s. u. S. 329 ff.

VIII. Die Farbensprache der expressionistischen Lyrik

Der hervorstechendste Charakterzug der Lyrik Heyms ist die dominierende Rolle des Bildhaften im dichterischen Ausdruck, die Tendenz, alles nur durch ein Bild zu sagen bzw. in ein Bild zu verschlüsseln, die Ausschaltung alles rein Begrifflichen und Gedanklichen, die Hypertrophie des Visuellen und Imaginativen. Das bildhafte Element als das eigentliche Medium der dichterischen Sprache Heyms macht seine Dichtung zu einem in sich geschlossenen Bilderkosmos, dessen Gesetze nur aus der Funktion der Bilder im Gefüge sowohl der einzelnen Gebilde wie des Gesamtwerks einzusehen sind. Da „das Denken in Bildern ... den unbewußten Vorgängen nähersteht als das Denken in Worten"[1], war es das im dichterischen Ausdruck Heyms waltende Prinzip der Bildlichkeit der Aussage, das eine vom lebensphilosophischen Irrationalismus inspirierte Interpretation veranlaßte, die dichterische Mythologie, zu der sich die Bilder Heyms zusammenschließen, als eine unmittelbare Manifestation eines zeitlos ursprünglichen Seins, einer invarianten „archaischen Seelenschicht" zu deuten[2]. Schon die Funktion, die den Farben im bildhaften Ausdruck Heyms zukommt, kann zeigen, ob er in einem solchen Sinn „unmittelbar" und „ursprünglich" ist.

Von der bedeutenden Rolle der Farben in der bildhaften Komposition Heymscher Gedichte spricht die einfache Tatsache, daß kaum eines auf den Gebrauch von Farbbezeichnungen verzichtet, daß in den 143 Gedichten der Gesamtausgabe von 1922 allein von den Farben Weiß, Schwarz, Rot jede rund hundertmal zu zählen ist und die der Farbsphäre zugehörigen Epitheta weit häufiger verwandt werden als jeweils die eines anderen Bereichs[3]. Aus einem Brief Heyms geht hervor, daß die Konzeption seiner Gedichte entscheidend vom Farblichen her bestimmt ist:

---

1 Sigmund Freud, Das Ich und das Es, Gesammelte Werke, London 1940, Bd. 13, S. 248.
2 Ferdinand Josef Schneider bringt die dichterische Mythologie Heyms in Zusammenhang mit der Klagesschen „Welt der Bilder" (a. a. O. S. 85), Wilhelmina Stuyver mit animistischen Seelenwanderungsmythen (a. a. O. S. 40 f. und S. 245), H. Greulich mit dem vorgeschichtlichen, „prae-religiösen" Mythos (a. a. O. S. 71, 75, 135), Karl Ludwig Schneider mit einem „animistischen Welterlebnis" (a. a. O. S. 76).
3 vgl. a. Greulich, a. a. O. S. 85, im Kapitel: Die Farben, S. 83—90.

Ich finde, daß dieser [sc. van Gogh] mir vielleicht noch adäquater ist als Hodler. Denn er sieht alle Farben so, wie ich sie sehe. Ich habe beim Lesen mir so und so oft gesagt: Donnerwetter, genau so würdest du ein Gedicht machen: Die Matrosen vor der Sonnenscheibe. Die lila Kähne. Der Sämann in einem unendlichen Feld. etc. Nur: daß Malen sehr schwer ist. Und Dichten so unendlich leicht, *wenn man nur Optik* hat. Wobei nur gut ist, daß das so wenige wissen.[4]

Heyms Worten ist zweierlei zu entnehmen: Sie bestätigen die Affinität seiner Dichtung zur Malerei, und zwar zur expressionistischen, und sie bezeugen, daß seiner Verwendung der Farben ein bewußtes Verfahren zugrunde liegt. — Mit der expressionistischen Malerei machten Heym, dessen kurze Schaffensperiode in die Jahre 1910 bis 1912 fällt, die Ausstellungen bekannt, die Herwarth Walden seit 1910 und dann Paul Cassirer in Berlin veranstalteten. Wie der zitierte Brief ist unter ihrem Eindruck, im September 1910, auch die Tagebuchnotiz geschrieben:

Ich habe jetzt für Farben einen geradezu wahnsinnigen Sinn. Ich sehe ein Beet mit einer Menge roter Stauden und darüber einen tiefblauen kühlen Herbsthimmel und fühle mich maßlos entzückt.[5]

Manche Gedichte Heyms scheinen gemalte Bilder ins Wort zu transponieren, wie etwa „Die Gefangenen II" van Goghs Runde der Gefangenen[6]. Umgekehrt ist für diese Verwandtschaft des dichterischen mit dem malerischen Expressionismus bezeichnend, daß ein Maler der ‚Brücke', Ernst Ludwig Kirchner, Illustrationen zu Heyms Gedichtband ‚Umbra Vitae' geschaffen hat[7]. Gedichte wie ‚Printemps', ‚Autumnus' — mit dem Untertitel ‚Wannsee vom Wasser aus' —, ‚Die Dampfer auf der Havel' — mit dem Untertitel ‚Wannsee' — sagen schon durch ihren Titel, daß sie als „Gemälde" gelesen sein wollen und geben in verbenlosen Sätzen gleichsam nur Anweisungen für die farbliche Komposition des vorzustellenden Bildes, wobei die Substantivierung von Farbbezeichnungen den Farben ein Eigengewicht verleiht, sie verselbständigt:

Der Schwäne *Schneeweiß*, Glanz der *blauen* Flut.
Des breiten Stromes *Gelb*, der flach verläuft.   (Autumnus 145,1)

---

4 T 205 (2. 9. 1910. Hervorhebung K. M.) Siehe hierzu auch die Tagebuchaufzeichnungen von 1911:

Mir hat der Satan die Kunst des Malens versagt.   (158)
Warum hat mir der Himmel die Gabe der Zeichnung versagt. Imaginationen peinigen mich wie nie einen Maler vor mir.   (159)

5 T 144 (25.9.1910). Über Heyms Besuch der Berliner „Sezession" vgl. T 131 (29. 9. 1909).
6 s. o. S. 30, Anmerkung 93.
7 Georg Heym, Umbra Vitae, mit 47 Originalholzschnitten von Ernst Ludwig Kirchner, München 1924.

> Ein Ackerer geht groß am Himmelsrand.
> *Davor*, wie Riesen schwarz, der Stiere Paar,
> Ein Dämon *vor* des Himmels tiefer Glut.   (Printemps 144,3)

Das visuelle Moment in der dichterischen Konzeption bekundet sich auch darin, daß Heym öfters der Bilderfolge eines Gedichts ein Subjekt voranschickt, das sie „sieht" oder „zeigt"[8]. Die demonstrative Geste, die auf das Bild ausdrücklich hindeutet, will sagen, daß sein Sinn unmittelbar in ihm selbst liegt.

Dadurch daß aller Bedeutungsgehalt ins Bild verlegt wird, kommt diesem eine unmittelbare Ausdrucksqualität zu, derzufolge jedes Heymsche Gedicht sich als eine Kette von Bildern darstellt, deren einzelne Glieder dem Motivkern, den sie in immer neuen Abwandlungen umschreiben, gleich nahe sind. Ihr durch das zeitliche Medium der Sprache bedingtes Nacheinander ist im Grunde ein räumliches Nebeneinander. „Es gibt wenig Nacheinander. Das meiste liegt in einer Ebene. Es ist alles ein N e b e n e i n a n d e r."[9] Auch dieses auf dem unmittelbaren Ausdruckscharakter der einzelnen Bildelemente beruhende Kompositionsprinzip der S i m u l t a n e i t ä t, des gleichzeitigen Nebeneinanders verschiedener dichterischer Bilder, zu dem sich Heym hier bekennt, rückt seine Dichtung in die Nähe des Bereichs der Malerei.

Der zweite Sachverhalt, den die zitierte Briefstelle über van Gogh deutlich ausspricht, ist das bewußte Verfahren, das der Bildlichkeit der dichterischen Sprache bei Heym zugrundeliegt und das er geradezu als einen Kunstgriff kennzeichnet: Dichten sei leicht, wenn man nur „Optik" habe, und es sei nur gut, „daß das so wenige wissen". Der Grundsatz scheint zum alten ut pictura poesis zurückzukehren, die Gefahr der Übertragung von Malrezepten auf die Dichtung heraufzubeschwören und mit ihr die der Verwendung der Farben als „reiner Wortklischees", vor der Gottfried Benns ‚Probleme der Lyrik' warnen[10]. Der spezifisch bildhafte Ausdruck Heyms hat jedoch mit einem rein imitativen Verfahren analog dem der Malerei vor ihrer Emanzipation vom Prinzip der „Nachahmung" der Realität wenig gemein, und Heym selbst widerspricht seinem Grundsatz von der „leichten" optischen Konzeption eines Gedichts, wenn er ein andermal schreibt: „Die dichterischen Bilder rauchen mir aus den Ohren heraus, statt daß ich sie zu Papier bringe."[11] „Phantasie zu haben ist leicht. Wie schwer aber, ihre Bilder zu ge-

---

8 So in D 8,1 u. 8,3 Berlin II; 17,5 Die Vorstadt; 20,1 f. Der Blinde; 167,5 Der Affe II,2; 31,3 Robespierre; 47,1 Der Winter; 97,1 Die Irren II; 77,3—79,4 Die Morgue; 163,2—163,5 Der Galgenberg.
9 T 140 (21. 7. 1910, Sperrung K. M.).
10 Gottfried Benn, Probleme der Lyrik, Wiesbaden 1951, S. 17.
11 T 154 (20. 12. 1910).

stalten."[12] Der Hinweis auf die Anstrengung des G e s t a l t e n s von Bildern im Unterschied zur Leichtigkeit ihres unmittelbaren äußeren oder inneren Anschauens besagt, daß die Unmittelbarkeit des Bildes im künstlerischen Gebilde von anderer Art ist als die seiner außer- oder vorkünstlerischen sinnlichen Wahrnehmung, daß die dichterischen Bilder in der Struktur eines Gedichtganzen eine bestimmte, aus dessen innerer Gesetzmäßigkeit ihnen zukommende Funktion haben und weder unmittelbare Abbilder der Realität noch unmittelbare Projektionen eines Unbewußten sind.

Die F u n k t i o n d e r F a r b e als eines sinnlich unmittelbar Wahrnehmbaren gibt Aufschluß über den eigentümlichen Charakter der Unmittelbarkeit des dichterischen Bildes bei Heym. Bildhafte und farbliche Komposition, Ausdruckscharakter der Bildelemente und ihrer Farbqualitäten in dem Gedicht ‚Nach einer Schlacht' (D 27) mögen verdeutlichen, was Heym unter „Optik" und was er unter dem „Gestalten" der Bilder versteht. Das Gedicht eignet sich auch insofern dazu, als es chronologisch (März 1911 im ‚Ewigen Tag' erschienen) den Reflexionen über die Wahlverwandtschaft von Malen und Dichten (September 1910) nahesteht.

NACH DER SCHLACHT

In Maiensaaten liegen eng die Leichen,
Im grünen Rain, auf Blumen, ihren Betten.
Verlorne Waffen, Räder ohne Speichen,
Und umgestürzt die eisernen Lafetten.

Aus vielen Pfützen dampft des Blutes Rauch,
Die schwarz und rot den braunen Feldweg decken.
Und weißlich quillt der toten Pferde Bauch,
Die ihre Beine in die Frühe strecken.

Im kühlen Winde friert noch das Gewimmer
Von Sterbenden, da in des Osten Tore
Ein blasser Glanz erscheint, ein grüner Schimmer,
Das dünne Band der flüchtigen Aurore.

Der enge Rahmen der drei Strophen ist ausschließlich von einzelnen Bildelementen erfüllt, deren zeitliches Nacheinander nur die sprachliche Darstellung ihres räumlichen Nebeneinanders als Bestandteilen eines Gesamtbildes ist: der gedrängten Totalansicht des Trümmer- und Leichenfeldes im aufgehenden Tageslicht. Jede Einmischung rein gefühlsmäßiger oder gedanklicher Elemente unterbleibt. Was das Gedicht sagen will, sagt es unmittelbar

12 T 118 (20. 9. 1908).

durchs Bild selbst. Der Sinn des Ganzen ist nur aus dem Charakter und der inneren Beziehung der dichterischen Bilder zueinander zu erschließen. Daß sie nicht bloß deskriptive Abbilder einer gegebenen Realität sind, geht schon daraus hervor, daß nicht ein bestimmtes, sondern ein Schlachtfeld schlechthin Gegenstand des Gedichts ist. Sie haben daher von vornherein den gleichen Charakter der Allgemeinheit, der Abstraktion vom Individuellen, wie das Motiv selbst. Ferner unterscheidet sie von der nachahmenden Wiedergabe eines sinnlich Wahrgenommenen der durchweg dissonante Charakter ihrer inneren Zusammensetzung. Wechselseitig kontrastieren einander: in der ersten Strophe *Leichen, Verlorne Waffen* (bis) *Lafetten* — und *Maiensaaten, grüner Rain, Blumen;* in der zweiten *Pfützen, Blut, tote Pferde* — und *brauner Feldweg, Frühe;* in der dritten *Gewimmer von Sterbenden* — und *Glanz, Schimmer, Aurore.* In dieser Kontrastfunktion allein liegt der Ausdrucksgehalt sowie der Sinn der einzelnen Bildelemente. Die Subjektivität, deren rein gefühlsmäßige oder gedankliche Äußerung ausgeschaltet ist, bringt sich zur Geltung im Pathos der Entgegensetzung von Bildern, deren extreme Charaktere und Gehalte einander widerstreiten. Als das Pathos jenes isolierten Subjekts, dessen „Enthusiasmus" von Kommunikation abgeschnitten ist, verzichtet der „Ausdruck" auf die kommunikative Sprache des Gefühls und der Reflexion und verschließt sich in die unmittelbare Sprache von Bildern und ihrer Konfiguration. Seine subjektive Kraft ist in der Spannung wirksam, in der sie zueinander stehen, und in der Einheit, zu der die gegensätzlichen Elemente zusammengezwungen werden. Obwohl die Bildfolge „in derselben Ebene" bleibt, d. h. ein statisches Nebeneinander von Teilbildern darstellt, wird sie von der inneren Dynamik der Gegensätze, die in ihr zum Austrag kommen, bestimmt und entfaltet in dieser allein ihren Bedeutungsgehalt.

Den bezeichneten Bildkontrasten jeder Strophe liegt eine gleichartige, doch fortschreitend wachsende Spannung zugrunde: der Gegensatz zwischen dem Leiden und der Vernichtung von Mensch und Kreatur einerseits — und der blinden Gleichgültigkeit der Natur andererseits. In der ersten Strophe erscheint er in dem stummen Hohn, der in der schmuckhaft poetischen Ausmalung des idyllischen Naturschönen als Schauplatz der Verwüstung und Vernichtung liegt. In der zweiten steigert er sich zu dem grotesken Bild der toten Pferde, die ihre Beine „in die Frühe" strecken, in ein Licht, das für Kadaver statt für Lebendige aufgeht. In der Schlußstrophe stellt er sich dar in der unermeßlichen Spannung zwischen den Extremen des Schrecklichen und des Zarten, letzter Sterbelaute und ersten Tageslichts. Mit dieser äußersten Entgegensetzung des einander Fremden hält die Bewegung der widerstreitenden Momente ein und weist über sich selbst hinaus. Die

Bildeinheit, zu welcher die Schlußstrophe mit einem einzigen Satz das extrem sich Widersprechende, die Ohnmacht des Leidens und die in Gestalt Aurorens zum mythischen Bild der „irrigen" Liebe[13] verfremdete Hoffnung zusammenschließt, stiftet nicht Versöhnung zwischen den Gegensätzen, sondern hält ihre Spannung offen. In dieser Offenheit aber transzendiert das Gedichtganze den immanenten Zusammenhang seiner gegensätzlichen Bildelemente und zielt im Negativen auf die Idee einer Versöhnung ab, die im Bereich der menschlichen Wirklichkeit nicht realisiert und darum ästhetisch auch nicht positiv darstellbar ist. Gerade indem das dichterische Subjekt dem inhumanen Widerspruch, der in dem Gedicht als Mißverhältnis zwischen dem menschlichen Leiden und dem Naturschönen erscheint, standhält und ihn radikal, ohne humanitäre Tendenz, gestaltet, erfüllt es die Forderung der Humanität nach einer Menschenwelt, die sich mit der Natur in Übereinstimmung befände. Trotz des subjektiven Moments in der Kontrastierung der Bilder bleibt es daher in ästhetischer Distanz zu den dargestellten Phänomenen. Die stofflichen Elemente des Schrecklichen und Häßlichen werden mit dem gleichen Abstand zur Sache gegeben wie die des Schönen. Sie haben nicht den unvermittelten Protestcharakter der Wiedergabe einer grauenvollen und häßlichen Wirklichkeit, sondern verwandeln sich durch ihre Kontrastfunktion zu Spannungselementen der Form. Aus der künstlerischen Bewältigung des Grauenvollen und Häßlichen in seiner Dissonanz mit dem Schönen erzeugt sich erst die eigentümliche Schönheit des Gedichtganzen. Hierin kommt sie überein mit dem spezifischen Schönheitsbegriff des l'art pour l'art bei Heyms Vorbildern Baudelaire und besonders Rimbaud, dessen Sonett ‚Le dormeur du val' Heyms Gedichte ‚Nach der Schlacht' und ‚Der Schläfer im Walde' thematisch variieren.

Aus der ästhetischen Distanz des l'art pour l'art behandelt Heym das Geschichtliche, als sei es Natur. Das allgemeine Motiv der Schlacht schlechthin ebnet alles Historische ein, macht „das" Schlachtfeld zum zeitlosen Schauplatz eines sich immer gleichen, jederzeit sich wiederholenden Geschehens gleich dem in der Natur. Das Katastrophische im Bereich der Menschenwelt wird unmotiviert und unzensiert zur Schau gestellt, als spiele es sich mit derselben blinden Zwangsläufigkeit ab wie das, was im Bereich der Natur geschieht. Die Bilder aus dem einen werden daher denen aus dem andern Bereich nicht nur kontrastiert, sondern mit ihnen verschränkt. Ihre Kontrastierung gilt der Entfremdung zwischen Natur und Menschenwelt, ihre Verschränkung dem Grund dieser Entfremdung: der in der Geschichte waltenden Macht, welche die Versöhnung von Mensch und Natur hintertreibt, da unter

---

13 Goethe, Sommernacht, West-Östlicher Divan, Sämtliche Werke, Jubiläumsausgabe, Stuttg. o. J., Bd. 5, S. 106,3.

ihrem Zwang die menschliche Natur, entgegen ihrer Bestimmung zur Freiheit, derselben blinden Notwendigkeit unterliegt wie die außermenschliche Natur. In der Mythologisierung alles Geschichtlichen zu einem Naturgleichen bei Heym erscheint diese Macht als „böses Schicksal", das den Verblendungszusammenhang des Weltlaufs bewirkt, als entspringe es der Providenz eines „bösen Gottes". „Denn alles, was geschieht, ist und wird böse", heißt es in Heyms Tagebuch[14]. Solcher Negation einer Wirklichkeit, die, theologisch gesprochen, die Gottesebenbildlichkeit des Menschen blasphemisch entstellt, entspricht die Unversöhnlichkeit, mit der in dem Gedicht die Spannung zwischen dem extrem Entgegengesetzten offengehalten, die Ohnmacht des Menschen gegenüber einem naturhaft mythischen Schicksal dargestellt wird. Kraft des Widerstandes aber, den das dichterische Subjekt der Gewalt dieses Widerspruchs leistet, indem es ihn ästhetisch bewältigt, vertritt es das Subjekt der Gattung und dessen Bestimmung, die im Geschichtlichen fortwirkende Gewalt des mythischen Naturzusammenhangs zu durchbrechen.

Ausdruckscharakter und Sinngehalt der dichterischen Bilder bestimmen die Funktion der Farben in diesem Gedicht. Den krassen Bildkontrasten entspricht die Verwendung der Komplementärfarben Grün — Rot, Schwarz — Weiß. Wie die dichterischen Bilder selbst dienen sie nicht der unmittelbaren Wiedergabe eines sinnlich Wahrgenommenen, sondern verselbständigen sich zu Trägern von Affektbedeutungen. Wenn in der ersten Strophe zum „grünen Rain" die Leichen, in der Schlußstrophe zum „grünen Schimmer" Aurorens die Sterbenden kontrastieren, so erhält durch diese Kontraste und ihren Parallelismus Grün die metaphorische Bedeutung des scheinhaften Friedens, der leeren Hoffnung. Sie wird betont durch die symbolistische Klangmalerei der ü- und i-Laute in der letzten Strophe, die an Rimbauds ‚Voyelles' gemahnt, wo dem Ü „grüner Meere göttlich Beben" (*vibrements divins des mers virides*) und „Frieden" (*Paix des pâtis . . .*), dem I aber „Purpur, Blutsturz" (*pourpres, sang craché*) korrespondiert[15]. Ebenso deutlich ist die expressive Funktion der Farben in der zweiten Strophe. Das Ostinato, mit dem vier Farbwerte — Schwarz, Rot, Braun, Weiß — dicht aufeinander folgen, gegeneinander- und zugleich ineinsgesetzt werden, verleiht ihnen über ihre unmittelbare Beziehung zum Gegenständlichen hinaus eine selbständige Bedeutung: Schwarz, Rot und Weiß konvergieren hier im Ausdruckscharakter des Grauenvollen und Abstoßenden, der in der Intention des dichterischen Bildes liegt.

Auf die Gefahr, daß sich die Farbqualitäten mit ihrer Loslösung vom sinn-

14 T 136 (26. 6. 1910).
15 Arthur Rimbaud, Sämtliche Gedichte, Französisch mit deutscher Übertragung von Walther Küchler, Heidelberg 1946, S. 104/105.

lich Wahrgenommenen, mit ihrer metaphorischen Funktion als Ausdruckscharaktere formelhaft verselbständigen können, wies Herwarth Walden hin
in einer Kritik des dichterischen Verfahrens Heyms. Zu der Häufung ver-
selbständigter Farbwerte in der zweiten Strophe fragt er: „S i e h t man
einen braunen Feldweg schwarz und rot, wenn man es s a g t ?"[16] Walden
bemerkt die Loslösung der Farben vom sinnlich gegebenen Gegenstand bei
Heym, geht aber nicht ein auf die expressive Funktion, die ihnen in ihrer
Verselbständigung verliehen wird, sondern sieht nur die Möglichkeit ihrer
willkürlichen schematischen Handhabung.

Wie sich in Heyms Verwendung der Farben diese tatsächlich vom Gegenstand ablösen, ihre ihm anhaftende unmittelbare Sinnesqualität abstreifen,
verdeutlicht die Schlußstrophe zweier Fassungen desselben Gedichts, von ‚Der
Tod der Liebenden' und ‚Der Tod der Liebenden im Meer'. Die erste lautet:

> . . . . Der Horizont nur bebt
> Wie eines Adlers Flug, der von dem Sund
> Ins Abendmeer die *blaue Schwinge* hebt. (56,3)

Die zweite:

> . . . . . . Der Horizont nur bebt
> Wie eines Adlers Flug, der auf dem Sund
> In *blauem Abend* hoch und einsam schwebt. (149,1)

Daß Heym in der zweiten Fassung „Meer" und „Schwinge" streicht, die
Farbbezeichnung aber beibehält und sie jetzt dem „Abend" beifügt, zeigt,
daß er der Farbe einen selbständigen, von ihrer sinnlichen Wahrnehmung an
einem bestimmten Gegenstand unabhängigen Ausdruckscharakter verleiht.

In ‚Nach der Schlacht' kommt den Farben außer ihrem expressiven Cha-
rakter im jeweiligen Bildzusammenhang einer Strophe eine kompositorische
Funktion im Gedichtganzen zu. In der ersten Strophe begegnet als einzige
Farbe Grün. In der zweiten dominiert unter den vier aufeinanderfolgenden
Farben Rot. In der Schlußstrophe kehrt als einzige Farbe Grün wieder. Im
Kontrastverhältnis der Komplementärfarben und ihrer Ausdruckscharaktere
— zwischen Grün als Repräsentanten scheinhaften Friedens und Schwarz,
Rot, Weiß als Repräsentanten des Grauenvollen und Abstoßenden — bestimmen die inhaltlich hervorgetriebenen Gegensätze, von denen zu sprechen war, auch die Formelemente und ihren Zusammenhang: den besonderen Bildcharakter der einzelnen Strophen und ihr Spannungsverhältnis zueinander. Auch in ihrer kompositorischen Funktion nehmen also die Farben
in der Dichtung Heyms einen selbständigen Ausdruckscharakter an.

---

16 Herwarth Walden, Bab, der Lyriksucher, Der Sturm, 3. Jg. Nr. 123/124, S. 126,
Berlin 1912.

Daß die Farben im dichterischen Ausdruck nicht mehr nur dazu dienen, eine Eigenschaft bestimmter, sinnlich wahrgenommener Gegenstände wiederzugeben, ist die erste Voraussetzung dafür, daß sie mit Charakteren und Bedeutungen belehnt werden können, die über ihre eigene unmittelbare sinnliche Qualität hinausgehen. Von der volkstümlichen Farbensymbolik, in der etwa Weiß als Farbe der Unschuld, Grün als die der Hoffnung usw. gilt, aber auch von einer solchen, wie sie Goethes Farbenlehre im Abschnitt über die sinnlich-sittliche Wirkung der Farbe gibt, unterscheidet sich die metaphorische Funktion, die den Farben in der expressionistischen Lyrik, insbesondere bei Heym und Trakl zuerteilt wird, dadurch, daß nicht mehr den Farben „an sich", als objektiven Phänomenen eine Bedeutung einwohnt, sondern diese ihnen subjektiv aufgeladen wird. Den Charakter der expressiven Farbmetapher bestimmen drei wesentliche Momente:

1. Loslösung der Farbe vom sinnlich wahrgenommenen Gegenstand: das Farbwort kann sich auf Phänomene beziehen, die nicht dem Bereich des Gesichtssinnes angehören — in Verbindungen wie *schwarzer Schall, schwarze Luft, lila Hauch, weißer Sturm, schwarzer Sturm, weiße Stille, gelbe Winde, eines Kusses Karmoisin, schwarze Düfte, weißer Atem, purpurnes Arom, roter Donner, goldenes Schreien, graues Lachen* bei H e y m [17], *blaues Lachen, goldener Kriegsschrei, goldener Schritt, weiße Stimme, blaues Orgelgeleier, roter Abendwind* bei T r a k l [18];

[17] Belegziffern in der Reihenfolge der Zitate: 45,1 — 80,2 — 63,3 — 59,4 u. 102,3 — 41,4 u. 140,5 — 172,5 — 57,5 — 57,6 — 160,1 u. 174,3 — 97,4 — 66,4 — 107,1 u. 154,4 — 196,3 — 79,3.

[18] Georg Trakl, Die Dichtungen, Salzburg 1938, Bd. 1, S. 195, Z. 19 — 182,2 — 174 (R 174: *goldner*) — 196, Z. 18 — 122,3 — 82,4. — Auch im folgenden wird Trakl nach dieser Ausgabe zitiert. Bei Belegen aus der lyrischen Prosa werden die Zeilen (= Z.) angegeben. Abweichungen dieser Ausgabe von der ersten Gesamtausgabe (o. J., 1917), die Karl Röck besorgte, und von der Gesamtausgabe im Arche-Verlag, Zürich 1946, hrg. v. Kurt Horwitz, werden in den Anmerkungen vermerkt (S = Salzburger Ausgabe, R = Ausgabe von Röck, H = Ausgabe von Horwitz). — Über die Farbmetaphorik Trakls vgl. a. den 2. Teil der Arbeit von Claus L. L a u e , Das Symbolische und die Farbensymbolik bei Georg Trakl, masch. Diss. Freiburg i. Br. 1949, S. 72 bis 163, und K. L. Schneider, a. a. O. S. 127–135 — Laues Ergebnisse sind in wesentlichen Punkten zu ergänzen und zu berichtigen. Der Begriff des „Symbolischen" ist der Farbensprache Trakls insofern unangemessen, als im Begriff des Symbols die Einheit von Erscheinung und Wesen, Bedeutendem und Bedeutung gesetzt ist, eine expressiv gebrauchte Farbbezeichnung bei Trakl aber drei verschiedene Bedeutungen haben kann: eine positive, eine negative und eine ambivalente, und diese nur aus der Funktion einer Farbmetapher im jeweiligen Bild- und Sinnzusammenhang hervorgehen. Als „Zeichen" ist die Farbe also von dem, was sie bedeutet, ablösbar, ihre Bedeutung steht nicht eindeutig fest wie beim Symbol. Auch die Konvergenz der Bedeutungen verschiedener Farbmetaphern (s. u. S. 370 ff.) läßt die Anwendung des Symbolbegriffs auf die expressive Farbensprache weder bei Trakl noch bei Heym, van Hoddis, Joh. R. Becher usw. zu. Der Begriff Farbmetaphorik ist dem Sachverhalt angemessener, weil im metaphorischen Verfahren das Zeichen ablösbar ist von dem, was es bedeutet, sein Sinn aus einem funktionalen Zusammenhang zu deuten ist. — Der negative Ausdruckscharakter Traklscher Farbmetaphern wird bei Laue oft zu-

2. relative Abstraktion auch von der unmittelbaren Sinnesqualität einer Farbe als solcher: die expressive Farbmetapher kann in Gegensatz treten zu einer unmittelbaren Farbbezeichnung oder zur unmittelbaren Sinnesqualität des Bezugsgegenstandes — so z. B. in *blaues Mittagsrot, gelbes Abendrot, rote Dunkelheit, purpurne Bläue, blaue Finsternis, rote Finsternisse, schwarze Flammen, weißes Feuer, weißes Herz, schwarze Au, rote Wiesen, schwarzer Schneefall* bei H e y m [19], *schwarzer Schnee, weißes Herz, schwarzer Tau, schwarze Tränen, blaue Finsternis* bei T r a k l [20];

3. Subjektivierung des Bedeutungscharakters der Farbe: die Farben werden mit Affekten besetzt, und die affektive Farbmetapher kann sich auf Phänomene und Vorgänge außerhalb des Bereichs der sinnlichen Wahrnehmung überhaupt beziehen — wie in *schwarzer Gram, weiße Qualen, rotes Bangen, violettes Schweigen, schwarze Gedanken, gelbe Seuchen* bei H e y m [21], *purpurne Seuche, purpurne Flüche, schwarzes Schweigen, schwarze Verwesung, schwarzes Fieber, weißer Schlaf, blauer Augenblick*

gunsten einer möglichst positiven Deutung bagatellisiert (z. B. bei *Gelb, Weiß* und *Silbern*) und z. T. gar nicht gesehen (z. B. bei *Blau*), d. h. die in der Farbensprache Trakls liegenden dialektischen Spannungen werden unterdrückt. — Silbern, das nach Laue bei Trakl „alles Jenseitige, Transzendente", einen „visionären Seinszustand" symbolisieren, also eine ausschließlich positive Bedeutung haben soll (S. 163), muß bei Trakl häufig gar nicht als Farbmetapher, sondern mit der Bedeutung von „metallen" als Metapher für Erstarrung verstanden werden, mit ausgesprochen negativer Bedeutung (vgl. Trakl l. c. 162, Z. 1 — 163, Z. 20 — 195, Z. 27 — 196, Z. 16 f. — 199,2 — 133,1). Bezeichnend für die negative Bedeutungsambivalenz von *Silbern*, daß Trakl erwog, im letzten Vers des Kaspar-Hauser-Lieds (115,7) *Silbern* durch *Rot* zu ersetzen, das er metaphorisch immer in negativer Bedeutung verwendet (s. u. S. 344 f.).

K. L. Schneider stellt die beiden Momente der abstraktiven Verselbständigung und der Subjektivierung der Farben heraus, geht jedoch auf ihre festliegenden metaphorischen Bedeutungscharaktere bei Heym nicht näher ein und weist nur auf die teils positive, teils negative Funktion von *Weiß* und *Purpurn* bei Trakl hin (vgl. a. Laue S. 163). Eine „Tendenz zur systematischen Festlegung" von Farbbezeichnungen auf bestimmte Ausdruckscharaktere stellt er für Trakl in Abrede (S. 132). Zwar verwendet Trakl bestimmte Farbmetaphern in ambivalentem Sinn, aber auch in diesem Fall liegt der ihnen verliehene Ausdruckscharakter als positiver, negativer oder ambivalenter fest und dient nicht der Wiedergabe unbestimmt vieldeutiger „Stimmungen". K. L. Schneiders Begriff der „Stimmungssymbolik" scheint mir daher zur Kennzeichnung der expressiven Farbmetaphorik ungeeignet, denn er löst ihren konstruktiven Zug (vgl. a. u. S. 362 die Bemerkung Musils) wieder ins Impressionistische auf. Schon 1907 notiert Heym in sein Tagebuch: „Sie (sc. Die Kunst) hat mit Stimmungen gar nichts zu tun." (T 96, 22. 9. 1907).

19 53,5 — 180,4 — 20,4 — 216 — 170,1 — 152,2 (vgl. a. 20,4) — 26,3 — 187,1 u. 167,3 — 63,4 — 144,4 — 98,1 — 140,5. — Die Ausdrucksfunktion der Farbbezeichnung erzeugt in der expressionistischen Lyrik eine Fülle solcher Bildparadoxien. Vereinzelt tauchen sie aber schon früher auf. So heißt es etwa in Stifters Erzählung ‚Bergkristall': „... alles war, wenn man so sagen darf, in eine einzige *weiße Finsternis* gehüllt ..." (Gesammelte Werke, Wiesbaden, Insel-Verl., 1959, 3. Bd. S. 215). Bemerkenswert, daß Stifter, als erlaube er sich eine Kühnheit („wenn man so sagen darf"), vor der Paradoxie des Bildes noch zurückzuschrecken scheint. Vgl. a. die *gelbrote Finsternis* in Stifters „Sonnenfinsternis", Bd. 6, S. 589.

20 82,2 — 179,1 — 97,6 (vgl. a. 123,3) — 73,1 — 162, Z. 3/4.

21 40,1 — 32,3 (vgl. a. 64,1 u. 119,6) — 196,1 — 47,1 — 193,4 —93,5.

bei T r a k l [22]. Ihr affektiver Charakter tritt auch dort hervor, wo sie mit
ihrem Bezugsgegenstand einen Pleonasmus ergäbe, bezeichnete sie lediglich
eine Sinneseigenschaft an ihm: in *schwarzes Dunkel, schwarze Nacht, rotes
Blut, rotes Feuer, des Abendrotes rote Flammen, endlos weißes Weiß* bei
H e y m [23], *purpurne Abendröte* bei T r a k l [24].

Oft bezweckt Heym die Steigerung der bloßen Farbbezeichnung zur expressiven Farbmetapher durch ihre mehrfache, obstinate Wiederholung im
selben Gedicht oder in derselben Strophe, wie zu Beginn von ‚Die Dämonen
der Städte':

> Sie wandern durch die Nacht der Städte hin,
> Die *schwarz* sich ducken unter ihrem Fuß.
> Wie Schifferbärte stehen um ihr Kinn
> Die Wolken *schwarz* vom Rauch und Kohlenruß. (18,1)

Oder zu Beginn von ‚Der Fliegende Holländer':

> Wie Feuerregen füllt den Ozean
> Der *schwarze* Gram. Die großen Wogen türmt
> Der Südwind auf, der in die Segel stürmt,
> Die *schwarz* und riesig flattern im Orkan. (40,1)

Das Bild, das diese Strophe entwirft, zeigt zugleich, wie sich im dichterischen
Ausdruck die unterschiedenen Momente der expressiven Farbmetapher vereinigen: die Loslösung der Farbe vom sinnlich Wahrnehmbaren und ihre
affektive Besetzung in „der schwarze Gram", die relative Abstraktion von
der Sinnesqualität der Farbe als solcher im Vergleich von Schwarzem (*Gram*)
mit Rotem (*Feuerregen*), und zusätzlich die Steigerung der bloßen Farbbezeichnung ins Expressive durch bewußte Wiederholung.

Einige Farbmetaphern der ersten Gruppe, denen sich aus der symbolistischen Schicht in der Lyrik Heyms und Trakls eine Menge gleichartiger an-
reihen ließe, haben noch den Charakter von Synästhesien. Sie praktizieren
die Poetik, die in dem einen Vers aus Baudelaires ‚Correspondances' angelegt ist: *Les parfums, les couleurs et les sons se répondent* und die für die
symbolistische Lyrik in Rimbauds ‚Voyelles' gegeben war, deren Lautsym-
bolismus zugleich eine Farbmetaphorik ist. Symbolismus und Expressionismus haben gemeinsam, daß in ihnen sich der dichterische Ausdruck ins
Rätselhafte des puren Bildes verschließen will. Was Heyms Selbstzeugnisse
über den rein bildhaften Aufbau und Ausdruck seiner Dichtung nüchtern als

---

22 133,2 — 176,1 — 124,2 — 201 u. 110,4 — 106,1 — 181 — 104,3.
23 97,1 u. 18,5 — 67,7 (Schwarze Visionen III,3); vgl. a. 121,1 — 137, Z. 5 u. 53,4 — 19,2;
    62,3; 66,4 — 94,2 — 189,2.
24 175,1.

poetische Technik bezeichnen, spricht eine Hymne des frühen George als die Unterweisung aus, daß „ohne denkerstörung ... das auge schauend harre" und „raum und dasein nur im bilde bleiben"[25]. Der Tendenz zum rein bildhaften Ausdruck entsprechend, ist der neuromantisch-symbolistischen und expressionistischen Lyrik auch die häufige Verwendung von Farben gemeinsam. Deren Funktion aber ist in beiden verschieden. Im Symbolismus ist es gerade der unmittelbare Sinnesreiz ungewöhnlicher Farbvaleurs — von Brechungen, Mischungen und Nuancen mit dem Charakter des Fremdartigen oder Erlesenen, wie in der Verwendung von Edelsteinfarben — der dem dichterischen Bild die Kostbarkeit einer künstlichen, ornamentalen Schönheit verleihen soll, im Abstand und Widerspruch zu einer grauen, häßlichen Realität, deren Stofflichkeit von der ästhetischen Formung ausgeschlossen wird. Demgegenüber charakterisieren die Funktion der Farben in der expressionistischen Lyrik: der vorwiegende Gebrauch der Grundfarben, ihre krasse Kontrastierung, ihre Loslösung vom sinnlich Wahrnehmbaren, die relative Abstraktion auch von einem den Farben „an sich" inhärenten sinnlich-psychischen Charakter, ihre Subjektivierung zu Metaphern für Affekte. Ist im rein bildhaften Ausdruck und im Farbengebrauch als solchem im Symbolismus wie im Expressionismus der Widerstand des ästhetischen Subjekts gegen eine farblose, abstrakt gewordene Welt wirksam und konnte deshalb aus der symbolistischen die expressionistische Bilder- und Farbensprache hervorgehen, so verraten deren spezifische Züge — der abstraktive und subjektive Charakter ihrer Farbmetaphern, die Hereinnahme des Dissonanten und abstoßender stofflicher Elemente in die Gestaltung — die Radikalisierung jenes Spannungsverhältnisses.

Indem die Farben in der expressionistischen Bildersprache ihre unmittelbare, den Gegenständen anhaftende Sinnesqualität einbüßen und zu affektbesetzten Metaphern werden, die das Stigma des Leidens tragen, drückt sich auch in ihnen die extreme Entfremdung zwischen dem Subjekt und der gegenständlichen Welt aus, die sowohl der Thematik des Weltendes und der Toten als auch der Metaphorik der Erstarrung, der Kontrasttechnik in der Bildkomposition und den Spannungsmomenten des Dynamischen und Statischen in der Sprachform zugrundeliegt. Die expressiven Farbmetaphern haben, insbesondere bei Heym, Trakl, van Hoddis und Becher, einen vorwiegend negativen Ausdruckscharakter. Bei Heym variiert er zwischen festliegenden Bedeutungen, so daß sich aufgrund der überaus häufigen, formelhaften Wiederkehr bestimmter Farbworte ein Bedeutungsschema aufstellen läßt. Da jedoch in der Dichtung Heyms symbolistische und

25 Stefan George, ,Weihe', in: Hymnen / Pilgerfahrten / Algabal, Berlin 1915, S. 12 und 13.

expressive Stilelemente zu unterscheiden sind und da Heym Farbbezeichnungen auch rein gegenständlich oder impressionistisch verwendet, kann ein solches Schema bei der Interpretation eines Gedichts nicht als Passepartoutschlüssel dienen. Ob es sich um eine rein gegenständliche Farbbezeichnung, um eine symbolistische oder expressive Farbmetapher handelt, geht nur aus der Funktion des Farbwortes in einem bestimmten Bild- und Sinnzusammenhang hervor. Als expressive Farbmetapher hat z. B. *Weiß* bei Heym den Ausdruckscharakter des Erschreckenden und Entsetzlichen. Im Bildzusammenhang der ersten Strophe von ‚Printemps' jedoch ist *weiß* eine rein gegenständliche Farbbezeichnung:

> Ein Feldweg, der in *weißen Bäumen* träumt,
> In Kirschenblüten, zieht fern über Feld. (144,1)

In der zweiten Strophe desselben Gedichts begegnet im Bild vom *Tag mit goldnem Grat* die symbolistische Farbmetapher *golden,* analog den *goldnen Himmeln* in ‚Columbus' (45,5) und dem *Gold* des Westens in ‚Der Tag' (53,6). Im Kontrastbild der Schlußstrophe aber ist *schwarz* eine expressive Metapher:

> Und eine Mühle faßt der Sonne Haar
> Und wirbelt ihren Kopf von Hand zu Hand
> Auf *schwarze Au,* der langsam sinkt, voll Blut. (144,4)

Da das Gesamtbild dieser Strophe die gegenständliche Realität nicht mehr gegenständlich wiedergibt, sondern die Mühle zum Riesen, die Sonne zum „Kopf . . . voll Blut" mythologisiert, ist auch *schwarze Au* kein rein gegenständliches Bild mehr, hat *schwarz* hier die Bedeutung von *tot,* d. h. die metaphorische Funktion, Natur zu mortifizieren. Auch in der vorletzten Strophe, im Vergleich von Stieren mit „Riesen schwarz" ist *schwarz* eine expressive Metapher, drückt es die Drohung dessen aus, was im Bild der Schlußstrophe geschieht. In einem und demselben Gedicht können demnach Farbworte als rein gegenständliche Farbbezeichnungen, als symbolistische und als expressive Metaphern begegnen. Das folgende Bedeutungsschema erfaßt die für das Gesamtwerk Heyms charakteristischere Schicht der e x - p r e s s i v e n Farbmetaphern. Die Exemplifikation beschränkt sich jeweils auf eine Auswahl von Belegen, die für eine Menge analoger Bilder steht.

S c h w a r z hat durchweg den Ausdruckscharakter des Toten und von Todesdrohung oder Todesgrauen. In Heyms ‚Schwarzen Visionen' ist diese metaphorische Bedeutung von Schwarz gewissermaßen Gegenstand des Gedichtzyklus und wird durch die Bilder eines imaginären Totenreichs umschrieben: um die Tote dreht sich *des schwarzen Himmels große Grabesglocke,* die Totengeister sind Heimatlose *in schwarzer Welt,* in der Unterwelt ziehen *schwarze Segel,* wehen *schwarze Fahnen,* werfen *schwarze Brücken* Schatten usw.[26] In ‚Die Morgue' ist der Tod ein Schatten, *des schwarze Schulter ragt im Abendgrau; des Lebens Rest zerfällt in schwarzer Luft;* von den Toten heißt es, daß sie *in schwarzen Tod gesaust*[27]. Im ‚Fieberspital' werden die Sterbebetten mit einer großen Stadt verglichen, *die eines schwarzen Himmels Rätsel deckt*[28]. In solchen Bildern ist der metaphorische Charakter, den Schwarz erhält, aus dem Sinnzusammenhang ohne weiteres einsichtig und entspricht etwa dem, den es als „Repräsentant der Finsternis" in Goethes Farbenlehre hat[29]. Die Subjektivierung der Farbe in expressiver Funktion kommt aber erst darin voll zur Geltung, daß Schwarz mit diesem negativen Ausdruckscharakter ständig beliehen bleibt, auf welche Gegenstände, Phänomene und Vorgänge auch immer es bezogen wird. So in folgenden Verbindungen bei H e y m : *schwarze Waben, schwarzer Mohn, schwarze Türme, schwarze Himmel, schwarzer Teich, schwarzer Regenstrom, schwarzer Sturm, schwarze Welt, schwarzes Haupt, schwarze Luft, schwarzer Gram* usw.[30]

Auf denselben negativen Charakter ist die Farbmetapher *schwarz* auch bei T r a k l festgelegt: *schwarzer Wind, schwarzer Himmel, schwarzer Regen, schwarze Wasser, Fieberschwärze, schwarzes Haupt, schwarzes Land, die schwarze Erde, schwarze Reseden, schwarzes Schweigen, schwarze Schwerter der Lüge, schwarze Novemberzerstörung* usw.[31]

Die sinnlich-sittliche Wirkung des W e i ß e n beschreibt Goethe als eine ambivalente: als „Repräsentant des Lichts" hat es den positiven Charakter der Einfachheit, Reinheit und Verklärung; als „Abstraktion" von allen spezifischen Farben, den Repräsentanten alles Lebendigen, hat es den negativen Charakter der „vollendeten Trübe" und des „Abgelebten".[32] Diese Ambivalenz liegt auch der verschiedenen Funktion des Farbwortes *weiß* bei Heym zugrunde. Als gegenständliche Farbbezeichnung kann es, wie in ‚Printemps' (s. o.), den positiven Charakter der „Reinheit" im Sinne Goethes haben: *Der Schwäne Schneeweiß* (145,1), *Der Dampfer weißer Leib* (146,1),

---

26 65,4 — 65,6 — 66,2—4.

27 77,4 — 80,2 — 80,6.

28 D 62,4.

29 Deutsche National-Literatur, hrg. v. Jos. Kürschner, Stuttgart o. J., 116. Bd., Goethes Werke Bd. 35, Naturwiss. Schriften 3. Bd., S. 12 § 29 und S. 99 Nr. 18.

30 14,3 — 68,6 — 15,2 — 94,2 — 99,5 — 118,4 (vgl. a. 18,3) — 41,4 u. 140,5 — 65,6 u. 75,6 — 75,4 (vgl. a. 190,2) — 80,2 — 40,2.

31 109,1 — 102,1 — 69,1 — 140 — 61,4 (nicht in H, wo das Gedicht in einer anderen Fassung steht und *Menschliche Trauer* betitelt ist. Der „Fieberschwärze" in S 61,4 entspricht in H 57,3 der Vers: „Und schwärzlich schwankt ein Irrer dort vorbei"). — 81,2 — 66,2 — 123,2 — 122,4 — 124,2 — 176 — 87,5.

32 Goethe, l. c. S. 134 Nr. 147 — S. 242 Nr. 586 — S. 54,6 — S. 242 Nr. 586 — S. 12 § 29 u. S. 99 Nr. 18.

weißes Blühn (146,2), weiße Wolken (52,5), kleine Schiffe, weiß und leicht
erbaut (165,2), die marmorweißen Tempel (137, Z. 16) u. ä. Als symbolistische Metapher im Motivbereich der Sonnenmythologie und Lichtallegorik des ‚Ewigen Tags' und auch in deren späteren Abwandlungen begegnend, hat weiß sogar die höchst positive Bedeutung von „Verklärung":

Der weißen Stiere roter Blutsaft schäumt
Auf Tempelhöfen . . .
Ein Tänzer tanzt im blauen Mittagsrot
Auf weißer Platte . . .   (53,4—5 Der Tag)

Das Wolkenspiel versinkt im Meer. Doch ferne
Zittert ein Licht im Wasser weiß empor.
Ein kleines Feuer, zart gleich einem Sterne.
Dort schlummert noch in Frieden Salvador.   (45,6 Columbus)

Wir, Ikariden, die mit weißen Schwingen
Im blauen Sturm des Lichtes einst gebraust,
Wir hörten noch der großen Türme Singen,
Da rücklings wir in schwarzen Tod gesaust.   (80,6 Die Morgue)

Und da hing er im Schweben,
Seine Füße lagen im Gras.
Die Abendsonne fuhr blutig
Durch die Rippen ihm naß,

Schlug die Ölwälder alle
Über der Landschaft herauf,
Gott in dem weißen Kleide
Tat in den Wolken sich auf.   (132,3—4, Der Baum)

Ah, der Herr ging über die Felder weiß
Sanft hinab am schwebenden Abendtag,
Und die Ähren sangen zum Preis,
Seine Füße waren wie Fliegen klein
In goldener Himmel gellem Schein.   (129,3 Judas)

Er war ein großer weißer Vogel über einem großen einsamen Meer,
gewiegt von einer ewigen Helle, hoch im Blauen. Sein Haupt stieß
an die weißen Wolken, er war Nachbar der Sonne . . . Seine Schwingen,
weißer als ein Schneemeer, stark, mit Achsen wie Baumstämme, klafterten über den Horizont . . .   (231 Der Irre)

In diesen Bildzusammenhängen ist weiß eine Metapher, die „Licht" als
„ewiges", d. h. göttliches Licht symbolisiert und „Enthusiasmus" (Gotterfülltsein) ausdrückt. Gleichzeitig hat aber im Bildgefüge der zitierten Ge-

dichte die Sphäre des Göttlichen, des ekstatisch „weißen" Lichts, den Charakter einer utopischen Idealität: in ‚Der Tag' und ‚Columbus' noch den positiven einer „früheren" Welt, in ‚Judas' und ‚Der Baum' den paradoxen einer „leeren Transzendenz", in der ‚Morgue' und ‚Der Irre' den negativen der puren Illusion. Den Bildelementen, in denen Weiß als „Repräsentant des Lichts" einen positiven Ausdruckscharakter hat, werden daher häufig solche kontrastiert, die ihn unterhöhlen und aufheben. Die Ikariden „mit weißen Schwingen" sind „in schwarzen Tod gesaust". Der Irre wird aus der Illusion, „ein großer weißer Vogel" mit „Schwingen, weißer als ein Schneemeer," und „Nachbar der Sonne" zu sein, durch „etwas Schwarzes, etwas Feindliches" herausgerissen, wieder zum Mörder und getötet. Judas sieht zwar die Gestalt des Herrn verklärt: „weiß" und im Schein „goldener Himmel", aber der groteske Vergleich der Füße mit „Fliegen klein" in „gellem (= schreiendem) Schein" drückt aus, daß das Göttliche ihm unzugänglich, das Transzendente „leer" ist (vgl. a. die für ihn „toten" Worte des Herrn in Str. 2). Auch der positive Charakter der „Reinheit", den *weiß* als gegenständliche Farbbezeichnung haben kann, wird im Bild- und Sinnzusammenhang eines Gedichtganzen durch rückwirkend desillusionierende Kontrastbilder aufgehoben. Dieser Vorgang bestimmt sogar die Komposition mancher Gedichte. Sie beginnen mit einer Impression von reinem, lichtem Weiß und führen in allmählichen oder plötzlichen Übergängen zu einem pointiert gegensätzlichen Schlußbild. Dem Anfangsbild von ‚Printemps', einem Feldweg, der „in weißen Blüten träumt", kontrastiert das Schlußbild der „schwarzen Au" mit dem „Kopf" der Sonne „voll Blut". ‚Autumnus' (D 145) beginnt mit „Der Schwäne Schneeweiß" und endet mit dem Bild eines Hügellands, das „tief in blaue Schatten taucht". In ‚Die Dampfer auf der Havel' (D 146) steht am Anfang das Bild „Der Dampfer weißer Leib" und am Ende das eines Totenzugs, der „in fahle Himmel wallt". In dem Gedicht ‚Wo eben rauschten noch die Karusselle' (D 147) vollzieht sich dieser Übergang sogar im selben Bild, schlägt ein (scheinbar) positives Weiß in negatives um: Birken, die „eben noch" im „weißen Licht" der Karusselle „wie von Schnee bestreut" waren, sind „nun", im fahlen Mondlicht, „Steinbildern gleich im düstren Marmorsaal".

Weit häufiger als in einem positiven oder auch nur scheinbar positiven Sinn gebraucht Heym *weiß* in eindeutig negativem Sinn als expressive Metapher, die den Affektcharakter des Schreckens und Entsetzens hat. Die metaporische Bedeutung von Weiß als solchem ist in zwei extrem gegensätzliche Momente aufgespalten, nach der positiven Seite ins Extrem einer utopischen Idealität, nach der negativen ins Extrem des Grauens, und dieses dominiert. In unmittelbarem Bild-, Sinn- und Wortzusammenhang mit

Schrecken, Entsetzen, Grauen, Tod legt *weiß* als expressive Metapher seine Negativität selber aus:

> Weh dem, der sterben sah. Er trägt für immer
> *Die weiße Blume bleiernen Entsetzens.* (186,1 Was kommt ihr ...)
>
> ... Und ihrer Stirnen Mitte
> *In Schrecken wie ein weißes Feuer* flackert. (187,1 Die Selbstmörder)
>
> Die Sterne *erschraken so weiß.* (105,3 Halber Schlaf)
>
> Des Todes Banner wird im Zug getragen ...
> Und *graunhaft weiß* erglänzen die Paniere. (34,2 Wolken)
>
> ... Die Ströme stehen alle
> *Gebannt vom Grauen* vor des Königs Falle,
> *Geronnen weiß.* (137 Der Tag)
>
> *Das Fallbeil glitzert weiß.* (29,1 Louis Capet)
>
> Der *Tod* zeigt seine *weiße Leichenhaut.* (97,1 Die Irren II)

Der geradezu synonyme Gebrauch des Farbworts für eine Affektbezeichnung (*weiße Blume* für *Entsetzen, weißes Feuer* für *Schrecken, Geronnen weiß* für *Gebannt vom Grauen*) zeigt hier aufs deutlichste, daß die Farben als expressive Bildelemente Affekte ausdrücken. Die subjektive Bedeutung, die dem Weißen aufgeladen wird, steigert den negativen Charakter, den es als ambivalentes sinnlich-sittliches Phänomen auch in Goethes Farbenlehre hat, den Charakter des „Abgelebten", Toten, zu dem des tödlich Drohenden. Vom sinnverwandten *Schwarz* unterscheidet sich solches *Weiß* lediglich durch das Bedeutungsmoment des plötzlich Erschreckenden oder der grauenerregenden Monotonie. Diesen Ausdruckscharakter hat *weiß*, nach *rot* und vor *schwarz* die zweithäufigste und negativste Farbmetapher Heyms, auch in Bildzusammenhängen, in denen es nur ein real-gegenständliches Weiß zu bezeichnen scheint. Wenn es z. B. in der Schlußstrophe von ‚Der Tod der Liebenden im Meer' (149) heißt:

> Wie eine Spinne schließt das Meer den Mund
> *Und schillert weiß.* Der Horizont nur bebt, ...

so ist hier *weiß* — syntaktisch durch die Abtrennung des Prädikats *schillert* vom Hauptstatz, rhythmisch durch die Cäsur inmitten der zweiten Verszeile bedeutungsvoll hervorgehoben — nicht nur eine gegenständliche Farbbezeichnung, sondern ebenso affektbesetzt wie im Schlußsatz der ersten Strophe von ‚Louis Capet', wo es den Nachdruck des Endreims hat: „Das Fallbeil *glitzert weiß.*" Sowohl als reine Metapher wie auch in metaphorisch-gegenständlicher Funktion hat *weiß* in der Farbensprache Heyms vorwie-

gend den negativen, formelhaft festliegenden Ausdruckscharakter von
Schrecken, Grauen und Entsetzen. Überaus häufig finden sich Bilder und
Metaphern wie die folgenden:

> Wir, denen langsam auf dem kahlen Haare
> Der Julihitze *weiße Spinne* kroch.   (78,2 Die Morgue)

> Ihr Blick schweift hin und her im kahlen Raum . . .
> Und prallt zurück von *kahler Mauern Weiß*.   (14,1 Die Gefangenen II)

> Die Augen quellen aus der engen Haft,
> Ein Paar von *weißen Knöpfen*.   (20,5 f Der Blinde)

> Sie fühlen nur der *weißen Stille* Schneien
> Auf ihren Köpfen, die sich nicht bewegen.   (172,5 Die Tauben)

> Der Gram gefallener Engel ruht, ein Traum,
> Auf seiner Stirn, *der Qualen weißem Thron* . . .
>   (119,6 Das infernalische Abendmahl)

> Was kommt ihr, *weiße Falter*, so oft zu mir?
> Ihr *toten Seelen*. . . .   (185,1 Was kommt ihr . . .)

> In seinen Augen rollt *ein Feuer, weiß*,
> Kalt wie ein Frosch. . . .   (167,3 Der Affe)

Wie durch syntaktisch-rhythmische Akzente und durch seine Stellung im
Endreim wird *weiß* als expressive Metapher auch durch Wiederholung und
insistente Häufung hervorgehoben, sein negativer Ausdruckscharakter dadurch gesteigert:

> Wie eine Lilie durch das Dunkel brennt,
> So brennt sein *weißer Kopf* in Weihrauchs Lauge
> Und blauer Finsternis. Sein hohles Auge
> Starrt wie ein Loch aus *weißem Pergament*.   (170,1 Savonarola)

Oder in ‚Die Tote im Wasser‘, wo in vier Strophen fünfmal *weiß* vorkommt:

> . . . Der Stadtnacht Spülicht treibt
> Wie eine *weiße Haut* im Strom . . .
> Ein *weißes Tanzkleid* kommt, in fettem Glanz
> Ein nackter Hals und *bleiweiß ein Gesicht* . . .
> Die Leiche wälzt sich ganz heraus. Es bläht
> Das Kleid sich wie ein *weißes Schiff* im Wind.
> . . . — Der Wasserratten Fährte, die bemannen
> Das *weiße Schiff* . . .   (21,3–5)

Wie der metaphorische Charakter von *schwarz* (s. o. S. 337) stimmt auch
der von *weiß* bei Heym und Trakl überein. In diesen auch weiterhin zu be-
merkenden Übereinstimmungen bestätigt sich die Wirkung der von Heym
entwickelten Farbmetaphorik auf die gesamte expressionistische Lyrik. Von
einem unmittelbaren Einfluß der Dichtung Heyms auf Trakl darf gesprochen
werden, da Trakl, nach einer Mitteilung Ludwig von Fickers, sie gekannt
und sehr geschätzt hat und Heyms Gedichtsammlungen ‚Der Ewige Tag‘
(März 1911) und ‚Umbra Vitae‘ (Mai 1912) früher erschienen als die Gedichte Trakls entstanden, die seit Mai 1912, zum größten Teil erst 1913 und
1914 im ‚Brenner‘ zu finden sind. Obwohl die Farbensprache Trakls wie seine
Bilderwelt überhaupt einen hermetischen Charkter annimmt, so daß die
positive und die negative Bedeutung einer Farbmetapher paradox zusammenfallen können, sind in ihr ebenso deutlich wie bei Heym bestimmten
Farben verliehene feste Ausdruckscharaktere zu unterscheiden. So die extrem gegensätzlichen von *Weiß:* einerseits repräsentiert es „Licht“, d. h.
Reinheit und Verklärung (vgl. die Ausführungen und Belege Laues, 1. c.
S. 126 f.) — andererseits hat es, und zwar weit häufiger, wie bei Heym, den
negativen Ausdruckscharakter von Grauen und Entsetzen:

> Die Sterne *weiße Traurigkeit* verbreiten.   (67,2 Dämmerung)
>
> Der Tote malt mit *weißer Hand*
> Ein grinsend Schweigen an die Wand.   (31,5 Romanze zur Nacht)
>
> Lasset das Lied auch des Knaben gedenken,
> Seines Wahnsinns, und *weißer Brauen* und seines Hingangs . . .
>   (89,5 Helian)
>
> Das wilde *Herz ward weiß* am Wald;
> O dunkle Angst / Des Todes . . .   (179,1 Das Herz)
>
> *Weiße Stimmen* / Irrend durch schaurige Vorhöfe . . . .
>   (182,2 Das Gewitter)
>
> Und die *weiße Stimme* sprach zu mir: Töte dich!
>   (196 Offenbarung und Untergang)
>
> Verflucht ihr dunklen Gifte, / *Weißer Schlaf!* . . .
> Aufflattern *weiße Vögel* am Nachtsaum
> Über stürzenden Städten / Von Stahl.   (181 Der Schlaf)

R o t spielt in der Farbensprache Heyms die metaphorische Rolle der
Farbe von Feuer und Blut, bedeutet Katastrophisches, gewaltsamen Untergang. Der subjektive Ausdruckscharakter der Farben als expressiver Bildformeln zeigt sich hier in der Ausschließung aller positiven Momente, die
einem sinnlich wahrgenommenen Rot anhaften können, in der negativen Be-

deutung, auf die *rot* als Metapher festgelegt wird. Während Goethe von der Wirkung dieser Farbe sagt, sie gebe „einen Eindruck sowohl von Ernst und Würde als von Huld und Anmut"[33], hat sie bei Heym fast ausschließlich den Charakter jenes tödlichen Ernstes, den Goethe objektiv an ihr als einen ihrer verschiedenen, variierenden Charaktere bezeichnet und durch eine Beobachtung veranschaulicht, deren emphatische Beschreibung genau den Sinn trifft, in welchem Heym Rot als Farbmetapher gebraucht: „Das Purpurglas zeigt eine wohlerleuchtete Landschaft in furchtbarem Lichte. So müßte der Farbeton über Erd' und Himmel am Tage des Gerichts ausgebreitet sein."[34] Die vorwaltende Tendenz, den Ausdruckscharakter von Rot, goethisch gesprochen: „ins Minus zu ziehen", ihm die Bedeutung des „Furchtbaren" zu verleihen, und die damit gegebene metaphorische Affinität dieser Farbmetapher zu denen des Grauens und Entsetzens, zu Schwarz und Weiß, die fast ebenso häufig und in Verbindung mit Rot vorkommen, lassen in der Dichtung Heyms die ganze gegenständliche Welt im phantasmagorischen Licht des Goetheschen Purpurglases erscheinen, im Licht jenes „Endes eines Welttages", von dem Heyms Manifest ‚Eine Fratze' spricht[35]. Auf diesen „Farbeton über Erd' und Himmel am Tage des Gerichts", in welchem Heym seine Bilder des Weltbrandes und des Untergangschaos in ‚Der Krieg', in ‚Der Gott der Stadt' usw. malt, ist Rot überall festgelegt, wo Heym es in expressiver metaphorischer Funktion verwendet. Aus einer Fülle von Bildern, an denen sie abzulesen ist, nur diese:

> So klappern wir in Nessel, Dorn und Klette
> Durch wilder Himmel *schreckliche Devisen*,
> Die *uns bedrohn* mit den gezackten Flammen,
> *Mit* großer Hieroglyphen *roter Schrift*.   (98,1 f. Die Irren III)

> Mit Türmen schwankend *im roten Bangen*
> Stiegen die Städte mit Dächern und Hörnerschall
> Mit den Straßen hinauf, die gen Himmel sprangen.
>   (196,1 Heroische Landschaft)

> Und jede Nacht ist *blutigrot und dunkel* . . .   (110,1 Der Winter)

> Die Plätze sind *rot und tot*.   (194,3 Die Nacht)

> Ein *roter Turm* nur flackert in den Raum.
> Ein Feuer braust und wirft den *Schein von Blut*
> Wie einen Keil auf schwarzer Köpfe Schaum . . .
> In meinen Achseln *rotes Feuer* hängt.   (93,2 u. 94,2 Die Stadt der Qual)

---

33 Goethe, l. c. S. 296 Nr. 796.
34 l. c. Nr. 798.
35 s. o. S. 55.

> ... Daß ich die Lider senke
> Und wie ein Schiff auf *roten Finsternissen* ...
> In leere Weiten treibe und den Tod,
> Den Vögeln gleich, die unter großem Fittich
> Verbergen hoch ein *böses Morgenrot.*   (152,5 f. Gewölke gleich)

> Tief unten brennt ein Licht, ein *rotes Mal,*
> Am schwarzen Leib der Nacht, wo bodenlos
> Die Tiefe sinkt ...   (63,1 Die Schläfer)

> Tief in dem Wald ein See, der *purpurrot*
> *Wie eines Toten dunkles Auge* glast.   (177,4 Der Wald)

Auch bei T r a k l haben Rot, Purpurn, Scharlach einen vorwiegend negativen Ausdruckscharakter, die Bedeutung von Untergang, Todesgrauen, Gewalt, bisweilen auch die des Abstoßenden. Das gilt nahezu uneingeschränkt für die Farbmetapher R o t . Schon in dem frühen Sonett ,Verfall', das die gesammelten Dichtungen Trakls einleitet und keimhaft Motive und Bilder enthält, die sich in späteren Gedichten entfalten, steht „der *rote Wein* an rostigen Gittern" in metaphorischem Zusammenhang mit Verfall und Tod. Für die metaphorische Funktion von Rot bei Trakl sind folgende Bilder besonders bezeichnend:

> O die *roten Abendstunden!*
> Flimmernd schwankt am offenen Fenster
> Weinlaub wirr ins Blau gewunden,
> Drinnen nisten *Angstgespenster.*   (19,1 Der Gewitterabend)

> Durchs Fenster *klirrt der rote Abendwind;*
> Ein *schwarzer Engel* tritt daraus hervor.   (82,4 Im Dorf)

> ... Und sie starrt von *Schmerz* geschüttelt.
> *Röte träufelt* durch das Dunkel.   (43,2 Die junge Magd)

> Und ein Kanal speit plötzlich feistes Blut ...
> Und langsam *kriecht die Röte* durch die Flut. (39,4 Vorstadt im Föhn)

> *Verzweiflung, Nacht* in traurigen Gehirnen:
> Hier Evas Schatten, Jagd und *rotes Geld.*   (71 Menschheit)

> Ein *roter Wolf,* den ein Engel würgt.   (152 Winternacht)
> (Vgl. dazu: *Wilde Wölfe* brachen durchs Tor.   199,3 Im Osten)

> O! Ihr *ehernen Zeiten* / Begraben dort *im Abendrot.*   (179,2 Das Herz)

> Mutter muß ums Kindlein zagen;
> *Rot ertönt* im Schacht *das Erz,*
> Wollust, Tränen, steinern Schmerz,
> Der *Titanen* dunkle Sagen.   (192,4 Klage)

Einbrach ein *roter Schatten* mit flammendem Schwert in das Haus,
Floh mit schneeiger Stirne. *O bitterer Tod.*

(195 Offenbarung und Untergang)

Seit dem Gedichtzyklus ‚Drei Blicke in einen Opal' steht statt Rot meist
P u r p u r n, das in der Farbensprache Trakls neben Blau eine hervor-
ragende Rolle spielt. Schon der Wechsel der Farbbezeichnung scheint das
positive Bedeutungsmoment des „Würdevollen" und „Prächtigen" (Goethe)
herbeizuziehen, das ihr auch in einigen Bildern, allerdings nicht völlig eindeutig, zukommt:

Er wahrlich liebte die Sonne, die *purpurn* den Hügel hinabstieg . . .

(115,1 Kaspar Hauser Lied)

Du aber gehst mit weichen Schritten in die Nacht,
Die voll *purpurner Trauben* hängt,
Und du regst die Arme schöner im Blau.   (97,3 An den Knaben Elis)

O der Wald, der leise die braunen Augen senkt,
Da aus des Einsamen knöchernen Händen
Der *Purpur seiner verzückten Tage* hinsinkt.   (79,5 Nähe des Todes)

Schön ist der Mensch und erscheinend im Dunkel,
Wenn er staunend Arme und Beine bewegt,
Und in *purpurnen Höhlen* stille die Augen rollen.   (87,4 Helian)

Die Zahl der Bilder, in denen Purpurn eine negative Bedeutung hat, überwiegt jedoch bei weitem. Charakteristisch dafür sind Verbindungen wie:
purpurne Seuche (133,2), *die purpurnen Male der Schwermut* (172,1), *die
purpurnen Flüche des Hungers* (176,1), *die purpurnen Martern* (178,1),
purpurne Flamme der Wollust (130 f.). Die metaphorische Bedeutung, die
Rot hatte, bleibt demnach in derjenigen von Purpurn erhalten. Wenn es in
‚Offenbarung und Untergang' heißt: „. . . und ich verbarg in *purpurnen
Linnen* schweigend das Haupt", so weist das Bild der *purpurnen Linnen*
zurück auf das der *Fieberlinnen des Jünglings* in ‚Helian' und auf die Meta-
pher der *blutbefleckten* und *blutigen Linnen* für Abendwolken in früheren
Gedichten[36]. Dieselbe metaphorische Analogie besteht zwischen *purpurnem
Nachtwind*[37] und *rotem Abendwind*[38], zwischen *Purpurschnecken . . . speien
Blut* (73,2) und *ein Kanal speit plötzlich feistes Blut . . .* (59,4). Im Unter-
schied zu den Farbmetaphern Heyms sind diejenigen Trakls oft schwer und

---

36 Offenbarung und Untergang S. 198, Z. 4 — Helian 88,7 — 72,2 und 51,4 — 45,2.
37 90,3 und 161, Z. 26.
38 82,4.

nur durch immanente Bildvergleiche zu entziffern, weil ihre negative Bedeutung häufig mit ihrer positiven paradox ineinsgesetzt ist. In den Versen:

> ... Die feuchte Stirn beugt kalt und bleich
> Sich über Unrat, drin die Ratte wühlt,
> Vom *Scharlachglanz der Sterne* lau umspült... (120,3 Die Verfluchten)

hat „Scharlachglanz der Sterne" in Übereinstimmung mit dem metaphorischen Charakter von Scharlach in „Fahnen von *Scharlach*, Lachen, Wahnsinn, Trompeten" (70,2) und „Ein Nest von *scharlachfarbnen Schlangen* bäumt / Sich träg in ihrem aufgewühlten Schoß" (120,1) eindeutig negative Bedeutung. Dem steht in der Hymne ‚An einen Frühverstorbenen' das positive Bild gegenüber: „O, die purpurne Süße der Sterne." (135,1) In der Schlußstrophe von ‚Siebengesang des Todes' (142,2) aber hat Purpurn in Verbindung mit dem Bild der Sterne den ambivalenten Sinn sowohl von Versöhnung wie von Untergang:

> Auf schwärzlichem Kahn fuhr jener schimmernde Ströme hinab,
> *Purpurner Sterne* voll, und es sank
> Friedlich das ergrünte Gezweig auf ihn,
> Mohn aus silberner Wolke.

Die vorwiegend negative metaphorische Funktion von Purpurn in der Farbensprache Trakls, analog derjenigen von Rot bei Heym, geht aus folgenden Bildern deutlich hervor:

> *Purpurn zerbrach* der Gesegneten Mund.   (101,2 Stundenlied)

> Weh, der Gebärenden Schrei. Mit schwarzem Flügel
> Rührt die Knabenschläfe die Nacht,
> Schnee, der leise aus *purpurner Wolke* sinkt.   (138,5 Geburt)

> *Purpurner Nachttau* und es erlöschen rings die Sterne.
> (149,1 Frühling der Seele)

> Weh, des Abends am Fenster, da *aus purpurnen Blumen*,
> ein gräulich Gerippe, *der Tod* trat.   (158 Traum und Umnachtung)

> O die strahlenden Engel, die der *purpurne Nachtwind* zerstreute.
> (161 ibd.)

> ... und aus *purpurnen Masken* sahen schweigend sich
> die leidenden Menschen an.   (163 ibd.)

> *Purpurn brachen Mund und Lüge*
> In verfallner Kammer kühl; ...   (193,2 Nachtgesang)

> Den wilden Orgeln des Wintersturms
> Gleicht des Volkes finstrer Zorn,
> Die *purpurne Woge der Schlacht*,
> Entlaubter Sterne.   (199,1 Im Osten)

Bei H e y m verwandeln sich auch die weniger häufig gebrauchten Farbbezeichnungen in expressive Farbmetaphern, indem sie auf einen bestimmten
negativen Ausdruckscharakter festgelegt werden:

G e l b , von dessen „heiterer, munterer, sanft reizender Eigenschaft"
Goethe spricht[39], nimmt bei Heym den Ausdruckscharakter des Unheilvollen, Verderbenbringenden oder Angsterregenden an, und zwar wiederum durch Ausschluß der positiven Momente seines variierenden sinnlichen
Erscheinungscharakters und durch seine Fixierung an ein negatives Moment,
das Goethe auch am Phänomen Gelb, ähnlich wie an dem von Rot, als objektiv mögliches bezeichnet, wenn er sagt, daß diese Farbe eine sehr unan-
genehme Wirkung mache, „wenn sie beschmutzt oder einigermaßen ins
Minus gezogen wird"[40]. Analog zu Goethes Bemerkungen über die Minus-
seite von Gelb in der Farbe des Schwefels und an „unreinen und unedlen
Oberflächen, wie dem gemeinen Tuch", findet sich bei Heym:

Aber das Licht lag *schweflicht* über der Stufen Fall.
(196,1 Heroische Landschaft)
Zwei kamen vorbei in *gelben Mänteln.*   (92,3 Die Städte)

Der Wintermorgen dämmert spät herauf,
Sein *gelber Turban* hebt sich auf den Rand . . .
(37,1 Die Heimat der Toten I)

Den gleichen metaphorischen Charakter des Unheilvollen oder Angsterregenden hat Gelb in folgenden Bildern:

Wir trafen uns in Wald und *bösem Sterne,*
Da *des Saturns gelbhaariger Fittich* flog . . . (106,6 Ein Herbstabend)

Schlaft, schlaft, des Gottes dunkler Mund, er streift
Euch herbstlich kühl, wie kalter Gräber Wind,
Darauf *des falschen Kusses Blume* reift,
Wie Meltau giftig, *gelb wie Hyazinth.*
(121,2 Das infernalische Abendmahl)

. . . Aus warmer Nacht
Trüber Frost. Und unten rufen die Hörner
Wandelnder Wächter über der *gelben Stadt.*   (130,3 Der Garten)

Die niedre Mitternacht ist *regengelb* . . .   (139,1 Die Nacht I)

Das Fieber kriecht in ihren Lagern um,
Langsam, ein großer, *gelblicher Polyp.*   (61,2 Das Fieberspital II)

---

39 Goethe, l. c. S. 291 Nr. 766.
40 ibd. S. 299 Nr. 770.

Wie *gelbe Schlangen* auf verrufenen Stätten,
So wiegt ihr fahles Haupt, von Nacht bedeckt.   (97,3 Die Irren II)

Und *gelbe Seuchen* blies ich über mich.   (93,5 Die Stadt der Qual)

Sie wandern an dem Strom, der schwarz und breit
Wie ein *Reptil*, den Rücken *gelb gefleckt* . . .
                              (18,5 Die Dämonen der Städte)

Spitzköpfig kommt er über die Dächer hoch
Und schleppt seine *gelben Haare* nach,
Der Zauberer . . .   (87,1 Spitzköpfig kommt er)

Denselben negativen metaphorischen Charakter hat Gelb häufig auch bei
T r a k l :

Der Mädchen *gelbe Haare* wehen . . .
. . . .
In *gelben Dünsten* Fliegen summen.   (23,1 u. 2 Im roten Laubwerk)

O die Nähe des Todes. In steinerner Mauer
Neigt sich ein *gelbes Haupt*, schweigend das Kind,
Da in jenem März der Mond verfiel.   (106,5 Sebastian im Traum)

Leise rollen *vergilbte Monde*
Über die Fieberlinnen des Jünglings,
Eh dem Schweigen des Winters folgt.   (88,7 Helian)

Aus grauen Zimmern treten Engel mit kotgefleckten Flügeln.
Würmer tropfen von ihren *vergilbten Lidern*.   (65 Psalm)

Und sie gleichet einem Schatten.
Ihre *gelben Haare* flattern
Und im Hofe schrein die Ratten.   (42,2 Die junge Magd)

Verwestes gleitend durch die morsche Stube;
Schatten an *gelben Tapeten*; . . .   (80,1 Amen)

G r ü n nimmt bei H e y m den metaphorischen Charakter des Leeren,
Kalten, Subjektfremden an. Die Tendenz der expressiven Farbensprache,
den sensuellen Charakter einer Farbe „ins Minus zu ziehen", ihm ein negatives Ausdrucksmoment aufzuladen, wird hier besonders deutlich. Vom
reinen Grün, in dessen Mischung die polaren Grundfarben Blau und Gelb
sich im Ausgleich halten, findet nach Goethe unser Auge eine „reale Befriedigung", Auge und Gemüt „ruhen" auf dem Gemischten „wie auf einem
Einfachen": „Man will nicht weiter und man kann nicht weiter."[41] In Goe-

---

41 Goethe, l. c. S. 297 Nr. 802.

thes Charakterisierung der sinnlich-sittlichen Wirkung von Grün geschieht daher keines negativen Moments Erwähnung, das dieser Farbe, bei ausgewogenem Mischungsverhältnis ihrer Mutterfarben, eignete. Um so subjektiver stellt sich der „Minus"-Charakter dar, mit dem die Farbe der „Ruhe" und „realen Befriedigung" bei Heym beliehen wird. Sie erhält ihn auf zweierlei Weise:

1. In einer Reihe von Bildern verwandelt sich die Farbbezeichnung „grün" durch den Sinnzusammenhang in eine Metapher für eisige, gläserne Leere, für die Kälte einer undurchdringlich starren und zugleich ausgehöhlten Objektwelt gegenüber dem isolierten lebendigen Subjekt:

Er schaut hinauf zur *grünen Himmelsglocke*,
Wo lautlos ziehn die Meteore weit.   (17,5 Die Vorstadt)

Ganz grün bin ich innen. Ich schwinde hinaus
Wie ein *gläserner Luftballon.*   (87,3 Spitzköpfig kommt er)

Die Sterne, die dem *Grün* der Nacht entsteigen,
Beginnen *frierend* ihren Wandergang.   (46,5 Gegen Norden)

Im *grünen Himmel*, der manchmal *knallt*
Vor Frost im rostigen Westen . . .
. . . stehen sie plötzlich, frierend und kalt. . . .
Wie ein armes Volk, das vor Kälte schreit.   (112 Die neuen Häuser)

Ein *grüner Halbmond* führt / Vor seinen Augen Tänze.
        (12,3 Der Hunger)

Sie schlagen Zymbeln in der leichten Hand
Und irren singend in der *grünen Luft.*   (103,2 Die Somnambulen)

. . . . . Stille dann. Und auf dem Rand
Wiegt sich *der Paragraph, ein grüner Wurm.*   (59,4 Die Professoren)

Der Ausdruckscharakter dieser Farbmetapher wird dadurch akzentuiert, daß sie mehrfach in den eigentümlich pointierten Schlußstrophen Heyms auftritt, in denen sich das Gedichtganze zusammenfaßt und zugleich über sich hinausweist. Das verleiht ihr eine besondere Rolle im Verhältnis zu den Farbmetaphern Weiß, Schwarz, Rot, Gelb: einerseits ist sie, als Metapher für Leere und Kälte, wie jene mit dem Affekt des Grauens, hier des spezifischen eines horror vacui, besetzt — andererseits repräsentiert sie, im Unterschied zum dynamischen Moment des Drohenden und Gewaltsamen in jenen, das Negative am Gegenpol der Erstarrung.

2. In einer anderen Gruppe von Bildern behält Grün zwar den Charakter der Ruhe, von dem Goethe spricht, wird jedoch ebenfalls ins „Minus" ge-

zogen dadurch, daß diese Ruhe nicht die einer „realen Befriedigung" ist, sondern deren Gegenteil, tote Ruhe eines subjektfremden Seins, Ruhe „an sich", nicht „für uns", zauberhafte oder gespenstige Stille, von der das lebendige Subjekt ausgeschlossen bleibt oder in die es als totes, naturgleiches eingeht:

> Und große Kähne in der Sommerstille
> Zu *grüner Hügel toten Schatten* treiben.　　　(184,5 Frühjahr)

> Über der *grünen Ruhe der toten Fluren,*
> Die so einsam sang ihre Traurigkeit . . .
> 　　　　　　　　　(127,4 Die Tänzerin in der Gemme)

> Ein hohler Baum, vom Donner einst gespaltet
> *Vergeßner Zeit.* Doch *grünt noch* sein Geäst.
> 　　　　　　　　　(143,3 Aus grüner Waldnacht)

> Ein stiller Wald, ein blasses Königreich
> Mit *grünen Schluchten* voll und Dorngerank . . .
> Tief in dem Wald ein See, der purpurrot
> Wie eines Toten dunkles Auge glast.　　　(177,1 u. 4 Der Wald)

> Wilder kommt der Abend über die *hallenden Öden,*
> *Schweigsame Wasser* fallen in *grüner Schlucht.*　　　(131,4 Pilatus)

> Ein Stein, der tief im *grünen Brunnen* liegt.　　　(44,1 Die Ruhigen)

> . . . da sie das Meer verschlingt,
> Darinnen sie zur *grünen Tiefe* sinkt,
> im Arm der feisten Kraken *auszuruhn.*　　　(22,1 Die Tote im Wasser)

> Im kühlen Winde friert noch das Gewimmer
> Von Sterbenden, da in des Ostens Tore
> Ein blasser Glanz erscheint, *ein grüner Schimmer,*
> Das dünne Band der flüchtigen Aurore.　　　(27,3 Nach der Schlacht)

In beiden Bildgruppen wird die Farbbezeichnung „grün" zur expressiven Farbmetapher, indem der unmittelbare sinnliche Charakter der Farbe sich verfremdet, die Positivität, die er in der Farbenlehre Goethes hat, verliert und einen negativen Ausdruck annimmt. Die metaphorische Bedeutung des Leeren, Kalten und Subjektfremden kommt mit Goethes Satz: „Man kann nicht weiter, und man will nicht weiter" paradox überein, insofern sie das, was Goethe mit dieser Umschreibung als ein Positives am Farbcharakter des Grünen bezeichnet, ins Negative wendet: Grün erhält bei Heym den Ausdruckscharakter des „Nichtweiter-könnens" im Sinne der Ohnmacht des Subjekts gegenüber der Kälte und Ruhe einer ihm fremden Realität.

T r a k l verwendet Grün, ähnlich wie Purpurn, in doppelter metaphorischer Funktion. In positiver Bedeutung hat es die Aura des Friedens, der Ruhe im Sinne von Versöhnung:

> ... So *geistlich ergrünen*
> Die Eichen über den vergessenen Pfaden der Toten,
> Die goldene Wolke über dem Weiher.   (191 In Hellbrunn)
>
> *Mit friedlicher Gebärde winkt das Grün.*   (28,4 Der Spaziergang)
>
> Er wahrlich liebte...
> ... *die Freude des Grüns.*   (115,1 Kaspar Hauser Lied)

In negativer Bedeutung hat es den Charakter des Angst- und Ekelerregenden, von Verfall:

> Vom[42] lauen Himmel Spatzen stürzen
> In *grüne Löcher voll Verwesung.*   (23,4 Im roten Laubwerk)
>
> *Im grünen Tümpel glüht Verwesung.*
> Die Fische stehen still.   (30,3 Kleines Konzert)
>
> Saum und Schwärze des Walds, *Abendängste im Grün;*
>   (101,2 Stundenlied)
>
> ... Hunger, der *grüne Augen* zerbricht.   (133,2 An die Verstummten)
>
> Seele sang den Tod, die *grüne Verwesung des Fleisches* ...
>   (135,3 An einem Frühverstorbenen)

Charakteristisch für Trakl ist aber auch die Verwendung von Grün in ambivalenter Bedeutung, d. h. in einem Sinnzusammenhang, der die Extreme, in die sich sein metaphorischer Charakter polarisiert, nicht auseinanderhält, sondern ineinander übergehen läßt:

> *Hell Grünes blüht* und *anderes verwest*
> Und Kröten schliefen durch den jungen Lauch.   (25,3 Heiterer Frühling)
>
> Aufflattern Krähen um ein ekles Mahl
> Und *deine Stirne tost durchs sanfte Grün.*   (28,1 Der Spaziergang)
>
> Balde an verfallener Mauer blühen
> Die Veilchen,
> *Ergrünt so stille die Schläfe des Einsamen.*   (111,3 Im Frühling)
>
> Schön: o Schwermut und purpurnes Lachen.
> Abend und die *dunklen Düfte des Grüns*
> Kühlen mit Schauern die glühende Stirne uns.   (112,2 Abend in Lans)

---

42 „Von" in S offensichtlicher Druckfehler, R und H haben „Vom".

Über ein Träumendes neigt sich gerne *grünes Gezweig,*
Kreuz und Abend;   (114,2 Hohenburg)

O das *grünende Kreuz.* In dunklem Gespräch
Erkannten sich Mann und Weib.   (151,1/2 Im Dunkel)

Die Frage, wie die in der Farbensprache der expressionistischen Lyrik vorherrschende Tendenz, den Farben einen negativen Ausdruckscharakter zu
verleihen, zu motivieren ist, wird zunächst indirekt durch den Funktionswandel von Farbmetaphern beantwortet, die einen positiven, aus der klassischen, romantischen und symbolistischen Dichtung tradierten Sinn be-
wahren: *golden* und *blau.* Bei Heym gehören beide — wie positives *Weiß*
(s. o.) — zum Bilderkomplex der idealistischen „Licht"-Motivik und Sonnenmythologie des ‚Ewigen Tags' und unterliegen dann deren Bedeutungswandel. Am häufigsten und in eindeutig positivem Sinn findet sich *golden*
im ‚Ewigen Tag': *das Gold des Mittags* (20,3), *des goldenen Tages Brücke*
(38,1), *des Herbstes Gold* (44,4), *goldne Himmel* und *goldne Tempeldächer*
(45,5),*Goldgewölke* (46,4), *das Schweigen des Mittagstraums auf goldnen*
Höhen (50), *goldne Stille* (53,4), *der goldene Atem* und *der goldene Staub*
des Mittags (53,1 f), *goldne Wolkensäulen* (55,1), *goldne Winde* (67,3) u. ä.
In solchen Bildern symbolisiert *golden* — nicht anders als in analogen bei
Goethe, Hölderlin und Nietzsche — das auratische Licht einer Versöhnung
von Göttlichem und Menschlichem, von Utopie und Wirklichkeit. Gleichzeitig
hat es jedoch das Bedeutungsmoment des Traumhaften, Fernen oder Verlorenen, wie in den Schlußstrophen von ‚Gegen Norden', wo einem Widerschein von Goldglanz das kalte *Grün der Nacht* und *frierend* wandernde
Sterne kontrastiert werden:

Es zittert *Goldgewölke* in den Weiten
Vom Glanz der Bernsteinwaldung, die enttaucht
Verlorner Tiefe, wenn die Dämmerung raucht,
In die sich gelb die langen Äste breiten.

Versunkne Schiffer hängen in den Zweigen.
Ihr langes Haar schwimmt auf der See wie Tang.
Die Sterne, die dem *Grün der Nacht* entsteigen,
Beginnen frierend ihren Wandergang.   (46,4–5)

In der Sammlung ‚Umbra Vitae' kommt die Farbmetapher *golden* seltener
vor und kaum mehr in der positiven Bedeutung wie im ‚Ewigen Tag'. Durch
Kontrastbilder oder in grotesker und sogar parodistischer Funktion wird
auch sie ausgehöhlt und „ins Minus gezogen":

Der Abend tritt herein mit roten Sohlen,
Zwei Lichtern gleich entbrennt *sein goldner Bart.*
In dunklen Winkeln hocken sie verstohlen
Wie Kinder einst, in Dämmerung geschart.

Er leuchtet tief hinein in alle Ecken,
Aus allen Zellen grüßt ihn Lachen froh,
Wenn sie die roten, feisten Zungen blecken
Hinauf zu ihm aus ihres Lagers Stroh.   (95,3–4 Die Irren I)

Verfallner Ort, versunken tief im Schutte,
Wo wie ein Königshaupt der Ginster schwankt,
Des *goldner Arm* nach unsern Knöcheln langt . . .   (98,6 Die Irren III)

Die Sonne sinkt auf dunkelroter Bahn,
In einer Wetterwolke klemmt sie fest.
Macht schnell und reißt aus seinem schwarzen Nest
Mit Zangen aus den *goldnen Wolken-Zahn.*   (99,4 Die Irren III)

Und weit wie Kreuze wächst *in goldner Qual*
Der hohen Galgen düsteres Gebälk.   (101,2 Verfluchung der Städte)

Und riesiger Pagoden *goldnen Stein*
Zerschmettert fast der ungeheure Schein,
Mit lauten Beilen eine Feuerhand.   (107,2 Kata)

Mit *goldnen Federn* in die Nacht gespreizt,
Kometen, die mit trübem Schrei zerstieben . . . (116,2 Die Tauben II)

Seine Füße waren wie Fliegen klein
In *goldener Himmel gellem Schein.*   (129,3 Judas)

In den Jugendstilparodien ‚Das Infernalische Abendmahl' und ‚Die Pflanzenesser' sowie in den von Werner Kohlschmidt als Hofmannsthal- und George-
Parodie erkannten letzten Terzinen des Gedichts ‚Auf einmal aber kommt
ein großes Sterben' ist die ursprüngliche Positivität von *golden* in eine
falsche, illusorische Positivität umgeschlagen:

Tretet heran. Wie Flaum von Faltern zart,
Wie eines jungen Sternes *goldne Nacht,*
Zittert sein Mund in seinem *goldnen Bart,*
Wie *Chrysolyth* in einem tiefen Schacht.   (119,4)

Der Atem zittert euch von Harmonie,
Darinnen ihr wie ernste Heilige wohnt,
Dem Monde gleich, *in goldener Magie,*
Der in der Regennacht in Wolken thront.   (158,5)

> Noch einmal treten nun wir in die Sonne,
> Aus *goldnem Park* und den verschwiegnen Treppen,
> Wo Silberwind die hohen Wipfel reißet.
>
> Und stehen an der Brunnen trocknen Lippen
> Und sehen hängend in der lichten Stille
> Die braunen Blätter mit den dünnen Rippen.   (192,6—7)

Aus dem metaphorischen Bedeutungswandel von *golden* als einer ursprünglich idealistischen Metapher[42a] geht indirekt hervor, daß die in der Farbensprache Heyms vorherrschende negative Tendenz ebensowenig wie die seiner angeblich „peiorisierenden" Metaphernsprache überhaupt eine subjektiv bedingte und nihilistische ist, sondern Ausdruck eines enttäuschten Idealismus, eines „brachliegenden Enthusiasmus" (T 164). Der subjektive Affektcharakter und die negative Bedeutung expressiver Farbmetaphern haben die kritische objektive Funktion, das negative Wesen einer jedem Idealismus hohnsprechenden, jeden Enthusiasmus „erstickenden" (ebd.) Realität zu enthüllen.

Auch die Farbmetapher *blau* gehört zum Bilderkomplex der Sonnenmythologie des ‚Ewigen Tags'. Ihr vorwiegend positiver Ausdruckscharakter erscheint ebenso subjektiv wie der vorwiegend negative von *rot* und *grün*, verglichen mit Goethes phänomenologischer Beschreibung der blauen Farbe: „Sie ist als Farbe eine Energie; allein sie steht auf der negativen Seite . . . Das Blaue gibt uns ein Gefühl von Kälte, so wie es uns auch an Schatten erinnert . . . Blaues Glas zeigt die Gegenstände im traurigen Licht", und Blau führe „immer etwas Dunkles mit sich"[43]. Bei Heym hingegen ist die Farbmetapher *blau*, wo sie in positiver Funktion gebraucht wird, aufs emphatischste mit dem Gefühl des Erhabenen besetzt. Die Substantive *das Blaue* und *die Bläue* sind Abbreviaturen all dessen, was sich als Utopie eines „festlichen Süds" (91,3) in Gedichten wie ‚Der Tag' und ‚An das Meer' entfaltet:

> Palmyras Tempelstaub bläst auf der Wind,
> Der durch die Hallen säuselt in der Zeit
> Des leeren Mittags, *wo die Sonne weit*
> *Im Blauen rast* . . .   (53,1 Der Tag)
>
> . . . Dessen hoher Thron
> Am Mittag stand im Licht, der Göttersohn,
> Des ungeheurer Glanz das All erfüllt,
> Die marmorweißen Tempel. *Blauer Glanz*
> Auf allen Höfen . . .   (137, Z. 12—16 Der Tag)

42a Zur analogen Ambivalenz von *golden* bei T r a k l vgl. Laue 1. c. S. 143—148, bes. S. 145.
43 Goethe, l. c. S. 294 Nr. 779, Nr. 782, Nr. 784 und Nr. 778.

. . . . Werden wir Vögel werden,
Im Stolze des Blauen, im Zorne der Meere weit?   (78,4 Die Morgue)

Wir, Ikariden, die mit weißen Schwingen
Im blauen Sturm des Lichtes einst gebraust . . .   (80,6 ibd.)

Und aller Inseln windig bunte Stirnen
Hören noch immer deinen Sang, o Meer,
Wenn unter *deines Gottes blauem Zürnen*
Du brausend bäumst um Stein und Höhlen her . . .   (174,6 An das Meer)

An den Feldern verwächst,
Wo der Wind steht, trunken vom Korn,
Hoher Dorn, hoch und krank
Gegen das Himmelsblau.   (123,4 Deine Wimpern, die langen)

. . . Baden in Herbsteslicht
Am Ufer des blauen Tags.   (123,6 ibd.)

Doch von der Pappel,
Die ragt im *Ewigen Blauen,*
Fällt schon ein braunes Blatt,
Ruht auf dem Nacken dir aus.   (124,6 ibd.)

Die toten Augen. „Oh, wo ist er, wie
Ist denn der Himmel? Und *wie ist sein Blau?*
O Blau, was bist du? . . .“   (20,2 Der Blinde)

Der expressive Charakter, den Blau in solchen Bildern und Metaphern annimmt, ist der eines „maßlosen Entzücktseins"[44], eines rauschhaften Über-
fliegens aller Erfahrungsgrenzen, wie die Verbindungen anzeigen, die Blau
hier eingeht mit Zürnen, Stürmen, Rasen, Brausen, mit dem Hohen, Weiten,
Fernen, mit dem Göttlichen, Ewigen. Es vertritt ein Absolutes, das alle Vorstellung übersteigt, ein zum Idol gesteigertes Ideal, das aller Vermittlung mit
dem Leben entrückt ist: vor dem Gesang des Meeres unter seines „Gottes
blauem Zürnen", vor dem „ewigen Meer", das „wie ein Gott so rein", vergleicht sich der Dichter, der es grüßt, mit einem „Horaruf, der schnell verhallt". Das positive Moment, das Goethe am Charakter des Blauen notiert,
wenn er sagt, daß wir das Blaue gern ansehen, „weil es uns nach sich zieht"
wie ein vor uns fliehender angenehmer Gegenstand, den wir verfolgen,
ebenso die „sonderbare und fast unaussprechliche Wirkung" und „Energie",
die er an ihm gewahrt[45], erscheint in der positiven metaphorischen Funktion
von *Blau* bei Heym ins Extrem gesteigert. Es hat, wie in der Lyrik Gottfried

---

44 T 144.
45 Goethe, l. c. S. 294 Nr. 779.

Benns und in dessen panegyrischen Betrachtungen über *Blau* als „das Süd-
wort schlechthin" und die „Wirklichkeitszertrümmerungen", die es evo-
ziere,[45a] einen ekstatischen Ausdruckscharakter, der jene mittlere, zwischen
dem „Ideal" und dem „Leben" Versöhnung stiftende Sphäre des schönen
Scheins ausschließt, von der das Gedicht Schillers sagt:

> Lieblich wie der Iris Farbenfeuer
> Auf der Donnerwolke duft'gem Tau
> Schimmert durch der Wehmut düstern Schleier
> Hier *der Ruhe heitres Blau.*[46]

Gerade durch die Bedeutung des unendlich fernen, ins Maßlose gesteigerten
Ideals, eines unerreichbaren, alle Erfahrungsgrenzen übersteigenden Abso-
luten, die Heym dieser Farbmetapher verleiht, schlägt jedoch ihr positiver
Ausdruckscharakter ins Negative um. Das Ewige, Göttliche, auf das sie zielt,
erscheint dann in seinem unermeßlichen Abstand zur Wirklichkeit als ein
Außermenschliches im äußersten Widerspruch zum lebendigen Subjekt —
dessen Auflösung aber, sein Erlöschen in Wahnsinn oder Tod, als die einzige
Möglichkeit, die Grenzen dieser Wirklichkeit zu überfliegen. Analog zum
Bild der welkenden Pappel, „die ragt im Ewigen Blauen", läßt Heym die
Irren sagen:

> Und wie reife Blumen stehn wir und ragen
> *In das fröhliche Licht voller Bläue* hinein.   (182 Die Irren)

Oder die Toten in ‚Die Morgue':

> Und *der Verwesung blauer Glorienschein*
> Entzündet sich auf unserm Angesicht.   (80,4 Die Morgue)

Genau ins Negative verkehrt sich die positive metaphorische Bedeutung von
Blau, wenn das sich ihm assoziierende *Ewig* den Sinn einer toten Ewigkeit,
von Leere annimmt:

> Unendliche Orgeln brausen in tausend Röhren,
> Alle Engel schreien in ihren Pfeifen
> Über die Türme hinaus, die gewaltig schweifen
> In *ewiger Räume verblauende Leere.*   (134,2 Hymne)

Die ursprüngliche Positivität von *Blau* wird genauso ausgehöhlt wie die des
sinnverwandten *Weiß* und aus demselben Grund. Daher die teils positive,
teils negative oder auch doppeldeutige Funktion dieser Farbmetapher.

45a Gottfried Benn, Probleme der Lyrik, 1. c. S. 25 f.
46 Schiller, Das Ideal und das Leben, 13. Strophe.

Sie kann das „Ewige" als absolute Erfüllung, aber auch als absolutes Erlöschen des Lebens repräsentieren, Erhebung sowohl wie Versinken, Licht sowohl wie Dunkel. Ins Negative tendiert ihr Ausdruckscharakter in folgenden Bildern:

Wie eine Lilie durch das Dunkel brennt,
So brennt sein weißer Kopf in Weihrauchs Lauge
Und *blauer Finsternis.*   (170,1 Savonarola)

Fern ruht des Meeres Platte *wie ein Stein*
Im blauen Ost.   (46,3 Gegen Norden)

Auf ihrem Schlummer kreist der *blaue Mond,*
Der wie ein Vogel durch die Säle fliegt.   (95,6 Die Irren I)

Und unsrer Schlangenadern *blaues Gift*
Zieht krampfhaft sich in unserm Kopf zusammen.   (98,2 Die Irren III)

In großen Wäldern, unter Riesenbäumen,
Darunter *ewig blaues Dunkel* ruht,
Dort schlafen Städte in verborgnen Träumen . . .
                    (151,1 Die Städte im Walde)

Da stürzt sie Hermes, der die Nacht erschüttert
Mit starkem Flug, *ein bläulicher Komet,*
Den Grund herab . . .   (67,2 Schwarze Visionen II)

Die gleiche Polarisierung des metaphorischen Charakters von Blau in ein positives und negatives Extrem begegnet in der Farbensprache T r a k l s. Auch in ihr hat es einerseits die Bedeutung des Göttlichen, Ewigen, Reinen:

Gottes blauer Odem weht
In den Gartensaal herein,
Heiter ein.   (20,1 Geistliches Lied)

Und in *heiliger Bläue* läuten leuchtende Schritte fort.   (104,4 Kindheit)

Doch immer rührt der schwarze Flug der Vögel
Den Schauenden, das *Heilige blauer Blumen* . . .
                    (110,3 Ruh und Schweigen)

Ein *blauer Augenblick* ist nur mehr Seele.   (104,3 Kindheit)

Ein *reines Blau* tritt aus verfallner Hülle[47].
                    (123,1 Der Herbst des Einsamen)
Zürnender Magier
Dem unter flammendem Mantel der *blaue Panzer* des Kriegers klirrt.
                    (132 Karl Kraus)

---

47 R 121 hat „verfallener".

Anschaut aus *blauen Augen*
Kristallne *Kindheit;*   (185,2 Die Heimkehr)

Blaue Kühle
Odmet das nächtige Tal,
Glaube, Hoffnung!   (185,3 ibd.)

... und es hob sich der *blaue Schatten des Knaben strahlend*
im Dunkel, sanfter Gesang;   (197,2 Offenbarung und Untergang)

Andererseits steht Blau bei Trakl als Metapher gerade für Vergänglichkeit, für Leiden, Todverfallenheit, „Hinsterben", und in dieser Funktion spielt es eine bedeutendere Rolle als alle anderen Farbmetaphern, stellt es geradezu ein Spezifikum der Traklschen Farbensprache dar. Auch dieser metaphorische Charakter ist wie der von Rot und Purpurn bereits in dem frühen Gedicht ‚Verfall' angelegt:

Indes wie *blasser Kinder Todesreigen* ...
Im Wind sich fröstelnd *blaue Astern* neigen.   (13,4)

An Bildern, die wie vorgeprägt sich wiederholen, tritt er deutlich hervor. So steht Blau in dem häufig wiederkehrenden Bild des *blauen Wilds* oder *blauen Tiers* als Metapher für kreatürliche Todverfallenheit, in dem der *feuchten Bläue,* der *bläulichen Wasser,* des *blauen Teichs, blauen Quells* usw. als Metapher für Vergehen, in dem des *blauen Abends, blauen Abendwinds, blauen Nachtwinds* als Metapher für Hinsterben. Aus der Vielzahl verwandter Bilder, die hierher gehören, seien nur einige ausgewählt, in denen dieser negative Ausdruckscharakter von Blau entschieden zur Geltung kommt oder sich nur als identischer abwandelt:

Blau ist auch der Abend;
Die Stunde unseres Absterbens, Azraels Schatten ...   (80,3 Amen)

Kranke kreischen im Spitale.
Bläulich schwirrt der Nacht Gefieder.   (19,4 Der Gewitterabend)

In blauen Schauern kam vom Hügel der Nachtwind,
die *dunkle Klage* der Mutter, *hinsterbend wieder*
und ich sah die schwarze Hölle in meinem Herzen;
                                      (194 Offenbarung und Untergang)

... und es ängstigt in schwarzer Windesstille
die *blaue Klage des Wildbachs.*   (196 ibd.)

Es rauscht *die Klage* das herbstliche Rohr,
Der *blaue Teich,*
Hinsterbend unter grünenden Bäumen ...   (146,1 Passion)

Bläue, die Todesklagen der Mütter   (175,2 Vorhölle)

Schnee fiel, und *blaue Finsternis* erfüllte das Haus.
                                (162 Traum und Umnachtung)

Am *Abend* säumt die *Pest* ihr *blau Gewand* ...   (119,4 Die Verfluchten)

Ein *blaues Tier* will sich vorm Tod verneigen
Und grauenvoll verfällt ein leer Gewand.

                                (66,2 Verwandlung)

Ähnlich wie mit dem metaphorischen Doppelcharakter von Purpurn und Grün ist mit demjenigen von Blau die Möglichkeit gegeben, diese Farbmetapher in dreifacher metaphorischer Funktion zu verwenden: negativ, positiv und ambivalent. Auf dieser Mehrdeutigkeit von Farbmetaphern beruhen die Differenziertheit und der Spannungsreichtum der Traklschen Farbensprache. Häufig gebraucht Trakl in einem und demselben Gedicht mehrfach die gleiche Farbmetapher, aber in verschiedener metaphorischer Funktion. Das vierte Gedicht des Zyklus ‚Helian' beginnt:

> Ein erhabenes Schicksal sinnt den Kidron hinab,
> Wo die Zeder, ein weiches Geschöpf,
> Sich unter den *blauen Brauen des Vaters* entfaltet . .   (89,1)

In Verbindung mit „Vater", d. h. der Gottheit, ist der Ausdruckscharakter von Blau hier eindeutig positiv. Im äußersten Gegensatz dazu steht jedoch derjenige, mit dem es in der Schlußstrophe desselben Gedichtes wiederbegegnet:

> Lasset das Lied auch des Knaben gedenken ...
> *Des Verwesten, der bläulich die Augen aufschlägt.*   (89,5)

In ähnlich mehrdeutiger und gegensätzlicher Funktion kehrt Blau in den beiden Gedichten ‚Elis' (98 f.) wieder. — Für die ambivalente Bedeutung, die diese Farbmetapher bei Trakl annehmen kann, sind die Verse aus ‚Sebastian im Traum' bezeichnend:

> Oder wenn er an der harten Hand des Vaters
> Stille den finstern Kalvarienberg hinanstieg
> Und in dämmernden Felsennischen
> *Die blaue Gestalt des Menschen* durch seine Legende ging ...   (106,2)

Im metaphorischen Bild für Christus hat Blau hier sowohl die Bedeutung des Göttlichen, Ewigen wie die des Leidens und Sterbens, der Passion.

Wie der Vergleich mit der Goetheschen Phänomenologie der Farben jeweils zeigt, ist den Charakteren der expressiven Farbmetaphern außer den

Momenten der Abstraktion vom sinnlich Wahrgenommenen und der Subjektivierung der Farben ein weiteres gemeinsam: die Tendenz, den Charakter der Farbe als solcher „ins Minus zu ziehen", ihr eine negative Bedeutung aufzuladen. Auch die in positiver metaphorischer Funktion gebrauchten Farbbezeichnungen haben die Tendenz, ins Negative umzuschlagen, oder stehen zu denen mit negativem Ausdruckscharakter in einem Kontrast, dessen Spannung offengehalten wird. Das ist der Fall in Heyms Verwendung von Blau, Golden und Weiß, weit mehr noch in der Farbensprache Trakls, in der sich der metaphorische Charakter aller Farben außer Schwarz in ein positives und negatives Extrem polarisiert und in der eine Farbmetapher hier diese, dort jene Bedeutung, aber auch als einzelne, für sich, eine ambivalente Bedeutung haben kann, so daß bei Trakl auch die Farbensprache einen „hermetischen" Zug annimmt.

Vergleicht man das systematische Verfahren, zu welchem Heym und Trakl die Verwendung von Farbmetaphern entwickelten, mit der Farbensprache Rimbauds einerseits und mit derjenigen der deutschen expressionistischen Lyrik nach Heym und Trakl andererseits, so ergibt sich zweierlei: einmal daß die Grundtendenzen der Farbmetaphorik Heyms und Trakls in der Farbensprache Rimbauds bereits angelegt und aus ihr entwickelt sind, und zum anderen, daß die von Heym und Trakl systematisch entfaltete Farbmetaphorik die Farbensprache der auf sie folgenden expressionistischen Lyriker wesentlich bestimmt hat.

Daß bereits die Dichtung R i m b a u d s den Schritt von der impressionistischen und symbolistischen Verwendung von Farbbezeichnungen zu einer expressiven Farbensprache vollzieht, zeigt sich darin, daß sie die unterschiedenen Hauptmomente der expressionistischen Farbmetaphorik: die Verselbständigung der Farben, ihre Loslösung vom sinnlich Wahrnehmbaren, ihre Subjektivierung, d. h. Besetzung mit affektiven Bedeutungen, und auch schon die Tendenz, den Charakter einer Farbe „ins Minus zu ziehen", vorwegnimmt, wenn auch noch nicht mit derselben systematischen Konsequenz. In der Substantivierung von Farbworten — mit Pluralbildungen, wie sie die deutsche Sprache nicht kennt — verselbständigen sich bei Rimbaud die Farben gleichsam zu Wesenheiten, deren Erscheinung an sinnlich wahrnehmbare Gegenstände nicht gebunden ist: *des blancheurs, noirceurs, bleuités, azurs, rousseurs, violettes*[48] usw. Die attributiv gebrauchten Farbworte haben bei Rimbaud meist keine deskriptive Funktion mehr, sondern sind mit

---

[48] Arthur Rimbaud, Sämtliche Gedichte, Französisch, mit deutscher Übertragung von Walther Küchler, Heidbg. 1946, Belegziffern in der Reihenfolge der Zitate: 22,3 — 126,5 — 132,2 — 90,2 u. 132,2 — 132,2 — 152,5 (Die Ziffer vorm Komma bezeichnet die Seitenzahl, die Ziffer danach die Strophenzahl, vom Seitenanfang an gezählt).

affektiven, wenn auch noch nicht durchweg festliegenden Bedeutungen besetzt und verfremden die gegenständlichen Dinge, auf die sie bezogen werden: *schwarzer Schaum, schwarze Welle, schwarzer Fluß, schwarze Orgeln, schwarze Wölfe, schwarze Sonne, schwarze Meerpferde, blaue und schwarze Stuten, schwarze Länder, diese schwarze Erde, schwarzer Himmel, schwarze Straßen, rote Straße, weiße Straße, rote Wiesen, roter Schatten, rote Kanonen, rote Kurtisane, scharlachrote Tauben, Purpurstirnen, purpurne Dornen, rote Nacht, blaue Nacht, grüne Nacht, blaue Haare, blaues Gras, grüne Herden, violette Nebel, grüner Nebel, weißer Sonnenuntergang*[49] u. ä. Einen ausgesprochen expressiven Charakter nehmen die Farbbezeichnungen bei Rimbaud besonders dort an, wo sie sich auf Phänomene außerhalb der Sphäre des Gesichtssinnes beziehen und es sich nicht mehr um symbolistische Synästhesien wie etwa *goldene Stimme, purpurne Düfte, rotes Lachen*[50] usw. handelt: *schwarze Zuckungen (des tics noirs), Schwärze schrecklicher Empörungen, schwarze Zartheit, schwarzer Schlaf, der blaue Schlaf, schwarze Luft, schwarze Düfte, schwarze Unbekannte (sc. unbekannte Freunde), schwarze Dämonen, schwarze Gedichte, schwarze Gespenster, weißes Gespenst, weiße Visionen, weißes Phantom, weißer Schwarm unbestimmter Träume, weiße Völker, rote Stürme, roter Traum, grünliches Lächeln, die grüne Muse, blaue Teufel, blaue Unbeweglichkeiten*[51]. Auch zeigt die Farbensprache Rimbauds schon die Tendenz, Farbwerten eine feststehende metaphorische Bedeutung zu verleihen. Schwarz hat fast durchweg, Rot häufig den gleichen negativen Bedeutungscharakter wie später bei Heym und Trakl: *diese schwarze Erde* (s. o. *schwarze Welt* bei Heym, *die schwarze Erde* bei Trakl), *schwarze Länder, Schwärze schrecklicher Empörungen, schwarze Zuckungen, schwarzes Gift* (74,2), *schwarzer Schlaf* (vgl. Trakl 152), *schwarze Luft* (vgl. Heym 80,2), *schwarze Dämonen* und *schwarze Wölfe, schwarze Stuhlskelette* (72,3) u. a.; *rote Kanonen, roter Kanonenauswurf* (60,5), *Röte der Bomben* (86,1), *rote Kurtisane, Purpurstirnen, purpurne Dornen, rote Stürme, rote Quetschungen* (85,6), *roter Traum u. a.*[52]. Abgesehen von den Analogien und z. T. wörtlichen Übereinstimmungen mit solchen Bildern, die sich bei Heym und Trakl finden[53], lassen die in der Farbensprache Rimbauds auftauchenden Gestaltungsprinzipien der expres-

---

49 Rimbaud, l. c. 23,3 — 24,I,1 — 24,I,2 — 29,2 — 63,7 — 69,3 — 135,8 — 193,2 — 146,3 — 33,2 — 173,7 — 287,1 — 211,2 — 53,4 — 33,3 — 103,5 — 69,1 — 88,2 — 241,3 — 125,2 — 279,5 — 249,5 — 147,3 — 133,6 — 25,1 — 53,5 — 133,8 — 135,7 — 147,1 — 203,4.

50 Rimbaud, l. c. 8 — 224 — 98,2.

51 Rimbaud, l. c. 96,6 — 114 — 102,3 — 126,6 — 124,8 — 168,3 — 134,2 — 171,3 — 62,2 — 119,7 — 126,4 — 126,5 u. 164,3 — 8 — 24 — 128 — 316 — 128,7 — 52,3 u. 126,1 — 96,4 — 105,1 — 164 — 137,1.

52 Belegziffern im Text nur für noch nicht Zitiertes.

53 Vgl. dazu die Belege oben auf S. 332 ff.

siven Farbmetaphorik die bedeutende Wirkung erkennen, die von der Lyrik und lyrischen Prosa Rimbauds auf das dichterische Verfahren der deutschen expressionistischen Lyrik ausging und die sich auch auf deren Formensprache, Motive und Gehalte erstreckte[54].

In dem Roman ‚Der Mann ohne Eigenschaften‘, der das geistige Fazit einer ganzen Epoche zieht, gibt Robert Musil in erzählerischer Einkleidung auch eine kritische Darstellung der künstlerischen Tendenzen des dichterischen Expressionismus[55] und spricht davon, daß man nach 1910 „in der Kunst dem Reiz der einfachsten konstruktiven Elemente unterlag und die Geheimnisse der sichtbaren Welt anklingen ließ, indem man eine Art optisches Alphabet aufsagte"[56], in welchem Schwarz zur „Sinnfarbe" der Welt wurde[57] und Dunkelrot die Bedeutung der „Seelenfarbe" erhielt[58]. Die „Chemie der Worte", von der Musil im gleichen Zusammenhang spricht[59], weist auf Rimbauds ‚Alchimie du verbe‘[60] zurück. In der Tat wurde die um 1910 von Heym und Trakl aus der Farbensprache Rimbauds entwickelte und

---

54 Von Gedichten Heyms variieren: ‚Ophelia‘ Rimbauds ‚Ophélie‘, ‚Der Schläfer im Walde‘ und ‚Nach der Schlacht‘ Rimbauds ‚Le dormeur du val‘, ‚Der Galgenberg‘ Rimbauds ‚Le bal des pendus‘, ‚Die Stadt der Qual‘ und ‚Sehnsucht nach Paris‘ Rimbauds ‚Paris se repeuple‘ (die Bildformel *Stadt der Qual*, die bei Heym, van Hoddis und Joh. R. Becher begegnet, dürfte auf den Rimbaud-Vers aus ‚Paris se repeuple‘ zurückgehen: O *cité douloureuse, o cité quasi morte*...). Das Verhältnis H e y m s zu Rimbaud verdiente eine eingehendere Untersuchung, die den mannigfachen gehaltlichen, motivischen und sprachlich-stilistischen Beziehungen zwischen Rimbaud und Heym nachginge (Andeutungen bei Greulich l. c. S. 126 f.). An dichterischen Phänomenen und sprachlich-stilistischen Zügen, die der Lyrik Heyms eigentümlich sind, finden sich bei Rimbaud u. a. vorgebildet: die Einbeziehung des Abstoßenden und Grauenhaften in die ästhetische Gestaltung, das Groteske, das dämonisierte Mondbild, die Aneinanderreihung dichterischer Bilder in weitgespannten, vielstrophigen Gedichtformen, der intermittierende, Satz- und Wortzusammenhänge zerhackende Rhythmus, die Bevorzugung von Pluralbildungen. — Über das Verhältnis T r a k l s zu Rimbaud vgl. Adolf Meschendörfer, Trakl und Rimbaud, Siebenbürgische Zeitschrift ‚Klingsor‘, 2. Jahr, H. 3, März 1925 — Zur Wirkung des sprachlich-stilistischen Ausdrucks Rimbauds auf den deutschen literarischen Expressionismus, in diesem Fall auf den frühen B r e c h t, vgl. Bert Brecht, Über reimlose Lyrik mit unregelmäßigen Rhythmen, Versuche 27/32, Berlin 1953, S. 143. — Vgl. in diesem Zusammenhang ferner das Gedicht ‚Rimbaud‘ in Johannes R. B e c h e r s Gedichtsammlung ‚Verfall und Triumph‘, Berlin 1914, Bd. 1, S. 147 sowie die Rimbaud-Übertragungen und -Ausgaben von Alfred W o l f e n s t e i n und Paul Z e c h. — Zur Vorwegnahme expressionistischer Gestaltungsprinzipien durch Rimbaud vgl. a. Helmuth Reitz, Impressionistische und expressionistische Stilmittel bei Arthur Rimbaud, Diss. München 1937 (Marquartstein im Chiemgau 1937) und Hugo Friedrich, Die Struktur der modernen Lyrik, Hamburg 1956, Kapitel III ‚Rimbaud‘, über die Farben bei Rimbaud S. 61 f.

55 Robert Musil, Der Mann ohne Eigenschaften, Hamburg 1952, 117. Kapitel, S. 1561 bis 1573.

56 ibd. S. 1572 (s. a. den Hinweis von Clemens Heselhaus, Die Elisgedichte Trakls, DVjs. Jg. 1954, S. 388).

57 ibd. S. 1568.

58 ibd. S. 1569.

59 ibd. S. 1571.

60 Rimbaud l. c. S. 292 f

gewissermaßen systematisch ausgebildete expressive Farbmetaphorik, die Musil ironisch ein „optisches Alphabet" nennt, für die expressionistische Lyrik nach Heym und Trakl vorbildlich und erhielt für sie gleichsam Gültigkeit. Auffallend häufig kehren in dieser bestimmte Farben mit den gleichen Bedeutungen wieder, die ihnen von jener verliehen wurden. Gemeinsam ist beiden die bemerkenswerte Rolle, welche Farbbezeichnungen überhaupt, und zwar in metaphorischer Verwendung, spielen, weitgehend auch die Tendenz, den Bedeutungscharakter der Farben ins Negative zu wenden. Nicht immer muß es sich dabei um direkte Abhängigkeit handeln, aber der Umkreis der expressiven Farbensprache erscheint durch die farbmetaphorischen Gestaltungsprinzipien Heyms und Trakls paradigmatisch vorgezeichnet und wird kaum durch wesentlich neue Momente erweitert, eher wieder verengt[61]. So nehmen in den Gedichten Jakob van H o d d i s', die gesammelt erst 1918 erschienen[62], aber etwa gleichzeitig mit den ersten Gedichtsammlungen Heyms entstanden, die Farben Schwarz, Rot und Gelb den gleichen negativen Bedeutungscharakter an, der ihnen auch bei Heym und Trakl eignet:

> Sie schluchzt nur leise, denn der Schar Gesinge
> Zeigt ihr den Götzen ...
> Der Flammenqual mit *schwarzen Küssen* lohnt.   (8,6 Der Todesengel)

> Hoch am Himmel steht der Komet *bluteiternd und rot.*
>
> (13,1 Karthago)

> Die kräftige Aurore ...
> Mit dicken, *rotgefrorenen* Fingern ...   (27,2 Aurora)

> Die *grelle, gelbe* Nacht hat abgeblüht.   (27,1 Aurora)

Von J. van Hoddis gibt es ein Gedicht[63], das die „stummen Farben" selbst zum Thema hat und höchst bezeichnend ist für die Sprache, die sie in ihrer „Stummheit" für den Expressionismus sprechen:

DER TRÄUMENDE

> *Blaugrüne Nacht,* die stummen Farben glimmen.
> Ist er bedroht vom *roten Strahl der Speere*
> Und rohen Panzern? Ziehn hier Satans Heere?
> Die *gelben Flecken,* die im Schatten schwimmen,
> Sind Augen wesenloser großer Pferde.
> Sein Leib ist nackt und bleich und ohne Wehre.
> Ein *fades Rosa eitert* aus der Erde.

---

61 s. u. S. 369 f.
62 Jakob van Hoddis, Weltende, Berlin 1918.
63 ibd. S. 6.

Die Grundfarben des Spektrums, Blau, Gelb, Grün, Rot figurieren hier, losgelöst von der gegenständlichen Wirklichkeit, als „stumme", rätselhaft dunkle Zeichen, die jedoch „glimmend" ein Unsagbares bedeuten, das die Bilder des Gedichts metaphorisch zu umschreiben suchen. *J'écrivais des silences, des nuits, je notais l'inexprimable:* dieses Wort Rimbauds, mit dem er seine eigene Klang- und Farbensprache charakterisierte[64], bezeichnet auch die Ausdrucksfunktion, die den Farben wie in diesem, so im expressionistischen Gedicht allgemein zukommt. Die „stummen", anschaulichen Elemente der Farben werden zu Chiffren, die rätselhaft Dunkles, „Schweigen", „Nacht", das „Unaussprechliche", unmittelbar ausdrücken, „notieren" sollen. Was aber die stumme Hieroglyphik der Farben vom Grunde dieses Dunklen, Unaussprechlichen verrät, ist unbestimmte Angst, unfaßbares Leid und Grauen: Realitäts- und Ichzerfall. In van Hoddis' Gedicht hat jede Farbe einen negativen Ausdruckscharakter: *Blaugrün* den der Verfremdung, eines Dunkels, in welchem die gegenständliche Wirklichkeit in traumhaft Halluziniertes sich auflöst, *Rot* ausdrücklich den von „Bedrohung", Gewalt (*rohe Panzer*), Bösem (*Satans Heere*), *Gelb* den des schreckhaft Gespenstigen (*Augen wesenloser Pferde*), und selbst das bei Trakl noch ganz positive[65], bei Heym von der metaphorischen Negativierung nur indirekt erfaßte[66] *Rosa* wird hier, seinem sprichwörtlichen Charakter entgegen, mit der Bedeutung von Abstoßendem, Peinigendem beliehen.

Während die Gedichte des wichtigsten Lyrikbandes Ernst S t a d l e r s , ‚Der Aufbruch' (1914), in ihrer Suche nach einer neuen Formensprache, im Metrisch-Rhythmischen, auch im Motivischen und Gehaltlichen, als expressionistisch anzusprechen sind, zeigen sie nur einige Ansätze zu einer expressiven Farbmetaphorik, wie sie Heym und Trakl entwickelt haben. Die Farbensprache Stadlers ist noch vorwiegend impressionistisch, die Farbbezeichnungen haben bei ihm meist noch eine deskriptive Funktion, die hie und da ins Symbolistische übergeht, z. B. in Bildern wie: *märchenblauer Friede, blondverklärter Knabenhimmel, goldene Hügel, quellend goldner Grund, Goldland der Träume*[67] u. ä. — Ansätze zu einer affektiven Besetzung der Farbworte im expressiven Sinn, insbesondere zu einer metaphorischen Tendenz, die den Charakter einer Farbe ins Negative zieht, liegen besonders in der Verwendung der Farben Grau und Schwarz bei Stadler. Was zunächst Grau betrifft, so bleibt nachzutragen, daß diese „Farbe" schon in der Lyrik

---

64 Rimbaud, l. c. S. 292.
65 vgl. Claus L. Laue, l. c. S. 100—104 und S. 163.
66 durch groteske Kontrastierung, wie in folgendem Bildgegensatz: „Rauchwolken, rosa, wie ein Frühlingstag, / Die schnell der Züge schwarze Lunge stößt" (10,1).
67 E. Stadler, Der Aufbruch, Gedichte, München 1920², Belegziffern in der Reihenfolge der Zitate: S. 11, 18, 52, 63, 65.

Heyms und Trakls eine entschieden negative Bedeutung hat. An sich nichts
Ungewöhnliches, denn auch im allgemeinen Sprachgebrauch, in Redewen-
dungen wie „grauer Alltag", „graue Theorie", „grau in grau malen" usw.
hat „grau" einen negativen metaphorischen Sinn. Während aber in der impressionistischen und symbolistischen Lyrik die Farbe Grau auch mit positivem Charakter begegnet — „das weiche grau / Von birken und von buchs" bei
Stefan George[68], und selbst bei Heym vereinzelt noch „silbergrau"[69], „Silber-
schleier, dünn und zitternd grau"[70] — ist ihre metaphorische Verwendung
in der expressionistischen Lyrik auf den negativen Bedeutungscharakter des
Öden und Stumpfen festgelegt, das „grau" schon im allgemeinen metaphorischen Sprachgebrauch hat und der sich zur Bedeutung des Erstickenden,
Abstoßenden, Schrecklichen, von Verfall und tödlicher Leere steigert: *graue
Lüfte, grauer Stunden Länge, grauer Morgen ungewisser Bilder, der graue
Mond, aschengraue Stirn, graue Lider, graues Lachen* bei H e y m[71], *der
graue Wind, der graue Mond, in grauer Nacht, graue Schwüle, grau härtet
sich der Himmel, das graue steinerne Schweigen, das graue Antlitz des
Schreckens, ein gräulich Gerippe, der Tod,* usw. bei T r a k l[72]. In solchen
Verbindungen repräsentiert Grau ebenso die ernüchterte Abkehr vom Täu-
schenden, Trügerischen der bunten Erscheinungswelt, „vom Trug der Farben", wie es beim frühen Benn einmal heißt[73], wie das desillusionierte Er-
wachen aus einer farbigen Traumwelt. Der Loslösung der eigentlichen
Farben vom sinnlich Wahrnehmbaren und ihrer subjektiven Belehnung mit
negativen Ausdruckscharakteren korrespondiert die bedeutende Rolle von
Grau, Schwarz und Weiß als uneigentlicher Farben, insofern diese den Rest
dessen vertreten, worauf die sinnlichen Qualitäten der gegenständlichen
Welt nun reduziert erscheinen. Der metaphorischen Affinität zwischen dem
negativen Bedeutungscharakter von Grau und demjenigen von Schwarz und
Weiß zufolge wird Grau bei Heym von Anfang an, bei Trakl allmählich[74]
durch diese beiden intensiveren Farbmetaphern, besonders durch Schwarz
aufgesogen. Für die Lyrik Stadlers hingegen ist es bezeichnend, daß sich in
ihr eine expressive farbmetaphorische Tendenz gerade dort ankündigt, wo
Grau und Schwarz, und zwar mit dem gleichen Bedeutungscharakter wie

---

68 St. George, Das Jahr der Seele, Berlin 1920⁹, S. 12.
69 46,1 Gegen Norden.
70 43,2 April.
71 Heym, l. c. 35,4 — 110,2 — 183,1 — 111,4 — 31,4 — 74,3 — 79,3.
72 Trakl, l. c. 28,2 — 38,2 — 105,3 — 125,1 — 74 — 149,3 — 159 — 158.
73 G. Benn, Frühe Lyrik u. Dramen, Wiesb. 1952, S. 34,2 Requiem.
74 vgl. a. Laue, l. c. S. 92; über die metaphorische (Laue: „symbolische") Funktion von
  Grau bei Trakl vgl. a. Laue S. 93 f. und 163.

bei Heym und Trakl, in Gegensatz treten zu den übrigen, vorwiegend impressionistisch oder symbolistisch verwendeten Farbbezeichnungen:

Kaltes graues Licht / Entblößt den Trug der Nacht.   (55 Heimkehr)

Gerippe grauer Häuserfronten liegen bloß,
im Zwielicht bleichend, tot — ...

(64 Fahrt über die Kölner Rheinbrücke bei Nacht)

Die Äcker wachsen *grau und drohend* — Ebenen trüber Schlacke.

(75 Schwerer Abend)

Und durch den *grauen Ausschnitt* niedrer Dächer schwankt Gebirge ...

(76 Kleine Stadt)

... Wenn die Sonne einmal durch den *Panzer grauer Wolken* sticht,
Spiegeln ihr die tausend Pfützen ein gebleichtes, runzliges Gesicht ...

(42 Winteranfang)

Und auf dem Schiff der Vater ... langsam bricht es in *das Schwarz,*
nach Frankreich zu ... und wenig Monde später war er tot ...   (70 Meer)

Die *Pappeln,* die noch kaum von Sonne troffen,
Sind stumpf *wie schwarze Kreuzesstämme* übers Land geschlagen.

(75 Schwerer Abend)

Nicht nur um Verwandtschaft, wie bei van Hoddis und in Ansätzen bei Stadler, sondern um unmittelbare Abhängigkeit von der expressiven Farbensprache, die Heym und Trakl aus der Lyrik und lyrischen Prosa Rimbauds entwickelt haben, handelt es sich bei der Verwendung von Farbmetaphern in Johannes R. B e c h e r s ,Verfall und Triumph' (1914). Daß dieser Lyrikband, wie Gottfried Benn noch vor kurzem feststellte[75], bis heute als „Prototyp des Expressionismus" galt, verdankt er in erster Linie der Tatsache, daß stoffliche Kruditäten und die Manier eines forcierten Ausdrucks ihn zu einem der radikalsten Produkte des literarischen Expressionismus stempelten. Wie aber gerade an den manieristischen Erzeugnissen jeden Epochenstils dessen Gestaltungsprinzipien in ihrer Breitenwirkung am deutlichsten zutage treten, so bezeugt Bechers ,Verfall und Triumph' exemplarisch, in welchem Maße die Farbensprache Heyms und Trakls diejenige der expressionistischen Lyrik nach ihnen bestimmt hat. Besonders das Vorbild Heyms ist in ,Verfall und Triumph' unverkennbar: Titel und Motiv des Gedichtzyklus ,Die Stadt der Qual' sind aus Heyms zweitem Gedichtband ,Umbra Vitae' übernommen, der Zyklus ,Krankenhaus' variiert ,Das Fieberspital' von Heym, ebenso kehrt Heyms dämonisiertes Mondbild neben an-

75 Lyrik des expressionistischen Jahrzehnts, Wiesbaden 1954, Einleitung, S. 10.

deren dichterischen Einzelbildern Heyms bei Becher wieder. Was nun Bechers Verwendung von Farbmetaphern angeht, so sind deren Bedeutungscharaktere mit denen identisch, auf die sie bereits bei Heym festgelegt sind.
Wie bei Heym und Trakl hat S c h w a r z bei Becher durchweg den Ausdruckscharakter von Todesdrohung und Todesgrauen:

> Der Mond blitzt krumm. Ihn schwingt als Beil der Schlächter,
> Ein *schwarzer Engel* in blendender Orifeuer Kreis.
>
> (120,1 Die Stadt der Qual)

> Ein *schwarzer Engel* meine Schritte leitet.   (22 Kehrreim in ‚Baudelaire')

> Ein *schwarzer Engel* steht in Brand und loht.
>
> (179,2 Hymne an die ewige Geliebte)

> Die *schwarzen Engel* schlagen
> Aus Flügeln Schlangenbrut.   (190,1 Anfechtung und Geißelung)

> Sie (sc. die Stadt) speiet aus ihr *schwarzes Blut* . . .
>
> (118,4 Die Stadt der Qual)

> Da *brachen auf wir schwarz*, ein dünner Totenzug.   (141,1 Berlin)

> Schon wallen Fahnen, *schwarze Chore* klopfen.   (59,5 Päan des Aufruhrs)

> Draußen heulend *schwarze Regen* fallen . . .   (40,5 Der Fetzen III)

> Unmerklich rinnt auch diese Nacht zum Tag.
> So *schwarz in Grau*.   (73,3 De Profundis VI)

Wie bei Heym und z. T. auch bei Trakl hat W e i ß den negativen metaphorischen Charakter des Schrecklichen, Entsetzlichen:

> *Weiß überfallen uns* die Dämmerungen.   (17,1 Herbstgesänge I)

> Berlin! Du *weißer Großstadt Spinnenungeheuer!*   (142,4 Berlin)

> . . . Im donnernden Flug der *weißen Wolkensärge*,
> In Wetterzonen und klirrendem Geträn.   (98,1 Krankenhaus I)

> . . . Treiben wir dahin, wo die Blätter fielen,
> Die ein *weißer Sturm des Tags* herabgejagt . . .   (40,2 Der Fetzen)

> . . . Um mich, des Herbstes dumpfen Fall und Beute,
> Der unheilvoll den *weißen Tag* mir kürzt.   (18 Herbstgesänge II)

Wie bei Heym, van Hoddis und Trakl hat R o t bei Becher den negativen
Ausdruckscharakter des Drohenden, Gewaltsamen, Peinigenden:

> *Rotes Gedonner* entsetzlich schwillt.   (26,2 Verfall)

> *Rote Flammenfangarme* in die *schwarze Nacht* hineingreifen.
>
> (76,6 De Profundis)

Aus rußigen Stollen stößt ein *roter Höllenspeer.*

(124,4 Die Stadt der Qual)

O Qualen, letzte Schlacht im Lazarette,
Trostloser *rot umzirkter Höllenstadt!* (102,5 Krankenhaus III)

Vom *roten Forum* aber tackt ein *Trauermarsch.* (117,4 Gesang zur Nacht)

Und unsere Augen *rot das Leid benetzt . . .* (85,2 De Profundis V)

In langer Straßen Schlucht *weinen Abendröten.* (142,3 Berlin)

Der Häuser Hüften *peitschen Scharlachflammen.*

(16,3 Gesang vor Morgen)

Niederklatschet steil ein *Purpur-Regenguß.* (132,3 Bordell)

Schon tropfet *Purpur aus des Himmels Wunde.* (105,3 Totenmesse II)

Wie bei Heym und z. T. bei Trakl ist G e l b bei Becher auf den negativen Bedeutungscharakter des Angst- und Ekelerregenden festgelegt:

Gelblich träger Würmer
Eng gewundener Gang. (24,2 Verfall)

Den *gelben Engeln* ähnlich, die vom Strahlenaltar blicken
Mit ausgebrochenen Augen in ein kaltes Dämmergrauen . . .

(32,4 Die Armen)

Und seine Straße warf sich steil empor und schraubte
Sich hoch hinaus bis an *vergilbten Mondes Zackenrand . . .*

(46,2 Der Idiot)

Es *rascheln* gewitternd *Horizonte fahlgelb.* (52,4 Beengung)

. . . Aus den schwarzen Löchern
Quillt *gelber Schleim.* (58,5 Päan des Aufruhrs)

Den Gnadenfraß ein *gelber Kranker* schlingt. (174,3 Frühlingsgesänge V)

Der negative Affektcharakter, den G r ü n bei Becher hat, berührt sich mit dem von Gelb und stimmt ebenfalls mit der Bedeutung überein, in der Heym und z. T. auch Trakl Grün verwenden. Einmal nimmt Grün bei Becher den negativen metaphorischen Charakter des Gläsernen, Eisigen wie bei Heym an:

Mond hängt schief, in hohem Meere *grün vereist.* (131,3 Bordell II)

Leuchtfeuer *matt wie grüne Sterne* blinzen. (109,1 Kleist)

Staubwirbel bliesen ihn durch *grüner Abendhimmel flaches Meer.*

(46,1 Der Idiot)

In wüsten Knäueln kotzend die Betrunkenen liegen,
Derweil ein *grüner Mond* in schwarze Lachen blinzt. (48,3 Deutschland)

Zum anderen hat Grün bei Becher, ähnlich wie in der Ambivalenz bei Trakl, den negativen Charakter des Ekelerregenden, Verwesenden:

> Rollt bald ein Kugelmond herauf? — Der *giftige Hauch*
> *Von grünen Winden* an die Bäume rührt,
> Die klappern mit den hageren Fingerästen.   (159,2–3 Aufbruch)

> Da kotzt auf Dächer Mondes schiefer Mund
> *Gallgrünen Schleim.*   (16,1 Gesang vor Morgen)

> Es züngeln *grüne Gase* pfauchend aus Aborten.   (120,6 Die Stadt der Qual)

> Die Blinde ächzet leis, ein Klumpen, in der Ecke kniend,
> Die durchs Gebiß *verrückend-grün* die schmale Zunge bleckt.
> (32,3 Die Armen)

> Ein Weib spaziert im Dunkel, *grünlich und zernagt.*   (48,1 Deutschland)

Bechers expressive Farbmetaphorik in ‚Verfall und Triumph' stimmt mit derjenigen Heyms nicht nur darin überein, daß sie wie diese die meisten Farbbezeichnungen mit den gleichen negativen Affektbedeutungen besetzt, sondern auch darin, daß B l a u vorwiegend den positiven Ausdruckscharakter des Ekstatischen hat:

> *Hohe heilige Bläue,*
> Schrei aus Verwesung, Grab und Nacht.   (160,1 Die Mutter)

> Gott schreit in uns nach *blauer Heimat Frieden.*   (99,2 Krankenhaus I)

> Schon glänzet auf der Stern *in heiliger Bläue* . . .   (116,1 Der Abend)

> Von großer Liebe Himmel *blau durchdrungen,*
> Der niederfuhr und Goldposaunen blies.   (13,5 Der Freund)

> Deine *blaue Glocke, Himmel,* wird herrlich läuten.   (70,4 De Profundis)

Durch die feststehenden Bedeutungen bestimmter Farbmetaphern wird die Farbensprache der expressionistischen Lyrik in der Tat zu jener Art „optischen Alphabets", als das Musil sie bezeichnet. Was die Betrachtung der Lyrik Heyms, van Hoddis', Trakls, Stadlers, Bechers in dieser Hinsicht ergab, würden entsprechende Untersuchungen für Ehrenstein, Wolfenstein, Zech u. a. weitgehend bestätigen. Allerdings spielen die Farbmetaphern nicht bei allen expressionistischen Lyrikern eine so bedeutende Rolle im dichterischen Verfahren wie bei Heym und Trakl, Ausnahmen sind z. B. Stramm, Werfel und Benn, der jedoch öfter Blau in jener emphatisch positiven Bedeutung verwendet, die es auch bei Heym hat[76]. Auch folgen nicht alle Expressio-

---

76 vgl. Gottfried Benn, Frühe Lyrik und Dramen, Wiesbaden 1952, S. 75,2. u. 3. Strophe, Mediterran.

nisten dem Zug, die Mehrzahl der Farben mit negativen Bedeutungen zu besetzen. Die strenge Farbensprache des Grauens, als welche die Farbmetaphorik Heyms, van Hoddis', Trakls und Bechers angesprochen werden muß (s. u. S. 371 ff.), wird unter der Einwirkung eines politischen Gefühlsutopismus und des „O Mensch"-Pathos gleichsam aufgeweicht. So in Walter H a s e n c l e v e r s Gedichtband ‚Tod und Auferstehung' (1917)[77], in welchem die Farbmetaphern Weiß und Rot durchweg positive Bedeutung erhalten und als einzige eindeutig negative Farbmetapher das S c h w a r z Rimbauds, Heyms, Trakls und Bechers, die expressionistische „Sinnfarbe" der Welt (Musil), übrigbleibt:

> Der Abend schleift durch Städte *schwarzen Äther.*
> (83,4 Der König gegen Casement)

> Der *Eiterfraß umrändert schwarz* die faule Wunde
> in ausgebrannter Städte Rauch. (84,2 Turati spricht in der Kammer)

> Daß in dieser *schwarzen Stunde* fahren
> Tausend Schiffe auf die Meere hin . . .
> (43 Der Freund und die Krankheit)

> *Schwarzer Fluß mit schmerzlicher Magie*
> Erscheint im Westen an dem alten Ort. (28 Der Gefangene)

> *Schwarz* im Saal des Dirigenten
> Aufgeschwungener Arm *zerbricht* . . . (33 Der Gefangene)

> Wo ich stand verloren in der Runde
> *Schwarzer Bäume* und dem Sternenchor. (53 Begegnung)

Repräsentiert bei Heym *Schwarz* Totes und Todesgrauen, *Weiß* Schrekken und Entsetzen, *Rot* Drohung und Gewalt des Untergangs, *Gelb* Unheil und Angst, *Grün* Leere, Kälte und subjektfremde Ruhe, *Blau* ein Positives, das ins Negative umschlägt, so werden sämtliche Farben zu subjektiven Metaphern für Affekte, die ihrerseits nur Varianten e i n e s negativen Grundaffekts: absoluten Grauens sind. Diese metaphorische Affinität der verschiedenen Farben läßt aber virtuell deren unmittelbare sinnliche Qualitäten ineinander übergehen, hebt der Tendenz nach ihre Unterschiede und Kontraste auf. Indem ihre Bedeutungen zum Bedeutungszentrum des absoluten Grauens gravitieren, werden sie vom Dunkel eines abstrakten Einerleis aufgesogen, in welchem eine für die andere stehen kann. So liegt bei H e y m die metaphorische Funktion von Weiß so nahe bei der von Schwarz, daß der

---

77 Walter Hasenclever, Tod und Auferstehung, Leipzig 1917.

Kontrast, in welchem beide als sinnliche Qualitäten zueinander stehen, aufgehoben erscheint, beide miteinander ausgetauscht werden könnten: in sinngleichen parallelen Bildern wie „im Fluch von *weißen* Himmeln" und „unterm fahlen Zorn des *wetterschwarzen* Himmels", „Qualen *weiß*" und „*schwarzes* Haupt der Qualen", „*weißes* Grab" und „*schwarzes* Grab", „*weißer* Sturm" und „*schwarzer* Sturm"[78] u. ä. werden Farbepitheta, die konträre sinnliche Qualitäten bezeichnen, metaphorisch fast synonym gebraucht. In den beiden Versen der Schlußstrophe von ‚Die Wanderer':

> Wo *weiß* von Mitternacht die Meere gehen,
> Und wie ein Stein ruht *schwarz* das Haupt der Qualen ... (190,2)

wird der Kontrast der Farben, wie derjenige von äußerster Bewegung und äußerster Erstarrung, geradezu gesetzt, um ihn in der identischen Bedeutung der beiden Bilder untergehen zu lassen. Bedeutungsgleich gebraucht Heym auch die Farbmetaphern Rot, Weiß, Gelb in den Zwillingsformeln:

> Die Plätze sind *rot und tot*. (194,3 Die Nacht)
>
> ... Ein ungeheurer Schädel, *weiß und tot* ... (16,1 Die Vorstadt)
>
> ... Den Kopf von einem Greise, *gelb und tot*. (63,2 Die Schläfer)

Auch bei T r a k l konvergieren die negativen Ausdruckscharaktere der Farbmetaphern in der Bedeutung des Grauenhaften. Die „Hölle des Schlafs", von der Trakl im lyrischen Prosastück ‚Verwandlung des Bösen' spricht (130) versinnbildlicht er durch *weißen Schlaf* (181), *schwarzen Schlaf* (152), *purpurnen Schlaf* (110,2). Sowohl das Bild der *roten Abendstunden* (19,1) wie das der *schwarzen Abendstunden* (192,1/2) steht in metaphorischem Zusammenhang mit „Angst". Metaphorische Affinität zwischen Schwarz, Purpurn und Weiß ergibt auch der Vergleich zwischen „schwarzen Minuten des Wahnsinns" (178,2), „purpurnen Augen", aus denen „der Wahnsinn sprang" (195), und der „weißen Stimme", die zu dem vom Wahnsinn Ergriffenen spricht: „Töte dich!" (196) und der beiden Bilder:

> *Purpurne Wolke umwölkte sein Haupt,* daß er schweigend über sein eigenes
> Blut und Bildnis herfiel, *ein mondenes Antlitz;* (164 Traum und Umnachtung)
> ... und *schwärzer* immer umwölkt die Schwermut das *abgeschiedene Haupt,*
> erschrecken schaurige Blitze die nächtige Seele ...
> (197 Offenbarung und Untergang)

---

[78] 66,3 — 140,1 — 32,3 und 64,1 (vgl. a. 119,6) — 190,2 — 61,4 — 39,1; 65,4; 94,2 — 59,4 und 102,3 — 41,4 und 140,5.

Im Ausdruck eines und desselben Grauens konvergieren auch die Farbmetaphern Schwarz, Blau, Purpurn, Weiß im ersten Abschnitt von ‚Offenbarung und Untergang':

> ... und da ich frierend aufs Lager hinsank, stand zu Häupten wieder der *schwarze Schatten der Fremdlingin* und schweigend verbarg ich das Antlitz in den langsamen Händen. Auch war am Fenster *blau die Hyazinthe* aufgeblüht und es trat auf die *purpurne Lippe* des Odmenden das alte Gebet, sanken von den Lidern kristallne Tränen, geweint um die bittere Welt. In dieser Stunde war ich im Tod meines Vaters der *weiße Sohn.* In *blauen Schauern* kam vom Hügel der Nachtwind, die dunkle Klage der Mutter, hinsterbend wieder und ich sah die *schwarze Hölle* in meinem Herzen; ... (194)

An H e y m s konstantem Unheilbild des Mondes durchlaufen die Farbmetaphern das ganze Spektrum — *gelber, blauer, roter, rostiger, grüner, grauer, weißer, schwarzer* Mond[79] — und sind dennoch in der Bedeutung des Unheilvollen, die sie dabei mit sich führen, identisch. Da alle Farbmetaphern im Ausdruck des einen Grauens konvergieren, stellt sich das Farbenspektrum metaphorisch als eine Skala des Leidens dar:

> Dumpf scholl aus dem wilden Gestreite
> Finsternis — Unrat — *siebenfarbiger Qual.*   (125,2 Die Nebelstädte)

So verwandelt sich der „farbige Abglanz" des Lebens in der Farbensprache der expressionistischen Lyrik in den Reflex des Leidens am entstellten Leben. Indem sie der Farbe als unmittelbarer Sinneseigenschaft aller Erscheinungen den subjektiven Ausdruckscharakter des Leidens an ihnen verleiht, wird in ihr die ganze Erscheinungswelt zur Qual für das Subjekt, verfremdet sie sich im magischen Licht „böser" Gestirne[80], wie schon bei Heyms und Trakls Vorbild Rimbaud im ‚Bateau ivre':

> . . . . Les aubes sont navrantes,
> Toute lune est atroce et tout soleil amer.

Wenn die Sensibilität der neuromantisch-symbolistischen Lyrik im irisierenden schönen Schein des sinnlich Wahrnehmbaren, im Fremdartig-Kostbaren ungewöhnlicher Valeurs und Nuancen von Farben einem unergründlichen Geheimnis der „Dinge" nachspürte, die in der profanen Welt entzaubert waren, so enthüllt sich im extremen Subjektivismus und in der

---

79 164,1 (vgl. a. 87,1 u. 168,1) — 95,6 — rot: 156,1; purpurn: 85,1 — 125,3 — 12,3 — 111,4 — 19,1; 16,1; 150,2 — 19,1, Z. 1/2.

80 vgl. die zahlreichen Belege bei K. L. Schneider, a. a. O. für Heym S. 51/56, für Trakl S. 119—121. Für Trakl wäre noch zu ergänzen:
　　Sag wie lang wir gestorben sind;
　　Sonne will schwarz erscheinen.　　(122,2 Entlang)

Negativität der expressionistischen Farbmetaphorik als Grund dieses Geheimnisses die Entfremdung des Subjekts von der gegenständlichen Welt: anstelle einer Farbensprache, die sich zum differenzierten Organ des rätselhaften Scheins der Dinge macht, tritt eine, in der das Grauen vor der rätselhaften Gewalt einer sinnfremden Objektwelt changiert. Die innere Konsequenz, mit der jene in diese übergeht und in ihr sich aufhebt, ist in der Lyrik Heyms offenkundig. So feiert etwa in dem Gedicht ‚Der Blinde' ein innerer Monolog in symbolistischer Farbensprache und ihr entsprechenden Jugendstilbildern noch den schönen Schein des sinnlich Wahrnehmbaren, aber eben als einen, der erloschen ist; der Blinde fühlt „eine Farbe nie",

> „Nie *Purpurrot der Meere*. Nie *das Gold*
> *Des Mittags* auf den Feldern, nie *den Schein*
> *Der Flamme*, nie *den Glanz im edlen Stein*,
> Nie langes Haar, das durch die Kämme rollt.
> Niemals die Sterne, Wälder nie, nie Lenz
> Und seine Rosen. . . . . "   (20,2/3)

Die Aufreihung dieser Bilder gleicht einer Auswahl aus dem Bilderfonds des Symbolismus, als wolle sie ihn zitieren. Zu ihrem hymnischen Ton setzt das Pathos des wiederholten *Nie* den Kontrapunkt. Die beiden letzten Strophen bilden eine Kontrafaktur zu den zitierten, indem mit der Wendung zum Subjekt die Bilder- und Farbensprache jenen negativen metaphorischen Charakter annimmt, der die expressive von der symbolistischen unterscheidet: dem *Purpurrot der Meere* und *Schein der Flamme* kontrastiert die *rote Dunkelheit*, in die der Blinde eingeschlossen ist, dem *Gold des Mittags* der *schreckende* Strahl des *weißen Mittags*, dem *edlen Stein* das Paar von *weißen Knöpfen*, mit dem die blinden Augen verglichen werden.

Indem die Farbensprache der expressionistischen Lyrik den unmittelbar sinnlichen Charakter der Farbe verfremdet, negiert sie die Sphäre des sich selbst genügenden schönen Scheins, in welcher der Symbolismus den im profanen Bereich herrschenden Widerspruch zwischen Innen und Außen, Ich und Welt zu versöhnen suchte. Das beschädigte, zerrüttete Wahrnehmungsvermögen von Heyms Blinden, Tauben, Fieberkranken, Irren repräsentiert das von unmittelbar sinnvoller Erfahrung abgeschnittene Subjekt und zeugt von der Gegenstandslosigkeit ihres Surrogats, des subjektiven „Erlebens", auf das sich noch der Symbolismus berief. Auch der Kritik Herwarth Waldens am künstlerischen Verfahren Heyms liegt der Begriff eines „ursprünglichen", d. h. unmittelbaren subjektiven Erlebens zugrunde. Wenn sie zu Heyms Gedicht ‚Nach der Schlacht' zu bedenken gibt, daß das Schwarz und Rot von Pfützen, die einen braunen Feldweg decken, nicht

„gesehen", d. h. nicht unmittelbar wahrgenommen sei, so bemerkt sie zwar das Moment der abstrakten Verselbständigung der Farben in der Farbensprache Heyms, beurteilt diese aber nach Kriterien, die hinter dem Stand der geschichtlichen Erfahrung, die sich in ihr niederschlägt, zurückbleiben. Wie radikal auch Waldens „Wortkunsttheorie", der die Lyrik August Stramms entspricht, auf einen unverfälschten, durch keine Konvention verstellten sprachlichen Ausdruck drang, Waldens Kriterium des „Ursprünglichen", „Geborenen", „Originalen"[81] setzt noch ganz romantisch-idealistisch die Spontaneität des Subjekts und die Verbindlichkeit seines unmittelbaren Erlebens voraus, die der radikalere Subjektivismus der Farbensprache Heyms und Trakls mit der Verfremdung der unmittelbaren Sinnesqualitäten der Farben und ihrer metaphorischen Funktionalisierung gerade in Frage stellt. Die von Walden geforderten und die Lyrik Stramms bestimmenden Formprinzipien stehen noch in Kontinuität mit den impressionistischen und mit der Wortkunsttheorie von Arno Holz.

Tritt die expressive Farbensprache durch die Negation des schönen Scheins am sinnlichen Wahrnehmbaren zur ornamentalen des Symbolismus, aus der sie hervorging, in Gegensatz, so bleibt sie andererseits mit dieser darin identisch, daß in ihr der Scheincharakter des Ornamentalen sich wiedererzeugt. Indem ihre Farbmetaphern vom wahrnehmbaren Gegenstand abstrahieren, sich mit festliegenden subjektiven Bedeutungen aufladen und in ihrem negativen Ausdruckscharakter konvergieren, werden sie stereotyp verwendbar. Ihre Verbindung mit einem bestimmten Bezugsgegenstand nimmt dann ein Moment des Auswendigen und Willkürlichen an. So kann der expressive Charakter eines Bildes durch die bloße Technik zustandekommen, sie Bezugsgegenständen beizufügen, mit deren Vorstellung sie unvereinbar sind, besonders bei Heym in Bildern wie: *schwarze Flamme, weißes Feuer, schwarzer Schneefall, schwarzer Mohn, schwarze Rosen, weißes Herz, weißes Grab* usw.[82]. Mit der stereotypen Verwendung der Farbmetaphern läuft ihr Ausdruck Gefahr, zum Ausdrucksklischee zu werden. Der Grundaffekt des Grauens, in welchem ihre Ausdruckscharaktere übereinkommen, wird zum sensationellen ästhetischen Reiz, die Farbmetaphorik zum technischen Verfahren, ihn zu erzeugen. In der ästhetischen Veranstaltung des Grauens um des Grauens willen stellt sich aber der Schein wieder her, der aufgekündigt werden sollte, erhält die Farbe auf dem Umweg über ihre Subjektivierung ihren Ornamentcharakter zurück. Noch ein Gedicht aus dem Nachlaß Heyms, das den wahnsinnigen König Lear zum Gegen-

---

81 Herwarth Walden, a. a. O. S. 126.
82 26,3 — 167,3 u. 187,1 — 140,5 — 68,6 — 151,2 u. 153,4 (vgl. a. *Schwarze Reseden* bei Trakl 122,4) — 63,4 — 61,4.

stand hat und in Bildern wie: *wetterschwarzer Himmel, schwarzer Sturm, schwarzer Schneefall* usw. ausgesprochen expressive Farbmetaphern verwendet, bekennt sich durch seinen Titel ,Arabeske' zum Ornament.

Die Farbensprache der expressionistischen Lyrik läßt die inneren Antinomien zutage treten, auf die das künstlerische Verfahren stieß, dem es um den unmittelbaren, durch keine Denkgewohnheiten und Stilkonventionen vorgeprägten Ausdruck ging. Um sich von diesen zu emanzipieren, verschließt sich die dichterische Aussage in die unmittelbare Anschaulichkeit des Bildes, als deren Element die Farbe zum Ausdrucksträger wird. Die metaphorische Funktionalisierung, d. h. Subjektivierung der Farbe führt jedoch die Paradoxien mit sich: daß sie an etwas unmittelbar Anschaulichem wie der Farbe von der unmittelbaren Wahrnehmung abstrahiert; daß der unmittelbare Ausdruck, den sie der Farbe verleiht, zum vorgeprägten, verfügbaren erstarrt; daß die unmittelbaren Unterschiede und Kontraste der Farben, obwohl diese in der expressionistischen Lyrik eine so große Rolle spielen, der Tendenz nach in der Bedeutungsgleichheit ihrer Ausdruckscharaktere sich relativieren und untergehen. In diesen Antinomien ist der Subjektivismus der expressionistischen Farben- und Bildersprache selber noch von der objektiven Verfassung einer Welt bestimmt, auf die er antwortet: das Grauen vor der Standardisierung alles Daseienden, vor seiner Austauschbarkeit, gleichförmigen Wiederholung und Verfügbarkeit im gesellschaftlichen Reproduktionsprozeß vermag sich selber nur in Bildern und Metaphern auszusprechen, die sich stereotyp wiederholen, und der identische Ausdruck des Grauens, der die metaphorischen Charaktere der Farben einander angleicht, läßt deren unmittelbare Qualitäten ebenso ineinander über- und untergehen, wie im empirischen Bereich der Tauschgesellschaft das allgemeine Äquivalenzprinzip Ungleichartiges gleichnamig macht. Was den bildhaften Ausdruck des subjektiven Protests gegen eine abstrakt gewordene, versachlichte Welt in der expressionistischen Lyrik problematisch macht, ist die Paradoxie, daß er von der abstrakten Macht und Gewalt dessen, was in der fortgeschrittenen Industriegesellschaft mit Menschen und Dingen geschieht und was sich jeder Anschauung entzieht, Anschauung geben will. Die Bilder, in denen Affekte auf das abstrakte Geschehen antworten, werden als subjektiver Ausdruck des einen, absoluten Grauens chimärisch. Die dichterische Sprache Kafkas zog daraus die Konsequenz, sich gegen das Pathos des unmittelbaren subjektiven Ausdrucks abzudichten und das, was mit Menschen und Dingen geschieht, nur protokollarisch „abzuzeichnen"; was den Übergang vom vorwiegend lyrischen Ausdruck der expressionistischen Dichtung zur Darstellungsform der Prosa gebot.

Bibliographie

(Die Heym-Bibliographie von Heinrich Ellermann und Hans Bolliger in: Georg Heym, Gesammelte Gedichte, hrsg. von Carl Seelig, Zürich 1947, wurde um die zwischen 1946 und 1961 erschienene Literatur über Heym ergänzt.)

1. In Buchform erschienene Werke von Georg Heym

Der Athener Ausfahrt. Trauerspiel in 1 Aufzug. Würzburg, Memminger 1907. 8°.

Der ewige Tag. (Gedichte.) Leipzig, Ernst Rowohlt 1911. 8°. 70 + 2 S.

Umbra vitae. Nachgelassene Gedichte. (Mit einem Nachwort der Herausgeber David Baumgardt, Golo Gangi, W. S. Ghuttmann, Jacob van Hoddis u. Robert Jentzsch.) Leipzig, Ernst Rowohlt 1912. 8°. 72 S.

Umbra vitae. Nachgelassene Gedichte. Mit 47 Originalholzschnitten von Ernst Ludwig Kirchner. München, Kurt Wolff 1924. (Druckvermerk:) Das Buch wurde in einer Auflage von 510 numerierten Exempl. gedruckt. Die Holzschnitte wurden von den Originalstöcken abgezogen. Die gesamte Buchausstattung erfolgte nach Angabe des Künstlers, der auch Einband und Vorsatz in Holz schnitt. Nr. 1—10 auf Japanbütten, in Ganzleder gebunden und vom Künstler signiert.

Der Dieb. Ein Novellenbuch. Leipzig, Ernst Rowohlt 1913. 8°. 146 + 2 S. Enthält die Novellen: Der fünfte Oktober — Der Irre — Die Sektion — Jonathan — Das Schiff — Ein Nachmittag — Der Dieb.

Marathon. (12 Sonette.) (Mit einem Vorwort „Ein Gruß an Stelle eines Geleitwortes" von Balduin Möllhausen und einem Gedicht „An Georg Heym" von Alfr. Rich. Meyer.) Berlin-Wilmersdorf, A. R. Meyer (1914). 8°. 16 S.

Marathon. Nach den Handschriften des Dichters hrsg. und erläutert von Karl Ludwig Schneider, München: Maximilian-Gesellschaft 1956.

Dichtungen. (Hrsg. von Kurt Pinthus u. Erwin Loewenson.) München, Kurt Wolff 1922. 8°. 308 S.

Vier Gedichte. (Papillons-Handdruck. VI.) (Basel, Gryff-Presse 1946.) 8°. 8 S. (150 numerierte Exemplare).

Gesammelte Gedichte. Mit einer Darstellung seines Lebens und Sterbens hrsg. von Carl Seelig, Zürich: Arche 1947. (Anhang: Heym-Bibliographie von Hans Bolliger.)

Dichtungen und Schriften. Gesamtausgabe in 4 Bänden, aus dem Nachlaß hrsg. von Karl Ludwig Schneider, Hamburg, Ellermann 1960 ff.

2. Beiträge von Georg Heym in Anthologien, Zeitschriften und Zeitungen

AEPPLI, ERNST: Deutsche Lyrik vom 17. Jahrhundert bis zur Gegenwart. Frauenfeld, Huber 1924. 4 Gedichte. S. 280—283.

Aktion, Die; Zeitschrift für freiheitliche Literatur und Politik, hrsg. v. Franz Pfemfert. Berlin-Wilmersdorf 1911—1925. 10 Gedichte und Atalanta, Drama (Schlußszene) in Jg. 1911, 5 Gedichte in Jg. 1912, 2 Ged. in Jg. 1913.

Aktionsbuch, Das; hrsg. v. Franz Pfemfert. Berlin-Wilmersdorf 1917. 2 Gedichte. S. 230 bis 231, Atlanta (Schlußszene). S. 296—304.

Akzente; Zeitschrift für Dichtung, hrsg. v. Walter Höllerer und Hans Bender, München 1954 ff., Carl Hanser. 3 Gedichte aus dem Nachlaß in H. 1, Jg. 5 (1958).

Almanach, Ein; für Kunst und Dichtung aus dem Kurt Wolff-Verlag 1925. (München, 1924.) 1 Gedicht S. 261—262.

AVENARIUS, FERDINAND: Hausbuch deutscher Lyrik . . . 281.—90. Tausend., München, Callwey 1930. 1 Gedicht. S. 212.

BAB, JULIUS: Der deutsche Krieg im deutschen Gedicht. 1914. Bd. I. Berlin, Morawe 1914. 1 Gedicht. S. 7.

BENDA, OSCAR: Lyrik der Gegenwart; von der Wirklichkeits- zur Ausdruckskunst. Wien, Bundesverl. 1926. 3 Gedichte. S. 124 ff.

BETHGE, HANS: Deutsche Lyrik seit Liliencron. Leipzig, Hesse & Bekker (1921). 5 Gedichte. S. 105—109.

BORKOWSKY, E(RNST): Neue deutsche Lyrik vom Naturalismus bis zur Gegenwart. Breslau, Ferd. Hirt 1925. 2 Gedichte. S. 131 ff.

Buch, das bunte. Leipzig, Kurt Wolff 1914. 2 Gedichte. S. 76—77.

Bücherei Maiandros, die; e. Zeitschrift von 60 zu 60 Tagen, hrsg. v. Hch. Lautensack, A. R. Meyer u. A. Ruest, Berlin 1912—1914. 2 Gedichte in Jg. 1912.

Demokrat, der; Zeitschrift für freiheitliche Politik und Literatur, hrsg. v. G. Zepler, Charlottenburg 1910—1912. 7 Gedichte in Jg. II, 1 Gedicht in Jg. III.

ECHTERMEYER-VON WIESE: Deutsche Gedichte von den Anfängen bis zur Gegenwart. Düsseldorf, Aug. Bagel, Neuaufl. 1957 (441.—470. Taus.). 5 Gedichte. S. 644 ff.

Feuerreiter, der; Blätter für Dichtung und Kritik. Berlin 1921—1922. 9 Gedichte in Jg. I, H. 2.

Genius; Zeitschrift für werdende und alte Kunst, hg. v. Carl Georg Heise. Jg. I—III. München, Kurt Wolff 1919—1921. Nachgelassene Gedichte (mit e. Vorwort) v. Kurt Pinthus. 13 Gedichte. Jg. II, Buch 2, S. 300—309.

GOLDSCHEIDER, LUDWIG u. PAUL WIEGLER: Die schönsten deutschen Gedichte . . . 3. Aufl. Wien, Phaidon-Verl. o. J. 4 Gedichte. S. 417—420.

HARDT, LUDWIG: Vortragsbuch . . . Hamburg, Enoch (1924). 12 Gedichte. S. 318—330. Enthält außerdem Anmerkungen über Heym S. 318—19.

Herold, der; Wochenschrift für Politik, Reform und Geistesleben. Berlin 1910. „Berlin" — Verse in der Nr. vom 1. 10. 1910. (Nach Greulich).

HILLER, KURT: Der Kondor. (Anthologie.) Heidelberg, Rich. Weißbach 1912. 10 Gedichte. S. 65—78.

Imprimatur; ein Jahrbuch für Bücherfreunde. Jg. I—X. Hamburg 1930—1940. 2 Gedichte in Jg. V, Beilage . . . S. 3—7.

JACOB, HEINRICH EDUARD: Verse der Lebenden: deutsche Lyrik seit 1910. Berlin, Propyläen-Verl. (1924). 6 Gedichte. S. 83—90.

KAYSER, RUDOLF: Verkündigung; Anthologie junger Lyrik. München, Roland-Verl. 1921. 8 Gedichte. S. 103—114.

KILLY, WALTER: Zeichen der Zeit, ein deutsches Lesebuch . . . Band 4: Verwandlung der Wirklichkeit (Anthologie). 8 Gedichte. Fischer-Bücherei Bd. 243, 1958.

KIPPENBERG, KATHARINA: Deutsche Gedichte (Insel-Bücherei, 512). Leipzig, Insel-Verlag 1943. 1 Gedicht. S. 127—128.

LUBASCH, KURT u. EMIL F. TUCHMANN: Berliner Gedichte (Anthologie). Berlin, Preuß 1931. 4 Gedichte. S. 20 ff.

Mistral, der; eine lyrische Anthologie (Bücherei Maiandros. IV, V). Berlin 1913. 1 Gedicht. S. 24.

Pan; Wochenschrift, begründet von Paul Cassirer. Berlin 1910/11 bis 1914. 1 Gedicht in Jg. I, 2 Gedichte in Jg. II.

PFEMFERT, FRANZ: Lyrische Anthologie. (Dem Gedächtnis Georg Heyms gewidmete) Sondernummer der Aktion (Aktion. Jg. III, Nr. 2). Berlin 1913. Enthält neben 2 Gedichten von Heym, Gedichte von Benn, Brod, S. Friedländer (Mynona), Max Herman, Hiller, van Hoddis, Kerr, Lichtenstein, Mühsam, Stadler u. a.

PINTHUS, KURT: Menschheitsdämmerung; Symphonie jüngster Dichtung. Berlin, E. Rowohlt 1920. 13 Gedichte an verschiedenen Stellen. Enthält außerdem eine kurze Biographie und ein Porträt (Scherenschnitt) Heyms von E. M. Engert.

REDSLOB, EDWIN: Vermächtnis; Dichtungen, letzte Aussprüche und Briefe der Toten des Weltkrieges. Dresden, Wilh. Limpert o. J. 1 Gedicht. S. 13—15.

Reich, das innere. Jg. II, I. Halbbd. München, Albert Langen 1935. Atlanta (Schlußszene). S. 221—239 (3. Abdruck).

SCHOLZ, WILHELM V.: Das deutsche Gedicht; ein Jahrtausend deutscher Lyrik. Berlin, Th. Knaur (1941). 1 Gedicht. S. 495.

SOERGEL, ALBERT: Kristall der Zeit; eine Auslese aus der deutschen Lyrik der letzten 50 Jahre. Leipzig und Zürich, Grethlein (1929). 6 Gedichte. S. 423—427.

SOMMERFELD, MARTIN: Deutsche Lyrik 1880—1930. Berlin, Junker & Dünnhaupt 1931. 8 Gedichte an verschiedenen Stellen.

Sonnen, Kreißende (Hektographierte Zeitschrift der Brandenburger Gymnasiasten). Nr. 1—7. Brandenburg a. d. Havel 1906. Jugendgedichte Heyms: „Courrières" (in Nr. 5) und „Einem toten Freunde" (in Nr. 6, einer dem Selbstmord gewidmeten Nummer). (Nach G. Plotke, s. u. Abschnitt 3).

Tag, vom jüngsten; ein Almanach neuer Dichtung. 1916. Leipzig, Kurt Wolff 1916. 5 Gedichte. S. 26—37.

Tageblatt, Berliner. Nr. vom 5. 2. 1912. Abdruck der Novelle „Der fünfte Oktober".

Volkszeitung, Dresdner. Nr. vom 8. 3. 1912. Abdruck der Novelle „Der fünfte Oktober".

WOLFENSTEIN, ALFRED: Stimmen der Völker; die schönsten Gedichte aller Zeiten und Länder. Amsterdam, Querido 1938. 1 Gedicht. S. 446.

Zeitung, Kölnische. Nr. vom 11. 6. 1917. Abdruck der Novelle „Jonathan".

Zwiebelfisch, der; eine kleine Zeitschrift für Geschmack in Büchern und anderen Dingen. München, Hans von Weber 1909—1925. 1 Gedicht. Jg. III, S. 128.

3. Aufsätze über Heym, Kritiken seiner Bücher, Gedichte auf Heym, Bezugnahme in Büchern und Dissertationen

ALKER, ERNST: Zur Charakteristik der modernsten deutschen Novellistik (Bücherwelt. Jg. 25, Nr. 4). Bonn 1928.

ALLEMANN, FRITZ R.: Umbra vitae. Zum Andenken Georg Heyms (National-Zeitung, Basel. 1937, Nr. 505).

ALVERDES, PAUL: In memoriam Georg Heym (Neue Dichtung. Jg. V, S. 325). Regensburg 1922/23.

BAB, JULIUS: Alte Lieder und neue Verse (Neue Rundschau. Jg. 23). Berlin 1912. S. 587—588.
— Georg Heym (Gegenwart. Jg. 82, Nr. 32). Berlin 1913.

BACHMANN, H.: Großstadtlyrik (Schildgenossen. Jg. VII, H. 7). Burg Rothenfels 1927.

BALCKE, ERNST: Georg Heym: Der ewige Tag (Aktion. Jg. I, Nr. 12). Berlin 1911.

BALL-HENNINGS, EMMY: Georg Heym (Hochland. Jg. 24, S. 587). München 1926/27.
— Hugo Ball; sein Leben in Briefen und Gedichten. Berlin. S. Fischer (1930). S. 83.
— Hugo Balls Weg zu Gott; ein Buch der Erinnerung. München, Kösel & Pustet (1931). S. 38, 111—112.

BALL, HUGO: Über Georg Heym und Charles Baudelaire (Aus einem Brief an E. Ball-Hennings). (Emmy Ball: Hugo Balls Weg zu Gott). 1931. S. 111—112.

BALTHASAR, HANS URS V.: Apokalypse der deutschen Seele ... Bd. III: Die Vergöttlichung des Todes. Salzburg, Pustet (1939). S 49.

BARTH, EMIL: Georg Trakl; zum Gedächtnis seines 50. Geburtstages ... (Mainz, Egge-brecht-Presse 1937). S. 9.

BAYERTHAL, ERNST: Georgs Trakls Lyrik; analytische Untersuchung. Frankfurt a. M., Diss. phil. 1926. S. 63.

BENN, GOTTFRIED: Einleitung zu ,Lyrik des expressionistischen Jahrzehnts'. Wiesbaden, Limes 1955. S. 5—20, bes. S. 9 f.

BLASS, ERNST: Georg Heym (Aktion. Jg. II, Nr. 28). Berlin 1912.
— Zum 20. Todestag Georg Heyms (Berliner Tageblatt. 1932, Nr. 23). Auszug in: Das literarische Echo. Jg. 34, S. 323. Berlin 1932.

BLOCH, ERNST: Diskussion über Expressionismus (Das Wort; literarische Monatsschrift. Redaktion: Bertolt Brecht, L. Feuchtwanger ... Jg. III, Nr. 6). Moskau 1938. S. 105.

BÖRNER, PAUL: Zum 20. Todestag Georg Heyms (Stuttgarter Neues Tagblatt. 1932, Nr. 28).

BRAND, GUIDO K.: Georg Heym: Dichtungen (Das literarische Echo. Jg. 24, Nr. 22). Berlin 1922.
— Die Frühvollendeten; ein Beitrag zur Literaturgeschichte. Berlin, W. de Gruyter 1929. (Kapitel 6): Die Ahnung des Krieges: Georg Heym. S. 275—287.

BRANDENBURG, HANS: Verse der Lebenden (Schöne Literatur. Jg. 29, Nr. 7). Leipzig 1928. S. 335.

BRANDT, OTTO H.: Georg Heym (Sächsische Staatszeitung. Dresden. 1924, Nr. 90).

BRAUN, FELIX: Deutsche Geister; Aufsätze. Wien, Rikola-Verlag 1925, S. 267.

BRENTANO, BERNARD V.: Tagebuch mit Büchern. Zürich, Atlantis-Verlag 1943. S. 127, 129.

BRINKMANN, RICHARD: Expressionismus-Probleme; Die Forschung der Jahre 1952 bis 1958, in: DVj., 33. Jg., H. 1, Stuttgart. Metzler 1959, S. 104 bis 181, über Heym S. 130—133.

BRÖSEL, KURT: Veranschaulichung im Realismus, Impressionismus und Frühexpressio-nismus (Wortkunst. NF. Heft 2). München, Max Hueber 1928. Zugleich: Bonn, Diss. phil. 1928. S. 37—46, und S. ff., 54—59, 61.

VAN BRUGGEN, M. F. E.: Im Schatten des Nihilismus, Die expressionistische Lyrik im Rahmen und als Ausdruck der geistigen Situation Deutschlands. Amsterdam 1946.

CARLOWITZ, K. J.: Bücher der Toten. (Löns, Heym, Trakl.) (Hessische Schulzeitung. Cassel. Nr. vom 23. 9. 1916.)

D., A.: Zukunftslyrik (Schlesische Zeitung. Breslau. Nr. vom 25. 9. 1912).

DRAWS-TYCHSEN, HELLMUT: Walter Calé und Georg Heym (Berliner Börsen-Zeitung. Nr. vom 17. 12. 1930).

DREY, ARTHUR: Georg Heym: ein Nachruf in seinen Tod (Aktion. Jg. II, Nr. 5). Berlin 1912.

EDSCHMID, KASIMIR: Das Bücher-Dekameron. 3. Aufl. Berlin, Erich Reiß 1923. S. 213.

EICHBAUM, GERDA: Georg Heym, ein frühverstorbener Expressionist und Prophet des Krieges (Der Wanderer im Riesengebirge. Jg. 50, Heft 4). Breslau 1930.

ELLERMANN, HEINRICH: Georg Heym, Ernst Stadler, Georg Trakl; drei Frühvollendete. Versuch einer geistesgeschichtlichen Bibliographie (Imprimatur. Jg. V, S. 158–181). Hamburg 1934. S. 158–167. Enthält 119 Titel von Werken, Anthologien und Zeitschriften mit Beiträgen von Heym, von Aufsätzen usw. über den Dichter, zudem Auszüge aus Besprechungen und Aufsätzen über Georg Heym.

ELSTER, HANNS MARTIN: Georg Heym. Zu seinem 20. Todestag (Neue Zürcher Zeitung, Nr. 94 vom 17. 1. 1932).

ENDERS, CARL: Die Entwicklung der sozialen Lyrik (Orplid. Jg. I, Heft 11). Köln 1924/25

ES: Heym und die Viecher-Wasservögel (Aktion. Jg. II, Nr. 7). Berlin 1912.

EULENBERG, HERBERT: Georg Heym (Berliner Zeitung am Mittag, Nr. vom 5. 1. 1912).

FALKENMAIER, FRANZ: Expressionistische Lyrik-Vorstudien. Würzburg, Diss. phil. 1927. S. 32–35, 55.

FISCHER, E(UGEN) K.: Zur neuen Lyrik; dem Gedächtnis Georg Heyms und Georg Trakls (Kunstwart. Jg. 37, Nr. 2). München 1923.

FISCHER, SIEGFRIED W.: Georgs Heyms Kampf mit der Großstadt (Radio. Jg. VIII, Nr. 16). Wien 1932.

FLAKE, OTTO: Von der jüngsten Literatur (Neue Rundschau. Jg. 26, S. 1287). Berlin 1915.

FONTANA, OSKAR MAURUS: Georg Heym (Merker. Jg. IV, Heft 12). Wien 1913.
— Zur Erinnerung an den 10. Todestag Georg Heyms (Berliner Börsen-Courier. Nr. vom 7. 1. 1922).

FORST DE BATTAGLIA, OTTO: Der Kampf mit dem Drachen; eine Abrechnung mit den falschen Größen der Zeit. Berlin, Verlag für Zeitkritik 1931. S. 124.

G., B.: (Bericht über) eine Gedenkfeier für Georg Heym, die Ludwig Hardt im Saal der Sezession in Berlin veranstaltete (Deutsche Allgemeine Zeitung. Berlin. Nr. vom 17. 1. 1922).

Georg Heym-Feier des „Neuen Club", 3. 4. 1912. (Anzeige in:) (Aktion. Jg. II, Nr. 14). Berlin 1912.

GESEK, L.: Georg Heym (Lebendige Dichtung. Jg. II, S. 137). Wien 1936.

G(H)UTTMANN, SIMON: Erinnerungsspruch an Georg Heym. (Gedicht) (Bücherei Maiandros. IV, V: Der Mistral.) Berlin 1913.

GOERTZ, HARTMANN: Vom Wesen der deutschen Lyrik. Berlin, Die Runde 1935. S. 151–154.

GRABER, FRITZ: Stimmen der Zeit als Ausdruck der Welt (Der Grundriß. Jg. VIII, Nr. 9, S. 216). Zürich 1946.

GREULICH, HELMUT: Georg Heym (1887–1912); Leben und Werk. Ein Beitrag zur Frühgeschichte des deutschen Expressionismus (Germanische Studien. Heft 108). Berlin, E. Ebering 1931. 8°. 160 S.

GÜNTHER, ALFRED: Georg Heym (Dresdner Volkszeitung. 1912, Nr. 21).

HERMANN, HEINRICH: Dem Gedächtnis Georg Heyms und Georg Trakls (Masken. Jg. 13, Heft 3). Düsseldorf 1917.

HESELHAUS, CLEMENS: Die deutsche Lyrik des zwanzigsten Jahrhunderts, in: Deutsche Literatur im zwanzigsten Jahrhundert, Gestalten und Strukturen, hrsg. v. Hermann Friedmann und Otto Mann, Heidelberg, Wolfgang Rothe 1955, S. 169–188.
— deutsche lyrik der moderne, Düsseldorf: Bagel Verlag 1960, S. 177–204.

HILLER, KURT: Über Georg Heym (Pan. Jg. I, Heft 18). Berlin 1911.
— Die Weisheit der Langenweile; eine Zeit- und Streitschrift. 2 Bde. Leipzig, Kurt Wolff 1913. Bd. I, S. 73, 120, 122–127, 133, 235.
— Profile; Prosa aus einem Jahrzehnt. Paris, Ed. Nouvelles internat. 1938. S. 55.

HIRSCHENAUER, RUPERT: Georg Heym ‚Tod des Pierrots' in: Interpretationen moderner Lyrik, Frankfurt a. M., Diesterweg 1954, 1958⁵, S. 48—59.

JACOB, HEINRICH EDUARD: Georg Heym; Erinnerung und Gestalt (Feuerreiter. Jg. I, Heft 2). Berlin 1922.

— Dem Gedächtnis Georg Heyms (Acht-Uhr-Abendblatt. Berlin. Nr. vom 17. 1. 1922).

— Verse der Lebenden ... (Anthologie). Berlin, Propyläen-Verlag (1924). (Über Georg Heym): S. 14—15.

JENTZSCH, ROBERT: Georg Heym (Kain; Zeitschrift für Menschlichkeit, hrsg. v. Erich Mühsam. Jg. I, Nr. 11). München 1912.

KAHLER, ERICH: Untergang und Übergang der epischen Kunstform, in: Die Neue Rundschau, Frankfurt a. M., S. Fischer 1953, 64. Jg. (1953), Heft 1, S. 1—44, bes. S. 28 f.

KAYSER, RUDOLF: Georg Heym (Bohemia. Prag. Nr. vom 30. 11. 1922).

— Dichterköpfe. Wien, Phaidon-Verlag 1930. S. 121—125.

KAYSER, WOLFGANG: Geschichte des deutschen Verses, Bern und München: Francke Verlag 1960, S. 150 f.

KEIM, H. W.: Drei Tote (Ernst Stadler, Georg Trakl, Georg Heym) (Hellweg. Jg. II, Heft 41). Essen 1922.

KERR, ALFRED: Gedenken. (Gedicht zum Gedächtnis Georg Heyms.) (Aktion. Jg. III, Nr. 2). Berlin 1913.

KERSTEN, KURT: Georg Heym (Berliner Tageblatt. Nr. vom 26. 2. 1913).

— Strömungen der expressionistischen Periode (Das Wort. Jg. III, Nr. 3). Moskau 1938. S. 75—80.

KLEINBERG, ALFRED: Zwei Frühvollendete (Georg Heym und Otto Braun.) (Sozialdemokrat. Prag. Nr. v. 16. 4. 1922.)

KNEVELS, WILHELM: Expressionismus und Religion, gezeigt an der neuesten deutschen expressionistischen Lyrik. Tübingen, J. C. B. Mohr 1927, S. 7, 8, 10, 35.

KOHLSCHMIDT, WERNER: Der deutsche Frühexpressionismus im Werke Georg Heyms und Georg Trakls, in: Orbis Litterarum, Revue internationale d'études littéraires. Tome IX, Fasc. 1, S. 3—17. Kopenhagen, Munksgaard 1954.

KONRAD, GUSTAV: Expressionismus. Ein kritisches Referat (Wirkendes Wort, VII. Jg., 1956/57, S. 351—365.)

KOSSAT, ERNST: Wesen und Aufbauformen der Lyrik Georg Trakls. Hamburg, Diss. phil. 1939. S. 22, 58—60, 92.

LANGE, HORST: Bildnis des Dichters Georg Heym (Das innere Reich, Jg. II, 1. Halbbd.). München 1935. S. 209—220.

— Georg Heym, Bildnis eines Dichters (Akzente, Jg. I, S. 180—187). München, Hanser 1954.

LEIBRECHT, PHILIPP: Zum Todesproblem in der jüngsten Dichtung (Literatur. Jg. 27, Nr. 11). Berlin 1925. S. 644.

LEINER, FRIEDRICH: Georg Heym ‚Der Krieg' (Interpretationen moderner Lyrik, Frankfurt a. M., Diesterweg 1954, 1958). S. 48—59.

LESCHNITZER, FRANZ: Georg Heym als Novellist (Das Wort. Jg. II, Nr. 10). Moskau 1937.

— Über drei Expressionisten. (Georg Heym, Georg Trakl, Ernst Wilh. Lotz.) (Das Wort. Jg. II, Nr. 12.) Moskau 1937.

LISSAUER, ERNST: Georg Heym: Der ewige Tag. (Das literarische Echo. Jg. 14, Nr. 3), Berlin 1911, S. 175—79.

LOEWENSON, ERWIN: Persönliches von Georg Heym (Berliner Börsen-Courier. Nr. vom 27. 1. 1922).

Bibliographie

MARTINI, FRITZ: Was war Expressionismus? Urach, Port-Verl. 1948. S. 118—28.
— Deutsche Literatur zwischen 1880 und 1950, Forschungsbericht (Deutsche Viertel-
jahresschrift für Literatur- und Geistesgeschichte. Jg. 26). Stuttgart 1952, S. 478—
535, Abschnitt „Expressionismus": S. 510—24.
— Georg Heym: Der Krieg. Interpretation in: Die deutsche Lyrik, Form und Geschichte,
hrsg. v. Benno von Wiese, Bd. 2: Von der Spätromantik bis zur Gegenwart. Düssel-
dorf, August Bagel 1956, S. 425—49.
— Georg Heym: Die Sektion. Interpretation in: Das Wagnis der Sprache. Stuttgart,
Klett 1954, S. 258—286.
MAUTZ, KURT: Georg Heym; zum Gedächtnis seines 50. Geburtstages (Euphorion N. F.,
Bd. 38, S. 324—39). Stuttgart 1937.
— Die Farbensprache der expressionistischen Lyrik (Deutsche Vierteljahresschrift für
Literaturwiss. und Geistesgeschichte. Jg. 31, Heft 2, S. 198—240). Stuttgart, Metzler,
1957.
MEYER, ALFRED RICHARD: Georg Heym. (Gedicht.) (Aktion. Jg. II, Nr. 4). Berlin 1912.
MILCH, WERNER: Georg Heym. (Schlesische Monatshefte. Jg. VIII, S. 520—24). Breslau
1931.
MREELLO, G. A.: Giorgio Heym. Caffaro. (Genova. Anno 38, Nr. 42.) 1912. (Nach Greu-
lich und Ellermann.)
MÜHLHER, ROBERT: Dichtung der Krise. Mythos und Psychologie in der Dichtung des
19. und 20. Jahrhunderts. Wien 1951, S. 520—27.
MÜHSAM, ERICH: „Die Rigorosen . . ." (Kritik der Anthologie Kurt Hillers „Der Kondor".)
(Kain. Jg. II, Nr. 5.) München 1912, S. 72 ff.
Nachricht vom Tode Georg Heyms: (Das literarische Echo. Jg. 14, Nr. 10, S. 732). Berlin
1912.
OBERLÄNDER, H.: Expressionistische Dichter (Tübinger Chronik. Nr. vom 16. 1. 1932).
OFFENBURG, KURT: Zur Erinnerung an den 10. Todestag G Heyms (Berliner Börsen-
Zeitung. 1922, Nr. 23).
— Das Werk Georg Heyms (Gegenwart. Jg. 52, S. 10). Berlin 1923.
OMANKOWSKI, WILLIBALD: Georg Heym (Danziger Volksstimme. Jg. 1922, Nr. 129).
OSBORN, MAX: (Vorwort zu:) Ernst Balcke. Gedichte. Berlin, Preuß & Pollack 1914. S. 7.
PAULSEN, WOLFGANG: Expressionismus und Aktivismus; eine typologische Untersuchung.
Bern, Diss. phil. 1935 (Enthält viele Stellen, die sich auf Heym beziehen).
PFEIFFER, JOHANNES: Über Georg Heyms Gedicht „Der Krieg"; in: Über das Dichterische
und den Dichter, Beiträge zum Verständnis deutscher Dichtung, Hamburg, Rich.
Meiner 1956. S. 118—21. Erschienen auch in: Wege zum Gedicht. Interpretationen,
hrsg. v. Rupert Hirschenauer und Albrecht Weber. München 1956, Schnell u. Steiner-
Verlag. S. 349—353.
P(FEMFERT, FRANZ): (Mitteilung vom Tode Georg Heyms.) (Aktion. Jg. II, Nr. 4, vom
22. 1. 1912.) Berlin 1912.
PICARD, JACOB: Georg Heym; dem Gedächtnis eines Frühverblichenen (Frankfurter
Zeitung. 1912, Nr. 36).
PINKOW, H.: Georg Heym (Berliner Zeitung am Mittag. Nr. vom 31. 3. 1913).
PINTHUS, KURT: Georg Heym (Berliner Tageblatt. Literar. Beilage. 21. 8. 1912).
— Erinnerung an Georg Heym (Vom jüngsten Tag; ein Almanach . . . 1916). Leipzig,
Kurt Wolff 1916. S. 38—39.
— Georg Heym: Nachgelassene Gedichte (Genius. Jg. II, Buch 2). München, Kurt Wolff
1920. S. 298—99.

— Georg Heym. Zu seinem 10. Todestag (Berliner Tageblatt, Nr. vom 17. 1. 1922).

— Der Seher des Grauens. Zu Georg Heyms 25. Todestag (Central-Verein Zeitung; allgemeine Zeitung des Judentums. Jg. 16, Nr. 3, 2. Beiblatt S. 4). Berlin 1937.

PLOTKE, GEORG: Über Georg Heym. (Pan. Jg. II, Heft 17). Berlin 1912.

— Erinnerungen an Georg Heym. Zu seinem Todestag... (Frankfurter Zeitung. 1917, Nr. 16). Der Artikel enthält 2 Jugendgedichte Heyms: „Courrières" und „Einem toten Freunde" aus der Gymnasiasten-Zeitschrift „Kreißende Sonnen".

PONGS, HERMANN: Neue Aufgaben der Literaturwissenschaft. II (Euphorion N. F., Bd. 38). Stuttgart 1937. S. 283.

— Das Bild in der Dichtung, Bd. 1, Marburg 1927, S. 234 u. 382.

PORITZKY, J. E.: Dämonische Dichter; Probleme und Porträts. München, Rösl 1921. S. 16—17.

R., W.: Georg Heym zum Gedächtnis (Deutsche Allgemeine Zeitung. Berlin. Nr. 27 vom 17. 1. 1922).

RAINALTER, ERWIN, H.: Ein Frühvollendeter (Salzburger Volksblatt. Nr. vom 7. 3. 1922).

RITTICH, WERNER: Kunsttheorie, Wortkunsttheorie und lyrische Wortkunst im „Sturm". Greifswald 1933, S. 92 f.

ROCKENBACH, MARTIN: Georg Heym (Orplid. Jg. I, Heft 11). Köln 1924/25. S. 95—101.

— Vom Tod in der jungen Dichtung (Orplid. Jg. V, Heft 7/8). Augsburg 1928. S. 80—81.

RUEST, ANSELM: Georg Heym-Abend (Aktion. Jg. I, Nr. 25). Berlin 1911.

— Ein toter Sänger des Krieges (Georg Heym). (Das literarische Echo. Jg. 17, Nr. 7.) Berlin 1915. S. 391—96.

SARNETZKY, D(ETTMAR) H.: Moderne Dichtertypen: Georg Heym (Kölnische Zeitung. 1924, Nr. 64a).

SAUER, JULIUS: Georg Heym (Hamburgischer Korrespondent. Nr. vom 12. 4. 1923).

SCHAEFFER, ALBRECHT: In memoriam Georg Heym (Neue Badische Landeszeitung. Mannheim, Nr. 367 vom 9. 8. 1912).

SCHEIDWEILER, PAULA: Georg Heym, der Lyriker (General-Anzeiger. Mannheim. Nr. vom 5. 5. 1913).

SCHMIDT, GEORG: Das Holzschnittbuch von E. L. Kirchner zu Georg Heyms „Umbra vitae". Mit Abbild (Das Werk. 1925, Nr. 8). Zürich 1925. S. 241—44.

SCHNEIDER, FERDINAND JOSEF: Der expressive Mensch und die deutsche Lyrik der Gegenwart... Stuttgart, J. B. Metzler 1927. Enthält viele Stellen, die sich auf Heym beziehen.

SCHNEIDER, KARL LUDWIG: Neuere Literatur zur Dichtung des deutschen Expressionismus. Forschungsbericht in: Euphorion. 47. Bd., Heft 1. Heidelberg, Winter 1953, S. 99—110; über Heym S. 102 ff.

— Der bildhafte Ausdruck in den Dichtungen Georg Heyms, Georg Trakls und Ernst Stadlers (in der Reihe: Probleme der Dichtung. Studien zur deutschen Literaturgeschichte, hrsg. v. Hans Pyritz, Heft 2). Heidelberg, Carl Winter 1954.

SCHULZ, EBERHARD AUGUST WILHELM: Das Problem des Menschen bei Georg Heym. (masch.) Diss. phil. Kiel 1953.

SCHULZE-MAIZIER, FRIEDRICH: „Der Himmel Trauerspiel" (Dresdner Neueste Nachrichten. Nr. vom 21. 10. 1922).

— Erinnerungen an Georg Heym (Berliner Tageblatt. Nr. vom 17. 1. 1937).

SCHUMANN, W(OLFGANG): Novellensammlungen (Kunstwart. Jg. 27, Nr. 7). München 1914, S. 23.

SPECHT, RICHARD: Franz Werfel; Versuch einer Zeitspiegelung. Wien, Paul Zsolnay 1926. S. 160.

STADLER, ERNST: Georg Heym: Der ewige Tag (Cahiers alsaciens — Elsässer Hefte. Jg. I, S. 144—46). Straßburg 1912.

— Georg Heym: Umbra vitae (Cahiers alsaciens. Jg. I, S. 319—20). Straßburg 1912.

STUYVER, WILHELMINA: Die deutsche expressionistische Dichtung im Lichte der Philosophie der Gegenwart. Amsterdam 1939; bes. S. 40 ff. und S. 245.

THOMAS, R. H. AND SAMUEL, RICHARD: Expressionism in German Life, Literature and the Theatre (1910—1924), Cambridge, W. Heffer & sons 1939; S. 89 ff. und S. 167 ff.

THUMMERER, J(OHANNES): Die Dichter des neuen Weltgefühls (Deutsche Arbeit. Jg. 13, S. 517—22). Prag 1914.

W(ALDEN), H(ERWARTH): (Julius) Bab der Lyriksucher (Der Sturm. Jg. III, Nr. 123/124). Berlin 1912. S. 126.

— Vulgär-Expressionismus (Das Wort. Jg. III, Nr. 2). Moskau 1938. S. 89, 90, 97.

UHLIG, HELMUT: Visionär des Chaos; Ein Versuch über Georg Heym (Der Monat, Jg. 6, Heft 64). München 1954. S. 417—27.

— Vom Ästhetizismus zum Expressionismus (in: Expressionismus, Gestalten einer literarischen Bewegung, hrsg. v. Hermann Friedmann und Otto Mann). Heidelberg, Wolfgang Rothe 1956. S. 84—115; über Heym S. 96—106.

URNER, HANS: Georg Heym (Die Sammlung. Jg. 2). Göttingen 1947. S. 170 ff.

WALZEL, OSKAR: Deutsche Vorkriegsdichtung (Berliner Tageblatt. 1914, Nr. 82; Zeitschrift für deutschen Unterricht. Jg. 29 (1915), Heft 7/8).

— Das Wortkunstwerk; Mittel seiner Erforschung. Leipzig, Quelle & Meyer 1926. S. 263, 274.

(WEBER, HANS V.): Georg Heym: Der ewige Tag (Zwiebelfisch. Jg. III, Heft 4, S. 132—33). München 1911.

— Georg Heym: Umbra vitae (Zwiebelfisch, Jg. IV, Heft 6, S. 226). München 1912.

WOCKE, HELMUT: Georg Heym. (Schlesische Zeitung. Breslau. Nr. vom 25. 10. 1928).

— Neue Jugend und neue Dichtung. Bd. I. München, Albert Langen (1930). (Kapitel): Grauen der Zeit: Georg Heym. S. 22—27.

WOLFENSTEIN, ALFRED: Zum 20. Todestag Georg Heyms (Berliner Börsen-Courier. 1932, Nr. 25).

WOLFF, RUDOLF: Die neue Lyrik; eine Einführung in das Wesen jüngster Dichtung. Leipzig, Dieterich 1922. S. 27—34.

— Georg Heym (Königsberger Hartungsche Zeitung. Nr. vom 13. 5. 1922; Danziger Zeitung. Nr. vom 13. 1. 1922).

WOLFSOHN, JOHN: Dem Gedächtnis Georg Heyms (Vossische Zeitung. Berlin. Nr. vom 13. 1. 1922).

ZARETZ, WALTER: Neuere Lyrik (Berliner Tageblatt. Nr. vom 17. 12. 1922).

ZAUNERT, PAUL: Zur neuen Dichtung. II: Georg Heym (Die Tat. Jg. 11, Bd. II. S. 629—31). Jena 1919/20.

ZECH, PAUL: Wie Georg Heym diesen Krieg sah (Hilfe. Jg. 1916, Nr. 22). Berlin 1916.

Zum 20. Todestag von Georg Heym (Literatur. Jg. 34. S. 323). Berlin 1932. Zusammenstellung der zum 20. Todestag erschienenen Gedenkartikel, mit Auszügen aus den Aufsätzen von A. Wolfenstein und E. Blaß.

— Zwei Juristen beim Schlittschuhlaufen ertrunken ... (1. Pressemeldung vom Tode Georg Heyms und Ernst Balckes.) (Berliner Zeitung am Mittag. Jg. 36, Nr. 15, vom 18. 1. 1912.)

— Georg Heym. (Nachruf und Würdigung.) (Berliner Zeitung am Mittag. Nr. vom 19. 1. 1912.)

4. Erwähnungen Heyms in Literaturgeschichten und Lexica

BARTELS, ADOLF: Die deutsche Dichtung von Hebbel bis zur Gegenwart. 10.–12. Aufl. 3 Bde. Leipzig, H. Haessel 1922. Bd. III: Die Jüngsten. S. 141, 143, 154, 205, 216.

— Geschichte der deutschen Literatur. 3 Bde. Leipzig, H. Haessel 1924. Bd. III: Die neueste Zeit. S. 901, 933.

BIESE, ALFRED: Deutsche Literaturgeschichte. 24. Aufl. 3 Bde. München, C. H. Beck 1930. Bd. III. S. 751, 790.

BRAND, GUIDO K.: Werden und Wandlung; e. Geschichte der deutschen Literatur von 1880 bis heute. Berlin, Kurt Wolff 1933. S. 289–291.

BROCKHAUS: Handbuch des Wissens in 4 Bänden. Leipzig, F. A. Brockhaus 1922–1923. Bd. II. S. 405.

— Der Große Brockhaus; Handbuch des Wissens in 20 Bänden. Leipzig, F. A. Brockhaus 1928–1937. Bd. VIII. S. 480.

— Der Große Brockhaus, Wiesbaden 1954, Bd. 5, S. 434.

BURGER, HEINZ OTTO: Annalen der deutschen Literatur, Stuttgart: Metzler Verlag 1952, S. 791.

DUWE, WILLI: Deutsche Dichtung des 20. Jahrhunderts; die Geschichte der Ausdruckskunst. Zürich, Orell Füßli 1936. S. 8 ff., 48, 51–53.

ELOESSER, ARTHUR: Die deutsche Literatur vom Barock bis zur Gegenwart. 2 Bde. Berlin, B. Cassirer 1930–1931. Bd. II, S. 579 bis 581, 597, 609, 623.

FECHTER, PAUL: Die deutsche Literatur vom Naturalismus bis zur Literatur des Unwirklichen. Leipzig, Bibliograph. Institut (1938). S. 252, 268.

HEINEMANN, KARL: Deutsche Dichtung; Grundriß ... 8. Aufl. (Kröners Taschenausgabe Bd. X). Leipzig, A. Kröner (1930). S. 339.

HERDER: Der Große Herder; Nachschlagewerk für Wissen und Leben. 4. Aufl. 12 Bde. Freiburg i.Br., Herder 1931–1935. Bd. V, S. 1599.

HOFSTÄTTER, WALTER u. ULRICH PETERS: Sachwörterbuch der Deutschkunde. 2 Bde. Leipzig., B. G. Teubner 1930. Bd. I, S. 309, 501. Bd. II, S. 764.

KLABUND: Deutsche Literaturgeschichte in einer Stunde. Leipzig, Dürr & Weber 1923. S. 92.

KLEINBERG, ALFRED: Die deutsche Dichtung. Berlin, I. H. W. Dietz (1927). S. 409–410.

KORFF, H(ERMANN) A. u. W(ALTER) LINDEN: Aufriß der deutschen Literatur nach neueren Gesichtspunkten, in Verbindung mit E. Ermatinger, P. Merker ... F. Strich ... 2. Aufl. Leipzig., B. G. Teubner 1931. S. 214.

KOSCH, WILHELM: Deutsches Literatur-Lexikon; biograph. und bibliograph. Handbuch. 2 Bde. Halle, Max Niemeyer 1927/28. Bd. I, S. 921.

MARCUSE, LUDWIG: Weltliteratur der Gegenwart. Deutschland. 2 Bde. Berlin, Franz Schneider 1924. Bd. I, S. 143, 305; Bd. II, S. 93, 112, 119, 127, 131, 133.

MARTENS, KURT: Die deutsche Literatur unserer Zeit ... Berlin, Paul Francke o.J., S. 450 (Mit Porträt von Georg Heym).

MERKER, PAUL u. WOLFGANG STAMMLER: Reallexikon der deutschen Literaturgeschichte. 4 Bde. Berlin, W. de Gruyter 1925/31. Bd. II, S. 675; Bd. III, S. 246.

MEYER: Meyers Lexikon. 7. Aufl. 15 Bde. Leipzig, Bibliographisches Institut 1924–33. Bd. V, S. 1528.

MEYER, RICHARD M.: Die Weltliteratur im 20. Jahrhundert ... Stuttgart, Deutsche Verlagsanstalt 1913. S. 130, 165, 177.

NADLER, JOSEF: Geschichte der deutschen Literatur, Wien 1951, S. 981 f.

— Literaturgeschichte des deutschen Volkes, Berlin: Propyläen Verlag 1941[4], S. 352 f.

NAUMANN, HANS: Deutsche Dichtung der Gegenwart (1885—1933). 6. Aufl. Stuttgart, J. B. Metzler 1933. S. 127, 129.

SALZER, ANSELM: Illustrierte Geschichte der deutschen Literatur ... 2. Aufl. 5 Bde. Regensburg, Jos. Habbel 1932. Bd. IV, S. 1722; Bd. V. S. 2204, 2226.

SOERGEL, ALBERT: Dichtung und Dichter der Zeit. Neue Folge: Im Banne des Expressionimus. Leipzig, R. Voigtländer (1925). Enthält viele Stellen über Heym, außerdem ein Porträt des Dichters.

Reallexikon der deutschen Literaturgeschichte, begründet von Paul Merker und Wolfgang Stammler, 2. Aufl., neu bearbeitet und hrsg. von Werner Kohlschmidt und Wolfgang Mohr. Berlin, W. de Gruyter 1956, Bd. I. Artikel Expressionismus. S. 420 bis 432; über Heym bes. S. 421, 425, 430.

Religion in Geschichte und Gegenwart, Die: 3. Aufl., hrsg. von Kurt Galling. Tübingen, J. C. B. Mohr 1959, Bd. 3, Artikel: Heym, S. 310 f.

STORCK, KARL: Deutsche Literaturgeschichte. 10. Aufl. Bearbeitet von Martin Rockenbach, Stuttgart, J. B. Metzler 1926. S. 507—510.

WALZEL, OSKAR: Die deutsche Dichtung seit Goethes Tod. 2. Aufl., Berlin, Askanischer Verlag 1920. S. 302—305, 307, 311, 316, 398.

— Gehalt und Gestalt (Handbuch der Literaturwissenschaften). Berlin, Athenaion-Verlag 1923. S 43, 273.

— Die deutsche Dichtung von Gottsched bis zur Gegenwart. 2 Bde. (Handbuch der Literaturwissensch.). Berlin, Athenaion-Verl. (1927—30). Bd. II, S. 262, 329, 330 ff., 337.

WIEGAND, JULIUS: Geschichte der deutschen Dichtung in strenger Systematik ... Köln, Schaffstein 1922. S. 428—430, 432, 435, 440, 441, 447, 455, 456.

WIEGLER, PAUL: Geschichte der neuen deutschen Literatur. 2 Bde. Berlin, Ullstein (1930). Bd. II, S. 836.